C. Wolfgang Müller

Wie Helfen zum Beruf wurde

Edition Sozial

C. Wolfgang Müller

Wie Helfen zum Beruf wurde

Eine Methodengeschichte der Sozialen Arbeit

6. Auflage

BELTZ JUVENTA

Der Autor

Dr. Dr. h.c. C. Wolfgang Müller lehrte als Professor für Erziehungswissenschaft seit 1965 an der Pädagogischen Hochschule und der Technischen Universität Berlin. Seit seiner Emeritierung (1997) ist er mit neuen Forschungs- und Beratungsaufgaben befasst. Er ist u. a. Ehrenmitglied der Deutschen Gesellschaft für Erziehungswissenschaft und schreibt regelmäßig für sozialpädagogische Zeitschriften.

Bibliografische Information der Deutschen Nationalbibliothek
Die Deutsche Nationalbibliothek verzeichnet diese Publikation in der Deutschen Nationalbibliografie; detaillierte bibliografische Daten sind im Internet über http://dnb.d-nb.de abrufbar.

1. Auflage 1988
2., erweiterte Auflage 1993
3., erweiterte und neu ausgestattete Auflage 1997
4., erweiterte und aktualisierte Auflage = Neuausgabe 2006
5. Auflage 2009
6. Auflage 2013

www.beltz.de · www.juventa.de
Druck und Bindung: Beltz Druckpartner GmbH & Co. KG, Hemsbach
Printed in Germany

ISBN 978-3-7799-2097-7

Inhalt

VorWorte

Als ich Mitte der Sechzigerjahre begann, in den USA und später in Deutschland, England und den Niederlanden Material zu einer Methodengeschichte der Sozialarbeit und Sozialpädagogik zu sammeln, kamen mir vor allem Klaus Mollenhauers *Einführung in die Sozialpädagogik* (1964) und Hans Scherpners *Geschichte der Jugendfürsorge* (1966) in die Hände. Wichtig für mich und meine Studierenden an der Pädagogischen Hochschule Berlin war damals die Tatsache, dass beide Schriften ihre historischen Rekonstruktionen an der *Jugendfürsorge* festmachten, weil sie dieses Tätigkeitsfeld an den Schnittstellen von Sozialarbeit im engeren und Sozialpädagogik im weiteren Sinne vermuteten und damit einer Entwicklung vorgriffen, die inzwischen zu einer (immer noch unsicheren) Verbindung beider Praxisfelder im Begriff der *Sozialen Arbeit* geführt hat. In den letzten Jahrzehnten ist die Bearbeitung dieses gesellschaftlich relevanten Gegenstandes verdichtet worden und wir verfügen inzwischen über eine Reihe von anspruchsvollen, materialreichen und erkenntnisträchtigen historischen Arbeiten. Ich nenne Christoph Sachßes und Florian Tennstedts mehrbändige Geschichte der *Armenfürsorge in Deutschland* und des *Wohlfahrtsstaates im Nationalsozialismus* (1980, 1988, 1992), die *Geschichte der Sozialen Arbeit* von Wolf Rainer Wendt (1995^4) und die *Geschichte der Sozialen Arbeit* von Sabine Hering und Richard Münchmeier (2005^3). Auch Rolf Landwehr und Rüdeger Baron haben 1983 in einer *Geschichte der Sozialarbeit* Hauptlinien der Entwicklung im 19. und 20. Jahrhundert als Sammelband herausgegeben (Weinheim: Beltz).

Das alles waren und sind Standardwerke über die Geschichte unserer Zunft.

Daneben gibt es eine kaum noch überschaubare Fülle von Publikationen, die entweder die Geschichte der traditionellen Orte rekonstruieren, die mit sozialpädagogischen Interventionen verbunden sind (etwa die von mir zwischen 1985 und 1999 herausgegebene Reihe *Berufsfelder Sozialer Arbeit*). Oder Monografien einzelner Wohlfahrtsverbände wie *Die Rote Hilfe* (Sabine Hering/Kurt Schilde 2003), *Die Gilde Soziale Arbeit* (Walter Thorun 2000) oder die *Arbeiterwohlfahrt* (Christiane Eifert 1993). Listen mit Veröffentlichungen über die Geschichte konfessioneller Träger Sozialer Arbeit wären unübersehbar lang. Ich denke nur an eine Bibliografie von Literatur zur Erforschung der *Geschichte des Caritativen Katholizismus in Deutschland* im 19. und 20. Jahrhundert (Ewald Frie 1994). Zahlreiche historische Schriften des letzten Jahrzehnts kreisen auch um Gender-Gesichtspunkte, die der Tatsache geschuldet sind, dass Soziale Arbeit ein überwiegend weiblicher Beruf ist – also *Mütterlichkeit als Profession* (etwa Dietlinde Peters 1984, Christoph Sachße 1986, Ilse Brehmer 1990).

Bei dieser unvollständigen Aufstellung habe ich nicht jene ebenfalls unübersehbaren Listen von wissenschaftlich meist sehr anspruchsvollen Publikationen berücksichtigt, die sich nicht mit der Berufsgeschichte Sozialer Arbeit befassen, sondern mit der Geschichte von Ideen, Konzepten, Theoremen und Theorien, die sich um die historische Entfaltung von Tätigkeiten und Berufen Sozialer Arbeit ranken. Soziale Arbeit scheint eine große Anziehungskraft auch auf berufsferne Theoriebildner zu haben, deren Schriften häufig eine Verbindung von Theorie und Praxis, von Disziplin und Profession versprechen, die sie dann aber nicht einlösen können (etwa Niemeyer 2003).

Die Geschichte des vielfältigen Nachdenkens über Soziale Arbeit, ihre Geschichte, ihre Ursachen, Rahmenbedingungen und (häufig postulative, ideologische oder legitimatorische) Begründungen ist von großer Bedeutung. Sie ist vor allem deshalb von großer Bedeutung, weil die Ausbildung zu den immer zahlreicher und spezialisierter werdenden Berufen Sozialer Arbeit an Fachschulen, Fachhochschulen und Universitäten – in der grundständigen Lehre und in der Fort- und Weiterbildung – großer theoriegeleiteter Anstrengungen bedarf, wenn diese Berufe nicht in post-moderner Vielgestalt versacken sollen. Da diese Berufe aber in unterschiedlichen historischen und zeitgeschichtlichen Zusammenhängen entwickelt worden sind und unterschiedlichen theoretischen Plausibilitäten und empirisch erfahrbaren Notwendigkeiten folgen, fällt eine einigermaßen einvernehmliche und widerspruchsfreie Theoriebildung offensichtlich schwer. Manchen Autoren scheint es so zu gehen wie Klaus Mollenhauer, der frühzeitig bezweifelte, dass es je eine Theorie oder gar ‚einen systematischen Zusammenhang lehrbarer Forschungsergebnisse geben würde', durch die man Studierende in die Soziale Arbeit einführen könne (Mollenhauer 1964, S. 13).

Ich selbst habe mich eher ‚handwerklich' bestimmten Segmenten im Spektrum Sozialer Arbeit genähert. Beeindruckt durch Erfahrungen in sozialistischen und gewerkschaftlichen Jugendverbänden und später als professioneller Jugendpfleger und Gemeinwesenarbeiter in Berlin und anderswo habe ich mir das Handwerkszeug professionellen Arbeitens berufsbegleitend angeeignet. Dieses Handwerkszeug bestand für mich in den klassischen Methoden Sozialer Arbeit in ihrer internationalen Entfaltung über die letzten fünfzig Jahre: Gruppenpädagogik, Gemeinwesenarbeit und Einzel(fall)hilfe[1]. Gruppenpädagogik habe ich unter anderem bei Gisela Konopka in Minneapolis gelernt, Gemeinwesenarbeit an der nordamerikanischen Westküste und ‚Beratung im Gespräch' an der Pädagogischen Hochschule Berlin.

Bei der zweifachen Arbeit der Aneignung und Begründung von Formen und Traditionslinien methodischen Arbeitens bin ich auf die Tatsache gestoßen, dass diese Methoden im historischen Prozess weder von den Trägern Sozialer Arbeit verordnet noch von Ausbildungsstätten Sozialer Arbeit aus vorgefundenen Theorie-Konstrukten abgeleitet wurden, sondern dass sie in der experimentellen Praxis *sozialer Reformbewegungen* er-funden und ent-wickelt worden sind. Und dass die wertgesättigte Begründung dieser Methoden – deren Fehlen ihnen in der sehr spröden deutschen Rezeption häufig zum Vorwurf gemacht worden ist – im jeweiligen Wertekanon eben dieser sozialen Bewegungen enthalten war: der (bürgerlichen ebenso wie der proletarischen) Frauenbewegung, der Jugendbewegung, kirchlichen Basisbewegungen, Bürgerinitiativen und Selbsthilfegruppen. Sie alle haben für sich und ihresgleichen (und später auch für andere) methodische Leitlinien für ihre Arbeit entwickelt, die später durch die Formulierung als Methoden lehrbar gemacht und von der ‚öffentlichen' Sozialen Arbeit gern, zögernd, manchmal auch widerstrebend[2] integriert worden sind.

Mein Buch ‚Wie Helfen zum Beruf wurde' ist keine umfassende Geschichte Sozialer Arbeit in Deutschland, sondern der Versuch, Methoden Sozialer Arbeit als handwerklichen Kern ihrer Berufe in der Entfaltung durch soziale Bewegungen zu rekonstruieren. Ich tue dies in der Hoffnung, dass ihre Anwendung und Weiterentwicklung durch das Verständnis ihrer historischen Genese leichter fällt und vor Missverständnissen und Fehldeutungen besser schützt.

Nach mehrjährigen Forschungs- und Arbeitsaufenthalten im Ausland habe ich den ersten Teil des Buches ‚Wie Helfen zum Beruf wurde' 1982 veröffentlicht. Die Nachfrage hat zu mehreren Auflagen geführt. Das Buch, das die Entwicklung bis zum Jahre 1945 nachgezeichnet hat, wurde zuletzt als Beltz-Taschenbuch veröffentlicht (1999). 1988 habe ich den zweiten Teil meiner Forschungsarbeit mit der Entwicklung zwischen 1945 und 1995 veröffentlicht (1997[3]). Beide Bände sind nahezu vergriffen. Ich habe sie deshalb zu einem Band zusammengefasst und dabei den ersten Band in aller Kürze neu formuliert, um die Neuausgabe beider Teile als Lehrbuch handhabbar zu machen.

Soziale Arbeit ist den Notwendigkeiten und Widersprüchen von Zustand und Entwicklung der Gesellschaft geschuldet, die sie notwendig macht. Sie war bisher in Deutschland – trotz aller Fehlentwicklungen und ideologischen Verblendungen – eine ‚Erfolgsgeschichte'. Thomas Rauschenbach hat uns darauf hingewiesen, dass sie gerade als Erfolgsgeschichte nach dem Eintritt in eine neue, reflexive Phase der Moderne damit rechnen müsse, „dass auch sie politisch, fachlich, öffentlich stärker denn je auf den Prüfstand ihrer Wirksamkeit und ihrer Qualitätssicherung gestellt wird". Die Bereitschaft zur Besinnung auf den Kern ihrer beruflichen Handlungskompetenz und die Fähigkeit, ihn weiterzuentwickeln, könnte dabei hilfreich sein.

C. Wolfgang Müller

Anmerkungen

1 In der internationalen Rezeption dieser klassischen Methoden haben sich die englischen Fachbegriffe social *case work, social group work* und *community organization* bzw. *community development* erhalten. Dabei wurde in der ursprünglichen deutschen Rezeption *social case work* zunächst durch Einzelfallhilfe übersetzt und später auf Soziale Einzelhilfe reduziert. Siehe Kapitel 3, Anmerkung 1.

2 Bei dem Wort ‚widerstrebend integriert' denke ich vor allem an die Gemeinwesenarbeit, die von der kommunalen Sozialarbeit zunächst als ‚systemsprengend' abgelehnt worden und erst in den 80er Jahren des 20. Jahrhunderts akzeptiert und angewandt worden ist.

Empfohlene Überblicksliteratur zur Geschichte Sozialer Arbeit

Bremer, Ilse (1990): Mütterlichkeit als Profession

Eifert, Christiane (1993): Frauenpolitik und Wohlfahrtspflege. Zur Geschichte der sozialdemokratischen ‚Arbeiterwohlfahrt' Frie, Ewald (1994): Literatur zur Erforschung der Geschichte des Caritativen Katholizismus in Deutschland

Frie, Ewald (1994): Literatur zur Erforschung der Geschichte des Caritativen Katholizismus in Deutschland

Hering, Sabine, und Richard Münchmeier ([3]2005): Geschichte der Sozialen Arbeit. Eine Einführung

Hering, Sabine, und Kurt Schilde (Hrsg.) (2003): Die Rote Hilfe (1921–1941)

Landwehr, Rolf, und Rüdeger Baron (Hrsg.) (1983): Geschichte der Sozialarbeit. Hauptlinien ihrer Entwicklung im 19. und 20. Jahrhundert

Mollenhauer, Klaus (1964 ff.): Einführung in die Sozialpädagogik

Müller, C. Wolfgang (Hrsg.): Berufsfelder Sozialer Arbeit in 15 Bänden (1985–1999)

Peters, Dietlinde (1984): Mütterlichkeit im Kaiserreich. Die bürgerliche Frauenbewegung und der soziale Beruf der Frau

Sachße, Christoph (Hrsg.) (1986): Mütterlichkeit als Profession

Sachße, Christoph und Florian Tennstedt (1980): Geschichte der Armenfürsorge in Deutschland. Band 1: Vom Spätmittelalter bis zum 1. Weltkrieg

Sachße,Christoph und Florian Tennstedt (1988): Geschichte der Armenfürsorge in Deutschland. Band 2: Fürsorge und Wohlfahrtspflege 1871 bis 1929

Sachße, Christoph und Florian Tennstedt (1992): Geschichte der Armenfürsorge in Deutschland. Band 3: Der Wohlfahrtsstaat im Nationalsozialismus

Scherpner, Hans (1966): Geschichte der Jugendfürsorge

Thorun, Walter (2000): Reformprojekt Soziale Arbeit. 75 Jahre Gilde Soziale Arbeit

Wendt, Wolf-Rainer ([4]1995): Geschichte der Sozialen Arbeit

1. Wohltätigkeit als moralische Forderung und alltägliche Praxis

Die meisten Gesellschaften unserer Vorzeit, über die uns Dokumente vorliegen, kannten die Forderung nach Barmherzigkeit, Mildtätigkeit und Wohltätigkeit mit den Kranken, den Alten und den Armen. Diese Forderung wird uns aus vorchristlicher Zeit überliefert (etwa Bolkestein 1939), sie zeigte elaborierte Formen alltäglicher Tätigkeit etwa in der jüdischen Wohlfahrtspflege (Zedaka 1992) und wurde im Christentum als Forderung nach mildtätigen Werken der Barmherzigkeit (*opera misericordiae*) formuliert. Zu solchen Werken der Hilfe für Arme, Schwache, Kranke und Alte war jedermann aufgefordert, aber nicht jedermann kam dieser Forderung nach. Man half denen, die man kannte und schätzte. Und man sah weg, wenn einem fremdes Elend begegnete. In Kenntnis dieser offensichtlichen Alltagspraxis wurde das bekannte Gleichnis vom barmherzigen Samariter im 10. Kapitel des Lukas Evangeliums formuliert. Dort versuchte ein Schriftgelehrter, den jungen Jesus auf die Probe zu stellen, indem er ihn fragte, was denn mit der Forderung gemeint sei: „Du sollst den Herrn, deinen Gott lieben von ganzem Herzen, von ganzer Seele, von allen Kräften und von ganzem Gemüt, und deinen Nächsten wie dich selbst." „Wer ist denn mein Nächster?" Da antwortete Jesus und sprach:

„30 Es war ein Mensch, der ging von Jerusalem hinab nach Jericho und fiel unter die Räuber: die zogen ihn aus und schlugen ihn und machten sich davon und ließen ihn halbtot liegen.
31 Es traf sich aber, daß ein Priester dieselbe Straße hinabzog; und als er ihn sah, ging er vorüber.
32 Desgleichen auch ein Levit: als er zu der Stelle kam und ihn sah, ging er vorüber.
33 Ein Samariter aber, der auf der Reise war, kam dahinter; und als er ihn sah, jammerte er ihn;
34 Und er ging zu ihm, goß Öl und Wein auf seine Wunden und verband sie ihm, hob ihn auf sein Tier und brachte ihn in seine Herberge und pflegte ihn.
35 Am nächsten Tag zog er zwei Silbergroschen heraus, gab sie dem Wirt und sprach: Pflege ihn; und wenn du mehr ausgibst, will ich dir's bezahlen, wenn ich wiederkomme.
36 Wer von diesen dreien, meinst du, ist der Nächste gewesen dem, der unter die Räuber gefallen war?
37 Er sprach: Der die Barmherzigkeit an ihm tat. Da sprach Jesus zu ihm: So geh hin und tu desgleichen!"

Diese Botschaft des Lukas Evangeliums scheint klar zu sein und zur Nachahmung aufzufordern: Der ‚Nächste' ist nicht der geografisch Nahe – also der Levit. Und auch nicht der zur Nächstenliebe beruflich Verpflichtete – also der Priester. Sondern der Reisende aus dem fernen Samarien, der eigentlich hätte wegsehen können. Aber er sah nicht weg, sondern half nach damaligem Wissen sachkundig und nachhaltig. Er säuberte die Wunden des Überfallenen und verband sie. Er brachte ihn in seine Herberge und bezahlte den Wirt im voraus für die Pflege. Und er versprach wiederzukommen und nach dem Rechten zu sehen.

Das Gleichnis vom barmherzigen Mann aus Samarien ist eindrucksvoll und interpretationsfähig. Walter Dirks hat ein Buch darüber veröffentlicht (Dirks 1985) und Thomas Rauschenbach hat die These formuliert, dass wir eigentlich „den Wirt in dieser Geschichte zum ersten neutestamentlich überlieferten Helfer einer bezahlten Nächstenliebe, sozusagen zum Leitbild der modernen personenbezogenen Dienstleistungen ernennen" müssten (Rauschenbach 1986, S. 208–218).

Für mich war es immer wichtig, zwei Bedingungen ins Auge zu fassen, die allein geeignet sind, diese Geschichte zu einer guten, zu einer nachahmenswerten Geschichte zu machen. Der barmherzige Reisende aus Samarien muss etwas haben, das er teilen kann. Und der Fall, in dem seine Hilfe benötigt wird, muss ein Einzelfall sein – und bleiben. Denn hätte der Samariter nicht Öl und Wein bei sich gehabt, hätte er die Wunden nicht verbinden können. Hätte er keinen Packesel bei sich gehabt, hätte er den Verletzten nicht transportieren können. Hätte er keine überschüssigen Denare bei sich gehabt, hätte er den Wirt nicht hilfreich stimmen können. Und: unser Mann aus Samarien hätte hilflos dagestanden, wenn ihm die Sache mit dem Ausgeraubten und Verletzten nicht nur einmal passiert wäre, sondern ein zweites und ein drittes Mal auf seiner Reise – und vielleicht jedes Mal, wenn er sich von Jerusalem nach Jericho begeben hätte.

Dann wäre seine *tätige Nächstenhilfe im Einzelfall* zwar weiterhin im Sinne der Forderung des historischen Jesus aus dem Lukas Evangelium geboten gewesen, aber sie allein hätte nicht ausgereicht, um den Räubereien an der belebten Straße von Jerusalem nach Jericho Einhalt zu gebieten. Vielleicht hätte sich der Reisende aus Samarien dann besser auf die gehäuften Überfälle vorbereitet. Vielleicht hätte er Verbandszeug mitgenommen und einen zweiten Maulesel. Vielleicht hätte er von den zuständigen Behörden regelmäßige Polizeistreifen auf der Handelsstraße gefordert. Vielleicht hätte er auch seinen Beruf gewechselt und wäre nicht Kaufmann geblieben, sondern Straßenschützer geworden.

Der Autor des Lukas Evangeliums hat seine Geschichte aus dem Blickwinkel des Geschäftsreisenden aus Samarien erzählt, um uns dafür zu gewinnen, so verantwortlich für den Nächsten zu handeln wie er. Ich könnte die Geschichte auch aus einem anderen, einem ungewöhnlichen Blickwinkel erzählen: aus dem Blickwinkel der Straßenräuber, die in der Geschichte als Personen nicht auftauchen. Vielleicht käme dann heraus, dass es sich bei den Räubern um Angehörige eines ehemals nomadisierenden Stammes gehandelt habe, dem die sich ausdehnenden Gemeinden an der Handelsstraße und eine langfristige Klimaveränderung ihre angestammten Weidegründe weggenommen und ihre Existenzgrundlage vernichtet hätten. Vielleicht hätte Jesus, hätte er zu einer anderen Zeit gelebt, auf die Frage, wer seinen Nächsten so liebe wie sich selbst, ein anderes Gleichnis erzählt. Das Gleichnis von dem Ethnologen aus Samarien, der in einem Gutachten für die Gemeindeverwaltung auf eben jene verlorengegangenen Weidegründe verweist, welche die sesshaft gewordenen Nomaden in den Straßenraub getrieben haben.

Man sieht, das Gleichnis ist ausbaufähig. Es bringt nur nicht viel zur Erhellung der historischen Wurzeln sozialpädagogischer Berufe. Es mag sich dazu eignen, Jugendliche zu *motivieren*, einen sozialpädagogischen Beruf zu ergreifen. Es eignet sich nicht dazu, das Entstehen dieses Berufes zu *erklären*. Denn Sozialarbeiter und Sozialpädagogen arbeiten nicht wie die Bernhardinerhunde. Sie sind keine Helfer. Auch keine professionellen. Sie verwalten einen Fond von Steuergeldern und Spenden, aus dem jene Menschen zeitweilig unterstützt werden, die das zum Überleben Notwendige nicht aus eigener Arbeit erwirtschaften können. Und sie übernehmen zeitweilig Pflege- und Erziehungs-Verpflichtungen dieser Personen gegenüber Dritten – meist gegenüber Kindern, Jugendlichen und Alten. Damit aber die materiellen Unterstützungen im Rahmen der Fond-Verwaltung von ihren Empfängern nicht dahingehend missverstanden werden, als seien sie nun ihrer Verpflichtung als Arbeiter und Angestellte, als Eltern und Kinder ledig, müssen diese Unterstützungen an Bedingungen geknüpft werden, welche die Unterstützten *entmutigen*, sie dauerhaft in Anspruch zu nehmen. Dies ist der Widerspruch zwischen menschlicher Hilfe und sozialer Kontrolle, der das Profil unserer Berufszweige prägt, von gutmütigen Berufsanfängern als Praxis-Schock erlebt wird und eine Zeit lang den Ton unserer populären Berufszeitschriften bestimmt hat, den *Mischa Brumlik* zu Recht „Jargon der Weinerlichkeit“ nannte.

Der Weg vom helfenden Reisenden aus Samarien zu den Streifenwagen der zeitgenössischen Verkehrspolizei, von den umherschweifenden Bettlern des Mittelalters zum Rechtsanspruch auf Sozialhilfe, von den ausgesetzten Kindern, welche die Glocke an einer Klostertür läuten mussten, um nicht zu erfrieren und zu verhungern, zum Rechtsanspruch auf einen gesicherten Kindergartenplatz – alle diese Wege waren lang, widersprüchlich und in keiner Weise bruchlos. Es lohnt sich deshalb, einen zumindest kursorischen Blick auf die Berufsgeschichte Sozialer Arbeit zu werfen, um nicht in den strukturalistischen Seufzer „Es war schon immer so und es wird sich auch nicht ändern“ zu verfallen. Dabei werde ich mich zunächst auf die Geschichte von Berufen der *Sozialarbeit im engeren Sinne* (früher: der Armenpflege und der Wohlfahrtspflege) und in einem zweiten Schritt auf die Geschichte der *Sozialpädagogik im weiteren Sinne* (also der Vorschulerziehung und der Heimerziehung) stützen.

Abb. 1: Die Heilige Elisabeth speist Hungrige (1226);
aus: C. W. Müller: Einführung in die Soziale Arbeit, 1995

Im europäischen Mittelalter waren auf Fremdhilfe angewiesene Arme keine ausgegrenzte Gruppe, sondern ein eigener Stand im Rahmen der im christlichen Glauben ruhenden Ständegesellschaft. Ich selber erinnere mich noch an ein Kinderspiel, das ich zusammen mit den Dorfkindern gespielt habe: „Kaiser, König, Edelmann – Bürger, Bauer, Bettelmann". Das waren die sechs Stände. Jedes mitspielende Kind stand in einem Kreis. Ein Ball wurde geworfen. Wer ihn verfehlte, musste seinen Kreis verlassen und ihn holen. Während sein Kreis unbewacht war, konnte ein Mitspieler ‚niederen Standes' aufrücken. Selbstverständlich suchte der Kaiser seinen Kreis zu verteidigen. Und selbstverständlich suchte der Bettelmann aufzurücken. Aber im Prinzip gehörten beide in das gleiche System.

Vor allem die theologische und philosophische Lehre des Thomas von Aquin (1225–1274) etablierte ‚die Armen' als eigenen Stand in der göttlichen Ständeordnung. Ihnen gegenüber galt das Gebot, Barmherzigkeit durch geistige und leibliche Taten zu üben: Unwissende belehren, Zweifelnden raten, Trauernde trösten, Sünder zurechtweisen, Beleidigern verzeihen, Unrecht ertragen, für Lebende und Tote beten. Aber auch: Hungrige speisen, Durstige tränken, Nackte kleiden, Fremde beherbergen, Kranke pflegen, Gefangene besuchen, Tote begraben.

In den wachsenden Städten des Spätmittelalters fand eine soziale Differenzierung des Bürgertums statt. Da gab es die Besitz- und Handelsbürger, die ebenso wie die selbständigen Handwerker ‚ratsfähig' waren. Darunter entwickelte sich das nicht ratsfähige Kleinbürgertum von (meist) Zugewanderten, die das Stadtrecht erworben hatten.

Unterhalb der Bürger gab es die ‚armen Leute'. Der ‚arme Mann' war ursprünglich in feudalen Herrschaftsverhältnissen „der hörige Bauer, der Untertan minderen Rechtsstatus. Arm ist, wer machtlos, wer schutzbedürftig und von geringem Stande ist, kurz: wer sich auf der untersten Schicht der feudalen gesellschaftlichen Hierarchie befindet. … Daneben tritt seit dem hohen Mittelalter ein sozioökonomischer Begriff von Armut: Armut als Besitzlosigkeit. Dieser Begriff gewinnt mit dem Aufschwung der Städte, der Ausbreitung der städtischen Gesellschaft an Bedeutung. … Arm ist (aber) nicht nur, wem das ‚Lebensnotwendige', sondern auch, wem das ‚Standesnotwendige' fehlt. … (Neben diesen beiden Stufen der Armut) tritt die ‚Bedürftigkeit'. Damit wird nicht der materielle Besitzstand, sondern eine soziale Beziehung bezeichnet, das Verhältnis der Gesellschaft zum Armen, ihre Verpflichtung dem Armen gegenüber. Die Definition der Bedürftigkeit zieht also die Grenze für die gesellschaftliche Unterstützungspflicht. Für die mittelalterlichen Almosen*theorien* ist das Problem der Bedürftigkeit mit Thomas von Aquin im wesentlichen geklärt. Arm im Sinn von bedürftig ist, wer kein Vermögen hat und entweder arbeitsunfähig ist oder aber arbeitsfähig ist, arbeitet, sich aber dennoch nicht mit seiner eigenen Arbeit reproduzieren kann. Dass diese systematische Klarheit so gut wie keine praktische Bedeutung hat, liegt … daran, dass es keine Kontrollinstitutionen gibt, die das Vorliegen von Bedürftigkeitskriterien überprüfen. … Die städtische Almosen*praxis* kannte bis weit ins 15. Jahrhundert keine festen Bedürftigkeitskriterien und beginnt dann erst zögernd, solche zu entwickeln" (Sachße/Tennstedt 1980, S. 27).

In den meisten Städten sorgte ein ‚Armenvogt' dafür, dass Bettler aus der Fremde oder aus dem Umland aus den Stadtmauern gewiesen wurden, und dass sich die heimischen Bettler beim begehrten ‚Sonntagsbettel' vor der Kirche, aus der die Gläubigen am Vormittag strömten, nicht die besten Plätze streitig machten. Die Bürger wiederum wurden ermahnt, fremde Bettler von der Haustür zu weisen oder höchstenfalls Wegzehrung, aber kein Kleingeld zu geben. Deshalb der alte Berliner Witz, in dem eine Pfarrersfrau, die gerade nichts Essbares mehr hat, einem Bettler ein Geldstück gibt mit der Ermahnung, damit nicht etwa Alkohol zu kaufen. Und der Bettler antwortet mürrisch, aber entschieden: „Bier is' ooch Stulle".

Das Betteln war im europäischen Mittelalters eine legitime Form menschlichen Lebens und Überlebens und wurde deshalb auch nicht geächtet, sondern durch Armenvögte geregelt. Stadtfremde Bettler wurden abgewiesen und vertrieben. Ausnahmen bildeten Angehörige von Bettelorden (Bettelmönche) und durchziehende Pilger. Für familienlose Stadtkranke und Stadtarme und für erkrankte Pilger wurden die ersten Siechenhäuser geschaffen. Für Kinder, denen ihre Eltern abhanden gekommen waren, sorgten Klöster und mildtätige Stiftungen. Außerehelich geboren habende Müller konnten ihr Baby unerkannt in die ‚Klappe' eines Klosters legen, um es nicht umbringen zu müssen. Die Säuglingssterblichkeit war hoch. Für viele Mütter in Not war die Kindestötung die einzige Möglichkeit einer späten Geburtenkontrolle (deMause 1977, 1979).

Die Stadtarmen waren eine überschaubare Gruppe. Sie waren bekannt, ihr Leumund war transparent, ihnen konnte gezielt geholfen werden. Anders stand es mit den stadtfremden Bettlern. Vor allem in Zeiten von Hungersnöten, Missernten, Seuchen und Kriegen nahmen sie überhand und suchten ihr Heil in den geschützten und vergleichsweise ‚reichen' Städten. So entstanden rigide Regelungen gegen die fremden Bettler. Städtischen Armenpolizisten mussten sie durchsetzen. Noch heute können wir die umherziehenden Bettler des europäischen Mittelalters in vielen populären Werken der Bildenden Kunst besichtigen. Sachße und Tennstedt haben sie in einer bebilderten Geschichte der Armut und der Armenfürsorge gesammelt: *Bettler, Gauner und Proleten. Ein Bild-Lesebuch* (Frankfurt 1998).

Im 16. und 17. Jahrhundert trieben Missernten, Hungersnöte und Kriege Bettler, landlos gewordene Bauern und Kriegsflüchtlinge massenhaft auf die Straßen und vor die Tore der Städte. Nun waren sie kein eigener Stand mehr, sondern eine bedrohliche Plage. Nach niederländischem Vorbild bauten die Städte ‚Zucht- und Arbeitshäuser' und wiesen die fremden Bettler in diese geschlossenen Häuser ein, damit sie durch schwere, körperliche Arbeiten ihren Unterhalt verdienen und gleichzeitig ihre Bereitschaft zur dauerhaften Arbeit beweisen konnten. Christian Marzahn und Hans-Günther Ritz haben die ‚Arbeitshäuser' als Stätten frühkapitalistischer Produktionsweise und als Anfänge bürgerlicher Sozialpolitik beschrieben (*Zähmen und Bewahren*. Bielefeld 1984). Die Niederlande galten als Vorbild.

> „Begünstigt durch die geografische Lage und die Erweiterung seiner Handelsbeziehungen, orientierte sich die niederländische Warenproduktion zunehmend an einem großen internationalen Markt. Durch die Befreiung des Handels von überkommenen Reglementierungen, die Verarbeitung importierter Rohstoffe im Lande und die Anlage von Kaufmanns-

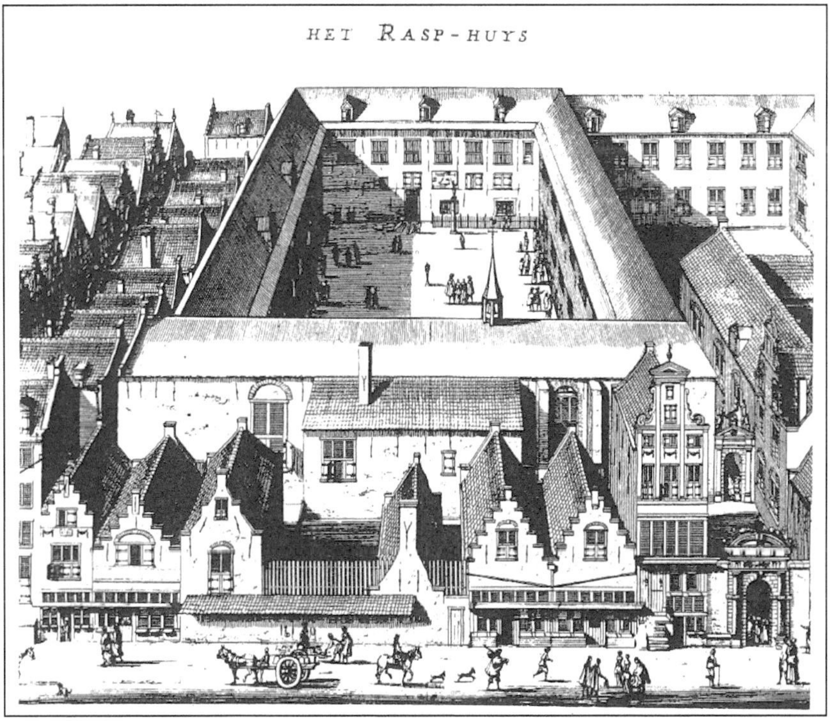

Abb. 2: Das Rasp- oder Zuchthaus in Amsterdam von 1595/96; aus: Ch. Marzahn/ H.-G. Ritz (Hrsg.): Zähmen und Bewahren. Die Anfänge bürgerlicher Sozialpolitik. 1984

> kapital in der Exportproduktion konnten sich in Holland bereits im 15. Jahrhundert inmitten einer noch ganz agrarischen Umwelt die ersten Anfänge einer kapitalistischen Produktionsweise herausbilden. Verlagsproduktion und Manufakturen führten einerseits zu einem enormen wirtschaftlichen Aufschwung. Auf der anderen Seite begünstigten sie den Zustrom immer größerer Menschenmassen in die Städte. Amsterdam etwa, damals das ‚Warenhaus der Welt', betrieb noch Ende des 16. Jahrhunderts eine wirtschaftspolitisch motivierte aktive Einwanderungspolitik" (Marzahn/Ritz 1984, S. 15 f.)

Die Einen landeten in den städtischen Manufakturen. Die Anderen landeten im städtischen Arbeitshaus. Das waren die Anfänge einer Produktionsweise, bei der die menschliche Arbeitskraft aus den Zwängen feudaler Leibeigenschaft und handwerklicher Reglementierung ‚entlassen', wurde. Es entstand die Lebensform ‚freier Lohnarbeit' – frei in dem doppelten Sinne der Freiheit von traditionellen Zwängen und der Befreiung von allen traditionellen Überlebensgarantien außer der ‚Freiheit', die eigene Arbeitskraft zu Marktpreisen verkaufen zu müssen. Und es entstand auf der anderen Seite eine industrielle Reservearmee, die darauf warten musste, auch ihre Arbeitskraft verkaufen zu können. Und die in der Zwischenzeit im Arbeitshaus zum Überleben Steine klopfen und Holz raspeln musste.[1]

Abb. 3: Englisches Arbeitshaus (1732); aus: B. Hinz u. a: William Hogarth, 1697–1764. Berlin 1980

Die Aufseher in den Arbeitshäusern, die für Ordnung und Disziplin sorgten, waren die ersten beruflichen Vertreter dessen, was wir später ‚Sozialarbeit' nennen werden. Denn ihre Tätigkeit diente der Abschreckung von Armen, die um Unterstützung nachsuchten. Und sie organisierte Zwangsarbeit für diejenigen, die sich nicht abschrecken ließen.

Die Zucht- und Arbeitshäuser[2] standen unter staatlicher (feudaler) oder kommunaler Verwaltung. Ein Vorsteher dirigierte das Ganze, unter ihm arbeiteten ein Hausvater, eine Hausmutter und die verschiedenen Aufseher, die sich mit Gewalt durchsetzen mussten. Meist unterstand der Vorsteher einem mehrköpfigen Direktorium, dessen Mitglieder Patrizier waren und in dieses Ehrenamt gewählt wurden. Vorsteher, Hauseltern und Aufseher wurden bezahlt, aber sie bedurften noch keiner besonderen Ausbildung, außer der Fähigkeit, sich durchzusetzen. In preußischen Arbeitshäusern griff man später bevorzugt auf Unteroffiziere zurück, die in den Kriegen der preußischen Könige zu Krüppeln geschlossen worden waren. Eine besondere Ausbildung war schon deshalb nicht notwendig, weil die Verhaltensregeln für die Insassen in Hausordnungen minutiös festgelegt worden waren. Berühmt geworden sind die Grundsätze bei der Führung von Armenhäusern, die der Brandenburgische Pädagoge und Sozialreformer Friedrich Eberhard von Rochow 1789 veröffentlicht hat. Ihre Einführung sollte zur ‚Abschaffung aller Bettelei' führen. Das Traktat wird von Christian Marzahn in der erwähnten Geschichte des Arbeitshauses zusammengefasst: Die Grundsätze Rochows beginnen mit einer Definition der Armut und einer Kritik des herkömmlichen Almosenwesens. Wer sich nicht selbst erhalten kann, unterliegt den Gesetzen der Armenanstalt. Diese soll das zum Leben Notwendigste bereit stellen, gleichzeitig aber von ihrer Inanspruchnahme durch ‚Einschränkungen und Entbehrungen' abschrecken. Und ebenfalls gleichzeitig soll sie die Haltung der Armen zum ‚Müßiggang' korrigieren, also zur Arbeit anhalten und ‚Arbeiten lehren und lernen'. Wenn die Kommune ihr Arbeitshaus/Armenhaus nicht selber unterhalten kann, sollte sie es einem Unternehmer (‚Entrepreneur') überlassen (Marzahn/Ritz 1984, S. 159–166)[3].

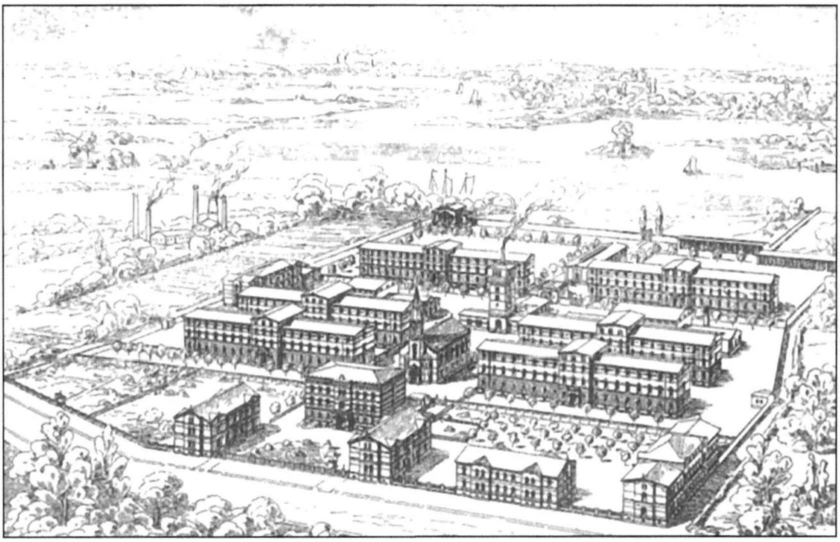

Abb. 4: Das Armenhaus in Rummelsburg bei Berlin

In der zweiten Hälfte des 19. Jahrhunderts kamen die Arbeitshäuser aus der Mode. Die Arbeit, zu der sie erziehen sollten, entsprach nicht mehr den Qualifikationsanforderungen der großen Industrie. Und die Arbeiten, die in ihnen geleistet werden konnten, waren auf dem Markte nicht mehr konkurrenzfähig. Zwar wurden immer wieder neue, weiträumige Arbeitshäuser gebaut (in Berlin Rummelsburg noch 1880)[4], aber ihre Zeit war vergangen. Städte und Gemeinden hatten eine neue Form des Umgangs mit der Armut gefunden: *das Elberfelder System.*

In und um Elberfeld, im Tal der Wupper gelegen, war im 19. Jahrhundert ein großes geschlossenes Industriegebiet entwickelt worden. Die Einwohnerzahlen Elberfelds waren zwischen 1800 und 1885 von 12.000 auf 110.000 angestiegen. Die Zahl der Arbeitsplätze war sprunghaft gewachsen, aber auch die Bettelei, die zwischendurch fast verschwunden war, nahm wieder zu und eine Cholera-Epidemie schuf neue Arbeitslosigkeit und Armut. Die Stadt hatte sich seit 1800 mit einem Arbeitshaus beholfen. Diese Form der ‚geschlossenen Armenhilfe' griff nun nicht mehr und musste durch ein neues Organisationsprinzip der ‚offenen Armenpflege' ersetzt werden, das die Stadtväter in England kennen gelernt hatten. Zu diesem Zwecke wurde die Stadt in kleine Quartiere eingeteilt, in denen jeweils ein ehrenamtlicher Armenpfleger (auch schon Wohlfahrtspfleger genannt) für vier bedürftige Familien verantwortlich war. Er besuchte sie in ihren Behausungen, überzeugte sich von ihrer Arbeitsfähigkeit bzw. Arbeitsunfähigkeit und beantragte bei der ‚Bezirksversammlung' eine Unterstützungsleistung für maximal vierzehn Tage, wenn er dies aufgrund seines Hausbesuchs für angemessen hielt. Zweimal im Monat trafen sich die Armenpfleger auf der Bezirksversammlung und beschlossen gemeinsam ihre Anträge. Arbeitsfähige Arme versuchten sie zwischenzeitlich auf Gelegenheitsarbeitsplätzen in ihrem Umfeld unterzubringen. In Notzeiten – saisonaler Arbeitslosigkeit im Winter und krisenhafter Arbeitslosigkeit in bestimmten Jahren – trat die Gemeinde als unmittelbarer Arbeitgeber in Erscheinung und vergab ‚Notstandsarbeiten', meist zur Verbesserung der Verkehrswege und der lokalen Infrastruktur. 1858, in der Zeit einer frühen Weltwirtschaftskrise, vergab die Gemeinde bestimmte Aufträge an einzelne Unternehmer mit der Maßgabe, dafür Arbeitnehmer zu beschäftigen, die ihnen von den Armenpflegern genannt worden waren (Sachße/Tennstadt 1980, S. 214–218).

Das Elberfelder System war 1852 eingeführt worden. Elf Jahre später urteilte die Stadtverwaltung in Elberfeld über den erzielten Erfolg: „Es ist ein Verdienst der neuen Ordnung, binnen elf Jahren mehr als 300.000 Taler an Almosen erspart zu haben; es isst das größte Verdienst, die demnach wirklich verausgabte, ungefähr ebenso grosse Summe als ‚Almosen' nicht nur nicht verausgabt, sondern den an die Befriedigung ihrer Ansprüche auf Almosen gewöhnten und eben dadurch zum Proletariat herabgewürdigten Familien und einzelnen, auf die eigene Arbeit ihrer Hände angewiesen, wieder Arbeit verschafft, die Arbeitsscheuen ohne Nachsicht abgewiesen, Widerspenstige vor den Strafrichter geführt, Eltern mit den Kindern, Kinder mit Eltern mittels Ermahnung oder Anwendung des Gesetzes verbunden und im allgemeinen in weiten Kreisen Sitte und Ordnung und Gefühl von Ehre und Pflicht hervorgerufen und erstrebt zu haben" (zit. in: Sachße/Tennstedt 1980, S. 218[5].

Allerdings gab es 50 Jahre später, am Ende des Jahrhunderts eine Menge Kritik am Elberfelder System. Es wurde moniert, dass die (ungeschulten) Armenpfleger, die noch dazu häufig Nachbarn der von ihnen Betreuten waren, zu großzügig Unterstützung befürwortet hätten, dass das Quartiersystem der Hausbesuche nicht geeignet wäre, in die Städte strömende landflüchtige Neubürger abzuschrecken und dass die zunehmenden Segregationsprozesse in den großen Städten Armenviertel geschaffen hätten, in denen die Konzentration von Armut und Not die ehrenamtlichen Helfer überfordern würde. Die Stadt Straßburg führte deshalb 1905 eine modifizierte Praxis ein: das *Straßburger System*. Es gab die Dezentralisierung des Elberfelder Systems und die Entscheidungsbefugnis über Unterstützung durch die ehrenamtlichen Wohlfahrtspfleger auf, konzentrierte die Verwaltung der Armut im Rathaus und unterstellte sie der Aufsicht von Kommunalbeamten. Der Schöpfer des Straßburger Systems, Dr. Rudolf Schwander in seinem Bericht über die Neuordnung der Hausarmenpflege der Stadt Strassburg: „Wir wollen ja im öffentlichen Fürsorgewesen grundsätzlich nicht das, was man als Hilfe von Mensch zu Menschen bezeichnen kann, sondern wir sehen darin ein soziales Hilfsinstrument für den bedürftigen Staatsangehörigen ... (Dieser) soll nicht die Empfindung bekommen, als ob ihn ... ein ehrenamtlicher Pfleger unterstützt, von dessen gutem Willen er sich ... mehr oder weniger abhängig fühlen muss, sondern er soll sich auch im Stand der Hilfsbedürftigkeit als Mitglied der Allgemeinheit betrachten, wie es seiner politischen und moralischen Lage angemessen ist“ (zit. in: Sachße/Tennstedt 1980, S. 221).

Damit wird der Übergang von der ethisch gebotenen Mildtätigkeit des Samariters über die ehrenamtliche Mitarbeit von Armenpflegern zur beruflichen kommunalen Wohlfahrtspflege angebahnt.

Anmerkungen

1 Die wichtigsten Fundstellen der materialistischen Gesellschaftstheorie von Marx und Engels findet man u.a. in: Friedrich Engels, Die Lage der arbeitenden Klasse in England. Nach eigener Anschauung und authentischen Quellen (1845): in MEW 1972, 2, S. 224–506; Karl Marx und Friedrich Engels, Manifest der Kommunistischen Partei (1848): in MEW 1972, 4, S. 459–493; Karl Marx, Zur Kritik der Politischen Ökonomie (1859) in: MEW 1972, 13, S. 3–160; Karl Marx, Lohn, Preis und Profit (1862) in: MEW 1972, 16, S. 101–152.

2 In den Anfängen dieser Einrichtung waren Arbeitshäuser und Zuchthäuser unter einem Dach zusammengefasst und wurden auch sprachlich so behandelt.

3 Auf diese ‚Auslagerung' oder ‚Privatisierung' hoheitlicher Staatsaufgaben wir in unseren Zeiten gern zurückgegriffen; siehe dazu die Hausordnung des Arbeitshauses in Berlin aus dem Jahre 1751, abgedruckt in: Sachße/Tennstedt (1980), S. 164–173.

4 Eine Statistik der Verbreitung von Arbeits- und Armenhäusern im Deutschen Reich findet man in Sachße/Tennstedt (1980), S. 251–257.

5 Armenordnung der Stadt Bielefeld vom 9. Juli 1852. In: Sachße/Tennstedt (1980), S. 286–289.

Weitere Quellen

Marzahn, Christian und Hans-Günther Ritz (1984): Zähmen und Bewahren. Die Anfänge bürgerlicher Sozialpolitik

Sachße, Christoph und Florian Tennstedt (1980): Geschichte der Armenfürsorge in Deutschland. Band 1: Vom Spätmittelalter bis zum 1. Weltkrieg

Sachße, Christoph und Florian Tennstedt (1998): Bettler, Gauner und Proleten. Ein Bild-Lesebuch

2. Hausbesucherinnen und ihre Hilfen im Einzelfall

Das Elberfelder System hatte auf die ehrenamtliche Mitarbeit von Bürgern zurückgegriffen, die sich in ihren Wohnquartieren auskannten und einschätzen konnten, welche Familienväter arbeitsunfähig oder arbeitsunwillig waren und welche man in minderqualifizierte Gelegenheitsarbeiten vor Ort vermitteln könne. Das Straßburger System hatte die Übersicht über die Armen und Arbeitslosen wieder zentralisiert und in die Hände kommunaler Bediensteter gelegt. Beiden Personengruppen fehlte offensichtlich die beruflich zu erwerbenden Fähigkeiten und Fertigkeiten, Fälle, die der Wohltätigkeit ‚würdig' waren, von ‚unwürdigen' Fällen zu unterscheiden, um die einen wirkungsvoll abschrecken, die anderen wirkungsvoll unterstützen zu können. Die Unterstützung war gesamtgesellschaftlich gesehen sinnvoll und notwendig geworden, denn menschliche Arbeitskraft war in der beginnenden industriellen Gesellschaft ein Produktionsmittel geworden, das ‚Mehrwert' schaffte, Kapitalbildung ermöglichte und die Entwicklung der Produktionsmittel beförderte. Arbeitswillige Arbeitslose waren ein zusätzliches Instrument des entwickelten Kapitalismus, um den Preis der Ware Arbeitskraft zu drücken und bei raschem industriellen Wachstum schnell auf menschliche ‚Reserven' zurückgreifen zu können. Daher der Ausdruck ‚industrielle Reservearmee'.

Es ging beim Übergang vom 19. zum 20. Jahrhundert bei der Entwicklung der Sozialen Arbeit und ihrer Berufe um den Übergang von der ehrenamtlichen Tätigkeit und von der beruflichen Tätigkeit ohne entsprechende Ausbildung zu einer spezifischen beruflichen Ausbildung, die in einer späteren Phase der Ver-Beruflichung zu einer wissenschafts-gestützten Ausbildung an Institutionen ‚höherer Bildung' (Fachschulen, Fachhochschulen, Universitäten) führen wird. Wir haben uns angewöhnt, diese dritte Stufe der Entwicklung von Berufen aus dem Ehrenamt heraus als ‚Professionalisierung' zu bezeichnen[1].

Um diese Entwicklung der Berufsausbildung für Soziale Berufe zu verfolgen, müssen wir zunächst unser Augenmerk auf die USA und danach wieder auf Deutschland richten. Wir treffen dabei auf drei bemerkenswerte Frauen, die für die Entwicklung methodischen Arbeitens in unseren Berufen von grundlegender Bedeutung sind: Mary Richmond, Jane Addams und Alice Salomon.

Abb. 5: Mary E. Richmond, 1887 aus: M. E. Richmond: The Long View. New York 1930

Mary Richmond (1861–1928) war in Belleville Illinois geboren worden. Ihre Eltern zogen bald in die Heimatstadt Baltimore zurück und starben kurz nacheinander an Lungentuberkulose. Die Tochter wuchs bei Großmutter und Tante auf und schloss 1878 ihre Schulbildung an einem Mädchen-Gymnasium ab. Ein Studium schien aus finanziellen Gründen nicht infrage zu kommen. Mary zog vielmehr zu ihrer Tante, die inzwischen in New York als Korrektorin in einem kleinen Verlag arbeitete, der sich auf progressive Literatur spezialisiert hatte. Sie wurde im selben Verlag als Büroangestellte beschäftigt. Nachts brachte sie sich Stenographie und Buchhaltung bei. Ihre Tante war nach langer Krankheit arbeitsunfähig geworden und musste bis zu ihrem Tod von Mary Richmond versorgt und finanziert werden. Auf der Suche nach einer möglichst qualifizierten Beschäftigung arbeitete Mary zunächst als Buchhalterin in einem Schreibwarengeschäft, dann in einem Familien-Hotel für fünfzig Dollar im Monat – bis sie die Stellenanzeige der *Baltimorer Charity Organisation Society* las. Die C.O.S. war ein neuer Wohlfahrtsverband, der sich darauf spezialisiert hatte, Frauen als ‚Hausbesucherinnen' (*friendly visiting*) auszubilden und einzusetzen. Sie stellte sich vor und wurde genommen. Obwohl sie nichts von Wohlfahrtspflege verstand und vergleichsweise jung war.

In ihrem neuen Büro im Altamont Hotel der Stadt lernte sie einige eindrucksvolle Frauen kennen, die sie mit den Problemen ihres neuen Berufes vertraut machten. Vor allem Zilpha D. Smith, die Geschäftsführerin des Verbandes, mit der sie sich schnell und eng befreundete, brachte sie zu den Versammlungen, Arbeitsbesprechungen und Fall-Konferenzen ihrer ehrenamtlichen Mitarbeiterinnen und Mitarbeiter und regte an, dass sie selbst neben ihrer Tätigkeit als Schatzmeisterin die Aufgabe eines *friendly visitors* übernahm und Gruppenleiterin in einem Club für junge Arbeiterinnen würde. Durch ihre neue Tätigkeit – die ihr übrigens zunächst nicht mehr als die monatlichen fünfzig Dollar einbrachte, die sie auch schon als Buchhalterin verdient hatte – wurde sie bald überregional bekannt. Sie nahm 1890 an der *National Conference of Charity and Correction* teil und wurde ein Jahr später als Nachfolgerin von Zilpha Smith zur Geschäftsführerin des Wohlfahrtsverbandes gewählt.

Rückblickend sagte Mary Richmond über ihre Zeit in Baltimore, sie sei dort „berührt, bewegt und belehrt“ worden. Dabei litt sie unter ihrer fehlenden Ausbildung in der Sozialarbeit und den für sie zuständigen Sozialwissenschaften.

Dennoch – oder vielleicht gerade deshalb – entfaltete die neue Geschäftsführerin eine nahezu fieberhafte Aktivität. Für ihre sieben Mitarbeiterinnen und sich selbst richtete sie eine moderne Fachbibliothek ein, sie organisierte gemeinsame Lese- und Diskussionsabende für die Hauptamtlichen und Fortbildungskurse im *friendly visiting* für die Ehrenamtlichen. Vor allem aber war sie beständig unterwegs, um auf Versammlungen und Konferenzen, in Frauen-Clubs und Kirchengemeinden, bei Fabrikanten und kleinen Geschäftsleuten um Geld und Mitarbeit zu werben.

In einer Rede vor der Arbeitsgruppe für Sozialarbeit des Frauen-Collegs von Baltimore entwirft sie vor den jungen Akademikerinnen ein abschreckendes Bild vom wohlfahrtspflegerischen Alltag in den USA – von dem sie selbst ein Teil ist. Da gebe es kommunale Armenhäuser, die Armut nicht korrigieren, sondern erst recht eigentlich herstellen. Besserungsanstalten, die nicht resozialisieren, sondern kriminalisieren. Arbeitshäuser, in denen es aus Angst vor gewerkschaftlichem Terror keine vernünftige Arbeit gebe. Denn die Gewerkschaften wehrten sich dagegen, dass die Arbeitshäuser den regulären Lohnarbeitern die Arbeit stehlen. In der privaten Wohlfahrtspflege sei es nicht besser. Erziehungsheime bereiten nicht auf das Leben vor, sondern auf lebenslange Totalversorgung. Milde Gaben werden in homöopathischen Dosen verabreicht. Kirchliche Kinder-, Jugend- und Erwachsenengruppen erreichen nicht den harten Kern der Armen, dafür sind ihre Veranstalter stolz auf ihre Mildtätigkeit.

Dann stellte Mary Richmond die Frage, was ihre Zuhörerinnen wohl angesichts einer solchen alltäglichen Situation tun würden, um dennoch aus Überzeugung und mit Engagement in der sozialen Arbeit tätig zu werden. Wahrscheinlich, so vermutet sie, würden sie sich der Settlementbewegung[2] anschließen wollen, in der tätige, nachbarschaftliche Hilfe auf der Basis der Gleichwertigkeit der Settler mit den Nachbarn angeboten werde. Dies aber wäre, so die Rednerin, ein unkluger Schritt. Natürlich, räumte sie ein, wollten die jungen Akademikerinnen am liebsten unter sich bleiben. Darum ihre Vorliebe fürs Settlement. Aber wäre es nicht viel vernünftiger und selbstdisziplinierter, die Kräfte dort einzusetzen, wo sie am nötigsten gebraucht würden? Mehr als 1,5 Millionen Dollar gebe eine Stadt wie Baltimore jährlich für die Armenhilfe aus – teilweise falsch aus. Das könnte man ändern. Denn mit dem liebenswerteren Teil der Armen beschäftigt sich die Öffentlichkeit gern, aber schwachsinnige junge Mütter, Mädchen auf Trebe, sinnlose Arbeiten im Arbeitshaus, *das* wären Probleme, mit denen sich niemand gern die Finger schmutzig mache. Deshalb schlug Mary Richmond den Akademikerinnen vor, eine Liste mit fünf oder sechs der schlimmsten Wohlfahrtseinrichtungen in ihrer Heimatstadt aufzustellen und sich zu fragen, ob es eine negative Wirkung hätte, wenn eine dieser Einrichtungen ihre Pforten schließen müsste. In jedem Fall, in dem diese Frage bejaht werden würde, wäre es sinnvoll und nützlich, in der betreffenden Einrichtung aktiv und engagiert mitzuarbeiten. Denn: „Wenn diejenigen, die das Wissen haben, auch Geduld und Takt besitzen, ist es eine wunderbare Sache zu sehen, wie viel in vergleichsweise kurzer Zeit erreicht werden kann. Und eine schlimme Sache in eine gute Sache zu verwandeln – das lohnt unendliche Mühen. Das ist das Prinzip fürs *friendly visiting* in den Familien und das ist auch das Prinzip moderner Wohlfahrtsorganisationen". Mary Richmond forderte also ihre Hörerinnen auf, die Organisationen der bestehenden Wohlfahrt so wie sie sind, effektiv zu machen: Die Organisationsform, das Management, das Spendenaufkommen, die Räumlichkeiten, die Mitarbeiter: „Das ist die konservative Methode und es ist die historische Methode". Glänzende Erfolge sind damit nicht zu erzielen. Die Gratifikationen sind klein. Aber es lohn sich dennoch, an der Reform der sozialen Arbeit mitzuwirken, damit „unsere Enkel ihre Wohlfahrtspflege klüger verwalten".[3]

Die Rede klingt für uns heute einerseits als reformatorischer Appell, gleichzeitig aber als Aufforderung zum Bewahren des Bewährten. Was also heißt ‚die Wohlfahrtspflege klüger verwalten' für Mary Richmond?

Die europäischen Kolonialisten, die sich auf Kosten der indianischen Ureinwohner in der Neuen Welt heimisch gemacht hatten, übernahmen die Haupttendenzen des Elisabethanischen Armenrechtes aus dem 17. Jahrhundert: Sie sorgten für ihre Armen mit Nahrung, Kleidung, Feuerholz und anderen Notwendigkeiten zur Haushaltsführung. Aber als Puritaner hatten sie einen Horror vor dem sogenannten Müßiggang der Armen, betrachteten Untätigkeit als Sünde und als Quelle von Unglück und Verbrechen und sahen Armut als Beweis für eine niedere Moral an. Es erschien ihnen deshalb auch nicht unmenschlich, sondern eher als Gott wohlgefällig, wenn sie ihren Gemeinde-Armen das Leben so schwer wie möglich machten. Hilfesuchende wurden ins Armen-Register eingetragen, ihre Namen wurden am Rathaus angeschlagen und in den Lokalzeitungen veröffentlicht. In Pennsylvanien mussten Arme den Buchstaben P (*Pauper*) auf der rechten Seite ihres Hemdärmels tragen, lediglich alteingesessene und arbeitsunfähige Arme wurden von dieser Diskriminierung ausgenommen. Um Armenhilfe nachsuchende Einwanderer wurden ausgepeitscht, zurückgeschickt oder ausgesetzt, langjährige Hilfesuchende wurden interessierten Bauern zur Nutzung ihrer Arbeitskraft übergeben (*farming out*) oder an Interessenten versteigert (*auction system*). Von der kirchlichen Armenhilfe profitierten eingesessene Gemeindemitglieder, die regelmäßig am Gottesdienst und am übrigen Gemeindeleben teilnahmen, für die „anderen" gab es meist nur ein verächtliches Achselzucken. Bürger, denen diese schlichte Praxis der Armenhilfe unchristlich schien, gründeten hier und da philantropische Vereinigungen, um wenigstens den „unschuldigen Armen" (meist Kinder und

Frauen) minimalen Schutz und minimale Hilfe in Form von Sachspenden zu geben.

Diese Praxis schien im Gründerjahrhundert der Vereinigten Staaten von Nordamerika vernünftig. Das Land war weit und unterbesiedelt. Im Kampf mit der Natur und bei der Ausrottung von Ureinwohnern, den Indianern, wurde jede Hand gebraucht. Arbeitslosigkeit war ein unbekannter Begriff. Wer arbeiten konnte, der fand auch Arbeit. Wer nicht arbeitete, der war für die dörfliche Gemeinschaft eine unerträgliche Last. Im Laufe des 19. Jahrhunderts änderten sich vor allem in den Staaten der Ostküste der USA die Verhältnisse. Mehr und mehr Einwanderer kamen ins Land und ließen sich im Osten nieder. Mehr und mehr Arbeitslose und Arbeitsunfähige konzentrierten sich in dem Küstenstreifen zwischen Boston im Norden und Philadelphia im Süden. Aufgrund von Untersuchungen über den Zustand des Armenwesens kam der Yates-Report von 1824 zu der Empfehlung, ähnlich wie im alten England die Arbeitswilligkeit der Hilfesuchenden durch ihre Einweisung in ein Armen- und Arbeitshaus (*almhouse*) zu testen. In Massachusetts beispielsweise stieg die Zahl der Arbeitshäuser zwischen 1824 und 1860 von 83 auf 219 an. Mit anderen Worten: Vier Fünftel aller Hilfeempfänger wurden kaserniert, um die Berechtigung ihres Hilfebegehrens zu testen.

Diese Praxis der nordamerikanischen Armenhilfe hatte ihre ökonomischen Gründe. So wurde gestützt durch das traditionelle Misstrauen, das die europäischen Einwanderer dem Staat als Verteilungsagentur von Sozialleistungen entgegenbrachten. Viele von ihnen waren ja gerade im 19. Jahrhundert aus Europa ausgewandert, weil sie sich durch polizeistaatliche Verfolgungen in ihren religiösen und politischen Freiheiten behindert sahen. In ihrer neuen Heimat wollten sie so wenig Staat wie möglich. Und sie wollten keine Steuern zahlen – vor allem nicht, um Faulenzer, Bettler und Kriminelle am Leben zu erhalten. Diese Verachtung jeglichen vom Idealbild eines arbeitsamen Lebens abweichenden Sozialverhaltens fand ihre ideologische Begründung in der damals vorherrschenden frühkapitalistischen Menschen- und Gesellschaftslehre. Adam Smith, David Ricardo und Thomas Malthus hatten die „Theorie" eines Gesellschaftsbildes formuliert, demzufolge sich Kultur, Wirtschaft und Bevölkerung am gesündesten dann entwickeln, wenn der Staat möglichst wenig in ihre „natürlichen Gesetze" eingreift. Arm und hilflos sind vor allem die „Arbeitsunwilligen" und die „Arbeitsunfähigen". Sie sterben von selbst aus, wenn man sie nicht durch falsch verstandene, christlich motivierte Nächstenliebe am Leben erhält und sie noch dazu ermutigt, möglichst viele Kinder zu zeugen. Die Tüchtigen müssen die Chance haben, sich durchzusetzen; und die Untüchtigen müssen die Chance haben, auszusterben. Diese Auffassung ist später sozialdarwinistisch genannt worden, weil sie die Lehre des englischen Naturforschers Charles Darwin (1809–1882) von der biologischen Auslese der lebensfähigsten Arten und Individuen im Kampf ums Dasein auf das soziale Leben überträgt.

Aus der ökonomischen Lage der Pionierzeit, aus der lebensgeschichtlichen Staatsferne der Einwanderer und aus der sozialdarwinistischen Gesellschaftslehre des Kapitalismus wurde also eine Einstellung gegenüber Armen und Hilflosen gespeist, die es als menschlich und christlich geboten erscheinen ließ, diesen Armen und Hilflosen nicht nur nicht zu helfen, sondern auch zu verhindern, dass Staat, Kommunen und private Wohlfahrtsvereinigungen diese Armen und Hilflosen durch milde Gaben am unnützen Leben erhielten. Dieses Prinzip wurde lediglich in einer historischen Situation durchbrochen: Als der Sieg der Nordstaaten über die Südstaaten am Ende des Bürgerkrieges (1861–1865) die Abschaffung der Sklaverei und die Enteignung vieler südstaatlicher Großgrundbesitzer brachte, gründete die Zentralregierung in Washington das *Bureau of Refugees, Freedmen, and Abandoned Lands*, kurz *Freedmen's Bureau* genannt. Diese Bundesbehörde, die zwischen 1865 und 1882 existierte, war eine integrierte sozialstaatliche Wohlfahrtsagentur, die materielle Hilfen bei Kriegsfolgeschäden leistete, verlassenen Grundbesitz an freigelassene schwarze Landarbeiter verteilte, Gesundheits- und Erziehungsfürsorge leistete und Rechtsberatung anbot. Es ist interessant und liegt doch gleichzeitig auf der Hand, dass diese Behörde ohne Einfluss auf das nordamerikanische Wohlfahrtswesen geblieben ist und dass ihre Erfahrungen auch bei der Einrichtung einer anderen Bundesbehörde (der *Federal Emergency Relief Administration*) während der Großen Depression der 30er Jahre dieses Jahrhunderts nicht herangezogen worden sind. Denn die Nachwirkungen des Bürgerkrieges wurden als Menschenwerk angesehen, dessen Folgen durch staatliches Handeln zu korrigieren waren, während zyklische, kapitalistische Wirtschaftskrisen offenbar als außer-menschliches Schicksal oder als über-individuelle soziale Gesetzmäßigkeiten galten, in die der Staat sich tunlichst nicht einmischen sollte.

Die Situation der Armen und Hilflosen während der zweiten Hälfte des 19. Jahrhunderts in den USA war verzweifelt und widersprüchlich. Einige Gemeinden unterstützten ihre würdigen Armen durch Sachspenden und verjagten die unwürdigen Nichtstuer und Bettler, andere Gemeinden sperrten sie in Arbeitshäuser und ließen sie solange arbeiten, bis ihnen die Lust an Hilfegesuchen vergangen war. Die Kirchen unterstützten ihre aktiven Gemeindemitglieder, wenn sie in unverschuldete Not geraten waren, private philantropische Vereinigungen kümmerten sich um gefallene Mädchen und ausgesetzte Kinder. Gleichzeitig wuchs durch die Folgen des Bürgerkrieges und durch rasch aufeinander folgende Wirtschaftskrisen in den achtziger Jahren das soziale Elend vor allem im Osten und im Mittleren Westen der Vereinigten Staaten sprunghaft an. Die Armen, die Arbeitslosen, aber auch die Arbeiterinnen und Arbeiter schlossen sich zusammen, organisierten sich und schienen die politische, die staatliche und die wirtschaftliche Ordnung zu bedrohen. Die Arbeitskämpfe und die Aufstände konnten nur mit Mühe und meist mit der Waffengewalt von Bundestruppen niedergeschlagen werden.

In dieser gespannten sozialen Situation formulierte der aufgeklärte Teil der nordamerikanischen Öffentlichkeit die Forderung nach einer Vereinheitlichung und Verwissenschaftlichung der disparat gehandhabten Armenhilfe und Armenpflege. Ein Geistlicher, der Reverend Stephen Humphrey Gurteen gründete 1877 in Buffalo im Staate New York die erste *Charity Organization Society* (COS). Sie war *nicht* als eine *zusätzliche* Wohlfahrtsagentur zur wahllosen Verteilung milder Gaben an unverschuldet in wirtschaftliche Not geratene Bürger gedacht, sondern als eine Clearingstelle, um einerseits die Hilfesuchenden zu registrieren und ihre individuellen Lebensverhältnisse zu untersuchen und um andererseits die privaten und kommunalen Hilfemöglichkeiten der Gemeinde aufzulisten und die Hilfesuchenden nach Feststellung ihrer wirklichen Hilfsbedürftigkeit an die passenden Wohltäter zu vermitteln. Oberstes Prinzip der COS als kommunaler Clearingstelle war es also, *zu ermitteln und zu vermitteln*, aber selber keine Almosen zu verteilen. „*No Relief Here*" stand in großen, stolzen Lettern auf dem Türschild der COS in Buffalo. Bei ihrer Ermittlungs- und Vermittlungstätigkeit stützten sich die neuen COS auf eine Einrichtung, die wesentlich älter war als die COS selbst: auf ehrenamtlich tätige Hausbesucherinnen (*friendly visitors*), die bereits seit Anfang des 19. Jahrhunderts in England und seit Mitte des 19. Jahrhunderts in Deutschland tätig waren, um Hilfegesuche an Ort und Stelle, d. h. in den Wohnungen der Antragsteller auf ihre Berechtigung zu überprüfen. Wir haben sie in Elberfeld in der zweiten Hälfte des 19. Jahrhunderts kennen gelernt.

Als Erfinder dieses Systems ehrenamtlicher Hausbesucherinnen gilt der schottische Geistliche Thomas Chalmers (1780–1847), der zunächst in seiner kleinen Gemeinde Kilmany in Schottland und ab 1814 in einem Armenbezirk von Glasgow die Armenhilfe auf nachbarschaftlicher, ehrenamtlicher Basis reorganisierte. Er teilte seine Gemeinden in Unter-Distrikte von jeweils rund 400 Einwohnern ein und überprüfte eigenhändig bzw. mit Hilfe ehrenamtlicher Mitarbeiter jedes einzelne Hilfegesuch mit dem „überraschenden Ergebnis, dass während einer Zeit von vier Jahren nur zwanzig neue Hilfegesuche bei einer Bevölkerung von 8.000 als wirkliche Hilfsbedürftige anerkannt zu werden brauchten". Zu diesem Ergebnis kam er mit dem folgenden Vorgehen: Er überprüfte zunächst die Lebenslage der Antragsteller. Dann kontaktierte er Verwandte, Freunde und Nachbarn der hilfesuchenden Familie, um sie zu veranlassen, sich um Waisen, Alte, Kranke und Behinderte zu kümmern; blieb dies erfolglos, dann suchte er nach begüterten Wohltätern, die für persönlich und materiell in Not geratene Familien die Patenschaft übernahmen, und erst, wenn auch das misslang, bewilligte er Sachspenden aus dem Gemeinde-Fond, den er autonom verwaltete.[4]

Der Reverent Gurteen aus Buffalo übernahm dieses System der – wir würden heute sagen: ‚sozialräumlichen Armenhilfe', allerdings mit der wichtigen Ergänzung, dass er *alle* im Sozialraum operierenden philantropischen und religiösen Wohlfahrtsorganisationen verpflichtete, mit der COS zusammenzuarbeiten und sachliche und finanzielle Hilfen im Einzelfall nur dann zu leisten, wenn die Hausbesucherinnen der COS den Fall positiv begutachtet hatten.

Außerdem führte die COS eine zentrale Liste aller Hilfsbedürftigen und um Hilfe Nachsuchenden, um die Ermittlungstätigkeit der ehrenamtlichen Hausbesucherinnen zu vereinheitlichen und zu erleichtern. Damit war ein wissenschaftliches Ermittlungsinstrument geschaffen worden, das den mittelalterlichen Test der (subjektiven) Arbeitsbereitschaft durch die Einweisung in ein Arbeitshaus durch das Sammeln von („objektiven") Informationen über die Lebensumstände der nach Hilfe suchenden Familien in den Wohnungen dieser Familien ersetzte und das beanspruchte, wissenschaftlicher, umfassender und menschenfreundlicher zu sein als das alte Arbeitshaus.

Die Hausbesucherinnen waren meist nicht-berufstätige Ehefrauen von Geschäftsleuten und höheren Angestellten und unverheiratete höhere Töchter ohne Ausbildung und Beruf. Sie begnügten sich allerdings nicht damit, lediglich als ehrenamtliche Ermittlungshelferinnen tätig zu sein, sondern hatten das dringende Bedürfnis, sich in eine direkte, persönliche Beziehungen zu den von ihnen besuchten Familien zu setzen. Nachdem sie gelernt hatten, dass materielle Hilfeleistungen in aller Regel sowohl den Spender entehrten als auch die Würde der Beschenkten verletzten, konzentrierten sie sich auf persönliche Ratschläge über Haushaltsführung, Kindererziehung und Eheleben. Durch regelmäßige, vierzehntägliche Hausbesuche wollten sie eine persönliche Beziehung zu den von ihnen betreuten Familienmitgliedern aufbauen und durch ihre Ratschläge (*counselling*) die Ursachen der Hilfsbedürftigkeit zum Verschwinden bringen. Der progressive Teil dieser *Charity Organization Bewegung*, die sich als eine Reformbewegung verstand, formulierte ihr neues philanthropisches Ideal in dem Satz Forderung „*no alms but a friend*". Ihre Kritiker machten daraus den Slogan „*Neither alms nor a friend*". Das neue System stand und fiel mit dem Vorhandensein einer ausreichenden Zahl ehrenamtlicher Besucherinnen, die geschult genug waren, nicht in der ersten Regung mitmenschlicher Gefühle in die eigene Tasche zu greifen und punktuell materiell zu helfen und die gleichzeitig geschickt genug waren, mit den Angehörigen einer ihnen fremden sozialen Klasse freundlich zu sprechen, objektive Familiendaten zu erheben und gleichzeitig freundschaftlichen Rat zu geben. Und das neue System stand und fiel gleichzeitig mit der Bereitschaft der Kommunalverwaltung und der übrigen privaten Wohlfahrtsorganisationen, die COS. anzuerkennen und mit ihr zusammenzuarbeiten. Dazu gehörten vor allem zwei Eigenschaften: Organisationstalent und Verhandlungsgeschick gegenüber der Kommune und den anderen Wohlfahrtsverbänden und die Fähigkeit, sozial engagierte Frauen zur ehrenamtlichen Mitarbeit zu motivieren und sie während ihrer Tätigkeit wenigstens minimal zu schulen und fortzubilden. Über beide Eigenschaften verfügte Mary Richmond in offensichtlich hervorragender Weise. Ihr Organisationsprinzip, Geld nicht in Hilfelose zu investieren, sondern in quasi-professionelle Helfer, setzt sich im letzten Jahrzehnt des letzten Jahrhunderts in Nordamerika weitgehend durch.

Emil Münsterberg, Jurist und langjähriges Vorstandsmitglied des Deutschen Vereins für öffentliche und private Fürsorge, äußerte sich nach einem Besuch der USA um die Jahrhundertwende beeindruckt und bewundernd, dass sich in Nordamerika, im Gegensatz zu Deutschland, wo die dilettantische Verteilung von Almosen durch private Vereine überwiege, die Auffassung durchgesetzt habe, „dass es vor allem darauf ankomme, dass die von der Privatwohltätigkeit zur Verfügung gestellten Mittel in richtiger Weise und an der richtigen Stelle verwendet werden müssen, und dass daher eine der wichtigsten Verwendungszwecke die Anstellung von Persönlichkeiten bilde, die die richtige und zweckmäßige Verwendung sicherstellen. So entbehrt keine der großen Wohltätigkeitsanstalten des gut besoldeten Generalsekretärs mir der entsprechenden Zahl von Gehilfen und sonstigen besoldeten helfenden Kräften". Allerdings merkt er dann etwas grämlich an, dass in Nordamerika vor allem Frauen die Szene der sozialen Arbeit bestimmen, eine Tatsache, die „Kennern der amerikanischen Verhältnisse sogar Anlass gegeben hätten, von einer Gefahr des Feminismus in Amerika zu sprechen".[5]

Mary Richmond sah immer deutlicher, dass sich im harten Konkurrenzkampf um die Verteilung privater Spenden und um die Berechtigung zur Kanalisierung öffentlicher Sozialhilfe-Etats nur solche *Charity Organization Societies* würden am Leben halten können, die über einen gut trainierten und gut geschulten Mitarbeiterinnenkreis von Ehrenamtlichen verfügten. In einer Rede vor dem Bürger-Club von Philadelphia spricht sie deshalb ihren damaligen Herzenswunsch aus: „... und wenn ich noch lange lebe, dann hoffe ich eines Tages auf eine reguläre Ausbildungsstätte der Philantropie, ehe ich sterbe".[6]

An der Erfüllung dieses Herzenswunsches hat sie als gute Organisatorin und Managerin aktiv mitgearbeitet. Auf der *National Conference of Charities und Corrections* legte sie 1897 ein Papier mit der massiven Forderung nach einer Ausbildungsstätte in angewandter Philanthropie vor. Bereits im Sommer 1898 eröffnete die Charity Organization Society in New York die erste *Summer School of Philanthropy*, aus der später eine Fachschule für Sozialarbeit hervorging, die heute als *School of Social Work* Teil der Colombia Universität ist. Mary Richmond sah, dass es vor allem drei Schwerpunkte wären, welche den Lehrplan der von ihr geforderten und später von ihr als Dozentin mitgetragenen Ausbildungsstätte bestimmen müssten: Die Kunst zu ermitteln, die Kunst, eine tragfähige zwischenmenschliche Beziehung zwischen Hausbesucherin und Problemfamilie herzustellen, und die Kunst, die Familienmitglieder in Lebensfragen zu beraten.

Als Verbands-Praktikerin beschäftigte sie vor allem die erste Frage. Sie schätzte die berufspolitische Lage der Sozialarbeit um die Jahrhundertwende realistisch ein: Wenn die COS. ihren Anspruch, öffentliche Hilfe sparsamer und wirkungsvoller zu verwalten und zu vermitteln, als es das duale System von Arbeitshaus einerseits und christlicher Mildtätigkeit andererseits bisher bewerkstelligt hatte, dann musste die COS. nachweisen, dass der Ermittlungsfilter, durch den alle Hilfesuchende liefen, „würdige" und „unwürdige" Fälle besser voneinander schied als der Test des Arbeitshauses und das gute Herz ehrenamtlicher Gemeindehelfer. Die Existenzberechtigung der Charity Organization Bewegung hing also von der wissenschaftlich angeleiteten Ermittlungstätigkeit der *friendly visitors* ab. Wenn sie nicht die Kunst beherrschten, im richtigen Augenblick „nein" zu sagen, familiäre und nachbarschaftliche Unterstützungsmöglichkeiten zu erschließen und zu mobilisieren und nur im äußersten Notfall materielle Hilfe zu empfehlen, dann wären die COS. eine ebenso windige Institution wie die *settlements*, deren reformerische Faselhänse Mary Richmond im Grunde verachtete.

Als didaktisches Modell der von ihr propagierten Ausbildung von haupt- und ehrenamtlichen Sozialarbeiterinnen schwebte ihr die klinische Praxis der ärztlichen Ausbildung vor. Nicht allgemeine Prinzipien und Gesetzmäßigkeiten als Ursache für Armut und Hilfsbedürftigkeit sollten im Mittelpunkt der Ausbildung stehen, sondern die konkrete Unterweisung an einzelnen Fällen. Richmond räumte ein, dass den Ärzten die Fähigkeit fehle, Krankheitssymptome auf soziale Beziehungsstörungen zurückzuführen. Die Daten ihrer Patienten, die sie für ihre Diagnose sammelten, beschränkten sich auf die körperliche Seite menschlichen Lebens. Sie wollte ihre Mitarbeiterinnen deshalb anleiten, Daten über jene Seite der menschlichen Existenz zu sammeln und zu werten, die für soziale Fehlanpassungen verantwortlich seien. Dazu müssten in ihrem Ausbildungskonzept die Mitarbeiterinnen befähigt werden, beim Hausbesuch sozial relevante Beobachtungen zu machen und soziale relevante Fragen zu stellen.

Über die Kunst, die richtigen Fragen zu stellen, hatte sich Mary Richmond schon 1896 in einer Fachzeitschrift geäußert.[7] Das Thema verfolgte sie mit wissenschaftlicher Akribie zwanzig Jahre später, nachdem sie 1911 Abteilungsleiterin für Wohlfahrtsorganisationen der *Russell Sage Foundation* geworden war. Russell Sage (1816–1906) war ein erfolgreicher Eisenbahnbesitzer und Börsenspekulant gewesen, der seiner Frau Margaret Olivia Slocum Sage (1828–1918) ein damals riesiges Vermögen hinterlassen hatte. Olivia Sage gründete 1907 mit einem Startkapital von zehn Millionen Dollar die Russell Sage Foundation in New York zum Zweck „der Verbesserung der menschlichen und der sozialen Bedingungen in den USA und vor allem zur sozialwissenschaftlichen Forschung, Veröffentlichung und Fortbildung auf dem Gebiet der sozialen Arbeit". Nach ihrem Tod vermachte sie der Stiftung noch einmal fünf Millionen Dollar aus ihrem Gesamtvermögen von insgesamt rund achtzig Millionen Dollar.

In ihrer neuen Funktion als Forschungsorganisatorin sammelte Mary Richmond systematisch Material, das helfen sollte, die Frage zu beantworten, was Sozialarbeiter wissen müssen, ganz gleich, ob sie es mit einem wohnungslosen Paralytiker, dem verwahrlosten Jungen trunksüchtiger Eltern oder einer verwitweten Mutter mit kleinen Kindern zu tun haben. Sie ging davon aus, dass Ärzte und Rechtsanwälte in ihrer Ausbildung befähigt werden, die richtigen Fragen zu stellen und die richtigen Daten zu sammeln und sie wollte herausfinden, was für Sozialarbeiter „die richtigen Fragen" und „die richtigen Daten" sind. Ein Jahr lang beschäftigte sie zwei erfahrene Sozialarbeiterinnen aus der Familienfürsorge und der Gesundheitsfürsorge mit der Analyse vorhandener Fürsorgeakten aus fünf nordamerikanischen Städten. Anschließend organisierte sie eine Umfrage bei 56 Wohlfahrtsverbänden in drei Städten mit unterschiedlicher Sozialstruktur und -entwicklung, um empirisches Material über die „jeweils am weitesten entwickelte Form der sozialen Fallarbeit" zu gewinnen. Die Wohlfahrtsverbände wurden gebeten, für die jeweils ersten fünfzig Fallbearbeitungen eines Etat-Jahres anzugeben, welche Quellen sie benutzt hätten, um Daten zur Einschätzung und Bewertung ihrer jeweiligen Antragsfälle zu gewinnen. Zusätzlich interviewte sie Sozialarbeiter, die ihren Arbeitgeber bzw. ihren Arbeitsplatz gewechselt hatten, um Aufschlüsse über den Zusammenhang zwischen Arbeitsplatz und Datensammlung zu gewinnen. Die Auswertung der Untersuchung, ihr Lehrbuch ‚Social Diagnosis' wurde 1917 in der Schriftenreihe der Russell Sage Foundation veröffentlicht. Es gehört zu den Büchern, welche die Ausbildung der nordamerikanischen Sozialarbeiterinnen und Sozialarbeiter nachdrücklich beeinflusst und geprägt haben. Und es gilt als „wissenschaftliche Grundlegung" der Methode der vertieften und differenzierten Einzelhilfe (*social case work*).[8]

Wer sich heute die Mühe macht, das 511 Seiten starke Buch kritisch zu lesen, der mag recht zwiespältige Gefühle entwickeln. Über weite Strecken liest sich die „Soziale Diagnose" wie in Lehrbuch für angehende Kriminalkommissare. Das Für und Wider der verschiedenen Quellen für Informationen von Konfliktfamilien wird ausführlich erwogen: Familienmitglieder als Auskunftspersonen, Verwandte als Auskunftspersonen, Gesundheitsbehörden, Lehrer und Schulen, Nachbarn, Arbeitgeber, andere Wohlfahrtsverbände, offizielle Dokumente ... Das Für und Wider der verschiedenen Formen der Ermittlung wird vorgeführt: Briefe, Hausbesuche, Telefonanrufe, Formulare, Fragebogen ... Die Frage der Vertraulichkeit der Informationen und des Datenschutzes wird ventiliert – und das ist wohl auch notwendig, denn das Buch mündet in einem Vorschlag für detaillierte Erhebungsbögen bei Immigranten, verlassenen und verwitweten Frauen, verwahrlosten Kindern, unverheirateten Müttern, Obdachlosen, Geistesgestörten und Schwachsinnigen. Die Fragebogen umfassen zwischen vierzig und 110 Fragen und spiegeln eine professionelle Neugier wider, die je nach Einstellung des Lesers sowohl Bewunderung wie auch Schrecken erregen mag.

Andererseits enthalten die allgemeineren und die empirische Studie auswertenden Teile des Buches für die damalige Zeit zweifellos aufklärerisch gemeinte und aufklärerisch wirkende Überlegungen über Entstehung und Bekämpfung sozialer Vorurteile bei ungeschulten ehrenamtlichen Hausbesucherinnen. Mary Richmond hält ihre Leserinnen und Leser immer wieder an, aufgrund vorgefasster Meinungen nicht nur Informationen zu sammeln, welche diese Meinungen bestätigen, um aufgrund korrekter, aber punktueller Informationen falsche, für die Klienten meist ungünstige Verallgemeinerungen zu meiden. Sie entwickelt die Grundzüge der späteren Einzelhilfe, nämlich das erste Interview, Kontakt mit sämtlichen Familienmitgliedern, Sicherung der Bereitschaft zur Mitarbeit durch die gesamte Familie, Hypothesenbildung, Überprüfung und Evaluation der einzelnen Daten und ihrer Interpretation durch die ermittelnde Hausbesucherin. Sie hält ihre Leser an, kritisch zu ermitteln, aber sie bleibt wortkarg im Hinblick auf die Beantwortung der Frage, wozu diese vielen Ermittlungen eigentlich dienen sollen. Worin die Behandlung (*treatment*) des Falles besteht, darüber Mutmaßungen anzustellen, bleibt den Lesern weitgehend überlassen.

Diese ungewichtete Akzentuierung ist Mary Richmond bewusst gewesen. 1920 beschrieb sie in einer Rede auf der *National Conference of Social Work* notwendige Schritte der sozialen Behandlung von Problemfällen und trat einer, lediglich den gegenwärtigen Zustand festschreibenden[9] Interpretation der erhobenen Falldaten entgegen, die sie allerdings selbst mit verursacht hatte. Unter Hinweis auf ein Zitat von C. G. Jung betonte sie den dynamischen Aspekt menschlicher Entwicklung, die nicht hinreichend durch Daten aus seiner Vergangenheit prognostiziert werden könne. „Nur ein Toter kann durch die Rekonstruktion seiner Vergangenheit beschrieben werden". Und in ihrem Lehrbuch *What is Social Case Work*? entwickelt sie 1922, zwei Jahre vor ihrer schweren Krankheit und sechs Jahre vor ihrem Tod, ein sozialpädagogisches Bild von Menschen, für den Gesellschaft nicht nur Medium sondern Quelle und Ursprung seiner Entwicklung ist. Sie konzipiert den Menschen als ein lernfähiges und lernwilliges Wesen. „Sein Bewusstsein ist nicht etwas, was sich in seinem Kopf oder sonst wo im Raum befindet. Zu jeder Zeit ist das Insgesamt des menschlichen Bewusstseins das Ergebnis seiner natürlichen Gaben und seiner sozialen Erfahrungen und Beziehungen bis zu dieser Zeit". Es erscheint mir bemerkenswert, dass Mary Richmond in diesem, ihrem letzten Buch ihren Lesern die Prinzipien sozialer Arbeit als Einzelhilfe an Beispielen vor Augen führt, die elementare Lernprozesse von behinderten Kindern enthalten. Auf dem Weg zur Beantwortung der von ihr selbst gestellten Frage „Was ist soziale Einzelhilfe?" deutete die Autorin also eine erfahrungs- und lerntheoretisch fundierte Antwort an. Soziale Arbeit ist Erziehungsarbeit mit dem Ziel, und jetzt kommt die berühmt gewordene Definition, „die Persönlichkeit durch bewusst bewirkte, einzelfall-spezifische Anpassungsleistungen zwischen Menschen und sozialer Umwelt zu entwickeln.[10]

Abb. 6: Eine Vignette, die M. Richmond für die 1927er Konferenz der Familienverbände in Buffalo entworfen hatte; aus: M. E. Richmond: The Long View. New York 1930

An der Differenzierung im Einzelfall hat Mary Richmond zeit ihres Lebens festgehalten. „Halten Sie sich am Einzelfall fest" hat ihr eine erfahrene Sozialarbeiterin einmal gesagt, denn: ... „wenn Sie den Einzelfall richtig bearbeiten, dann haben Sie in ihm die Totalität der gesamten Sozialreform".

Wenn ich alles zusammennehme, was ich von Mary Richmond weiß, so finde ich zunächst einige Standpunkte bemerkenswert, die über die herrschende Meinung ihrer Zeit hinausgehen. Sie war beispielsweise ausgesprochen und unausgesprochen der Überzeugung, dass Gott als Verursacher von Armut und Hilfebedürftigkeit *keine Rolle* spiele. Weder sei Armut und Hilfebedürftigkeit Teil der göttlichen Weltordnung, noch sei sie als göttliche Strafe für ein dem Schöpfer der Welt missliebiges menschliches Tun und Lassen aufzufassen. Sie war weiter der ausgesprochenen Überzeugung, dass Armut und Hilfebedürftigkeit keine angeborene Charakterschwäche oder das Ergebnis unterentwickelter Willenskräfte wären, sondern dass sie aus der individuellen Lebensgeschichte und dem gegenwärtigen Netzwerk sozialer Beziehungen stammten, in das der Hilfesuchende und seine Familie eingebunden seien. Und sie war schließlich der ausgesprochenen Überzeugung, dass die Hilfebedürftigkeit durch Prozesse sozialen Lernens besser und dauerhafter beseitigt werden könne als durch punktuelle, materielle Gaben.

Es kommt mir wie eine List historischer Vernunft vor, dass die COS. mit ihren ehrenamtlichen Hausbesucherinnen gewissermaßen unter der Hand die Aufklärung über die eigentlichen, gesellschaftlichen Ursachen von Armut und Hilfebedürftigkeit vorwärts trieben. Denn die Forderung nach wissenschaftlich angeleiteter Beratung von Problemfamilien durch einen großen Kreis von Hausbesucherinnen, die gehalten waren, ihre Ermittlungen schriftlich festzuhalten und zu Fall-Protokollen auszubauen, brachte eine Fülle verallgemeinerbaren Daten über die eigentlichen Ursachen von Armut und Hilflosigkeit zutage. Diese Daten widerlegten sowohl die konservative Vorstellung von der moralisch-sittlichen Instabilität der Hilfesuchenden als auch die fortgeschritteneren Vorstellungen der COS. um Mary Richmond über Ursache-Faktoren, die in der individuellen Lebensgeschichte und dem gegenwärtigen sozialen Netz der Hilfesuchenden liegen sollten. Die Daten aus der sozialen Diagnose von Einzelfällen zeigten deutlich, dass es unfreiwillige Arbeitslosigkeit, Arbeitsunfälle und Niedrigstlöhne waren, die vor allen anderen Ursachen Problemfamilien zu Problemfamilien machten. Mit diesen Daten bestätigten die Akten der Wohlfahrtsverbände Erkenntnisse der universitären Sozialwissenschaften, die seit 1866 in der *American Social Science Association* gesammelt und bearbeitet worden waren. 1894 erschien das Standardwerk des Stanford-Professors Amos G. Warner über *American Charities*. Und um die Jahrhundertwende publizierten Angehörige der Columbia Universität in New York aufgrund von Aktenanalysen der *New York Charity Organization Society* aus den Jahren 1890-1897 eine Analyse, aus der deutlich hervorging, dass in Jahren zyklisch auftretender wirtschaftlicher Depression Arbeitslosigkeit die primäre Ursache für Armut und Hilfebedürftigkeit war, gefolgt von Krankheiten und Arbeitsunfällen der Ernährer. Hingegen spielten Arbeitsscheu, Trunksucht und andere verhaltensorientierte Eigenschaften nur in ca. zehn Prozent aller untersuchten Fälle eine mitbestimmende Rolle.

Anmerkungen

1 Es hat sich in der Sozialen Arbeit eingebürgert, die Phasen ihrer Entwicklung in drei Stufen zu beschreiben. Zunächst gab es die Phase der privaten und sozialen Hilfe für Kinder, Alte, Kranke und Schwache durch ihre Großfamilien und durch die Kirchen- und Wohngemeinden, denen sie angehörten. Diese Phase wurde früher mit dem Stichwort ‚Ehrenamt' bezeichnet. Heute spricht man eher von ‚Freiwilligen' und ‚Freiwilligkeit'. Wurden solche Hilfen dauerhaft nötig, so fanden sie zunächst meist in ‚geschlossenen Einrichtungen' (Krankenhäusern, Altenheimen, Waisenhäusern und Arbeitshäusern statt und erforderten bezahltes, beruflich tätiges Personal. Ihm fehlte es häufig an der nötigen Ausbildung. Wurde diese Ausbildung vor einsetzender Berufstätigkeit auf einem anspruchsvollen Niveau geleistet, das auf Erkenntnissen der Wissenschaften vom Menschen und von der Gesellschaft ruhte, so spricht man nicht mehr von ‚Verberuflichung', sondern von ‚Professionalisierung'.

2 Näheres über die Settlements erfahren Sie im nächsten Kapitel.

3 Mary Richmond in: The long view. Papers and addresses. New York 1930, S. 40–55. Die Rede wurde 1896 gehalten.

4 Thomas Chalmers, The Christian and City Economy of Large Towns. Glasgow 1823. Thomas Chalmers, The Fountains of Charity Edinburgh 1823. The Parochial System, Without or Poor Rate. Edinburgh 1848.

5 Emil Münsterberg, Amerikanisches Armenwesen. Leipzig 1906, S. 3–4.

6 Mary Richmond, The Training of Charity Workers. In: Richmond, The Long View 1930, S. 90.

7 Mary Richmond, The Art of Asking Questions. In: Mary Richmond, The Long View 1930, S. 105–107. Und: Some Next Steps in Social Treatment. In: The Long View 1930, S. 485.

8 Mary Richmond, Social Diagnosis. New York: Russell Sage Foundation 1917.

9 John Boyle O'Reilly charakterisierte diese ‚wissenschaftliche' Wohlfahrtshilfe mit dem Zweizeiler: „*The organized charity, scrimped and iced/In the name of a cautious, statistical Christ*".

10 Mary Richmond, What is Social Case Work? New York: Russell Sage Foundation 1922, S. 98–99.

3. Das Settlement und die Gemeinwesenarbeit

Mary Richmond hatte die in der Moderne einsetzende ‚Armenhilfe' als Hilfe im Einzelfall nach vorhergehender sorgfältiger Prüfung der Unterstützungswürdigkeit der um Hilfe nachsuchenden Familie zur beruflichen Ausbildung ihrer als Ermittlerinnen tätigen Hausbesucherinnen entwickelt. Sie hatte mit ihrer empirischen Untersuchung der konkreten Ermittlungs- und Hilfemaßnahmen von Hausbesucherinnen in drei nordamerikanischen Städten ein modernes Lehrbuch geschaffen, dessen Handreichungen für die Soziale Arbeit noch heute erwähnenswert und erwägenswert sind. Ihr methodischer Ansatz, der auf Beobachtungen und Befragungen von Hilfsbedürftigen und deren gutachterliche Bewertung gerichtet war, gilt auch heute noch als Grundlegung der Sozialen Einzel(fall)hilfe[1]. Mit ihrer Konzentration auf den Einzelfall blendete sie allerdings alle über diesen Einzelfall hinausgehenden lokalen, sozialen und gesellschaftlichen Ursachen aus, die zumindest mitentscheidend sind, um den Einzelfall zu einem ‚Fall' für die Wohlfahrtspflege zu machen.

Hier setzt ein philosophisch, politisch und methodisch anderer Ansatz an. Er ist untrennbar mit dem Lebenswerk von Jane Addams verbunden, die 1889 im Herzen von Chicago eines der ersten nordamerikanischen Nachbarschaftshäuser (*settlement*) nach dem Vorbild von Toynbee Hall in London gegründet hatte. Die angloamerikanischen Settlements[2] waren nicht primär auf materielle Hilfe in Einzelfällen gerichtet, sondern auf eine wirkungsvolle Verbesserung der Infrastruktur der Wohngebiete, in denen die materielle und soziale Not am größten war.

Jane Addams (1860–1935) gehörte zu jener ersten Generation akademisch gebildeter Frauen, die in ihren Familien zu handfesten Bäuerinnen und treusorgenden Müttern erzogen worden waren, immer das Vorbild ihrer eigenen Mütter vor Augen, die – wie Janes Mutter – den Haushalt besorgten, die Landarbeiter bekochten, Obst einweckten und Fleisch einpökelten, webten und schneiderten, und wenn die Not an der Frau war, auch mal zum Gewehr griffen. Auf dem College lernten sie dann europäische Literatur und idealistische Philosophen kennen, erweiterten ihren Gesichtskreis und ihre Lebensperspektive und gaben sich nicht mehr damit zufrieden, einem aufstrebenden Geschäftsmann aufmerksame Hausfrau zu sein. Aber die Zahl der akademischen Berufe, die sie ergreifen konnten, war begrenzt: Lehrerin, Missionarin, Ärztin – das waren die Perspektiven, über die Jane Addams nachdachte, als sie 1881 Rockford College verließ. Ein angefangenes Medizinstudium musste sie wegen ihrer schwachen Gesundheit abbrechen, schwere Krankheiten anderer Familienmitglieder kosteten sie zudem wertvolle Jahre, und so wusste Jane Addams mit achtundzwanzig Jahren immer noch nicht, was aus ihr werden sollte, als sie sich auf ihrer zweiten Europareise in Madrid von ihren Freundinnen trennte, um auf eigene Faust einen Abstecher nach London zu machen. Sie wollte mit eigenen Augen sehen, wie die Engländer mit der Armut und dem Elend in ihrer Hauptstadt umgehen. In ihrem Gepäck hatte sie einen Zeitschriften-Ausschnitt mit einer Reportage über Toynbee Hall, und dieses Toynbee Hall sollte einen alten Kindertraum von Jane wiederbeleben: In einer großen Stadt mit vielen kleinen Häusern ein großes Haus zu haben, das den armen Nachbarn offen steht.

Abb. 7: Jane Addams zur Zeit der Gründung von Hull House, 1889; aus: A. F. Davis, M. L. McCree: Eighty Years at Hull House. Chicago 1969

Dieser Kindertraum passte gut zu dem sozialen Milieu ihrer Kinderstube und der sozialen Stellung ihres Vaters. John J. Addams war ein erfolgreicher Mühlenbesitzer, Grundeigentümer, Bankier und Senator im ländlichen Illinois gewesen. Er hatte Jane auf eine katholische Frauenschule geschickt, die als College anerkannt worden war und den akademischen Grad eines ‚Bachelors' verleihen durfte. Als der Vater starb, hinterließ er der Tochter 50.000 Dollar in bar, von dessen Zinsen sie leben konnte. Später war sie allerdings immer auf die Unterstützung wohlhabender Anhängerinnen ihrer politischen und sozialen Projekte angewiesen.

In London besuchte Jane Addams die Gründer des ersten europäischen Settlements Henrietta und Samuel Barnett in Toynbee Hall. Samuel Barnett war Gemeindepfarrer in Whitechapel, einem Elendsquartier im Osten Londons. Angesichts des alltäglichen Elends in den Straßen und in den Häusern seiner Gemeinde zeigten sich die Barnetts empört über die ihrer Meinung nach menschenverachtende Art, mit der die Engländer mit Armut und Elend umgingen. Die Hilfsbedürftigen wurden der privaten Wohltätigkeit wohlhabender Bürger und den materiellen und ideellen Zuwendungen ihrer Kirchengemeinden überlassen, sofern sie als treue und zuverlässige Kirchgänger galten. Diese, mehr oder weniger dem Zufall überlassenen „milden Gaben" konnten das häufig lebenslange Elend derer, die auf sie angewiesen waren, nicht dauerhaft abwenden. Immer wieder von neuem um sie bitten zu müssen war gleichzeitig demütigend und zerstörte die Reste von Selbstachtung, welche die Hilfsbedürftigen in ihr armes Leben gerettet hatten. Angesichts dieser Praxis musste es für wohlerzogene und sozial sensible junge Männer aus der Oberschicht des englischen Königsreiches faszinierend erscheinen, nicht Geld zu spenden, sondern einen Teil ihrer Arbeitszeit und ihrer sozialen Kompetenz nach dem Abschluss ihres Universitätsstudiums in Oxford oder Cambridge zu opfern, um in eines der Elendsquartiere des Londoner Ostens zu ziehen und dort als engagierte Bürger den Versuch zu machen, die soziale Infrastruktur des Wohngebietes zu verbessern: Die Straßen, die Müllabfuhr, die Armenschulen, die Volksbibliotheken und die anderen Einrichtungen des bescheidenen sozialen und kulturellen Lebens im Wohnquartier.

Die Barnetts gründeten im Winter 1883 einen Verein, der im Herzen von Whitechapel ein Haus als Wohngemeinschaft für junge Akademiker einrichten solle, die sich verpflichteten, einen Teil ihrer Lebenszeit als Ärzte, Rechtsanwälte, Gymnasiallehrer und andere Vertreter niedergelassener akademischer Berufe darauf zu verwenden, die sozialen und kulturellen Verhältnisse in diesem Elendsquartier zu verbessern und den dort lebenden Menschen neue Perspektiven und neuen Lebensmut zu geben. Die Barnetts nannten diese ihre Gründung ein *Settlement*, also eine Niederlassung junger Akademiker in der Pioniersituation einer noch unbehausten Gegend. Kenner der britischen Lebensweise werden dabei bemerken, dass die Vorstellungen der Barnetts von einem solchen Settlement an der Einrichtung der englischen *Clubs* orientiert waren, die insbesondere für noch unverheiratete Angehörige der englischen Oberschicht eine Art verlängerten Salons darstellten, in dem man (Frauen sind in diesen Einrichtungen auch heute noch nur als Gäste zugelassen), isst, trinkt, korrespondiert und liest, Gäste empfängt und seine Freizeit verbringt.[3]

Für den Umgang der niedergelassenen Akademiker mit den in ihrem Umfeld lebenden Londoner Einwohnern fand Samuel Barnett das Konzept der wechselseitigen Durchdringung. Die Bewohner des Settlements im Elendsquartier „*... wohnen dort, um mindestens in dem selben Grade zu lernen wie zu lehren ... Sie leben dabei ihr eigenes Leben und bleiben in ihren akademischen Berufen. Sie tun ihre eigene Arbeit und verdienen ihr Geld auf ihre professionelle Weise. Sie haben ihre eigenen Freizeitbeschäftigungen und ... werden durch wechselseitigen Verkehr mit ihresgleichen angeregt, ihren kulturellen Standard aufrecht zu erhalten. Sie bleiben sie selbst und erhalten sich die Errungenschaften, welche die Gabe dieses Jahrhunderts sind, in dem sie leben. Aber sie laufen täglich durch gewöhnliche Straßen. Sie treffen täglich die Massen der Arbeiter, sie fühlen die Depression, die von der rußgeschwängerten Luft ausgeht, und sie sehen, was die Arbeit und was das Vergnügen der einfachen Leute ist. Sie lauschen den Gesprächen der Kinder in ihrer Mitte. Langsam kommen sie dazu ..., sich an kommunalpolitischen Angelegenheiten zu beteiligen. Sie besuchen örtliche Versammlungen, sie treten in Vereine ein und werden Mitglieder von Bürgerinitiativen. ...*“ Das alte Konzept der Mildtätigkeit ging davon aus, dass die Reichen den Armen helfen und dass die Weisen die Unwissenden belehren sollen. Das aber bedeute aber eine Gesellschaft von Wohltätern einerseits und Hilfe-Empfängern andererseits. „*Diese Konzeption hat ihren eigenen*

Reiz – aber sie gehört ins Mittelalter. Es gibt eine andere Konzept die langsam Gestalt gewinnt. Es ist die Konzeption einer Gesellschaft, in der Kooperation die Rolle von Mildtätigkeit übernimmt – und Gerechtigkeit die Rolle von Nächstenliebe."[4]

Toynbee Hall und alle seine später erbauten Nebengebäude existieren noch heute, sie sind allerdings in kleine Wohnungen für ausländische Gastdozenten der Universität umgewidmet worden. Entscheidend für die damalige Funktionalität dieses Settlements waren die persönlichen, gesellschaftlichen und politischen Kompetenzen der beiden Barnetts. Die ehemaligen *residents* redeten mit höchstem Respekt von der leichten Hand Henriettas und dem tiefen Ernst Samuels, der sich zur Gewohnheit gemacht hatte, jedem der akademischen Bewohner von Toynbee Hall einmal wöchentlich zu einem Vieraugen-Gespräch in sein Arbeitszimmer zu bitten, um mit ihm soziale und sozialpädagogische Fragen zu besprechen und ihn zu beraten. Diese Gespräche sind zum Vorbild für jenen Prozess geworden, der später in der angelsächsischen Fachliteratur Praxisberatung (*Supervision*) genannt werden wird.

Jane Addams wurde von den Barnetts gastfreundlich in Toynbee Hall aufgenommen. Sie war beeindruckt von der Ernsthaftigkeit des sozialen Lebens in diesem Settlement und wurde in ihrer eigenen Entscheidung bestärkt, ein ähnliches Haus in einer ähnlichen Gegend der Großstadt Chicago zu mieten und dort – dies ein entscheidender Unterschied zu London – junge *Akademikerinnen* zu bitten, mit ihr gemeinsam eine akademische Wohngemeinschaft zu gründen.

Chicago war in den letzten Jahrzehnten des 19. Jahrhunderts nach New York die größte nordamerikanische Stadt – aber nur knapp ein Drittel ihrer Millionenbevölkerung bestand aus geborenen Amerikanern. Darunter waren 15.000 Afroamerikaner. Zwei Drittel der Chicagoer waren Einwanderer aus Deutschland, Irland, Böhmen, Italien, Polen und Russland. Viele polnische und russische Anarchisten und Sozialisten sammelten sich hier im Exil. Die Stadtverwaltung war chaotisch, korrupt und unfähig, mit den sich täglich zuspitzenden Problemen fertig zu werden. Die Einwanderer drängten sich in den verschiedenen ethnischen Gettos auf unbeschreibliche Weise zusammen, ihre Arbeitskraft wurde von kleinen Fabrikanten, Zwischenmeistern und Verlegern ausgebeutet, und die Arbeits- und Lebensverhältnisse waren insgesamt unerträglich und lebensgefährlich.

Im scharfen Kontrast zu diesen Lebensverhältnissen der Einwanderer-Massen stand der allgemeine Reichtum dieser Stadt. Seit 1848 war Chicago ein wichtiger Verkehrsknotenpunkt. Hier wurden das Korn, das Holz und das Vieh der umliegenden landwirtschaftlichen Gebiete gespeichert, verarbeitet und verschifft. Seit der Vollendung der *Union Pacific Railway* im Jahre 1869 war Chicago direkt mit Kalifornien und der nordamerikanischen Westküste verbunden. 1871 zerstörte ein großes Feuer weite Teile der Stadt und brachte 90.000 Bewohner um ihre Behausungen. Die Geschäftsviertel wurden sehr schnell wieder aufgebaut, der Wohnungsbau blieb auf der Strecke. Seit dem großen Eisenbahnerstreik von 1877 gab es – vor allem bei den Eisenbahnern und im Maschinenbau – eine Reihe großer Streiks und politischer Auseinandersetzungen, die insbesondere durch die Agitation europäischer Exil-Anarchisten eine besondere Qualität gewannen. Auf der einen Seite kämpfte die *American Federation of Labor* für den Acht-Stunden-Tag, auf der anderen Seite gab es bis 1891 keine Arbeitszeitbeschränkung für Frauen und Kinder. Am 3. Mai 1886 wurden während eines Streiks in der Erntemaschinenfabrik von McCormick bei einer Auseinandersetzung zwischen Streikenden, Streikbrechern und der Polizei sechs Arbeiter getötet. Bei der anschließenden Protestdemonstration auf dem Heumarkt, die nach der Einschätzung des Polizeipräsidenten friedlich verlief, ließ ein untergebener Polizeioffizier das Feuer auf die Demonstranten eröffnen. Eine Bombe wurde geworfen, die sieben Polizisten tötete; in der Folge wurden sechs stadtbekannte Anarchisten verhaftet und zum Tode bzw. zu lebenslangem Gefängnis verurteilt, obwohl ihnen das Bombenattentat nicht nachgewiesen werden konnte. Dieser *Haymarket Riot* von 1886 waren allen Chicagoern noch in frischer Erinnerung, als Jane Addams und ihre Studienfreundin Ellen Starr sich im Januar 1889 in der Stadt niederließen. Er war Ausdruck verschärfter Klassenauseinandersetzungen: Fabrikanten, Geschäftsleute und andere Besitzbürger forderten den Strang für die „anarchistische Agitation“, die Gewerkschaften forderten erträgliche Arbeitsbedingungen, den Acht-Stunden-Tag und Fabrikgesetze, und die Masse der Einwanderer stand zwischen den Fronten und kämpfte für einen Platz zum Arbeiten und zum Schlafen. Das „liberale Bürgertum“ und die Kirchen sahen in diesen Jahren deutlich, dass etwas geschehen müsse, um die „kämpfenden Klassen wieder miteinander zu versöhnen“.

Jane Addams und Ellen Starr profitierten – ob sie es wussten oder nicht – von dieser Sorge des gebildeten und besitzenden liberalen Bürgertums um den Frieden in ihrer Stadt. Ellen Starr hatte bereits vor der Ankunft von Jane Addams an der renommierten Kirkland Schule für Mädchen unterrichtet und kannte die Namen und Adressen einflussreicher Geistlicher und Vorstandsmitglieder kirchlicher Wohlfahrtsverbände.

Begleitet von Stadtmissionaren, Bewährungshelfern und Lokalreportern suchten Jane Addams und Ellen Starr in den Immigranten-Vierteln Chicagos in der Nähe des großen Binnenhafens nach einem geeigneten Standort für ihr Settlement. Sie fanden es schließlich in Gestalt eines Wohnhauses an der Halsted Street, die mit ihren 32 Meilen eine der Chicagoer Hauptverkehrsadern war. Hier lebten damals an die 10.000 Italiener aus Neapel, Sizilien und Calabrien, viele Deutsche und ebenso viele polnische und russische Juden. Daneben lag eine riesige böhmische Kolonie, die Chicago zur drittgrößten böhmischen Staat der Welt machte. Im Nordwesten wohnten viele kanadische Franzosen, aber auch die ersten Generationen, der aus

Einwanderern hervorgegangenen gebürtigen Amerikaner. Die meisten aus Holz errichteten Häuser waren ursprünglich für eine Familie berechnet. Sie wurden zur Zeit der Gründung von Hull House von mehreren Familien bewohnt, deren Frauen noch dazu in den überfüllten Wohnungen mit Heimarbeit beschäftigt waren. Die Wasserversorgung bestand häufig in einer Pumpe auf dem Hof. Die Müllabfuhr war unzuverlässig und korrupt. Die Hausbesitzer suchten soviel Profit wie möglich aus den baufälligen Häusern zu ziehen.

In einer solchen Situation ihrer Nachbarschaft in Hull House, welche die beiden Frauen sehr genau und realistisch wahrnehmen und niederschreiben, formulieren die beiden Gründerinnen eine Grundsatzerklärung für ihr *settlement*: Es sei die Aufgabe von Hull House „ein Zentrum für ein höheres öffentliches und soziales Leben zu sein; Einrichtungen der Bildung und der Philantropie[5] zu gründen und zu unterhalten und die Lebensbedingungen in den industriellen Bezirken von Chicago zu untersuchen und zu verbessern“.[6]

Bei der Beschreibung der Ziele von Hull House wird auffallen, dass es nicht nur darum geht, im Wohnquartier Einrichtungen der Bildung und der Menschenliebe zu gründen und zu unterhalten, sondern dass es auch darum geht, die Lebensbedingungen in den Industriegebieten (also im Hafen und in der fleischverarbeitenden Industrie) zu verbessern und, um sie zielgenau verbessern zu können, mit Methoden der teilnehmenden Beobachtung und der Auswertung vorhandener Statistiken zu untersuchen. Als Folge der minutiös durchgeführten Untersuchungen der Wohn-, Arbeits- und Lebensverhältnisse der Nachbarn von Hull House entstanden die sogenannten *Hull House Maps and Papers*, die in ihren empirisch-wissenschaftlichen Genauigkeiten statistische und qualitative Wohngebiets-Untersuchungen aus der zweiten Hälfte des 20. Jahrhunderts vorwegnahmen. Aber solche Untersuchungen waren nur der erste Schritt und ein Teil des umfassenden Reformprogramms, das sich die Frauen von Hull House vorgenommen hatten. Um den Bedürfnissen ihrer Nachbarn auch nur einigermaßen entsprechen zu können, gründeten sie zunächst kleine soziale Einrichtungen, welche das Alltagsleben der Familien und insbesondere der Frauen erleichtern sollten: Als erstes gründeten sie in ihrem Wohnzimmer einen Kindergarten mit zwei Dutzend Kindern von Fabrikarbeiterinnen. Ein „modische junge Dame“ kam jeden Tag aus dem Norden von Chicago, um die Kinder zu betreuen. Dann gründeten sie einen Jungenclub, Jane Addams setzte sich sehr für einen Club italienischer Mädchen ein, den sie anfangs selber leitete. Als eigentliche Zielgruppe definierten sie die berufstätigen Frauen im Wohnquartier. Sie richteten eine Volksküche ein. Eine Kaffeestube und eine provisorische Turnhalle, in der für die Jugendlichen auch alkoholfreie Tanzabende gab. Für alteingesessene Chicagoer Bürger gründeten sie einen Veteranenclub, für alleinstehende ältere Frauen organisierten sie Sommerferien auf dem Lande. Für die Kinder gab es Sommerzeltlager in idyllischer

Abb. 8: Hull House zu Lebzeiten seines Besitzers Charles J. Hull (um 1860); aus: Jane Addams – Hull House. Chicago o. J.

Lage. Die Grundstücke waren von Unterstützern kostenlos zur Verfügung gestellt worden. Angesichts solch vielfältiger und ehrgeiziger Aktivitäten erscheint es mir notwendig, eine Auswahl aus den Frauen vorzustellen, welche in Hull House wohnten und das Leben dieses Settlements maßgeblich beeinflussten.

Jane Addams und Ellen Starr hatten sich während des Studiums in Rockford kennen gelernt und waren seit jener Zeit zuverlässig miteinander befreundet. Jane Addams kümmerte sich in den ersten Jahren bevorzugt um die Mädchen-Arbeit, die Außenkontakte und die Finanzierung, Ellen Starr organisierte innerhalb der Erwachsenenbildung des Hauses die Gruppen für englische und amerikanische Literatur und Kunstbetrachtung; später absolvierte sie eine Lehre als Buchbinderin und entwickelte dieses Handwerk in Hull House zum angesehenen Kunstgewerbe. Mehr und mehr mischte sie sich – ebenso wie Jane Addams – in die Arbeitskämpfe der Frauen ein, half deren Streiks zu organisieren und wurde geachtetes Mitglied der Sozialistischen Partei.

Die dritte Rockford-Absolventin in Hull House war Julia Lathrop, die später an der Höhere-Töchter-Universität Vassar in Rechtswissenschaft promovierte und als eine Dreißigjährige gut ausgebildet, kultiviert, qualifiziert, aber ohne eine Chance, gesellschaftliche Verantwortung zu übernehmen, den Ruf nach Hull House mit Begeisterung annahm und seine Entwicklung ebenso prägte wie die beiden „eigentlichen" Gründerinnen. Später trat sie in den Staatsdienst ein, organisierte das erste Jugendgericht in Illinois und arbeitete als Direktorin des *Children's Bureau* in Washington. Als Juristin war sie an alternatives Argumentieren und Aushandeln von Kompromissen

Abb. 9: Frauen, die Hull Houser gründeten und finanzierten: Ellen Gates Starr, Alice Hamilton, Mary Rozet Smith (obere Reihe von links) Julia Lathrop, Florence Kelley, Louise de Koven Bowen (untere Reihe von links); aus: J. Weber Linn: Jane Addams. New York 1935 (Fotos: Bachrach, Koshiba, Moffett)

gewöhnt, sie kämpfte konziliant und diplomatisch – ganz im Gegensatz zu der vierten, eindrucksvollen Frau von Hull House: Florence Kelley.

Florence Kelley entstammte einer alten Quäker-Familie aus Philadelphia. Sie studierte in Heidelberg und Zürich, sprach fließend Deutsch und Französisch und las ohne Mühe italienische und schwedische Texte. Sie übersetzte Friedrich Engels' Beschreibung der *Lage der arbeitenden Klasse in England* ins Englische und spezialisierte sich während ihres Aufenthalts in Hull House auf empirische Untersuchungen der Arbeitsbedingungen in Fabriken und Gewerbe. Mit Hilfe des liberal-republikanischen Gouverneurs John P. Altgeld wurde Florence Kelley 1895 Chefin des Fabrik- und Gewerbe-Aufsichtsamtes und setzte sich auf der Basis eigener Untersuchungen der Arbeitsplatzsituation für die Einschränkung der Kinder- und Frauenarbeit und für die Anfänge einer Arbeitsschutzgesetzgebung ein. Ihre staatlich finanzierten Untersuchungen der Wohn-Situation in den Arbeiter- und Immigranten-Vierteln Chicagos versetzte Hull House in die Lage, eine ausführliche sozialwissenschaftliche Beschreibung seiner Nachbarschaft, der Herkunft seiner Bewohner, ihrer Schulbildung und Sprachfertigkeit, der Zahl ihrer Kinder und des Mietgeldes für ihre Wohnungen, der Lage von Fabriken, Gewerberäumen, Geschäften und Kneipen anzufertigen: Die Informationen, die Florence Kelley und ihre vier Mitarbeiter täglich auf detaillierten Fragebögen des Arbeitsministeriums sammelten, wurden abends in Hull House kopiert und auf eine Block-Karte der Nachbarschaft eingetragen. So entstanden die berühmten *Hull House Maps and Papers* (New York 1895). Sie enthielten eine grundsätzliche Kritik des Hausarbeits- und Zwischenmeister-Systems in der Chicagoer Textilindustrie, genaue Statistiken der Wochenverdienste in der Bekleidungsindustrie (sie lagen in Chicago um die Hälfte niedriger als in New York), eine Beschreibung der jüdischen, böhmischen und italienischen Gettos in Chicago und eine Grundsatzerklärung von Jane Addams über das *Settlement als Faktor in der Arbeiterbewegung.*[7] Florence Kelleys erbitterter Kampf gegen die frühkapitalistischen Fabrikverhältnisse war von beachtlichen Erfolgen, aber auch von gravierenden Rückschlägen gekennzeichnet. Der Nachfolger des progressiven Gouverneurs des Staates, ein Konservativer beispielsweise entließ Florence Kelley und ersetzte sie durch einen Fabrikbesitzer, der gerade erst wegen offener Verletzung der neuen, strengeren Arbeiterschutzgesetze verurteilt worden war.

Alice Hamilton aus Fort Wayne war Ärztin und Bakteriologin. Sie zog 1808 ins Hull House und ersetzte in gewisser Weise Florence Kelley, die zu jener Zeit den nordamerikanischen Verbraucherverband in New York organisierte. Alice Hamilton war Naturwissenschaftlerin. Sie arbeitete zwei Kilometer westlich von Hull House in einem bakteriologischen Labor, machte empirische Untersuchungen der Gesundheitsbedingungen der Nachbarschaft und spezialisierte sich später auf das Forschungsgebiet Industrielle Umweltverschmutzung. 1919 wurde sie Professorin für industrielle Medizin an der renommierten Harvard Universität, aber sie kam immer wieder nach Hull House zurück und arbeitete dort als „Mädchen für alles“.

Die eindrucksvolle Liste berühmter Frauen, die zum inneren Kreis der *Hull House residents* gehörten, wird durch zwei Chicagoerinnen ergänzt, beide aus reichen Familien stammend, die nicht nur ihre Arbeitskraft in das Nachbarschaftsheim investierten, sondern seine Arbeit aus ihrem Familienerbe finanzierten.

Louise De Koven Bowen kam aus einer alten, reichen, stockkonservativ-republikanischen Chicagoer Familie. Sie fuhr zweispannig mit livriertem Diener durch die Stadt, und ihr Vater verbot ihr, an der öffentlichen Abschlussfeier ihres Lyzeums teilzunehmen, weil es sich für ein sechzehnjähriges Mädchen nicht schicke, in der Öffentlichkeit aufzutreten. Sie unterstützte Hull House von Anfang an mit jährlichen Schecks in der Größenordnung von 500 bis 10.000 Dollar und ermöglichte durch zweimalige Spenden von je 60.000 Dollar wichtige bauliche Erweiterungen des Hauses. Im Hause organisierte sie zunächst einen Frauen-Club; später kümmerte sie sich mit großer Energie um die Bildung des ersten Chicagoer Jugend-Gerichtes, organisierte das notwendige Geld für den Bau einer Jugendstrafanstalt und gründete den Chicagoer Jugendschutzbund. 1911 schenkte sie Hull House ein ausgedehntes Anwesen auf dem Lande zur Einrichtung eines Sommerlagers für Jugendliche.

Mary Rozet Smith kam ebenfalls aus einer der „ersten" Chicagoer Familien. Ihre Mutter war eine angesehene Geschäftsfrau, ihr Vater ein gebildeter Industrieller. Mit diesen familiären Verbindungen ausgestattet, brachte sie regelmäßig einen Großteil der Spenden zusammen, die notwendig waren, um die Sachausgaben von Hull House zu decken. Später war sie Vorstandsmitglied der Hull House Stiftung und steckte große Summen ihres ererbten Vermögens in die Unternehmung. Es wird auch gesagt, dass sie es war, die bei finanziellen Schwierigkeiten die vielen internationalen Reisen von Jane Addams bezahlte und ihre Garderobe kaufte.

Damit ist die Liste der Gönnerinnen von Hull House noch nicht erschöpft. Helen Culver, die ehemalige Besitzerin des Hauses, schenkte der Stiftung mehrfach Häuser und den dazugehörigen Grund und Boden. Anita McCormick Blaine aus der Fabrikanten-Dynastie der McCormicks half bei Schwierigkeiten aus, wie viele andere auch, die sich allerdings zurückzogen, wenn die sozialpolitischen Aktivitäten von Hull House die Kapital-Interessen ihrer Familien allzu sehr tangierten.

Wenn wir die Liste der Frauen des inneren Kreises von Hull House noch einmal Revue passieren lassen, dann fällt auf, dass die meisten von ihnen qualifizierte Akademikerinnen mit einer bedeutenden Berufskarriere waren. Alice Hamilton war Ärztin, Bakteriologin und Sozialmedizinerin, Florence Kelley war Sozialwissenschaftlerin, Julia Lathrop war Juristin, Ellen Starr Gymnasiallehrerin und später Buchbinderin, Jane Addams war ebenfalls eine *college woman* und qualifizierte sich während ihrer Arbeit in Hull House als nationale und internationale Friedenspolitikerin. Lediglich Mary Rozet Smith hatte keine akademische Ausbildung und beteiligte sich auch nicht aktiv an den politischen Disputen der anderen *residents*. Dafür sorgte sie, dass die Kasse stimmte. Es fällt auf, dass alle Frauen bereits qualifiziert waren, als sie ins Hull House zogen. Aber gleichzeitig diente ihre Arbeit dort ihrer dauernden Weiterqualifikation innerhalb ihrer Disziplinen. Anders wäre es nicht zu erklären, was Jane Addams Neffe etwas euphorisch in seiner Biographie der Tante beschreibt: Europäische Premierminister, Philosophen aller Richtungen, Arbeiterführer und bedeutende Kapitalisten, unpopuläre Poeten, populäre Romanciers und schäbig aussehende Exilanten aus der Hälfte der Königreiche dieser Welt hätten in Hull House zu Abend gegessen und fasziniert den Streitgesprächen der *residents* gelauscht, wenn sie sich bei der Erörterung eines sozialen Missstandes und der besten Methoden, ihn zu beseitigen, in die Haare gerieten.[8]

Die vielfältigen Aktivitäten von Hull House, die sich im Laufe der Jahrzehnte und insbesondere durch die politische Entwicklung von Jane Addams immer mehr nach außen verlagerten, sind schwer zu fassen und noch schwerer zu beschreiben. Verschiedene Biographen von Hull House haben den Versuch gemacht, so etwas wie den täglichen Arbeitsablauf in dem Settlement idealtypisch zu rekonstruieren. Ich folge dabei dem Biographen Daniel Levine.[9]

> Im Morgengrauen bringt der Zeitungsjunge eine Zusammenstellung der meisten Chicagoer Tageszeitungen. Zu jener Zeit hat die Mitarbeiterin, die für die Kinderkrippe verantwortlich ist, bereits gefrühstückt. Gegen halb acht versammeln sich auch die anderen Mitarbeiterinnen zum Frühstück in der Kaffeestube. Nicht alle sind anwesend.
>
> Einige sind schon unterwegs, weil sie außerhalb von Hull House arbeiten, andere schlafen etwas länger, weil sie bis spät in der Nacht mit Seminaren und Arbeitsgruppen zugange waren. Dann erscheint Jane Addams mit einem großen Haufen Morgenpost, die je nach Zuständigkeit verteilt wird. Die Mitarbeiterinnen werden nach Quäker-Sitte mit Vornamen und Familiennamen angeredet, nur Miss Addams ist und bleibt „Miss Addams". Beim Frühstück kommt es zu den ersten, erregten Auseinandersetzungen über Analysen und Strategien zur Bekämpfung gerade aktueller sozialer und politischer Missstände. Diese Auseinandersetzungen werden laut, direkt und offen geführt, so direkt und offen, dass eine russische Anarchistin mit erfreuter Verwunderung feststellte, sie habe sich seit langem nicht so sehr zuhause gefühlt wie in Hull House. Diese Diskussionen werden in der Regel einfach abgebrochen, weil alle ihren unterschiedlichen Verpflichtungen nachgehen müssen.
>
> Danach kommen die Kindergarten-Kinder, und Jane Addams arbeitet in ihrem Büro, teilweise, um die enorme Post zu erledigen, teilweise und vor allem nach 1900, um an ihren Reden, Artikeln und Büchern zu arbeiten. Es gibt kein formelles, gemeinsames Mittagessen. Jane Addams verwendet die Mittags- und die frühe Nachmittags-Zeit meist für Besprechungen und Arbeitsessen mit Personen und Institutionen in der Innenstadt.
>
> Nachmittags finden in Hull House Ausbildungs- und Fortbildungskurse für Kindergärtnerinnen und Erzieher statt, und der Frauenclub hält eine Sitzung ab. Danach, sobald die Schule aus ist, überfluten Mengen von Schulkindern die Räumlichkeiten – Mädchen und Jungen werden in getrennten Gruppen zusammengefasst, aber beiden Geschlechtern werden handwerkliche, musische und sportliche Betätigungen angeboten, um sie „spielerisch auf das Leben und die Arbeit vorzubereiten". Jane Addams

kümmert sich um eine Mädchengruppe, Ellen Starr liest den Jungen alte Sagen vor oder geht mit ihnen in die Turnhalle.

Gegen sechs gibt es für alle Mitarbeiter ein eher formelles Abendessen im gemeinsamen Speisezimmer, das vom Koch oder einer Haushälterin serviert wird. Dabei gibt es meistens einen besonders herausgehobenen Gast, mit dem die residents gemeinsam essen, der eine kurze Rede hält und mit dem Meinungen, Standpunkte und Kontroversen ausgetragen werden. Der bekannte Schulreformer John Dewey ist häufiger Gast, der liberale Gouverneur John P. Altgeld, Vizepräsident Theodore Roosevelt – und der Anarchist Prinz Peter Kropotkin.

Beim gemeinsamen Abendessen werden die Streitfragen des Frühstücks wieder aufgenommen und weiter entwickelt. Es liegt auf der Hand, dass diese gemeinsamen, informellen Veranstaltungen – die beendet werden, wenn die einzelnen Mitarbeiterinnen aufbrechen, um Seminargruppen in der Erwachsenenbildung, der Arbeiterbildung und der Bildung für Immigranten zu leiten – die an ihnen Teilnehmenden auf eine außerordentliche Weise qualifizierten und weiterbildeten. Wer auch nur ein Jahr intensiv in Hull House gearbeitet und gelebt hatte, der profitierte davon in der Regel mehr als von einem abgehobenen, vierjährigen Universitätsstudium. So ist es teilweise richtig, wenn gesagt worden ist, Hull House sei der „Salon" von Jane Addams gewesen. Denn Salons hatten in vorrevolutionären Zeiten auch die Funktion, den Mitgliedern der herrschenden und der nachrückenden Klasse aktuelle und lebensnahe Bildung zu vermitteln.

Diese Feststellung unterstützt kritische Beobachtungen anlässlich der Gründung von Toynbee Hall, die in dem Satz münden, diese Einrichtung habe vor allem anderen die Funktion gehabt, ihre Mitarbeiter mit den harten Tatsachen der gesellschaftlichen Wirklichkeit vertraut zu machen, sie also volkswirtschaftlich und sozialwissenschaftlich „zu bilden". Für die armen Leute der Nachbarschaft sei zwar auch manche menschliche Erleichterung abgefallen, aber das sei nicht die Hauptfunktion der Arbeit gewesen. Gemessen an dieser Einschätzung von Toynbee Hall liegen die Dinge in Hull House in einigen wichtigen Punkten anders.

Zunächst einmal: Whitechapel war ein traditioneller englischer Slum. Seine Bewohner lebten an der Grenze zwischen industrieller Reserve-Armee und Lumpenproletariat. In Krisenzeiten hatte mehr als die Hälfte der Londoner Nachbarschaft keine Chance, ihren Lebensunterhalt durch eigene Arbeit zu verdienen. Das Viertel besaß wenige oder keine ökonomischen und kulturellen Ressourcen mehr. Die Nachbarschaft von Hull House hingegen bestand im wesentlichen aus qualifizierten europäischen Arbeitern, ihren Familien und intellektuellen politischen Flüchtlingen, die arbeiten konnten, arbeiten wollten und *auch Arbeit fanden* – allerdings zu den unmenschlichen Bedingungen des nordamerikanischen Kapitalismus. Jane Addams war immer wieder aufs Neue über die Selbsthilfekräfte verwundert, die sie in der Nachbarschaft fand und die lediglich darauf warteten, durch eine organisatorische Starthilfe mobilisiert zu werden: Griechische Immigranten führten im kleinen Theater von Hull House Aeschylos und Sophokles auf, sie gründeten den philosophischen „Plato Club“; deutsche Immigranten organisierten Lesezirkel mit Texten von Dante, Schiller und Goethe. Ellen Starr arbeitete in ihrem Kunst-Studio mit hochbegabten lateinamerikanischen Töpfern und Keramikern; die Musiklassen für Kinder und Erwachsene überschritten häufig die Ebene von Laien-Musikanten. Diese Erfahrungen brachten die Mitarbeiterinnen von Hull House sehr bald zu einer Revision ihrer ursprünglich elitären Konzeption, dass gebildete College-Frauen den Nachbarn Kultur würden beibringen können – so wie Samuel Barnett in seinem Konzept von der wechselseitigen Durchdringung der sozialen Klassen es bis zuletzt formuliert hatte: sie fühlten sich vielmehr in die Lage versetzt, ihren Anspruch, von den Nachbarn zu lernen, auf erfolgreiche Weise ernst nehmen zu können. Denn die Nachbarn kamen nicht mit leeren Händen, sie brachten vielmehr die angeeigneten Ergebnisse einer Jahrhunderte alten europäischen Tradition mit, wenn sie Hull House betraten. Sie brauchten kein Schulhaus, sondern eine Plattform.

Diese und andere Beispiele festigten die Überzeugung der Mitarbeiterinnen von Hull House, dass die einzige und die beste Möglichkeit, die *Lebensbedingungen* ihrer Nachbarn zu verbessern, in der Verbesserung ihrer *Arbeitsbedingungen* bestehe. Und Möglichkeiten zu dieser Verbesserung sahen sie in der gewerkschaftlichen Organisation und in einer staatlichen Fabrikgesetzgebung, die den Unternehmern die schlimmsten Formen der Ausbeutung menschlicher Arbeitskraft untersagen würde.

Dabei war Hull House als Institution alles andere als „revolutionär“. Es behauste zwar Revolutionäre und hatte Mitarbeiterinnen, die sich so verstanden. Aber als Institution ging das Settlement davon aus, dass eine demokratische Gesellschaft, wie es die amerikanische ihrem Anspruch nach war, das Glück und die Wohlfahrt aller ihrer Mitglieder herstellen könne, ohne ihre wirtschaftliche und politische Struktur grundsätzlich verändern zu müssen.

Das sozial-pädagogische Konzept, das Jane Addams im Laufe ihrer Tätigkeit durch die Erfahrung mit ihren Erfolgen und Misserfolgen in Hull House entwickelte, war eng an die anthropologischen und didaktischen Einsichten ihres pädagogischen Freundes John Dewey angelehnt. John Dewey (1859–1952) lehrte von 1889 bis 1904 an der Universität von Chicago Erziehungswissenschaft, leitete in den letzten acht Jahren dieser Tätigkeit eine reformpädagogische Versuchsschule und gründete dabei sein didaktisches Konzept auf die optimistische Annahme, dass menschliches Lernen ein komplexer körperlicher, seelischer, geistiger und sozialer Prozess sei, der durch komplexe menschliche Tätigkeiten ausgelöst, gesteuert und vorangetrieben werde. Dieser Prozess werde durch Zweifel an der vorfindlichen

Wirklichkeit und durch neugieriges Fragen ausgelöst, er führe zu praktischen Tätigkeiten, und die Erfahrungen mit diesen praktischen Tätigkeiten und ihren Folgen förderten sowohl die Erkenntnisseite als auch die Handlungsseite menschlichen Lernens. Greifbar geworden ist dieses didaktische Konzept in der von ihm gemeinsam mit William Heard Kilpatrik entwickelten schulischen Projektmethode, bei der kindliches Lernen um eine konkrete, praktische Aufgabe und deren Lösung organisiert wird. Dewey und Kilpatrick sind prominente Vertreter der nordamerikanischen Reformpädagogik, deren deutsche Variante etwa zur gleichen Zeit und unabhängig von der nordamerikanischen Entwicklung die Arbeitsschule, den Gruppenunterricht und die Schülerselbstverwaltung hervorgebracht hat. Ich kann hier nicht auf die wichtigen und interessanten internationalen Querverbindungen der Reformpädagogik zu Beginn des 20. Jahrhunderts eingehen und beschränke mich deshalb für interessierte Leser auf die Nebenbemerkung, dass sich Nadeshda Konstantinowna Krupskaja, die führende sowjetische Revolutionspädagogin der zwanziger Jahre in ihren Ausführungen über die Grundlagen der Sowjet-Pädagogik mehrfach und ausgesprochen positiv auf die Erkenntnisse von John Dewey bezogen hat.[10] Während die Kruspkaja die Prinzipien Deweys an die Verhältnisse in der Sowjetunion anpasste – sie versuchte beispielsweise, das Arbeitsgruppenprinzip der Projektmethode zum Kollektivprinzip zu erweitern – blieb Jane Addams, bei Lichte betrachtet und gemessen an der zugegeben naseweisen Einschätzung durch uns Nachgeborene, hinter ihrem Mentor John Dewey zurück und entwickelte ein menschenfreundliches aber gleichzeitig schlichtes Konzept vom menschlichen Lernen.

Bemerkenswert am Bildungskonzept von Jane Addams ist, dass sie sich nicht von der allgemeinen Großstadt-Kritik und Großstadt-Feindlichkeit bürgerlicher Romantiker anstecken ließ, sondern aufgrund ihrer Erfahrungen in Chicago darauf bestand, dass die Großstadt ein eigenständiger Sozialisierungsraum sei, mit eigenen Gesetzen, eigenen Effekten und eigenständiger, positiver Bedeutsamkeit für die Entwicklung von Menschen. Sie war überhaupt nicht für den Rückzug in die Vergangenheit oder den Rückzug ins Private. Ein moderner Vertreter der kulturhistorischen, materialistischen Persönlichkeitstheorie könnte sie sogar gutwillig dahingehend interpretieren, dass sie eine frühe Vertreterin der Aneignungs-These gewesen sei: erst wenn es den Menschen gestattet wäre, sich alle historischen und kulturellen Erfahrungen ihrer Kultur und Zivilisation anzueignen und produktiv werden zu lassen, erst wenn Produktion und Reproduktion, Arbeit und Freizeit in ein harmonisches, menschliches Verhältnis zueinander gesetzt worden wären, erst dann werde die Gesellschaft den Möglichkeiten, die in der Natur der Menschen lägen, wirklich gerecht.

Sinnfälliger Ausdruck dieser Überzeugung war das *Hull House Arbeits-Museum*, das Jane Addams um die Jahrhundertwende einrichtete und das vergangene Formen handwerklicher Werktätigkeit in europäischen Kulturen ausstellte, um den Immigranten ein Bild von der Bedeutung und der Qualität ihrer Fertigkeiten zu vermitteln und ihr Prestige in den Augen ihrer nordamerikanischen Nachbarn und ihrer amerikanisierten Kinder zu heben. Sie selbst schrieb 1902 im Zusammenhang mit diesem Museum: „Zwei vernünftige pädagogische Prinzipien dürfen wir vielleicht schon in diesem frühen Stadium unseres Experiments reklamieren: erstens, dass es die überkommenen Ressourcen menschlicher Berufstätigkeit zusammenfasst und sinnfällig darstellt, zweitens, dass es Erziehung und Bildung als eine ‚andauernde Rekonstruktion menschlicher Erfahrung' begreift. Und mehr als dies kann uns auch die beste Erziehung und Bildung nicht vermitteln".[11]

Die Frauen von Hull House in Chicago haben in ihrer langjährigen sozialen Arbeit im Stadtteil und über den Stadtteil weit hinaus dem Konzept der *sozialen Einzelhilfe* ein anderes Konzept zur Seite gestellt, das Konzept der Verbesserung von Lebens- und Arbeitsbedingungen durch tätige und häufig auch aggressive Selbsthilfe und Selbstorganisation im Stadtteil und am Arbeitsplatz. Das scheint mir das große Verdienst der Frauen dieses Settlements. Sie entwickelte in ihrem geplanten und gezielten alltäglichen Handeln die Grundzüge einer ‚sozialräumlichen' Sozialarbeit, die sowohl aus mitfühlenden Hilfeleistungen im Einzelfall bestand als auch in der tätigen Unterstützung von Infrastrukturen im Stadtteil, die bedürftigen Familien helfen konnten, ihren Alltag zu bewältigen und zu kultivieren.

Jane Addams hatte ihre Arbeit in Hull House als bewusste Soziologin begonnen. Sie war auch Mitglied der *American Sociological Society* und schrieb Fachbeiträge im *American Journal of Sociology*. Später entfernte sie sich immer mehr von ihrem männlichen Kollegen der Chicagoer Schule der Stadtsoziologie. Während diese sich beispielsweise der Illusion hingaben, der Weltkrieg Eins erzwinge die staatliche Kontrolle privater Unternehmen (die sie für notwendig hielten), entwickelte sich Jane Addams zur radikalen Kriegsgegnerin und wurde 1915 zur Präsidentin der *Women's Peace Party* und des 1. Weltkongresses der Frauen für den Frieden gewählt. Und sie wandelte sich von der sozial engagierten Soziologin zur soziologisch gebildeten Sozialarbeiterin. Hull House blieb bis zu ihrem Tode ihre Wohnung und das Zentrum ihrer Kraft. Für ihr Lebenswerk wurde ihr 1931 der Friedensnobelpreis zugesprochen.

Die alte Nachbarschaft von Hull House an der Halsted Street existiert nicht mehr. Sie ist von achtspurigen Stadtautobahnen zerschnitten worden, zwischen denen bis vor kurzem verfallende Fabriken und Gewerbehöfe vergebens zum Kauf angeboten worden waren. Die Arbeit des *settlements* aber wird vom *Jane Addams Center* fortgesetzt, das 1963 im Norden Chicagos im Geiste der Gründer-Frauen eröffnet worden ist.

Anmerkungen

1 Der international eingeführte Methodenbegriff ‚Social Casework' ist bei seiner Rezeption in Deutschland zunächst als 'Soziale Einzelfallhilfe' übersetzt worden. Dora von Caemmerer und andere haben dann von ‚Sozialer Einzelhilfe' gesprochen, wahrscheinlich um Assoziationen mit dem ‚Fallbegriff' aus der Kriminalistik zu vermeiden. Heute betont man häufig die prozesshafte Verbalität der Hilfe für Einzelne und spricht und schreibt von ‚Beratung im Gespräch'.

2 Der Ausdruck ‚to settle' bedeutet eigentlich ‚sicher niederlassen', ‚ein Haus bauen', ‚zur Ruhe kommen'. Settler waren in den Jahrzehnten der Besiedelung des nordamerikanischen Westens Pioniere, die sich nicht in den gedrängten Städten der Ostküste niederließen, sondern ‚im Westen' eine neue Heimat und ihr Glück suchten. Ein Settlement im übertragenen Sinne ist eine Niederlassung von Gleichgesinnten in einer noch unbehausten, fremden oder auch feindlichen Gegend.

3 Henrietta Barnett hat die Geschichte ihres Mannes und ihres gemeinsamen Lebens in zwei Bänden aufgeschrieben: Henrietta Barnett, Canon Barnett, His Life, Work, and Friends. London: John Murray 1918. Einzelne Artikel, Beiträge und Reden der beiden findet man in dem Sammelband: Samuel A. and Henrietta Barnett, Towards Social Reform. London 1909 und in Practicable Socialism London ^{3}1915. Übersetzung der Zitate durch C. W. Müller.

4 Samuel Barnett, Education by Permeation. In: Charities and the Commons vom 5. Mai 1906.

5 Unter Philantropie (wörtlich: Liebe der Menschen zu allen Menschen, also Menschenliebe oder Nächstenliebe) werden in der englischen Sprache Bestrebungen verstanden, die etwa seit 1850 das Schicksal der Massen der werktätigen Bevölkerung reformerisch verbessern möchten. Solche Bestrebungen werden besonders durch einzelne wohlhabende Besitz- und Bildungs-Bürger vorangetrieben und sind mit dem Einsatz ehrenamtlicher Arbeit von Honoratioren im Stadtteil verbunden.

6 Jane Addams, Zwanzig Jahre sozialer Frauenarbeit in Chicago. München: Beck 1913. Das englische Original stammt aus dem Jahre 1910.

7 Hull House Maps and Papers. A Presentation of Nationalities and Wages in a Congested District of Chicago. By Residents of Hull House, A Social Settlement at 335 South Halsted Street. Chicago, New York 1895.

8 James Weber Linn, Jane Addams. 1935, S. 140.

9 Daniel Levine, Jane Addams and the Liberal Tradition. Madison 1971.

10 Als Belege nenne ich die Begrüßungsansprache der Krupskaja auf der 5. Methodischen Konferenz der Lehrer an den Sowjet- und Parteischulen im Namen des Hauptausschusses für politisch-kulturelle Aufklärung aus dem Jahre 1926. Einige Zeit später besuchte John Dewey mit seiner Tochter Eveline die Sowjetunion und stellte dabei eine Reihe kritischer Fragen, welche die Sympathie der Sowjet-Pädagogen für diesen ‚bürgerlichen Reformer' dämpften. Nadeshda Konstantinowna Kruskaja, Sozialistische Pädagogik. Berlin (DDR): Volk und Wissen Band 3, 1966, S. 157–163 und Band 4, S. 444–455.

11 Jane Addams, First Report of the Labour Museum at Hull House. Chicago 1901–1902, Chicago 1902, S. 15.

4. Alice Salomon und ihre Soziale Frauenschule

An der Wende zum 20. Jahrhundert hatten die Nordamerikaner auf die Tätigkeit lokaler Wohlfahrtsverbände gesetzt, die durch Vereine ehrenamtlich tätiger Hausbesucherinnen unterstützt wurden. Mary Richmond und andere hatten deren Ermittlungstätigkeit durch wissenschaftliche Untersuchungen qualifiziert und eine erste Soziale Schule der Philantropie an der Columbia Universität in New York angeregt. Auch deutsche Städte und Gemeinden hatten in der zweiten Hälfte des 19. Jahrhunderts ehrenamtlich tätige Hausbesucher zur Ermittlung und Unterscheidung zwischen ‚würdigen' und ‚unwürdigen' Unterstützungsanträgen eingesetzt und daneben auf die ‚Mildtätigkeit' von Wohlfahrtsverbänden gesetzt, die aus kirchengemeindlichen Aktivitäten heraus entwickelt worden waren. Im Revolutionsjahr 1848 hatte Johann Hinrich Wichern (1808–1881) den *Centralausschuss für die Innere Mission* der Deutschen Evangelischen Kirche (heute: Diakonisches Werk) gegründet. Lorenz Werthmann war 1897 mit dem *Caritas Verband* für das katholische Deutschland gefolgt. Später folgte die *Zentralwohlfahrtsstelle der deutschen Juden* (1917), der *Hauptausschuss für Arbeiterwohlfahrt* (AWO) der SPD (1919) auf Initiative von Marie Juchacz, das *Deutsche Rote Kreuz* und der aus dem Zusammenschluss von Kranken- und Pflegeanstalten entstandene *Paritätische Wohlfahrtsverband* als fünfter Spitzenverband der freien Wohlfahrtspflege.

Sowohl die ehrenamtlichen Mitarbeiter des Elberfelder Systems als auch die Kommunalbeamten des Straßburger Systems und die teils beruflichen, überwiegend aber ehrenamtlichen Mitarbeiterinnen und Mitarbeiter der Wohlfahrtsverbände verfügten noch nicht über eine berufliche oder gar professionelle Ausbildung in unserem zeitgenössischen Sinne, aber sie waren in ehrenamtlichen Tätigkeiten groß geworden und hatten daraus einen Beruf gemacht.

Gleichzeitig entwickelte das Deutsche Reich im letzten Viertel des 19. Jahrhunderts – anders als andere europäische Staaten – ein System parlamentarisch verordneter Sozialgesetze zur Absicherung von Lebensrisiken der berufstätigen Bevölkerung und ihrer Angehörigen in Fällen von Krankheit, hohem Alter und Invalidität. Diese ‚Sozialgesetze' hatte der damalige Reichskanzler Otto von Bismarck gegen große Widerstände durchgesetzt: Zwischen 1883 und 1889 wurden die Krankenversicherung, die Unfallversicherung, die Invalidenversicherung und die Altersversicherung auf gesetzlicher Grundlage und unter finanzieller Beteiligung von Arbeitgebern und Arbeitnehmern eingeführt. Wesentlich später (1927) folgte die Arbeitslosenversicherung. Diese Versicherungen und ihre Weiterentwicklung bis auf unsere Tage gilt als Grundlage des deutschen Sozialstaates: Sozialpolitik, so sagt man, sei nun an die Stelle der im Massenelend wirtschaftlicher Depressionen hilflosen Armenhilfe getreten. Durch die Sozialpolitik, so sagt man auch, sei die ‚Arbeiterpolitik' von der 'Armenhilfe' abgetrennt worden. Das habe weitreichende und langfristige Folgen gehabt. Beispielsweise die Folge, dass es für alle Berufstätigen, die in diese gesetzlichen Versicherungen eingezahlt hätten, einen Rechtsanspruch – nicht auf Hilfe, sondern auf ‚Leistungen' gebe, für alle anderen jedoch nicht.

Über die möglichen Motive für diese Gesetzesinitiativen gehen die Vermutungen auseinander. Die einen lesen sie als den am Ende erfolgreichen Versuch der Aussöhnung von ‚Klassengegensätzen', die vor dem Ersten Weltkrieg mit besonderer Deutlichkeit ausgebrochen seien. Andere sehen sie als den Versuch Otto von Bismarcks, sein Verbot der Sozialdemokratischen Partei Deutschlands ‚Gegen die gemeingefährlichen Bestrebungen der Sozialdemokratie' (1878–1890) sozialpolitisch abzusichern.

Diese Erklärung entspricht auch der Begründung, die der deutsche Kaiser 1881 für die Einführung der ersten Sozialgesetze gegeben hatte: „Wir haben unsere Überzeugung aussprechen lassen, dass die Heilung der sozialen Schäden nicht ausschließlich auf dem Wege der Repression sozialdemokratischer Ausschreitungen, sondern gleichmäßig auf dem der positiven Förderung des Wohles der Arbeiter zu suchen sein wird ..." Diese Sozialgesetze sollen dazu dienen, den besitzlosen Klassen der Bevölkerung die Aufforderung zu vermitteln, „den Staat nicht als eine lediglich zum Schutz der besser situierten Klassen der Gesellschaft erfundene, sondern als eine auch ihren Bedürfnissen und Interessen dienende Institution aufzufassen".

Untersuchungen von Rüdeger Baron[1] haben plausibel gemacht, dass die Bismarck'schen Sozialgesetze sowohl im Interesse der deutschen Großindustrie als auch des Ostelbischen Landbesitzes gewesen seien. Deutsche Fabrikanten standen damals in einem erbitterten Konkurrenzkampf mit der technisch überlegenen englischen Maschinen- und Textil-Industrie.

Die englischen Fabrikanten folgten in jener Zeit und gegen einen starken gewerkschaftlichen Widerstand dem Prinzip des ‚hire and fire' = sie stellten Arbeitskräfte in konjunkturellen Phasen ein und entließen sie wieder, wenn sich eine Flaute abzeichnete. Auf diese Weise konnten Produktionsstätten, die qualifizierte Facharbeiter benötigt hätten, keine Stammbelegschaft bilden, die ihnen auch in Krisenzeiten verbunden blieb. Hier sahen weitblickende Industrielle in Deutschland wie Carl Friedrich Stumm im Saarland, Friedrich Krupp in Essen und die Brüder Siemens in Berlin ihre Chance auf dem hart umkämpften internationalen Markt. Frühzeitig richteten sie Unterstützungskassen für Krankheit, Unfall, Invalidität und Tod ihrer Stammbelegschaften ein und banden sie dadurch auch in Krisenzeiten an ihre Betriebe. Auch der im Ruhrgebiet eingeführte Werkwohnungs-Bau, der für die Stammbelegschaften und ihre Familien billigen Wohnraum bereitstellte und sie auch mit Gemüsegärten und Hühnerställen vor den kleinen Reihenhäusern versorgte, sollte als Gegengewicht gegen gewerkschaftliche Agitation und sozialdemokratische Propaganda wirken und jene familienähnliche Bindung an den Industriebetrieb befördern, die man heute in ‚corporate identity' umbenannt hat.

Die Einführung solcher Unterstützungskassen[2] verteuerte die Löhne der Arbeiter und damit die allgemeinen Betriebskosten. Im Konkurrenzkampf der Unternehmungen untereinander waren sie deshalb ein Wettbewerbsnachteil für jene Unternehmen, die sie vorausschauend eingeführt hatten. Diese Unternehmer drängten deshalb den preußischen Staat, die Unterstützungskassen *durch Gesetze einzuführen* und allen Arbeitnehmern und Arbeitgebern die monatlichen Einzahlungen zur Pflicht zu machen. Es ist eine Ironie der historischen Entwicklung, dass die fortgeschrittene Großindustrie des ausgehenden 19. Jahrhunderts den preußischen Staat zu jenen Sozialgesetzen drängte, weil sie sich Standortvorteile im internationalen Konkurrenzkampf versprachen, während heute die gleichen Sozialgesetze als ‚Standortnachteil' angesichts eines globalisierten Arbeitsmarktes verteufelt werden.

Mit den Sozialgesetzen schuf Otto von Bismarck und eine parlamentarischen Mehrheit im Deutschen Reichstag die Grundlage für eine Entwicklung zum Sozialstaat, der auf drei Säulen beruhte: einer staatlich überwachten und gewährleisteten *Sozialpolitik*, der Säule einer weiterhin bestehenden Verpflichtung der Städte und Gemeinden, für ihre Armen, Hilflosen und Alten zu sorgen (*Sozialhilfe*) und der gleichzeitigen Selbstverpflichtung von Religionsvereinigungen, Kirchengemeinden und weltlichen Wohlfahrtsverbänden, für die Jungen und die Alten, die Armen und die Alleinstehenden unter ihren Mitgliedern und den ihnen Nahestehenden ideelle, materielle und soziale Hilfe auf persönlicher Grundlage zu leisten (*Wohlfahrtspflege*). Auf dem Felde dieser ‚frei-gemeinnützigen Liebestätigkeit' hatte es in den ersten Jahrzehnten des Deutschen Reiches nach der Reichsgründung (1871) deutliche Veränderungen gegeben. Landflucht, Verstädterung, anhaltende Wirtschaftskrisen und die ‚große Depression' zwischen 1873 und 1890 hatten die wahrgenommenen Klassengegensätze verschärft und nicht nur bei den Arbeitern zu einem kämpferischen Klassenbewusstsein geführt, sondern auch bei sensiblen und verantwortungsbewussten Angehörigen des Bildungsbürgertums zu Schuldbewusstsein und dem dringenden Bedürfnis, helfend einzugreifen, um die Auswirkungen der allgemeinen ‚Volksnot' zu lindern. Sabine Hering und Richard Münchmeier haben die Situation und den Geist dieser Zeit in ihrer fakten- und bilderreichen ‚Geschichte der Sozialen Arbeit' auf eine sehr anschauliche Weise beschrieben. Ich empfehle in diesem Zusammenhang besonders das 3. Kapitel über ‚das frühe Kaiserreich' (Weinheim: Juventa 2005[3], S. 37–76).

In jenen Jahrzehnten trugen unter anderem die erfahrungswissenschaftlich zusammengetragenen ‚sozialen Enqueten' der neuen Sozialwissenschaften dazu bei, Zustandsbeschreibungen des Massenelends in einer reichen Gesellschaft zu veröffentlichen. Populäre Zeitschriften druckten Reportagen aus dem ‚sozialen Leben' und porträtierten Menschen, die an den Rand dieser Gesellschaft gedrängt worden waren. In den politisch wachen Kreisen des Bildungsbürgertums und ihrer jungen Generation wuchs das starke Bedürfnis, *etwas dagegen zu tun*.

Alice Salomon war einundzwanzig Jahre alt und nach eigener Bekundung ein „nutzloses Wesen", als sie im Briefkasten ihrer Mutter in einer Villa am Rande des Berliner Kreuzberges die Einladung zur Gründungsversammlung der „Mädchen- und Frauengruppen für soziale Hilfsarbeit" vorfand, die für den 5. Dezember 1893 in den Bürgersaal des Rathauses einberufen worden war. In dem Gründungsaufruf, den Berliner Honoratioren (Bürgermeister, Schulräte, Sanitätsräte, Prediger, Direktoren, Offiziere, Stadträte), und ihre Ehefrauen unterschrieben hatten, wird mahnend davon gesprochen, dass der wirtschaftliche und kulturelle Notstand in weiten Kreisen der Bevölkerung eine zunehmende Verbitterung hervorrufe. An dieser Verbitterung trügen die Frauen und Mädchen gerade der „besitzenden Stände" vielfach eine schwere Mitschuld, weil sie den Anschauungen und Empfindungen der „unbemittelten Klassen" weder intellektuelles Verständnis noch persönliche Anteilnahme entgegenbrächten. Das solle nun anders werden. Die Unterzeichner und Unterzeichnerinnen betonen beredt, dass es sich hier nicht etwa um einen Akt weiblicher Emanzipation handele, sondern „lediglich darum, junge Mädchen und Frauen zu ernster Pflichterfüllung im Dienste der Gesamtheit heranzuziehen". Interessierte Mädchen und Frauen sollten die Möglichkeit erhalten, ehrenamtlich in Krippen, Kindergärten, Horten und Waisenhäusern, in Volksküchen und Krankenanstalten und in der persönlichen Fürsorge von hilfsbedürftigen Familien mitzuarbeiten. Die praktische Arbeit solle durch eine theoretische Ausbildung angeleitet werden, welche „die Frauen und jungen Mädchen zu einer umsichtigen und planmäßigen praktischen Tätigkeit anregen" solle. Leichtverständliche Vorträge über wirtschaftliche und soziale Verhältnisse sollen mit Besuchen in Wohlfahrtseinrichtungen verbunden werden. „Eine Anzahl erfahrener Fachmänner hat sich für die Vorträge bereitwilligst zur Verfügung gestellt".[3]

Alice Salomon ging zur der Gründungsversammlung der „Mädchen- und Frauengruppen für soziale Hilfsarbeit" und trat, zusammen mit fünfzig anderen Frauen, der neuen Organisation bei. Später hat sie über diesen Tag und über ihren Entschluss unter Anspielung auf ein Wort des englischen Romantikers Thomas Carlyle gesagt, er sei gesegnet gewesen, weil sie an ihm ihre Arbeit gefunden habe. Frauen, die sie später darauf festlegen wollten, es sei eben *die soziale Arbeit* gewesen, die gleichsam die berufliche Konkretisierung ihrer eigentlich weiblichen Bestimmung wäre, trat sie mit der nüchternen Feststellung entgegen, was sie damals gebraucht habe, als sie den „Gruppen“ beitrat, sei Arbeit schlechthin gewesen. Auch manch anderer Beruf hätte ihr Leben mit einem sinnvollen Inhalt füllen können.[4]

Alice Salomon (1872–1949) war die Tochter eines wohlhabenden Kaufmanns aus der Lederbranche, dessen Familie sich auf einen eigenhändigen Schutzbrief Friedrich des Großen berufen konnte. Sie liebte die Schule und durchlief, obwohl sie eine der besten Schülerinnen war, zweimal die Oberstufe, um nicht tatenlos zuhause herumsitzen zu müssen. Eine ihrer späteren Mitarbeiterinnen berichtete:

> „Für Alice Salomon begann nun die unglücklichste Zeit ihres Lebens. … Ihre Kräfte lagen brach. Es ist gesagt worden, dass die typische Beschäftigung der ‚höheren Tochter' in jener Zeit darin bestand, den Kanarienvogel zu füttern, Blumentöpfe zu begießen, Klavier zu üben, Tablettdecken zu sticken und auf die Ehe zu warten. Selbst im Haushalt wurde sie kaum gebraucht, da man selbstverständlich Hauspersonal hatte und die Mutter den Haushalt leitete, so dass man höchstens mit Staubwischen oder ähnlichem helfen konnte“.[5]

Dann kam die Einladung zur Gründungsversammlung der „Gruppen“, „das Stück Papier, mit dem ihr Leben begann“.

> „Sie half jeden Montag Nachmittag in einem Mädchenhort. Hortzeit für die Kinder war von 12 oder 1 Uhr mittags bis 7 Uhr abends. Die Arbeit der Helferinnen bestand im Wesentlichen darin, den Kindern bei den Schularbeiten zu helfen: denn die wohlmeinende Nähmamsell, die den Hort leitete, legte großen Wert darauf, dass die Kinder gute Zeugnisse nach Hause brachten. Nach den Schularbeiten wurde gestrickt, und bis sechs Uhr musste völlige Ruhe herrschen. Nur von 6 bis 7 Uhr wurde gespielt und auch dann nur Sing- und Kreisspiele unter Anleitung. Das ‘Jahrhundert des Kindes' war noch nicht angebrochen[6].
>
> Dann wurde Alice Salomon auf Hausbesuche geschickt und sah mit eigenen Augen, wie die arme Bevölkerung lebte. Es kam häufig vor, dass die Frauen zwar froh waren, mit Geld oder Nahrungsmitteln unterstützt zu werden, aber diese Besuche vor ihren Ehemännern geheim hielten. Denn obwohl ihre Löhne niedrig waren und die Familien in Dürftigkeit und Armut lebten, wollten viele Arbeiter wohl aus einem wachsenden Klassenstolz von ‚Wohltätigkeit' nichts wissen.
>
> Das größte Elend herrschte unter den Heimarbeiterinnen. Sie lebten in engen, ungesunden, überfüllten Wohnungen, arbeiteten wie gehetzt den ganzen Tag und tief in die Nacht hinein, ohne genügend Zeit, für ihre Kinder und sich selbst auch nur das Nötigste zu besorgen und konnten doch nicht genug verdienen, um das Leben ohne Hilfe von Außen zu fristen. Vor allem waren sie ganz schutzlos und der Willkür der Unternehmer preisgegeben“ (Dora Peyser 1958, 23).

Noch einmal: es war nicht das Pathos „der sozialen Arbeit“, das die junge Alice Salomon faszinierte, sondern die schlichte Tatsache, dass sie plötzlich eine Lebensperspektive sah, in der sie selber als Person vorkam und nicht als Anhängsel eines Mannes, auf den sie warten sollte, den sie bedienen sollte, zu dem sie aufschauen sollte. Die bisher brachliegende Energie dieser tätigkeitsorientierten jungen Frau erhielt plötzliche eine Richtung. Sie gründete einen neuen Mädchenhort, arbeitete in einer sozialen Auskunftsstelle, die heute das Deutsche Zentralinstitut für soziale Fragen ist und gründete mit einigen Freundinnen das erste Arbeiterinnenheim in Berlin nach dem Vorbild von Toynbee Hall, von dem sie durch Hörensagen erfahren hatte. „Sie begannen, die Arbeiterinnen zu beschäftigen, mit Handarbeiten, Vorlesen, Musik oder Theaterspielen und boten ihnen bescheidene Erfrischungen an. Mit dem Enthusiasmus junger Laien wollten sie ihnen „Kultur bringen“, die Art von Kultur, die sie selber genossen (hatten)“.[7]

Bei ihrer ehrenamtlichen Arbeit in den ‚Gruppen für soziale Hilfsarbeit’ lernte sie die Vorsitzende dieses Vereins, Jeanette Schwerin, kennen und befreundete sich mit ihr. Stellvertretend für sie hielt Alice Salomon 1898 ein Referat auf der Generalversammlung des Bundes Deutscher Frauenvereine in Hamburg, das großen Eindruck machte. Im nächsten Jahr fuhr sie als deutsche Delegierte zum Internationalen Frauenkongress nach London, wo sie zusammen mit der englischen Sozialforscherin und Frauenrechtlerin Beatrice Webb über Arbeitsschutz für Frauen referierte. Zwischen 1900 und 1920 war Alice Salomon Vorstandsmitglied des Bundes Deutscher Frauenvereine und arbeitete als Schriftführerin und später als stellvertretende Vorsitzende mit. Erklärte Politik dieses von Helene Lange 1894 gegründeten Bundes war es, dem Klischee von der „Dame“ entgegenzutreten, die „durch das parfümierte Taschentuch den ‚Armeleutegeruch’ fernhalten möchte“ (Helene Lange) und durch Tätigkeit in der Gemeinde- und Schulverwaltung, an Universitäten und in praktischen Berufszweigen zu zeigen, dass Frauen diese Tätigkeiten ebenso erfolgreich verrichten wie Männer.

Um in diesen Tätigkeiten erfolgreich zu sein, reichte der gute Wille allein nicht aus. Frauen mussten sich Fertigkeiten und Kenntnisse aneignen, die ohne Anleitung und Ausbildung nicht zu erwerben waren. Aber höhere Schulbildung für Frauen war damals in Preußen den Frauen ebenso verschlossen wie der Zugang zu den Universitäten. Die jungen Frauen der ‚sozialen Gruppen’ mussten sich ihre eigene Ausbildung tätigkeitsbegleitend selber organisieren. 1899 richteten sie in Berlin den ersten Jahreskurs in der Wohlfahrtspflege ein. Der Kurs umfasste vier Wochenstunden und enthielt Vorlesungen von Max Weber über „Grundzüge der modernen sozialen Entwicklung“ und von Emil Münsterberg über „Soziale Hilfstätigkeit in England und Amerika“. Andere Dozenten lasen über „Wohlfahrtseinrichtungen für die arbeitenden Klassen“, „die Organisation der öffentlichen und privaten Wohlfahrtspflege“, „Grundzüge der Hygiene“ und „Gesundheitspflege bei Kindern“. Jeanette Schwerin las über „Frauenpflichten im Haus und in der Gemeinde". Die Teilnahme war freiwillig, und nach anfänglichem Enthusiasmus der inzwischen auf einhundertsiebenundzwanzig Mitglieder angewachsenen Organisation ließ das Interesse an den teilweise sehr abgehobenen-akademisch dargebotenen Informationen merkbar nach. Alice Salomon erklärte sich dieses Nachlassen so: „Es interessierte nicht genug, wenn die Konstruktion der Wasserwerke erläutert oder die Befugnisse der Baupolizei dargelegt wurden, wenn wir hygienische Kenntnisse brauchten, um die uns anvertrauten Kinder vor Krankheiten zu schützen".[8]

Um die Jahrhundertwende waren Frauen an deutschen Universitäten noch eine Sensation. Es erregte Aufsehen, als die Freiin Elisabeth von Richthofen den Doktorgrad in Nationalökonomie an der Berliner Universität erwarb und von ihrem „Doktorvater" Max Sering mit einem öffentlichen Abendessen geehrt wurde. Alice Salomon war auch eingeladen, und Sering fragte sie *en passant*, ob sie nicht Lust hätte, bei ihm volkwirtschaftliche Vorlesungen zu hören, zumal sie sich ja schon einige Zeit mit der ungleichen Entlohnung von Männern und Frauen beschäftigt habe. Alice nahm das Angebot an und studierte – ohne Abitur – Nationalökonomie bei Gustav Schmoller, Adolf Wagner und Alfred Weber. Das Kolleg-Geld verdiente sie sich als nebenamtliche Dozentin beim Letteverein[9]. Alfred Weber war von ihrer Arbeit so beeindruckt, dass er sie fragte, ob sie bei ihm promovieren wolle. Ihren Einwand, sie habe ja noch nicht einmal ein Reifezeugnis, tat er mit dem „stolzen" Satz ab: „Man reiht sich doch da ein, wo man hingehört."

In ihrer Dissertation, die auf umfangreichem statistischem Material über die Lohnentwicklung von Frauen und Männern in Industrie, Landwirtschaft, Handel und Dienstleistungsgewerbe basierte, schätzte Alice Salomon die ungleiche Entlohnung von Männern und Frauen nicht als willkürliche Unterdrückung der Frau durch den Mann ein, sondern „als eine gesetzmäßige Erscheinung des Wirtschaftslebens", die allerdings durch bessere berufliche Qualifikation von Frauen und stärkere gewerkschaftliche Organisierung überwunden werden könne. Dieses Prinzip vertrat sie nicht nur wissenschaftlich, sondern auch praktisch. Als die sächsischen Textilarbeiterinnen 1903 in Crimmitschau für den Zehnstundentag streikten und beim großen Streik der Berliner Konfektionsarbeiterinnen 1911 unterstützte sie mit ihren „sozialen Gruppen" die Streiks moralisch, organisatorisch und agitatorisch, allerdings mehr in Richtung auf die Forderung nach Arbeitszeitverkürzung für Frauen, damit sie nebenbei ihren familiären Pflichten würden nachkommen können. Diese argumentative Stoßrichtung hatte Alice Salomon schon 1900 in einem Gegensatz zu den englischen Frauenrechtlerinnen gebracht, die eine unterschiedliche Arbeitsgesetzgebung für Männer und Frauen ablehnten.

Über ihre aktive Mitarbeit in dem philanthropischen bürgerlichen Verein – der *‚sozialen Gruppen'* – hatte Alice Salomon den Zutritt zur ehrenamtlichen, sozialen Arbeit gefunden. Als Frauenrechtlerin und Volkswirtschaftlerin muss ihr klar geworden sein, dass die ehrenamtliche Tätigkeit in Vereinigungen der privaten Wohlfahrtspflege sozial engagierten Frauen auf Dauer keine neuen Berufsfelder werde erschließen können. Sie mussten sich den Zugang zu den ansatzweise vorhandenen hauptamtlichen Tätigkeiten der Armenfürsorge, wie sie im Straßburger System angebahnt worden waren, verschaffen – und das war nur durch den Aufbau einer mehrjährigen, anspruchsvollen Berufsausbildung möglich. Diese Ausbildung aber musste auf Frauen beschränkt werden, wenn in ihr nicht sofort wieder die Männer dominieren sollten.

Die „Mädchen- und Frauengruppen für soziale Hilfsarbeit" gründeten im Jahre 1908 die erste Sozialen Frauenschule Berlins in den Räumen des Pestalozzi-Fröbel-Hauses in Berlin-Schöneberg. Alice Salomon wurde ihre erste Direktorin. Mit zwanzig Schülerinnen wollte sie anfangen. Achtzig hatten sich gemeldet, davon die Hälfte für die berufsvorbereitende Unterstufe und die Hälfte für die berufsfachliche Oberstufe. Diese Schule sei geschaffen worden, so Alice Salomon in ihrer Eröffnungsrede am 15. Oktober 1908, um

> „den Mädchen und Frauen unserer Stadt, unseres Landes Arbeit zu geben. Arbeit, das heißt nicht Beschäftigung, nicht Zeitvertreibe, sondern eine Tätigkeit, die nicht nur ihre Zeit – sondern auch ihre Gedanken, ihr Interesse in Anspruch nimmt; die zunächst für einige Jahre den Inhalt ihres Lebens ausmachen soll, um den herum alles andere, was das Leben ihnen an Freuden, Genüssen, Anregungen bietet, sich nur – gleichsam wie eine schmückende Arabeske – als Beiwerk gruppiert ... Es ist Wunsch und Hoffnung der Gründer unserer Schule, dass Sie hier Ihre Arbeit finden sollen. Wunsch und Hoffnung zugleich. Und die Berechtigung zu dieser Hoffnung nehmen wir aus der Wahl der Unterrichtsgebiete, die im Mittelpunkt unseres Lehrplans stehen. Es sind pädagogische und soziale Fächer. Es sind pädagogische und soziale Aufgaben, für die Sie hier vorbereitet werden sollen. ... Daneben wollen wir – und dem wird ausschließlich die Oberstufe dienen – den Schülerinnen Gelegenheit zur berufsmäßiger Schulung in sozialer Arbeit geben, eine Ausbildung, die sie befähigt, verantwortliche Stellungen sowohl als bezahlte soziale Berufsarbeiter wie im unbesoldeten Hilfsdienst auszufüllen. Wenn wir dabei keinen Unterschied zwischen der Ausbildung zu beruflicher Arbeit und zu sozialer Hilfstätigkeit machen, wenn wir die Oberstufe diesen beiden Zwecken dienstbar machen wollen, so geschieht das in der Überzeugung, dass die unbesoldete Arbeit genau so gut, genau so gründlich getan werden soll und deshalb auch derselben Vorbereitung bedarf ..."[10]

Fünf Jahre später studierten neben 93 Schülerinnen in der Unter- und Oberstufe dreißig in einem Fortbildungskurs, 43 besuchten einen Abendkurs und 58 waren Hospitantinnen. Die Räume reichten nicht mehr aus, und Alice

Salomon plante auf einem Hinterhof des Pestalozzi-Fröbel-Hauses, wo bis dahin eine Krebskonservenfabrik gestanden hatte, ein modernes, schönes Schulgebäude mit Vorgärtchen und Dachgarten für ihre Schülerinnen. Es wurde zur Kriegsbeginn 1914 bezogen.

Abb. 10: Der Neubau der Sozialen Frauenschule in Berlin-Schöneberg (1914) war in seiner ursprünglichen Form Teil der Fachhochschule für Sozialarbeit und Sozialpädagogik, die den Namen Alice Salomons trägt. Diese Fachhochschule zog in einen Neubau nach Berlin Hellersdorf im Nordosten der Stadt.

Der Weltkrieg war für die Internationale Frauenbewegung ebenso wie für die Internationale Arbeiterbewegung eine schwere Belastungsprobe. Internationale Solidarität stand gegen nationale Loyalitäten. Kriege liegen nie im Interesse von Frauen, und imperialistische Kriege entsprechen nie dem Interesse von Arbeiterinnen und Arbeitern.

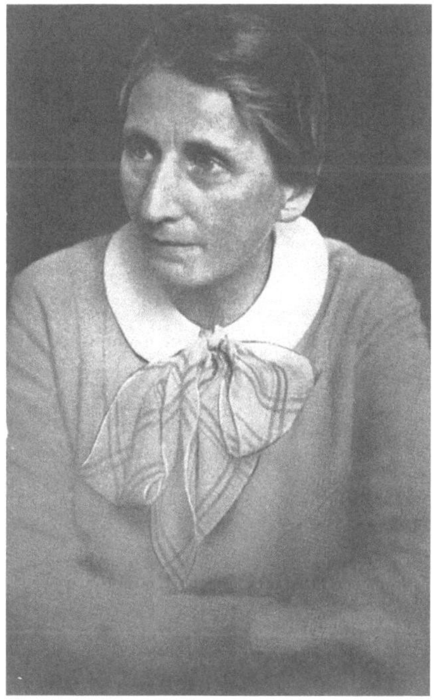

Abb. 11: Alice Salomon, die erste Direktorin der Sozialen Frauenschule in Berlin; aus: H. Muthesius (Hrsg.): Alice Salomon. Köln 1958

Alice Salomon wurde von der Kriegserklärung im August 1914 in Irland überrascht, wo sie mit der Präsidentin des Internationalen Frauenverbandes, Lady Aberdeen den jüngsten Kongress des Bundes in Rom auswertete. Sie konnte erst sechs Wochen nach Kriegsbeginn Irland wieder verlassen. In Deutschland fand sie eine neue Situation vor. Die meisten wehrfähigen, jüngeren Männer waren als Soldaten eingezogen worden, das Feld der sozialen Arbeit wurde mehr und mehr den Frauen überlassen. Dora Peyser berichtete: „Als Leiterin der Sozialen Frauenschule konnte sie (Alice Salomon) ihre Schülerinnen nicht schnell genug ausbilden und musste Notstandskurse einrichten, um der Nachfrage nach sozial geschulten Frauen zu genügen. Viele ihrer früheren Schülerinnen wurden in führende Stellungen berufen. Sie selbst übernahm Aufgaben im Nationalen Frauendienst und widmete sich dort besonders dem Hilfswerk für Künstler und Intellektuelle ...“[11]

Zu dem Internationalen Friedenskongress, den Jane Addams und andere entschiedene Pazifistinnen aus der internationalen Frauenbewegung für April 1915 nach Den Haag einberufen hatten, wäre Alice Salomon gern gefahren, aber der nationalistische Flügel des Bundes Deutscher Frauenvereine, der die Vorstandspolitik damals bestimmte, beschloss, „dass niemand, der ein offizielles Amt im Bunde hatte, fahren dürfe.“

Die Reichsregierung hatte 1916 eine *Frauenarbeitszentrale* gebildet, welche Frauen als Arbeitskräfte in der Kriegsindustrie und als weibliche Hilfskräfte in der Etappe mobilisieren sollte. Die Entscheidung Alice Salomons, in dieser Zentrale als Sachbearbeiterin für die Mark Brandenburg mitzuarbeiten, war deswegen besonders schwierig, weil Salomon bisher den Krieg lediglich indirekt durch Intensivierung weiblicher sozialer Arbeit unterstützt hatte, während die ihr angetragene, neue Tätigkeit eine direkt Unterstützung der Kaiserlichen Kriegsmaschine darstellte. Trotz dieser Tatsache nahm sie die ihr angetragene Beschäftigung an und bereiste in den letzten beiden Kriegsjahren die von den deutschen Truppen besetzten polnischen und russischen Gebiete, um sich um die Arbeitsbedingungen der Heereshelferinnen zu kümmern, die ihrer Aufsicht unterstanden.

Diese Tätigkeit, die man auch als ein ‚patriotisches Engagement' hätte bezeichnen können, nutzte Alice Salomon nach dem Ende des (verlorenen) Krieges wenig. Als eine Delegation der nordamerikanischen *Society of Friends* (‚Quäker') nach Kriegsende mit Jane Addams und Carolina Wood Berlin und die Soziale Frauenschule besuchte und Alice Salomon sie auf Englisch begrüßte, protestierte der Bund der Frauenvereine gegen diesen ‚Anbiederungsversuch' an die Kriegsgegner. Als sie zum Kongress des Internationalen Frauenbundes in Oslo eingeladen wurde, wollte der Vorstand des Bundes der Frauenvereine ihr diese Reise verbieten. Das führte zum Bruch Salomons mit der bürgerlichen deutschen Frauenbewegung. Eine andere politische Alternative zu dieser Bewegung sah sie nicht. Aber der Hurra-Patriotismus war ihr zuwider. Und sie erlebte fünfzehn Jahre später ihre endgültige Ausgrenzung.

Alice Salomon war Jüdin, und sie hatte Vorbehalte gegen diese Tatsache innerhalb der bürgerlichen Frauenbewegung schon mehrfach zu spüren bekommen. Im Mai 1937 wurde sie von der Geheimen Staatspolizei angewiesen, Deutschland innerhalb von drei Wochen zu verlassen, um eine Einweisung in ein Konzentrationslager zu vermeiden.

Zu jener Zeit hatte sie sich aus der unmittelbaren und praktischen sozial- und frauenspezifischen Arbeit zurückgezogen und sich auf ihre Tätigkeit als Vizepräsidenten des Internationalen Frauenbundes und auf Lehrbücher für die Ausbildung zur sozialen Arbeit konzentriert. Zusammen mit Siddy Wronsky, der Leiterin des Berliner Archivs für Wohlfahrtspflege veröffentlichte sie 1921 einen *Leitfaden der Wohlfahrtspflege* und 1926 eine Sammlung von Akten aus der Familienfürsorge unter dem anspruchsvollen Titel *Soziale Therapie*. 1930 gab sie zusammen mit Marie Baum mehr als 200 Familienmonographien aus Berlin, Nord- und Mitteldeutschland heraus, die Teil eines größeren Forschungsprogramms der von Alice Salomon gegründeten *Deutschen Akademie für soziale und pädagogische Frauenarbeit* waren: *Das Familienleben in der Gegenwart*. Und schließlich war sie Allein-Autorin des Buches, das für die Zwecke der Erhellung der Geschichte von Methoden in der sozialen Arbeit von besonderer Bedeutung ist: 1926 veröffentlichte sie das Lehrbuch *Soziale Diagnose*, mit dem sie Anschluss an die amerikanische Tradition gewinnt und gleichzeitig etwas leistet, was Mary Richmond in ihrer sieben Jahre früher mit großem Forschungsaufwand zusammengestellten Buch *Social Diagnosis* nicht wirklich gelungen war: eine

Beziehung zwischen Ermittlungstätigkeit und pädagogischer Arbeit herzustellen.

Alice Salomon war nach einem ersten, eher touristischen Besuch des nordamerikanischen Sub-Kontinents 1923 und 1924 in die USA gereist, hatte einige Zeit in Lillian Wald's *Henry Street Settlement* in New York und bei Jane Addams in Chicago verbracht und vor allem mit Porter Lee, dem damaligen Direktor der Schule für soziale Arbeit in New York diskutiert. Dabei war sie von der Wirkung zweier Lehrbücher bei der Ausbildung beeindruckt – von Mary Richmonds *Sozialer Diagnose* und von dem Buch des kalifornischen Professors für Öffentliche Wohlfahrt Karl von (de) Schweinitz *The Art of Helping People out of Trouble* (1924). Ein Lehrbuch, so wie Mary Richmond es geschrieben hatte, wollte sie für deutsche Verhältnisse verfassen. Wie Mary Richmond ging sie davon aus, dass die verantwortliche Tätigkeit von Sozialbeamten in der Familienfürsorge, der Sozialhygiene, der Gesundheitsfürsorge, der Säuglingsfürsorge und als Gutachter vor Jugendgerichten zugenommen habe und dass „aus einer Tätigkeit, die Armut bekämpfen wollte, eine Arbeit geworden (ist), die der Wirksamkeit des Arztes, des Lehrers, des Richters zum Erfolg verhilft, die das Leben der Menschen gesünder, besser, inhaltsreicher machen will".[12] Der von ihr parallel zu Mary Richmond gewählte Titel *Soziale Diagnose* sollte zum Ausdruck bringen, „dass diese erste Tätigkeit des Fürsorgers in jedem einzelnen Fall eine selbständige und vielfältige Leistung fordert. Diese Leistung besteht darin, Material zu sammeln (eigene Beobachtungen und Aussagen anderer), das beschaffte Material zu prüfen und zu vergleichen, es zu bewerten, Schlüsse daraus zu ziehen – schließlich ein Gesamtbild herzustellen, das erlaubt, einen Plan für die Abhilfe (Behandlung) zu fassen ... Zum Material der Ermittlung gehören ... alle Tatsachen aus dem Leben des Bedürftigen und seiner Familie, die dazu helfen können, die besondere soziale Not und das soziale Bedürfnis des Betroffenen zu erklären und die Mittel zur Lösung der Schwierigkeiten aufzuzeigen".[13] Was diesen ersten, ermittelnden Teil des Lehrbuches angeht, so scheint Alice Salomon dem Vorbild Richmonds zu folgen. Sie handelt das Erstgespräch, Ermittlungen in der Hausgemeinschaft, Erkundigungen bei Verwandten, bei Ärzten, in der Schule, beim Arbeitgeber und bei Nachbarn und Hauswirten gedrängter als Richmond aber mit der gleichen Tendenz ab. Klienten sind beweispflichtig, dass sie die beantragte Hilfe wirklich brauchen. Sozialbeamte sind verpflichtet, alle Daten zu erheben, die *für und gegen* die Gewährung des Hilfegesuchs zeugen könnten.

Im zweiten Teil ihres schmalen Lehrbuches entwickelt Alice Salomon dann aber Gedanken über „die Kunst zu leben" und „die Kunst zu helfen", die über das Konzept von Mary Richmond hinausgehen. Alle Fürsorge, so schreibt Salomon, bestehe darin, „dass man entweder einem Menschen hilft, sich in der gegebenen Umwelt einzuordnen, zu behaupten, zurecht zu finden – oder dass man seine Umwelt so umgestaltet, verändert, beeinflusst, dass er sich darin bewähren, seine Kräfte entfalten kann“.[14] *Beide* Anpassungsleistungen laufen im einzelnen Fürsorgefall zusammen.

Sicher: Eine Frau muss eine regelmäßige Unterstützung bekommen. Aber sie muss auch lernen, ihre Kinder zweckmäßiger zu ernähren.
Sicher: Einer Familie muss eine gesündere Wohnung beschafft werden. Aber sie muss auch lernen, die ärztlichen Verordnungen zu befolgen.
Sicher: Der älteste Junge muss in eine andere Lehre gebracht werden. Aber er muss auch lernen, regelmäßig zu arbeiten.
Sicher: Die Kinder brauchen ärztliche Behandlung. Aber: Sie müssen auch lernen, sich passende Spielkameraden zu suchen.

Die jeweils zuerst genannten Aufgaben sind Aufgaben, die der Fürsorger in Angriff nimmt und ausführt. Die zuletzt genannten Aufgaben sind Aufgaben, die von dem Willen und den Kräften des Klienten, seiner Angehörigen abhängen; von ihrer Bereitschaft, einen Rat anzunehmen, einen Plan auszuführen: „Die Aufgabe des Fürsorgers besteht deshalb darin, die Haltung des Klienten zu beeinflussen, auf einen Menschen einzuwirken – und das ist im Grunde genommen eine *Führeraufgabe*. Ihr Erfolg hängt von dem Einfluss ab, den die Persönlichkeit des Wohlfahrtspflegers ausübt. Dies ist das wesentliche Hilfsmittel“.[15] Die erste Aufgabe, die Veränderung der Lebensumstände von Klienten mit dem Ziel, sie bei der Entwicklung ihrer Persönlichkeit und bei der Entfaltung ihrer Kräfte zu unterstützen, sei – so Alice Salomon 1926 – „heute, trotz aller Armut unseres Volkes, weit durchgreifender möglich als vor zwanzig oder dreißig Jahren“. Die zweite Aufgabe werde in ihrer ganzen Tragweite aber erst allmählich erkannt. Sie bestehe darin, „die Haltung eines Menschen, seine Einstellung zu ändern. Damit erst entsteht die methodische Frage“.[16]

Salomon illustriert dieses *methodische* (ich würde heute sagen: *didaktische*) Problem am Beispiel einer Adoptivmutter, die darum bittet, ihren fünfjährigen Adoptivsohn anderweitig unterzubringen, weil sie aufgrund familiärer Erfahrungen befürchtet, unheilbar lungenkrank zu sein. Die Fürsorgerin geht *zunächst* auf diesen Wunsch ein, schlägt aber *gleichzeitig* vor, dass sich die Klientin fürsorgeärztlich untersuchen lässt. Nach längerem Zögern willigt die Klientin in diesen Vorschlag ein und erfährt, dass ihre Krankheit in einem Stadium ist, in dem vollständige Heilung wahrscheinlich sei. Die Fürsorgerin kann daraufhin die Klientin bewegen, ihren Adoptivsohn nicht herzugeben. An diesem Beispiel erläutert Salomon, dass es häufig Bitten um *Vermittlung* sind, die den Erstkontakt zwischen Fürsorge und Klient motivieren. Im weiteren Verlauf stellt sich dann aber heraus, dass andere als die gewünschten Maßnahmen besser geeignet sind, das eigentliche Ziel des Klienten zu erreichen. Im geschilderten Falle hatte die Fürsorgerin durch das gezielte Sammeln von Beobachtungen und Befragungen festgestellt, dass die Adoptivmutter eigentlich an ihrem Kinde hing, dass sie es auch behalten wollte, dass sie nur unsicher war, ob sie ihm durch ihre

Krankheit jene Lebensumstände würde bieten können, die für die Erziehung dieses Kindes notwendig seien.

Alice Salomon schließt die Darstellung dieses Falles mit der verallgemeinernden Feststellung: „Wahre Hilfe kann der Mensch dem Menschen nur bringen, wenn fremde Not, wenn fremdes Leid für ihn zum eignen wird, wenn es ihm im Herzen brennt. Die bessere Technik, die durchdachte Methode ist nur ein Werkzeug – als solches nützlich und unentbehrlich. Aber recht handhaben kann es nur der Mensch, dessen Tun aus einem wachen Gewissen quillt; aus dem lebendigen Glauben an eine Brüderlichkeit, der Taten wirken muß".[17] Diese Taten dürfen nicht zur Überwältigung des Klienten führen. „Niemand kann einen anderen dadurch stark machen, dass er für diesen anderen arbeitet. Niemand kann ihn dadurch zum Denken veranlassen, dass er für den anderen denkt. Das Glück, das ein Mensch sich erwirbt, hängt im wesentlichen von ihm selbst ab". Wie bescheiden dieses Glück allerdings dimensioniert ist, deutet Alice Salomon an, wenn sie auf der gleichen Seite ihres Buches auf Menschen verweist, die mit ihrem Leben fertig wurden: „Im Grunde ihres Wesens haben fast alle Menschen die Fähigkeit, sich irgendwie abzufinden".[18]

Das Leben meistern, mit dem Leben fertig werden, sich irgendwie abfinden – dies scheint mir in der Tat eine Stufenfolge zu sein, die nach unten führt. Ob diese Abwärtsbewegung die notwendige Folge beruflicher Idealvorstellungen ist, die auf dem Wege zu ihrer Verwirklichung an die Wirklichkeit angepasst werden – oder ob es auch die Möglichkeit gibt, die Wirklichkeit an anspruchsvollere Vorstellungen von der menschlichen Existenz anzupassen – Alice Salomon lässt diese Frage zumindest offen, denn an anderer Stelle stellt sie fest, der Sozialarbeiter solle immer auch „die soziale Reform anregen".[19]

Siddy Wronsky und andere haben die Methoden der Ermittlung und Beratung, die Alice Salomon in ihrem Lehrbuch aus dem Jahre 1926 entworfen hat, fortgesetzt und weiterentwickelt, solange das in Deutschland möglich war. Ich werde im 6. Kapitel darauf zurückkommen. Alice Salomon ist 1937 als Jüdin, Pazifistin und Internationalistin aus Deutschland vertrieben worden. Sie hat schließlich in New York City eine Bleibe, aber keine neue Heimat gefunden. Joachim Wieler hat die verwehten Spuren dieser eindrucksvollen Frau im nordamerikanischen Exil bis zu ihrem Tode am 30. August 1948 verfolgt und auch das Originalmanuskript ihrer Autobiografie ‚Character is Destiny' herausgegeben.[20]

Im kollektiven Gedächtnis einer einigermaßen kultivierten Gesellschaft geht auf Dauer nichts verloren. So endet auch die Wirkung des Lebenswerks von Alice Salomon nicht mit ihrer Vertreibung im Jahre 1937 und nicht mit ihrem Tode im Jahre 1948 in der Einsamkeit des nordamerikanischen Exils. Die von ihr 1908 gegründete Soziale Frauenschule in Berlin trägt heute ihren Namen. Sie unterhält ein Archiv- und Dokumentationszentrum für soziale und pädagogische Frauenarbeit. Alice Salomon ist unvergessen.[21]

Anmerkungen

1 Rüdeger Baron, Weder Zuckerbrot noch Peitsche. Historische Konstitutionsbedingungen des Sozialstaats in Deutschland. In: Gesellschaft – Beiträge zur Marxschen Theorie 12. Frankfurt am Main 1979

2 Unterstützungskassen und Sozialversicherungen sind eine späte und modernisierte Folge jener ‚Bruderbüchsen', welche die Bergleute schon im späten Mittelalter eingeführt hatten, um ihre Familien gegen den Unfalltod unter Tage abzusichern.

3 Ich zitiere die Erinnerungen von Dora Peyser, Alice Salomon. Ein Lebensbild. In: Alice Salomon, die Begründerin des sozialen Frauenberufs in Deutschland. Köln: Heymanns 1958, S. 20–21. Vergleiche mit: Alice Salomon, Charakter ist Schicksal. Lebenserinnerungen. Weinheim: Beltz 1983, S. 29–51.

4 Alice Salomon, Jugend- und Arbeitserinnerungen. In: Elga Kern (Hrsg.), Führende Frauen Europas. München: Reinhardt 1928, S. 3. Das Buch enthielt Autobiografien von vier Schriftstellerinnen, einer Grafikerin, einer Komponistin und Dirigentin, einer sowjetischen Diplomatin und einer Berliner Medizinprofessorin.

5 Peyser, a.a.O., S. 17–18. Peyser lag bei der Abfassung ihres Manuskriptes das Manuskript von Alice Salomons Autobiografie vor, um dessen Veröffentlichung sich die Autorin in ihrer amerikanischen Emigration vergeblich bemüht hatte. Die spätere Übersetzung und Herausgabe der Lebenserinnerungen verdanken wir Joachim Wieler und Rolf Landwehr. Siehe Anmerkung 20.

6 Im Jahre 1900 erschien das Buch von Ellen Kay, Das Jahrhundert des Kindes in deutscher Sprache. Es leitete eine reformpädagogische Phase der Betrachtung pädagogischer Probleme aus dem Blickwinkel von Kindern und nicht von Erwachsenen ein. (C. W. M.)

7 Peyser, a.a.O., S. 24. Dora Peyser ist von der sozialpädagogischen Fachliteratur nach meinem Eindruck zu stiefmütterlich behandelt worden. Sie war gelernte Hortnerin, Säuglings- und Krankenpflegerin und graduierte Wohlfahrtspflegerin. 1928–1934 arbeitete sie als persönliche Assistentin von Alice Salomon und studierte gleichzeitig an der Berliner Universität Soziologie und Philosophie. Sie promovierte 1934 mit einer Arbeit über ‚Hilfe als soziales Phänomen' und wanderte anschließend nach Australien aus.

8 Peyser, a.a.O., S. 34.

9 Der Letteverein war eine durch private Initiative gegründete und finanzierte Frauenfachschule, die junge Frauen für Berufe qualifizieren sollte, die „ihrem weiblichen Wesen“ nahe lagen.

10 Peyser, a.a.O., S. 59–62.

11 Peyser, a.a.O., S. 73.

12 Alice Salomon, Soziale Diagnose. Berlin: Heymanns 1926, S. 7.

13 Salomon, ebenda.

14 Salomon, a.a.O., S. 59.

15 Salomon, a.a.O., S. 60.

16 Salomon, a.a.O., S. 61.

17 Salomon, a.a.O., S. 66.

18 Salomon, a.a.O., S. 55.

19 Salomon, a.a.O., S. 47.

20 Joachim Wieler, Er-Innerung eines zerstörten Lebensabends. Alice Salomon während der NS-Zeit (1933–1937) und im Exil (1937–1948). Diss. TU Berlin. Darmstadt : Lingbach 1987. Joachim Wieler, Nachwort in : Alice Salomon, Charakter ist Schicksal. Lebenserinnerungen. Aus dem Engl. Von Rolf Landwehr. Weinheim: Beltz 1983, S. 308–347.

21 Die Leiterin des Alice Salomon Archivs an der Alice Salomon-Hochschule Berlin, die Historikerin Adriane Feustel, hat die Schriften von Alice Salomon in drei Bänden herausgegeben: Alice Salomon, Frauenemanzipation und soziale Verantwortung. Ausgewählte Schriften in drei Bänden. Neuwied und München Unterschleißheim 1997–2004. Siehe u.a. auch: Carola Kuhlmann, Alice Salomon, ihr Lebenswerk als Beitrag zur Entwicklung der Theorie und Praxis Sozialer Arbeit. Beltz: Weinheim 2001.

5. Jugendbewegungen und Gruppenarbeit

Die ersten historischen Beispiele, die ich in diesem Methodenbuch skizziert habe, waren an eindrucksvolle Personen gebunden, die für soziale Bewegungen standen.

Berufskundlich gesprochen stand am Anfang der modernen Berufe von Sozialarbeitern und Sozialarbeiterinnen der Aufseher im Arbeitshaus. Er hatte zwangsweise eingelieferte Menschen beiderlei Geschlechts zu beaufsichtigen und zu schweren körperlichen Arbeiten anzuhalten; Menschen die dadurch auffielen, dass sie Ortsfremde waren, über kein unterstützendes familiales Netzwerk verfügten, bettelten und/oder um materielle kommunale Unterstützung nachsuchten. Der Aufseher sollte Zwangsarbeit organisieren und durchsetzen, aber nicht nur, weil diese Zwangsarbeit gebraucht und anderweitig nicht erbracht würde, sondern auch weil die Bereitschaft, sie zu verrichten, Hinweise darauf geben sollte, ob die Hilfesuchenden bereit wären, überhaupt zu arbeiten und sich ihr Brot im Schweiße ihres Angesichts zu er-dienen.

In diesem Kapitel geht es nicht um Erwachsene, denen man zutrauen konnte, dass sie für sich selber sorgten. Sondern es geht um Kinder, die erzogen werden sollten, um ‚richtige' Menschen zu werden, die aber ihren Ursprungsfamilien abhanden gekommen waren oder die sie verloren hatten. Was mit diesen Kindern[1] geschehen solle – darauf gab es in der mitteleuropäischen Geschichte unterschiedliche Antworten.

Eine radikale Retrospektive hat der psychoanalytisch orientierte Historiker Lloyd deMause formuliert. In der von ihm herausgegebenen Geschichte der Kindheit schrieb er: „Die Geschichte der Kindheit ist ein Alptraum, aus dem wir gerade erst erwachen. Je weiter wir in der Geschichte zurückgehen, desto unzureichender wird die Pflege der Kinder, die Fürsorge für sie, und desto größer die Wahrscheinlichkeit, dass Kinder getötet, ausgesetzt, geschlagen, gequält und sexuell missbraucht wurden"[2]. In frühchristlicher Zeit war diese deprimierende Feststellung offensichtlich der Auffassung geschuldet, dass alle Kinder mit dem Makel der Erbsünde behaftet seien, von der sie nur durch Taufe, christliche Erziehung und christlichen Lebenswandel in der Obhut von Familien und Kirche gereinigt werden könnten. Und dieser Reinigungsprozess sei, wenn nötig, auch gegen den Willen der Kinder und mit körperlicher und seelischer Gewalt durchzusetzen[3]. Erst in der italienischen Renaissance, dem internationalen Humanismus und der deutschen Reformation wurden optimistischere Vorstellungen von einer positiven Erziehung von Kindern innerhalb (und bald auch außerhalb) ihrer Ursprungsfamilien praktiziert und publiziert. Der Gemeindepfarrer Johann

Friedrich Oberlin (1740–1826) gründete im Steintal in der Nähe von Straßburg Kinderbewahranstalten (auch Warteschulen und Sommerschulen genannt), in denen Vorschulkinder beaufsichtigt und beschäftigt wurden, während ihre Mütter in den frühindustriellen Spinnereien und Webereien arbeiteten. Der Schweizer Sozialpädagoge Johann Heinrich Pestalozzi (1746–1827) arbeitete in Winkelschulen und gründete Waisenhäuser mit dem Ziel, Erziehung und Unterricht mit produktiver Arbeit im Haus und auf dem Acker zu verbinden. Er ließ sich dabei von dem Zeitgeist der französischen Revolution inspirieren. Begeistert von den Ideen und der sozialpädagogischen Praxis Pestalozzis gründete Friedrich Fröbel (1782–1852) in seiner thüringischen Heimat ‚Erziehungsanstalten' und eine ‚Anstalt zur Pflege des kindlichen Beschäftigungstriebes'.

Er erfand eigene Spielsachen, die Fröbelschen *Spielgaben* (Bausteine wie Würfel, Kugel und Walze), mit denen sich Kinder auf eine geordnete Weise beschäftigen sollten. Diese Spielgaben verschickte er in alle Welt. Und für den geordneten Umgang mit ihnen bildete er ‚Spielführerinnen' aus – die Vorläufer für den sozialpädagogischen Beruf der Kindergärtnerin. 1840 gebrauchte Fröbel den Ausdruck ‚Kindergarten' zum ersten Mal in einem Aufruf, in dem er Familien bei der Erziehung ihrer Kinder durch ‚Anstalten zu deren Aufsicht und Entwicklung' zu gewinnen hoffte.

In der Phase der deutschen Reaktion auf demokratische und republikanische Bestrebungen in deutschen Landen verbot der preußische Kultusminister 1851 die Fröbelschen Kindergärten. Dabei verwechselte er Friedrich Fröbel mit seinem Neffen Karl Fröbel, der in Hamburg eine Frauenhochschule gegründet hatte. In solchen weiblichen Hochschulen und Kindergärten sah der preußische Staat den „Teil eines sozialistischen Systems, das auf die Heranbildung der Jugend zum Atheimus berechnet ist"[4].

Diese Vorwürfe waren haltlos. Aber sie zeigten, wie sensibel in der Mitte des 19. Jahrhunderts der preußische Staat auf Erziehungsbestrebungen und Erziehungseinrichtungen reagierte, die der Verfügungsgewalt christlicher Familien und der Dienstaufsicht durch die jeweiligen Landeskirchen (es galt das kirchliche Patronatsrecht) entzogen waren. Fröbels zeitweiliges politisches Schicksal unterschied sich von der Karriere eines anderen sozialpädagogischen Gründer-Vaters, der sich in wesentlich größerer Nähe zu den damals staatstragenden Kreisen befand.

Johann Hinrich Wichern (1808–1881) entwickelte ab 1833 im ‚Rauhen Haus' in Hamburg den Plan einer Reform der bisherigen ‚Anstaltspädagogik', die eine unterschiedslose Disziplinierung von elternlosen Kindern, Armen, Irren und Verbrechern vorgesehen hatte. In seinen ‚Rettungshäusern' sollten Kinder nicht durch äußeren Zwang und harte körperliche Arbeit ‚diszipliniert' werden, sondern durch ‚innere Resozialisierung' auf der Basis von Verständnis, Zuwendung, und ‚Erweckung zum Glauben'. Für die angehenden Sozialpädagogen in diesen Rettungshäusern (und in anderen geschlossenen Einrichtungen) erfand Wichern eine eigenständige Berufsausbildung in einem ‚Gehilfeninstitut' (später: ‚Brüderhaus').

Wichern suchte und fand die Nähe zum preußischen Staat. Er kam nach Berlin, gründete das Evangelische Johannesstift, wurde Oberkonsistorialrat und später Vortragender Rat im Ministerium des Inneren, das ihn mit der Gefängnisreform betraute.[5]

Wie man es betrachten mag – in der Mitte des 19. Jahrhunderts war Bewegung in Konzepte von Erziehung außerhalb von Schule und Elternhaus und im Umgang mit Kindern auf der Schattenseite des gesellschaftlichen Lebens gekommen. Die unterschiedlichen Reformkonzepte hielten allerdings an *einer* Grundvorstellung von Erziehung fest: Erziehung sei, so unterstellten sie, in jedem Fall ein Werk von gebildeten und kundigen Erwachsenen *an einzelnen Kindern* und jungen Männern und Frauen. Erziehung sei, so meinte man, ein im Prinzip der Natur abgelauschter Entwicklungsprozess, bei dem Erzieher als Gärtner wirken, welche ihre Setzlinge fest anbinden (damit sie gradlinig wachsen) und bedachtsam gießen (damit sie wachsen und gedeihen). Erziehung wurde als Einbahnstraße begriffen. Und der Erziehungsprozess wurde als ein Prozess zwischen *zwei* Individuen vorgestellt, an dem nur aus Gründen der besseren Effizienz *mehrere bis viele* Zöglinge gleichzeitig teilnehmen mussten. Die Zöglinge untereinander wurden nicht als ein positives Erziehungsmittel angesehen, sondern schlimmstenfalls als Störvariable: schwatzende Schüler wurden auseinandergesetzt; Kinder, die sich gegenseitig zu schlimmen Streichen ermunterten, erhielten Kontaktverbot.

Dieses im Prinzip auf dem Gefälle von Autorität und Inkompetenz beruhende Konzept wurde um das Jahr 1900 von einem Teil der großstädtischen jungen Generation infrage gestellt. Deutsche Jugendbewegungen erfanden das Konzept der Selbsterziehung in Gruppen von Gleichaltrigen, um gemeinsam ‚Sachen zu machen', die sie für einmalig hielten.

Die Jugendgruppe als Selbsterziehungs-Mittel

Der Student Hermann Hoffmann-Fölkersamb war ein stiller freundlicher, eher unscheinbar wirkender junger Mann, der ein Hobby hatte: er war begeisterter Stenograf. Diese Kunst wollte er an junge Leute weitergeben, und so veranstaltete er ab 1895 für Schüler des Gymnasiums in Berlin-Steglitz und mit Erlaubnis des Direktors dieses Gymnasiums kostenlos Stenografiekurse. Einige Schüler besuchten ihn in seiner Studentenbude und stöberten in seinen Büchern. Dabei fanden sie ein handgeschriebenes Tagebuch mit der Schilderung einer achtzehntätigen Harzwanderung, die Hoffmann als Magdeburger Gymnasiast mit Klassenkameraden unternommen hatte. Die Steglitzer Gymnasiasten waren begeistert: „Herr Hoffmann, das müssen Sie auch mit uns machen!" Hoffmann tat es und organisierte mit den Schülern in den folgenden Jahren „unter wachsender Beteiligung mehrtägiger Wanderungen über Harz und Kyffhäuser zum Rhein oder durch den Bayerischen und Böhmerwald, stets mit eigener Verpflegung, mit allmählich vervollkommneten, zusammenlegbaren „Herden" und Übernachtungen in Dorfwirtshäusern, Scheunen und selbst in einem zusammensetzbaren Zelt – alles für diese Jugend ganz neue Dinge."[6]

Abb. 12: Die alte Schule. „Wir wollen ihnen die freideutsche Jugendkultur schon austreiben! Ich sperre jeden ein, der nach frischer Luft riecht!" Zeichnung von E. Thöny im SIMPLICISSIUMUS, 1914; aus: H. Pross: Jugend Eros Politik. Wien 1964

Als Hermann Hoffmann im Januar 1900 Berlin in Richtung Konstantinopel verließ, begeisterte er einen seiner Schüler, den Gymnasiasten Karl Fischer auf einem langen Spaziergang über den Steglitzer Fichteberg für den Plan, aus der eher informellen Wandergruppe eine über die Berliner Grenzen hinaus wirkende Wanderbewegung der Jugend zu machen. Karl Fischer schien für diesen Plan der richtige Mann zu sein. Gewiss, er wird nicht gerade als großer Denker und mitreißender Redner geschildert, aber er besaß Organisationstalent und den großen Wunsch, andere Gymnasiasten *zu führen*. Er führte einen neuen Stil und einen neuen Inhalt ein. Die Ausflüge fanden häufiger statt, die Freunde trafen sich auch über die Woche. Sie legten sich einen eigenen Gruß zu (‚Heil!') und erfanden einen besonderen Erkennungspfiff. Die fahrenden Schüler und Studenten des Mittelalters (*Bacchanten*) waren ihr Ideal. Um zum Bacchanten aufzusteigen fing man als *Scholar* an und wurde später *Bursche*. Der Aufstieg hing von der Teilnahme an den Fahrten ab und von dem dabei gezeigten gemeinschaftsfördernden Verhalten. Einzelgänger, Mädchen und Juden waren unwillkommen.[7]

Die preußischen Vereinsgesetze verboten damals die Teilnahme von Jugendlichen unter achtzehn Jahren an Veranstaltungen politischer Vereine und schränkten auch die Teilnahme an geselligen Veranstaltungen nicht registrierter Organisationen ein. Fischer bemühte sich deshalb, einen unverdächtigen Trägerverein reputierlicher Steglitzer Bürger zusammenzubringen, der die Wanderfahrten der Schüler gegenüber Staat und Schule abschirmen sollte. Am 4. November 1901, nachdem er die Reifeprüfung bestanden hatte, versammelte er in einem Hinterzimmer des Steglitzer Ratskellers – dort wo jetzt der großmäulige Pleitebau des Steglitzer Kreisels steht – mit fünf Steglitzer Schüler-Vätern und einem halben Dutzend Studenten den *Wandervogel, Ausschuß für Schülerfahrten (AfS)*. Die Erwachsenen sollten den Ausschuss nach außen repräsentieren, sich aber nicht in die inneren Angelegenheiten des Vereins mischen. Zwei Jahre später erkennt denn auch das Preußische Unterrichtsministerium den Verein als förderwürdig an. Den Namen „Wandervogel“ hatte der einzige junge Arbeiter der Gruppe beigesteuert: der Mechaniker Wolfgang Meyen. Auf einer Wanderung von Steglitz nach Dahlem war ihm ein Grabstein aufgefallen, dessen Inschrift so begann: „Wer hat euch Wandervögeln/die Wissenschaft geschenkt/dass ihr auf Land und Meeren/die Flügel sicher lenkt …“.

Der Wandervogel, wie er von nun an unbeschadet der zahlreichen Spaltungen, Neugründungen, Konkurrenzgründungen und Neubenennungen umgangssprachlich hieß, verbreitete sich an Preußischen Gymnasien wie ein Buschbrand. Allein der *Alt- Wandervogel*[8] registrierte für das Jahr 1906 vierhundertdreiundneunzig Fahrten mit 5.953 Teilnehmern; 1909 waren es zweitausendachthundertsechzig Fahrten mit 33.539 Teilnehmern. Was machte den Wandervogel so anziehend? Denn um die Jahrhundertwende gab es bereits eine Fülle von Organisationen für Jugendliche – wir würden sie heute „Jugendpflegeorganisationen“ nennen: 1846 hatte der Schumachergeselle und spätere katholische Priester Adolf Kolping den Rheinischen Gesellenbund und 1848 den Rheinisch-Westfälischen Jünglingsbund gegründet; 1863 zählte die Deutscher Turnerschaft, die sich auf den Turnvater Friedrich Ludwig Jahn berief, 16.000 Jungturner, ab 1866 gab es in Preußen einen Vaterländischen Frauenverein, der junge Mädchen zu hausfraulichen und sozialpflegerischen Tätigkeiten anhielt, und 1883 wurde in Berlin der Christliche Verein junger Männer mit einem protestantischen Missionsauftrag gegründet. Der Wandervogel war also vom Standpunkt des Angebots an jugendlichen Freizeitaktivitäten beileibe keine Neuheit. Neu am Wandervogel war, dass er sich nahezu ausschließlich an bürgerliche Gymnasiasten wandte und dass er, bei allem Wohlwollen, den Staat und Schule ihm zunächst entgegenbrachten, eine kritische Alternative zum gymnasialen Schüleralltag *darstellte* – und zwar darstellte (und nicht nur versprach). Wir können uns heute den Alltag an einem Preußischen Gymnasium wahrscheinlich gar nicht mehr richtig vorstellen. Denn auch wir kritisieren unsere Schulen: Die Schulen, die wir selbst besucht haben, und die Schulen, in die unsere Kinder gehen. Aber gemessen an der Preußischen Schule um die Jahrhundertwende muten unsere gegenwärtigen Bildungseinrichtungen wie freundliche pädagogische Provinzen an. Der Lateinlehrer Ludwig Gurlitt, Gründungsmitglied des Wandervogels e. V. zu Steglitz, beschrieb 1905 in seiner Streitschrift „Der Deutsche und seine Schule" das Gymnasium, unter dem er litt, weil er in ihm lehrte, als Inbegriff einer auf Unterwerfung und Unterdrückung der Jünglinge gerichteten Untertanenfabrik. „Tyrannisch ist die Zucht unserer orthodoxen Kirche, tyrannisch die zur Misshandlung ausartende Gewalt der militärischen Vorgesetzten, tyrannisch jede entwürdigende Behandlung der unteren Beamten von Seiten der Vorgesetzten, tyrannisch die Ausbeutung der armen, um das tägliche Brot kämpfenden Mitbürger durch die brutale Gewalt des Kapitals, tyrannisch die Erziehung in Schule und Haus, sofern sie nicht nach dem Rechte der kindlichen Natur fragt und nur den Zwang und das Gebot unbedingten Gehorsams will gelten lassen … Der Erfolg ist der, dass unser Gymnasium immer mehr und mehr dazu kommt, nur Subalternbeamte zu züchten. Pflichtmenschen, die ihre Bürostunden pünktlich einhalten und gehorsamst nach der Meinung des allwissenden Herrn Geheimen Rates fragen."[9]

In dieser Situation versprach der Wandervogel den preußischen Gymnasiasten zwei Dinge, die ihnen weder Elternhaus noch Schule geben konnte und die zur Erziehung von Menschen als gesellschaftliche Wesen von grundlegender Bedeutung sind. Der Wandervogel versprach ihnen die *Erfahrung der Gemeinschaft* Gleichaltriger und Gleichgesinnter in kleinen Gruppen („Horden") eigener Wahl, und versprach ihnen die Erfahrung einer den ganzen Körper, den Geist und die Seele bewegenden *Tätigkeit.* Gemeinschaftserlebnis in der Gruppe und Erfahrung des eigenen Körpers durch Tätigkeit fanden nicht, und das ist wohl das Entscheidende für die große Population des Wandervogels, als verordnete Lehrveranstaltungen im Turnunterricht statt, sondern als selbstbestimmtes Bildungserlebnis fernab von Elternhaus, Schule und Großstadt. Denn das Wandern nach Belzig und Fürstenwalde, nach Rheinsberg und in die Märkische Schweiz, in die Lüneburger Heide und nach Schwaben, an die Saale, ins Unstruttal und in den Westerwald, später auch nach Finnland und Lappland, blieb die zentrale Aktivität des Wandervogel.

Um das Wandern herum entwickelten die Wandervögel eine Fülle von Accessoires. Zunächst trugen die Steglitzer ihre grün-rot-goldenen Schülermützen, um nicht für Landstreicher („Kunden") gehalten zu werden, die sie zwar als Wiedergeburt mittelalterlicher Scholaren irrtümlich verehrten, deren schlechter Ruf ihnen aber die Quartiersuche beim Bauern erschwert haben würde. Später legten sie sich breitkrempige, federgeschmückte Robin-Hood-Hüte zu. Ihre starke Wanderkluft, bestehend aus einer uniformähnlichen Drilljacke und einer festen Bundhose, wurde bald auch in der Schule getragen, der ursprünglich benutzte Tornister oder Schulranzen wich dem aus Süddeutschland eingeführten Rucksack. Die auf den ersten Fahrten in den Harz noch benutzten, großstädtischen Regenschirme, wurden durch zünftige Lodencapes ersetzt.

Zum Kult der Kluft kam der Kult des Essens. Die Wandervögel legten Wert darauf, gemeinsam zu kochen, und zwar Mitgeführtes, das durch Einkäufe beim Bauern ergänzt wurde. Die schon zu dieser Zeit entwickelte Marken-Industrie stieg ein: Die Firma Knorr hatte vom Preußischen Kriegsministerium den Auftrag erhalten, für den Deutsch-Französischen Krieg der Jahre 1870/71 eine haltbare und kalorienreiche Heeresnahrung zu entwickeln. Die bis heute beliebten KNORR-Suppenwürfel und KNORR-Erbswürste in wasserundurchlässigem Kunstdarm bestanden die Bewährungsprobe und wurden auch vom Wandervogel geschätzt. Das gemeinsame Essen wurde im gemeinsam mitgeführten Hordenpott zubereitet, ursprünglich auf Herden, später über einem selbstgemachten Holzfeuer. Aus dem Holzfeuer entwickelte sich rasch der Kultur gemeinsamen nächtlichen Feierns um das Lagerfeuer. Dabei spielte das Rezitieren von Gedichten, das Lesen aus zeitgenössischen Romanen und das Singen von Volksliedern und authentischen oder in der Art des Mittelalters neu komponierten Landsknechtliedern eine große Rolle. Laute und Zupfgeige waren Begleitinstrumente, später kamen Gitarre und Banjo hinzu. Mit zunehmender Militarisierung der Jugendbewegung in den Dreißiger Jahren wurden sie von Trommeln und Fanfaren verdrängt.

Das sehr gefühlsbetonte Wandern drängte nach artistischer Verarbeitung. Das Schreiben von Fahrten- und Tagebüchern gehörte zum Stil des Wandervogels, Laienspiele in der Art des Hans Sachs wurden wiederbelebt und neu inszeniert, Gedichte wurden gemacht und in der Gruppe vorgelesen; das Bleistiftzeichnen wurde gepflegt, die Kunst des Schattenrisses wurde neu entdeckt und mancher Wandervogel vervollkommnete sich in der Kunst des fotografischen Landschaftsportraits. Kritiker haben zur Kunstausübung der Wandervögel angemerkt, sie haben tiefe Gefühle in wenig originelle Formen gegossen. Das mag sein, aber Kunst zu machen entsprach nicht dem Selbstverständnis der Wandervögel, sie wollten sich vielmehr auf eine möglichst unkomplizierte Weise so ausdrücken, dass jeder es mitmachen und jeder es verstehen konnte. Also eher Kunstgewerbe.

Das wiederum hängt mit dem besonderen Gruppenkonzept der Wandervögel zusammen, das mehr oder weniger auch von anderen Bünden der bürgerlichen Jugendbewegung übernommen wurde. Zunächst: Wandervogel und bürgerliche Jugendbewegung waren eine Sache junger *Männer*. Junge Frauen wurden als Störung für das Gemeinschaftserlebnis und als Behinderung der Abenteuerfahrten angesehen. Wanderbegeisterte Mädchen schlossen sich zu eigenen Wandervereinen zusammen. Erst ab Frühjahr 1907 nahmen einige von ihnen an gemeinsamen Wanderfahrten teil. Die Jungen waren in der Regel zwischen zwölf und achtzehn Jahre alt (diese Spanne entsprach ihrer gymnasialen Zeit). Ihre Führer waren meist drei bis sechs Jahre ältere Schüler und Studenten. Wurden die Wandervögel selber Sudenten und übernahmen keine Führerrolle im Wandervogel, so schlossen sie sich häufig zu eigenen Gruppen in der Akademischen Freischar oder der Freideutschen Jugend zusammen.

Entscheidend war das Erlebnis in der kleinen überschaubaren Gruppe, die sorgsam über ihre Autonomie wachte. Übergreifende Organisationsformen wurden zwar von Fall zu Fall geduldet, aber doch als Fremdkörper für das eigentliche Gruppenerlebnis empfunden. Familie und Schulklasse waren ja Zwangsgruppen. In ihnen hatte man keine Möglichkeiten, die Grenzen vorgegebener sozialer Normen experimentierend zu überschreiten. So, wie die proletarischen Lehrlinge der damaligen Zeit „nach Anweisung feilen lernten", so lernten bürgerliche Gymnasiasten „nach Anweisung leben". In den kleinen, autonomen Gruppen der Jugendbewegung witterten sie die Chance, das „man" durch ein „wir" (und hoffnungsvollerweise auch durch ein „ich") zu ersetzen und auf eine risikoreiche, experimentelle Weise „leben zu lernen". Der Schriftsteller Manfred Hausmann, der wie viele andere Dichter, Schriftsteller und bildende Künstler, die um die Jahrhundertwende jung gewesen waren, von der Jugendbewegung berührt, bewegt und belehrt worden ist[10], beschrieb ein halbes Jahrhundert später die bewegende Erstmaligkeit dieses Lebenserlebnisses, das ihn auf einer Wanderfahrt des Alt-Wandervogels in den Weihnachtsferien des Jahres 1912 wie ein Blitzschlag getroffen hatte, als er mit seiner Gruppe in der Burgruine Hanstein kampierte.

> *„Um die Abenddämmerung trafen wir auf der Ruine ein. Und alsbald begann im Saal, den eine Balkendecke, verglaste Fenster und ein offener Kamin bewohnbar machten, eine bewegende und erregende Weihnachtsfeier. Für mich war sie deshalb so bewegend, weil fast alles, was geschah, unter dem verklärenden Zeichen des „Zum ersten Male" stand. Zum ersten Male sah ich einen Weihnachtsbaum, der keinen anderen Schmuck als einige wenige Kerzen trug und mit seinem weit ausladenden, stark duftenden Gezweig so waldhaft, so unberührt wirkte. Zum ersten Male vernahm ich die Weihnachtsgeschichte in der großen männlichen Sprache des Heliand-Dichters. Zum ersten Male ließ die unbegreiflich süße, von Geigen und Blockflören umjubelte Melodie des ‚Susani Susani' mein Innerstes erbeben. Zum ersten Male erfuhr ich, was das ist, eine Gemeinschaft. Zum ersten Male war ich nicht mehr allein."*[11]

Ich erinnere hier bewusst noch einmal an die Formulierung „berührt, bewegt, belehrt", die von Mary Richmond stammt und die als Schlüsselerlebnis für alle in diesem Buch vorgestellten Personen in der einen oder anderen Weise gilt.

Auch im Wandervogel ging es nicht ohne Belehrungen, Kränkungen und Maßregelungen. Wandervogel Gottfried Schantz schildert ein Ereignis aus einem großen Lager von 300 Wandervögeln zu Ostern 1910, als eine Gruppe ihre Abkochstelle unaufgeräumt verlassen hatte. Ein Führer stellte sich mitten auf das Trümmerfeld, versammelte das ganze Lager um sich und „erklärte der auf eine ganz besondere Neuigkeit gespannten Volksmenge mit einer geradezu klassischen Handbewegung: „Hier haben Schweine abgekocht". Er ging, alles lachte und folge ihm, die Betroffenen drückten sich verschämt beiseite, und als der letzte Wandervogel die Stätte der verruchten Tat verlassen hatte, war die Kochstelle in dem Zustande, in dem man sie angetroffen hatte.[12] Und dann formulierte Schantz, eigentlich eher nebenbei, das bedeutsamste Prinzip des Wandervogel:

> „Wer aufmerksam beobachtet, wird vielfach finden, dass unsere Wandervögel sich auch gegenseitig erziehen, und zwar oft mit erstaunlichem Erfolge. Hast du noch nie gemerkt, wie es einen kleinen Übeltäter packt, wenn ein gleichaltriger Kamerad ihm vor allen anderen ins Gesicht wirft: ‚Du, das finde ich ganz abscheulich von Dir!' Das sind seelische Peitschenhiebe, die viel mehr schmerzen als der landläufige Anpfiff eines Erwachsenen".[13]

Die Wirksamkeit einer solchen Selbsterziehung durch nahezu Altergleiche hing mit der vergleichsweise sozialen Homogenität in den einzelnen Gruppen zusammen.

Deren Mehrheit rekrutierte sich nicht aus der Arbeiterjugend und nicht aus der Jugend von Aristokratie, Offizierskorps und erfolgreichem Unternehmertum. Sie bestand vielmehr aus Kindern der mittleren Ränge von Funktionsbürgern, also Beamten, Lehrern, Pfarrern, Selbständigen. Ein sozialer Impetus war den meisten Mitgliedern der bürgerlichen Jugendbewegung fremd. Walter Laqueur: „Die Mehrheit der Mitglieder wollte einer gleichgesinnten und mehr oder weniger homogenen Gruppe angehören, in der Außenseiter nicht eigentlich erwünscht waren. Ihr gesellschaftliches Bewußtsein war nicht hoch entwickelt, und der Gedanke, ‚unters Volk zu gehen', der eine ganze Generation russischer Studenten so angesprochen hatte, wäre ihnen irgendwie lächerlich und ganz unrealistisch vorgekommen. Missionstätigkeit in den unteren Gesellschaftsschichten blieb das Monopol religiöser und politischer Organisationen".[14]

Der Höhepunkt dieser Selbsterziehungs-Bewegung war das Treffen auf dem Hohen Meißner bei Kassel und die „Meißner-Formel", welche die beteiligten Jugendbünde dort gemeinsam verabschiedeten. 1913 sollte im Deutschen Reich die hundertste Wiederkehr der Völkerschlacht bei Leipzig gefeiert werden, mit der das Napoleonische Heer wieder über den Rhein zurückgedrängt wurde. Den Jugendbewegten missfiel der Hurra-Patriotismus, mit dem Kriegervereine und Studienräte diesen Tag der „nationalen Befreiung" feierten und damit gleichzeitig den Hass gegen „die Franzosen" schürten. Sie wollten den Tag mit einer eigenen Feier im Stil der Jugendbewegung „begehen" und riefen zu einer Sternwanderung zum Hohen Meißner, einem Berg im Süden von Kassel, auf. Dort schlossen sich die meisten der veranstaltenden Jugendgruppen zur *Freideutschen Jugend* zusammen und formulierten als gemeinsames Ziel: *„Die Freideutsche Jugend will ihr Leben vor eigener Verantwortung, nach eigener Bestimmung in innerer Wahrhaftigkeit selber gestalten. Für diese innere Freiheit tritt sie unter allen Umständen geschlossen ein. Alle Veranstaltungen der Freideutschen Jugend sind alkohol- und nikotinfrei."*

Diese Einheit zerbrach am Ersten Weltkrieg. „Der Krieg schied in seiner Unerbittlichkeit die Älteren von den Jungen, die Realisten von den Träumern und die Unpolitischen von den politischen Köpfen", schrieb Harry Pross, ein gründlicher und kritischer Kenner der Materie 1964.[15] Viele Wandervögel meldeten sich bei Ausbruch des Krieges freiwillig zu den Fahnen und verbluteten in den Materialschlachten vor Verdun. Wer überlebte fand sich nach Kriegsende häufig in unterschiedlichen politischen Lagern wieder: bei den Sozialisten und Kommunisten die einen, bei den Nationalen und den Nationalsozialisten die anderen. Aber auf jeden Fall hatte ihnen die bürgerliche Jugendbewegung Erlebnisse und Erfahrungen gebracht, die prägend für ihr Leben waren. Sie hatten erlebt, dass etwas möglich gewesen war, was der Student Bruno Lemke 1913 auf dem Hanstein den versammelten jugendbewegten Gruppen zugerufen hatte:

> „Tun wir selbst unsere Schuldigkeit an uns, indem wir selber unsere Erziehung in die Hand nehmen. Nicht um die Erziehung, die uns andere Institutionen angedeihen lassen, zu ersetzen, sondern um sie zu ergänzen. Es kann kein Fehler sein, wenn der Zögling einer guten Pflege nun plötzlich anfängt, selbst zu denken. Es kann kein Übel sein, wenn er, der bis dahin beflissen war, das ihm Dargebotene sich anzueignen, nun plötzlich aufsteht und selbst fragend mit dem Finger in die Zukunft weist … Die Selbsterziehung soll unsere Losung sein, sie wollen wir unserm Bündnis zugrunde legen, alle sollen sich uns verwandt fühlen, denen es Ernst ist mit ihrem Selbst; fern sollen die bleiben, die es uns rauben wollen".[16]

Die Jugendorganisation als Kampf-Mittel

Im Juni 1904 wurde im Berliner Grundwald die Leiche des Schlosserlehrlings Paul Nehring gefunden. Er hatte den Freitod gewählt, weil er die Drangsalierungen und Misshandlungen seines Lehrmeisters nicht mehr ertragen mochte. Das Ereignis wurde von der bürgerlichen Presse nicht zur Kenntnis genommen. Aber sozialdemokratische Zeitungen berichteten darüber, Berliner Lehrlinge und junge Arbeiter gründeten am 10. Oktober 1904 im Hinterzimmer einer Kneipe im Berliner Norden den *Verein der Lehrlinge und jugendlichen Arbeiter Berlins*. Dies war der Beginn der organisierten Arbeiterjugendbewegung in Deutschland. Das Berliner Beispiel wirkte ansteckend. Im folgenden Jahr bildeten sich ähnliche Vereine in Halle, Bernau, Königsberg, Cottbus, Kiel und Harburg. Im Juni 1906 trafen sich ihre

Vertreter zu einer ersten gemeinsamen Konferenz in Berlin und gründeten die *Vereinigung der freien Jugendorganisationen Deutschlands*. Bis zum Juni 1908 waren ihr 36 regionale Vereine mit 5.500 Mitgliedern beigetreten, das Berliner Vereinsorgan *Die arbeitende Jugend* wurde Organ des Gesamtverbandes. Als seine Ziele nannte Otto Peters, einer der führenden Personen der Arbeiterjugendbewegung, *Jugendschutz, Bildung, Erziehung*. Und zwar in genau dieser Reihenfolge, denn Jugendschutz im Sinne von Jugendarbeitsschutz war das existentielle Hauptproblem arbeitender Jugendlicher um die Jahrhundertwende. Vor allem, wenn sie nicht in Großbetrieben arbeiteten, in denen seit dem ersten preußischen Jugendarbeitsschutzgesetz des Jahres 1839 wenigstens minimale Verbesserungen der Arbeitsplatzsituation Jugendlicher durchgesetzt worden waren., sondern in kleinen Handwerksbetrieben mit weniger als zehn Arbeitern. Für diese Klitschen galt nämlich das *preußische Regulativ über die Beschäftigung jugendlicher Arbeiter in den Fabriken nicht*. Für sie galt nicht die Begrenzung des Arbeitstages für neun- bis sechzehnjährige Arbeiterinnen und Arbeiter auf zehn Stunden. Jugendliche, die älter waren als sechzehn, wurden überhaupt nicht geschützt. Und immerhin gab es zu jener Zeit mehr als vier Millionen jugendlicher Arbeiterinnen, Arbeiter und Lehrlinge, also rund fünfzehn Prozent des Gesamtproletariats. Unabhängig von Berlin hatte der sozialdemokratische Reichstagsabgeordnete und Rechtsanwalt Ludwig Frank im Herbst 1904 in Mannheim den *Verein junger Arbeiter* gegründet. An anderen Orten in Süddeutschland wurden rasch ähnliche Vereine gegründet, sie schlossen sich im Februar 1906 zum *Verband junger Arbeiter Deutschlands* zusammen und gaben das gemeinsame Verbandsorgan *Die junge Garde* heraus. „Im Gegensatz zur norddeutschen Bewegung, in der aufgrund des preußischen Vereinsgesetzes jede politische Betätigung verboten war, hatte der süddeutsche Verband von Anfang an ein politisches Programm. Ziel des Verbandes war es, „die Jugend in die Gedankenwelt des Sozialismus einzuweisen und sie zur tüchtigen Mitkämpferin im Befreiungskampf der Arbeiter zu erziehen" ... Dr. Frank hatte das Ziel auf den Nenner gebracht: „Schutz den jungen Händen gegen die Ausbeutung, Schutz den jungen Köpfen gegen die Verdummung".[17]

Der süddeutsche Verband verfolgte schon frühzeitig eine antimilitaristische, internationalistische Linie. Er organisierte 1907 in Stuttgart die erste Internationale Arbeiterjugendkonferenz: „Führende Genossen aus verschiedenen Ländern referierten zu wichtigen Fragen der proletarischen Jugendarbeit, über die Verbesserung der Lage der Arbeiterjugend als Vorbedingung für die Bildungsarbeit, zur Verlängerung der Schulpflicht bis zum 16. Lebensjahr, eine Forderung, die (der sozialdemokratische Reichstagsabgeordnete) Karl Liebknecht einbrachte, sowie über das Verbot der Nachtarbeit und des Züchtigungsrechts. ... Diese Resolution verpflichtete die internationale Jugendbewegung, gegen den Militarismus zu kämpfen."[18]

Der sich rasch ausbreitenden Arbeiterjugendbewegung setzte die konservative Mehrheit des Deutschen Reichstages 1908 ein Reichsvereinsgesetz entgegen, das es Personen vor Vollendung des 18. Lebensjahres untersagte, politischen Vereinen anzugehören oder an politischen Versammlungen teilzunehmen. Dieses Gesetz kam unter der Hand sozialdemokratischen Befürchtungen entgegen, die Arbeiterjugend könnte antimilitaristische und pazifistische Tendenzen entwickeln, die sie von der gemäßigteren Parteilinie entfernten. Der rechte Flügel der SPD setzte auf dem Parteitag 1908 die Organisationsrichtlinie durch, dass in allen Grundeinheiten der SPD *Jugendausschüsse* zu bilden seien, die aus Vertretern der örtlichen Parteiorganisation, des örtlichen Gewerkschaftskartells und aus erwachsenen Vertrauensleuten der jugendlichen Arbeiter und Angestellten zusammen gesetzt werden sollten. Offiziell, um damit das neue Reichsvereinsgesetz zu unterlaufen, indirekt aber auch, um die Arbeiterjugend unter Kontrolle zu halten.

In ihren Anfängen waren die Gruppen der Arbeiterjugendvereine ebenso autonom wie die Gruppen der bürgerlichen Jugendbewegung. Sie schlossen sich von unten nach oben zusammen und wurden nicht von oben nach unten gebildet. Aber ihre Gruppenziele sind nicht mit der Formel *Selbsterziehung durch Gemeinschaftserlebnisse* zu fassen. Eher mit der Formel *Gesellschaftliche Befreiung durch gemeinsamen politischen Kampf*. Waren sie auch durch reaktionäre Gesetze von der aktiven Teilnahme an diesem politischen Kampf ausgeschlossen, so konnten sich junge Arbeiterinnen und Arbeiter doch auf ihn vorbereiten. Dazu brauchten sie starke zentrale Organisationen mit funktionierenden internationalen Kontakten zu anderen sozialistischen Jugend- und Erwachsenenorganisationen. Die Arbeiterjugend strebte nach zentralen Vereinigungen und wurde vom bürgerlichen Staat und von Teilen der ihr nahestehenden Partei daran gehindert. Die Bürgerjugend lehnte zentrale Vereinigungen ab, weil sie ihre autonomen Gruppenentwicklungen hätten stören können. Und: Arbeiterjugendliche hatten schlicht weniger freie Zeit als Gymnasiasten, ihr Gruppenleben wandernd, singend und spielend zu kultivieren. Ihre Fortbewegungsart war eher der Demonstrationsmarsch, ihr Lied war das politische Kampflied, ihr Spiel war die Straßenagitation. Ihre zentralen Zeltlager waren politische Manifestationen und Lernorte in Sachen internationaler Solidarität. Ihr Antimilitarismus beunruhigte die Reichsregierung erheblicher als die vorsichtige Kritik der Freideutschen am Hurra-Patriotismus deutscher Studienräte. Sicher, es mag unfair erscheinen, die subjektiven Leiden der jungen Generationen um die Jahrhundertwende gegeneinander aufzurechnen. Die Gymnasiasten aus Berlin-Steglitz litten sicher *subjektiv* ebenso unter den Schulen, die sie gängelten und den Universitäten, die sie langweilten, wie die gewerblichen Lehrlinge, die täglich zehn Stunden lang in ihre Werkstätten eingeschlossen und geprügelt wurden. Aber *objektiv* waren die Leiden einer jungen Generation von Bildungsbürgern, die an weltfremden Schulen gelangweilt wurden, von geringerer historischer Sprengkraft als die Leiden einer jungen Generation von Arbeiterinnen und Arbeitern, denen am

Arbeitsplatz die Chance genommen wurde, sich durch Bildung und Erziehung die gesellschaftlichen Errungenschaften ihrer Zeit anzueignen und schöpferisch weiterzuentwickeln. So zogen die einen in Gottes freie Natur, um nach der Blauen Blume der Romantik zu suchen. Die anderen versammelten sich in engen Vereinszimmern um eine Rote Fahne, die den Augen der preußischen Polizei verborgen bleiben musste.

Das soll nicht heißen, dass proletarische Jugendliche keine Sehnsucht nach Selbsterfahrung, Selbsterziehung, Selbstentwicklung gehabt hätten. Wir finden deshalb auch in der proletarischen Jugendbewegung viele Elemente, die uns in der bürgerlichen Jugendbewegung begegnet sind. Fahrt und Lager, Abkochen und Lagerfeuer, Lied und Spiel, gemeinsame Kleidung und gemeinsame Erkennungszeichen spielten eine große Rolle. Aber sie waren nicht Ausdruck eines pädagogischen Schonraumes, der ihnen zugestanden worden war oder den sie sich erkämpft hatten, sondern sie waren immer auch politisch und enthielten angesichts der Verfolgungen durch den bürgerlichen Staat ein Element politischen und damit existentiellen Risikos. *Deshalb* war für sie die gruppenübergreifende nationale und internationale Solidarität kein folgendenloses Lippenbekenntnis, sondern die Voraussetzung für die Herstellung politischer Verhältnisse, unter denen sie ihre eigene Erziehung und Bildung überhaupt erst hätten in Angriff nehmen können.

In den Gruppen der Arbeiterjugendbewegung vor dem Ersten Weltkrieg waren überwiegend Lehrlinge und junge Arbeiterinnen und Arbeiter aus kleinen Gewerbebetrieben organisiert. Die Masse der jungen Arbeiter in der großen Industrie wurde von ihnen nicht erfasst. Innerhalb dieses Teiles der proletarischen Jugend bildeten sich um die Jahrhundertwende und verstärkt zwischen 1920 und 1930 sogenannte wilde Cliquen, die in ihren äußeren Erscheinungen und in ihrem Selbstverständnis große Ähnlichkeiten mit den Gruppen der bürgerlichen Jugendbewegung hatten und die wie jene die straffen Organisationsformen der Arbeiterjugendverbände ablehnten, weil das ihren Vorstellungen vom „freien Leben der wilden Zunft" widersprochen hätte. Sie waren an ihrer gemeinsamen Kluft zu erkennen. *Lessing* und *Liebel*, die historische Dokumente über diese wilden Cliquen gesammelt haben, beschreiben ihre Fahrtenkluft: Lederhosen, die bis zum Knie reichten, auffallende Hosenträger, bunte Wadenstrümpfe, „phantastische Käppis mit langen Hahnenfedern oder runde Hutköpfe ohne Rand, durch die bunte Bänder gezogen waren. Auffallende Ohrringe und Tätowierungen ergänzten die phantasievolle Kostümierung". Die Ablehnung jedes Eingriffs von außen ging mit einer nahezu unbeschränkten Autorität des „Cliquen Bullen" nach innen Hand in Hand. „Es ist nicht leicht zu ergründen, auf welche Weise ein Jugendlicher zum Bullen wurde, wie weit seine Machtbefugnisse reichten, unter welchen Umständen er sie möglicherweise verlor. Eine formale Wahl fand nach den Berichten, die uns vorliegen, kaum statt: wenn sie stattfand, war sie nur der Schlusspunkt eines bereits erfolgten naturwüchsigen Ausleseprozesses."[19]

Abb. 13: Titelbild der Arbeiter-Illustrierten-Zeitung (AIZ), 1925

Den Jugendbewegungen ging es nicht um die Entwicklung ehrenamtlicher sozialer Tätigkeit zum sozialen Beruf, sondern um das Ausfüllen oder Erkämpfen eines organisatorischen Freiraums, in dem Selbsterziehung (mit allerdings unterschiedlichen Zielsetzungen) möglich sein sollte. Die Idee, eines Tages hauptamtlicher Gruppenleiter oder Gruppenpädagoge zu werden, kam weder den Wandervögeln, noch den Arbeiterjugendbewegten, noch den Angehörigen wilder Cliquen. Die einen wurden Studienräte, Pfarrer, Schriftsteller oder Rechtsanwälte, die anderen blieben Arbeiter und

Abb. 14: Scherenschnitt aus dem Wandervogel, 1919; aus: H. Pross: Jugend Eros Politik. Wien 1964

kamen spätestens zur Zeit des *Dritten Reiches* in Hitlers Zuchthäuser oder schlossen sich seinen Organisationen an oder mussten auswandern. Die Zugehörigkeit zur Jugendbewegung hatte keine berufliche Perspektive und sollte sie nicht haben. Sie war als Durchgangsstadium konzipiert und begriffen. Die Methoden, mit denen sie sich selbst in Szene setzte, wurden von einer Gruppe zur anderen und von einem Gruppenführer zum anderen weitergegeben und durch Versuch und Irrtum weiterentwickelt. Am ehesten war noch die Arbeiterjugendbewegung in der Lage, ihre Traditionen der Arbeit in und mit Jugendgruppen im Rahmen zentraler Organisationsformen von einer Generation auf die andere weiterzugeben. Und mancher Jugendbewegte aus der Arbeiterjugend qualifizierte sich durch diese Tätigkeit zum Parteifunktionär oder zum Gewerkschaftssekretär. Oder zum Reichstagsabgeordneten.

Aufbewahrt und berufspädagogisch weiterentwickelt wurden die Erfahrungen der Jugendbewegungen, der bürgerlichen wie der proletarischen, durch Berufspädagogen, die als *Pädagogen* an dieser Bewegung teilgenommen hatten, oder die durch sie zu einer pädagogischen Berufsausbildung oder einem pädagogischen Studium angeregt worden sind. Solche Frauen und Männer finden wir in der Ersten Deutschen Republik in Reformschulen und reformpädagogischen Bewegungen wieder, sie haben sich als Pädagogen neueren sozialpädagogischen Bewegungen angeschlossen (wie Kurt Löwenstein und die sozialistische Kinderfreundebewegung Österreichs) oder haben sich ihren Bewegungs-Impuls in eigenen Berufsorganisationen bewahrt (wie die Gilde Soziale Arbeit).

Didaktisch – also lehr-lern-theoretisch gesehen – haben die Jugendbewegungen, die ein Unikat in der internationalen Erziehungstradition darstellen, die Gruppe der Gleichaltrigen und Gleichartigen als Selbsterziehungsmittel entdeckt, kultiviert und späteren Generationen zur Weiterentwicklung übergeben. Sie haben uns ermutigt, unsere Erziehung in zuverlässige Hände zu legen – in die eigenen.

Anmerkungen

1 Wenn ich nur von Kindern spreche, dann beziehe ich mich auf eine Zeit, in der es nur drei Lebensalter gab: Kinder, Erwachsene und Greise. Das Lebensalter der Jugend ist erst im 19. Jahrhundert erfunden worden.

2 Lloyd de Mause, Hört ihr die Kinder weinen, eine psychogenetische Geschichte der Kindheit. Frankfurt am Main: Suhrkamp (1974), 1977, 1980, S. 12.

3 Neuere Texte dazu sind etwa: Katharina Rutschky (Hrsg.), Schwarze Pädagogik. Quellen zur Naturgeschichte der bürgerlichen Erziehung. Frankfurt: Ullstein 1977. Autorenkollektiv, Gefesselte Jugend, Fürsorgeerziehung im Kapitalismus. Frankfurt: Suhrkamp 1971.

4 Zitiert nach der Gedenkschrift zum 100. Todestag von Friedrich Fröbel am 21. Juni 1952. Berlin: Volk und Wissen, S. 141.

5 Johann Hinrich Wichern, Schriften zur Sozialpädagogik. Hrsg. Von Peter Meinhold. Bad Heilbrunn 1964.

6 Zitiert nach Harry Pross, Jugend, Eros, Politik (Wien 1964, S. 61) aus einem handschriftlichen Manuskript Hermann Hoffmanns im Ludwigstein-Archiv der Deutschen Jugendbewegung.

7 Dafür wurden in der Literatur der Jugendbewegung selbst zahlreiche, sachlich klingende Begründungen gegeben, die sich alle auf das starke Bedürfnis konzentrieren, ‚unter sich' zu sein und Wandergenossen, die nicht ‚den gleichen Stallgeruch' hatten, auszusondern.

8 Am 29.6.1904 gründeten Siegfried Copalle und der Steglitzer Gymnasialprofessor Ludwig Gurlitt im selben Steglitzer Ratskeller den ‚Wandervogel e.V. zu Steglitz' aus Protest gegen die harschen Führungsmethoden Karl Fischer. Dieser revanchierte sich im gleichen Jahr mit der Gegengründung des ‚Alt-Wandervogels'.

9 Ludwig Gurlitt, Der Deutsche und Seine Schule. Erinnerungen, Beobachtungen und Wünsche eines Lehrers. Berlin: Moritz Ruhl 1905, S. VIII f. und S. 167 f.

10 Solche Künstler waren unter anderem Johannes R. Becher, Arnold Bronnen, Erwin Erich Dwinger, Kasimir Edschmid, Hans Fallada, Ernst Heimeran, Ernst Jünger, Alfred Kurella, Heinrich Lersch, Gerhard Herrmann Mostar, Will Vesper, Karl Heinrich Waggerl, A. Paul Weber. Ehm Welk, Friedrich Wolf.

11 Manfred Hausmann, Tröstliche Zeichen. Frankfurt: Fischer 1959.

12 Gottfried Schantz, Disziplin und Autorität. Nach Erfahrungen aus dem Wandervogelleben. In: Der Fahrtenspiegel 1910. Zitiert nach: Gerhard Ziemer und Hand Wolf (Hrsg.), Wandervogel und Freideutsche Jugend. Godesberg: Voggenreiter 1961, S. 170–174.

13 Schantz, a.a.O.

14 Walter Z. Laqueur, Die deutsche Jugendbewegung. Köln: 1962, S. 25.

15 Pross, a.a.O., S. 191.

16 Freideutscher Jugendtag 1913. Hamburg: Adolf Saal 1919, S. 16.

17 Heinz Beinert, Von den Anfängen bis zum Ende des 1. Weltkrieges. In: Sozialistische Jugend Deutschland Die Falken (Hrsg.), Zwischen Anpassung und politischem Kampf. Zur Geschichte der organisierten Arbeiterjugendbewegung in Deutschland 1904–1974. Bonn (1974), S. 7.

18 Beinert, a.a.O., S. 15.

19 Hellmut Lessing und Manfred Liebel, Wilde Cliquen. Szenen einer anderen Arbeiterjugendbewegung. Bensheim: päd. extra buchverlag 1981, 20. und 24.

6. Die erste Deutsche Republik und ihre Reformen

Konfrontiert mit der militärischen Niederlage des Deutschen Reiches im Herbst 1918 dankte Wilhelm II. im November ab und verschwand in die Niederlande. Im Januar 1919 fanden in Deutschland die ersten demokratischen Wahlen in unserem heutigen Sinne statt. Die neue Nationalversammlung nahm im August 1919 in Weimar die ‚Weimarer Reichsverfassung' an. Eine Koalition aus Sozialdemokraten, Christdemokraten (Zentrum) und Liberalen (Deutsche Demokratische Partei) bestimmten die ersten Jahre der ‚Weimarer Republik'. Diese Weimarer Republik hat in Geschichtsschreibung und Generationengedächtnis keinen guten Ruf. Für Reaktionäre und Konservative war sie mit dem Odium belastet, die Monarchie liquidiert und ein schnelles Ende des verlorenen Krieges herbeigeführt zu haben (‚Dolchstoßlegende'). Für Linke hatten die Republikaner nicht entschieden genug die alten Eliten in Militär, Justiz, Erziehung und Verwaltung ausgewechselt. Sie hatten die notwendigen wirtschaftlichen und sozialen Reformen nicht entschieden und konsequent beschlossen und durchgeführt. Sie hatten die spätestens seit 1923 latente Gefahr einer nationalsozialistischen Machtergreifung nicht entschlossen genug bekämpft. Rechten wie Linken war die Weimarer Republik eine ungeliebte Republik. Sie wurde von Rechts diffamiert, von Links kritisiert und von einer durch Kriegsfolgen und internationale Wirtschaftskrisen dauerhaft geschwächten Mitte nur mühsam am politischen Leben gehalten.

Erst späteren Generationen mag deutlich geworden sein, dass mit der Flucht der kaiserlichen Familie in die Niederlande im November 1918 nicht nur die Monarchie abgedankt hatte, sondern dass ein bürgerliches Zeitalter in seinen letzten Zügen lag, noch ehe es so richtig begonnen hatte. Wir Deutschen als eine ‚verspätete Nation'.

Aber da in Deutschland Revolutionen bevorzugt in der Kunst stattzufinden pflegen, manifestierte sich das Bewusstsein vom Anbruch einer neuen Zeit zuerst in Theater und Kabarett, in Gemäldegalerien und Konzertsälen, in Büchern, Zeitungen und Zeitschriften, in Architektenbüros und Stummfilm-Ateliers. Sie trugen Berlin den Ruf ein, „Experimentierfeld der Moderne" und „Welthauptstadt" des Neuen geworden zu sein. Die Erinnerung an den Glanz der vielfältigen, produktiven und provozierenden Experimente dieser Zeit bescherte ihr das verführerische Etikett von den „goldenen zwanziger Jahren" – die es für die meisten Berliner niemals gegeben hat. Denn der ersten deutschen Republik blieben, eingezwängt in Inflation (1923) und Weltwirtschaftskrise (1929) gerade fünf kurze Jahre, um sich ökonomisch von den Folgen des Weltkrieges und des Versailler Friedensvertrages zu erholen und soziale Reformen nicht nur parlamentarisch zu beschließen, sondern auch zu finanzieren und gegen den erbitterten Widerstand der Reaktion durchzusetzen.

Die Verfassung des Deutschen Reiches (Weimarer Verfassung) hatte eine Reihe vorwärtstreibender Grundsätze formuliert: gleiches freies und geheimes Wahlrecht für alle Männer und Frauen, Gleichstellung von Frauen im Öffentlichen Dienst, Gleichstellung unehelicher Kinder, Meinungsfreiheit und Abschaffung der Zensur, Versammlungsfreiheit und Freiheit von Kunst, Wissenschaft und Lehre, staatliche Aufsicht über das Schulwesen, gemeinsame achtjährige Volksschule mit Unterrichts- und Lehrmittelfreiheit, Enteignung von Land- und Fabrikbesitzern gegen Entschädigung, Unterhalt für alle, denen angemessene Arbeitsmöglichkeiten nicht nachgewiesen werden können, Stärkung der Rechtsstellung der Gewerkschaften. Einige dieser Verfassungsgrundsätze hatten direkte Konsequenzen für eine Neuorientierung der Sozialen Arbeit, erforderten neue Gesetzesgrundlagen und hatten einschneidende finanzielle Konsequenzen, an denen häufig ihre entschiedene Durchführung scheiterte.

Die Weimarer Republik hat eine Reihe von bedeutsamen Reformen der Sozialen Arbeit hervorgebracht. Im Hinblick auf die Methodengeschichte der Sozialarbeit greife ich drei dieser Reformen als exemplarisch heraus:

- die Einführung der Familienfürsorge,
- die Schaffung des selbständigen Jugendamtes,
- die Entwicklung einer fürsorgerischen Methodenlehre.

Familienfürsorge

Anspruchsvolle Armenpflegerinnen hatten schon im Kaiserreich die Zersplitterung ihrer Tätigkeit kritisiert, die an den unterschiedlichen Bestimmungen und Ansprüchen von Versorgungsrecht, Versicherungsrecht und Armenpflege-Verordnungen orientiert war. Zu den entschiedensten Kritikerinnen gehörte Marie Baum. Sie stellte 1929 fest:

> „In der gleichen Gemeinde können – selbst heute noch nebeneinander wirken: im Auftrage der Stadt Fürsorgerinnen und Pflegerinnen der verschiedenen Ämter und Amtsabteilungen – Jugend-, Wohlfahrts-, Gesundheits-, Pflegeamt, Schule, Fürsorgeabteilung für Kriegsbeschädigte und Kriegshinterbliebene –; im Auftrage der Polizei die Polizei-Fürsorgerinnen; im Auftrage sozialhygienischer Fachverbände Tuberkulose- und Säuglings-Fürsorgerinnen; daneben die von der kirchlichen Gemeinde angestellten Gemeindeschwestern oder ehrenamtliche Organe caritativer Vereine. Vor dem Jahre 1924 war jede örtliche oder gar über eine Gemeinde hinausgreifende Zusammenfassung dieser verschiedenen Organisationen und der von

ihnen beschäftigten Hilfskräfte eine Tat, die in der Regel nur bei Einsatz einer starken Persönlichkeit gelang."[1]

„So könnte es geschehen, dass Familien, in denen gesundheitliches, wirtschaftliches und erzieherisches Elend sich häufte, die armseligen Fetzen ihres bedrohten Schicksals immer wieder vor fremden Augen ausbreiten mussten. Daß Leute mit weniger Ehrgefühl die Sachlage dazu ausnutzen, von verschiedenen Seiten, möglichst ohne Wissen der einen von der anderen, Unterstützungen zu empfangen, war die eine üble Folge dieses Zustandes; die zweite, wesentlich schlimmer war, dass von Seiten der Fürsorge sich niemand für das Ganze verantwortlich fühlte."[2]

Marie Baum (1874 in Danzig geboren, 1964 in Heidelberg gestorben)[3], gehörte zu jener ersten Generation von akademisch ausgebildeten Frauen, denen die Sozialarbeit der Weimarer Republik entscheidende Impulse verdankt. Sie hatte in Zürich ihr Abitur nachgeholt und Mathematik und Chemie studiert. Sie war zum Dr. rer. nat. promoviert worden und hatte in der Forschungs- und Patentabteilung der AGFA in Berlin-Treptow gearbeitet. Als Nachfolgerin von Dr. Else von Richthofen war sie Betriebsinspektorin in Baden geworden und hatte dort die Probleme von Heimarbeiterinnen und ihren Kindern kennen gelernt. Im Herbst 1907 war sie Geschäftsführerin des Vereins für Säuglingsfürsorge im Regierungsbezirk Düsseldorf geworden und machte sich über die Arbeitsbedingungen von Frauen und Müttern in der Kleineisenindustrie des Bergischen Landes, der linksrheinischen Textilindustrie und der chemischen Industrie von Elberfeld und Leverkusen sachkundig. Während des Ersten Weltkrieges arbeitete sie wie Alice Salomon im Nationalen Frauendienst und entwickelte dort das Konzept einer integrierten Familienfürsorge. Denn wenn den Frauen schon die Arbeit in der Rüstungsindustrie zugemutet werden würde, so sagte sie, dann sollten sie wenigstens selbst entscheiden, in welcher Schicht sie arbeiten wollten, dann sollten sie sich für einen halben Arbeitsplatz entscheiden können, und dann sollten ihnen Kinderkrippen, Kinderhorte und Kinderheime als Entlastung zur Verfügung stehen.

In ihrem Buch „Familienfürsorge" legte Marie Baum 1927 das geschlossene Konzept einer Einheitsfürsorge vor, in der „alte Zweige der Wohlfahrtspflege ausnahmslos in einer Hand liegen" und in der die spezialistisch bearbeiteten Zweige der Wirtschafts-, Gesundheits- und Erziehungs-Fürsorge zur Vermeidung von Überschneidungen und Doppelbetreuungen, vor allem aber im Interesse der in Fürsorge stehenden Familie selbst so zusammengefasst werden, dass diese sich nur an *eine Stelle* zu wenden braucht und die nach einheitlichem Plan vorbereitete Hilfe von *einer Seite* an sie herangetragen wird."[4]

Warum machte es offensichtlich so große Schwierigkeiten, das Prinzip der Familienfürsorge als Einheitsfürsorge durchzusetzen? Weil es zu einem anderen Prinzip der traditionellen Wohlfahrtspflege im Widerspruch stand:

der Gruppenfürsorge. Durch die Bismarcksche Sozialgesetzgebung war in den neunziger Jahren des 19. Jahrhunderts eine Drei-Klassen-Fürsorge geschaffen worden, welche die Ungleich-Behandlung bedürftiger Familien erzwang. Das Sozialversicherungsrecht gebot Arbeitern und Angestellten, sich und ihre Familien gegen Krankheit und Invalidität, für das Alter und (ab 1927) gegen Arbeitslosigkeit zu versichern. Diese *Versicherung* war eine kollektive gesetzliche *Vor-Sorge*. Darüber hinaus garantierte der Staat al denen durch Versorgung ein Auskommen, die in der Folge eines Dienstes für die Allgemeinheit unterstützungsbedürftig geworden waren: Beamte, Kriegsopfer und deren Angehörige und Hinterbliebene. *Versorgung* war staatliche *Nach-Sorge*. Übrig blieben in Not geratene Familien, die keine Versicherungs- oder Versorgungs-Ansprüche hatten und sich aus eigenen Kräften nicht am Leben halten konnten. Für sie war die kommunale *Armenpflege* zuständig. Sie prüfte nach strengen Maßstäben jeden *Einzelfall* und *gewährte* materielle Hilfen für eine eng begrenzte Dauer unter diskriminierenden Umständen. In der Regel verloren Familienväter das Wahlrecht, solange sie Armenpflege in Anspruch nahmen. Politisch bewusste Arbeiter und Angestellte verboten aus diesem Grunde häufig ihren Frauen, sich an die Armenpflege zu wenden. Die Unterstützung wurde gemeindeöffentlich gemacht, sie sollte zurückgezahlt werden, und der Nachlass von Armenhilfe-Empfängern fiel der Gemeinde[5] zu.

Um zu verhindern, dass die Gemeindekassen durch die Ausgaben der Armenpflege „über Gebühr“ (ein vager Begriff!) belastet würden und dass die Bereitschaft der Notleidenden, sich auf Dauer *selbst zu helfen*, erlahmen könne, war in der Mitte des 19. Jahrhunderts das Verwaltungsprinzip der Trennung von Innen- und Außen-Dienst eingeführt worden. Der Außen-Dienst sollte in den Wohnungen der Antragsteller ermitteln, prüfen und empfehlen, der Innen-Dienst sollte aufgrund der Ermittlungsergebnisse des Außen-Dienstes (und häufig *gegen* sie) entscheiden. Auch als die Hausbesuche des Außen-Dienstes nicht mehr durch ehrenamtliche Damen, sondern durch ausgebildete und hauptberuflich tätige Frauen durchgeführt wurden, hielten die Stadtväter an der Trennung von Außen- und Innen-Dienst fest, weil sie weiter davon ausgingen, Frauen seien für die *Entscheidung* über materielle Hilfeleistungen zu gutgläubig, zu gutmütig und zu gutwillig – und sie könnten vor allem nicht „nein“ sagen. Dieses Vorurteil wurde durch die Argumentation der Frauen-Bewegung bekräftigt, Frauen seien gerade wegen ihrer „angeborenen“ Sensibilität und Empathie im Umgang mit Schwachen und Hilflosen für die Wohlfahrtspflege besonders geeignet.

Im Ersten Weltkrieg traten solcherlei Bedenklichkeiten in den Hintergrund. Einmal erzwang der Kriegsdienst der Männer verstärkte Berufstätigkeit von Frauen. Zum anderen tauchten infolge der Abwesenheit vieler Familienväter massive Betreuungsprobleme in Familien auf, die unter „normalen Umständen“ niemals in Not geraten wären.

„Für die Familien der Kriegsteilnehmer waren aufgrund eines Gesetzes aus dem Jahre 1888 Geldunterstützungen vorgesehen, die für die Lebenshaltung im Industriestaat nicht ausreichend waren. Es wurden daher durch den ‚Nationalen Frauendienst' Bezirksfürsorgestellen geschaffen, die mit vorwiegend kommunalen Mitteln die Geldfürsorge ergänzten durch Mietbeihilfen, Lebensmittel, Arbeitsbeschaffung und Jugendfürsorge in dem Maße und der Form, wie es der einzelne Fall erforderte".[6]

Es war folgerichtig, dass Marie Baum auf ihre Erfahrungen im „Nationalen Frauendienst" zurückgriff, als sie das Prinzip der Familienfürsorge in einer einheitlichen Hand formulierte.

Die Weimarer Verfassung hatte die prinzipielle Möglichkeit eröffnet, die alte Armenpflege abzuschaffen und durch eine nichtdiskriminierende Wohlfahrtspflege zu ersetzen. Denn „Jedem Deutschen soll die Möglichkeit gegeben werden, durch wirtschaftliche Arbeit seinen Unterhalt zu erwerben. Soweit ihm angemessene Arbeitsgelegenheit nicht nachgewiesen werden kann, wird für seinen notwendigen Unterhalt gesorgt. Das Nähere wird durch besondere Reichsgesetze bestimmt" (Weimarer Verfassung, Artikel 163). Die reichsgesetzliche Regelung geschah durch die Fürsorgepflichtverordnung vom 13. Februar 1924 und die Reichsgrundsätze über Voraussetzung, Art und Maß der öffentlichen Fürsorge vom 4. Dezember 1924. Danach soll „solange eine Familie natürlicherweise zusammengehört und daher als Einheit anzusehen ist, … das Band, das die Familie zusammenhält, nicht aus verwaltungstechnischen Gründen zerschnitten werden".[7] Die Fürsorgeverordnung wies alle öffentlich-rechtlichen Fürsorgeaufgaben Landesfürsorgeverbänden und Bezirksfürsorgeverbänden zu, überließ jedoch ihren Aufbau und ihre Arbeitsverfahren den Ländern des Reiches. Einige Länder schufen die einheitliche Familienfürsorge und ordneten sie dem Jugendamt zu, andere taten es nicht. Auch im Kolleginnenkreis der neuen Berufsgruppe von Wohlfahrtspflegerinnen war die Reform umstritten. Sie erforderte eine – wir sagen heute – ‚systemische' Diagnose- und Beratungs-Weise und durch die notwendige Vernetzung (heute: *case management*) erhebliche Mehrarbeit.

Jugendamt

Welche Organisationsform konnte der von Wilhelm Polligkeit und anderen geforderten „organischen Verknüpfung aller Fürsorgemaßnahmen mit der Familie der Bedürftigen" am ehesten entsprechen? Die Hoffnungen der Reformer richteten sich auf ein seit 1910 fachöffentlich gefordertes „selbständiges Jugendamt", in dem zumindest alle Einrichtungen und Maßnahmen der *Jugendfürsorge* „unter Einbeziehung der Berufsberatung, Fürsorgeerziehung und Jugendgerichtshilfe" unter dem Primat der „Erziehung" – und nicht dem der „minimalen materiellen Versorgung" zusammengefasst werden sollten.[8]

Einzelne Städte hatten schon vor dem Ersten Weltkrieg ein solches Jugendamt geschaffen – nun sollte es reichseinheitlich eingeführt werden, verschiedene Artikel der Weimarer Verfassung sprachen Reichstag und Reichsregierung die dafür notwendige gesetzgeberische Kompetenz zu. Am 20. November 1920 richteten dreiunddreißig Frauen aus allen Fraktionen des Reichstages eine Interpellation an die Reichsregierung, welche in die Frage mündete: „Ist die Reichsregierung bereit, dem dringenden Verlangen aller Frauen in diesem hohen Hause nachzukommen und ein Reichsjugendwohlfahrtsgesetz noch in dieser Session dem Reichstag vorzulegen?" Die Interpellation setzte die Gesetzgebungs-Maschine in Gang, und am 13. und 14. Juni 1922 fand die 2. Lesung des „Reichsjugendwohlfahrtsgesetzes" im Berliner Reichstag statt.[9]

Das Gesetz war ein Kompromiss, der auf grundsätzliche Einwände von Rechts und Linke Rücksicht zu nehmen suchte. Konservative Sprecher wehrten sich gegen den Erziehungsanspruch der öffentlichen Hand, der mit der Einrichtung von kommunalen Jugendämtern verbunden sei. Sie machten geltend, ein Kind könne am besten von der Person erzogen werden, die es geboren habe. Öffentliche Erziehung könne diese natürliche und heiligste Liebe nicht ersetzen Kein Können von Berufsarbeitern könne Ersatz sein für die opferwillige Gesinnung derer, die getrieben durch die Liebe sich dieser Arbeit geweiht hätten. Kommunale Jugendfürsorge gefährde das kirchliche Monopol weltanschaulicher Erziehung und öffne kommunistischer Indoktrinierung Tür und Tor. Außerdem sei das Gesetz viel zu teuer. Bayern zum Beispiel sei viel zu arm, um für seine Folgekosten aufzukommen.[10] Für die Unabhängige Sozialdemokratische Partei (USPD) formulierte Dr. Kurt Löwenstein Einwände, die darauf hinausliefen, das Gesetz gehe nicht weit genug und sei noch zu stark an dem sentimentalen Rückgriff auf eine Familienerziehung orientiert, welche die durchschnittliche Proletarierfamilie aus wirtschaftlichen Gründen gar nicht leisten könne. Die Kommunistische Partei Deutschlands (KPD) lehnte das Gesetz ab und stimmte auch in der Schlussabstimmung dagegen. Es wurde schließlich von der Mehrheit der Abgeordneten – nicht einstimmig, wie immer wieder zu lesen ist – verabschiedet und sollte am 14. Februar 1924 in Kraft treten. Wegen der inflationsbedingten Wirtschaftslage der öffentlichen Kassen wurde es in wichtigen Einzelteilen allerdings gleichzeitig durch Verordnungen und Ausführungsanweisungen wieder eingeschränkt: Die Aufgaben des Jugendamtes konnten von den Ländern auch anderen Ämtern übertragen werden, die vorbeugende Erziehungstätigkeit des Jugendamtes (§ 4 RJWG) wurde von einer Pflichtaufgabe zu einer Kann-Aufgabe zurückgestuft, weder das vorgesehene Reichsjugendamt noch der Reichsbeirat für Jugendwohlfahrt beim Reichsministerium des Innern wurden errichtet.[11]

Trotz dieser gravierenden Kompromisse und Einschränkungen richteten sich die Hoffnungen von Reformpädagogen weiterhin darauf, dass es in einem ersten Schritt gelingen werde, wenigstens alle materiellen und sozialen Hilfen für *Familien mit minderjährigen Kindern* unter das Primat der „Erziehung" zu stellen, in „Jugendämtern" zu vereinigen und durch „Familienfürsorgerinnen" sachkundig und professionell bearbeiten zu lassen. Zu den Kommunen, die diesen Weg beschritten, gehörte die Stadt Halle an der Saale[12] und das Jugendamt in dem Berliner Arbeiterbezirk Prenzlauer Berg. Der Rechtsanwalt, Jugendrichter und „entschiedene Schulreformer" Dr. Walter Friedländer hatte es 1921 übernommen und mit Hilfe qualifizierter Fachkräfte aus Jugendbewegung, Frauenbewegung, psychoanalytischer Bewegung und Arbeiterwohlfahrt zu einer Art Muster-Jugendamt ausgebaut, in dem sich alle progressiven Bestrebungen der Zwanzigerjahre widerspiegelten.

> „Die Stadtverwaltung hatte die alte Beamtenschaft der kaiserlichen Epoche vor der Revolution übernommen, um einen geordneten Übergang zu suchen. Die neu gebildeten Stadtbezirke als selbständige Verwaltungseinheiten mussten diese Kräfte behalten, und so musste ich zunächst mit einem Stab von Beamten und Angestellten arbeiten, die in keiner Weise auf eine neue demokratische Verwaltung eingestellt waren. Die Mehrzahl der Amtshandlungen wurden in bürokratischer Weise vorgenommen. Es war notwendig, sie mit einem neuen Geist des Dienstes am Volke und nicht nur für die herrschende Elite zu erfüllen. Fürsorgerische Kräfte waren meist ungeschult und in ungenügender Zahl vorhanden. Ich musste darauf dringen, dass nun Personen mit sozialer Ausbildung und sozialer Gesinnung eingestellt wurden. Ich führte eine einheitliche Familienfürsorge ein, wobei ich dem Modell der Städte Guben und Elberfeld folgte, und gab ihr die zentrale Aufgabe im Bereiche des Jugendamts. Die Erkenntnis sozialpädagogischer Grundsätze war damals noch wenig vorhanden und musste erst langsam verbreitet werden. Bei dieser Aufgabe waren mir von wertvoller Hilfe Ella Kay (die von mir in einem Fortbildungskurs unter der Leitung der Hochschule für Politik und der Arbeiterwohlfahrt geschult worden war und später nach 1945 Senator für Jugendhilfe in Berlin geworden ist), Walburga Geiger, Erna Maraun, Gertrud Pincus (die aus Wien wichtige pädagogische Einsichten mitbrachte), Hans Nathansohn (Schüler der Heidelberger psychologischen Schule), Ruth Hahn, Alice Hensel (die in Zusammenhang mit den Ärzten des zum Amt gehörenden Hufeland Hospitals ein Tagesheim für besonders schwierige Kinder und Jugendliche einrichtete), Lucy Falkenherg, Marid Riwe und Lotte Feibel. Eine Kommission mit beratenden Funktionen war als ‚Jugendwohlfahrtsausschuss' des Jugendamts einberufen worden, der neben einigen Stadt- und Bezirksverordneten auch die bekannte Malerin Käthe Kollwitz und ihr Mann, Dr. Karl Kollwitz, als ärztlicher Berater angehörten. …"[13]

Frauen und Männer, die in den Jahren des Aufbaus selbständiger Jugendämter von der neuen ganzheitlichen Arbeitsweise dieser Ämter fasziniert waren, kamen vor allem aus Jugendbewegung und Arbeiterbewegung. Als Sozialisten sahen sie in der „Jugendnot" der Nachkriegsjahre Folgeerscheinungen kapitalistischer Klassengesellschaft und imperialistischer Welteroberungspläne und wollten die sozialpädagogischen Ansätze des Jugendamtes zur besonderen und massiven Unterstützung des Rechtes der jungen Generation auf politische Bildung und soziale Tüchtigkeit benutzen. Als Jugendbewegte wollten sie einen Teil der „Schuld", die sie als privilegierte Bürgerkinder auf sich geladen zu haben glaubten, durch massive Zuwendung zu Kindern und Jugendlichen der unteren sozialen Schichten abarbeiten und sie an den positiven Erfahrungen jugendlicher Selbsterziehung in Gruppen von Gleichaltrigen teilnehmen lassen, die sie selber als berührend und bewegend erfahren hatten. Einige von ihnen schlossen sich 1925 in der *Gilde Soziale Arbeit* zusammen.

> „Die Gilde ‚Soziale Arbeit' ist der Zusammenschluss der Männer und Frauen, die aus der Jugendbewegung stammen oder ihr im Geiste nahe stehen und ehrenamtlich oder beruflich in der sozialen Arbeit tätig sind. Die Gilde will die Kräfte der Jugendbewegung in der sozialen Arbeit einsetzen und in ihr entwickeln. … Über den Kreis ihrer Mitglieder hinaus will die Gilde auch Einfluss auf die Gestaltung und Entwicklung der sozialen Arbeit gewinnen" (aus dem Impressum des Rundbriefs der Gilde ab 1926).[14]

Der Gilde gehörten Hochschullehrer wie Curt Bondy, Herman Nohl und Werner Krukenberg an, Leiter von Jugendgefängnissen wie Wilhelm Mollenhauer, Jugendfürsorger wie Gustav Buchhierl, Erich Hirsch, Dr. Paul Hoffmann und Sozialpolitiker wie Dr. Hans Achinger. Auch Frauen arbeiteten in der Gilde mit,[15] aber der Grundton der Gilde war wohl dominant männlich-jugendbewegt.

In der Weimarer Republik war es noch nicht gelungen, Jugendämter zu dem zu machen, was einige ihrer reformpädagogischen Promotoren sich versprachen, nämlich diese Einrichtung zu einer dritten gesellschaftlichen Erziehungsmacht neben Familie und Schule auszubauen.[16] Das Reichsjugendwohlfahrtsgesetz wurde ein Jugendamtsgesetz mit überwiegenden Kontroll- und Schutz-Funktionen in krisenhaften familiären Erziehungs-Situationen. Es gewährte erzieherische Nothilfe als doppelter Ausfallbürge – wenn Familien ihre Erziehungsfunktionen gegenüber Kindern und Jugendlichen nicht wahrnahmen und wenn gleichzeitig die großen Wohlfahrtsverbände nicht in der Lage waren, die entstandene Erziehungslücke zu füllen. Für die Methodengeschichte war die Erfindung des Jugendamtes von eher indirekter Bedeutung, weil sie geholfen hat, die traditionellen Vorstellungen von Erziehung als einem Interaktionsprozess zwischen zwei Personen in einen größeren Zusammenhang zu stellen und das Arrangement von *Umständen*, die zu einer gelingenden Erziehung gehören, in den Mittelpunkt sozialpädagogischer Tätigkeit zu rücken.

Fürsorgerische Methodenlehre

Die alte Armenpflege hatte ein schlichtes, aber wirksames Instrumentarium entwickelt, um die Hilfsbedürftigkeit der an sie herangetragenen Notfälle zu prüfen: Armenhaus-Test, Hausbesuch, minimale Sachleistungen im Einzelfall unter diskriminierenden Umständen und Verweis auf eventuelle, zusätzliche Quellen privater Mildtätigkeit. Mit der Einführung gesetzlicher Sozialversicherungen kam die notwendige Kenntnis relevanter Gesetze und Rechtsverordnungen hinzu. Bis zum Ersten Weltkrieg lag die Prüfung der Anspruchsberechtigung von Hilfebedürftigen überwiegend in den Händen von Männern, weil man Frauen nicht die Standhaftigkeit und Prinzipienfestigkeit zutraute, notfalls materielle und menschliche Hilfe zu verweigern. Mary Richmond hatte in den USA zum ersten Mal den Versuch unternommen, Bedürftigkeits-Prüfungs-Vereine (*Charity Organization Societies*) zu gründen und bisher ehrenamtlich tätige Frauen zu schulen, soziale *Einzelfall-Diagnosen* zu stellen und dadurch privaten Spendern die Sicherheit zu geben, dass ihr Geld in den von den COS überprüften Fällen für einen guten, weil sorgfältig überprüften Zweck ausgegeben werden würde.

Alice Salomon hatte sich von Mary Richmond und ihrem, 1917 erschienenen Buch „Social Diagnosis“ anregen lassen und ein für deutsche Verhältnisse modifiziertes Lehrbuch „Soziale Diagnose“ geschrieben, das 1926 veröffentlicht worden war. Ihr Versuch wurde zwar in der Fachöffentlichkeit begrüßt, aber das Buch hatte offensichtlich keine deutliche praktische Bedeutung, zumal sich Alice Salomon 1927 aus der praktischen Lehrtätigkeit zurückzog und sich dem Aufbau der Sozialen Frauen-Akademie widmete.

Alice Salomon war nicht die einzige Sozialpädagogin, die sich um die Rezeption amerikanischer Erfahrungen und Lehrmeinungen gekümmert hatte. Ein Jahr nach dem Erscheinen der *Sozialen Diagnose* veröffentlichte Hans Scherpner eine Schrift, in der er – gründlicher als Salomon es tun mochte – mit ausführlichen Quellenverweisen auf die nordamerikanische Entwicklung von *social case work* einging. Er betonte dabei die Notwendigkeit der Entwicklung einzelfall-bezogener fürsorgerischer Methoden und warnte vor einer schlichten Nachahmung dieses Ansatzes, bei dem die strukturellen Unterschiede zwischen dem amerikanischen und dem deutschen Gesellschaftssystem unter den Tisch fallen würden:

> „Das einzige Mittel, den Vorrang der fürsorgerischen Ziele allmählich wieder durchzusetzen, ist die Ausbildung individualisierender Methoden. Es liegt in der Natur der Sache, dass das bei uns – ebenso wie in Amerika – nur in langjähriger zäher praktischer Kleinarbeit geschehen kann. Ein Versuch, ihre Ergebnisse vorwegzunehmen oder vorauszubestimmen und jetzt bereits eine Methodik der Fürsorge zu entwickeln, ist von vornherein unmöglich. Individualisierende Methoden können nur in intensiver Arbeit am Einzelfall gewonnen, und ihre Zusammenarbeit zu allge-

> meinen ‚Regeln' kann erst dann vollzogen werden, wenn genügend empirisches Material vorliegt, aus dem typische fürsorgerische Situationen und ihnen entsprechende typische Behandlungsformen abgeleitet werden können. … Jeder weitere Fortschritt hängt daher im Augenblick allein davon ab, wieweit es in der Praxis gelingt, die Richtung auf die individualisierende Behandlung energischer einzuhalten und allmählich die Methoden zu differenzieren."[17]

Im Erscheinungsjahr ihrer *Sozialen Diagnose* veröffentlichte Alice Salomon zusammen mit der Geschäftsführerin des Archivs für Wohlfahrtspflege, Siddy Wronsky und unter Mitarbeit von Eberhard Giese eine Fallsammlung aus der Arbeit von Familienfürsorgerinnen, Kreisfürsorgern und Jugendfürsorgern.[18] Unter dem anspruchsvollen Titel „Soziale Therapie" enthielten die 129 Seiten des Lehrbuches vierzehn Fälle aus Stadt und Land in der Nachkriegs- und Inflationszeit. Die Wirkungen dieser Fallbearbeitungen sind durchgängig enttäuschend. Die Fälle enthalten Berichte von einer Kette von Hausbesuchen mit anschließenden Zuwendungen an Geld und Naturalien, sie spiegeln die Not und das Elend der Nachkriegsjahre und des Währungsverfalls in bedrückenden Einzelheiten wider, und sie zeigen die ganze armselige Hilflosigkeit einer Wohlfahrtspflege, die gegenüber von Massenarbeitslosigkeit, Massenwohnungsnot und Massenkrankheiten sprachlos und handlungslos blieb.[19]

Nachdem Alice Salomon nicht weiter an der Differenzierung ihres sozialpädagogischen Methoden-Ansatzes („Die Kunst des Lebens lehren") arbeiten mochte, wandte sich Siddy Wronsky in den Jahren zwischen 1927 und 1933 verstärkt der Formulierung von „Methoden der Fürsorge" zu. Systematisch hatte sie Lebensläufe von Klienten der Wohlfahrtspflege und Fürsorgeakten aus der Zeit zwischen 1890 und 1928 gesammelt und als Beiträge zu einer „Sozialen Kasuistik" fortlaufend in der von ihr mitherausgegebenen *Deutschen Zeitschrift für Wohlfahrtspflege* – zuerst 1927, dann verstärkt zwischen 1930 und 1932 veröffentlicht. Im Sommer 1929 zog sie eine Zwischenbilanz und veröffentlichte deren Ergebnisse als „Methoden der Fürsorge" in der Deutschen Zeitschrift für Wohlfahrtspflege und als Buch.[20] Darin führte sie aus: Die alte Armenpflege habe sich auf die oberflächliche Feststellung von *Würdigkeit* und *Bedürftigkeit* des Hilfesuchenden beschränkt. Die Würdigkeit sei am Verhalten des Hilfsbedürftigen gegenüber den Tugenden *Arbeitsamkeit*, *Familiensinn* und *Wirtschaftlichkeit* gemessen worden.

> „Das Fehlen des Energiewillens bei dem Hilfsbedürftigen wurde als Tatsache angenommen und als seine Schuld gewertet, als deren Folge Beschränkung in Maß und Art der Fürsorge häufig als zweckmäßig anerkannt wurde. … Die Feststellung der Bedürftigkeit wurde unter Zugrundelegung der allgemein üblichen Lebensgewohnheiten in bezug auf Ernährung, Wohnweise, Bekleidung, Erziehung getroffen, wobei ein Minimum des Lebensbedarfs angenommen wurde, das unter den tatsächli-

chen Durchschnittsziffern der Lebenshaltung der Bevölkerung zurückblieb; eine gewisse Differenzierung innerhalb der verschiedenen Schichten der Bevölkerung wurde dabei vorausgesetzt.[21] Erst allmählich mit den stärkeren Auswirkungen der Industrialisierung wuchs das Verständnis für die Zusammenhänge der neuen Lebensweise in Arbeitsstätte und Heim mit den neuen Nöten, die in der immer stärker hervortretenden Unterbefriedigung des Bedarfs an Luft, Nahrung, Bewegung, Familienleben, Arbeitsrhythmus, Ruhe, geistigen Erlebens zutage traten. Man begann zu erkennen, dass nicht die einzelne Gabe an den zufällig darum Bittenden als die zweckmäßige Hilfeleistung gelten konnte, sondern daß eine Einwirkung auf die Lebensverhältnisse auf Grund sorgfältiger Forschungen notwendig sei, um Lebens- und Gedeihensmöglichkeiten unter den neuen Verhältnissen für weite Kreise überhaupt erst zu schaffen."[22]

Die neue Erkenntnis, dass es nicht Energiemängel waren, welche Menschen zu Hilfesuchenden machten und dass solche Energiemängel, wo sie auftraten, nicht auf unverbesserlicher, asozialer Anlage beruhten, sondern auf Hemmungen menschlicher Lebenstätigkeit durch hemmende Bindungen an Menschen, Dinge und Ideen, sei durch neuere Forschungen auf dem Gebiet von Medizin, Psychologie und Soziologie befördert worden. Diese Forschungen erlauben die Entwicklung der Methode der alten Armenpflege als Augenblickshilfe zu einem „sozialen Heilprozess", der „ernste fachliche Arbeit unter sorgfältiger Berücksichtigung der verschiedenen medizinischen, psychologischen und soziologischen Forschungsergebnisse im Einzelfall (verlangt); er setzt eine begründete *Diagnose*, eine vorsichtig aufgestellte *Prognose*, eine verantwortliche durchgeführte *Therapie* (alle Hervorhebungen im Original, d. V.) voraus".[23] Die Diagnose hat Siddy Wronsky am weitest gehenden elaboriert. Sie unterscheidet zwischen *sozialer Anamnese*, *Persönlichkeitserforschung*, Erforschung der *Verknüpfung* der Persönlichkeit des Hilfesuchenden mit anderen *Lebenselementen* und Untersuchung der *Zusammensetzung der Lebenskräfte* der Persönlichkeit. Ich verfolge diese sozialpsychologischen Gedankengänge nicht im einzelnen, weil sie größtenteils der Rezeption zeitbedingter sozialpsychologischer und individualpsychologischer Lehrmeinungen geschuldet sind, die von William Stern über Anklänge an Friedrich Nietzsche bis zu Alfred Adler reichen. Wichtig und überzeitlich relevant erscheint mir hingegen ihr Hinweis, beim Herausarbeiten der Eigengesetzlichkeit des Einzelfalles gehe es im wesentlichen darum, „herauszuarbeiten, wie weit die Entwicklung des einzelnen Menschen gegenüber der Entwicklung seiner Umwelt im ganzen oder in einzelnen Anlagen stehen geblieben ist, während die Gesellschaft den Zeitverhältnissen entsprechend sich entwickelt hat, oder wie weit die Anlagen des einzelnen die Entwicklung der Gesellschaft seiner Zeit bereits überschritten haben. Es muss also festgestellt werden, wie weit der Lebensrhythmus *einer einzelnen Persönlichkeit auf die Umwelt übertragen werden kann und in welcher Weise sie reagiert.*"[24]

Im Vergleich mit Anamnese und Diagnose nehmen sich die Handreichungen Siddy Wronskys zur *sozialen Prognose* und zur *sozialen Therapie* lapidar aus und bleiben hinter der sozialpädagogischen Perspektive Alice Salomons zurück. Siddy Wronsky geht es bei der sozialen Behandlung durch Einzelfallhilfe im wesentlichen um die *Bekämpfung der vorhandenen Energiemängel* und die *Beeinflussung der sozialen Widerstände der Umwelt.* „Als Voraussetzung für eine erfolgreiche Behandlung gilt es, den Hilfsbedürftigen selbst zu einer Erkenntnis seines Zustandes und seiner Energiemängel sowie der Ursachen für diese Mängel zu bringen. ... Diese Entwicklung kann erfolgen durch Übung der Kräfte oder durch Umschaltung der Kräfte auf ein anderes wirksames Gebiet"[25]

Siddy Wronsky bahnte mit der *Zentrale für private Fürsorge* (ZfPF) und der *Allgemeinen ärztlichen Gesellschaft für Psychotherapie* eine mehrjährige Zusammenarbeit an, um eine Art Erfolgskontrolle über die positive oder negative Entwicklung von Klienten der Einzelfallhilfe in die Wege zu leiten. Anhand von 128 Fällen der ZfPF sollten insgesamt vierundzwanzig ärztliche Therapeuten, die zur kostenlosen Mitarbeit gewonnen worden waren,

> „anhand des Aktenmaterials und aufgrund eigener Rücksprachen mit den Befürsorgten feststellen, ob und inwieweit die aufgrund der Diagnose durchgeführte Behandlung erfolgreich gewesen ist. Ferner sollten in allen denjenigen Fällen, in denen es während der fürsorgerischen Bearbeitung zu irgendwelchen Komplikationen gekommen war, die von den Psychotherapeuten gestellten Diagnosen bezüglich der etwa neu zutage getretenen Facta ergänzt bzw. revidiert werden."[26]

Rolf C. Reiner kam bei der Analyse des anfallenden Materials zu dem Ergebnis, dass dreißig Prozent der bearbeiteten Fälle erfolgreich abgeschlossen werden konnten oder eine deutliche Besserung zeigten, fünfzig Prozent der Fälle zeigten nur geringfügige Besserung oder einen unveränderten Zustand, zwanzig Prozent der Fälle waren ohne Befund. Ein Vergleich zwischen dem physisch-seelisch-sozialen Eingangs-Status der Klienten und ihrer weiteren Entwicklung während der Zeit der fürsorgerischen Betreuung schien zu zeigen, dass Klienten mit vergleichsweise günstigem Eingangs-Status größere Chancen hatten, sich im Verlaufe der Betreuung positiv zu entwickeln als Klienten mit einem von vornherein ungünstigen Status.[27]

Prof. Dr. Arthur Kronfeld, ein anderer Kooperand der Evaluations-Studie von Siddy Wronsky, glaubte bei den eher negativ verlaufenden Fällen „Züge eines schwachen oder labilen Persönlichkeitsgefühls" zu erkennen,

> „eine Bereitschaft, entmutigt zu werden, auf welchem Gebiete es immer sei. Die psychischen Unterbauten dieses labilen Persönlichkeitsgefühls sind fast immer lebensgeschichtlich entstanden; und somit sind sie der Psychotherapie[28] zugänglich. Die Schwierigkeit der Behandlung liegt

darin, dass die soziale Not nicht selten als eine Bestätigung dafür empfunden wird, dass diese Entmutigung ihr gutes klares Recht habe. Das labile Persönlichkeitsgefühl führt zu Umwegs- oder Auswegsreaktionen wie z.B. zu jugendlicher Antisozialität, Renommisterei und Hochstapelei. Es führt ferner zu schiefer oder abwegiger Erledigung der sexuellen Aufgaben und der ehelichen Bindung. Es führt zu mangelndem Selbstvertrauen in Arbeit und Beruf. Es führt zu einer Reihe von Sicherungs- und Fluchtmaßnahmen gegenüber den Lebensschwierigkeiten; und sehr häufig führen erst diese Reaktionen die Notlage herbei, die sonst ausgeblieben wäre. … In diesen Teufelskreis greift die Psychotherapie ein und ist bei ihrem Wirken erfolgreich, wenn die Fürsorge nicht nur objektiv an der Änderung des sozialen Zustandes ihren Anteil nimmt, sondern zugleich dem Hilfesuchenden das Bewusstsein erweckt, dass er nicht verloren und allein ist, sondern den Mut zu einer neuen Existenzform von der Befürsorgung her empfangen kann. Auf diesem Gebiet liegen die schönsten praktischen Erfolge der bisherigen Zusammenarbeit von Fürsorge und Psychotherapie."[29]

Ein Ergebnis der vertieften Zusammenarbeit zwischen Sozialarbeiterinnen und Ärzten war das Buch von Siddy Wronsky und Arthur Kronfeld unter Mitwirkung von Rolf Reiner, „Sozialtherapie und Psychotherapie in den Methoden der Fürsorge" (1932):

Auf die Untersuchung der Fallgeschichte folgte eine Zusammenfassung des „Wesens der Notlage" (Diagnose) und die Formulierung eines Behandlungsplans (Therapie), dessen Umsetzung in praktische Hilfemaßnahmen schrittweise und schließlich abschließend eingeschätzt werden muss:

> „Persönlichkeit und Umwelt sind die Materie, an der die vorhandenen Kräfte zur Überwindung der Notlage festgestellt werden müssen, die Schwächen, die die Notlage herbeigeführt haben und deren Überwindung hemmen. An den Ergebnissen dieser Feststellung hat die Behandlung des Falles sich zu orientieren. Aufgrund solcher Untersuchungen muss der Fürsorger die Erkenntnisse für die Behandlung des Falles finden. Er muss das Wesen der Notlage feststellen können, er muss vermögen, daraus die einzelnen Symptome des Notstandes zu ersehen und auch das Stadium der Entwicklung des Notstandes festzustellen und er muss eine Sichtung der Zusammenhänge der einzelnen Lebenserscheinungen vornehmen. Die Untersuchung muss aufgrund dieser Feststellungen eine Klarheit darüber erbringen können, welche aufbauenden Stoffe und welche schaffenden Kräfte in dem zu behandelnden Individuum zu finden sind, um seine Eingliederung in die Gesellschaft zu ermöglichen, und in welcher Weise seine Umwelt die Erreichung dieses Zieles fördern kann. Er muß aber auch die zerstörenden Stoffe festzustellen vermögen und ihre Einflüsse auf die Gestaltung der Notlage und die Behandlung des Falles werten."[30]

Das Buch von Siddy Wronsky und Arthur Kronfeld erschien in einer wirtschaftlichen, politischen und sozialen Situation, in welcher ein Rückgriff auf die lebenskrisen-bewältigenden Kräfte *des einzelnen* abgehoben, ja weltfremd erscheinen musste. In den Reichstagswahlen der Jahre 1930 und 1932 hatten die Nationalsozialisten nicht zu übersehende Erfolge errungen. Sie versprachen den Massen der Arbeitslosen und dem durch die Weltwirtschaftskrise verunsicherten Bürgertum neue und radikale Lösungen der „sozialen Frage". „Es gehen bedeutsame Wandlungen im Volkskörper vor sich", hieß es in einem nachdenklich machenden Grundsatzartikel eines vom Nationalsozialismus beeinflussten Intellektuellen im August 1932. Die Jugend sage „der alten Führerschicht die Gefolgschaft auf, weil sie nicht in Hoffnungslosigkeit versinken will. Sie sucht nach neuen Bindungen und ordnet sich solchen willig unter; sie sieht in der Überwindung des Klassen- und Parteigeistes das Ziel ihres bündischen Strebens und die Grundlage für neuen Staatsaufbau, der ihrem Lebenswillen zum Durchbruch verhilft. Sie reiht sich in die Glieder des freiwilligen Arbeitsdienstes ein, um der seelisch zermürbenden Atmosphäre des ‚Stempelns' zu entgehen."[31] Der Autor, Dr. Otto Schirmel, publizierte in der Zeitschrift der Deutschen Liga der freien Wohlfahrtspflege eine kritische Würdigung des Methodenbuches von Wronsky/Kronfeld. Er bescheinigte dem Buch, es stelle „einen Höhepunkt rationalistischer Deutung und Gestaltung der Wohlfahrtspflege dar".

> „Es ist erfüllt von dem Glauben an psychologische Gesetze, die durch eindringliche Forschung sichtbar gemacht werden können und Ansatzpunkte sozialer Hilfe darstellen sollen. ... Eine Weltanschauung liegt hier zugrunde, die in sich durchaus ein geschlossenes Ganzes ist. Ihr kann nur die andere entgegengestellt werden, welche im Menschenleben Mächte wirksam sieht, die aus irrationalen Bezirken kommen und als Fügung, Schicksal, Wille Gottes der menschlichen Ratio und ihrer Aktivität Grenzen setzen und oft elementar eingreifen."

In dieser Welt- und Lebensanschauung ist der Begriff des Schicksals von einer ganze anderen Vitalität als bei Wronsky/Kronfeld, wo er nur die Unbekannte darstellt, die es zu finden gilt, um alles Geschehen rational zu durchleuchten. Ein weiteres, charakteristisches Moment des Methodenbuches von Wronsky und Kronfeld sei die starke Betonung des Gedankens von Milieu, Umwelt und Vorbeugung. Diese Betonung sei die Folge einer liberalen Psychologie,

> „die an den persönlichen und gesellschaftlichen Fortschritt wie an ein Dogma glaubt. Diese Auffassung erwächst aber gerade in der Gegenwart von Seiten der Erblehre und der Eugenik ernste Gegnerschaft. ... In diesem Zusammenhang sei erwähnt, dass auch die Begründung für die Entstehung einer Schicht von Hilfsbedürftigen in der Gesellschaft wohl zu sehr die wirtschaftlichen gegenüber den so wichtigen erbbiologischen Faktoren berücksichtigt. In der Erbwissenschaft scheinen für die Zukunft

wichtige Antriebe zu einer Wandlung des Menschenbildes der Fürsorge zu liegen. ... Das Leben, d. h. in diesem Falle die Fürsorgepraxis, schreitet unerbittlich über alle zu weit ausladenden Theorien hinweg und macht vieles von dem rückgängig, was lange Zeit als Fortschritt gepriesen worden ist. ... Das Buch [von Wronsky und Kronfeld] ist in seiner Art und als Leistung groß; aber es ist das Bekenntnis eines Glaubens, den viele nicht haben und für falsch halten, und dessen Blütegipfel allem Anschein nach gestern war und nicht heute ist oder morgen sein wird."[32]

Womit der Autor wenigstens für die kommenden zwölf Jahre recht behalten sollte.

Anmerkungen

1 Marie Baum, Familienfürsorge. In: Julia Dünner (Hrsg.), Handwörterbuch der Wohlfahrtspflege. Berlin: Heymanns 1929, S. 224.
2 Marie Baum, Familienfürsorge. Berlin 1927. Zitiert nach der 2. Auflage. Berlin: Berthold Schultz 1951, S. 8.
3 Maria Baum, Rückblick auf mein Leben. Heidelberg: Kerle 1950.
4 Baum (1927) 1951, 37.
5 Siehe Auskunftsstelle der Deutschen Gesellschaft für ethische Kultur (Hrsg.). Die Wohlfahrtseinrichtungen Berlins. Ein Auskunftsbuch. Berlin: Heymanns 1896.
6 Siddy Wronsky und Hans Muthesius, Methoden individualisierender Fürsorge in Deutschland. Bericht von der Internationalen Konferenz für Wohlfahrtspflege und Sozialpolitik (Paris 9.–13. Juli 1918). Deutsches Zentralinstitut für soziale Fragen Berlin. Archiv-Nr. 3686.
7 Dr. E. Ritter, Fürsorgepflicht. In: Dünner (Hrsg.), Handwörterbuch 1929, S. 264.
8 Walter Friedländer, Jugendamt. In: Enzyklopädisches Handbuch, ^{2}1930, S. 336.
9 Deutscher Reichstag, 225. und 226. Sitzung vom 13. und 14 Juni 1922, Protokoll.
10 Die konservative Position wurde vor allem von dem deutschnationalen Abgeordneten Hensel (Ostpreußen) vorgetragen (7790–7792). Siehe auch Hasenclever 1978, S. 52–72.
11 Reichsjugendwohlfahrtsgesetz nebst Einführungsgesetz vom 9. Juli 1922 in der Fassung der Verordnung vom 14. Februar 1924, Preußischem Ausführungsgesetz und Preußischer Ausführungsanweisung vom 29. März 1924 sowie ergänzenden Preußischen Gesetzen und Verordnungen. Textausgabe mit einer Einleitung von Dr. Edmund Friedeberg. Berlin: Heymanns 1929.
12 Erfahrungen des Jugendamtes Halle mit der Übernahme der Unterstützung hilfsbedürftiger Familien. In: NDV 1928, 1, S. 20–22.
13 Walter Friedländer. In: Ludwig J. Pongratz (Hrsg.), Pädagogik in Selbstdarstellungen. Band IV. Hamburg: Meiner 1982, S. 61–62.
14 Rundbrief der Gilde „Soziale Arbeit". Deutsches Zentralinstitut für soziale Arbeit. Archiv
15 Über Tätigkeiten und Erfahrungen von Frauen in der Gilde Soziale Arbeit informiert der von Sabine Hering und Edith Kramer herausgegebene Sammelband: Aus der Pionierzeit der Sozialarbeit. Elf Frauen berichten. Weinheim: Beltz 1984.
16 Dr. Gertrud Bäumer, Die historischen und sozialen Voraussetzungen der Sozialpädagogik und die Entwicklung ihrer Theorie. In: Herman Nohl und Ludwig Pallat (Hrsg.), Handbuch der Pädagogik. Band 5. Langensalza: Beltz 1929. Reprint Weinheim: Beltz 1981, S. 3–17.

17 Dr. Hans Scherpner, Formen persönlicher Fürsorge in den Vereinigten Staaten (Social Case Work). In: Freie Wohlfahrtspflege 1926/27, S. 509–522; 1927/28, S. 26–34; S. 69–81; S. 120–130. Sonderdruck als: Widmung des Fürsorgeseminars Universität Frankfurt a. M. 1927. Deutsches Zentralinstitut für soziale Fragen, Archiv-Nr. 31811.

18 Siddy Wronsky und Alice Salomon unter Mitwirkung von Eberhard Giese, Soziale Therapie. Ausgewählte Akten aus der Fürsorge-Arbeit. Für Unterrichtszwecke zusammengestellt und bearbeitet. Berlin: Heymanns 1926.

19 Siehe C. Wolfgang Müller, Alice Salomon und die methodische Frage. In: Rüdeger Baron (Hrsg.), Sozialarbeit und soziale Reform. Zur Geschichte eines Berufs zwischen Frauenbewegung und öffentlicher Verwaltung. Weinheim: Beltz 1983, S. 92–109

20 Siddy Wronsky: Methoden der Fürsorge. In: Deutsche Zeitschrift für Wohlfahrtspflege 1929, 5, S. 273-280; 1929, 7, S. 430-436; 1929, 8, S. 504-510; 1929, 9, S. 575-580.

21 Im Originaltext belegte Siddy Wronsky ihre Aussagen durch zahlreiche empirische Fallbeispiele.

22 Wronsky, Methoden, a.a.O., S. 275. Diese „sorgfältigen Forschungen“ legten Marie Baum und Alice Salomon einige Zeit später in ihren komplexen Studien über Rhythmus und Belastungen des Familienlebens vor.

23 Wronsky, Methoden, a.a.O., S. 280.

24 Wronsky, Methoden, a.a.O., S. 575.

25 Wronsky, Methoden, a.a.O., S. 577.

26 Rolf C. Reiner, Bisherige Ergebnisse einer Gemeinschaftsarbeit zwischen Psychotherapeuten und Sozialarbeitern. In: Deutsche Zeitschrift für Wohlfahrtspflege 1933, 10, S. 314.

27 Reiner, Ergebnisse, a.a.O., S. 319.

28 An der Zusammenarbeit waren nicht nur Psychotherapeuten beteiligt, sondern auch klinische Psychologen, Psychiater und Individualpsychologen. Prof. Dr. Arthur Kronfeld, Psychotherapie und Fürsorge. In: Deutsche Zeitschrift für Wohlfahrtspflege 1931, 3, S. 140.

29 Kronfeld, Psychotherapie a.a.O., S. 142.

30 Siddy Wronksy und Prof. Dr. Arthur Kronfeld unter Mitwirkung von Rolf Reiner, Sozialtherapie und Psychotherapie in den Methoden der Fürsorge. Berlin: Heymanns 1932, S. 28–29.

31 Dr. Otto Schirmel, Wandlungen der Fürsorge? In: Freie Wohlfahrtspflege 1932, 5, S. 177–183.

32 Dr. Otto Schirmel, Idee und Wirklichkeit in der Fürsorge. Bemerkungen zu einem Buche. In: Freie Wohlfahrtspflege 1933, 10, S. 466–471. Vergleiche auch mit der Antwort von Wronsky und Kronfeld in Heft 11, S. 565–567 (Februar 1933!).

7. Das Dritte Reich und der Rückfall in die Barbarei

Die fünf Jahre relativen wirtschaftlichen Aufschwungs der ersten deutschen Republik endeten am 29. Oktober 1929 mit einem Paukenschlag. An diesem Tage rutschten die meisten US-Industrieaktien nach einer Phase hektischer Kurssteigerungen in den Keller und rissen andere Wertpapiere mit. Die Aktienbesitzer reagierten mit Panik-Verkäufen, und die Inhaber kleiner Vermögen versuchten, durch das Auflösen ihrer Konten zu retten, was zu retten war. Diese Kettenreaktionen lösten eine Weltwirtschaftskrise aus, nach Meinung aller Experten die schwerste und dauerhafteste Krise der letzten hundert Jahre. Sie wirkte sich mit einer gewissen Verzögerung auch auf die meisten europäischen Geldmärkte aus und führte in Deutschland zu einer Massenarbeitslosigkeit von mehr als sieben Millionen Arbeitslosen oder nahezu dreißig Prozent der arbeitenden Bevölkerung. Schwerwiegende Einschränkung der Massenkaufkraft, Sinken der Industrieproduktion, Schließen von Produktionsstätten, Verarmung kleiner Wertpapierbesitzer und Privat-Rentner waren die Folge. Zwölf Jahre nach dem verlorenen Ersten Weltkrieg versank Deutschland erneut in Elend und Armut.

Die Mehrheit nordamerikanischer Wähler sprach in der Weltwirtschaftskrise den Demokraten und ihrem Präsidentschaftskandidaten Franklin D. Roosevelt das Vertrauen aus und befürwortete tiefgreifende wirtschaftliche und soziale Reformen. Der von den Demokraten beherrschte Kongress verabschiedete zwischen März und Juni 1933 eine Reihe sozialstaatlicher Gesetze, die für die USA revolutionär anmuteten. Der *National Industrial Recovery Act* (NRA) legte gesetzlich maximale Arbeitszeiten und Minimallöhne fest, stärkte die Stellung der Gewerkschaften als Tarifpartner, verbot Kinderarbeit und ermöglichte die Regierungskontrolle von Wirtschaftsunternehmen. Der *Agricultural Adjustment Act* (AAA) war ein Grüner Plan für die notleidende Landwirtschaft und sollte die Farmer für die Einschränkung ihrer agrarischen Überproduktion entschädigen. Das *Federal Emergency Relief Program* stellte 1935 eine Summe von 500 Millionen Dollar für Arbeitslose zur Verfügung und finanzierte öffentliche Arbeitsbeschaffungsmaßnahmen wie Stauseen und Wasserwerke (*Tennessee Valley Authority*) und eine großangelegte Registrierung und Konservierung amerikanischer Geschichts- und Kultur-Denkmäler (*Civil Work Administration* und *Civilian Conservation Corps*). 1935 hatte die US-Bundesregierung dreißig Milliarden Dollar Schulden gemacht, um diese Reformen durchführen und finanzieren zu können. Trotzdem wurde die Roosevelt-Regierung in den

Wahlen der Jahre 1934 und 1936 durch eindrucksvolle Wahlsiege in ihrer Politik bestätigt.

Die deutsche Reichsregierung unter dem Zentrums-Politiker Heinrich Brüning misstraute staatlichen Arbeitsbeschaffungsmaßnahmen und setzte auf die Selbstheilungskräfte des Marktes. Als sie im März 1930 keine parlamentarische Mehrheit mehr besaß, hielt sie sich über Notverordnungen nach Artikel 48 der Verfassung, wiederholte Parlamentsauflösungen und Neuwahlen über Wasser. Aber die Neuwahlen brachten der Zentrums-Koalition keine stabile Mehrheit, sondern vergrößerten nur die Stimmen-Anteile der Nationalsozialistischen Deutschen Arbeiterpartei (NSDAP), die zwischen 1928 und 1932 von einer Splitterpartei (2,6 Prozent der Stimmen) zur größten Wählerpartei der Republik (33,1 Prozent) angewachsen war. Mit ihren 196 Reichstagsabgeordneten hätte sie zwar immer noch nicht allein regieren können, aber das katholische Zentrum und die konservative Deutschnationale Volkspartei (DNVP) von Zeitungsverleger Alfred Hugenberg waren unter bestimmten Umständen zu einer Koalition mit den Nationalsozialisten bereit. Doch zunächst beauftragte der Reichspräsident Paul von Hindenburg den rechten Zentrums-Abgeordneten Franz von Papen mit der Bildung einer bürgerlichen Minderheitenregierung. Er, ebenso wie sein Nachfolger General von Schleicher, konnte nur mit Notverordnungen und Parlamentsauflösungen regieren, weil er in der bürgerlichen Mitte des Reichstages keine Mehrheiten fand. Auch der Führer der Nationalsozialistischen Deutschen Arbeiter-Partei, Adolf Hitler, hatte eine solche parlamentarische Mehrheit nicht. Nicht einmal bei den letzten demokratischen Reichstagswahlen vom 5. März 1933 erreichten die Nationalsozialisten die absolute Mehrheit, obwohl diese Wahlen unter massivem NS-Terror stattgefunden hatten und zahlreiche SPD- und KPD-Kandidaten schon vorher verhaftet worden waren. Vielmehr mussten die Nationalsozialisten mit der Deutschnationalen Volkspartei Alfred Hugenbergs koalieren. Dennoch wurde Hitler vom Reichspräsidenten am 30.1.1933 mit der Bildung einer „Regierung der nationalen Konzentration“ beauftragt, der neben parteilosen Ministern der (ehemaligen) Zentrums-Politiker Franz von Papen und der Führer der DNVP Hugenberg angehörten. Damit war eingetreten, was die Nationalsozialisten großsprecherisch, aber auch ihre Gegner entschuldigend und gleichermaßen falsch als „Machtergreifung“ bezeichneten. Die Nationalsozialisten hatten sich vielmehr durch die Hintertür in die Macht geschlichen.

Schon vor der „Machtergreifung“ war das reformatorische Netz sozialer Sicherung in der Republik von Weimar zerrissen. Die gerade erst fünf Jahre alte Arbeitslosenversicherung kürzte ihre Leistungen auf 36 Wochen nach eingetretener Arbeitslosigkeit, danach gab es Krisenunterstützung oder Wohlfahrtsfürsorge nach strenger Bedürftigkeitsprüfung und mehrfach gekürzten Richtsätzen. Siddy Wronsky fasste die Lage im Frühjahr 1932 in einem Bericht für den Internationalen Kongress für soziale Arbeit mit den folgenden Worten zusammen:

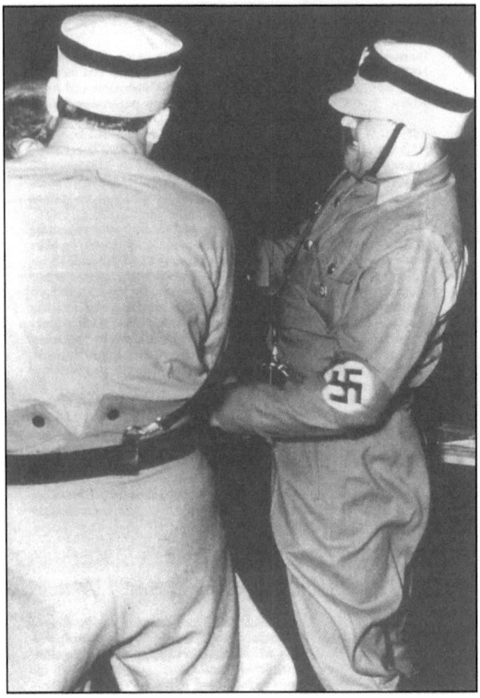

Abb. 15: … die Straße frei den braunen Bataillonen!“
Der Gauleiter von Berlin Joseph Goebbels setzte die Berliner SA gezielt ein, um das schwankende Bürgertum mit der Eroberung der Straße in Angst und Schrecken zu versetzen. „Blutzeugen der Bewegung“ waren Teil dieser terroristischen Strategie. (Berlin, März 1933); aus: R. Rürup (Hrsg.): Topographie des Terrors. Berlin 1987

„Die sozialen Ideen des Fürsorgegesetzes haben in der Krisenzeit besonders durch die Notverordnungen aus den Jahren 1931/32[1] starke Einschränkungen erlitten. Die Ausdehnung der Arbeitslosigkeit (zzt. 5.583.000) hat dahin gewirkt, dass die Zahl der aus der Versicherung ausscheidenden Arbeitslosen sich ständig vermehrt hat, die von der öffentlichen Fürsorge mitversorgt werden muss, die aber eine Versorgung dieser Kreise nicht vorgesehen hatte.

Die Herabsetzung der Renten in der Sozialversicherung, die nach der neuesten Notverordnung vom 14.6.1932 vier bis sechs RM monatlich, für Unfallrentner 7,5 bis 15 Prozent vorsieht, nimmt vielen Rentenempfängern aus der Sozialversicherung die Grundlage ihrer Existenz und lässt sie in vielen Fällen der öffentlichen Fürsorge anheimfallen. Die unerwarteten übergroßen Lasten der Gemeinden für die arbeitslosen Hilfsbedürftigen und den erweiterten Kreis der Sozialrentner haben zur Folge gehabt, dass alle Leistungen auf dem Gebiet der Fürsorge für die anderen Gruppen der Hilfsbedürftigen eingeschränkt wurden. Die Richtsätze, die ein Existenzminimum gewährleisten sollten, sind in den letzten Monaten laufend herabgesetzt worden und befinden sich häufig bereits unter der Grenze des notwendigen Lebensbedarfs. Die neueste Notverordnung vom 14.6.1932 sieht eine weitere Senkung, anscheinend um 15 Prozent vor. Durch diese große Belastung sind die Kommunen zur Zeit gezwungen, da ihnen andere ausreichende Einnahmequellen nicht zur Verfügung stehen, die Leistungen in der vorbeugenden und nachgehenden Fürsorge allmählich abzubauen und auf den Stand der früheren Armenpflege mit der Gewährung eines unzureichenden Lebensunterhalts zurückzukehren, der Volksgesundheit und Volkskraft außerordentlich beeinträchtigt. Die Entwicklung, die aufgrund der modernen deutschen Fürsorgegesetzgebung im Laufe von acht Jahren unter schwierigen Umständen für die im Arbeitsprozess stehende und für die heranwachsende Generation Schutz und Förderung bedeutet, ist durch die Einschränkung der letzten Zeit unterbrochen und im Verhältnis zu den gewachsenen Notständen um Jahrzehnte zurückgeschraubt worden. ... Die Methoden der Fürsorge in Deutschland sind individualisierender und aufbauender Art. Sie wollen der Eigenart des Hilfsbedürftigen gerecht werden und im Rahmen der Familienfürsorge den Gesamtkomplex der Familie erhalten und fördern.

Diese Methoden, die sich in den letzten Jahren besonders stark entwickelt und eine Umwandlung der deutschen Fürsorge in die Wege geleitet haben, sind zur Zeit unter den Krisenverhältnissen nur schwer durchführbar. Bei der Überlastung der Fürsorgerinnen durch die Auszahlung von Unterstützungen an einen ständig wachsenden Kreis Hilfsbedürftiger wird eine Vertiefung in die persönlichen Verhältnisse der Hilfsbedürftigen nur noch in geringem Umfang möglich, und es wird allmählich in der Wohlfahrtspflege das System der fürsorgerischen Behandlung zugunsten der Unterstützung eingeengt.“[2]

Die Zustandsbeschreibung Siddy Wronskys ist in moderatem Ton gehalten. Bewusst habe ich auf andere, Empörung vermittelnde, zum Widerstand aufrufende Schilderungen verzichtet, wie sie in der *Arbeiterwohlfahrt* oder der *Roten Hilfe* im Sommer 1932 und im Winter 1932/33 erschienen sind. Allen gemeinsam ist eine Tendenz, wie sie der Schluss eines Artikels aus dem Februar 1933 ausdrückt, mit dem der „Alltag einer Fürsorgestelle“ während der Winterhilfe 1932/33 beschrieben worden ist: „Stärkere Hilfe muss endlich kommen. Ein Dauerzustand darf das nicht bleiben.“[3]

Woher soll stärkere Hilfe kommen? Die einen versprachen sich Erleichterung und Entlastung durch die Einführung von Wirtschaftlichkeits-Prinzipien und Konkurrenz in den Beziehungen zwischen kommunaler und privater Fürsorge. Andere, die zu konservativ waren, um forsch auf das Pferd betriebswirtschaftlicher Effizienz-Steigerung zu setzen, sahen die wirtschaftliche Krise als Menetekel einer tiefergreifenden *Zeitenwende*, welche „das Ende der familienzersetzenden und das Geschlechterverhältnis individualistisch beherrschenden Willkür von Liberalismus und Sozialismus“ signalisiere. Hand in Hand mit der Abwendung von Liberalismus, Sozialismus und parlamentarischer Demokratie gehe, so Pfarrer Johannes Steinweg vom Präsidium der Deutschen Liga der freien Wohlfahrtspflege im Herbst 1932,

„… die Abwendung von dem atomistischen, mechanistischen, konstruierenden Denken und die Hinwendung zu einem organischen Denken, d. h. zu einem Denken aus Lebenszusammenhängen heraus, die nicht in erster Linie gemacht oder beschlossen oder angeordnet werden können, sondern die aus seelischen Tiefen herauswachsen müssen. Ferner die Abwendung von Ideen und Programmen und der Ruf nach der Führerpersönlichkeit, von der weniger umfassende Ideen und wohlzusammengestellte Programme verlangt werden als seelische Kraft und instinkthafte Verbundenheit mit dem Volksleben in seiner Tiefe und eine seelische Führung mit dem in der heutigen rationalen Zeit sehr irrationalen Faktor der ‚Masse'. Durch das alles hindurch geht eine Strömung, in der eine weithin spürbare Abkehr erfolgt vom Rationalen zum Irrationalen, vom Statischen, Mess- und Zählbaren zum Dynamischen, das in erster Linie gefühlt werden muss, von der wasserklaren Durchsichtigkeit einer rationalen Denkweise zu den geheimnisvollen Wirklichkeiten seelischer Tiefe, die in erster Linie intuitiv erfasst werden müssen. Schließlich die Abwendung von der reinen Diesseitigkeit zur Metaphysik und Transzendenz, vom Relativen zum Unbedingten, von der Skepsis zum Glauben und das Verlangen nach neuen Bindungen, nach wirklichen Autoritäten, die nicht durch einen parlamentarischen Beschluss bestellt werden, sondern als geistige Realitäten da sind, nach tragenden Zusammenhängen und nach einer seelischen und innerlichen, nicht nur zweckhaften und vernunftsmäßig begründeten Gemeinschaft."[4]

Es ist nicht einfach, diese konservative Kritik eines Vertreters kirchlich institutionalisierter Caritas an den Errungenschaften des Fürsorgewesens in der Republik von Weimar von der „voranschreitenden" Kritik eines mit den Nationalsozialisten sympathisierenden Intellektuellen der jüngeren Generation zu unterscheiden. Dr. Otto Schirmel, den wir schon als Kritiker des Methodenwerks von Siddy Wronsky und ihren psychoanalytisch orientierten Mitarbeitern kennen gelernt haben , stellte in einem Grundsatz-Artikel in der *Freien Wohlfahrtspflege* aus dem Sommer 1932 zunächst fest, dass das Fürsorgewesen der Weimarer Republik durch das Bündnis von Sozialdemokratie, liberalem Bürgertum und dem „Zentrum als politischem Exponenten des Katholizismus" geprägt worden sei. Dann sprach auch er von „bedeutsamen Wandlungen im Volkskörper" und einer neuen Haltung der jungen Generation gegen die „zermürbende Atmosphäre des ‚Stempelns'" Er kritisierte die Entwicklung zum total versorgten „risikofreien Menschen".

Auch er nannte als Gegenreaktionen gegen den totalen Versorgungsstaat (den zu schaffen die Republik von Weimar mit ihren bescheidenen Sozialreformen weit entfernt war) direkte Aktionen wie die Winterhilfe des Jahres 1931/32 und diagnostizierte „neue Fürsorgeträger". Die eigentliche Fürsorge flüchtete sich vielfach in kleine Gruppen, die durch eine ‚engere Solidarität' zusammengehalten werden: Berufsstände, Parteien, Bünde, Nachbarschaften. Und auch die Organisationen der privaten Fürsorge haben erneut ihre Bedeutung für die Erfassung letzter Hilfsmöglichkeiten erwiesen.[5] Aber dann machte Schirmels Argumentation einen qualitativen Sprung. Sich fatalerweise auf ein Zitat von Dr. Hans Achinger beziehend, der 1932 geschrieben hatte, die Republik wende bereits in der normalen Fürsorgeerziehung für den einzelnen Jugendlichen mehr auf als ein Familienvater im Erzgebirge verdiene und sie verwahre Epileptiker, Geisteskranke, Trinker, Asoziale aller Art in großen und teuren Anstalten,[6] stellte Schirmel mit vollem Ernst die Frage,

> „... wie weit ihre Hilfe gehen darf, ohne die eindringlichste Aufgabe, Erhaltung des Volkes durch Kräftigung seiner erbgesunden Glieder in einer Zeit höchster biologischer Selbstgefährdung hintanzustellen. ... Auch hier zeigt sich wieder, das sich die liberale Menschenauffassung nicht gemeinschaftsfördernd, sondern gemeinschaftszerstörend auswirkt."

Nimmt man die drei Argumentationsstränge zusammen: die grämliche Abkehr von der „wasserklaren Durchsichtigkeit rationaler Denkweise", die atemlose Hoffnung auf geheimnisvolle und der „Zweckhaftigkeit parlamentarischer Beschlüsse entzogene Irrationalitäten", die im Gleichklang von „Führer" und „Masse" intuitiv erschaut werden können (Steinweg) und schließlich die wieder ganz rechenhaft gestellte Frage, ob es sich die Gemeinschaft angesichts der „Volksnot" und der damit verbundenen „biologischen Selbstgefährdung" leisten dürfe, für „Fürsorgezöglinge, Asoziale, Trinker, Epileptiker und Geisteskranke" mehr Geld auszugeben als für gesunde und leistungsfähige Teile des Volkskörpers (Schirmel), so hat man drei wichtige Ingredenzien nationalsozialistischer Sozialpolitik und Sozialarbeit beisammen, welche die nächsten zwölf Jahre leitmotivisch bestimmen werden.

Nationalsozialistische Volkswohlfahrt (NSV)

Probleme der Wohlfahrtspflege im engeren Sinne spielten in der Phase der „Kampfzeit" der nationalsozialistischen Bewegung (1923–1933) keine Rolle. Die 25 Punkte des Parteiprogramms enthielten lediglich allgemeine politische, beschäftigungspolitische und sozialpolitische Forderungen:

- Staatsbürger kann nur sein, wer Volksgenosse ist. Volksgenosse kann nur sein, wer deutschen Blutes ist. Öffentliche Ämter können nur von Staatsbürgern wahrgenommen werden. Angehörige fremder Nationen sind im Bedarfsfalle auszuweisen, Einwanderungen sind zu verhindern;
- die Altersversorgung ist großzügig auszubauen;
- jedem fähigen und fleißigen Deutschen ist das Erreichen höherer Bildung und das Einrücken in führende Stellungen zu ermöglichen;

– *der Staat hat für die Hebung der Volksgesundheit zu sorgen durch den Schutz der Mutter und des Kindes, durch Verbot der Jugendarbeit, durch Herbeiführung der körperlichen Ertüchtigung mittels gesetzlicher Festlegung einer Turn- und Sportpflicht, durch größte Unterstützung aller sich mit körperlicher Jugendausbildung beschäftigenden Vereine.“*[7]

Die Nationalsozialistische Volkswohlfahrt wurde 1931 in Berlin Wilmersdorf gegründet und im Frühsommer 1932 ins Vereinsregister von Berlin-Tempelhof eingetragen. Bis zur Bestallung Adolf Hitlers als Reichskanzler diente sie dazu, Parteimitgliedern und Sympathisanten, die in der „Kampfzeit“ in wirtschaftliche Schwierigkeiten oder zu körperlichem Schaden gekommen waren, materiell zu unterstützen. Dazu muss man wissen, dass eine wesentliche und wirksame Strategie nationalsozialistischer Propaganda in den letzten Jahren der Republik darin bestanden hatte, Sozialdemokraten und Kommunisten die Verfügungsgewalt über „die Straße“ streitig zu machen. Den linken Parteien war es in langen und disziplinierten Auseinandersetzungen seit den Wahlrechtsdemonstrationen des Jahres 1910 gelungen, den preußischen Staat zu Tolerierung öffentlicher politischer Versammlungen und Umzüge zu zwingen.[8] Um SPD und KPD das Vorrecht auf der Straße abzunehmen, verwendeten die braunen Sturmabteilungen der NSDAP (SA) neben Massenaufmärschen rollende Einsätze auf offenen Lastwagen, von denen sie Flugblätter verteilten, Parolen riefen und Versammlungs- und Verkehrs-Lokale gegnerischer Parteien überfielen. Die Blessierten dieser Straßenschlachten waren die ersten „Klienten“ der NSV. Weitergehende politische Bedeutung erlangte sie erst im April 1933, als Erich Hilgenfeld die Führung der NSV übernahm und Adolf Hitler dazu brachte, den Verein als für alle Fragen der Volkswohlfahrt und der Fürsorge zuständige Gliederung der NSDAP anzuerkennen und sie dem „Hauptamt für Volkswohlfahrt“ in der Reichsleitung der NSDAP zuzuordnen. Die Mitgliederzahlen der NSV stiegen von 112.000 (1933) auf nahezu elf Millionen im Jahre 1939 an. Zusammen mit dem Gewerkschaftsersatz *Deutsche Arbeitsfront* (DAF) und ihrem Freizeitwerk *Kraft durch Freude* (KDF) gehörte die NSV zu den größten Massenorganisationen der Nationalsozialisten.

Im Februar 1933 hatte der Reichspräsident die verfassungsmäßig garantierten bürgerlichen Freiheitsrechte außer Kraft gesetzt; im März hatte er jeden Angriff und jede Herabsetzung von NSDAP und Reichsregierung unter schwere Strafen gestellt (*Heimtückegesetz*); im gleichen Monat hatte er den Reichstag als gesetzgebendes Organ abgeschafft (*Ermächtigungsgesetz*); am 2. Mai waren die Gewerkschaften zerschlagen worden; im Juni 1933 folgte das Verbot der SPD und ihrer Organisationen, darunter auch der Arbeiterwohlfahrt; im Dezember 1933 wurden die Angehörigen der NSDAP und ihrer angeschlossenen Gliederungen in den Rang öffentlicher Bediensteter erhoben und einer besonderen Gerichtsbarkeit unterstellt. Im Zuge dieser, nun in der Tat so zu nennenden „Machtergreifung“ erhielt die NSV die

Leitfunktion für den gesamten Bereich der privaten Wohlfahrtspflege. Einerseits war sie „privater Wohlfahrtsverband", so wie die weiter zugelassenen Verbände Caritas, Innere Mission und Deutsches Rotes Kreuz – der Deutsche Paritätische Wohlfahrtsverband löste sich „freiwillig" auf –, andererseits erhob sie den Anspruch, „alle Bestrebungen und Einrichtungen der deutschen Wohlfahrtspflege, insbesondere die Verbände der freien Wohlfahrtspflege, zusammenzufassen und nach nationalsozialistischen Zielsetzungen auszurichten."[9]

Vom Klassenkampf zum Rassenkampf

Wie sahen diese Zielsetzungen aus? Sie bestanden aus (in unserer heutigen Sprache) ideologischen, propagandistischen und sozialpolitischen Komponenten. Ein wesentlicher Bestandteil nationalsozialistischer Ideologie war rassistischer Natur. Damit ist gemeint, dass die Nationalsozialisten den gesellschaftlichen Wert von Personen von ihrer Zugehörigkeit zu einer bestimmten Rasse abhängig machten.

> Dazu Helmut Richter (1986): „Hitler geht davon aus, dass die Welt von verschiedenen Rassen bewohnt und von der ‚nordischen' oder ‚arischen' Rasse dominiert werde. Ihre Herrschaft sei allerdings durch das Judentum bedroht und könne nur durch einen Kampf auf Leben und Tod gesichert werden. Für diesen Kampf sei die arische Rasse jedoch zur Zeit nur bedingt gerüstet, da die meisten Völker gegenwärtig Mischrassen darstellten und auch die Arier mit minderwertigen Rassen gemischt seien. Deshalb bedürfe es noch eines Jahrhunderte währenden Züchtungsprozesses, um die Deutschen zu einem Herrenvolk zu erheben. Die Züchtung würde allerdings dadurch erleichtert, dass der nordische Rassekern, die Elite, in Deutschland relativ rein erhalten sei und nunmehr aus der Masse ausgelesen und zur beherrschenden Stellung empor geführt werden müsse. Daher bestehe auch keine Notwendigkeit, das Auslesekriterium für diese Elite noch biologisch festzumachen. Es werde vielmehr grundsätzlich von der individuellen Stärke bestimmt: Der Stärkere ist der Höherwertige …
>
> Für den Staat leitet sich aus dieser Lehre die Aufgabe ab, besonders den rassisch wertvollen Kern und seine Fruchtbarkeit zu entwickeln. Dabei sind zwei Wege vorgezeichnet worden:
>
> „1. Ausschluss alles Fremdrassigen und der ‚irgendwie ersichtlich krank und erblich Belasteten' aus dem ‚Volkskörper …'
>
> 2. Verstärkte Sorge für die Kinder gesunder Eltern. Sie bilden das Material, aus dem die Elite ausgelesen und aufgezüchtet werden muss. Ziel dieser Aufzucht ist die Heranbildung von Soldaten für den großen Entscheidungskampf, während die Mädchen vor allem auf ihre zukünftige Rolle als Mutter vorzubereiten sind."[10]

Es wäre verfehlt und würde uns als Nach-Geborene nationalsozialistischer Herrschaft zu rasch aus unserer Verantwortung entlassen, wenn wir solche Gedanken-Konstrukte als Manifestationen verbrecherischer oder ver-rückter Wirklichkeits-Wahrnehmung durch die Clique führender Nationalsozialisten beiseite schieben wollten. Rassistisches Gedankengut hatte schon im 19. Jahrhundert und in der Republik von Weimar eine deutlich wahrnehmbare Rolle gespielt. Und nicht nur bei den Konservativen. Fragen der Bevölkerungspolitik und ihrer Steuerung, der negativen und positiven Eugenik und der Unfruchtbarmachung erbkranker Elternteile wurden in ständigen Rubriken sozialpädagogischer Fachzeitschriften schon lange vor der Etablierung nationalsozialistischer Herrschaft diskutiert. Selbst ein Sexualforscher wie Magnus Hirschfeld, dessen „Institut für Sexualwissenschaft" am 6. Mai 1933 von der SA verwüstet worden war, hielt die Eugenik für eine menschen-freundliche Erfindung, die „durch die Hervorbringung besserer und glücklicherer Menschen die Entstehung einer besseren und glücklicheren Menschheit (bezweckt)."[11] Auch andere deutsche Gelehrte, „die lange vor dem Hitlerfaschismus wissenschaftlich und ethisch begründeten, warum bestimmte Menschen und Rassen Unkraut seien, minderwertig und lebensunwert, waren von hohen Idealen durchdrungen. Darum geht es: dass ein allgemeiner Zug in unserem Denken und Tun liegt, der auf Vernichtung hinausläuft."[12]

In der Frühphase nationalsozialistischer Herrschaft bestand noch kein unmittelbares Interesse an der Vernichtung rassisch minderwertigen Lebens. Die NSDAP ging vielmehr von einer klaren Arbeitsteilung aus. Sie behielt sich die ideelle und materielle Unterstützung von Kämpfern der nationalsozialistischen Bewegung und anderen Trägern völkisch einwandfreier Normalbiographien vor und überließ die Sorge für andere Arbeitslose und Hilfsbedürftige den öffentlichen Wohlfahrtsämtern und die Pflege von Kranken und Hilflosen den (vor allem kirchlichen) Wohlfahrtsverbänden.[13]

Propagandistisch ging es den Nationalsozialisten zunächst darum, die bürokratische Routine sozialstaatlicher Wohlfahrtspflege durch demonstrativ zur Schau gestellte Solidarität der gesamten Volksgemeinschaft zu ersetzen. Nicht zufällig hatte der Gauleiter der NSDAP für Groß-Berlin und Reichsminister für Volksaufklärung und Propaganda Dr. Josef Goebbels die Inszenierung der Winterhilfe, des Eintopfsonntags und der Pfundspende übernommen.[14] Der bürokratischen Armenverwaltung in der „Systemzeit" sollte die „tätige Volksgemeinschaft" des neuen Reiches gegenübergestellt werden. Dazu war es notwendig, dass die öffentlich zur Schau gestellte Not aus dem Gesichtskreis sowohl der werktätigen Bevölkerung, als auch der Fremden und Ausländer, verschwand. Deshalb veranstalteten Polizei, SA und SS im gesamten Reich vom 18. bis 25. September 1933 sogenannte Bettlerjagden und verhafteten Zehntausende von Wohnungslosen – oder die sie dafür hielten – auf der Straße.

Diese Jugend, die lernt ja nichts anderes als deutsch denken, deutsch handeln, und wenn nun diese Knaben, diese Mädchen mit ihren zehn Jahren in unsere Organisation hineinkommen und dort so oft zum erstenmal eine frische Luft bekommen und fühlen, dann kommen sie vier Jahre später vom Jungvolk in die Hitler-Jugend, und dort behalten wir sie wieder vier Jahre, und dann geben wir sie erst recht nicht zurück in die Hände unserer alten Klassen- und Standeserzeuger, sondern dann nehmen wir sie sofort in die Partei oder in die Arbeitsfront, in die SA oder in die SS, in das NSKK und so weiter. Und wenn sie dort zwei und anderthalb Jahre sind und noch nicht ganze Nationalsozialisten geworden sein sollten, dann kommen sie in den Arbeitsdienst und werden dort wieder sechs oder sieben Monate geschliffen, alle mit einem Symbol: dem deutschen Spaten (Beifall).
Und was dann nach sechs oder sieben Monaten noch an Klassenbewußtsein oder Standesdünkel da oder dort noch vorhanden sein sollte, das übernimmt dann die Wehrmacht zur weiteren Behandlung auf zwei Jahre (Beifall), und wenn sie dann nach zwei oder drei oder vier Jahren zurückkehren, dann nehmen wir sie, damit sie auf keinen Fall rückfällig werden, sofort in die SA, SS und so weiter, und sie werden nicht mehr frei ihr ganzes Leben (Beifall), und sie sind glücklich dabei.

(Rede Hitlers vor HJ-Angehörigen in Reichenberg, Dezember 1938)

Abb. 16: Werden nicht mehr frei ihr ganzes Leben.
Die Nationalsozialisten haben mit wenigen Ausnahmen offen und öffentlich ihre pädagogischen Ziele genannt. Jeder konnte sie kennen; aus: Arbeitsgruppe Pädagogisches Museum (Hrsg.): Heil Hitler, Herr Lehrer. Volksschule 1933–1945. Reinbek 1983

Auch der ursprünglich freiwillige Arbeitsdienst (RAD) und verschiedene, dem US-Vorbild abgekupferte Arbeitsbeschaffungsprogramme (Landgewinnung, Deichbau, Autobahnbau) dienten propagandistischen Zwecken. Ein Führerbefehl wies an, dass für solche Projekte keine Maschinen benutzt werden sollten, damit der Arbeitsbeschaffungseffekt nicht durch Rationalisierungs-Einsparungen konterkariert würde.

Wie die alten Reformpädagogen der Weimarer Republik hatten auch die Nationalsozialisten erkannt, dass in dem Aufgabenkomplex der Wohlfahrtspflege – vor allem in Jugendfürsorge und Jugendpflege – ein gutes Stück staatlicher Beeinflussung durch Erziehung stecke. Diese Erziehung wollten sie unbedingt und uneingeschränkt den Jugendorganisationen der nationalsozialistischen Bewegung reservieren: *Deutsches Jungvolk* (DJ) und *Hitlerjugend* (HJ), *Jungmädel* (JM) und *Bund Deutscher Mädel* (BDM) sowie die Jungerwachsenen-Organisation *Glaube und Schönheit.* Sie ließen deshalb die jugend*fürsorgerischen* Aufgaben des Jugendamtes bestehen und besetzten in vielen Fällen die Leitung des Jugendamtes mit Hitlerjugend- und BDM-Führerinnen und Führern, aber sie strichen die sozialpädagogischen Aufgaben des Jugendamtes nach § 4 RJWG und delegierten diese an ihre Jugendorganisationen. Diese Beschneidung des Jugendamtes hatte zur Folge, dass es der sozialpädagogischen Leitfunktion, die es in der Republik von Weimar übernommen hatte, beraubt und in dieser Funktion durch ein anderes Amt abgelöst wurde, das während der zwölf Jahre nationalsozialistischer Herrschaft Vorreiter-Funktionen übernahm: das *Gesundheitsamt*.

Das Gesundheitsamt als Leitfigur nationalsozialistischer „Sozialpolitik“

Die kulturelle Leistung der Wohlfahrtspflege in der Republik von Weimar hatte darin bestanden, dass sie sich von der moralischen Hybris der alten Armenpflege und ihrem Anspruch emanzipierte, „würdige“ Fälle von „unwürdigen“ Fällen zu unterscheiden (Arbeitshaustest) und die individuelle Willensstärke der Hilfesuchenden durch diagnostische Verfeinerungen dingfest zu machen (Mary Richmond). Bei der Entwicklung ihres neuen methodischen Instrumentariums unterstellte sie vielmehr, dass unwirtschaftliches Handeln auf unterentwickelte Durchsetzungsfähigkeit verweise, und dass unterentwickelte Durchsetzungsfähigkeit als Zusammenspiel reduzierter gesellschaftlicher Entwicklungschancen und ihrer je individuellen menschlichen Verarbeitungsformen begriffen werden müsse. Diese gelte es durch gezielte sozialpädagogische Interventionen zu korrigieren (Alice Salomon, Marie Baum, Siddy Wronsky). Dieser dynamischen Betrachtung menschlicher Entwicklung und des dialektischen Verhältnisses zwischen gesellschaftlichen Realitäten und individueller Verarbeitung hatten die Nationalsozialisten von Anfang an widersprochen. Schirmel hatte sie als liberalistisch und individualistisch bezeichnet, Adolf Hitler hatte sie in Mein Kampf als „ebenso lächerliche wie zwecklose Wohlfahrtsduseleien“ diffamiert. Schlimmer noch, die Nationalsozialisten hatten an die Stelle der alten Ermessensentscheidung des Armenpflegers die pseudo-wissenschaftliche Diagnose des rassenbiologisch geschulten Amtsarztes gestellt:

> „Der nationalsozialistische Staat leitet die Berechtigung für seine rassenpolitischen Maßnahmen von der Tatsache ab, dass die erblichen Verschiedenheiten nicht durch irgendeinen blinden Zufall, sondern durch ein gesetzmäßiges Schicksal bedingt sind. … Es ist das Erbgut grauester Vorzeit, das in uns Wirklichkeit ist, und alle jene Vorfahren, von denen zu uns keine Kunde mehr dringt, die nur da und dort einmal in alten Funden uns etwas von ihrer alten Kultur ahnen lassen, sind nicht ins völlige Nichts verfallen, sondern von ihnen lebt ein Stück in einem Jeden von uns. … So ist der Einzelne nicht ein losgelöstes Etwas, das zufällig unter einer Zahl von Menschen lebt, sondern er ist nur ein Glied in der Kette des Lebens, von der er sich nicht lösen kann.“[15]

Rassenreine arische Mütter wurden von den Nationalsozialisten als Hüterinnen des Hauses und des Lebens, der Familie und der Sippe hochgeschätzt. Das Hilfswerk Mutter und Kind war Teil der Nationalsozialistischen Volkswohlfahrt. Mitglieder der NS-Frauenschaft betreuten ehrenamtlich werdende und junge Mütter (Plakat 1936).

Abb. 17: Mutter und Kind; aus: F. Arnold (Hrsg.): Anschläge. Politische Plakate in Deutschland 1900–1980. 1985

Viele Sozialpädagogen, die damals gutwillig und gutgläubig der neuen „Volkswohlfahrtspflege“ und „Gesundheitsführung“ applaudierten, sich von ihr gar eine Befreiung „von einer irregeleiteten Fürsorge, die ihre Kraft in erster Linie einsetzte für alles Kranke und Schwache“[16] versprachen, waren sich der Tragweite dieser anthropologischen Wende nicht bewusst. Sie gaben an, unter den Methoden des liberalistischen Wohlfahrtsstaates und seiner konfessionellen Neutralität gelitten zu haben und dankten nun ihrem Führer, „dass er das Christentum als ein Fundament des neuen Staates ansieht. Denn hier liegen die Kräfte für den selbstlosen Dienst am Nächsten, von hier aus ist wieder ein Aufbau und Erstarken der sittlichen Kräfte unseres Volkes möglich.“[17] Oder sie gingen irrtümlich davon aus, dass die Nationalsozialisten den alten Begriffen von „würdigen“ und „unwürdigen“ Fällen in der Fürsorge wieder Geltung verschaffen würden, wo es doch „die einfachen, unverbildeten Landleute nie verstanden (haben), dass der Faulenzer und der Tagedieb bei der Fürsorge mit dem ehrlichen, fleißigen, ohne eigene Schuld in Armut, Not und Elend gekommenen Menschen auf die gleiche Stufe gestellt werden soll.“[18]

Den Nationalsozialisten ging es um ehrgeizigere Ziele als um die bloße Rückkehr zu einer rechenhaften Caritas. Im September, Oktober und November 1933 organisierten sie eine reichseinheitliche Kampagne zur „bevölkerungspolitischen Aufklärung“. Durch Presse, Rundfunk, Film, Theater, Vorträge und Millionen von Aufklärungsschriften sollte dem deutschen Volk vor Augen geführt werden, dass es durch kollektive Unfruchtbarkeit auf dem besten Wege sei, sich selbst zu vernichten. Die Bevölkerungsstatistik zeige eindringlich, „dass in zwei bis drei Jahrzehnten nicht mehr genug erwerbstätige Menschen vorhanden sein werden, um die hohe Zahl der Alten und Arbeitsunfähigen zu unterhalten. … Es gilt, zunächst sich darüber klar zu werden, dass alle überflüssigen Ausgaben der öffentlichen Hand wie auch sonst vor allen Dingen die Ausgaben für asoziale und für minderwertige Personen herabgesetzt werden müssen, um das Gesamteinkommen des deutschen Volkes in höherem Maße als bisher der hochwertigen gesunden Familie zuzuführen.“[19] Die wichtigste Abteilung der Reichsführung der NSV wurde die Abteilung II (Gesundheit) mit den Unterabteilungen: Gesundheitsfürsorge und Gesundheitspflege, Fachausbildung und Schulung und Volksernährung. Am 14.7.1933 erließ die Reichsregierung das „Gesetz zur Verhütung erbkranken Nachwuchses“, das es erlaubte, Personen mit „angeborenem“ Schwachsinn, Schizophrenie, manisch-depressivem Irresein, erblicher Fallsucht, Blindheit und Taubheit und schweren erblichen körperlichen Missbildungen zu sterilisieren. Darüber entschied ein, einem Amtsgericht angegliedertes Erbgesundheitsgericht auf Antrag. Antragsberechtigt waren die Kranken oder ihre gesetzlichen Vertreter (§ 2) Amtsärzte oder Anstaltsleiter (§ 3).

Noch fehlte für so weitreichende staatliche Eingriffe eine Behörde, welche den „Geist der neuen Gesundheitsführung“ im ganzen Reich verbreiten sollte. Diese Behörde wurde am 3.7.1934 durch das „Gesetz über die Vereinheitlichung des Gesundheitswesens“ geschaffen, das am 1.4.1935 in Kraft trat. Durch dieses Gesetz wurden in Städten und Landkreisen staatliche Gesundheitsämter geschaffen, die von einem Amtsarzt geleitet wurden und in die tunlichst die alte Familienfürsorge als Außendienst und Ermittlungsinstanz integriert werden sollte. Aus dem Jahre 1938 liegt der Tätigkeitsbericht aus einem der neu geschaffenen staatlichen Gesundheitsämter (einer Kleinstadt mit 33.000 Einwohnern) vor, dessen vierzehn Gesundheitsfürsorgerinnen neben Hilfstätigkeiten im Innendienst vor allem im Außendienst mit Säuglingsfürsorge, Schulgesundheitspflege, Tuberkulosefürsorge, Wohnungsfürsorge und in wachsendem Maße auch mit Erb- und Rassenpflege befasst waren.

> „Die Aufstellung von Sippentafeln für die Antragstellung auf Unfruchtbarmachung und für die Durchführung der Ehegesundheitsgesetzgebung obliegt der Gesundheitspflegerin in allen derartigen in ihrem Bezirk vorkommenden Fällen. Schon allein das Zusammentragen des oft recht umfangreichen Materials hierfür erfordert mehrfache Hausbesuche, Ermittlungsgänge zu Standesamt und Einwohnermeldeamt, zum behandelnden Arzt usw. In vielen Fällen hat sich die persönliche Rückfrage und Einsichtnahme der Gesundheitspflegerin in die Karteien des Standesamtes und Einwohnermeldeamtes als rascher und sicherer zum Ziel führend erwiesen als schriftliche Anfragen des Gesundheitsamtes. Für die Erforschung der erbgesundheitlichen Beschaffenheit der Familien ist die Gesundheitspflegerin unentbehrlich, nicht nur, weil sie seit Jahren mit den meisten Familien ihres Bezirkes vertraut ist, sondern auch weil sie in den ihr noch weni-

ger bekannten Familien beim Hausbesuch viel mehr aufspüren kann, als es der Arzt im Innendienst des Amtes vermag, selbst wenn er die ganze Familie ins Gesundheitsamt bestellen würde, was unmöglich in allen Fällen durchführbar ist."[20]

Die Ermittlungen von Gesundheitsfürsorgerinnen dienten – spätestens seit dem Einmarsch der deutschen Wehrmacht in Polen im September 1939- nicht irgendeinem gesundheitsfürsorgerischen Zweck, sondern sie dienten einer langfristig angelegten Strategie zur *Tötung lebensunwerten Lebens*. Am 18. August 1939 waren die Gesundheitsämter von der Bildung eines „Reichsausschusses zur wissenschaftlichen Erfassung erb- und anlagebedingter schwerer Leiden" („Reichsausschuss") informiert worden, der reichseinheitliche Daten über alle missgebildeten Neugeborenen erfassen sollte. Am 1. September 1939 hatte Adolf Hitler eine Planungsgruppe, bestehend aus Funktionären der Kanzlei des Führers, des Sicherheitsdienstes (SD), des Innenministeriums und aus psychiatrischen Gutachtern und Praktikern, ermächtigt, die Vorarbeiten für die Vernichtung unwerten Lebens (Euthanasie) zu koordinieren, zu beschleunigen und in eine erste Aktion umzusetzen.[21] Seit dem 21. September 1939 erfasste eine Abteilung des Reichsinnenministeriums alle Anstalten im Reichsgebiet, in denen Geisteskranke, Epileptiker und Schwachsinnige dauerhaft verwahrt wurden Am 9. Oktober 1939 begann die Erfassung der individuellen Daten ihrer Insassen. Das Planziel stand fest: Man ging davon aus, dass von tausend Einwohnern des Reichs zehn psychiatrischer Behandlung bedürften, davon 5 in stationärer Form. Von diesen fünf sollte ein Patient unter die Aktion fallen. Das waren ca. 70.000 „Fälle" im Reich. Die Zentrale dieser „industriemäßig durchgeführten Tötungsaktion" arbeitete unter dem Tarnnamen T 4, weil ihr Dienstsitz in der Berliner Tiergartenstraße 4 lag. Ihre Ärzte selektierten das Patientenmaterial nach Aktenlage und nach Besuchen in den Pflegeanstalten und gaben die von ihnen ausgewählten Patienten für den „Gnadentod" frei, der vom Anstaltspersonal „vollzogen" wurde.

Professor Dr. Werner Catel war ein renommierter Kinderarzt, der in den „Reichsausschuß zur wissenschaftlichen Erfassung erb- und anlagebedingter schwerer Leiden" berufen worden war, um die Euthanasie „wissenschaftlich" zu steuern. Catel, der Kindern eigenhändig die tödliche Spritze setzte, bekannte sich auch später noch zu dieser Handlung: „Aufgabe des Arztes ist meiner Meinung nach nicht, unbedingt das Leben eines Menschen zu verlängern, sondern Leid zu verhindern. Dies kann und muss gelegentlich auch durch ‚Auslöschung' geschehen. Ich gebrauche absichtlich diesen Ausdruck, weil ich der Meinung bin, dass es häufig Wesen in menschlicher Gestalt gibt, die unter der Stufe eines Haustieres stehen und bei denen man von einer Seele überhaupt nicht mehr sprechen kann. Töten kann man aber nur ein Wesen, das eine Seele hat. Deshalb scheint mir in solchem Falle der Ausdruck ‚Auslöschung' besonders angebracht."[22] Wer sich auf solche Betrachtungs- und Argumentationsweise einlässt, der gerät unversehens auf eine schiefe Ebene willkürlicher Definitionen, wer noch „Mensch“ genannt werden darf und wer nicht, die alle kulturellen Maßstäbe ins Rutschen bringt. Der Oberarzt der Reserve Dr. Friedrich Mennecke, einer der Gutachter von „T 4“, schrieb unter dem 3. Mai 1943 an seine Arbeitskameraden von der Ostfront:

> „Man sieht es ja den russischen Menschen an, wie sie direkt im Dreck geboren und aufgewachsen sind und infolgedessen nichts anderes kennen. Diese Menschen sind wirklich nur Schablonen in Menschengestalt, mit denen der jüdische Bolschewismus es leicht hatte, sie in seine Form hineinzuknebeln. Kein anderes Volk war geeignet, um für eine so absurde und wahnwitzige Ideenrichtung wie die des Bolschewismus missbraucht zu werden. Dies ist kein Herrenvolk, sondern der primitivste, sturste und schäbigste Menschenhaufen, den wir in Europa haben. Ein Einzelleben gilt hier genau so wenig, wie in irgendeiner tieferen Tiergattung.“[23]

Und der Anatom Professor Dr. Hermann Voss, der das Anatomische Institut der Reichsuniversität Posen leitete, schrieb am 15. Juni 1941 in sein „Posener Tagebuch“:

> „Gestern habe ich mir den Leichenkeller und den Verbrennungsofen, der auch im Keller ist, angesehen. Dieser Verbrennungsofen war für die Beseitigung von Leichenteilen bestimmt, die von den Präparierübungen übrig blieben. Jetzt dient er dazu, um hingerichtete Polen zu veraschen. ... Die Polen sind augenblicklich wieder sehr frech und infolgedessen hat unser Ofen viel zu tun. Wie schön wäre es, wenn man die ganze Gesellschaft durch solche Öfen jagen könnte! Dann gäbe es endlich einmal Ruhe im Osten für das deutsche Volk.“[24]

Die Vernichtung menschlichen Lebens durch „wissenschaftlich“ begründete Definitionen machte vor Angehörigen des deutschen Volkes nicht Halt. Die gesetzliche Grundlage für die Tötung nicht medizinisch, sondern *sozial* Unangepasster war bereits im November 1934 durch das „Gesetz gegen gefährliche Gewohnheitsverbrecher und über die Maßregeln der Sicherung und Besserung“ angebahnt worden. Dieses Gesetz grenzte erstmalig Personen, die durch dauerhaftes Verhalten (Verurteilung zu mehr als zwei Freiheitsstrafen über sechs Monate innerhalb von fünf Jahren) aufgefallen waren, als „gemeinschaftsfremd“ aus der Volksgemeinschaft aus. Gemeinschaftsfremd war, nach einer späteren Definition der Nationalsozialisten, „wer sich nach Persönlichkeit und Lebensführung insbesondere wegen außergewöhnlicher Mängel des Verstandes oder des Charakters außerstande zeigt, aus eigener Kraft den Mindestanforderungen der Volksgemeinschaft zu genügen.“[25] Unter diese Definition fielen Liederliche, Rauflustige, Alkoholiker, Arbeitsbummelanten, Bettler, Diebe, Betrüger, aber auch „haltlose“, „gemütsarme“, „geltungssüchtige“, „stimmungslabile“, „selbstunsichere“, querulatorische“ und „sexuell abartige Psychopathen“. Die Ärzte der Euthanasie-Gruppe „T 4", immer auf der Suche nach neuen Personengruppen für ihre Endlösung zur Vernichtung unwerten Lebens, machten 1942 in Sachsen zahlreiche HJ-Heime für schwer- und schwersterziehbare Jugendliche aus und stellten die Frage, ob nicht auch diese Heime und ihre Belegschaft durch ärztliche Gutachter zusätzlich erfasst werden sollten. Zwar hatte Adolf Hitler im Frühjahr 1943 die Vernichtungsaktion aufgrund von energischen Protesten aus der Bevölkerung, aber auch von Amtsvormündern, Kirchenvertretern und Kommunalbeamten zunächst gestoppt, aber sie wurde in der Schlussphase des Krieges verstärkt wieder aufgenommen, um Lazarett-Plätze für die aus dem Osten zurückflutenden Kriegsverwundeten freizumachen.

Methodenfragen?

Es wird einleuchten, wie schwer es mir fällt, nach den Ausführungen über das Gesundheitsamt und die Konsequenzen erbbiologischen und rassehygienischen Denkens wieder ruhig und sachlich über Methoden Sozialer Arbeit im nationalsozialistischen Staat zu schreiben. Denn er hat in das Instrumentarium methodischen Arbeitens den neuen Dreischritt eingeführt:

(1) Ausgrenzen durch Definieren und Diagnostizieren,

(2) Aussondern durch Zwangsweisung in geschlossene Anstalten,

(3) Ausmerzen durch Einschläfern.

Keine Geschichte Sozialer Berufe in Deutschland kann diese Tatsache übersehen oder übergehen, keine Ausbildung von Studierenden der Sozialarbeit kann vermeiden, diesen unmenschlichen Teil unserer Berufsgeschichte zur Sprache zu bringen.

Der Anteil von Medizin, Politik, Sicherheitspolizei und Verwaltung in der Herausbildung und Anwendung dieser Methoden zur Vernichtung menschlichen Lebens ist inzwischen sorgfältig genug erforscht, um immer wieder aufkommenden Zweifeln an der Wirklichkeit dieser Verbrechen zu begegnen. Aber wir wissen vergleichsweise wenig darüber, in welchem Umfang sich Sozialarbeiterinnen und Sozialarbeiter, Erzieher und Sozialpädagogen aktiv an ihnen beteiligt haben. Im Prinzip war jeder Angehörige des Öffentlichen Dienstes verpflichtet, alle verfügbaren Daten über Klienten und Patienten zu sammeln, welche unter die entsprechende Gesetzgebung und ihre Durchführungsverordnungen fielen. Wir wissen aus vielen berufsgeschichtlichen Einzelgesprächen, dass Sozialarbeiterinnen versuchten, diese Verpflichtungen zu unterlaufen, Daten zu unterdrücken, Beobachtungen und Befunde zu „schönen" oder sich an Arbeitsplätze versetzen zu lassen, die anti-humanen Zumutungen weniger stark ausgesetzt waren. Aber im Prinzip wirkte jede Volkspflegerin, die einen Obdachlosen registrierte, jeder Erzieher, der die Akte eines verwahrlosten Heimzöglings führte, jede Säuglingsfürsorgerin, die ein Baby wog und seinen körperlichen Zustand begutachtete und jede Familienfürsorgerin, die während eines Hausbesuches einen Blick in den Bücherschrank der besuchten Familie warf oder mithörte, welchen Sender die Familie gerade eingeschaltet hatte, als sie an der Tür klingelte, an dem Aufbau einer umfassenden Datensammlung mit, die immer dazu benutzt werden konnte, menschliches Leben zu liquidieren.

Selbstverständlich ist dieser Teil der Methodengeschichte während der nationalsozialistischen Herrschaft nur *ein Teil* der Vielgestaltigkeit beruflicher Arbeitsvollzüge. Selbstverständlich haben damals Volkspflegerinnen Anträge auf Wirtschaftshilfe befürwortet, haben Kindergärtnerinnen Kinder getröstet, haben Familienfürsorgerinnen Kriegerwitwen beraten, haben Heimerzieher mit ihren Zöglingen ums Feuer gesessen und Lieder gesungen – nicht nur Kriegslieder. …

Aber wir müssen uns der Erkenntnis stellen, dass unsere Berufsausbildung ebenso wie die Berufsausbildung von Ärzten, Juristen und Verwaltungsbeamten uns nicht hinreichend widerständig gegen die Zumutungen gemacht hat, Beihilfe zur Vernichtung menschlichen Lebens zu leisten, sofern der Staat diese Vernichtung menschlichen Lebens durch Gesetze und Verordnungen, zur beruflichen Pflicht gemacht hat.

Vielleicht gibt es überhaupt keine Möglichkeit, die Barbarei *in uns* zu zähmen, wenn wir erst einmal die Barbarei *um uns* zugelassen haben.

Anmerkungen

1 1. Notverordnung vom 26.7.1930: Verordnung des Reichspräsidenten zur Behandlung wirtschaftlicher und finanzieller Notstände. 2. vom 1.12.1930: Verordnung des Reichspräsidenten zur Sicherung von Wirtschaft und Finanzen. 3. vom 5.6.1931: Zweite Verordnung des Reichspräsidenten zur Sicherung von Wirtschaft und Finanzen. 4. vom 6.10.1931: Dritte Verordnung des Reichspräsidenten zur Sicherung von Wirtschaft und Finanzen und zur Bekämpfung politischer Ausschreitungen. 5. vom 8.12.1931: Vierte Notverordnung des Reichspräsidenten zur Sicherung von Wirtschaft und Finanzen und zum Schutze des inneren Friedens. 6. vom 14.6.1932: Verordnung des Reichspräsidenten über Maßnahmen zur Erhaltung der Arbeitslosenhilfe und der Sozialversicherung sowie zur Erleichterung der Wohlfahrtslasten der Gemeinden (Anmerkung im Zitat).

2 Siddy Wronsky, Deutsche Wohlfahrtspflege in der Krisenzeit. In: Deutsche Zeitschrift für Wohlfahrtspflege 1932, 4 (Juli), S. 105–114.

3 Dr. Alfons Paquet, Alltag einer Fürsorgestelle. In: Freie Wohlfahrtspflege 1933, 11 (Februar), S. 481–488.

4 D. Johannes Steinweg, Zeitenwende? In: Freie Wohlfahrtspflege, 1932, 7 (Oktober) S. 285–292. Siehe auch die kritische Stimme der Arbeiterwohlfahrt zu diesem Artikel. In: Freie Wohlfahrtspflege, 1933 10 (Januar!).

5 Dr. Otto Schirmel, Wandlungen der Fürsorge? In: Freie Wohlfahrtspflege, 1932, 5 (August), S. 181.

6 Dr. Hans Aichinger ist nach dem Ende des 2. Weltkrieges als Sozialpolitiker hervorgetreten. Am Ende der Weimarer Republik spielte er eine zumindest unentschiedene Rolle im Spannungsfeld zwischen demokratischer Wohlfahrtspflege und autoritärer

Auslese. Hans Aichinger, Falsche Fürsorge verschuldet Arbeitslosigkeit. Berlin: Heymanns 1932, S. 27.

7 Alfred Rosenberg (Hrsg.), Das Parteiprogramm. Wesen, Grundsätze und Ziele der NSDAP. München, viele Auflagen. Die zitierten Punkte sind 4–8, 15, 20 und 21. Zum Folgenden siehe auch: Paul Schoen, Armenfürsorge im Nationalsozialismus. Die Wohlfahrtspflege in Preußen zwischen 1933 und 1939 am Beispiel der Wirtschaftsfürsorge. Diss. TU Berlin. Weinheim : Beltz 1985, S. 109. Siehe auch Paul Schoen, Geschichte, Selbstanspruch und Stellenwert der Nationalsozialistischen Volkswohlfahrt e. V. (NSV). In: Hans-Uwe Otto und Heinz Sünker (Hrsg.), Soziale Arbeit und Faschismus. Bielefeld: Karin Böllert 1985, S. 199, 222.

8 Ludwig-Uhland-Institut für empirische Kulturwissenschaft, Als die Deutschen demonstrieren lernten. Das Kulturmuster „friedliche Straßendemonstration" im preußischen Wahlrechtskampf 1908–1910: Tübingen: Vereinigung für Volkskunde 1986.

9 Schoen 1986, S. 109.

10 Helmut Richter, (Sozial-)Pädagogik und Faschismus. Anfragen zur Kontinuität und Diskontinuität. In: Hans-Uwe Otto und Heinz Sünker (Hrsg.), Soziale Arbeit und Faschismus. Bielefeld: Karin Böllert 1986, S. 102.

11 Volkmar Sigusch, „Man muß Hitlers Experimente abwarten". In: Der Spiegel 1985, 20, S. 246.

12 Sigusch, a.a.O.

13 „Da die NS-Volkswohlfahrt sich grundsätzlich für die Besserung von Erbgut, Rasse, Gesundheit und Leistungssteigerung einsetzt, enthält sie sich aller darüber hinausgehenden rein karitativen Aufgaben, die den drei anderen Verbänden der Karitas, der Inneren Mission und dem Roten Kreuz, im Rahmen der Reichsgemeinschaft der freien Wohlfahrtspflege vorbehalten bleiben sollen". Kurt Adolf Papke, Gesundheitsdienst im neuen Staat. In: Nationalsozialistischer Volksdienst, 1933 (November 2, S. 37).

14 Die Winterhilfe war eine schon in der Weimarer Republik eingeführte winterliche Sammelaktion von Geld und Waren für die Opfer der Weltwirtschaftskrise. Sie wurde vom Reichspropagandaministerium zu einer pompösen Inszenierung solidarischer Volksgemeinschaft ausgebaut. Damit genügend Spenden zusammenkamen, wurde jede Familie angehalten, an einem Sonntag im Monat ein bescheidenes Eintopfgericht zu essen und das ersparte Haushaltsgeld zu spenden (Eintopfsonntag) und zusätzlich aus dem Haushaltsvorrat Zucker, Hülsenfrüchte und andere Nährmittel abzugeben (Pfundspende).

15 Dr. Frerks, Von Vererbung und Erbgut. In: Nationalsozialistische Volkswohlfahrt (NSV): 1934, 4, S. 108–114.

16 Wally Schick, Die Sozialarbeiterin in der Volksgemeinschaft. In: NSV, 1933, 3, S. 66.

17 Schick 1933, 3, S. 67.

18 Pfarrer Dieing, Die Begriffe „würdig" und „unwürdig" gelten wieder in der Fürsorge. In: Freie Wohlfahrtspflege 1933 (Oktober) 7.

19 Dr. Arthur Gütt, Rasse- und Volksgesundheitsdienst. In: NSV, 1933 (Oktober) 1, S. 29.

20 Das Gesundheitsamt als Träger einer erbgesundheitlich bestimmten Familienfürsorge. In: NDV 1938, 5, S. 142–144.

21 Götz Aly, Medizin gegen Unbrauchbare. In: Beiträge zur nationalsozialistischen Gesundheits- und Sozialpolitik. Band 1. Berlin: Rotbuch 1985, S. 9–74, insbesondere S. 19–20. Siehe zum gleichen Themenkomplex auch Götz Aly, Der saubere und der schmutzige Fortschritt. In: Beiträge zur nationalsozialistischen Gesundheits- und Sozialpolitik. Band 2. Berlin: Rotbuch 1985, S. 9–78. Ernst Klee, „Euthanasie" im

NS-Staat. Frankfurt 1983. Kurt Nowak, „Euthanasie“ und Sterilisierung im „Dritten Reich“. Weimar/Göttingen 1980.

22 Aussagen von Prof. Catel vom 14.5.1962. Zit. Nach Ulrich Schultz, Dichtkunst, Heilkunst, Forschung: Der Kinderarzt Werner Catel. In: Beiträge zur nationalsozialistischen Gesundheits- und Sozialpolitik. Band 2, S. 113.

23 Peter Chroust, Friedrich Mennecke. Innenansichten eines medizinischen Täters im Nationalsozialismus. In: Beiträge zur nationalsozialistischen Gesundheits- und Sozialpolitik. Band 4. Berlin: Rotbuch 1987, S. 67–122, hier: S. 102.

24 Götz, Aly, Das Posener Tagebuch des Anatomen Hermann Voss. In: Beiträger zur nationalsozialistischen Gesundheits- und Sozialpolitik, Band 4, 1987, S. 43–44.

25 Zitiert nach Aly, Medizin, S. 34.

Im Mai 1945, dem Monat, in dem die Reste der deutschen Wehrmacht gegenüber den Truppen der vier Alliierten Mächte bedingungslos kapitulierten, war ich sechzehn Jahre und sechs Monate alt. In den nun folgenden Jahrzehnten habe ich mich – zunächst unbezahlt in meiner Freizeit, ab 1957 beruflich und nach dem postdoktoralen Zweitstudium und längeren Auslandsaufenthalten schließlich professionell – als Jugendpfleger, Gruppenpädagoge und Gemeinwesenarbeiter betätigt. Deshalb denke ich, dass ich den nun folgenden Teil der Methodengeschichte der Sozialen Arbeit vom Nachkriegsdeutschland bis zur Jahrtausendwende auch aufgrund eigener Erfahrungen und getönt durch persönliche Erlebnisse rekonstruieren kann. Dabei sind meine persönlichen Erfahrungen keine Primärquellen, sondern lediglich unverzichtbare Interpretationshilfen, welche die zahllosen schriftlichen Dokumente ergänzen, bebildern und verlebendigen können, über die unsere Zunft verfügt. Die Soziale Arbeit in Deutschland ist reich an wissenschaftlich ausgewiesener Fachliteratur, an Handbüchern, Wörterbüchern, Fachzeitschriften und Diskursen über vielfältige Fragen, wie die Praxis Sozialer Arbeit im Hinblick auf unsere Gesellschaftsgeschichte und ihre verallgemeinernden Interpretationsversuche einzuschätzen wäre. Dabei möchte ich mich bei einer großen Zahl von Kolleginnen und Kollegen, bei gegenwärtigen und ehemaligen Zeitzeugen, und bei meinen Studentinnen und Studenten bedanken, ohne deren dichtes und hilfreiches Netzwerk der Anspruch, eine solche Methodengeschichte zu schreiben, nicht hätte erhoben, geschweige denn eingelöst werden können.

Die Tatsache, dass ich selber zu den Zeitzeugen gehöre, die an dem Gegenstand dieses Buches und seiner Entfaltung beteiligt waren und weiterhin beteiligt sind, mag erklären, dass mein Schreibstil in diesem zweiten Teil des Buches etwas persönlicher, direkter und wohl auch subjektiver geraten ist. Soziale Arbeit, so hat meine Kollegin Sabine Hering aus Siegen immer wieder in Erinnerung gerufen (und hat sich dabei auf Alice Salomon berufen), Soziale Arbeit sei ein ‚Eignungs-, und wohl auch ein 'Neigungs-Beruf'. Wer ihn ergreift kann sich häufig auf einen familiären, einen biografischen, einen lebensgeschichtlichen Hintergrund beziehen und auf persönliche, religiöse, weltanschauliche und politische Einflüsse und Entscheidungen. Es ist mir deshalb nicht schwer gefallen, die Methodengeschichte Sozialer Arbeit entlang der Einflüsse und der praktischen Errungenschaften von sozialen Bewegungen zu schreiben. Sie haben die Entwicklung methodischen Arbeitens vorangetrieben. Sie sind dafür verantwortlich, dass sich der Gegensatz von Hilfe und Kontrolle, der für die Anfänge unserer Berufsgeschichte auf schmerzhafte Weise prägend war, im Laufe der Jahrzehnte zugunsten der Hilfe und – dies vor allem – zugunsten der Hilfe zur Selbsthilfe verschoben hat. Wir sind kein ‚behandelnder' Beruf und kein ‚belehrender' Beruf. Aber wenn es gut geht, können wir ‚leben lehren'.

8. Nachkrieg und Gruppenpädagogik

„Und feige sind sie. Sie haben uns verraten. So furchtbar verraten. Wie wir noch ganz klein waren, da haben sie Krieg gemacht. Und als wir größer waren, da haben sie vom Krieg erzählt. Begeistert. Immer waren sie begeistert. Und als wir dann noch größer waren, da haben sie sich auch für uns einen Krieg ausgedacht. Und da haben sie uns dann hingeschickt. Und sie waren begeistert. Immer waren sie begeistert. Und keiner hat uns gesagt, wo wir hingingen. Keiner hat uns gesagt, ihr geht in die Hölle. O nein, keiner. Sie haben Marschmusik gemacht und Langemarckfeiern. Und Kriegsberichte und Aufmarschpläne. Und Heldengesänge und Blutorden. So begeistert waren sie. Und dann war der Krieg endlich da. Und dann haben sie uns hingeschickt. Und sie haben uns nichts gesagt. Nur – Macht's gut, Jungens! haben sie gesagt. Macht's gut, Jungens! So haben sie uns verraten. So furchtbar verraten. Und jetzt sitzen sie hinter ihren Türen. Herr Studienrat, Herr Direktor, Herr Gerichtsrat, Herr Oberarzt. Jetzt hat uns keiner hingeschickt. Nein, keiner. Alle sitzen sie jetzt hinter ihren Türen. Und ihre Tür haben sie fest zu. Und wir stehen draußen. Und von ihren Kathedern und von ihren Sesseln zeigen sie mit dem Finger auf uns. So haben sie uns verraten. So furchtbar verraten. Und jetzt gehen sie an ihrem Mord vorbei, einfach vorbei. Sie gehen an ihrem Mord vorbei." (Unteroffizier Beckmann in Wolfgang Borchert: Draußen vor der Tür. Ein Stück, das kein Theater spielen und kein Publikum sehen will (1947). In: Das Gesamtwerk. Rowohlt: Hamburg 1949)

Wolfgang Borchert (1921–1947) schrieb sein Stück, das kein Theater spielen und kein Publikum sehen will[1] im Spätherbst 1946, vom Tode gezeichnet. Es drückte beispielhaft Situation, Bewusstsein und Gefühl einer Generation von Zwanzig- bis Dreißigjährigen aus, die unter Vorspiegelung falscher Tatsachen und unter Ausnutzung ihrer Verführbarkeit in einen verbrecherischen Angriffskrieg geschickt worden waren. Als Geschlagene und Enttäuschte kamen sie zurück in eine „Heimat", der sie Fremde geworden waren. Und die Älteren, die sie geschickt hatten, kannten sie nicht mehr, konnten sich an nichts mehr erinnern, wollten von nichts mehr wissen, waren stumm geworden, ließen sie „draußen vor der Tür" stehen.

Amerikanische Besatzungstruppen gehörten zu den ersten, die Türen öffneten. Innerhalb der US-Armee gab es eine Abteilung für *German Youth Activities* (GYA), deren Mitarbeiter in beschlagnahmten Villen Freizeitheime eröffneten, Sommerzeltlager organisierten und eine Vielzahl geselliger, sportlicher und kultureller Veranstaltungen durchführten. GYA-Kontakte

Abb. 18: So furchtbar verraten ... Deutscher Soldat vor dem zerstörten Reichstagsgebäude, Berlin 1945. Foto: Mark Redkin; aus: D. Mrázkowá, V. Remeš (Hrsg.): Von Moskau nach Berlin. Der Krieg im Osten 1941–1945. Gesehen von russischen Fotografen. München 1979.

waren besonders bei den Jüngeren begehrt, denn sie boten eine attraktive Einführung in amerikanische Lebensweise, aber sie halfen nur in Einzelfällen, die bohrenden Fragen der Beckmann-Generation zu beantworten.

Jugendhof Vlotho

Klaus von Bismarck gehörte zu jenen ehemaligen deutschen Offizieren, die auch in Hitlers Deutscher Wehrmacht an der Vorstellung festgehalten hatten, der Offiziersberuf sei eigentlich ein pädagogischer Beruf, und Offiziere hätten sich auch nach der bedingungslosen Kapitulation für das weitere Schicksal ihrer ehemaligen Soldaten verantwortlich zu zeigen. Als Regimentskommandeur war er mehrfach verwundet in englische Kriegsgefangenschaft geraten. Nach der Entlassung fand er einen Teil seiner Familie in Herford wieder, und in Herford hatten die Engländer einen Onkel seiner Frau als Landrat eingesetzt. Der Landrat wurde von englischen Offizieren der Alliierten Kontrollkommission gedrängt, Pläne zu entwickeln, um Jugendlichen und jungen Erwachsenen zu einer neuen, geistigen Mitte zu verhelfen. Man müsse, so Klaus von Bismarck, Zeit haben und Geduld entwickeln. Keine schnelle Umerziehung, keine neue Indoktrination, sondern Begegnungen mit Menschen unterschiedlicher Meinungen und Nationalitäten, Informationen, die zeigen sollten, dass die Welt größer, vieldeutiger und interessanter sei, als die nationalsozialistische Ideologie sie dargestellt hatte … Klaus von Bismarck schrieb diese Gedanken auf sieben Manuskriptseiten auf, und diese Manuskriptseiten landeten auf dem Schreibtisch des britischen Jugendoffiziers Blickford Smith. Der lud im Februar 1946 35 Deutsche, Vertreter verschiedener weltanschaulichen Richtungen aus der gesamten britischen Besatzungszone ins Stephan-Stift nach Hannover ein, um gemeinsam Perspektiven für eine neue, demokratische Jugendarbeit zu entwickeln. Klaus von Bismarck war unter den Teilnehmern. Er erinnerte sich später:[2]

> „Die Tagung war schlecht vorbereitet, es war kalt. Wir erschienen alle voller Misstrauen in Erwartung einer Injektion mit englischen Impfstoffen. Major Blickford Smith und Miss Dunning leiteten die Tagung und bestritten sämtliche Referate, deren Themen und Inhalt unseren Verdacht nicht entkräften konnten. Und doch kann gesagt werden, dass wir alle bei dieser Tagung eine sehr wichtige Lehre empfangen haben. Wir lernten nämlich erstlich voller Staunen, wie wenig wir aus den verschiedenen Lagern und Richtungen voneinander wussten, wie naiv vielfach unsere bisherigen Vorstellungen von dem so(genannten) ‚Gegner' waren und wie schwer – aber in unserer Situation doppelt wichtig – es ist, in die Problematik des anderen einzudringen. Ja, schließlich begriffen wir alle etwas von der Kunst des Zuhörens, des Lauschens und wir merkten, wie wenig wir uns noch auf diese Kunst verstanden. Und noch ein Zweites, was sich seither immer wieder bestätigt hat, haben wir in Hannover erfahren: dass nämlich die heutige junge Generation weitgehend ein gemeinsames schweres Erbe, eine gemeinsame Not und damit eine gemeinsame Aufgabe hat. Diese Aufgabe besteht zunächst einmal darin, klar zu werden, was los ist!"[3]

Abb. 19: Jugendhof Vlotho um 1950 (Archivbild)

Die Konferenz im Hannover'schen Stephan-Stift habe für Klaus von Bismarck noch eine zweite Lehre enthalten, erinnerte er sich vierzig Jahre später[4]. Ihm sei deutlich vor Augen geführt worden, dass einige Vertreter von Jugendverbänden davon ausgingen, sie könnten beim Wiederaufbau ihrer Jugendarbeit umstandslos an die Situation „vor 1933" anknüpfen, könnten sich also weiter wie damals in den engen und bornierten Grenzen ihrer jeweiligen Verbands-Ideologien bewegen. In seiner Rede zum vierzigsten Geburtstag des Jugendhofs Vlotho drückte er seine Vorbehalte „gegen die Alten, die wieder die alten Marschrichtungszahlen einstellen wollten", noch pointierter aus. Gegen dieses Konzept der Erziehung in ideologisch (und religiös) homogenen Jugendgemeinschaften arbeitete Klaus von Bismarck in den folgenden Monaten an dem Plan einer offenen, pluralistischen Begegnungs- und Gesprächs-Pädagogik. Er war inzwischen Kreisjugendpfleger in Herford geworden und überredete die britischen Jugendoffiziere, ihm für diesen Zweck eine ehemalige Bannführerschule der Hitlerjugend zur Verfügung zu stellen. Sie lag in einem schönen, intakten westfälischen Fachwerk-Bauernhof, den die Nazis in Herford abgerissen und in Vlotho Stein für Stein und Balken für Balken wieder aufgebaut hatten.

Der Jugendhof Vlotho wurde im Mai 1946 als erste überregionale Jugendgruppenleiterschule der britischen Zone eröffnet – nachdem das Land Braunschweig im gleichen Monat auf Veranlassung des zuständigen britischen Jugendoffiziers eine regionale Jugendgruppenleiterschule in Bündheim im Harz eingerichtet hatte.[5] Das Konzept des Jugendhofs war in gewisser Weise einmalig. Träger waren die Jugendämter der britischen Zone – nicht die Jugendverbände. Für die materielle und finanzielle Ausstattung sorgte die englische Besatzungsmacht. 1949 übernahm das Land Nordrhein-Westfalen die finanzielle Verantwortung. Zu den einzelnen Lehrgängen schickten Jugendverbände ihren Gruppenleiternachwuchs und interessierte Einzelpersonen, beispielsweise Schüler aus der Schülermitverwaltung (SMV). Dazu kamen an Jugendarbeit interessierte ehemalige deutsche Soldaten und Offiziere. Unter der Hand wurden auch ehemalige HJ-Führer und BDM-Führerinnen eingeladen, die in einem Sammellager bei Senne interniert worden waren. Sie alle waren für jeweils vierzehn Tage Gäste des Jugendhofes. Ihre Mischung sollte vielfältige Begegnungen untereinander und mit dem achtköpfigen Team des Hauses in Kleingruppen und im Plenum, bei Diskussionen und kulturellen Aktivitäten garantieren. Zum Gründungs-Team gehörten neben Klaus von Bismarck, der seine damalige Position als progressiv evangelisch bezeichnete, ein fünfundzwanzigjähriger britischer Offizier, ein ehemaliges Mitglied der sozialistischen Kinderfreunde-Bewegung, ein Katholik und späterer Bundestagsabgeordneter der NDV, zwei Gewerkschafter und zwei Französinnen aus der antifaschistischen Jugendarbeit.

Das Konzept eines zeitlich begrenzten gemeinsamen Zusammenlebens jüngerer Menschen unterschiedlichen Herkommens, unterschiedlicher weltanschaulicher Grundorientierungen und unterschiedlichen Engagements war für die Enttäuschten der Beckmann-Generation und für die Suchenden der Generation danach ein offensichtlich richtiges Konzept. Es entsprach auch alter englischer Politik-Tradition des „we agree not to agree“ (= wir stimmen darin überein, dass wir nicht übereinstimmen werden), auf das sich Klaus von Bismarck ausdrücklich bezog. Aber es war für die Jahre direkt nach dem Zusammenbruch des Dritten Reiches und für den pädagogischen Horizont des alten Pfadfinders und Bismarck-Förderers Blickford Smith ein wenig zu verwegen. Achtunddreißig Jahre später erinnerte sich Hans Alfken, einer der Mitgründer des Jugendhofs daran, dass eines Tages Erich Honnecker, damals Vorsitzender der Freien Deutschen Jugend und sein Agitationschef Hermann Axen nach Vlotho gekommen wären, um sich über die dort betriebene politische Bildungsarbeit zu informieren:

> „Vor 10 Jahren habe ich noch mal Klaus von Bismarck getroffen und ihn gefragt, ‚Klaus, was würdest du machen, wenn du mit Erich Honnecker zusammentriffst?’ ‚Mensch’, sagt der, ‚Hans, das wäre ’ne wunderbare Sache, ich würd dem auf die Schulter klopfen und sagen, Erich, weißt du noch, was du zu mir gesagt hast, in Vlotho? Du hast zu mir gesagt, Klaus, komm rüber in die DDR und mach so einen Hof auf. Wir geben dir alle Möglichkeiten’“ (in: betrifft: erziehung, 1984, 5, S. 77).

Die britische Militärregierung beauftragte ihren Intelligence-Offizier Michel Thomas, die politische Vergangenheit und die gegenwärtige Gesinnung des von Bismarck zu durchleuchten. Die Durchleuchtung zeigte keine Schattenseiten[6], und der Jugendhof Vlotho konnte weiterarbeiten. Es gibt ihn noch heute, mit veränderter und teilweise erweiterter Funktionsbestimmung – und immer noch mit einem Team qualifizierter Mitarbeiter[7].

Aber wie alle Jugendhöfe und Jugendleiterschulen, die in den ersten Nachkriegsjahren gegründet worden waren, hat auch der Jugendhof Vlotho eine Reihe von Veränderungen durchgemacht, die vor allem mit neuen Zielgruppen zusammenhängen, welche die Fortbildungs-Veranstaltungen und Lehrgänge des Jugendhofs in Anspruch nehmen. Akzente der Arbeit sind weiterhin ‚kulturelle Bildung', ‚politische Bildung' und ‚internationale Begegnung'.

Haus am Rupenhorn

Der dritte Nachkriegswinter[8] in Berlin war nicht so hart gewesen wie der des Vorjahres, als die Schulen wegen Kohlenmangels geschlossen waren und der Handel auf dem Schwarzmarkt zur lebenserhaltenden Betätigung von Schülern und arbeitslosen Jugendlichen gehörte. Noch arbeitete der für Groß-Berlin zuständige Magistrat im Roten Rathaus, noch funktionierte die für die Vier-Sektoren-Stadt verantwortliche Alliierte Kommandantura.

Im Frühjahr 1948 trafen sich Vertreter der im Herbst des Vorjahres zugelassenen nicht-kommunistischen Jugendverbände (FALKEN, Bund Deutscher Jugend, Demokratischer Jugendverband) im Grunewalder Haus des britischen Jugendoffiziers Mike Berenson und erörterten Möglichkeiten, wie die Engländer beim Aufbau einer antifaschistischen Jugend- und Erziehungsarbeit helfen könnten. Gerade hatte im Amerikanischen Sektor der Stadt eine von der US-Besatzung unterstützte Jugendleiterschule, das *Camp in Wannsee* (später: wannseeFORUM) mit 46 Teilnehmern den ersten Dreitage-Lehrgang durchgeführt[9]. Der Gedanke lag nahe, im Britischen Sektor eine zweite Jugendleiterschule einzurichten – mit drei Millionen Einwohnern war Berlin immer noch die größte Stadt des alten Reiches, wenn sie auch durch Krieg und Kriegsfolgen mehr als eine Million Einwohner verloren hatte – und: Der Jugendpolitik der Amerikaner sagten die Berliner Jugendverbände nach, dass sie eher an kommunaler Jugendpflege (*recreation*) und an der Vermittlung professioneller Methoden der Jugendarbeit orientiert sei, als an einer uneigennützigen Unterstützung autonomer Jugendverbände. In dieser Situation kam den Vertretern der Jugendverbände die eigenwillige, aber für die britische Besatzungspolitik nicht untypische Erziehungs-Philosophie Mike Berensons zupass, der davon ausging, dass eine von Okkupationstruppen oktroyierte Umerziehungspolitik langfristig keine Lebenschancen hätte, wenn sie nicht von starken Interessengruppen der einheimischen Bevölkerung gewollt und getragen würde[10]. Die Engländer hatten zu jener Zeit schon erste, gute Erfahrungen mit dem Jugendhof Vlotho gemacht, der später in der Erinnerung von Fachleuten als „Mekka der deutschen Jugendarbeit" galt[11]. Die in Vlotho ansatzweise praktizierte Zusammenarbeit zwischen behördlicher Jugendpflege (als Träger), Jugendverbänden (als Entsender von Lehrgangsteilnehmern) und einem alliierten Mäzen im Hintergrund, der die materielle Infrastruktur sichert und eine einseitige Ausrichtung des Personals und der Lehrgangsziele verhinderte, schien in Berlin wiederholbar. Denn im Berliner Hauptjugendamt und im Hauptjugendausschuss arbeiteten Jugendpolitikerinnen und Kommunalpolitiker, die durch langjährige Erfahrungen in sozialistischen und sozialdemokratischen Jugendverbänden geprägt worden waren und die in der Lage schienen, den traditionellen Gegensatz zwischen Jugendfürsorge, Jugendpflege und Jugendbewegung zu überwinden und auch den sich eher als konservativ einstufenden bürgerlichen und konfessionellen Jugendverbänden gerecht zu werden.

Bei den Diskussionen um eine neue Jugendleiterschule hatte Mike Berenson ein Haus im Auge, das die Engländer beschlagnahmt hatten und das im Frühjahr 1948 leer stand. Das *Haus am Rupenhorn* war Ende der Zwanzigerjahre von dem NDV-Karikaturisten und Bauhaus-Architekten Bruno Paul für einen Spandauer Kaufhausbesitzer gebaut worden. Während der Hitler-Zeit war es enteignet worden und diente dem Reichskirchenminister als Amtssitz. Nun stand es leer. Vertreter der Jugendverbände und des Hauptjugendausschusses informierten sich in Vlotho über die dortige Arbeit und luden den englischen Mitarbeiter im Vlothoer Team Nigel Spicer nach Berlin ein. Die Engländer gaben das Haus frei und finanzierten die jährlich laufenden Kosten. Träger des Hauses am Rupenhorn wurde ein Verwaltungsrat, dem je ein Vertreter der zugelassenen Jugendverbände angehörte, zwei Vertreter des Hauptjugendausschusses im Berliner Magistrat und Mike Berenson. Der Verwaltungsrat stellte das Personal ein, legte die Grundlinien der Arbeit fest und entschied einvernehmlich über das jeweilige Halbjahresprogramm. Kein Jugendverband sollte von der Mitbestimmung im Verwaltungsrat ausgeschlossen sein, auch nicht die von der Sowjetischen Militäradministration unterstützte Freie Deutsche Jugend (FDJ). Gleichzeitig antizipierten die Beteiligten, dass die Engländer eines Tages aufhören würden, das Haus zu finanzieren. Dann würde es in die Verantwortung des Hauptjugendamtes übergehen, und deshalb sollte schon jetzt ein Vertreter des Hauptjugendausschusses den Vorsitz übernehmen. Leiter des Ausschusses war – als Nachfolger des späteren Generals der Nationalen Volksarmee Heinz Keßler – der SED- und FDJ-Funktionär Jupp Zeese. Sein Vorsitz stieß auf politische Bedenken der Engländer. So wurde Zeeses Stellvertreterin, die damals parteilose „Mädelreferentin" im Hauptjugendausschuss, Ilse Reichel, Vorsitzende des Verwaltungsrates. Die hauptamtlichen Mitarbeiter des Hauses sollten – ähnlich wie im Jugendhof Vlotho – von der Mitarbeit in demokratischen Jugendverbänden geprägt sein und deren Vertrauen besitzen. Der letzte Halbsatz mag deutlich machen, dass Rupenhorn ein Haus der Jugendverbände sein, und nicht – wie Vlotho – von den Jugendverbänden als Kommunikationszentrum benutzt werden sollte. Die ersten Leiter des Hauses kamen aus der Sozialistischen Jugend, der erste Sportlehrer stand dem Bund Deutscher Jugend nahe, die erste Musikerzieherin der Katholischen Jugend. Aber in den Gründerjahren des Hauses am Rupenhorn stand weder die Bearbeitung der nationalsozialistischen Vergangenheit im Vordergrund – wie in Vlotho – noch die an den besonderen politischen, kulturellen und religiösen Prägungen eines einzelnen Jugendverbandes orientierten speziellen Ausbildungsinhalte für ehrenamtliche Jugendgruppenleiter, sondern Lebenslage und Lebensinteressen der Berliner Nach-Beckmann-Generation zwischen Massenarbeitslosigkeit und einem Wirtschaftswunder, das in Berlin durch Teilung der Stadt, Blockade und Blockade-Folgen um Jahre später einsetzte als in West-Deutschland.

Auf der anderen Seite blieb in Berlin auch jene zunehmende Entfremdung zwischen Jugendverbänden und Jugendgruppenleiterschulen aus, welche die Entwicklung der späten Vierzigerjahre in den Westzonen und in der Bundesrepublik Deutschland bestimmte und die auf der ersten Vollversammlung des Deutschen Bundesjugendringes auf *Burg Stahleck* im November 1949 zur Sprache gebracht wurde. Die Jugendhöfe, so kritisierten vor allem Vertreter von Jugendverbänden aus der Britischen Besatzungszone die Entwicklung der Jugendgruppenleiterschulen, beschränkten sich nicht mehr darauf, das notwendige Handwerkszeug für die Leitung von Jugendgruppen neutral zu vermitteln. Sie würden mehr und mehr an der Persönlichkeitsentwicklung ihrer Teilnehmer arbeiten, würden sie über die Lehrgangszeit hinaus in Arbeitsgemeinschaften zusammenfassen und würden damit in eine direkte Konkurrenz zu den Jugendverbänden treten, indem sie es den beteiligten Jugendlichen leicht machen würden, „ihre Wünsche außerhalb fordernder Gemeinschaften zu befriedigen“[12]. Indem die kommunale Jugendpflege diese Jugendhöfe „einseitig subventioniere“, zöge sie finanzielle Mittel ab, die eigentlich zur Förderung freier Initiativen und autonomer Jugendverbände bestimmt wären. Die Entwicklung zu einer Staatsjugend neuer Prägung sei dann der nächste Schritt.

Vertreter der Jugendhöfe entgegneten, ihre Häuser seien ein Ort der Zusammenarbeit verschiedener Grundrichtungen in den Jugendverbänden zur Erledigung gemeinsamer, gesellschaftlicher Gegenwartsaufgaben. „Viele Bestrebungen und Einzelpersönlichkeiten der alten Jugendbewegung krankten nach meiner Auffassung daran, dass sie nie aus dem enthusiastischen Trancezustand einer Jugendzeit in die bescheidene Nüchternheit einer begrenzten, aber durchführbaren Aufgabe hineinwuchsen“ (Klaus von Bismarck[13]). Die staatliche Jugendpflege habe die Aufgabe, die Arbeit der Verbände zu stützen, zu fördern und anzuregen. Genau dies täten die Jugendhöfe als Medium subsidiärer Unterstützung und nicht als Konkurrenz. Außerdem sei eine reinliche Trennung in Methoden der Gruppenleitung einerseits und Persönlichkeitsentwicklung andererseits nicht möglich. Methoden der Gruppenarbeit und der Leitung von Jugendgruppen seien immer auf ein bestimmtes Menschen- und Gesellschaftsbild bezogen. Erziehung könne in diesem Sinne nicht „neutral“ sein[14].

In den ersten drei Jahren nach der bedingungslosen Kapitulation der Deutschen Wehrmacht waren mit Unterstützung britischer und später auch amerikanischer Jugendoffiziere Jugendgruppenleiterschulen gegründet worden: die Jugendgruppenleiterschule Bündheim und die Jugendhöfe Vlotho, Radevormwald, Steinbach und Barsbüttel, die Jugend- und Sportleiterschule Ruit, das Wannseeheim für Jugendarbeit und das Haus am Rupenhorn. Gemeinsame Funktionsbestimmung dieser außerschulischen Jugendbildungsstätten[15] war die Ausbildung ehrenamtlicher Gruppenleiter verschiedener Jugendverbände in Fragen von Programmgestaltung, Bildung und Leitung von Jugendgruppen, Anregung und Steuerung verschiedener Aktivitäten wie: Heimabendgestaltung, Diskussionsleitung, Singen, Spielen und Tanzen, Sport und Zeltlager, Auseinandersetzung mit politischen Problemen. Einige dieser Bildungsstätten verstanden ihre Arbeit als eine Service-Leistung für die neuen, demokratischen Jugendverbände, andere sahen ihre Hauptaufgabe darin, der Beckmann-Generation und ihren brennenden Fragen als Begegnungsstätte, Diskussionsforum und „Bildungserlebnis“[16] zu dienen. Ihre Reichweite war begrenzt, aber sie waren die ersten Einrichtungen, die es jungen Deutschen ermöglichten, einen Blick über die ideologischen Mauern zu werfen, welche die nationalsozialistische Erziehung errichtet hatte. Aber das konnte ja wohl nicht alles gewesen sein. Zumindest die drei westlichen Alliierten, die mit vereinten Kräften die Kriegsmaschinerie des nationalsozialistischen Deutschen Reiches zerstört hatten, mussten doch auch über ein koordiniertes Konzept, über einen Masterplan, verfügt haben, wie aus deutschen Nationalsozialisten wieder deutsche Demokraten werden könnten und wie insbesondere die deutsche Jugend im Geiste von Toleranz, Humanität und internationaler Gesinnung erzogen werden könne.

Exkurs: Umerziehung und Neuorientierung

In der Tat: Schon im Januar 1943 hatten sich die Regierungschefs Groß-Britanniens und der USA in Casablanca auf gemeinsame, globale Kriegsziele verständigt, denen die Sowjetunion später zustimmte: bedingungslose Kapitulation, totale Besetzung des Reichsgebietes, Zerschlagung Preußens, Bestrafung der Naziführer und Kriegsverbrecher, Zerstörung des deutschen Rüstungspotentials, Aufteilung in drei Besatzungszonen (später kam als Zugeständnis an das „Freie Frankreich“ General de Gaulles eine französische Besatzungszone hinzu), die durch einen Alliierten Kontrollrat verwaltet werden sollten. Die Phase der Eroberung und Besetzung Deutschlands sollte von der Armee gesteuert werden. Auch nach der Besetzung sollten alliierte Militärregierungen die Entwicklung bestimmen. Mit dieser Entscheidung war ein interner Konflikt zwischen Militärs und Zivilisten, zwischen Besatzern und Diplomaten, zwischen Falken und Tauben vorprogrammiert.

Die Spaltung in zwei unterschiedliche Lager verlief quer zu der Teilung in Militärs und Zivilisten. Die Anhänger eines Lagers wollten – inspiriert durch Pläne des amerikanischen Finanzministers Henry Morgenthau und des englischen Großverlegers Lord Vansittart – Deutschland in ein Agrarland ohne industrielle Produktion zurück stutzen und die Deutschen isolieren und bestrafen, die anderen wollten umerziehen und wiederaufbauen. Von der Umerziehungspolitik der Sowjetunion und Frankreichs wird noch zu sprechen sein.

Die amerikanische Militärregierung hatte zwischen 1945 und 1947 vorrangig die Aufgabe, die Sicherheit der Besatzungstruppen zu garantieren, die minimale Versorgung der Bevölkerung sicherzustellen und die nationalsozialistische Infrastruktur zu zerschlagen. Sie hatte keine Erfahrungen im Umgang mit einer besiegten und von Hunger und Kälte geplagten Bevölkerung, die einfach überleben wollte. Chef der amerikanischen Militärregierung (*Office of Military Government of United States in Germany*) wurde nicht – wie ursprünglich von Roosevelt ins Auge gefasst – der Diplomat John McCloy, sondern der Pionieroffizier Lucius D. Clay, der als Ingenieur Erfahrungen im Katastropheneinsatz und bei der Wiederherstellung von Transport und Verkehr in Überschwemmungsgebieten hatte sammeln können.

Das Oberste Hauptquartier der Alliierten Expeditions-Armeen in Europa (SHAEF) hatte schon Anfang 1944 im Vorgriff auf die zu erwartenden Umerziehungsaufgaben der deutschen Bevölkerung ein Planungsteam für Erziehungsfragen eingesetzt. Aber seine Mitarbeiter wurden ohne Entscheidungsbefugnisse als Angehörige einer nachgeordneten Dienststelle von OMGUS übernommen. Sie waren, wie der offizielle Historiker von OMGUS, der Politikprofessor Harold Zink später in seinen Erinnerungen mit Bitterkeit geschrieben hat, *„a small band of hardworking, underranked education officials"*[17]. Andere Offiziere, die von der kämpfenden Truppe abgezogen worden waren, um das besiegte Rest-Deutschland zu verwalten, klassifiziert er als eine Ansammlung von Leuten mit „geringer Selbstkontrolle, indifferenten moralischen Standards und einer Vergangenheit voll von Fehlschlägen in ihren heimatlichen Beziehungen und sozialen Gruppenbindungen", die in Schulungslagern in den USA und Großbritannien von inkompetenten Dozenten unzureichend auf ihre Funktion als Verwalter Deutschlands vorbereitet worden wären. Nicht einmal fünf Prozent der 12.000 Mitarbeiter, die OMGUS auf dem Höhepunkt seiner Tätigkeit beschäftigt habe, hätten hinreichend Deutsch gesprochen, um sich ohne Dolmetscher verständigen zu können. Das hätte ihnen auch wenig genützt, weil der berüchtigte Armeebefehl JCS 1067 jeden Kontakt und jede Zusammenarbeit mit Deutschen, auch mit deutschen Antifaschisten, verboten habe. Dieser Befehl, der erst im Juli 1947 durch den Befehl 1779 ersetzt worden war, erschwerte in den ersten beiden Nachkriegsjahren in der Tat persönliche Kontakte und politische Zusammenarbeit, die sich später als wirksames Instrument einer „Neuorientierung durch Überzeugung, Kontakt und Vorbild" erweisen sollte.

Eine weitere Belastung war die notwendige und von den Alliierten als gemeinsame Besatzungsaufgabe formulierte „Entnazifizierung“, die in den vier Besatzungszonen mit unterschiedlichen Methoden und unterschiedlicher Intensität durchgeführt wurde. Die Potsdamer Konferenz der Großen Drei (Frankreich war nicht eingeladen worden), die vom 17.7. bis 2.8.1945 im Potsdamer Schloss Cecilienhof des deutschen Kronprinzen Wilhelm stattfand, hatte als gemeinsame Besatzungsziele noch einmal die vier D: Denazifizierung, Demilitarisierung, Dekartellisierung, Demokratisierung bestätigt. Aber die Potsdamer Konferenz ließ offen, wie ein solches Ziel, etwa das der „Entnazifizierung“ angesichts der Tatsache, dass mindestens die Hälfte der erwachsenen Bevölkerung in einer nationalsozialistischen Organisation, mindestens der Deutschen Arbeitsfront (DAF) oder der Nationalsozialistischen Volkswohlfahrt (NSV), Mitglied gewesen war, zu verwirklichen wäre. Bereits in seinem ersten Bericht an Präsident Eisenhower hatte Lucius D. Clay auf die Schwierigkeit hingewiesen, gleichzeitig fähige deutsche Verwaltungsbeamte zu finden und alle Nazis aus den öffentlichen Ämtern zu entfernen. Ein großer Teil der fähigen Beamten sei nun mal nationalsozialistisch belastet[18]. Zum Eklat kam es, als sich der General George Patton auf einer Pressekonferenz zu der Bemerkung hinreißen ließ, für ihn seien ehemalige Mitglieder der Nazi-Partei auch nicht viel anders (are pretty much like) als Mitglieder der Demokratischen oder der Republikanischen Partei in den USA[19]. Durch ein Gesetz der Militärregierung vom 6.9.1945 wurde das Entnazifizierungsverfahren vereinheitlicht. Und im Jahre 1946 mussten alle belasteten, erwachsenen Einwohner der amerikanischen Besatzungszone einen umfänglichen Fragebogen ausfüllen. Dreizehn Millionen dieser Fragebogen lagen gebündelt und gestapelt in den OMGUS-Dienststellen und sollten von 545 deutschen Spruchkammern mit 22.000 Beschäftigten unter alliierter Supervision bearbeitet werden. Der Schriftsteller Ernst von Salomon nahm die 131 Fragen des amerikanischen Entnazifizierungs-Fragebogens zum Anlass, um auf 600 Seiten die Geschichte seines bisherigen Lebens und der vergangenen fünfzig Jahre europäischer Zeitgeschichte zu entwerfen. Das 1951 bei Ernst Rowohlt erschienene Buch („Der Fragebogen“) erreichte eine deutsche Auflage von einer Viertelmillion Exemplaren und wurde in vier Sprachen übersetzt. Weihnachten 1946 gab es eine General-Amnestie für alle, deren Jahreseinkommen unter 3.600 Reichsmark lag und die während der Nazizeit nicht mehr als 20.000 Reichsmark an Vermögenswerten angesammelt hatten. Als die Entnazifizierung abgeschlossen wurde, waren in der amerikanischen Zone 374.000 Personen aus ihren Ämtern als Belastete oder Hauptbelastete entfernt worden. Bei den Engländern waren es 290.000, bei den Sowjetrussen 390.000 und bei den Franzosen 70.000[20]. Quantitativ wie qualitativ war dieses Ergebnis der Anstrengung, die Wurzeln des Faschismus im deutschen Volke auszurotten, wenig überzeugend. Dabei hatte der Versuch dieser Anstrengung – was kaum jemand weiß – zunächst in der Bevölkerung eine erstaunlich breite Zustimmung gefunden.

Neben manchen anderen Neuerungen hatten die amerikanischen Truppen auch das Instrument der Meinungsbefragung mit nach Deutschland gebracht. Innerhalb der Informationsabteilung von OMGUS gab es eine *Opinion Survey Section* unter Frederick W. Williams, die zwischen 1946 und 1949 insgesamt 72 meist repräsentativ angelegte Meinungsumfragen[21] unter der erwachsenen Bevölkerung der amerikanischen Besatzungszone durchführte – Umfragen zur Einführung der Sommerzeit bis hin zu Befragungen über die Einstellung zur Kollektivschuld aller Deutschen an den Naziverbrechen[22]. Schon im ersten Bericht des *Information Control Division Department* vom 15. März 1946 wird mitgeteilt, dass eine Mehrheit der damals Befragten die Entnazifizierung für richtig hielt (57 Prozent). Unter den Angehörigen von Mitgliedern der ehemaligen NSDAP war diese Mehrheit sogar noch um zwei Punkte höher. Auch nach Abschluss der Entnazifizierung im Jahre 1949 hielten es 66 Prozent der Befragten für eine gute Idee, dass durch Entnazifizierungsverfahren festgehalten wurde, wer die Nazis unterstützt hat[23]. Im Gegensatz zu diesen Zahlen gingen die Prozentwerte der Befragten, die mit der Art und Weise der Durchführung der Entnazifizierung einverstanden waren, ständig zurück. Im Frühjahr 1949 waren nur noch achtzehn Prozent der befragten Männer mit der Durchführung einverstanden[24]. Es gibt zu denken, dass Befragte mit weniger als elf Schuljahren und mit niederem sozio-ökonomischen Status gegenüber dem Prinzip der Entnazifizierung positiver eingestellt waren als Befragte mit besserer Schulbildung und höherem Status[25]. Zu den Nürnberger Kriegsverbrecher-Prozessen des Jahres 1946 äußerten 71 Prozent der Befragten, die Verurteilten seien nicht die einzigen Schuldigen, und 51 Prozent bejahten die Feststellung, die Deutschen seien wenigstens teilweise für Hitlers Taten verantwortlich, weil sie ihn unterstützt hätten[26]. Nach Meinung ernst zu nehmender westlicher Historiker wurde die Entnazifizierung in der sowjetischen Besatzungszone „am gründlichsten und effektivsten" (Kleßmann[27]) durchgeführt. Hier habe es kein langwieriges bürokratisches Verfahren, sondern eine „radikale und schnelle personelle Säuberung" in Verwaltung, Justiz und Schule gegeben – also im Gegensatz zu allen anderen Besatzungszonen einen „konsequenten Elitentausch". Von den 40.000 Lehrern der SBZ, von denen mehr als siebzig Prozent Mitglieder der NSDAP gewesen wären, seien 20.000 entfernt und bis zum Schuljahr 1946/47 durch 40.000 Neulehrer ersetzt worden[28].

Zur Einschätzung des gesamten Umerziehungsthemas ist es von Bedeutung sich zu vergegenwärtigen, wie unterschiedlich die Erklärungen der Alliierten für das Phänomen des Nationalsozialismus waren. In der öffentlichen Meinung Englands und Frankreichs herrschte die Vorstellung, der Nationalsozialismus sei Ausdruck eines besonderen, tief verwurzelten deutschen Nationalcharakters, einer irrationalen, aggressiven, faustisch-wagnerianischen Überheblichkeit, die den Test der Realität scheue. Der deutsch-englische Publizist Sebastian Haffner kleidete diese Vermutung 1940 in das Bild von Mr. Hyde, der einen Sieg über Dr. Jekyll errungen habe[29], und der spätere französische Außenminister Andre Francois-Poncet sprach analog vom Sieg des Boche über den Allemand[30]. Es erscheint deshalb als folgerichtig, dass Franzosen und Engländer (auch aufgrund ihrer kolonialen Erfahrungen und Enttäuschungen) von der Umerziehung nichts hielten. Oder, mit einem berühmt gewordenen Satz von Edmond Vermeil, die Entnazifizierung würde bedeuten, die Deutschen zu „entdeutschen"[31]. Die Sowjetunion diagnostizierte den Nationalsozialismus als besondere Form, als „Alterserscheinung" des Kapitalismus und konzentrierte sich auf Strukturreformen: die Bodenreform, die Verstaatlichung der Grundstoffindustrie, die Schulreform, die radikale Entnazifizierung von Verwaltung, Justiz und Schule und die Gründung neuer Parteien innerhalb einer antifaschistisch-demokratischen Nationalen Front. Einfachen Mitgliedern der NSDAP wurde schon frühzeitig die Chance gegeben, innerhalb der neuen Parteien mitzuarbeiten und sich zu bewähren. In der amerikanischen Öffentlichkeit gab es zwar auch Stimmen – insbesondere unter Emigranten aus Deutschland – welche den Nationalsozialismus einem besonderen Nationalcharakter oder seiner pathologischen Entartung zuschrieben, aber Mehrheiten orientierten sich an der pragmatischen These, dass Menschen das Produkt ihrer Umwelt seien, dass sie diese Umwelt aufgrund von Erziehungseinflüssen interpretierten und dass deshalb eine Umerziehung erfolgreich sein könne, wenn sie langfristig mit gesellschaftlichen Strukturveränderungen im Erziehungswesen und individuellen Belohnungen verbunden würde. Deshalb wurden in der amerikanischen Öffentlichkeit bald nach dem Ende der Kampfhandlungen Stimmen laut, welche die Besatzungspolitik der USA in Gestalt von OMGUS als zu weich und zu liberal bezeichneten und der Erziehungsabteilung eine „ans Kriminelle grenzende Dummheit und Misswirtschaft vorwarfen"[32]. Chef dieser Abteilung (*Educational and Religious Affairs*) war zu jener Zeit John W. Taylor, ein Experte für Schulverwaltung und Schulbücher, der mit einer Arbeit über Jugendbewegung und Jugendgruppen in der Weimarer Republik an der Columbia University in New York promoviert worden und später als Lehrer in Berlin tätig gewesen war. Taylor hatte großen Respekt vor den reformpädagogischen Errungenschaften der Weimarer Republik und ging davon aus, dass die Entnazifizierung und Demokratisierung der Erziehung eine Sache der Deutschen selbst sein müsse. Wahrscheinlich wäre sein bescheidener Stab und dessen rangniedrige Einordnung in die Hierarchie von OMGUS zu strukturellen Eingriffen auch nicht fähig gewesen. So verwarf er den Plan, Schulen und Universitäten erst einmal zwei Jahre zu schließen, die Lehrerschaft radikal zu entnazifizieren und neue Lehrbücher zu entwickeln. Er setzte vielmehr auf einen langsamen, inneren Umerziehungsprozess. Gerade diese vorsichtige Haltung kreideten ihm Teile der Öffentlichkeit an. Eine Kommission unter Vorsitz des Professors für Europäische Geschichte George Zook, die auch Experten für Erwachsenenbildung und Jugendarbeit enthielt, setzte sich im Sommer 1947 in Bewegung und inspizierte Hessen, Bayern, Baden-Württemberg, Bremen und Berlin. Ihr Urteil, im Zook-Report festgehalten: Die Demokratisierung des deutschen

Bildungswesens erfordere eine Zusammenfassung von Volks-, Real-, Ober- und Berufsschulen unter dem Dache von Gesamtschulen, in die alle Kinder chancengleichen und kostenlosen Zugang haben sollten[33]. Die Militärregierung müssen bei schulpolitischen Entscheidungen, die inzwischen auf die neu gebildeten deutschen Länder und deren Ministerpräsidenten übergegangen waren, ein Vetorecht besitzen. Diese Bemerkung bezog sich auf die Situation in Bayern, dessen CSU-Kultusminister Alois Hundhammer sich weigerte, den alliierten Anordnungen zur Schulreform zu folgen. Hundhammer hielt sowohl an der Konfessionsschule als auch am dreigliedrigen Schulsystem fest und führte als besondere Provokation von Amerikanern, aber auch von deutschen Sozialisten und Liberalen, die Prügelstrafe wieder ein[34]. Es kam zu einem Machtkampf zwischen dem Lande Bayern und OMGUS, den letztlich Bayerns Konservative gewannen.

OMGUS war eine mit Militärs (und mit Zivilisten in Uniformen) besetzte Militärverwaltung. Sie unterstand dem Kriegsministerium. Die Pläne des US-Außenministeriums für die Umerziehung der Deutschen liefen in eine andere Richtung und erwiesen sich langfristig betrachtet als erfolgreicher als die halbherzige Entnazifizierungs-Kampagne und die in Ansätzen steckengebliebene Strukturreform des Schulwesens, die nur in sozialdemokratisch regierten Ländern Erfolg hatte. Eugene Anderson von der *Area Division for Occupied Areas* (ADO) hatte schon im April 1946 Pläne für ein internationales Kontakt- und Besuchs-Programm für deutsche Meinungsführer des Erziehungswesens entwickelt. Ausgehend von dem reformpädagogischen Prinzip John Deweys, Demokratie könne nur durch vorbildhaftes demokratisches Zusammenleben gelehrt und gelernt werden, schlug Anderson ein dreimonatiges US-Besuchsprogramm für deutsche Lehrer, Erwachsenenbildner, Sozialarbeiter, Journalisten, Ärzte, Geistliche und Vertreter von Gewerkschaften, Jugend- und Frauenverbänden vor. Das Austausch-Programm sollte durch ein einjähriges Stipendium deutscher Studenten im Ausland ergänzt werden. Außerdem sollten amerikanische Erziehungs-Experten für jeweils drei Monate nach Deutschland kommen und Fortbildungs-Seminare mit deutschen Erziehern und Lehrern veranstalten[35].

Das Austauschprogramm lief 1947 an. General Clay hielt zunächst nicht viel davon; die Erziehungs-Offiziere der Militärregierung hatten genug mit dem Bayerischen Kulturkampf zu tun und waren personell unterbesetzt. Außerdem verfügten sie nicht über die notwendigen Kontakte zu amerikanischen Partner-Organisationen, welche die Patenschaft während des USA-Aufenthaltes deutscher Stipendiaten übernehmen und die Erziehungs-Experten für die Reise nach Deutschland stellen konnten. Im ersten Jahr des Austausches gab es 81 deutsche Amerika-Fahrer, 1948 waren es 354, und für 1949 waren 3.500 ins Auge gefasst. Unter den ersten Deutschen, welche auf Kosten amerikanischer Stiftungen in die USA fuhren, waren Martin Niemoeller, Walter Hallstein, Ernst Reuter und Benigna Goerdeler, die Tochter des von den Nazis hingerichteten SPD-Politikers Karl Friedrich

Abb. 20: Gründung der Freien Universität Berlin, 1947 (Landesbildstelle Berlin)

Goerdeler. Die ins Auge springende Erweiterung des deutsch-amerikanischen Austausch-Programms ab 1949 hatte mehrere Gründe. Dem Nachfolger von John W. Taylor war es gelungen, die für Erziehungsfragen zuständige Unterabteilung von OMGUS zu einer konkurrenzfähigen Hauptabteilung aufzuwerten, und auf der Berchtesgadener Erziehungskonferenz der Militärregierung sprach der sonst eher skeptische Lucius D. Clay deutschen Erziehungsfragen die höchste Priorität zu. Auf der Konferenz setzte sich die Argumentation durch, keine Besatzungsmacht sei in der Lage, ihre kulturellen und pädagogischen Normen und Werte einem besiegten Volke aufzuzwingen. Eine Militärregierung werde immer als Militärregierung angesehen werden, unabhängig von den hochwertigen Motiven jener, die das besiegte, zerstörte und besetzte Deutschland umerziehen oder umorientieren wollen. Deshalb solle es die Hauptaufgabe dieser Militärregierung sein, die deutsche Bevölkerung mit nicht-staatlichen demokratischen Organisationen in den USA in Kontakt zu bringen, um gemeinsame Ziele gemeinsam verfolgen zu können. Die demokratischen Elemente innerhalb der deutschen Bevölkerung müssten erkannt und ermutigt werden, sich an der Neu-Entwicklung, dem Aufbau oder dem Wieder-Aufbau demokratischer Institutionen in Deutschland zu beteiligen. „The United States will have failed in Germany if materialism is allowed to supersede moral values. A concurrent program of educational and cultural reconstruction on a long-term basis is required“[36].

Abb. 21: „Rosinenbomber“ versorgen West-Berlin während der Blockade, 1948 (Landesbildstelle Berlin)

Die neue Tonart, in der nicht mehr von „Bestrafung“, „Isolierung“ und militärischer „Aufsicht und Kontrolle“ gesprochen wurde, sondern von „Zusammenarbeit“ und „gemeinsamem Wiederaufbau“, war kein einfacher Sinneswandel der beteiligten Akteure. Sie ging vielmehr auf die politischen Erfahrungen zurück, welche die Amerikaner in den Jahren 1948 und 1949 in der Vier-Sektoren-Stadt Berlin machten. Auf der Potsdamer Konferenz im Cecilienhof war 1945 einvernehmlich die gemeinsame und abgestimmte Verwaltung der Besatzungszonen durch den Alliierten Kontrollrat und in den Sektoren der ehemaligen deutschen Hauptstadt durch eine Alliierte Kommandantura festgelegt worden. Aber die Sowjetische Militäradministration schuf im Ostteil der Stadt sehr schnell und im Alleingang vollendete Tatsachen bei der Schulreform und bei der Wiedereröffnung der Berliner Universität. Professoren, Studenten und sozialdemokratische Kommunalpolitiker drängten daraufhin USA zur Gründung einer neuen Universität im Westen der Stadt. Gegen die Bedenken der Engländer und des für Universitätsfragen zuständigen OMGUS-Offiziers, des deutschen Reformpädagogen Fritz Karsen, engagierte sich General Clay für die Gründung der neuen Freien Universität.

Im Juni 1948 führten die West-Alliierten in ihren Besatzungszonen eine Währungsreform durch und kündigten damit de facto die auf der Potsdamer Konferenz vereinbarte Behandlung aller vier Besatzungszonen als wirtschaftliche Einheit. Daraufhin blockierten die Sowjets alle Zufahrtswege von und nach Berlin. Lucius D. Clay organisierte die Versorgung der West-

Sektoren dieser Stadt aus der Luft. Über eine Luftbrücke transportierten amerikanische und britische Flugzeuge zwischen Juni 1948 und Mai 1949 auf 250.000 Flügen 1,8 Millionen Tonnen Güter. Als „Architekt der Luftbrücke“ hatte der amerikanische General die Chance, seine Rolle als Besatzer mit der Rolle eines politischen Bundesgenossen zu tauschen. Freie Universität, Luftbrücke – und nicht zuletzt die Wirtschaftshilfe im Rahmen des Marshall-Plans – rückten Amerikaner und Deutsche in ihrem Bewusstsein und im Spiegel der veröffentlichten Meinung enger aneinander und machten aus Gegnern im Zweiten Weltkrieg Verbündete im Kalten Krieg.

Nachdem der Parlamentarische Rat am 8. Mai 1949 das Grundgesetz der Bundesrepublik angenommen hatte, gingen die Befugnisse von OMGUS auf die neue Institution eines Hochkommissars für Deutschland (HICOG) über. HICOG unterstand nicht mehr, wie OMGUS, dem Kriegsministerium, sondern dem Außenministerium. Hochkommissar für Deutschland wurde der Diplomat John McCloy, der schon einmal als amerikanischer Militärgouverneur in Aussicht genommen worden war. Die neuen Zuständigkeiten und das teilweise neue Personal der Amerikaner beseitigte viele bürokratische Hemmungen und administrative Reibereien, die bis zum Sommer 1949 den Kulturaustausch behindert hatten. Leiter der für Erziehungsfragen zuständigen Hauptabteilung von HICOG wurde Dr. Shepard Stone, ein Publizist und ehemaliger Deutschland-Korrespondent der *New York Times*, der zwischen 1929 und 1933 in Marburg studiert hatte und kurz vor Hitlers Machtergreifung an der Berliner Universität promoviert worden war. Sein Abteilungsleiter für Erziehung und kulturelle Beziehungen wurde Dr. James Morgan Read, ein Quäker, der ebenfalls in Marburg Geschichte studiert hatte und vor seiner Ernennung Sekretär des *American Friends Service Committee* gewesen war, einer weltweiten pazifistischen Organisation zur· Milderung von Kriegs- und Nachkriegs-Folgen (Quäkerspeisung). Zusammen mit dem Abteilungsleiter für Kultur-Austausch Dr. Ralph Burns war dies ein Team von gebildeten Deutschland-Kennern, die wegen ihrer guten Kontakte sowohl zu Deutschen als auch zu amerikanischen Organisationen den Kulturaustausch wesentlich gezielter und effektiver anpacken konnten, als das zu OMGUS-Zeiten der Fall gewesen war. Selbst der eher skeptische amerikanische Historiker Harold Zink bescheinigt ihnen, ihre Arbeit sei die extensivste und wirkungsvollste unter allen HICOG-Aktivitäten gewesen[37]. Allerdings gab es anfangs Kommunikationsschwierigkeiten zwischen Bad Nauheim und später Mehlem bei Bonn (dem Sitz von HICOG) und dem Außenministerium in Washington: „Washington did not do a particularly good job in communicating their ideas and motives to the staff in Germany“[38]. Dass die Kommunikation mindestens auf dem Gebiet des Kulturaustausches besser klappte hängt damit zusammen, dass HICOG im Außenministerium einen kongenialen Gesprächspartner vorfand, der über ein Konzept verfügte, dieses Konzept überzeugend darstellen und seine Durchführung organisatorisch und finanziell wirksam absichern konnte: Henry J. Kellermann.

Internationaler Austausch

Henry J. Kellermann war ein Berliner Jurist, geprägt von der bürgerlichen deutschen Jugendbewegung, deren jüdische Teile er in den ersten Jahren der Hitlerherrschaft in Berlin und von Berlin aus betreute und auf die Emigration vorbereitete. Er wurde noch 1937 an der Berliner Universität zum Doktor beider Rechte promoviert und emigrierte dann sofort in die USA. Nach einer Sozialarbeiter-Ausbildung in New York arbeitete er in der New Yorker Jugendpflege und im *New York Welfare Council*[39] und trat nach Kriegsende in die Dienste des Außenministeriums. Er verfolgte eine Umerziehungs- und Umorientierungs-Strategie auf mittlerer Linie zwischen dem etwas blauäugigen Prinzip der OMGUS-Pädagogen (*Die Deutschen müssen es selber tun*) und dem imperialen – vor allem aber folgenlosen – Anspruch der Zook-Kommission, die Deutschen sollten das amerikanische Erziehungssystem übernehmen. Seine Politik war es offensichtlich, nach unbelasteten formellen und informellen deutschen Erziehern zu suchen und diese potentiellen Führungskräfte (vor allem auch in der jüngeren Generation) durch die Auseinandersetzung mit der Alltagsrealität der Erziehung und Bildung in traditionsreichen demokratischen Ländern (nicht nur in den USA) zu qualifizieren. Dabei definierte er den Erziehungsbegriff vergleichsweise weit und bezog formelle und informelle Gruppenleiter von Jugendverbänden, Frauenverbänden und Vereinen in sein Austauschprogramm ein. Er hat damit, wie wir noch sehen werden, der Rekonstruktion und der Weiterentwicklung von Methoden in der Sozialen Arbeit in Deutschland einen folgenreichen Dienst erwiesen. Kellermann führte für dieses *Neu-Orientierungs*-Konzept (er vermeidet den Begriff *Umerziehung*) eine interessante politische Begründung an. Schon einmal sei eine deutsche Republik, die aus einem verlorenen Krieg hervorgegangen sei, unter anderem an der fehlenden Unterstützung durch die Siegermächte zugrunde gegangen: die Weimarer Republik. Eine Wiederholung dieser schrecklichen Erfahrung müsse unter allen Umständen vermieden werden. Um die neue Demokratie zu unterstützen müssten deutsche Demokraten ermutigt und qualifiziert werden[40]. Die Rechtsbasis für diesen ehrgeizigen Plan der demokratischen Umorientierung neuer pädagogischer Kader in der Bundesrepublik Deutschland durch einen längeren Kontakt mit dem pädagogischen und politischen Alltag in demokratischen Ländern war der sogenannte Smith-Mundt-Act, den der 8. US-Kongress 1948 verabschiedet hatte und der die Verwendung erheblicher Steuergelder für *information and educational exchange* vorsah. Politische Fortsetzung dieses weltweiten Programms war die sogenannte „Wahrheits-Offensive“, welche die USA einige Jahre später starteten, um der antiamerikanischen Propaganda der Sowjetunion zu begegnen. Auf dem Gipfel des nun massiv anlaufenden Austausch-Programms fuhren 1951 und 1952 jeweils 3.000 deutsche Pädagogen und Erzieher, Kommunalpolitiker, Gesundheitspolitiker und formelle wie informelle *community leaders* für jeweils drei bis zwölf Monate in die USA und in andere Länder und wur-

Abb. 22: Architekten des Kulturaustauschs: Dr. Shepard Stone (links, Foto: 1984) beim US-Hochkommissar in Deutschland und Dr. Henry J. Kellermann im Außenministerium in Washington (Foto: 1985) (Privatfotos)

den dort von Erziehungs-, Bildungs- und Wohlfahrts-Organisationen und -Verbänden und von Universitäten und Fortbildungsinstitutionen angeleitet und betreut. Zwischen 1948 und 1956 betrug der Austausch 16.228 Personen. Das Programm war das ehrgeizigste, umfangreichste und teuerste kulturelle und pädagogische Austauschprogramm, das die USA mit irgend einem einzelnen anderen Land in Szene gesetzt haben. Es kostete ein Drittel der Gesamtsumme, welche Nordamerika für den internationalen Kulturaustausch insgesamt bereitgestellt hatten[41].

Schon 1947 war das Austausch-Programm für die folgenden Personengruppen ausgelegt worden: *Leaders in informational and related fields of activity,. leaders in civic and welfare organizations, youth and other social organizations, leaders in occupational and professional organizations, leaders in art, letters, music, and the stage, students from recognized institutions, persons of outstanding promise*[42]. Auswahlgremien in den einzelnen Bundesländern, denen Amerikaner und Deutsche angehörten, sortierten die Bewerber nach gesellschaftlichem Engagement, politisch-gesellschaftlicher Aktivität, innerer Bereitschaft, englischen Sprachkenntnissen und fachlicher Kompetenz. Aussichtsreiche Bewerber wurden OMGUS und später HICOG über deren regionale Repräsentanten gemeldet und an das US-Kriegsministerium (nach 1949: das Außenministerium) weitergeleitet. Dann fand eine Sicherheitsüberprüfung im Hinblick auf nationalsozialistische oder kommunistische Aktivitäten statt, und schließlich wurden die amerikanischen Konsulate angewiesen, ein *non-immigrant visa* auszustellen, das die Bewerber verpflichtete, nach Ablauf der Austausch-Zeit die USA wieder zu verlassen. Kellermann selbst führt den unbestreitbaren Erfolg dieses Pro-

Arbeitsfelder der Amerikafahrer (1951–1953)	Teilnehmerinnen und Teilnehmer in absoluten Zahlen
Education (Schule, Schulverwaltung, Erwachsenenbildung)	885
Politics and Government	819
Labor (also Gewerkschaften)	679
Information Media (Presse, Rundfunk und Meinungsforschung – hier entwickelte sich eine dauerhafte Zusammenarbeit mit dem Bureau for Applied Social Research (Paul Lazarsfeld an der Columbia University))	368
Youth	314
Cooperative Action Teams (50 Teams sammelten im Ausland Anregungen und Erfahrungen für innovative Projekte in Deutschland)	288
Agriculture	260
Women's Affairs (u. a. fuhren 28 weibliche Bundestagsabgeordnete in die USA)	259
Community Affairs (das war die am wenigsten homogene Gruppe)	233
Law	185
Public Health and Welfare (diese Gruppe suchte Anschluss an die anglo-amerikanische Tradition der *mental health* and *mental hygiene*-Bewegung und der psychiatrischen Sozialarbeit zu gewinnen, die von den Nazis unerbunden worden war)	123
Libraries and Museums	67
Religion	52
Social Workers	24
	4.556
	(in: Kellermann 1978, S. 99)

gramms auf verschiedene Gründe zurück. Es war ein ungewöhnlich massives Programm, das über die Jahre hinweg ins Gewicht fallende Personengruppen für einen längeren Zeitraum mit einem fremden Land in Berührung brachte. Das Programm war so massiv, dass es etwa im Jahre 1952 die Hälfte des gesamten HICOG-Etats verschlang – wobei zusätzliche Gelder, die von amerikanischen Stiftungen und anderen Partner-Organisationen aufgebracht wurden, ebenso wenig berücksichtigt sind wie die sogenannte countermark (ein Fond aus rückfließenden Marshall-Plan-Mitteln), mit der das Programm zusätzlich finanziert wurde[43]. Das Programm war projektorientiert. Die an ihm Teilnehmenden sollten sich nicht einfach Land und Leute ansehen und Rundreisen machen, sondern sie sollten für die Zeit des

Austauschs in benachbarten und befreundeten nichtstaatlichen Institutionen hospitierend arbeiten und dabei Erfahrungen machen, wie die Kollegen in einem anderen Land vertraute berufliche Probleme lösen. Das Programm war im Hinblick auf Funktion und Status seiner Teilnehmer heterogen zusammengesetzt (*stratified from grassroot to summit*), es betonte *innovative Impulse* für das berufliche Leben der Teilnehmer und nicht so sehr Alltags-Routinen, es bezog deutsche Experten in die Auswahlgremien ein und es blieb nicht auf die Amerikanische Besatzungszone und auf die USA beschränkt. Zur Wirksamkeit des Programms trug auch seine feste organisatorische Einbindung innerhalb der Deutschlandabteilung des Außenministeriums bei. Täglich fanden Absprachen und Abstimmungen mit den anderen, zuständigen Abteilungen statt; HICOG als Ansprechpartner in Deutschland verfügte über eine *ranggleiche, personell qualifiziere Abteilung* in Gestalt des von Shep Stone geleiteten *Office of Public Affairs*; Stone hatte unmittelbaren Zugang zu Hochkommissar McCloy; es gab klar definierte Kommunikationskanäle zwischen der Zentrale in Washington und dem Feld in Deutschland[44].

Trotz der Betonung des heterogenen Charakters der Teilnehmer, die von ehrenamtlichen Mitarbeitern an der kommunalen Basis bis zu professionellen Experten in Spitzenverbänden und Ministerien alle Ebenen pädagogischer, sozialpädagogischer und sozialpolitischer Hierarchien abdecken sollten, war das Austauschprogramm während der HICOG-Zeit eindeutig auf Multiplikatoren hin ausgerichtet. Es war darauf gerichtet, „to stimulate and faciliate direct contact between civic and professional groups in Germany and corresponding groups abroad, notably in the United States“[45].

Bei der Verteilung der Gewichte fällt auf, dass die Bereiche Jugend, Frauen, Kommunale Führer und Gesundheitspolitik mit zwanzig Prozent aller Teilnehmer eine vergleichsweise große Rolle spielen – sie waren insgesamt stärker vertreten als der Bereich der formellen Erziehung (Schule und Schulverwaltung), während die Berufsgruppe der Sozialarbeiter das Schlusslicht darstellt. Kellermann selbst hat darauf hingewiesen, dass die Gruppe „Jugend(arbeit)“ einen starken professionellen sozialpädagogischen Akzent hatte und eher mit dem Begriff „Jugendpflege“ als mit „Jugendbewegung“ zu übersetzen sei[46], also eigentlich der Gruppe der Sozialarbeiter zugeschlagen werden müsste. Eine politisch wichtige Rolle spielte auch der Studenten-Austausch. Dabei standen nicht so sehr studienfachliche Fragen im Vordergrund, als vielmehr die Erfahrung studentischen Lebens auf dem typischen amerikanischen *Campus*. Durch diese Erfahrung sollten die konservativen Traditionen deutschen Corpsstudententums zurückgedrängt werden.

Das Studienbüro für politische Bildung am Institut für Sozialforschung der Frankfurter Universität hat 1966 eine Schrift vorgelegt, in der ehemalige Amerika-Fahrer beschrieben haben, welche Rolle für sie die unmittelbare und alltägliche Konfrontation mit dem amerikanischen Erziehungswesen und der amerikanischen Jugend- und Sozialarbeit gespielt hat. Darunter waren Wolfgang Edelstein (später Max-Planck-Institut für Bildungsforschung), Dieter Sauberzweig (später Deutsches Institut für Urbanistik), der Politologe Kurt Sontheimer und der Soziologe Wolfgang Zapf, die Psychologen Reinhard und Anne-Marie Tausch, der Kulturdezernent Hermann Glaser und die Erziehungswissenschaftler Adalbert Rang und Friedrich Minssen[47]. 1975 hat es eine Tagung von Oldtimern aus dem Teilnehmerkreis in den USA gegeben, weitere Tagungen folgten 1979 in Bielefeld und 1984 in Berlin. Sie haben immer wieder bestätigt, dass die Formel des Außenministeriums zur Interpretation des Re-Orientierungs-Konzeptes (*to observe, to advice, to assist*) deutliche und nachhaltige Wirkungen erzielt hat. Ich selbst habe bei meinen zahlreichen Gesprächen mit Pädagogen, Sozialpädagogen und Erwachsenenbildnern bei der Vorbereitung dieses Buches bestätigt gefunden, dass der Anteil von Frauen und Männern, die an diesem Austauschprogramm in den Vierziger- und Fünfzigerjahren teilnahmen und durch seine Erfahrungen mittelbar und unmittelbar beeinflusst und geprägt worden sind, und die später in anleitenden und leitenden Positionen in der schulischen und außerschulischen Erziehung tätig waren, unverhältnismäßig hoch gewesen sein muss[48]. Wenn immer wieder gesagt und geschrieben wird, die amerikanischen Besatzungstruppen hätten uns nach dem Zusammenbruch nationalsozialistischer Jugend- und Sozialarbeit die klassischen Methoden dieser Arbeit nach Deutschland gebracht, so sollte künftig diese Aussage korrigiert werden. Nicht sie haben sie uns gebracht, sondern wir haben sie uns geholt. Mit Hilfe eines großzügigen Austausch-Programms, dessen Reichweite und Wirkung bisher nur im Einzelfall individuell erfahren, aber nicht wirklich öffentlich bekannt und benannt gewesen ist.

Das Austausch-Programm der Amerikaner war von vornherein als Zweibahnstraße angelegt worden. Deutsche Multiplikatoren fuhren in die USA und einige europäische Länder, amerikanische Experten kamen für jeweils bis zu drei Monate nach Deutschland. Wer als Experte angesehen wurde, das definierte eine HICOG-Anweisung vom 1. September 1950. Danach handelte es sich um „citizens of the United States highly qualified and professionally prominent, whose services are desired in Germany to confer and advise with German agencies on pertinent questions in their specific fields in conjunction with projects planned, according to indicated need, by various HICOG substantive divisions“[49].

Dieses visiting experts program lief bereits 1947 mit insgesamt 50 amerikanischen Experten an. In jenem Jahr fuhren erst acht deutsche Multiplikatoren in die NDV. Aber in den folgenden Jahren blieb es zahlenmäßig hinter den sprunghaften Steigerungsraten deutscher Teilnehmer zurück. Insgesamt kamen zwischen 1949 und 1955 auf einen amerikanischen Experten zehn deutsche Austausch-Teilnehmer[50]. Die meisten Experten waren Hochschullehrerinnen und Hochschullehrer. Auf dem Gebiet von Frauenfragen kamen auch Repräsentantinnen amerikanischer Frauenverbände und Frauenzeit-

Abb. 23: Dr. Gisela Konopka, die, von der Hitler-Herrschaft in die USA vertrieben, als Professorin für *social group work* und *visiting expert* nach Deutschland kam, war eine der ersten deutschen Emigrantinnen, die Jugendpfleger und Sozialarbeiter mit der fortgeschrittenen internationalen Entwicklung vertraut machte (Foto: 1985)

schriften, für Jugendarbeit kamen Vertreter der beiden großen Jugend-Wohlfahrts-Verbände YMCA und YWCA[51]. Alle Experten waren gehalten, bewertende Abschlussberichte über ihre Tätigkeit in Deutschland abzugeben und Personenvorschläge für weiteren Personenaustausch zu machen. Unter den amerikanischen Experten auf dem Gebiet der Jugend- und Sozialarbeit befanden sich eine Reihe von deutschen Emigrantinnen. Dr. Annemarie Schindler vom YWCA kam als eine der ersten amerikanischen Expertinnen im Mai 1949 nach Berlin. Ihre Einschätzung der damaligen Situation auf dem Gebiet der Jugendverbandsarbeit und der Jugendpflege zeigt, wie schwer es einigen Emigranten fallen musste, die Situation im Nachkriegsdeutschland einzuschätzen und sich dabei nicht von den inzwischen gemachten amerikanischen Berufserfahrungen dominieren zu lassen[52]. Dr. Hertha Kraus, Professorin für Sozialforschung am Havenford College (später am Bryn Mawr College) hatte schon 1948 in Deutschland Fortbildungskurse für Fürsorgerinnen geleitet und 1950 eine deutsche Übersetzung des Sammelbandes *Casework in USA. Theorie und Praxis der Einzelhilfe* herausgegeben. Das Kapitel über Casework und Psychoanalyse hatte übrigens der (damalige) Austausch-Student Hartmut von Hentig übersetzt. Dr. Gisela Konopka aus Hamburg, Professorin für Gruppenpädagogik an der Universität von Minnesota, kam 1950, 1951 und 1956 nach Deutschland und leitete mehrere Fortbildungsveranstaltungen über Gruppenpädagogik und Kinderpsychiatrie. Sie hat ihre deutschen Erfahrungen, anders als Annemarie Schindler, zu intensiven und differenzierten Berichten über die deutsche Situation der frühen Fünfzigerjahre verarbeitet. Für sie lag der besondere Wert der Wiederbegegnung mit deutschen Sozialarbeiterinnen in der Anforderung, eine Woche oder zwei intensiv mit den deutschen Kolleginnen zusammen zu arbeiten und zu leben. Dabei sei es ihr mehr als einmal passiert, dass Sozialarbeiterinnen, aufgerührt durch die thematische Arbeit des Tages, sie noch spät in der Nacht aufgesucht hätten, um mit ihr über Erlebnisse während der Zeit des Nationalsozialismus zu sprechen. Als sie weibliche politische Häftlinge einer Körper-Visitation unterziehen mussten, als sie behinderte Kinder für ein Euthanasie-Programm aussuchen sollten ...[53].

Es mag sein, dass Harold Zink mit seiner Mängelrüge in Einzelfällen recht gehabt hat, manche Experten wären nur nach Deutschland gekommen, um sich auf Kosten des amerikanischen Steuerzahlers Europa anzusehen[54], es mag auch sein, dass einige Experten funktionslos herumsaßen, weil OMGUS und HICOG keine befriedigenden Kontakte vermittelt hatten. Aber insgesamt gilt für die Vierziger- und die frühen Fünfzigerjahre, dass jeder amerikanische Experte, der ins besetzte Deutschland kam, eine Tür geöffnet hat, und dass jedem Deutschen, der in ein fremdes Land eingeladen war, eine Tür geöffnet wurde.

Es fällt auf und macht nachdenklich, dass deutsche Antifaschisten und Emigranten bei der Planung von Umerziehungs- und Umorientierungs-Programmen keine oder nur eine ausführende Rolle gespielt haben. Aus den Akten des amerikanischen Außenministeriums scheint hervorzugehen, dass sich dessen Deutschland-Experten explizit weigerten, deutsche Emigranten an der Konzeptentwicklung zu beteiligen[55]. Sie mögen partiell schlechte Erfahrungen mit eifernden deutschen Emigranten gemacht haben. Das von Paul Tillich geleitete *Council for a Democratic Germany* hatte noch vor Kriegsende sehr abgehobene Vorschläge für eine radikale Umerziehung der vom Nazigeist besessenen deutschen Jugend gemacht. Die Schriftsteller Thomas Mann, Lion Feuchtwanger, Emil Ludwig, Alfred Döblin und Bruno Frank hatten beispielsweise gefordert, Deutschland über mindestens eine Generation hinweg militärisch besetzt zu halten, sofern sie davon ausgingen, dass eine solche Umerziehung überhaupt möglich sei. Selbst die moderateren Einschätzungen von Richard Brickner und Kurt Lewin, welche die deutsche Autoritätsfixierung auf Adolf Hitler und seine braunen Unter-Führer für eine neurotische Fehlentwicklung hielten und die Umerziehung als einen quasi-klinischen Rehabilitationsprozess empfahlen, erwiesen sich als wenig hilfreich und als wenig realistisch.

Auf der anderen Seite zeigen die zeitgeschichtlichen Dokumente, dass die englische Regierung und ihre Militärregierung andere Akzente gesetzt haben. Wohl beklagten sich auch deutsche Antifaschisten, die nach England emigriert waren, dass sie an der schnellen Heimkehr ins besetzte Deutschland gehindert worden seien[56]. Auf der anderen Seite haben die Engländer bei der Planung der Umerziehung Deutschlands schon frühzeitig mit einer christlich-sozialistischen Emigrantengruppe zusammengearbeitet, die sich in London um Anhänger Leonard Nelsons (Internationaler Sozialistischer Kampfbund ISK) gebildet hatte. Schlüsselpersonen dieser Gruppe, die ab Juni 1943 als *German Educational Reconstruction* (G.E.R.) in Erscheinung getreten war, sind zu jener Zeit die Pädagogen Minna Specht, Fritz Borinski und Werner Burmeister, die Sozialpädagogen Magda Kelber und Erich Hirsch und die Soziologen Karl Mannheim und Curt Bondy gewesen. Zu dem Kreis gehörten auch Wilhelm Heidorn und der Erwachsenenpädagoge und spätere Intendant des Süddeutschen Rundfunks und Publizistik-Professor Fritz Eberhard[57]. Das ursprüngliche Ziel von G.E.R. war es, „vertriebenen antifaschistischen Lehrern und Sozialarbeitern bei der Vorbereitung auf die Neuordnung in Deutschland nach der Niederwerfung des Nazismus zu helfen"[58]. Nach der Besetzung Deutschlands verlagerte die G.E.R. den Schwerpunkt ihrer Arbeit auf die Förderung persönlicher Kontakte zu Pädagogen und Sozialpädagogen in Deutschland. „Aus diesem Grund konnte G.E.R. leicht in die Arbeit der Britischen Kontrollkommission integriert werden und diese dort ergänzen, wo die offizielle britische Besatzungsadministration aus politischen Rücksichten weniger Handlungsspielraum besaß als die kleine Gruppe emigrierter Pädagogen und Sozialarbeiter" schrieb Gunter Pakschies in seiner Gesamtwürdigung der Umerziehung in der Britischen Zone 1945–1949"[59]. Es entsprach der eher liberalen und weniger ehrgeizigen Position der britischen Militärregierung und ihrer Jugendoffiziere, von Anfang an (und nicht erst in einer späteren Entwicklungsphase) einheimische Initiativen zu unterstützen, wie die Gründung des Jugendhofs Vlotho und des Hauses am Rupenhorn in Berlin. Auch die mit Abstand folgenreichste gruppenpädagogische Bildungsstätte der Amerikaner in Deutschland, *Haus Schwalbach* im Taunus, profitierte von dem Kreis der pädagogischen England-Emigranten: ihre erste und langjährige Leiterin war die ISK-Mitarbeiterin Dr. Magda Kelber.

Haus Schwalbach

Um die Jahreswende 1948/49 hatte Dr. Howard Oxley, von der Abteilung community activities des Landeskommissars der Amerikanischen Militärregierung für Hessen in Wiesbaden eine Idee. Er wollte, wie seine Kollegen in Bayern und Berlin, auch in Hessen ein *leadership training center* für formelle und informelle Multiplikatoren in hessischen Gemeinden gründen. Und er hatte für diesen Zweck ein passendes Haus. Genauer gesagt: zwei Häuser. 1890 hatte der deutsch-amerikanische Bierbrauer Adolph Busch bei dem Dorfe Lindschied im Taunus für seine Frau Lilly eine Sommervilla gebaut und zwanzig Jahre später durch eine zweite Villa für Tochter Claire ergänzt. Die beiden Villen mit einem großen Park und exotischen Gewächshäusern waren zu Beginn des Zweiten Weltkrieges von der Nationalsozialistischen Volkswohlfahrt (NSV) beschlagnahmt worden und dienten gegen Ende des Krieges als Zufluchtsstätte Frankfurter Mütter und ihrer

Abb. 24: Haus Schwalbach mit Dr. Magda Kelber (links am Kamin), 1949; aus: Schwalbacher Blätter 1, 1950

Kinder vor alliierten Bombenangriffen. Die Militärregierung wollte das Unternehmen finanzieren und steuern, ein deutsches Kuratorium mit Vertretern der potentiellen Nutzer der beiden Häuser (Kultusministerium, Landesjugendamt, Wohlfahrtsverbände) sollte ebenfalls mitbestimmen. Der Begriff „ebenfalls" signalisiert erste Gründungsschwierigkeiten, denen weder Vlotho noch Rupenhorn in ihrer Gründungs- und Aufbauphase ausgesetzt waren. Am 26. Juni 1949, einem strahlenden Sommertag, übergab der amerikanische Militärgouverneur den verchromten Riesenschlüssel der Häuser an den Hessischen Minister für Erziehung und Volksbildung, und dieser reichte ihn an den stellvertretenden Vorsitzenden des Kuratoriums von „Haus Schwalbach" weiter. Dort hing er bis zum Auszug aus den gemieteten Häusern im Oktober 1957 über dem Kamin. Die Repräsentanten der drei Institutionen, durch deren

Hände der Schlüssel gegangen war, mochten mit der symbolischen Eröffnungs-Zeremonie die Hoffnung verbunden haben, mit der Übergabe des Hausschlüssels auch Hausrechte erworben zu haben[60]. Die amerikanischen Gründer waren zwar nur als Berater im Kuratorium vertreten[61], aber sie organisierten die ersten Lehrgänge und verschickten die Einladungen, sie luden Referenten und Gäste ein, sie entschieden über die Benutzung von Dienstwagen, über Anschaffungen, Jahres-Etat und die Zusammensetzung des Kuratoriums. Noch bis zum Juni 1953 lieferten die hauptamtlichen Mitarbeiter des Hauses ihre Monatsberichte auf Englisch ab, und die Rückübersetzung der Protokolle von Kuratoriumssitzungen ins Deutsche führte manchmal zu unerquicklichen semantischen Diskussionen[62]. Als bereits ein Jahr nach Gründung das stationäre Team der Mitarbeiter durch ein „Reiseteam" ergänzt wurde, das in Nordhessen Außenlehrgänge durchführte, kam es zu einem Eklat zwischen dem hessischen Volksbildungs-Ministerium und dem amerikanischen Hochkommissar[63]. Der Eklat wurde zwar oberflächlich durch Protokollerklärungen beigelegt, aber was blieb, war der Verdacht von Ministerium und Landesjugendamt, Haus Schwalbach vertrete einseitig amerikanische Erziehungsprinzipien und sei nicht geeignet, als unabhängige „Heim (stätte) für Volksbildung und Jugendpflege" (so die offiziöse deutsche Übersetzung von *leadership training center*) von der Hessischen Landesregierung übernommen und voll finanziert zu werden[64]. Angesichts so unklarer Kompetenz-Verteilung gaben die ersten bei den hauptamtlichen Dozenten, Dr. Heinrich Braun und Dr. Hildegard Rexroth-Kern nach vier Monaten auf und machten den Weg für eine Zwischenlösung frei, die sich als Dauerlösung herausstellen sollte: Dr. Magda Kelber, deutsche England-Emigrantin und aktive Mitarbeiterin in dem Kreise der *German Educational Reconstruction* „wurde im August 1949 eingeladen, einige Wochen dort Kurse mitzuerleben, um ein Gutachten über Möglichkeiten einer solchen Einrichtung abzugeben. Als im September noch keine neue Leitung gefunden war, wurde ich gebeten, die Verantwortung zu übernehmen. Ich sagte zu für die Übergangszeit – bis jemand gefunden wäre: hatte ich doch die feste Absicht, meine durch die Leitung des Quäkerhilfswerks in der britischen Zone für mehrere Jahre unterbrochene Arbeit in England wieder aufzunehmen. Nichts ist so dauerhaft wie ein Provisorium: diese ‚Übergangszeit' währte von 1949 bis 1962!"[65]

Magda Kelber war keine Expertin für die Methode, die Haus Schwalbach berühmt gemacht hat: *social group work* oder *Gruppenpädagogik*. Gewiss, sie hatte eigentlich schon immer Gruppenarbeit mit Erwachsenen betrieben, vor allem in der englischen Emigration bei den Quäkern und ab 1946 nach ihrer ersten Rückkehr ins besetzte Deutschland im Auftrage des Quäkerhilfswerks bei der Fortbildung deutscher Frauen in Gruppenarbeit. Aber den feinen Unterschied zwischen Gruppenarbeit und Gruppenpädagogik hatte sie erst in der Jugendleiterschule Ruit durch die Begegnung mit Clara Kaiser aus New York kennen gelernt, die sie auch mit dem 1948 erschienen Buch von Grace Coyle (*„Group Work with American Youth"*) und mit dem

Standardlehrbuch von Gertrude Wilson und Gladys Ryland („*Social Group Work Practice*“) bekannt machte, das Herbert Lattke später übersetzte und das in den folgenden Jahren eine Art Pflichtlektüre für deutsche Gruppenpädagogen geworden war[66].

1952 organisierten die Amerikaner für die hauptamtlichen Mitarbeiter ihrer Jugendleiterschulen Ruit, Haus Schwalbach und Niederpöcking im Berliner Wannseeheim für Jugendarbeit einen Vierwochenlehrgang in Gruppenpädagogik mit Gisela Konopka, Ruby Pernell, Anne Stenzel und Ruth Norris. Durch diese Anstöße sei sie in die Lage versetzt worden, sich intensiv mit der nordamerikanischen Tradition von *social group work* zu befassen, sie mit ihren Mitarbeitern (zunächst Dr. Ilse Mayer-Kulenkampff vom Pestalozzi-Fröbel-Haus Berlin, Hans Richter vom Jugendhof Vlotho und Dr. Peter H. Steinmetz, später Heimvolkshochschule Hustedt) in die deutsche Erziehungstradition wieder einzubürgern[67] und die empirisch-erziehungswissenschaftliche Basis dieser Erziehungstradition in Deutschland bekannt zu machen[68].

Zum zehnten Jahrestag der Gründung von Haus Schwalbach liefen vielfältige Rückmeldungen über seine Wirkungsweise im Taunus ein. „Junge Menschen schrieben abstrakt wie Professoren, alte Herren schwärmten wie Junge … Die Krankenschwester und der Lehrer, der Personalchef und die Fürsorgerin, der Major der Bundeswehr, die Ratsherrin, der Ministerialbeamte, der Gewerkschaftler, die Pfadfinderin, die Ärztin und der Erwachsenenbildner schrieben. Immer von Neuem kehrten die ‚Methode 66‘ und das Flanelltuch wieder“[69]. In dieser Zwischenbilanz aus dem Jahre 1959 sind Wirkung und Tragik dieser herausragenden gruppenpädagogischen Bildungsstätte in anschaulicher Weise widergespiegelt. Der Jugendhof Vlotho und das Haus am Rupenhorn waren von der Gründung auf breite aber doch speziellen Zielgruppen hin angelegt:

Vlotho auf die Beckmann-Generation, Rupenhorn auf die neu gegründeten demokratischen Jugendverbände. Haus Schwalbach wollte alle erreichen, die mit Menschen in Gruppenzusammenhängen zu tun hatten.

> „In unserer Arbeit lassen wir uns leiten von dem Gedanken, den Einzelnen zur verantwortlichen Mitarbeit in der Gruppe, Nachbarschaft, Gemeinde, in Kreis, Volk, Staat und Menschheit zu bringen. Die einzelnen Anliegen aller nach Haus Schwalbach kommenden Menschen werden im Lichte dieses Leitgedankens betrachtet. Dies geschieht hauptsächlich in Arbeitsgemeinschaften, Aussprachen und praktischen Übungen, seltener in Vorträgen oder Referaten, und wo immer möglich unter Verwendung von Anschauungsmitteln (Film, Epidiaskop, Radio, Schallplatte usw.). Auch die Gastlehrer sollen so untheoretisch und unakademisch wie möglich sprechen. Es kommt viel mehr darauf an, für Zuhörerfragen offen zu sein, um ein menschlich verbindendes und helfendes Gespräch zu führen.“[70]

Diese frühe Absichtserklärung von 1949 unterstreicht den Allgemeingültigkeits-Anspruch von Gruppenpädagogik als Methode und Ausdruck demokratischer Lebensweise. Sie wurde in dem Augenblick problematisch, in dem aus Gründen finanzieller Existenzsicherung die Tatsache übersehen wurde, dass Gruppenpädagogik als „eine Methode, die bewusst die kleine überschaubare Gruppe als Mittelpunkt und Mittel der Erziehung einsetzt“[71] nicht nur von den ethischen Standards der sie Praktizierenden und ihrer professionellen Kompetenz abhängt, sondern auch von dem institutionellen Kontext, für den sie gelehrt und in dem sie praktiziert wird. Für heutige Leser wird es anders als für Lernende der Fünfzigerjahre des letzten Jahrhunderts – offensichtlich sein, dass sich Gruppenpädagogik im Strafvollzug, Gruppenpädagogik in einer autonomen Jugendgruppe, Gruppenpädagogik bei der Bundeswehr, Gruppenpädagogik bei KARSTADT und Gruppenpädagogik im Krankenhaus notwendigerweise nicht nur marginal, sondern prinzipiell unterscheiden müssen. Selbstverständlich wussten das auch die hauptamtlichen Mitarbeiter von Haus Schwalbach. Da sie aber seit 1951 mindestens einmal jährlich „vorsorglich gekündigt wurden“, weil weder die Amerikaner noch die potentiellen hessischen Träger sie in ihre ordentlichen Haushaltspläne übernahmen, sondern immer nur zeitlich befristete Zuschüsse gewährten, verschob sich der professionelle Akzent der Arbeit immer mehr von der erziehungswissenschaftlich-didaktischen Vermittlung allgemeingültiger Prinzipien von Gruppenpädagogik als einer besonderen Form der Aneignung allgemeiner menschlicher Kommunikations- und Interaktions-Kompetenzen auf die zum finanziellen Überleben notwendige Akquisition neuer Lehrgänge, neuer Lehrgangsträger, neuer Geldgeber.

In einer institutionell unabgesicherten Situation werden Erziehungsprinzipien sehr schnell zu Erziehungsmethoden, und Erziehungsmethoden sehr schnell zu inhaltsleeren Selbstläufern. Wenn Magda Kelber 1959 beklagt, dass die „Methode 66“ nicht der Inbegriff von Gruppenpädagogik sei, dass Gruppenpädagogik anleiten solle zur „Besinnung auf pädagogische Grundsätze, die solches Tun durchdringen müssen, eine Besinnung auf die Stellung und Haltung des pädagogisch Verantwortlichen, der dem einzelnen durch die Gruppe Wachstumshilfen geben will; eine Besinnung auf Ziele, die pädagogisch vertretbar sind, die ethisch begründet und geglaubt und die mit Festigkeit und Behutsamkeit zugleich verfolgt werden“[72], dann war das ebenso richtig wie im Hinblick auf seine Konsequenzen folgenlos, denn als größter allgemeiner Interessen-Nenner zwischen Schülermitverwaltung, Deutschem Roten Kreuz, Bundeswehr und Karstadt AG bleiben in der Tat – zieht man alles Trennende ab – Flanelltuch und Methode 66 übrig. Sie stehen zwar für zwei richtige und wichtige Prinzipien allgemeiner Didaktik, aber sie allein können nicht die Reinhaltung der Prinzipien im Bewusstsein ihrer unterschiedlichen Anwender garantieren. Für welche didaktischen Prinzipien stehen Flanell-Tuch und Methode 66? Und vorher noch: Was sind sie?

Das Flanelltuch ist ein zwei bis drei Quadratmeter großes Stück meist grünen Tuchs, wie es als Bezug von Billard-Tischen verwendet wird. Die raue Oberfläche des Stoffs lässt Bilder, Grafiken, Figuren und Texte, die vorher auf Pappe geklebt und mit einer ebenfalls rauen Rückseite (etwa: Schmirgelpapier) versehen worden sind, auf dem Flanelltuch haften, gleichzeitig aber auch wieder ohne Mühe entfernen. Das Flanelltuch ist eine Weiterentwicklung der Schiefertafel, die es dem Lehrenden erlaubt, den geplanten Tafelanschrieb in seine Einzelteile zu zerlegen und vorzufertigen. Während des Unterrichtes setzt er ihn dann vor den Augen der Lernenden zu einem komplexen Schaubild zusammen und kann auf diese Weise komplizierte und komplexe Zusammenhänge (Gruppenstrukturen, Kommunikationswege in Kleingruppen, Rollen und Funktionen von Gruppenleitern und Diskussionsleitern, Zusammenhänge von Führungsstilen und Sozialverhalten von Gruppen) prozesshaft veranschaulichen. Eines der beliebtesten farbigen Haftbilder von Haus Schwalbach war der Diskussionsleiter („Dikulei"). So ausgedrückt klingt die Sache banal. Ich kann sie aber auch anders ausdrücken und schreiben: Flanelltuch und Haftbilder erlauben es dem Didaktiker, einen Forschungsprozess und seine zergliedernden (analytischen) Ergebnisse als Lehrprozess optisch zu rekonstruieren. Das leistete auch schon die gute alte Wandtafel, und Lehrerbildungsstätten waren schon immer gut beraten, wenn sie besonderen Wert auf einen klaren, übersichtlichen und gegliederten Tafelanschrieb ihrer Studierenden legten. Für Haus Schwalbach stand „Flanelltuch" stellvertretend für eine Vielzahl von Medien, die zur Unterstützung des gesprochenen Wortes und teilweise sogar als sein Ersatz verwendet wurden: Schaubilder als Diapositiv oder im Epidiaskop, Filme, Schallplatten, Magnetton-Aufzeichnungen. Das erste Magnettongerät des Hauses mussten die Mitglieder des Teams übrigens aus eigener Tasche bezahlen. Hinzu kamen Anleitungen, den eigenen Körper – und nicht nur die Sprache – als Ausdrucksmittel zu benutzen und zu kultivieren. Sensibilisierungsübungen, Pantomimen, Rollenspiele und Soziodrama wurden gepflegt, noch lange bevor sich Gruppendynamik, Gestalt-Pädagogik und Selbsterfahrungsgruppen ihrer bemächtigten. In allen Jugendleiterschulen und Bildungsstätten dieser Gründerjahre wurde übrigens eine enge Verbindung zwischen politischer Bildung, kommunikativer Kultur und Kunst gesehen und gesucht. Es gab regelmäßige Ausstellungen moderner Malerei, es gab Schallplattenabende mit klassischer und zeitgenössischer Musik, es gab Anleitung zur Arbeit mit Fingerfarben und in den Techniken von Linolschnitt und Collage.

Besonders beeindruckend für alle Beteiligten waren jene gruppenpädagogischen Unterweisungen, die den Zusammenhang zwischen Sitzordnung, Gruppenhierarchie und verbaler Tätigkeit verdeutlichten. Das Für und Wider verschiedener Arrangements (Sitzreihen im Frontalunterricht, die lange Tafel, das Hufeisen mit Innen- und Außenbestuhlung, das geschlossene Viereck, der große Kreis) wurde durch Schaubilder demonstriert und praktisch erprobt. Eine besondere Rolle spielten Unterweisungen und Übungen für eine angemessene Diskussionsleitung in der Gruppe, die das Zuhören ebenso ermutigen und schulen sollte wie das Sprechen, und die die Rolle des Diskussionsleiters als die eines Moderators beschrieben, der Beiträge aus der Gruppe hervorheben und zusammenfassen, nicht aber durch eigenen Beiträge glänzen sollte. Das alles mag uns vierzig Jahre später alltäglich erscheinen. So alltäglich, dass wir uns die Bestimmungsgründe für solche kommunikativen Arrangements gar nicht mehr bewusst vergegenwärtigen. Für die ersten Jahre nach dem Zusammenbruch des Faschismus und seiner Erziehungspraktiken war es in der Tat ein Blick in eine neue und faszinierende Welt, in der das Einfache und Machbare plötzlich eine neue Bedeutung, Wirkung und Würde gewann. Die Lehrgangsträger, mit denen Haus Schwalbach zusammenarbeitete, waren auf das Arrangement solcher Kleinigkeiten nicht immer vorbereitet. Vor allem die Außen-Teams des Hauses hatten es oft mit widrigen Umständen zu tun, unter denen sie ihre Lehrgänge durchführen mussten. Das Essen war knapp und schlecht, die Räume waren unübersichtlich und kalt, die Zahl der Teilnehmer überstieg die obere Grenze für vernünftige Gruppenarbeit, Repräsentanten der Lehrgangsträger zeigten einen Leitungsstil, der dem Schwalbacher Stil diametral entgegengesetzt war.

Als 1957 der Mietvertrag für die Häuser Lilly und Claire nicht erneuert wurde und das gesamte Team, obdachlos geworden, von Lehrgangsstätte zu Lehrgangsstätte ziehen musste, wurde das gruppenpädagogisch notwendige Arrangement von Umständen und Atmosphäre, das die Verfügungsgewalt über ein eigenes Haus voraussetzt, nahezu unmöglich gemacht. Um auch unter widrigen Umständen und mit einer großen Teilnehmerzahl vergleichsweise intensiv kommunizieren zu können, wendeten die Schwalbacher die „Methode 66“ an. In einer bestimmten Phase einer größeren Konferenz oder eines Kongresses mit zahlreichen Teilnehmern und einer ungünstigen Sitzordnung wurden jeweils sechs zusammensitzende Teilnehmer gebeten, als Diskussionsgruppe ein bestimmtes Problem weiter zu bearbeiten und anschließend das Ergebnis oder die Ergebnisse ihrer Beratungen durch einen Sprecher zurück ins Plenum zu tragen. Ein solches Vorgehen hatte in bestimmten Situationen eine positive Wirkung, in anderen Situationen rückte es nahe an die Grenze folgenloser Beschäftigungs-Therapie, der die Teilnehmer wenig Ernsthaftigkeit abgewinnen konnten. Die „Methode 66“ steht für das entscheidende Prinzip einer kommunikativen Didaktik (diesen Begriff kannte man damals noch nicht), in dessen Rahmen die Gruppenpädagogik Haus Schwalbachs systematisch eingeordnet werden kann.

Gruppenpädagogik als Teil einer allgemeineren kommunikativen Didaktik geht von einigen Voraussetzungen aus, von denen Jürgen Henningsen später rügend angemerkt hat, es würde sich um Selbstverständlichkeiten handeln, die bei näherem Hinsehen alles andere als selbstverständlich seien[73]. Zu diesen Voraussetzungen gehörte die Annahme, dass Menschen von Menschen (und nicht nur von Lehrern) lernen, indem sie Gefühle, Beobachtungen, Erfahrungen, Meinungen und Bewertungen untereinander austauschen und gemeinsam neue Beobachtungen und Erfahrungen machen und Meinungen und Bewertungen verändern (oder befestigen), wobei sie Gefühle an diesen Prozess und seine Ergebnisse binden. Über die Struktur des Feldes, das einem solchen wechselseitigen Austausch günstig ist, wurde eine Reihe von teilweise empirisch gewonnenen, teilweise auch postulativen Aussagen gemacht. Das Feld solle sowohl für die Gruppenmitglieder als auch für die Leiter überschaubar sein, der Zusammenschluss der Einzelnen zu einer überschaubaren Gruppe solle auf eine freie Entscheidung gründen; die Struktur der Gruppe solle zwar horizontale Arbeitsteilungen aber keine vorgegebene (formelle) vertikale Hierarchie enthalten, gemeinsame Tätigkeiten der Gruppenmitglieder sollten dem Prinzip der Gleichwertigkeit aller Gruppenmitglieder folgen; dies könne durch einen partnerschaftlichen oder demokratischen) Führungsstil der Gruppenleiter ermutigt und unterstützt werden; die Gruppe solle über einen gewissen Zeitraum kontinuierlich zusammenarbeiten, damit sich eine eigene Gruppentradition ·bilden könne, die am Vorhandensein von Binnensolidarität (Wir-Gefühl) erkennbar werde[74].

Solche zur Praxis gewordene Vorstellungen von kleinen, überschaubaren Gruppen als Medium jugendlicher Selbsterziehung waren schon um die Jahrhundertwende von Mitgliedern der bürgerlichen und der proletarischen Jugendbewegung als Erkenntnis und Postulat formuliert worden. Durch „jugendbewegte“ Studenten und Lehrer waren sie in die deutsche Reformpädagogische Bewegung der Weimarer Republik eingewandert und hatten dort eine in der Tat gruppenpädagogische Praxis hervorgebracht. Aber nicht an diese Praxis knüpfte Haus Schwalbach an, sondern an die Weiterentwicklung von jugendpflegerischer Gruppenarbeit (recreation) und die seit Ende der Dreißigerjahre zunehmende soziologisch und sozialpsychologisch orientierte Kleingruppenforschung[75] in den USA. Insbesondere Magda Kelber und später auch Ursula Walz[76] kannten wichtige Ergebnisse der amerikanischen Kleingruppenforschung oder eigneten sie sich auf mehreren Forschungsreisen in die NDV an. Aber unter dem andauernden Termindruck der Lehrgangsarbeit mit unterschiedlichen Teilnehmergruppen, deren Entsender auf rasche Umsetzungsergebnisse hofften – die Teilnehmer sollten in einer Woche gruppenfähig oder teamfähig gemacht werden, sie sollten von individueller Konkurrenz auf arbeitsgruppenhafte Kooperation orientiert werden, sie sollten ganz allgemein ihre kommunikative Kompetenz erhöhen – blieb keine Zeit für eine breite und fundierte Rezeption des gesamten sozialwissenschaftlichen Forschungszusammenhangs. Später benutzen die Schwalbacher ihre eigene Fachzeitschrift, die seit Dezember 1950 erscheinenden Schwalbacher Blätter, um dieses Versäumnis nachzuholen. In der Rubrik „Forschungsergebnisse“ und „Internationale Forschungsberichte“ referierten Magda Kelber und teilweise auch Ursula Walz und Lutz Rössner die bedeutsamen Führungsstil-Experimente von Kurt Lewin und seinen Mitarbeitern Ronald Lippitt und Ralph K. White[77], die Untersuchung von Ferenć Merei über die Eigenschaften informeller Führer im Kindergarten[78] und die Ergebnisse des berühmten Räuberhöhlen-Experimentes von Muzafer und Carolyn Sherif[79], bei dem die Experimentatoren durch eine Manipulation von Umständen, unter denen zwei Jungengruppen in einem amerikanischen Nationalpark die Sommerferien verbrachten, sowohl erbitterte Konkurrenzkämpfe als auch kooperative Gemeinsamkeit erzeugten. Aber diese Forschungsberichte wurden erst relativ spät (1957–1961) veröffentlicht und waren für eine wissenschaftsgeleitete Rezeption der Gruppenpädagogik folgenlos, zumal die politischen Hintergründe dieser Forschungen ungenannt blieben: Kurt Lewin hatte das Führungsstil-Experiment nach seiner Vertreibung aus Deutschland als einen Beitrag zur experimentellen Erprobung der Reichweite und Wirkung von Umerziehungsversuchen autoritär geführter Kinder verstanden, und das Experiment von Sherif und Sherif war darauf gerichtet, Licht auf die objektiven Ursachen zu werfen, die für zwischenmenschliche Diskriminierungsprozesse in den USA verantwortlich sind.

Haus Schwalbach verstand und lehrte Gruppenpädagogik als eine *pädagogische* Form der bewussten Nutzung und Steuerung von Gruppenprozessen durch Pädagogen und unterschied auf diese Weise Gruppenpädagogik von der naturwüchsig verlaufenden Gruppenarbeit, die des Pädagogen nicht bedarf[80]. Magda Kelber kleidete den pädagogischen Anspruch, der Gruppenpädagogik als Pädagogik legitimieren sollte, in acht pädagogische Grundsätze, die im großen und ganzen mit der amerikanischen Fachliteratur der Fünfziger- und Sechzigerjahre (etwa: Gisela Konopka[81]) übereinstimmten. Die Prinzipien sind: Mit der Stärke arbeiten; Anfangen, wo die Gruppe steht … und sich mit ihr – ihrem Tempo entsprechend – in Bewegung setzen; Raum für Entscheidungen geben und notwendige Grenzen positiv nutzen; Zusammenarbeit mehr pflegen als Einzelwettbewerb ; Sich überflüssig machen; Weniger durch traditionelle, persönliche Führungsmittel (Lohn und Strafe, Lob und Tadel) wirksam werden als durch das Gruppenprogramm[82].

In der unversitären Erziehungswissenschaft hat es Stimmen gegeben, die diese und ähnliche pädagogischen Grundsätze als „substanzlos“ moniert haben. „Sämtliche didaktischen Probleme sind ausgeklammert“, schrieb Jürgen Henningsen 1959) „und charakteristischerweise findet man die solidesten Angaben über Inhaltliches an den Stellen, wo über Gesellschaftsspiele gehandelt wird (die von den Schwalbachern entwickelte „Spielkartei“ ist sicher etwas Gutes)“[83]. Mir scheint, diese Mängelrüge führt in die Irre. Henningsen ging damals von einer Arbeitsteilung zwischen Didaktik und Methodik aus, von der er meinte, dass sie sich allgemein durchsetzen würde, die sich aber aus guten Gründen nicht hat durchsetzen lassen. Nach dieser Arbeitsteilung sei *Didaktik* die „Lehre von den Bildungsgehalten“. Sie gehe der *Methodik* als „Lehre von den Bildungsformen“ voraus[84]. Ich selbst bin ein (später) Schüler der „Berliner Schule der Didaktik", welche die Trennung von Didaktik und Methodik nicht mitgemacht hat und unter Didaktik das Insgesamt von Entscheidungen über Lehrgegenstände und Kommunikationswege ‚unter Berücksichtigung sowohl anthropologischer als auch gesellschaftlicher Voraussetzungen versteht. So gesehen enthält jede „inhaltliche" Entscheidung schon methodische Optionen und jede „methodische" Entscheidung hat „inhaltliche" Konsequenzen[85]. Das zu akzeptieren fällt uns heute leichter als vor vierzig Jahren, weil seither im Gefolge der Arbeiten von Habermas und anderen über kommunikative Kompetenz und herrschaftsfreien Diskurs Theorien zum Erziehungsprozess formuliert worden sind – beispielsweise von Klaus Mollenhauer (1972) –, die Erziehung als kommunikatives Handeln begreifen und jedem pädagogischen Feld (nicht jedem einzelnen Pädagogen!) eine sinn-konstituierende, sinntradierende und sinn-erschließende Qualität zusprechen[86].

Angesichts einer solchen Akzentverschiebung scheint mir der gruppenpädagogische Ansatz von Haus Schwalbach als ein allgemeindidaktischer Ansatz haltbar zu sein. Meine Einwände gehen in andere Richtungen.

Kritische Anmerkungen

Ich denke, die Schwalbacher machten den Denkfehler von Jürgen Henningsen in umgekehrter Richtung. Er unterstellte – übrigens in Übereinstimmung mit der alten, idealistischen Schule der Didaktik –, die Entscheidung über Bildungsgehalte und Bildungsinhalte sei das „Eigentliche" (und Höherwertige), methodische Schlussfolgerungen würden sich dann quasi von selber ergeben. Die Schwalbacher gingen explizit und implizit davon aus, dass Gruppenpädagogik eine Lebensform lehre (und dass Gruppenpädagogen sie demonstrativ vorlebten), *die in sich und als solche* demokratische Bildungsgehalte transportiere. Eine solche Hoffnung war in einer Zeit verständlich (und wohl auch berechtigt), in der allen Menschen die Lebens- und Kommunikationsformen nationalsozialistischer Jugend- und Erwachsenen- „Bildung" noch in frischer Erinnerung waren. Für ehemalige BDM-Führerinnen und HJ-Führer erzeugten die Lebens- und Lehrformen von Haus Schwalbach, aber genauso die der anderen Jugendhöfe und Jugendgruppenleiterschulen, zunächst einen nachhaltigen Schock. Sie waren an die orientierende und Vorgaben-machende Funktion eines Führers gewöhnt, der „von oben" eingesetzt war und sich nach unten nur minimal legitimieren musste. Sie waren an Leistungs- und Konkurrenzspiele gewöhnt, bei denen es klare Sieger und klare Verlierer – also auch klar definierte Leistungs- und Erfolgskriterien gab. Die Fähigkeit zuzuhören, Widersprüche auszuhalten und nicht niederzubrüllen oder als Ausdruck falschen, artfremden Denkens zu diffamieren, die Bereitschaft, auf andere einzugehen und deren andere Positionen und Argumente versuchsweise und prüfend in das eigene Nachdenken aufzunehmen, überhaupt nicht sofort zu reagieren und Andersartiges niederzuwalzen, sondern sich mit einem eigenen Urteil Zeit, viel Zeit zu lassen – das alles musste auf sie chaotisch wirken und sie in dem nationalsozialistischen Vorurteil bestärken, die Demokratie als Staatsform und das Parlament als „Quasselbude" wären prinzipiell ungeeignet, dem Einzelnen zu zeigen, „wo es lang geht". Demokratie nicht als „Staatskunde" zu lehren, sondern für einen begrenzten Zeitraum mit Anders-Denkenden, Anders-Glaubenden und Anders-Fühlenden zusammen zu erleben und sich auszutauschen, transportierte solange Bildungsgehalte, solange das nationalsozialistische Kontrasterlebnis zu diesem Lebensstil[87] noch im Bewusstsein aller Beteiligten präsent war. Mit den Jahren und mit der zunehmenden Etablierung formaler, demokratischer Werte und Normen in der Bundesrepublik Deutschland schwanden die Erinnerung an das nationalsozialistische Kontrasterlebnis – oder wurden verdrängt. Jetzt „war alles irgendwie demokratisch", die Lebensform wurde zur Methode, sie transportierte Fragloses (oder Unbefragtes) und wirkte banal, weil sie die Anstrengung des *Begriffs* von der Sache (welcher die schwindende Erfahrung des Realcharakters nationalsozialistischer Lebensformen hätte ersetzen können) im Lehrprozess vermied.

Die amerikanische Gruppenpädagogik als *social group work* war vor dem Hintergrund eines Gesellschaftsbildes entwickelt worden, bei dem der alte kontinentale Gegensatz zwischen Individuum und Gesellschaft keine Rolle mehr spielen sollte. Die Gesellschaft spiegelte sich im Einzelnen wie das Universum im Wassertropfen oder wurde in ihn „einsozialisiert". Die Interessen des Einzelnen waren im gesellschaftlichen Ganzen aufbewahrt, und das politische System (die Demokratie) war Ausdruck und Vollstrecker (Exekutive) dieser prinzipiellen Harmonie. Kleine, überschaubare Gruppen hatten die Aufgabe, Erfahrungen, Kenntnisse und Handlungsweisen zu vermitteln und zu trainieren, welche die im Prinzip vorhandene Übereinstimmung individueller und gesellschaftlicher Interessen zu einer *tätigen* Übereinstimmung kultivieren sollten. Diese (wir würden sagen: sozialpädagogische) Aufgabe bezeichneten die Amerikaner mit dem, in der kontinentalen Tradition problematischen, Begriff der „Anpassung". Die Lebensräume von Individuum, Gruppe und Gesellschaft wurden in diesem Konzept als ein Kontinuum abgebildet. Was der Einzelne in der Gruppe gelernt hatte, konnte er auch in anderen gesellschaftlichen und politischen Institutionen erfolgreich verwenden. Schon in der allerersten Selbstdarstellung von Haus Schwalbach, die im Oktober 1949 vom Team beschlossen worden war, tauchte diese Unterstellung als tragendes Prinzip der Tätigkeit des Hauses in folgenden Formulierungen auf: „In unserer Arbeit lassen wir uns leiten dem Gedanken, den Einzelnen zur verantwortlichen Mitarbeit in der Gruppe, Nachbarschaft, Gemeinde, im Kreis, Volk, Staat und Menschheit zu bringen. Die einzelnen Anliegen aller nach Haus Schwalbach kommenden Menschen werden im Lichte dieses Leitgedankens betrachtet"[88]. Damit wurde ein Postulat unter der Hand zur realitätsstiftenden Basis der pädagogischen Arbeit gemacht und der kritischen Frage entzogen, ob dies denn so sei oder ob es so sein solle und wenn ja: in wessen Interesse und gegen welche Interessen? Dieser Einwand ist mich deshalb so wichtig, weil ich ein Anhänger des allgemeindidaktischen Haupt-Satzes bin, den Dieter Hoffmann-Axthelm (1975) in einem Buch veröffentlicht hat, das sich – oberflächlich betrachtet – nicht mit Didaktik beschäftigte, sondern mit dem Mehring-Platz in Berlin-Kreuzberg. Dort heißt es: „Nicht die Gegenstände stehen für den Didaktiker am Anfang, nicht einmal die Lernziele, sondern die Bedingungen“[89]. die Bedingungen – aber eben nicht als zu unterstellende, sondern als zu begreifende. Und dazu muss man sie anfassen können. Begriffe sind die symbolische Repräsentation dessen, was ich begriffen, also angefasst habe.

Einen dritten Einwand mache ich. Er ist eher praktischer Natur. Die amerikanische Gruppenpädagogik und mit ihr Haus Schwalbach ging bis in die Fünfzigerjahre von der Unterstellung aus, dass *jede* Gruppe, die sich spontan gebildet habe oder die unter den kundigen Händen von Gruppenpädagogen zur Bereicherung des Erfahrungs-, Kenntnis- und Handlungs-Schatzes von Individuen gebildet worden sei, auf ihre Mitglieder eine sozialisierende, sie an die Werte und Normen dieser Gruppe (und seines pädagogischen Leiters) anpassende Wirkung habe. Diese Unterstellung war das professionelle Versprechen amerikanischer Gruppenpädagogen, das unter anderem die hohe (auch in Jahresgehältern ausdrückbare) Wertschätzung dieser Berufsgruppe im Vergleich zu den Schullehrern erfolgreich legitimierte. So gesehen war der Außenseiter in einer Gruppe ein ärgerlicher Störfall des auf Homogenisierung gerichteten Gruppenprozesses und bedurfte einer pädagogischen Sonderbehandlung. Dieses Bild von der sozialisierenden Wirkung von Gruppen schlechthin auf jedes ihrer Mitglieder wurde durch die in den sechziger Jahren aufblühende *Bezugsgruppenforschung* relativiert. Ein Vorläufer dieser Forschung war die berühmte Arbeit von W. F. Whyte „Street Corner Society“ (Chicago 1961) über informelle Jugendgruppen in einem italienischen Viertel in den USA gewesen. Bekannt wurde die Bezugsgruppenforschung vor allem durch die empirischen Untersuchungen von Muzafer und Carolyn Sherif, die mit dem pädagogischen Optimismus aufräumten, *jede* Gruppe würde für jedes ihrer Mitglieder als Bezugsgruppe funktionieren. Sherif und Sherif definierten Bezugsgruppe eher pragmatisch als *„the group with which the individual identifies or aspires to belong“*[90]. Im Lichte dieser schlichten, aber folgenreichen Definition, welche die Forscher in ihrer Arbeit empirisch begründeten, waren Außenseiter einer bestimmten Gruppe nun nicht mehr Außenseiter, sondern im Gegenteil Innenseiter einer anderen Gruppe, deren Werte und Normen mit denen der ersten Gruppen konfligierten. Dieser Ansatz erklärte nicht nur die bis dahin mit Ratlosigkeit beobachtete Tatsache, dass „normale“ Gruppenpädagogik mit Jugendlichen der Unterschicht und mit jugendlichen Rechtsbrechern (vor allem auch mit Jugendlichen im Strafvollzug) immer wieder scheiterte oder folgenlos blieb, er warf auch ein neues Licht auf die kollektive Genese abweichenden Verhaltens im Jugendalter. Der Untertitel des Sherif-Buches lautet übrigens: *Explorations into Conformity and Deviation of Adolescents*.

Haus Schwalbach hatte zwischen 1949 und 1957 Lehrgänge in den eigenen Häusern Lilly und Claire und außerhalb durchgeführt. Danach zogen die Mitarbeiter noch sieben Jahre als Gäste durch benachbarte und befreundete Bildungsstätten, bis im Sommer 1964 klar wurde, „dass wir kein eigenes Dozententeam mehr halten konnten. Die noch verbliebenen Lehrkräfte suchten sich andere Betätigungsfelder, wobei sich die Mitarbeit in ‚Haus Schwalbach' als günstiger Werbefaktor erwies. Einige von uns entschlossen sich, die Lehrgangsarbeit auf freiberuflicher Grundlage weiterzuführen“[91]. Was blieb war der eigene Fachbuchverlag von Haus Schwalbach mit den „Schwalbacher Blättern“, der immer wieder ergänzten und erneuerten „Spielkartei“ und einer Reihe von Fachbüchern – darunter die Dissertation von Heinrich Schiller über Gruppenpädagogik als Methode der Sozialarbeit (1963). Der Verein Haus Schwalbach löste sich auf Beschluss der Mitgliederversammlung vom 18. Oktober 1985 zum Jahreswechsel 1985/86 auf. Er hat während der mehr als dreißig Jahre seiner Arbeit eine Menge bewirkt. Er hätte ein anderes Ende verdient. Nicht nur wegen der großen Zahl von Multiplikatoren, die er durch seine Lehrgänge (116900 Teilnehmer) und seine Zeitschrift (zwischen 2.000 und 5.000 Abonnenten) erreicht hatte. 1970 habe ich der Arbeit des Hauses einen Nachruf gewidmet, zu dem ich heute wie damals stehe. Ich möchte mich deshalb an dieser Stelle einmal selbst zitieren:

> „Losgelöst vom Interesse einer modernen Erziehungswissenschaft an didaktischen Problemen des Gruppenprozesses, kaum unterstützt durch das Interesse der modernen Sozialwissenschaften an der Kleingruppenforschung, ungeschützt durch Institutionen, welche die Gruppenpädagogik als Lehre durch die Gruppenpädagogik als professionell verantwortetes pädagogisches Handeln im Alltag des Jugendleiters und Sozialarbeiters hätten ergänzend stabilisieren und honorieren können, war Haus Schwalbach immer in der Gefahr, im Schnittpunkt kontroverser Eigeninteressen Lehrgangsträgern und -Geldgebern um seine eigene professionelle Identität kämpfen zu müssen. Wer sich jedes Jahr von neuem mit Schulpädagogen und Personalchefs, mit Sozialpädagogen und Bundeswehroffizieren, mit Chefärzten und Kindergärtnerinnen auseinandersetzen muss, wird schwerlich die Gefahr ganz vermeiden können, Gruppenpädagogik als geordnete Lehre von demokratisch wie pädagogisch verantworteten Prozessen mit dem Ziel des Mündigwerdens in einer humanen Welt zu einer Gruppenpädagogik als Lehre von erfolgreicher Menschenführung reduzieren zu müssen. Haus Schwalbach hat diese Gefahr wohl immer gesehen – der Versuch, Gruppenpädagogik von Gruppenarbeit und Gruppenpflege begrifflich zu trennen, beweist es – aber es hat wohl nicht verhindern können, dass sich Elemente gruppenpädagogischen Handelns

(wie die Methode 66) im Bewusstsein mancher Lehrgangsteilnehmer verselbständigten und fernab pädagogischer Verantwortung ein auf Manipulation gerichtetes Eigenleben führten“[92].

Heute, zwei Generationen später, gehen wir nicht mehr von den drei Lewin'schen ‚Führungsstil-Konstruktionen' aus, die seinerzeit eine durchaus ernüchternde und erhellende Aufgabe hatten. Heute gehen wir *einmal* von Mischformen mit unterschiedlichen Mischungsverhältnissen aus, wir orientieren uns didaktisch auch an der besonderen Struktur der anzueignenden Themen, Gegenstände *und* Probleme und an den jeweiligen Lernerfahrungen der Gruppen, mit denen wir es zu tun haben. Gerade bei Zielgruppen, die über andere Vorerfahrungen und Lernbiografien verfügen, als wir sie gern in unserer eigenen Kommunikationskultur voraussetzen, kann die übergangslose Konfrontation mit einem für sie neuen ‚Führungsstil' zu einer Perpetuierung jener chaotischen Reaktionsweisen führen, die schon in den Lewin'schen Untersuchungen aus den Dreißigerjahren des letzten Jahrhunderts zu Unruhe, Dekonzentration und vielfältigen ‚Albernheiten' geführt hatten. Außerdem haben wir, mehr als zwei Generationen nach den Erfahrungen mit dem Nationalsozialismus, nicht mehr die alten und verständlichen Hemmungen bei der Planung eines ‚vorgabenorientierten Lehr-Lern-Prozesses', vor allem dann nicht, wenn es sich um wirklich neue Stoffe und neue Verhaltensmuster handelt.

Eine Erkenntnis, die ich aus den alten empirischen Untersuchungen der Lewin-Schule gewonnen habe, bleibt für mich allerdings bestehen: Der ‚Laissez faire'-Stil ist nicht etwa die modifizierte Form eines ‚demokratischen Erziehungsstils', sondern signalisiert Hilflosigkeit oder aus blockierter Autorität gespeiste Aggression und ist von daher gesehen eine besondere Form von Lieblosigkeit.

Anmerkungen

1 Das Stück war mit seiner heutzutage eher sperrig wirkenden Mischung aus realer Widerspiegelung der damaligen Situation und symbolistischen Verschlüsselungen außerordentlich erfolgreich. Am 13.2.1947 wurde es als Hörspiel vom Nordwestdeutschen Rundfunk (NWDR) gesendet, mehrfach wiederholt und von anderen deutschen Sendern übernommen. Wolfgang Liebeneiner führte die Regie bei der Premiere der Bühnenfassung in den Hamburger Kammerspielen am 21. November 1947, einen Tag nach dem Tode des Autors. Es wurde von fast allen damals existierenden deutschen Bühnen nachgespielt und unter der Regie von Wolfgang Liebeneiner als „Liebe 47“ verfilmt.

3 Klaus von Bismarck: Referat über die Aufgaben des Jugendhofes Vlotho vor Schriftleitern von Jugendzeitschriften und Vertretern des Jugendfunks am 29.3. 1947. Deutsches Jugendarchiv München, Dokument Nr. 4000.

4 Gespräch des Autors mit Klaus von Bismarck am 7.11.1984 in München.

5 Hans Hammer: Zur Vorgeschichte des Arbeitskreises deutscher Bildungsstätten e. V. In: Erziehung in der Demokratie. 10 Jahre Arbeitskreis deutscher Bildungsstät-

ten. Bonn: 1969, 7. Joachim Jank: Die Arbeit der Jugendgruppenleiterschule Bündheim. Informationsdienst des Landesjugendringes Niedersachsen, Sonderausgabe 1953/54, 3.
Heinz-Hermann Schepp: Offene Jugendarbeit. Jugendhöfe und Jugendleiterschulen in der Bundesrepublik Deutschland. Weinheim: Beltz 1963, 20.

6 Michel (oder Michael) Thomas, ein Berliner Schriftsteller, erlebte den 2. Weltkrieg in England, trat freiwillig in die englische Armee ein und kam als Hauptmann mit der 21. Britischen Heeresgruppe nach Deutschland zurück. Dort arbeitete er in der „politischen Informationsabteilung", die Informationen und Bewertungen über Personen und Einrichtungen den neuen deutschen Zivilverwaltungen sammelte. Thomas schreibt in seinen Lebenserinnerungen, er sei von Klaus von Bismarck und seinen Ideen beeindruckt gewesen, „auch wenn sie mir zunächst ein wenig hochfliegend und romantisch zu sein schienen ... Der eigentliche Unterricht spielte zunächst eine untergeordnete Rolle, größere Aufmerksamkeit wurde dem Handwerklichen und Künstlerischen gewidmet, dann dem einfachen Zusammenleben, den gemeinsamen Mahlzeiten, den Diskussionen am Abend ... Was besonders auffiel, war eine merkwürdig religiös-sittliche Atmosphäre. Sie war wohl der gemeinsame Nenner für die verschiedenen Konfessionen und divergierenden politischen Ansichten. Hinzu kam eine gewisse bündische Tradition: Es wurde gemeinsam gesungen, und danach reichte man sich im Kreise die Hände" (Michael Thomas: Deutschland, England über alles. Rückkehr als Besatzungsoffizier. Berlin : Siedler 1984, 170).

7 Die Entwicklung des Jugendhofs Vlotho wird in einem Buch dokumentiert, dass die Mitarbeiter des Jugendhofs aus Anlass seines fünfundzwanzigjährigen Bestehens zusammengestellt haben. Es spiegelt nicht nur die Entwicklung der Lehrgangstätigkeit und der Arbeitsmethoden wider, sondern enthält auch Hinweise auf die unterschiedlichen anthropologischen, soziologisch-psychologischen und didaktischen Konzepte während dieser ersten fünfundzwanzig Jahre. Jugendhof Vlotho (Hrsg.): Jugendarbeit, Jugendbildung. Probleme und Erfahrungen. Münster: Landesjugendamt Münster 1974.

8 Teile dieser Zusammenfassung der Geschichte des Hauses am Rupenhorn sind abgedruckt in: Sozialpädagogisches Institut Berlin : Partei ergreifen. Beiträge zur Entwicklung einer Neuen Fachlichkeit in der Jugend- und Familienhilfe. Festschrift für Ilse Reichel. Berlin: SPI 1985, S. 22–29.

9 Hartmut Topf: 30 Jahre Wannseeheim für Jugendarbeit. Berlin o. J. (1978), 2.

10 Gespräch des Autors mit Mike Berenson am 22. März 1984. Berenson war Youth and Sports Officer im British Education Branch der Control Commission of Germany (CCG). Er war Offizier der Kanadischen Luftwaffe und wurde für seine Berliner Tätigkeit an die Engländer ausgeborgt.

11 Martin Faltermaier: Deutscher Bundesjugendring. München: Juventa 1959, S. 11.

12 Protokoll der 1. Vollversammlung des Deutschen Bundesjugendringes (1949). Deutsches Jugendarchiv München Dokument A 1309. Zitiert nach Heinz Hermann Schepp: Offene Jugendarbeit. Jugendhöfe und Jugendgruppenleiterschulen in der Bundesrepublik Deutschland. Weinheim: Beltz 1963, S. 45 ff.

13 Klaus von Bismarck: Rückblick auf die bisherige Arbeit des Jugendhofes und Gedanken für die Zukunft. In: Vlotho-Rundbrief 1948, 1 (Juli), 12.

14 Die hier zusammengefassten Diskussionen zwischen Jugendhöfen, Jugendleiterschulen und Jugendverbänden fanden am 27. und 28. März 1950 in der Jugendleiterschule Bündheim statt. Über die gesamte Problematik informiert ausführlich und quellenreich Heinz-Hermann Schepp, 1963, S. 44–58.

15 Die außerschulischen Bildungsstätten waren inzwischen im Arbeitskreis deutscher Bildungsstätten e. V. organisiert und umfassten mehr als 100 Mitglieds-Institutionen.

Siehe: Politische Bildung in der Demokratie. 25 Jahre Arbeitskreis deutscher Bildungsstätten. Bonn 1985.

16 Dieser Begriff spielt auf ein Buch an, das Friedrich Copei 1930 unter dem Titel „Der fruchtbare Moment im Bildungsprozess" vorgelegt hat (2. Auflage Heidelberg: Quelle & Meyer 1950) und das seither als didaktische Grundlegung der Kurzzeitpädagogik gilt, wie sie in Heimvolkshochschulen und außerschulischen Bildungsstätten betrieben wird.

17 Harold Zink: The United States in Germany 1944-1955. Princeton N.J.: Van Nostrand 1957, S. 199.

18 General Lucius D. Clay: Decision in Germany. Garden City N.Y.: Doubleday 1950, S. 67.

19 William E. Griffith: The Denazification Program in the U.S. Zone of Germany. Harvard: Harvard University 1950, S. 73–93. Doctoral Dissertation.

20 Zink, 1957, S. 8 und 13. Siehe auch: Lucius D. Clay: Germany and the Fight for Freedom. Cambridge 1950, 260. Und: W. Friedmann: The Allied Military Government of Germany. London: Stevens 1947, S. 332.

21 Methodologisch entsprachen diese frühen Meinungsumfragen gegenwärtigen Standards. Repräsentativität wurde durch eine Mischung aus area sample und Quoten-Sample hergestellt: Zwischen 300 und 3.000 Personen aus 39 bis 241 Gemeinden wurden mit einem voll standardisierten Fragebogen befragt. Die Interviewer waren zunächst Deutsch sprechende Soldaten des Strategie Air Commands, später deutsche Mitarbeiter. Aus ihnen rekrutierten sich die ersten Mitarbeiter deutscher Meinungsforschungsinstitute.

22 Anna J. Merritt and Richard L. Merritt (eds.): Public Opinion in Occupied Germany. The USA Surveys, 1945–1949. Urbana: University of Illinois Press 1970.

23 Anna J. Merritt: Germans and American Denazification. In: Richard L. Merritt (ed.): Communication in International Politics. Urbana: University of Illinois Press 1972, S. 371.

24 Merritt, 1972, S. 375.

25 Merritt, 1972, S. 371 und 375.

26 Merritt, 1970, S. 121–123. Siehe auch den Report No. 51 vom 2. April 1947, Merritt, 1970, S. 149.

27 Christoph Kleßmann: Politische Rahmenbedingungen der Bildungspolitik in der SBZ/DDR 1945–1952. In: Manfred Heinemann (Hrsg.): Umerziehung und Wiederaufbau. Die Bildungspolitik der Besatzungsmächte in Deutschland und Österreich. Stuttgart: Klett 1981, S. 239.

28 Kleßmann, 1981, S. 240–241.

29 Nach Jérôme Vaillant: Was tun mit Deutschland? Die französische Kulturpolitik im besetzten Deutschland von 1945 bis 1949. In: Heinemann, 1981, 202.

30 Nach Vaillant, 1981, S. 203.

31 Edmond Vermeil: Les Alliés et la Rééducation des Allemands. In: Politique Étrangère 1947, 12, S. 599–622. Zitiert nach: Angelika Ruge-Schatz: Umerziehung und Schulpolitik in der französischen Besatzungszone 1945–1949. Frankfurt am Main: Peter Lang 1977, S. 71.

32 Irving Wolfson: The AMG Mess in Germany. In: New Republic vom 6. März 1946, S. 312. Wolfson war nach dem Kriegsende US-Erziehungsoffizier in Dachau.

33 Report of the U.S. Education Mission to Germany. OMGUS-Archiv 49-/2/10. Zitiert nach: James F. Tent: Mission on the Rhine. Reeducation and Denazification in American-Occupied Germany. Chicago: University of Chicago Press 1982, S. 116.

34 In diesem Zusammenhang ist von Interesse, dass die Meinungsforscher von OMGUS im September 1947 eine Mehrheit von 65 Prozent unter den Bewohnern der amerikanischen Besatzungszone erhoben, die sich für das Recht von Lehrern aus-

sprach, widerspenstige und unfolgsame Schüler zu schlagen. Geringer war die Zustimmung zur Prügelstrafe in höheren Bildungsschichten, bei Kommunisten und bei Befragten ohne kirchliche Bindungen. Merritt, 1970, S. 169–170.

35 Tent, 1982, S. 256 ff.

36 Zink, 1957, S. 205 ff.

37 Zink, 1957, S. 51.

38 Zink, 1957, S. 221.

39 In einem New Yorker Archiv habe ich beispielsweise seine empirische Untersuchung über die hauptamtlichen Mitarbeiter von 77 New Yorker Wohlfahrts- und Jugendverbänden und ihre unterschiedlichen Qualifikationen und Fortbildungsbedürfnisse gefunden: Henry J. Kellermann : Personal Standards in Social Group Work and Recreational Agencies. An Analysis of Personel Policy and Practice in 77 Agencies in New York City. New York Welfare Council 1944 (mimeographed).

40 Interview des Autors mit Henry J. Kellermann. In: Sozialmagazin 1985, 6, S. 34.

41 Henry J. Kellermann : Cultural Relations as an Instrument of U.S. Foreign Policy. The Educational Exchange Program between the United States and Germany, 1945–1954. Washington : Bureau of Education and Cultural Affairs 1978, S. 96.

42 Kellermann, 1978, S. 27 ff.

43 Kellermann, 1978, S. 84.

44 Kellermann, 1978, S. 86.

45 Kellermann, 1978, S. 97.

46 Kellermann, 1978, Fußnote 27 auf S. 130.

47 Friedrich Minssen (Hrsg.): Politische Bildung als Aufgabe. Beiträge deutscher Amerikafahrer. Frankfurt und Stuttgart: Diesterweg und Klett 1966.

48 Stellvertretend für viele Gespräche und Interviews nenne ich Christine Holzkamp, Heinrich Schiller, Dieter Spangenberg, Annedore Schultze, Ilse Taegert und Ursula Walz.

49 Kellermann, 1978, S. 123.

50 Kellermann, 1978, S. 123 und Tabelle S. 261.

51 Kellermann, 1978, S. 124–126.

52 ndv Dokument 4/13-1/17, Landesarchiv Berlin.

53 Gespräch des Autors mit Gisela Konopka am 24. und 29. September 1984. Siehe auch: Hildegard Feidel-Mertz: Exil und Rückkehr. In: sozial extra 1986, 3, S. 34–38. Siehe auch: Hildegard Feidel-Mertz (Hrsg.): Schulen im Exil. Die verdrängte Pädagogik nach 1933. Reinbek: Rowohlt 1983. Dieser Sammelband beschäftigt sich allerdings vorwiegend mit der von den Nationalsozialisten verdrängten schulischen Reformpädagogik und ihrem Überleben im Exil.

54 Zink, 1957, S. 232.

55 Tent, 1982, S. 20 und Fußnote 15.

Der Feststellung von der Nichtbeteiligung deutscher Emigranten bei der Umorientierungs-Planung ist widersprochen worden. Die gegenteilige Meinung haben Ute Schmidt und Tilman Fichter (1971) unter Hinweis auf eine Konferenz der Mental Hygiene and Neurological Association über „Deutschland nach dem Kriege" (1945) vertreten. Dabei wurden die Namen von Margaret Mead, Talcott Parsons, Erich Fromm, Erik Erikson und Kurt Lewin genannt, die, ausgehend von der These eines pathologischen deutschen Nationalcharakters als Umerziehungsmittel Ich-Stärkung, Verminderung des Einflusses der Familie auf die Kinder durch Kindergarten und Ganztagsschule sowie die Neudefinition der Rollen von Mann und Frau vorgeschlagen hätten. Siehe: American Journal of Orthopsychiatry 1945, 3, 381 ff. Siehe auch: Ute Schmidt und Tilman Fichter: Der erzwungene Kapitalismus. Klassenkämpfe in den Westzonen 1945–1948. Berlin : Wagenbach 1971, 138.

Auf der anderen Seite des politischen Spektrums verbreiteten Paolo Lionni und Lan-

ce J. Klass in dem auf Verschwörertheorien spezialisierten „Verlag für außergewöhnliche Publikationen" die These, die Umerziehung des Deutschen Volkes sei das Werk einer Verschwörerbande von deutschen Gestalt-Psychologen, amerikanischen Behavioristen und sozialistischen Reformpädagogen gewesen. Siehe: Paolo Lionni und Lance J. Klass: Die Leipzig Connection. Ursprung und Verbreitung der Erziehungs-Psychologie. Wiesbaden 1979.
Schließlich hat Alfons Söllner (1982) mit Hilfe bisher unveröffentlichter Dokumente des amerikanischen Geheimdienstes (Office of Strategie Services OSS) die führende Rolle von Franz L. Neumann, Otto Kirchheimer und Herbert Marcuse bei der sozialwissenschaftlichen Analyse der Entwicklung Nazideutschlands in den letzten Kriegsjahren herausgearbeitet. Doch die faktenreiche Arbeit Söllners („Zur Archäologie der Demokratie in Deutschland. Analysen von politischen Emigranten im amerikanischen Geheimdienst. 1943–1945 (Band 1), 1946–1949 (Band 2)" Frankfurt 1982 und 1986) ist eher ein Beitrag zur Geschichte der Kritischen Theorie des ehemaligen Frankfurter Instituts für Sozialforschung und seines Geschichtsverständnisses als ein Beleg für die Wirksamkeit deutscher Sozialforscher bei der Entnazifizierungs- und Demokratisierungsplanung der amerikanischen Armee.
Bei der Durchsetzung einzelner Pläne und Programme nach Kriegsende haben Emigranten eine größere Rolle gespielt. Hildegard Freidel-Merz hat Recht, wenn sie auf die Bedeutung von „Experten" und „Beratern" hinweist, „die vor Ort in mehrmonatigen Inspektionsreisen z. B. soziale Einrichtungen aufsuchten, anschließend Vorschläge zu deren Verbesserung und sowohl materieller wie ideeller Unterstützung machten" (in: sozial extra 1986, 3, 36). Es wird deshalb sinnvoll sein, drei Phasen der Besatzungspolitik zu unterscheiden: Die Planungsphase, die Besetzungsphase und die Umerziehungsphase. Bei der Planungsphase spielten deutsche Emigranten weder im Kriegsministerium noch im Außenministerium eine bestimmende Rolle. In der Besetzungsphase spielten deutsche Emigranten als Besatzungsoffiziere und Beamte eine geringe Rolle (ich nannte Fritz Karsen, Feidel-Merz nennt Hedwig Wachenheim, die 1946 die Wohlfahrtsabteilung von OMGUS übernahm (Feidel-Merz, 1986, 36). Nach Abschluss der militärischen Besetzung und im Rahmen des *visiting experts program* hingegen waren deutsche Expertinnen und Experten von erheblichem Einfluss.

56 Schreiben von Hans Vogel vom 6.9.1945. Zitiert nach Werner Röder: Die deutschen sozialistischen Exilgruppen in Großbritannien. Ein Beitrag zur Geschichte des Widerstandes gegen den Nationalsozialismus. Hannover: Verlag für Literatur und Zeitgeschichte 1968, S. 245.

57 Zur Geschichte von ISK siehe Fritz Borinski : Gesellschaft Politik Erwachsenenbildung. Dokumente aus vier Jahrzehnten. Villingen: Neckar Verlag 1969; Günter Pakschies: Umerziehung in der Britischen Zone 1945–1949. Weinheim: Beltz 1979; Arthur Hearnden (ed.): The British in Germany. Educational Reconstruction after 1945. London: Hamish Hamilton 1978.

58 Röder, 1968, 84.

59 Pakschies, 1979, 130.

60 Siehe dazu den Schriftwechsel zwischen Dr. Otto Appel als Vertreter des Hessischen Volksbildungsministeriums und Hermine (Rasch)-Bauer vom August/September 1950 bei den Akten des Kuratoriums von Haus Schwalbach (Archiv).

61 Haus Schwalbach (Hrsg.): Haus Schwalbach 1949–1959. Wiesbaden-Biebrich 1959, S. 50.

62 Etwa um die Begriffe „Einfluss" oder „Zusammenarbeit", „Gruppenpsychologie" oder „Gruppenpädagogik", „Technik", „Methode", „community" und „Gemeinwesen".

63 Siehe Übersetzung des Kurzberichtes der Kuratoriums-Sitzung vom 3.8.1950, des Briefes von Dr. Appel an Hermine (Rasch)-Bauer vom 16.8.1950, ihrer Antwort vom 7.9.1950 und des Schreibens des Land Kommissars von Hessen vom 13.9.1950 bei den Akten des Kuratoriums von Haus Schwalbach (Archiv).

64 Bisher ist in der Literatur die Meinung vertreten worden, die Konflikte um Haus Schwalbach wären Konflikte zwischen der Bildungsstätte und Teilnehmern gewesen. Aber die Formulierungen von Magda Kelber in ihrem ersten Zehnjahres-Bericht (siehe Fußnote 60), „die ersten behutsamen Versuche der Anwendung anderer Arbeitsformen (Gruppenarbeit, Sammlung der Fragen, die die Teilnehmer bewegten) stießen bei den Veranstaltern auf Misstrauen. ‚Amerikanische Methoden'" (Haus Schwalbach, 1959, 8) und „Auf einmal kommen aus einem Landkreis beunruhigende Berichte. Teilnehmer, die aus Schwalbacher Kursen nach Hause zurückkehren, haben Schwierigkeiten: Haus Schwalbach gilt als amerikanische Einrichtung. Es sei darauf aus, die Deutschen 'zu amerikanisieren'" (Haus Schwalbach, 1959, 11) und auch der Grundtenor aller Eintragungen von Teilnehmern in die erhaltenen fünf Gästebücher des Hauses legen eine andere Interpretation nahe: Teilnehmer fanden die Begegnung mit einer neuen Weise, pädagogisch mit ihnen umzugehen, faszinierend - die Entsender der Teilnehmer machten Schwierigkeiten, nachdem sie mit den Ergebnissen der Lehrgänge konfrontiert worden waren.

65 Magda Kelber: 25 Jahre „Haus Schwalbach". In: Haus Schwalbach: Auswahl Vier aus den Schwalbacher Blättern (Band 1). Wiesbaden-Dotzheim 1978. 11.

66 Gespräch des Autors mit Dr. Magda Kelber und Christa von Schenck am 29.8.1983.

67 Einige Missverständnisse hätten vermieden werden können, wenn sich die deutschen Rezeption der amerikanischen *social group work* nicht nur auf die amerikanischen Traditionen nach 1925 berufen hätte, sondern auch auf die deutschen Ursprünge in der deutschen bürgerlichen und proletarischen Jugendbewegung (siehe C. W. Müller: Wie Helfen zum Beruf wurde. Band 1. Weinheim: Beltz 1982, Kap. 6) und in der deutschen Reformpädagogik (siehe Wolfgang Scheibe: Die Reformpädagogische Bewegung. Weinheim : Beltz [6]1978).

68 Die ab Dezember 1950 herausgegebenen „Schwalbacher Blätter" haben als erste pädagogische Fachzeitschrift in Deutschland mit den empirischen Befunden der amerikanischen Gruppenforschung (Kurt Lewin, Muzafer und Carolyn Sherif u.a.) bekannt gemacht und damit eine Rezeptionslücke geschlossen, die von der offiziellen (Schul-)Pädagogik bis dahin überhaupt nicht wahrgenommen worden war.

69 Haus Schwalbach, 1959, 5.

70 Anlage zum Protokoll der 4. Arbeitsbesprechung von Haus Schwalbach vom 17.10. 1949. Haus Schwalbach (Archiv).

71 Erika Hoffmann, zitiert nach Magda Kelber: Was ist neu an der Gruppenpädagogik ? In: Schwalbacher Blätter, 1955, S. 28. Abgedruckt in: Haus Schwalbach, Auswahl Vier, 1978, S. 23.

72 Haus Schwalbach, 1959, S. 17.

73 Jürgen Henningsen: Zur Kritik der ' Gruppenpädagogik (in: Kulturarbeit. Monatsschrift für Kultur- und Heimatpflege. 1959, 11, 193-197. Zitiert nach dem Nachdruck in: C. Wolfgang Müller (Hrsg.): Gruppenpädagogik. Auswahl aus Schriften und Dokumenten. Weinheim: Beltz 1970/1987 (Reprint), S. 149.

74 Magda Kelber: Einführung. In: Haus Schwalbach: Gruppenpädagogische Grundlegungen. Auswahl Vier (Band 1). Haus Schwalbach: Wiesbaden 1978. S. 23 ff.

75 Eine Fundgrube für Ergebnisse amerikanischer Kleingruppenforschung waren in den fünfziger Jahren die beiden Sammelbände: Eleanor E. Maccoby, Theodore M. Newcomb, Eugene L. Hartley (eds.): Readings in Social Psychology. New York: Holt, Rinehart and Winston 1947, 1952, 1958 und Paul Hare, Edgar F. Borgatta and Ro-

bert F. Bales (eds.): Small Groups. Studies in Social Interaction. New York: Alfred A. Knopf 1955, 1965.

76 Prof. Dr. Ursula Walz hatte im Rahmen des Kellermann'schen Kulturaustausch-Programms die USA kennen gelernt und die Lewin'schen Führungsstil-Experimente rezipiert. Zurück in der Bundesrepublik versuchte sie durch empirische Untersuchungen in hessischen Schulklassen die von Lewin erhobenen Auswirkungen unterschiedlicher Führungsstile auf das Sozialverhalten von Jugendlichen zu verifizieren. Siehe: Ursula Walz: Soziale Reifung in der Schule. Hannover: Hermann Schroedel (1960) 1962. Nachdruck eines Kapitels in: C. Wolfgang Müller, 1970/1987 (Reprint), S. 176–190.

77 Ronald Lippitt and Ralph K. White: An Experimental Study of Leadership and Group Life. In: Maccoby et. al. (eds.) 1958, S. 496–511. Referiert von Magda Kelber in Schwalbacher Blätter 1957, S. 34. Siehe auch die Dissertation von Ronald Lippitt: An Analysis of Group Reaction to Three Types of Experimentally Created Social Climates. State University of Iowa 1940.

78 Ferenc Merei : Group Leadership and Institutionalization. In: Maccoby et. al. (eds.) 1958, S. 522–532. Referiert von Magda Kelber in: Schwalbacher Blätter 1958, S. 38.

79 Muzafer Sherif, Carolyn W. Sherif et. al. : Intergroup Conflict and Cooperation. The Robbers Cave Experiment. Norman/Oklahoma: 1961. Referiert von Magda Kelber und Ursula Walz in: Schwalbacher Blätter 1961, S. 50.

80 Kelber, 1978, S. 22.

81 Gisela Konopka: Social Group Work : A Helping Process. Englewood Cliffs: Prentice-Hall 1963, S. 155–237. Gisela Konopka: Soziale Gruppenarbeit : ein helfender Prozess. Weinheim: Beltz 1968ff., S. 157–231. Gisela Konopka: Die Geschichte der Gruppenpädagogik. In: C. W. Müller, 1970/1987 (Reprint), S. 73–85. Nachdruck eines Kapitels.

82 Magda Kelber, 1978, S. 29.

83 Henningsen, 1959, S. 148.

84 Henningsen, 1959, S. 145.

85 Vergleiche mit Herwig Blankertz: Theorien und Modelle der Didaktik. München: Juventa 1969 ff.

86 Klaus Mollenhauer: Theorien zum Erziehungsprozess. München: Juventa 1972 ff., S. 30 ff.

87 In einer späteren Arbeit habe ich die besondere didaktische Qualität außerschulischer Jugendarbeit und Jugendpflege als die Vermittlung und Kultivierung von Lebensstilen beschrieben. Siehe C. Wolfgang Müller, Versuch 1 in: C. Wolfgang Müller, Hermann Giesecke, Helmut Kentjer, Klaus Mollenhauer: Was ist Jugendarbeit? Vier Versuche zu einer Theorie. München: Juventa 1964ff. Reprint Weinheim: Juventa 1986.

88 Anlage zum Protokoll der 3. Arbeitsbesprechung des Teams von Haus Schwalbach vom 13.10.1949 (Archiv).

89 Dieter Hoffmann-Axthelm: Das abreißbare Klassenbewusstsein. Gießen: Anabas 1975., S. 15.

90 Muzafer Sherifand Caroly W.Sherif: Reference Groups. Exploration into Conformity and Deviation of Adolescents. New York: Harper and Row 1964, S. 54 ff.

91 Magda Kelber: 25 Jahre Haus Schwalbach. In: Haus Schwalbach: Gruppenpädagogische Grundlegungen. Auswahl Vier (Band 1). Wiesbaden: Haus Schwalbach, 1978, S. 15–16.

92 C. Wolfgang Müller: Die deutsche Rezeption. In: C. Wolfgang Müller (Hrsg.): Gruppenpädagogik. Auswahl aus Schriften und Dokumenten. Weinheim: Beltz 1970/1987 (Reprint), S. 116.

Einer der (wenigen) deutschen Erziehungswissenschaftler, der sich nach dem Zusammenbruch des Dritten Reiches bemühte, Lehren aus der Geschichte und aus den eigenen politischen Irrungen zu ziehen, war Theodor Wilhelm. Unter dem Pseudonym Friedrich Oetinger veröffentlichte er 1951 das Buch „Wendepunkt der politischen Erziehung: Partnerschaft als pädagogische Aufgabe". Darin bezeichnete er es als unmöglich, umstandslos an die Gemeinschaftserziehung der deutschen Reformpädagogik anzuknüpfen, so als hätte nicht auch die nationalsozialistische Pädagogik dieses Markenzeichen für sich in Dienst genommen. Er definierte deshalb Gruppe neu als ein sich selbst steuerndes, konfliktorientiertes soziales System, das durch Kooperation zur Partnerschaft erzieht: „Ziel der Dienstgemeinschaft ist der Gehorsam, Ziel der Arbeitsgemeinschaft die Leistung, das Ziel der kooperativen Gemeinschaft ist die Selbststeuerung der Gemeinschaft durch die eigenen Konflikte hindurch." Siehe C. W. Müller, 1970/1987 (Reprint), S. 117 und 120–126.

9. Bundesrepublik und Einzelhilfe

„Wenn die Frauen uns jetzt nicht durchfütterten“, sagte Uhlig, „gingen wir Landser alle drauf. Von den Männern kriegt man ja doch nichts.“

(Erich Loest: Jungen die übrig blieben. Leipzig 1950)

Im September 1946 besuchte Dr. Hertha Kraus aus Philadelphia die Geschäftsstelle des Deutschen Vereins für öffentliche und private Fürsorge[1] am Frankfurter Schaumainkai 35. Sie kam als Abgesandte der amerikanischen Quäker, um die Gründung von Nachbarschaftsheimen dieser angloamerikanischen und pazifistischen Glaubensgemeinschaft in dichtbesiedelten Arbeiterwohnquartieren vorzubereiten. Außerdem schwebte den Quäkern vor, in den Westzonen Deutschlands zwei oder drei Konferenzhäuser einzurichten, in denen „Fürsorgetagungen und Konferenzen sowie Freizeiten und Nachschulungskurse für Sozialarbeiter abgehalten werden können. Auch diese Heime sollen von Quäkern betrieben und geleitet werden“[2]. Hertha Kraus war mit den deutschen Verhältnissen gut vertraut. 1897 in Prag geboren hatte sie in Frankfurt am Main studiert und war 1919 mit einer Arbeit „über Aufgaben und Wege der Jugendfürsorgestatistik“ zum Doktor rer. pol. promoviert worden. Bis zum 30. November 1933 war sie die mit sechsundzwanzig Jahren (bei ihrer Ernennung) jüngste deutsche Stadtdirektorin und Leiterin des Wohlfahrtsamtes der Stadt Köln gewesen und hatte sich insbesondere um die Entwicklung des Anstaltswesens für Erwachsene gekümmert[3]. Nach der Verdrängung aus ihrem Amt durch die Nationalsozialisten war sie in die Vereinigten Staaten emigriert und war zur Zeit ihres ersten Deutschlandbesuches Professorin für *Social Economy and Social Research* am Bryn Mawr College in Philadelphia.

Hertha Kraus fand das deutsche Fürsorgewesen – bis zur Machtergreifung durch die Nationalsozialisten hoch entwickelt und international anerkannt – in einem verzweifelten Zustand vor. Das System der Sozialversicherung war mit dem politischen und militärischen Zusammenbruch des Dritten Reiches zusammengebrochen und trug eine Schuldenlast von 16,5 Milliarden Reichsmark, der Reichsstock der Arbeitslosenversicherung war durch die Alliierten gesperrt, ein Fünftel der Gesamtbevölkerung lag im ursprünglichen Sinne dieses Wortes auf der Straße. Flüchtlinge, Ausgebombte und Evakuierte mussten auf ihren wochen- und monatelangen Transporten verpflegt werden, sie mussten in den vom Krieg verschonten landwirtschaftlich genutzten Gebieten des Reiches untergebracht werden, ihr Lebensbedarf musste durch die Beschlagnahme von Wohnraum und von Kleidung, Schuhwerk und Hausgerät gesichert werden und sie mussten mittelfristig ei-

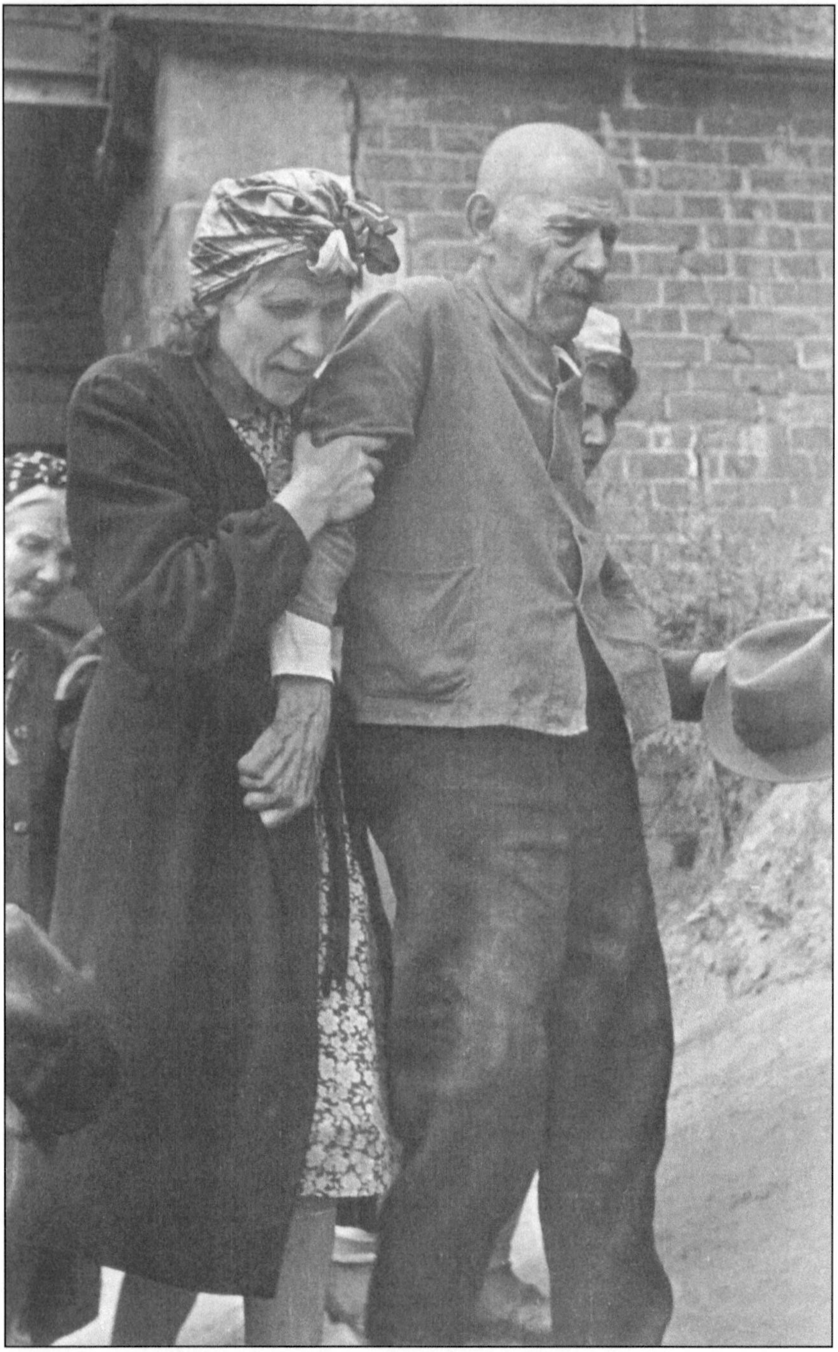

Abb. 25: So kamen sie aus den Kellern … Berlin, Mai 1945;
aus: G. Gronefeld, Frauen in Berlin 1945–1947. Berlin 1984

ne neue Arbeits- und Lebensgrundlage erhalten. Diese unmittelbaren Kriegsfolgen trafen vor allem die Landgemeinden, deren Bevölkerung in den ersten beiden Nachkriegsjahren um dreißig Prozent zunahm, während die großen Städte einen Teil ihrer Bewohner durch Evakuierungen und Bomben verloren hatten. Sozial- und Wohnungsämter litten unter einer kaum vorstellbaren Personalnot. Nahezu alle männlichen Fürsorger waren zum Kriegsdienst eingezogen worden oder mussten wegen ihrer Zugehörigkeit zu einer nationalsozialistischen Organisation den Dienst quittieren. Über das Ausmaß dieser frühen Entnazifizierungsphase gibt es widersprüchliche Angaben. Es liegen Aussagen von Zeitzeugen vor, denen zu folge nur wenige nationalsozialistische Fürsorger von sich aus ausschieden. Andere Gewährsleute konstatieren, dass „zunächst. eine große Reihe eingearbeiteter Sachbearbeiter ausgeschieden [sei]; sie konnten nicht überall durch Kräfte ersetzt werden, die über alle Voraussetzungen für die behördliche Arbeit verfügten“[4].

Friedrich Siegmund-Schultze, ehemals Gründer der Sozialen Arbeitsgemeinschaft Berlin (Ost) und Professor für Sozialethik und Sozialpädagogik an der Berliner Universität, der, wie Hertha Kraus emigrieren musste, fasste als unverdächtiger Zeitzeuge nach mehrmonatigen Reisen in 140 Städte aller vier Besatzungszonen seine Eindrücke zusammen:

Insbesondere auf dem Gebiet der Jugendwohlfahrt sei die fürsorgerische Betreuung zahlreicher Ämter und Vereine auf einen Tiefstand gesunken, „der uns, die wir diese Arbeit einst aufgebaut haben, mit tiefer Sorge erfüllt … Fast in keiner Stadt hält die Jugendgerichtshilfe den Standard, den sie bald nach dem ersten Jugendgerichtsgesetz gewonnen hatte. Das Schlimmste aber ist, dass diejenigen, die heute die Arbeit tun, vor allem die Männer, die die Leitung in Händen haben, überhaupt nicht wissen, nie vor Augen gehabt haben, was eigentlich in ihrer Amtsstelle oder ihrer Vereinigung geleistet werden sollte. Es fehlt an Sachverständigen in der Leitung der Ämter, an ausgebildeten Fürsorgern in der Offenen Wohlfahrtspflege, an erfahrenen Heimleitern in der geschlossenen Arbeit, überhaupt an männlichen Wohlfahrtspflegern, die auf Grund von Studium und Erfahrung einigermaßen den Aufgaben gewachsen wären, die sich heute der Jugendwohlfahrt stellen. Woran liegt das? Ich sehe hauptsächlich drei Gründe für Ausfall geeigneter männlicher Kräfte der Jugendfürsorge:
Erstens handelt es sich um den nüchternen Tatbestand, dass sechs bis sieben Millionen Männer der besten Altersstufen im Kriege gefallen oder in der Gefangenschaft umgekommen sind. Es gibt Wohlfahrtsämter, in denen sämtliche frühere männliche Mitarbeiter durch Tod oder Gefangenschaft ausgefallen sind.
Zweitens sind es die früheren Nazis, die zeitweilig oder dauernd aus der Arbeit ausscheiden mussten. Da die Wohlfahrtsbeamten fast überall der Nationalsozialistischen Volkswohlfahrt hatten beitreten müssen, wurde an vielen Orten diese Gruppe von jeder weiteren Arbeit ausgeschlossen. Es gibt

Städte, in denen auf diese Weise alle erfahrenen Berufsarbeiter, die überhaupt auf dem Amt gearbeitet hatten, ausgefallen sind.
Der dritte äußere Grund für das Fehlen männlicher Kräfte in der Wohlfahrtspflege lag in der Auflösung aller Ausbildungsstätten für männliche Wohlfahrtspfleger. Seit den ersten Kriegsjahren ist überhaupt kein männlicher Nachwuchs für die Wohlfahrtspflege zustande gekommen“[5].

Das besondere Augenmerk von Siegmund-Schultze war auf männliche Wohlfahrtspfleger gerichtet. Wenn man von ihnen absieht, so gilt in aller Allgemeinheit der Satz, dass es Frauen waren, die im Chaos der ersten Nachkriegsjahre die Arbeit von Familienfürsorge, Wirtschaftsfürsorge und Gesundheitsfürsorge von unten wieder aufgebaut haben. Die bei Alice Salomon in Berlin ausgebildete Gesundheitsfürsorgerin Ilse Krüger erinnerte sich:

> „Es stellte sich nun erneut die Frage: wer verdient das Geld? Da mein Mann einen sehr schweren Herzinfarkt bekam, war ich es selbstverständlich, die das machen musste. Ich bin in meinen Beruf zurückgegangen und habe von dem Zeitpunkt (1946) an bis Oktober 1973 im sozialen Beruf gearbeitet. Ich musste später, 1950, noch mein Schwesternexamen nachmachen, das wurde verlangt. Auf dem Lande lag eine starke Betonung auf dem medizinischen Bereich der Arbeit. Ich habe ab 1947 als staatliche Gemeindeschwester gearbeitet, zuerst unter schwierigsten und primitivsten Gegebenheiten. Aber wir waren sieben Menschen, die leben wollten. Fünf Jahre habe ich nebenher noch als Katechetin gearbeitet. Mir war die Arbeit, die ich dort verrichtete, meinen Gaben nach vielleicht auf den Leib geschrieben. Ich habe sie unendlich gern getan. Siebenundzwanzig Jahre lang habe ich sieben und ab 1961 fünf Dörfer betreut. Ich war in all den Jahren meist zu Fuß unterwegs, täglich in Sturm und Regen, Eis und Schnee, auch bei großer Hitze. Der Aufgabenkreis wurde immer größer, und aus dem Esstisch unserer Familie, an dem ich meine sogenannte Sprechstunde begonnen hatte, wurde allmählich eine Schwesternstation …“[6].

In der unmittelbaren Nachkriegs-Situation der Jahre 1945, 1946 und 1947, als es über die alliierten Militärregierungen hinaus keine einheitliche deutsche Zentralverwaltung gab, welche die Eingliederung von Flüchtlingen und Heimkehrern, das Problem des Lastenausgleichs und der Soforthilfe und die Vereinheitlichung des Fürsorgerechtes hätte regeln können, waren Fürsorgerinnen und Fürsorger aufs Improvisieren und Organisieren angewiesen. Damals bedeutete das Wort „Organisieren“ noch etwas anderes, als wir es heute gewöhnt sind. Es war dem Sprachgebrauch der Wehrmacht entnommen und meinte „etwas Rares unter Umgehung legaler Wege beschaffen und etwas Schwieriges auf unkonventionelle Weise lösen“. Auf diese Weise wurde Wohnraum organisiert, wurden Lebensmittel requiriert, wurde Brennholz beschafft, wurden elternlose Kinder untergebracht und

Arbeitsmöglichkeiten für Jugendliche geschaffen. Als sich die allgemeine Lage im Frühling 1948 zu normalisieren begann, als die Grenzen des Improvisierens und Organisierens erreicht waren, wurde mit zunehmender Lautstärke die Frage nach den ethischen, sozialen und methodischen Prinzipien sozialer Arbeit gestellt. Aber woran sollte man anknüpfen?

Bei der rückwirkenden Betrachtung von Texten, Dokumenten und Erinnerungen an diese Zeit fällt die merkwürdige Abstinenz auf, mit der eine offene Auseinandersetzung über den Nationalsozialismus, den deuten Angriffskrieg und die ideologischen Nachwirkungen nationalsozialistischer Bevölkerungs- und Sozialpolitik vermieden wurde. Sicher: diese Auseinandersetzungen wurden von zurückgekehrten Emigranten und Antifaschisten aus Konzentrationslagern und der „inneren Emigration“ hier und da geführt, aber sie waren und blieben – anders als im jugendbewegten Binnenklima von Jugendhöfen und Jugendleiterschulen eher zufällige Randerscheinungen. In der ersten zentralen Fachzeitschrift der öffentlichen und privaten Fürsorge, die wieder erscheinen durfte, dem „Rundschreiben“ (ab 1947 wieder „Nachrichtendienst“) des Deutschen Vereins, wird sehr vorsichtig und sehr allgemein von Folgen der vergangenen Jahre und des Krieges gesprochen, die unser gesamtes Volksleben aufs Schwerste getroffen und erschüttert haben“[7]. Die langjährige Jugendamtsleiterin Elisabeth Bamberger wird mit dem Satz zitiert, man müsse einer Jugend, „der alle Götter zerbrochen sind, neue Wege und Ziele weisen“[8]. Auf dem 2. Deutschen Fürsorgetag im Juni 1947 in Rothenburg ob der Tauber begrüßte Wilhelm Polligkeit viele alte Freunde mit der sibyllinischen Formel, sie seien „vor ’33 uns in der Arbeit verbunden [gewesen und hätten] dann gleich uns bis 1945 abseits gestanden“[9]. Ein Jahr später wird im NDV die Forderung publiziert, dass „erfahrene und bewährte Fachkräfte möglichst bald wieder zu gewinnen (seien), die wegen ihrer Mitgliedschaft in der NSDAP ausscheiden mussten“[10]. Auf der Tagesordnung der Hauptausschuss-Tagung vom Juni 1948 stehen zwei Referate über „Menschenwürde und Arbeitsethos“ und über „die Verwertung der arbeitsentwöhnten und arbeitsscheuen Kräfte“ dicht nebeneinander[11]. Das mag der traditionsreiche Stil des Deutschen Vereins gewesen sein, aber er berührt eigentümlich, vor allem nach vorhergegangener Lektüre der letzten Ausgaben des „Nachrichtendienstes“ aus den Jahren 1943 und 1944. Dort war von „Elterninstinkten“ und einer dem „gesunden Volksempfinden entsprechenden Strafrechtspflege“ die Rede, von der „Sichtung von Kindern im Hinblick auf fremdvölkische Elemente“ und von dem dringenden Bedürfnis, „geistig defekte Unzuchttreibende aus der Prostitution zu entfernen“[12]. Eine Hamburger Senatsrätin, die sich auch nach 1945 wieder zu Wort gemeldet hat, berichtete, in ihrem Arbeitsgebiet seien von insgesamt 1.133 Mündeln 607 unfruchtbar gemacht worden[13], und in einem Beitrag über Erbgesundheitspflege wurde festgestellt, zum Nachweis der Erbgesundheit gehöre auch die Ermittlung etwaiger Kriminalität, die bei Verstorbenen leider nicht beizubringen sei, weil Strafregisterauszüge beim Tode gelöscht würden, was zu folgenschweren Fehlurteilen führen könne. Es könne dann nämlich eine etwaige schwere Kriminalität nicht nachgewiesen werden, „und die Angehörigen gelangen u. U. in den Genuss fördernder Maßnahmen, die anderen, weniger belasteten Familien versagt werden. Umgekehrt ist es auch nicht möglich, die Unbestraftheit eines hochwertigen verstorbenen Familienmitgliedes einwandfrei nachzuweisen“[14]. Es mag ja sein, dass alle diese Beiträge in einer Sprache, die aus dem Wörterbuch von Un-Menschen stammt, durch den Reichsamtsleiter Althaus in die Spalten des traditionsreichen „Nachrichtendienstes“ gehoben worden waren, aber wenigstens der Versuch einer Auseinandersetzung über die Frage, in welchem Geist die Fachzeitschrift gleichen Namens an den Aufbau eines demokratischen und humanen Deutschlands gehen werde, hätte ihr nach dem Ende der Hitler-Herrschaft wohl angestanden. Schon um die Mahnung Santayanas zu berücksichtigen, dass diejenigen, die von der Vergangenheit nichts lernen, verdammt sind, sie zu wiederholen[15].

Die Auseinandersetzung mit jüngster Vergangenheit, deren zerstörende Folgen auf Schritt und Tritt zu greifen waren, schien in den ersten Jahren des Fürsorgewesens der drei West-Zonen nicht stattgefunden zu haben. Zumindest ist sie aus den mir zugänglichen historischen Quellen nicht zu erschließen[16]. Aber wenn schon die jüngste Vergangenheit einer kollektiven Verdrängungsleistung zum Opfer gefallen sein sollte – wenn so etwas dem Einzelnen zustößt, spricht man von retroaktiven Hemmungen, hätte es dann nicht nahe gelegen, an die fortgeschrittensten demokratischen Traditionen des Fürsorgewesens der Weimarer Republik anzuknüpfen? Vor allem, wenn in den Dokumenten der ersten Nachkriegsjahre immer wieder vom „hohen Stand des deutschen Fürsorgewesens bis 1933“ die Rede ist? Auch diese Anknüpfung scheint zunächst nicht stattgefunden zu haben. Sie hätte an mindestens drei fortgeschrittene (und wohl auch fortschrittliche) Entwicklungen aus der zweiten Hälfte der Zwanzigerjahre anknüpfen können: an die Familienfürsorge, das selbständige Jugendamt und die Entwicklung einer eigenständigen, fürsorgerischen Methodenlehre. Wesentliche Innovationsschübe im deutschen Fürsorgewesen waren in der Vergangenheit die Folge von Kriegen. Sowohl der erste wie der zweite Weltkrieg produzierten Klientengruppen, denen beim schlechtesten Willen nicht nachgesagt werden konnte, sie wären durch eigenes Verschulden in Not geraten. Die Angehörigen von Kriegsteilnehmern mussten versorgt werden, die Kinder von Müttern, die in der Rüstungsindustrie arbeiteten, mussten in Krippen und Tagesstätten untergebracht werden, Krieger-Witwen und -Waisen mussten versorgt und betreut werden. Zur Lösung dieser komplexen Versorgungs- und Betreuungs-Aufgaben wurde im Ersten Weltkrieg das Konzept einer „integrierten Familienfürsorge“ entwickelt, das pädagogischen (und nicht kontrollierenden) Prinzipien folgte und Mehrfach-Betreuungen ausschloss. Diese Familienfürsorge lieferte das Vorbild für die zukünftige Arbeit des mit dem Reichsjugendwohlfahrtsgesetz (1922) geschaffenen „Jugendamtes“, in dem die materielle, soziale und psychische Betreuung von Kindern und ihren Familien zusammengefasst werden sollte. Für diese neuen, reformpädagogischen und sozialpädagogischen Berufsfelder wurden in den letzten Jahren der Weimarer Republik Ansätze zu einer fürsorgerischen Methodenlehre entwickelt, an die bewusst und gezielt anzuknüpfen sich gelohnt hätte. Dies ist beim Aufbau .es demokratischen Fürsorgewesens in der Bundesrepublik Deutschland nicht geschehen. Über die Gründe mag man spekulieren[17].

Die frühe Rezeption von *case work*

Im Sommer 1948 kam Hertha Kraus zum zweiten Mal nach Deutschland, um als Gutachterin der amerikanischen Militärregierung für Wohlfahrtsfragen und als *visiting expert* in der Fortbildung von Dozentinnen und Dozenten der Sozialarbeiterausbildung vorübergehend tätig zu werden. Dabei lernte sie das große Interesse ihrer deutschen Gesprächspartner an umfassenden und systematischen Informationen über den gegenseitigen Stand der *social case work*-Methode kennen: „Eine Darstellung und Auslegung der amerikanischen Methode der Einzelhilfe, die als Social Casework bekannt ist, schien deutschen Praktikern wie Lehrern der sozialen Arbeit von besonderer Bedeutung zu einem Zeitpunkt, in dem sie im Begriff sind, ihre eigene Arbeitsweise zu überprüfen und Lehrmaterialien für soziale Ausbildung in Ämtern, Fachschulen und Universitäten neu zu entwickeln“[18]. In der Tat hatte das Großhessische Ministerium für Arbeit und Wohlfahrt im Sommer 1947 einen ersten Vierwochenlehrgang für Fürsorgesachbearbeiter in Schmitten im Taunus unter Anwesenheit von Vertretern der Besatzungsmacht durchgeführt[19]. In einem Gutachten über die Notwendigkeit einer gezielten Fortbildung hatte das Ministerium den Fortbildungsbedarf und die bedeutsame Rolle von Psychologie und Sozialpsychologie in der Fortbildung mit den veränderten Verhältnissen in den westlichen Besatzungszonen erklärt, „um die veränderte seelische Haltung in breiten Schichten unseres Volkes richtig zu würdigen und zu verstehen, dass mangelnder Arbeitswille, Apathie und eine geringe Fähigkeit, sich den Folgen einer sozialen Umschichtung anzupassen, heute nicht ohne weiteres als ein persönliches Verschulden oder Versagen zu bewerten sind“[20]. In dem Gutachten wird auch zum ersten Male wieder auf wichtige alte Vor-Arbeiten von Martha Heynacher (1925) und Alice Salomon (1926)[21] verwiesen.

1947 hatte auch der englische Publizist und Sozialist Victor Gollancz zu einer internationalen Tagung über die Ursachen jugendlicher Verwahrlosung im Nachkriegs-Europa in die Heimvolkshochschule Fredeburg im Sauerland eingeladen. Aufgrund der Ergebnisse dieser Konferenz rief er am 12. Dezember 1948 in einer Rede über den Nordwestdeutschen Rundfunk/ Hamburg zu einer gemeinnützigen Stiftung „Rettet die deutsche Jugend“ auf. Nichts habe ihn bei seinen Deutschlandbesuchen in den Jahren 1946 und 1947 so beeindruckt wie „die grauen und müden Gesichter der Kinder

Abb. 26: Dr. Hertha Kraus gehörte zu den ersten deutschen Emigrantinnen, die aus den USA nach Deutschland kamen, um die durch die Hitler-Herrschaft abgeschnittene Verbindung deutscher Sozialarbeiter zur internationalen Entwicklung wiederherzustellen (Foto: 30er Jahre (Bryn Mawr College, Archiv, Pennsylvania)

und Jugendlichen, die ihre Hoffnungslosigkeit und Verzweiflung widerspiegelten. Wir haben ihnen gegenüber eine ungeheure Schuld, denn in ihrer Unschuld büßen sie für die Fehler, wir alle durch bewusstes Hassen, Grausamkeit, moralische Schwäche und Unentschlossenheit während der letzten Jahrzehnte begangen haben“[22].

Hertha Kraus hatte zu jener Zeit ein amerikanisches Lesebuch zusammengestellt und herausgegeben, das den damals neuesten Stand der nordamerikanischen Methodendiskussion über *social case work* widerspiegelte. Mit Mildred Bicklin Smith von der amerikanischen Militärregierung in Deutschland verabredete sie die finanzielle Unterstützung der deutschen Übersetzung. Das Buch erschien zwar erst 1950[23], aber Hessische Institut zur Förderung öffentlicher Angelegenheiten in Frankfurt publizierte das Vorwort von Hertha Kraus als Broschüre, „um mit dem großen Kreis der an der deutschen Sozialarbeit aktiv interessierten Menschen zu ermöglichen, sich einen Einblick in die Bedeutung der Arbeitsweise des ‚Social Casework' zu verschaffen. Das Institut glaubt, dass die Beschäftigung mit dieser Materie für jeden im deutschen Wohlfahrtswesen tätigen Menschen unerlässlich ist“[24].

Im Juli 1950 fand die V. Internationale Konferenz für soziale Arbeit in Paris statt. Zu ihr war der Vorsitzende des Deutschen Vereins für öffentliche und private Fürsorge eingeladen worden, und zwar mit der Bitte, zur Vorbereitung seines Berichtes über die Lage der Fürsorge im besetzten Deutschland einen deutschen Landesausschuss einzuberufen[25]. Hertha Kraus stellte dem Nachrichtendienst des Deutschen Vereins Übersetzungen der Hauptreferate und -Dokumente der Konferenz zur Verfügung. Wir dürfen davon ausgehen, dass das Jahr 1950 den Beginn einer breiteren Rezeption des Standes der internationalen Methodendiskussion in Sachen *social case work* markiert.

Diese Rezeption war von Anfang an breiter angelegt, als manche von uns es im Rückblick aus einer Distanz von vierzig Jahren wahrhaben mögen. Hertha Kraus investierte in ihrer Einleitung über „Casework im Rahmen der amerikanischen Sozialarbeit" dreißig Druckseiten, um „deutschen Lesern zu erklären, warum *social case work* gerade in den USA eine so bedeutsame Rolle spiele, dass es fast als Synonym zum Begriff *Sozialarbeit* geworden ist. Sie erklärt es mit allgemeinen, gesellschaftlichen Gründen und aus der besonderen Entwicklung des nordamerikanischen Fürsorgewesens. Mit Ausnahme der Indianer sind alle Nordamerikaner Immigranten oder zumindest die Nachkommen von Immigranten. Außerdem befindet sich jedes Jahr ein nicht unbeträchtlicher Teil der naturalisierten Bevölkerung auf der Wanderschaft von Stadt zu Stadt, von Land zu Land, aus dem Osten in den Mittelwesten und in den Westen, aus dem Süden in den Norden und kreuz und quer. Immigration und Binnenwanderung verstärken wirtschaftliche Unsicherheit und sozio-physischen Anpassungsdruck: „Spannungen und Enttäuschungen wachsen im Erlebnis größter wirtschaftlicher Unsicherheit und bei dem Versuch, mit unzähligen unbekannten Größen in einer neuen Umgebung irgendwie fertig zu werden"[26]. Andererseits ist der einmal eingetretene Erfolg sozialen Aufstiegs in dem neuen Land „ein klarer und tief überzeugender Beweis für die Macht der menschlichen Persönlichkeit, wenn sie von allen Fesseln befreit wird".[27] Die Freiheit von allen Fesseln darf nicht wörtlich genommen werden, vor allem darf das Eigenschaftswort „allen" dabei nicht allzu stark betont werden, denn: „Auch die neue Freiheit brachte ihre eigenen Probleme in der Anpassung des Einzelbenehmens an das Gruppenbenehmen, in kultureller Angleichung"[28]. Zumal die wenigsten Regeln dieser Angleichung in den USA in eindeutiger Sprache öffentlich ausgedrückt werden. Meist müssen sie durch Beobachtung erlernt und in harter Erfahrung erworben werden. Ein Instrument der individuellen Hilfe bei diesem Anpassungsprozess sei social case work. Es habe heute (1950) „einen entscheidenden Anteil an dieser Arbeit der geduldigen Erziehung zur Freiheit"[29]. Weiter müsse – ich folge dem Gedanken- und Argumentationsgang der Autorin und verbiete mir zeitgenössische Randbemerkungen, die aus der Sicht der späten vierziger Jahre dieses Jahrhunderts unangemessen wären – die traditionelle Ablehnung eines entfalteten öffentlichen Dienstes und rechtlich verbriefter öffentlicher Hilfe in den USA in Rechnung gestellt werden. Man wünsche dort eine klare Trennung zwischen den Leistungen der öffentlichen und der freien Fürsorge „und erwartet, dass die freie Arbeit im allgemeinen ihre Kosten aus freien Mitteln, nicht aus Steuern aufbringt"[30]. Die USA seien deshalb arm an guten und zeitgemäßen Einrichtungen der geschlossenen und halboffenen Fürsorge und decken nicht auch nur annähernd den gesellschaftlichen Bedarf an sozialer Sicherung. Ein Minimum an sozialer Sicherheit sei überhaupt erst nach den traumatischen Erfahrungen mit der Großen Depression durch den *Social Security Act* des Jahres 1935 ins Spiel gebracht worden. So weit, so gut. Dann aber gerät das Bild, das die sachkundige Autorin zeichnet, eher zum Wunschbild als zum Abbild wirklicher gesellschaftlicher Wirklichkeit, wenn sie schreibt, „dass Casework als Grundsatz und als Arbeitsmethode keinesfalls weiter als etwas angesehen wird, das nur die freie Wohlfahrt leisten kann. *Es ist zum Bestandteil der meisten öffentlichen Fürsorgeeinrichtungen geworden und erfährt dort manche Abwandlungen, ohne dass der Kern zu leiden braucht*“[31].

Was ist dieser Kern? Hertha Kraus sieht ihn in den USA als die Verbindung von zwei wichtigen Elementen: „1. stete, im Kleinsten treue Anwendung der schlichten Grundbegriffe demokratischen Lebens auf die Beziehung zwischen Fürsorge und Klienten, auf die sogenannte helfende Beziehung“[32]; „2. psychoanalytische Grundauffassungen menschlichen Seelenlebens“[33].

Auf diese Einleitung folgen vierzig ausgewählte Kapitel, welche der nordamerikanischen Fachliteratur bis zum Jahre 1949 entnommen und übersetzt worden sind[34]. Sie sind umsichtig ausgewählt und spiegeln die volle Breite der Anwendung in *social case work* in unterschiedlichen Tätigkeitsfeldern von der Fürsorge über die Psychosomatische Medizin bis zur Ehe- und Familienberatung und bei unterschiedlichen Altersgruppen m Kindergarten bis zum Altenheim wider und behandeln ausgewählte Probleme der Sozialarbeiterausbildung.

So umfassend dieses Mosaikbild ist – es hat einen folgenschweren Schönheitsfehler. Nur zwei Beiträge unter den vierzig handeln von der Rolle von *social case work* in der *öffentlichen Fürsorge*. Frank G. Hertel unterstreicht die Notwendigkeit der Verwendung unterschiedlicher Beratungsmethoden (Umweltbehandlung, Stützende Behandlung, Beratung und Führung, Einsichtstherapie)[35]. Luna Bowdoin Brown formuliert noch sehr appellativ fünf Grundsätze, die in der Arbeit der öffentlichen Fürsorge gelten müssen, damit *social case work* dort möglich ist: Rechtsanspruch des Klienten auf finanzielle Hilfe; finanzielle Unterstützung in Form von Bargeld; der Klient ist die wichtigste Informationsquelle über sich selbst und seine Lage; die Unterstützung muss den Bedürfnissen des Klienten entsprechen; wenn die Grenzen der Hilfemöglichkeit durch die öffentliche Fürsorge überschritten werden, hat der Klient ein Recht auf Überweisung an andere Instanzen persönlicher, sozialer Dienstleistungen[36].

Nimmt man alle diese Informationen zusammen, so wird deutlich, dass das nordamerikanische *social case work* seinen methodisch hohen Entwicklungsstand und seine relative Freizügigkeit im Umgang mit innerpsychischen und sozial psychischen Anpassungsproblemen seiner Klienten mit dem Preis einer nahezu vollständigen Abkoppelung von der sozialstaatlichen Aufgabe der Ermessensentscheidung über die Gewährung finanzieller

Hilfen, auf die der Klient *keinen* Rechtsanspruch hat, bezahlte. Und es scheint, dass den meisten nordamerikanischen Sozialarbeitern der Fünfzigerjahre (im Gegensatz zu den Dreißigern) dieser Preis nicht zu hoch erschien. Deutsche Sozialarbeiterinnen und Sozialarbeiter, die an den ersten Lehrgängen in *social case work* (oder, wie es bald auf Deutsch hieß: *vertiefter Einzelfallhilfe*) teilnahmen, oder die später bei längeren Auslandsaufenthalten im Rahmen des Kulturaustausches die Praxis dieser Methode in den NDV oder in England und den Niederlanden kennen lernten, kamen als Sozialbeamte aus kommunalen Wohlfahrts- und Jugend-Ämtern. Ihre Hauptaufgabe war es nicht, ihre Klienten zu beraten, sondern Entscheidungen für andere Instanzen vorzubereiten: Entscheidungen über Heimeinweisung, Personensorgerecht und Wohngeldbeihilfe für die Verwaltungsbeamten im Sozialamt oder die Scheidungsrichter am Familiengericht. Trotzdem waren sie von diesen ersten Lehrgängen und von der so ganz anderen Zugangsweise ihrer amerikanischen Dozentinnen berührt, betroffen und bewegt. Nicht wegen der Vergleichbarkeit des neuen methodischen Instrumentariums mit ihrer eigenen Arbeitsweise, sondern wegen des neuen Menschenbildes, das sie zu Recht hinter diesem Instrumentarium vermuteten. In dem Lesebuch von Hertha Kraus hatte Gordon Hamilton, eine der wissenschaftlichen Begründerinnen des *social case work* an der Columbia University in New York *die fünf Prinzipien von Einzelfallhilfe* ähnlich wie Haus Schwalbach die fünf Prinzipien von Gruppenpädagogik auf der Basis der Arbeiten von Gisela Konopka formuliert:

1. Unsere Fähigkeit, anderen wirksam zu helfen, ist abhängig von unserer Achtung für die menschliche Persönlichkeit.
2. Hilfe ist am wirksamsten, wenn der Empfänger an der Hilfsmaßnahme aktiv beteiligt ist und mit Bewusstsein und Verantwortung an der Gestaltung teilnimmt.
3. Achtung des anderen schließt in sich Achtung für die Unterschiede zwischen den Menschen (ein).
4. Eigenes Verstehen – Erkenntnis des Selbst – ist wesentlich zum Verständnis anderer .
5. Der Einzelmensch hat Verantwortung nicht nur sich selbst gegenüber, sondern auch für die Gesellschaft, in der er lebt[37]. Diese humanen und liberalen Prinzipien weckten Hoffnungen auf die Wirklichkeit eines positiven, optimistischen Menschenbildes. Sie erweckten Hoffnungen, durch professionelles methodisches Handeln dem Stigma eines sozialen Berufes zu entkommen, in dem zwischen „würdigen“ und „unwürdigen“ Fällen unterschieden werden muss, obwohl doch alle Menschen gleich sind und gleich behandelt werden sollen. Obwohl doch kein Mensch aus sich heraus an sich schuld sein kann, sondern nur schuld an der Schuld des anderen …

Die Abstempelung bestimmter sozialer Gruppen als „unwürdige Fälle“ war ja keine Erfindung nationalsozialistischer Konzentrationslager und ihrer unterschiedlichen Abzeichen für Politische, Zeugen Jehovas, Asoziale, Homosexuelle, Zigeuner. Sie war fest verankert im historischen Wesen der europäischen Armenpflege und wurde durch die Nationalsozialisten lediglich mit einer neuen pseudo-wissenschaftlichen erbbiologischen Begründung versehen. Noch im Jahre 1952, auf dem Deutschen Fürsorgetag in Stuttgart, begann Oberregierungsrätin Dr. Käthe Petersen aus Hamburg ihr Grundsatzreferat in der Arbeitsgruppe 4 (Hilfe für haltlose und arbeitsscheue Frauen) mit den Sätzen:

> „Haltlose und Arbeitsscheue fallen in der Regel nicht nur dadurch auf, dass sie der Arbeit ausweichen, sie lassen sich auch in ihrer sonstigen Lebensführung gehen. Haltlose Frauen neigen dazu, unsolide zu leben. Sie gehen aber nicht bewusst diesen Weg, sondern sie verfallen dem unsoliden Lebenswandel, weil ihnen die Willenskraft fehlt, ein geordnetes Leben zu führen. Davon abweichend gehen arbeitsscheue Frauen der Arbeit bewusst aus dem Wege und zum Teil bewusst in die gelegentliche oder gewerbsmäßige Prostitution. Die Grenzen zwischen den Haltlosen und Arbeitsscheuen sind oft fließend“[38].

Die Wirkung des von Hertha Kraus herausgegebenen Sammelbandes über *case work* auf die Rezeptions*praxis* dieser klassischen Methode fürsorgerischer Ermittlungs- und Beratungs-Tätigkeit darf nicht überschätzt werden. In vielen Fällen war sie wegen der notgedrungenen Orientierung nordamerikanischen Verhältnissen und des eher beschreibenden Charakters der abgedruckten Texte weniger ermutigend als abschreckend. Folgenreicher als das Buch waren verschiedene Fortbildungs-Lehrgänge für praktizierende Sozialarbeiterinnen mit praxisbegleitender Supervision, die von Jugend- und Wohlfahrtsämtern in Hessen, Bremen, Berlin ',und anderen Städten und Bundesländern installiert wurden.

1951 richtete Dr. Dora von Caemmerer an der Berliner Hochschule für Politik (heute: Otto-Suhr-Institut der Freien Universität) auf Anregung der Berliner Jugendsenatorin Ella Kay einen ersten, einjährigen Aufbaulehrgang für Fürsorger und Fürsorgerinnen ein, bei dem Helen Day Einzelfallhilfe, Cecil Thomas Gruppenpädagogik und Walter Friedländer Wohlfahrtspflege unterrichteten. Im zweiten Aufbaulehrgang übernahmen ein Jahr später Dora von Caemmerer den Unterricht in Einzelfallhilfe und Heinrich Schiller in Gruppenpädagogik[39]. Die Kosten für die ausländischen Dozenten hatte HICOG übernommen. Im April 1953 eröffnete Dora von Caemmerer die Soziale Schule der Stadt Nürnberg, die 1951 geschlossen worden war, als erste Bayerische Sozialarbeiter-Ausbildungsstätte für Frauen *und* Männer. Der damals für sie zuständige amerikanische Erziehungsoffizier war Kurt Reichert, ein österreichischer Schauspieler, Sozialarbeiter und US-Immigrant. Diese Schule war die erste, welche die Methodenfächer

Abb. 27: Dr. Dora von Caemmerer gehörte zu de ersten deutschen Fach-Frauen, die Anfang der Fünfzigerjahre Fortbildungs- und Aufbau-Lehrgänge in Einzelfallhilfe und Praxisberatung durchführten (Foto: Horst Urbschat, Berlin 1987)

als Kernfächer des gesamten Unterrichtes lehrte. Dora von Caemmerer: „Nicht Gesetze machen gute Sozialarbeit, sondern methodisches Arbeiten“[40]. Durch die Vermittlung von HICOG kam eine andere Emigrantin für ein Semester nach Nürnberg: Dr. Susanne Schultze von der Universität Chicago, die während der Zeit der 1. Deutschen Republik als Erzieherin auf dem reformpädagogischen „Immenhof“ der Arbeiterwohlfahrt in der Lüneburger Heide gearbeitet hatte.

Von 1961 bis 1964 war Dora von Caemmerer als Dozentin für Einzelfallhilfe in *Haus Schwalbach* tätig[41] und leitete einen Zweijahreskurs des Hessischen Ministeriums für Arbeit, Volkswohlfahrt und Gesundheitswesen über Grundlagen und Arbeitsweisen moderner Sozialarbeit; später wiederholte sie diesen Lehrgang für Niedersachsen in Oldenburg. 1967 schließlich wurde die Methodenausbildung in sozialer Einzelhilfe und Praxisberatung durch die Akademie für Jugendhilfe der Victor-Gollancz-Stiftung mit der Professorin Anne Fischer fest installiert.

Etwa gleichzeitig unternahm auch der Deutsche Verein für öffentliche und private Fürsorge Anstrengungen, um mit Dora von Caemmerer einen ersten „Akademiekurs für Praxisberatung“ bundesweit auszuschreiben. Er bestand aus einer einjährigen Ausbildung in den Grundlagen der Einzelhilfe in verschiedenen Arbeitsfeldern mit Supervision am Arbeitsplatz und einem weiteren halben Jahr, in dem die Teilnehmerinnen selbst unter Anleitung Supervision gaben. Eine große Hilfe bei der Etablierung von Supervision waren Rosa Dworschak aus Wien, eine Schülerin von August Aichhorn, und Doris Zeller von der Eidgenössischen Wohlfahrtsschule in Zürich[42]. Ende der fünfziger Jahre war die frühe Rezeptionsgeschichte vertiefter Einzelhilfe zu einem vorläufigen Schluss gekommen. Insbesondere die größeren und ausgebauteren Jugendämter verfügten nun über eine beachtliche Anzahl von Sozialarbeiterinnen, die methodisch aus- und weitergebildet waren und sich in Gruppenpädagogik, Einzelhilfe und Praxisberatung auskannten.

Für die Weiterbildung von Dozenten waren internationale UNO-Seminare über jeweils vierzehn Tage von Bedeutung, die Anfang der Fünfzigerjahre in Finnland, England und Schweden durchgeführt wurden und für die HICOG die deutschen Teilnehmer auswählte und finanzierte. Ebenso bedeutend war ein Europäisches Seminar in Oxford, an dem im Oktober 1955 Charlotte Towle mitwirkte, deren Buch über „den Lernprozess in Sozialarbeiterausbildung"[43] einen großen Einfluss ausübte.

Supervision

Wir waren in jenen Jahren in Deutschland an die Tatsache gewöhnt, dass das „Berufspraktikum" entweder an die „theoretische" Berufsausbildung angehängt wurde oder Teil der Berufseinstiegsphase war, auf jeden Fall jedoch in einer inneren Beziehung zu den wissenschaftlichen und berufskundlichen Teilen der Ausbildung stand. Die Beratung während dieser Phase wurde von Vorgesetzten oder von berufserfahrenen Kolleginnen und Kollegen wahrgenommen und bestand im Wesentlichen in, dass „richtiges" Verhalten durch den Praxisanleiter „vorgemacht" :und „falsches" Verhalten des Praktikanten kritisiert wurde. Dieses Arrangement entsprach der „Meisterlehre" traditioneller deutscher Lehrerweiterbildungs-Seminare. In den Staaten waren (und sind) praktische Feldarbeit und Supervision Teil der Ausbildung vom ersten Tag des Hauptstudiums an[44].

Viele deutsche Sozialarbeiter hatten keine konkrete Vorstellung, was sie erwartete, wenn sie bereits in der ersten Woche ihres amerikanischen Gaststudiums einen Einstunden-Termin mit ihrer Supervisorin bekamen. Sie übersetzten sich den Begriff mit „Aufseherin – Anleiterin" ins Deutsche und waren verwundert, dass die Supervisorin keineswegs als ‚Vorgesetzte' auftrat, dass sie die spezielle Feldarbeit ihres Gegenübers auch nicht aus eigener Anschauung kannte, sondern meist nur über die Berichte, welche Studierende über ihre Tätigkeit jede Woche schreiben sollten, und dass sie von der Supervisorin nicht etwa „kritisiert" wurden, sondern dass ein in der Regel sehr intensives Gespräch über den Bericht zustande kam. Dieses Supervisionsgespräch hatte eine dreifache Zielsetzung: Die Sozialarbeiterinnen sollten überprüfen lernen, ob sie das, was sie getan und in ihrem Bericht niedergelegt hatten, auch wirklich verstanden, sie sollten herausfinden, ob Probleme, die sie in ihrem Bericht erwähnt hatten, möglicherweise Probleme waren, die mit ihrer eigenen Person zu tun hatten, und sie sollten herausfinden, ob es zu den professionellen Handlungen, die sie in ihrem Bericht erwähnt hatten, sinnvolle und erfolgversprechende Alternativen geben würde. Die Supervisorin agierte nicht als „Meisterlehrerin", sondern als „Trainerin", die das professionelle Handeln, das im Praxisbericht widergespiegelt worden war, den Handelnden als offene Frage zurückspiegelte. Viele Amerikafahrer fassten die Haltung, die sie in der Supervision erfahren hatten, in dem Satz zusammen, dass sie (teilweise zum ersten Mal in ihrem professionellen Leben) „ernst genommen und als Person angenommen worden wären". Der theoretische Hintergrund für dieses Verfahren liegt in der Vermutung, dass sozialpädagogische Interaktionen als Lehr- und Lern-Prozesse begriffen werden können[45], bei denen die Vorerfahrungen der Lernenden eine bedeutsame, häufig aber vor-bewusste oder un-bewusste Rolle spielen: im Geschäft des Lehrens von Erwachsenen wiederholt sich bei den Lehrenden ein Teil ihrer eigenen Lern-Geschichte als Kinder.

In den USA entwickelten die Ausbildungstätten für Sozialarbeit bis in die Fünfzigerjahre des letzten Jahrhunderts zwei unterschiedliche Konzepte von Supervision. Eines dieser Konzepte grenzte sich von dem ursprünglich psycho-therapeutisch orientierten Vorgehen in der vertieften Einzelfallhilfe ab und betonte die Notwendigkeit des Supervisors, durch „stützendes Vorgehen" die Entwicklung einer tragfähigen zwischenmenschlichen Beziehung zum Sozialarbeiter zu befördern, ihn zur „Äußerung von Gefühlen" anzuregen, aber eine „direkte Einflussnahme auf die Arbeit zu beschränken und nicht auf die persönlichen Angelegenheiten des Sozialarbeiters auszudehnen" und – dies vor allem – „den Sozialarbeiter zu einer reflektierenden Betrachtung seiner eigenen Arbeit anzuregen"[46]. Dies ist als eine Reaktion auf die anfängliche Überbetonung der Bearbeitung lebensgeschichtlicher Probleme der Supervisanden zu verstehen. Denn es hatte in den USA eine Zeit gegeben, in der Supervisoren für Sozialarbeiter und Studierende fast die Rolle von Therapeuten spielten. Später ist dieses Rollenverständnis wieder aufgegeben worden. Statt dessen trat die helfende Beziehung zwischen Sozialarbeiter und Klient in den Vordergrund[47].

Das andere Konzept von Supervision lehnte sich an die reformpädagogische Tradition der Unterstützung von Lehr- und Lern-Prozessen zwischen Erwachsenen an, wie sie von John Dewey und W. H. Kilpatrick (1918; deutsch 1935) entwickelt worden war. Eine bedeutende Vertreterin dieses Konzeptes war Bertha Reynolds. Sie gehörte dem linken, gewerkschaftlich orientierten Flügel der nordamerikanischen Sozialarbeiter an hatte während der Kommunistenverfolgungen der späten vierziger Jahre durch den McCarthy-Ausschuss für unamerikanische Aktivitäten erhebliche berufliche Schwierigkeiten. In einem Buch, das sie 1942 über Learning and Teaching in the Practice of Social Work" veröffentlichte, schrieb sie fünf aufeinander folgende Stadien in komplexen Lehr-Lern-Prozessen, wie sie in der Aufgabe enthalten sind, eine Sache (oder Kenntnis), die man *weiß*, in praktisches *Handeln* umzusetzen:

In einem *ersten Stadium* ist der Lernende (in diesem Fall: der Sozialarbeiter unter Supervision) in einem Zustand akuten Bewusstseins seiner selbst. Das beste Beispiel für diesen Zustand ist das „Lampenfieber". In diesem Stadium besteht die Hauptaufgabe der Supervision darin, Sicherheit zu geben. In einem *zweiten Stadium* versucht der Lernende, zu schwimmen um nicht unterzugehen". Er reagiert auf Personen und Situationen, aber es gelingt ihm noch nicht, sie bewusst zu handhaben. Viele Praktiker bleiben in diesem Stadium stehen, sie werden mit Mühe mit ihren beruflichen Aufgaben fertig, aber in ihrer Unsicherheit sind sie extrem abhängig vom Urteil anderer (auch ihrer Klienten). In diesem Stadium ist es die Aufgabe der Supervision, eine vernünftige Mischung von beschützender Bestätigung" und „zusätzlichen Anregungen" zu geben. Im *dritten Stadium* gelingt es dem Lernenden, seine jeweils zur Diskussion stehende berufliche Situation zu verstehen ohne jedoch schon gleichzeitig über die Kräfte zu verfügen, seine Handlungen unter Kontrolle zu halten. In diesem Stadium ist der Sozialarbeiter häufig schon stark genug, um seine Fehler ins Auge zu fassen, kritisch zu analysieren und sein künftiges Handeln neu zu organisieren. Das *vierte Stadium* ist – immer nach Reynolds – der Zustand einer relativen Meisterung der Situation, bei der man sowohl die Situation versteht als auch seine eigenen Handlungen kontrolliert. Jetzt ist es die Aufgabe der Supervision, das einmal erreichte Niveau bewussten Handelns zu sichern und ebenso vertrauensvoll wie furchtlos künftige Handlungsweisen zu planen und zu organisieren. Im *fünften Stadium* fortschreitender professioneller Handlungsfähigkeit sind Sozialarbeiter und Supervisor gleichberechtigte, kompetente Partner geworden. Der Supervisor weiß nun, auf welche Weise der Sozialarbeiter sich seine Handlungskompetenz aneignet, wodurch er lernt und wodurch sein Lernen blockiert wird, wo er Hilfe braucht und wo ein Hilfeangebot sein gegenwärtiges Handeln möglicherweise behindern würde[48].

Supervision hat inzwischen einen festen Platz im Fort- und Weiterbildungs-Angebot für Sozialarbeiter und Sozialpädagogen in der Bundesrepublik Deutschland. Überregionale Angebote machen die Akademie für Jugendfragen in Münster[49], die Akademie des Diakonischen Werks in Stuttgart und das Burckhardthaus in Gelnhausen. Regionale Weiterbildung in Praxisberatung betreiben viele Fachhochschulen wie die Evangelische Stiftungshochschule Nürnberg und die Universität-Gesamthochschulen Kassel und Siegen. Durch die Anpassung der Studiengänge von Universitäten und Fachhochschulen an europäische Usancen (*Bologna-Prozess*) sind überall in Deutschland Studiengänge weiterbildender Art entstanden, die zu einem Prädikat als *Master* führen. Sie sind auf die Tätigkeit als SupervisorIn gerichtet. Gerade regionale Weiterbildung zur Praxisberatung ist von erheblicher Bedeutung. Denn die Berufspraxis von Sozialarbeitern ist nicht allein von der Qualität der Ausbildung und dem guten Willen der Berufspraktiker abhängig, die Regeln der Kunst methodischen Arbeitens zu kennen, zu beherrschen und zu gebrauchen, sondern auch von Strukturen und Situationen am jeweiligen Arbeitsplatz. Wirkungsvolle Supervision ist deshalb auf die genaue Kenntnis der jeweiligen Arbeitsplätze angewiesen. Dieses *setting* ist von Arbeitsplatz zu Arbeitsplatz, von Jugendamt zu Jugendamt, von Sozialamt zu Sozialamt, von Gesundheitsbehörde zu Gesundheitsbehörde, von Stadt zu Stadt und von Landkreis zu Landkreis verschieden[50]. Allen diesen Arbeitsplätzen gemeinsam ist die Notwendigkeit, das methodische Handeln von Sozialarbeitern immer wieder gegen innere Zwänge und äußeren Druck zu stärken. Methodisches Arbeiten und Praxisberatung gehören deshalb logisch, systematisch und praktisch zusammen. Einzelfallhilfe, so Dora von Caemmerer, sei etwas, das Sozialarbeiter jeden Tag tun. „Aber warum es einmal Erfolg hat und ein anderes Mal nicht, das wissen wir meistens nicht. Methodisches Arbeiten beinhaltet deshalb vor allem die Frage nach dem ‚Warum?'. Durch methodisches Arbeiten wird das professionelle Handeln von Sozialarbeitern erlernbar, überprüfbar und übertragbar."

Einführung des Faches „Methodenlehre"

Die nordamerikanische Entwicklung von *social case work* und *social group work* in den USA und die dort in den Dreißigerjahren einsetzende gleichzeitige Entwicklung von Supervision als „Praxisanleitung" für Studierende und „Praxisberatung" für praktizierende Sozialarbeiter[51] machte es in den fünfziger Jahren auch für die Höheren Fachschulen für Sozialarbeit zu einer interessanten Herausforderung, über die Integration dieser Methoden der Sozialarbeit und ihrer lehrenden Vermittlung im Praxisfeld in den Stoffplan der deutschen Sozialarbeiterausbildung nachzudenken. Mehrfach wurde Anfang der fünfziger Jahre das Fehlen einer planmäßigen Behandlung von Einzelfällen in der Ausbildung beklagt[52] und es wurde gerügt, dass sie „weder in der theoretischen noch in der praktischen Ausbildung genügend Rüstzeug für eine praktisch anwendbare, methodische Grundhaltung vermittle"[53]. Im April 1954 diskutierte die Konferenz der Deutschen Wohlfahrtsschulen in Frankfurt, ob ein besonderes Fach „Methodenlehre" in den Lehrplan der Schulen aufgenommen werden sollte. Das Thema wurde bis zur Jahrestagung der Konferenz Ende September 1954 in Berlin verschoben. Man wollte sich dort „mit der dazu eingeladenen Praxis über dieses Problem aussprechen; zwei Probestunden in der vertieften Einzelfallhilfe unter Zugrundelegung eines Übungsfalls sollten den Schulen Gelegenheit geben, die unterrichtliche Gestaltung des Case Work selbst kennen zu lernen, um zu einer echten Entscheidung zu kommen"[54]. In Berlin richteten Elisabeth Sülau aus Hamburg (Schutzaufsicht in der Gruppe), Hannes Krause aus Freiburg (Gruppenarbeit in der Bewährungshilfe) und Ingeborg Blauert, Berlin (Gruppenarbeit im Nachbarschaftsheim), über ihre gruppenpädagogische Praxis. Dr. Magnussen, Kiel, berichtete über Einzelfallhilfe in der Eheberatung und Ingeborg Geest, Familienfürsorgerin in Berlin, sprach über Einzelfallhilfe in der Familienfürsorge. Die Qualität der Praxisberichte und die didaktische Brillanz der bei den Probestunden unter Leitung von Dr. Ellen Simon, Berlin, und Dr. Dora von Caemmerer, Nürnberg, wirkten auf alle Beteiligten überzeugend. „[Die] Probelektion war für die Teilnehmer nicht nur eine überzeugende Demonstration der Methode selbst, sondern auch der Beweis dafür, dass die Methode lehrbar und lernbar ist. Darüber hinaus, war die geniale Interpretation eine wahre Freude und ein ästhetischer Genuss für die Teilnehmer, die selbst in der Unterrichtspraxis stehen. Die Diskussion im Anschluss an die Probestunden führte zu dem gleichen Ergebnis wie die Aussprache am Mittwoch: „Die Methodenlehre ist als Sonderfach in den Ausbildungsplan der Wohlfahrtsschulen aufzunehmen. Darüber hinaus müssen die Grundgedanken der Methodenlehre integrierender Bestandteil aller Fächer sein, so dass der Gesamtunterricht von der neuen Methode durchdrungen ist“[55].

Es gab offensichtlich eine Reihe von Widerständen gegen die Integration des Faches „Methodenlehre“ (später: Vertiefungsfach oder Wahlpflichtfach) an den Höheren Fachschulen (später: Fachhochschulen für Sozialarbeit und Sozialpädagogik). Bernd Haedrich führt zur Erklärung dieser Widerstände in seiner Münchener Dissertation über die „Berufsbildung der Sozialarbeiter in Deutschland“ (1967)[56] drei Komplexe an: Die Konzentration der Sozialen Arbeit im Nachkriegsdeutschland auf die „Sicherung der primitivsten äußeren Lebensbedürfnisse von Millionen Menschen“ und das Vor-Urteil, die Methoden seien vornehmlich in den USA entwickelt worden[57]; „teilweise erhebliche Widerstände aus der Praxis“; „eine angemessene Berücksichtigung der Methodenlehre erfordere zusätzliche Unterrichtszeit“ : „Da die Stundenzahl der Dozenten ... unter völlig falschem Gesichtspunkt betrachtet und festgelegt wurde, sind auch von daher einer vollgültigen methodischen Ausbildung der Studierenden erhebliche Hindernisse in den Weg gelegt“[58]. Die von Haedrich angeführten möglichen Ursachen für Widerstände gegen die Einführung der Methodenlehre in die Ausbildung bis etwa zum Jahre 1961 haben sicherlich eine Rolle gespielt. Ob sie als generelle Erklärungen durchschlagend sind, weiß ich nicht. Sicherlich ist das dritte Argument, das Zeit-Argument, von erheblicher Bedeutung. Zeit ist eine materielle Ressource, über deren faktische Gewalt wir uns lange Zeit Illusionen gemacht haben[59]. Das Deputat von achtzehn Wochenstunden für Fachhochschullehrerinnen und Fachhochschullehrer, das an der Stundentafel von Studienräten der gymnasialen Oberstufe orientiert war[60], hat dabei sicherlich ebenso eine Rolle gespielt, wie die durchschnittliche Fallzahl von 120 bis 220 Fürsorgefällen in der Mitte des letzten Jahrhunderts, die von Sozialarbeitern in der Familienfürsorge noch heute zu bewältigen sind und die eine vertiefte Einzelfallhilfe nur in ausgewählten Einzelfällen möglich machen[61]. Mehr und mehr tendieren deshalb neuerdings unsere Jugendämter dazu, für besondere Problemfamilien das neue Interventions-Instrument der „Familienhilfe“ außerhalb der Tagesroutine von Familienfürsorgern einzusetzen[62].

Strukturelle Unterschiede zwischen den USA und der Bundesrepublik Deutschland

Das Argument, die Einführung vertiefter Einzelfallhilfe sei durch den Hinweis auf ihren amerikanischen Ursprung und durch Widerstände aus der Praxis behindert worden, verfehlt seine aufklärende Wirkung, wenn nicht hinzugefügt wird, dass die Unterschiede zwischen praktischer Sozialarbeit in den USA und in der Bundesrepublik Deutschland wirkliche Unterschiede sind und sich nicht nur in den Köpfen mehr oder weniger gutwilliger Praktiker und Hochschullehrer abspielen. Die nordamerikanische Sozialarbeit hat an dem dualen System von materieller Minimalversorgung durch kommunale Wohlfahrtsämter und sozialpsychischer Anpassungshilfe durch private Beratungsstellen festgehalten. 1950, also im Erscheinungsjahr des Casework-Buches von Hertha Kraus, waren nur drei Prozent aller US-Sozialarbeiter, die in kommunalen Wohlfahrtsämtern arbeiteten, graduierte Sozialarbeiter. Die restlichen 97 Prozent waren unausgebildet oder hatten lediglich eine College-Ausbildung, waren also in *social case work* unerfahren[63]. Die Mehrheit der ausgebildeten Sozialarbeiter war in privaten Famili en- und Ehe-Beratungs-Agenturen tätig, in der Kinderfürsorge, in der Krankenhausfürsorge und (zunehmend) in der psychiatrischen Sozialarbeit innerhalb und außerhalb von geschlossenen Anstalten. Sie hatte eine „case load" von vielleicht zehn, selten jedoch mehr als zwanzig Einzelfällen und war frei von Ermittlungstätigkeit für kommunale und staatliche Wohlfahrtsämter. Es ist deshalb berechtigt, wenn Herbert Lattke, ein Kenner der nordamerikanischen Verhältnisse, 1954 auf ein Haupthindernis für die Einführung vertiefter Einzelfallhilfe die deutsche Fürsorgepraxis aufmerksam machte: die Trennung von Innen- und Außendienst[64]. Diese Trennung hatte Marie Baum schon 1927 als Haupthindernis für die Entwicklung und Einführung einer einheitlichen und ganzheitlichen Familienfürsorge bezeichnet. Lattke griff diese Feststellung wieder auf und kritisierte an der vorfindlichen deutschen Praxis, dass die Fürsorgerinnen des Außendienstes in den meisten Fällen Ermittlungsbeamte in fremder Sache sind. Dieser Feststellung :setzte er die sozialpädagogische Formulierung entgegen, Fürsorgerinnen seien keine Detektive und Fürsorgeämter keine Auskunfteien[65]. Vier Jahre später, als die ersten Erfahrungen mit Absolventen Höherer Fachholen in der Bundesrepublik Deutschland, die in dem Vertiefungsfach Einzelfallhilfe" ausgebildet worden waren, vorlagen, wiederholte und, präzisierte Lattke seine Kritik am Beharrungsvermögen der traditionellen Fürsorge-Ämter-Struktur:

> „'Einen Schmarren' nannte der Ausbildungsleiter eines Praktikanten dessen Versuche, das unmittelbar anzuwenden, was er während seiner Ausbildung ‚gelernt' hatte. Der Praktikant berichtete dazu: ‚Nach häufigen Diskussionen sah ich ein, dass mein Festhalten an der ‚Methodik der Einzelfallhilfe' nichts fruchtete und entschloss mich, meine Tätigkeit

gemäß dem dortigen Amtstil einzurichten. Auf den ersten Blick könnte es so scheinen, als ob dieses Vorkommnis ein Dilemma kennzeichne, in dem wir stecken: hier ‚fortschrittliche' Schulen, dort eine ‚rückständige' Praxis'"[66].

Lattke lenkte in seinem Artikel das Augenmerk auf eine wichtige, bis dahin offensichtlich in der Ausbildung und in der Fortbildung vernachlässigte Größe als Voraussetzung methodischen Arbeitens: das materielle, personelle, räumliche und zeitliche Arrangement, das zur Verfügung steht, um überhaupt erst anfangen zu können, methodisch zu arbeiten. Lattke illustrierte den Hinweis auf die strukturierende Funktion dieses Arrangements (das *setting*) bezeichnenderweise an einer gruppenpädagogischen Situation:

> „Angenommen, ein Praktikant erhielte den Auftrag, Gruppenarbeit mit Jugendlichen zu leisten, die unter Schutzaufsicht stehen, und zwar nach den Grundsätzen einer kunstgerechten Gruppenpädagogik. Er fände jedoch jedes Mal dreißig bis vierzig missmutige, gelangweilte, tobende und schreiende junge Kerle vor, die in einem ‚Heim' mit zu wenig und unzulänglich ausgestatteten Räumen zusammenkämen. Anwesend sei außerdem immer ein Fürsorger des Jugendamtes, der diese ‚Gruppenarbeit' verantwortlich zu leiten habe, und zwar mit dem ausdrücklichen Auftrag zu verhindern, dass sich kleinere, feste Gruppen bildeten, weil man – bei dieser Art von ‚Gruppenarbeit' mit Recht – fürchten müsse, dass daraus bandenartige Cliquen entstünden. so könnte der Praktikant seinen Auftrag naturgemäß gar nicht oder nur unzulänglich und unbefriedigend für alle Teile erfüllen. Unter solchen unzulänglichen und personellen Umständen ist jedenfalls eine geordnete Jugendarbeit kaum möglich. Die Menschen, die sie leisten sollen, reiben sich auf und verlieren den Mut"[67].

Heute, im distanzierten Rückblick auf die frühen Fünfzigerjahre, kann diese Feststellung schärfer als damals formuliert werden. Die deutsche Rezeption von *social case work* als vertiefte Einzelfallhilfe litt wesentlich darunter, dass sie nicht die infrastrukturellen Bedingungen *mit* rezipierte, welche die Ausformung dieser besonderen persönlichen Dienstleistung für Menschen mit sozialen und psychischen Problemen überhaupt erst ermöglicht hatte. Das alte *case work* von Mary Richmond und ihrer *Charity Organisations Society* war noch mit dem Versprechen angetreten, durch sorgfältige Ermittlungstätigkeit im Einzelfall „würdige" Fälle von „unwürdigen" trennen und damit mildtätigen Spendern die Sicherheit vermitteln zu können, dass sie ihr gutes Geld für einen erwiesenermaßen guten Zweck opfern würden[68]. *Darum* die starke Betonung der Ermittlungstätigkeit und ihrer handwerklichen Regeln, die das Buch von Mary Richmond aus dem Jahre 1917 bestimmten und die von Alice Salomon in ihrem Buch von 1926 um einen zusätzlichen, sozialpädagogischen Akzent ergänzt wurde, den sie „die Kunst, das Leben zu lehren" nannte. Der frühe, diagnostische Akzent von *social case work* hatte in der weiteren amerikanischen Entwicklung zur sogenannten „diagnostischen Schule“ geführt, die sich in und um New York konzentrierte. Diese diagnostische Tradition erschien in den zwanziger und dreißiger Jahren manchen Wissenschaftlern und Praktikern als zu mechanistisch, zu retrospektiv und zu statisch[69]. Sie ergab, so Florence Sytz im neunten Kapitel des Lesebuches von Hertha Kraus, das Bild eines „Stillebens“. „In den letzten beiden Jahrzehnten zeigte sich die Unzufriedenheit mit dem Richmond'schen Versuch in dem stärkeren Ton auf Bewegung und Fall-Entwicklung. Im Gegensatz zu dem Bild des Stillebens bewegt sich dieser Prozess wie ein Film. Wir haben zwischen 1917 und 1940 gelernt, den Klienten viel stärker als den Mittelpunkt zu sehen, und dies allein gibt dem Vorgang der helfenden Beziehung im Casework mehr Fluss und macht ihn weniger den Kontrollen zugänglich, die Mary Richmond vorschlug“[70]. Florence Sytz charakterisierte damit eine neue, zweite Schule social case work, die „funktionale Schule“ der Universität von Pennsylvania mit den von Otto Rank beeinflussten Wissenschaftlerinnen Virginia P. Robinson[71] und Jessie Taft[72]. Diese „neue Psychologie des social case work“ (Virginia Robinson (1930)) war mit einer institutionellen Trennung von der traditionellen Armenhilfe und ihrer Funktion, materielle Hilfe in individuellen Notsituationen zu geben, verbunden. Leslie Hartrich Leighninger schrieb in ihrem gründlichen und kenntnisreichen Überblick über die Entwicklung der sozialen Arbeit in den USA zum Beruf (1981), in den Zwanzigerjahren hätten die meisten akademisch gebildeten *case worker* ihre Arbeitsplätze in „private family agencies, spitals, child guidance clinics, schools, and children's aid societies“ gefunden[73]. Diese Praxis sei an die Großstädte der nordamerikanischen .Ostküste gebunden, 1926 sei die Hälfte der damals etwa 25.000 ausgebildeten professionellen Sozialarbeiter in 33 großen Städten des Ostens tätig gewesen.

Zum Berufsverband der amerikanischen Sozialarbeiter wurde nur zugelassen, wer über eine erfolgreiche, mindestens vierjährige Universitätsausbildung und über eine erfolgreiche Praxis in *social case work* verfügte. Die Ausbildungskapazitäten der Universitäten in social work wurden im Zuge einer rigiden (aber für die Professionalisierung erfolgreichen) Strategie des Berufsverbandes und des Zusammenschlusses aller Ausbildungsstätten bewusst niedrig gehalten. 1933 beispielsweise, zu Beginn des ersten, ernstzunehmenden Versuchs der nordamerikanischen Bundesregierung, den Folgen der Weltwirtschaftskrise durch massive staatliche Sozialpolitik Herr zu werden (New Deal von Franklin D. Roosevelt[74]), legten in dem ganzen, großen Land nicht mehr als 186 Studierende der Sozialarbeit ihre Abschlussprüfung als *Master of Social Work* (MSW) ab[75]. Der deutschen Trennung in einen ermittelnden fürsorgerischen Außendienst und einen, Hilfeleistungen gewährenden sozialverwalterischen Innendienst entsprach in den USA die Trennung in kommunale Wohlfahrtsämter mit unausgebildeten, unterbezahlten Angestellten und in private Beratungsstellen (*private agencies*) mit qualifizierten, gut bezahlten Einzelfall-Helfern, die ihre (wenigen) Fälle unter optimalen Arbeitsbedingungen und unter Dauer-Supervision nach allen Regeln der Kunst abwickelten. Diese infrastrukturellen Unterschiede zwischen der gesellschaftlichen Situation der Sozialarbeit in den USA und der Bundesrepublik Deutschland Mitte der Fünfzigerjahre müssen mitbedacht werden, wenn die „misslungene Professionalisierung der deutschen Sozialarbeit" (Helge Peters, 1971) durch eine auf halbem Wege steckengebliebene Rezeption von *social case work* beklagt wird. Da hilft es auch wenig, mit verständlichem Engagement als Christ und Demokrat an die Traditionen moderner Sozialarbeit in Deutschland zu appellieren und beschwörend festzustellen: „Wer seiner selbst, seiner Sache, seines Zieles und seiner Arbeitsweise so sicher ist, für den bedeutet es kein ernstes Hindernis, nach diesen Grundsätzen [vertiefter Einzelfallhilfe, d. V.] zu arbeiten, auch wenn es ihm durch Überlastung, durch Massennotstände, durch unzulängliche Räumlichkeiten, durch Verwaltungsvorschriften oder durch vorurteilvolle Kollegen und Vorgesetzte erschwert wird, die das alles für ‚einen Schmarrn' halten, weil sie es nicht besser wissen oder missverstehen ..."[76].

Hinweise auf Massenelend im Nachkriegsdeutschland und den massenhaften sozialen Abstieg von Vertriebenen und Flüchtlingen, auf Unverständnis und Vor-Urteile von Kollegen und Vorgesetzten, auf die Überlastung von Sozialarbeitern im beruflichen Alltag[77] mögen zwar Zweifel am Zeitpunkt der Einführung vertiefter Einzelfallhilfe in Deutschland und Forderungen nach dem Schaffen infrastruktureller Voraussetzungen für ihre Anwendung in den verschiedenen Feldern sozialer Arbeit begründen, sie sind noch keine Argumente gegen die generelle Sinnhaftigkeit dieser Methode. Es scheint vielmehr, als ließe sich mit ihr ein alter Traum anspruchsvoller Wohlfahrtspflege verwirklichen, als ließe sich auf neue Weise die kontrollierende Aufgabe der Zuweisung materieller Hilfe mit persönlicher Zuwendung, psychischer Stützung und sozialer Integration verbinden. Alice Salomon hatte 1926 diesen Traum in die Worte gekleidet, Fürsorgerinnen hätten einmal Aufgaben, „deren Erledigungen von dem Vorhandensein äußerer Einrichtungen und Hilfsmöglichkeiten abhängt. Diese hat der Fürsorger aufzufinden. Dann hat er die nötigen Schritte zu tun oder zu veranlassen". Sie hätten aber auch Aufgaben, deren Lösung nicht von äußeren Einrichtungen und nicht von der Initiative und dem Tun des Fürsorgers allein abhängt, „sondern von dem Willen und den Kräften des Klienten, seiner Angehörigen; von ihrer Bereitschaft, einen Rat anzunehmen, einen Plan auszuführen ... Die Aufgabe des Fürsorgers besteht deshalb darin, die Haltung des Klienten zu beeinflussen, auf einen Menschen einzuwirken – und das ist im Grunde genommen eine *Führeraufgabe* [Hervorhebung im Original, d. Verf.]. Ihr Erfolg hängt von dem Einfluss ab, den die Persönlichkeit des Wohlfahrtspflegers ausübt. Dies ist das wesentliche Hilfsmittel"[78].

Es scheint, als habe sich die vertiefte Einzelfallhilfe in den fünfziger Jahren über Fortbildungsveranstaltungen und den internationalen Kulturaustausch und in den sechziger Jahren über die Ausbildung an den Wohlfahrtsschulen als eine Methode durchgesetzt, die zwar nicht in jedem einzelnen Fürsorgefall angewendet werden könne, die aber doch im Prinzip geeignet wäre, die persönliche Hilfe von Sozialarbeitern für Klienten mit seelischen und sozialen Konflikten auf eine professionelle Grundlage zu stellen[79].

Einwände gegen die Methode

Grundsätzliche Einwände gegen die Angemessenheit der Einzelfallhilfe wurden in den sechziger Jahren und massiv im Zusammenhang mit Studentenbewegung und Sozialarbeiterbewegungen an der Basis laut. Ich werde auf sie im elften Kapitel zurückkommen. In diesem Kapitel möchte ich lediglich auf drei eher grundsätzliche Einwände gegen diese Methode eingehen, die sich direkt auf die Rezeptionsphase von *social group work* beziehen und noch nicht mit der veränderten Situation der Siebzigerjahre zusammenhängen. Diese Einwände betreffen das „Menschenbild" des *social case work*, seine behauptete „Wissenschaftlichkeit" und seinen behaupteten Beitrag zur „Professionalisierung" des Berufs sozialer Arbeit.

Obwohl man nicht sagen kann, dass es besondere Widerstände konfessioneller Kreise und konfessioneller Wohlfahrtsschulen gegen die Einführung der vertieften Einzelfallhilfe gegeben habe, wurde auf Lehrgängen und Konferenzen doch hin und wieder gefragt, ob sich das Menschenbild, das dem *social case work* zugrunde liege, mit einer christlichen Anthropologie vertrage. Unter der Überschrift „Ist (Nächtsten)Liebe lernbar?" veranstaltete die Evangelische Akademie Bad Boll im April 1962 beispielsweise eine Tagung für leitende Mitarbeiter aus der öffentlichen und freien Sozialarbeit, bei der es um die alte Streitfrage der Beziehungen zwischen Methode und Charisma ging. Professor Dr. Eduard Hapke aus Lüneburg referierte zunächst über „Idee und empirische Grundlage der so genannten vertieften Einzelfallhilfe (Case Work)". Anschließend arbeiteten zwei „bewusste Vertreter der evangelischen und der katholischen Kirche, die beide zugleich Theologen und zugleich fundiert ausgebildete Psychotherapeuten sind"[80], „neuralgische Punkte zwischen der Methodik[81] der vertieften Einzelfallhilfe und den Prinzipien der christlichen Menschenführung"[82] heraus. Eine katholische Position wurde von Dr. Hans Böhringer, Stuttgart vertreten. Er ging von einem starken Einfluss Sigmund Freuds auf das *social case work* aus[83] und betonte, für den Empiriker Freud sei Religion eine großartige Illusion ohne jeden Wahrheitsgehalt, für den Christen habe hingegen die Psychologie nur eine Hilfsfunktion, sie müsse sich dem geoffenbarten Menschenbild unterordnen. Die Psychoanalyse Freuds und die analytische Psychologie Jungs verwische den Gegensatz zwischen Gut und Böse. „Auch diese Einstellung ist für den Christen unannehmbar. Der christliche Glaube sagt: Gott ist gut. Das Böse entstand durch den Fall Luzifers, der als Engel ein Geschöpf Gottes, Ihm also nicht ebenbürtig ist … Der Mensch ist von

Gott aufgerufen, das Gute zu tun. Wenn er das Böse tut, kann er nicht gesund bleiben und werden. Gut und Böse sind erkennbar, eindeutig und ohne Übergänge“[84]. Deshalb sei jede seelische Fehlentwicklung und Fehlhaltung Schuld. Aber: „Über ihre Größe haben wir nicht zu befinden“[85]. Deshalb sei das Menschenbild des *social case work* und das christliche Menschenbild im Verhältnis zu Gott nicht vereinbar, wohl aber könne es eine Richtschnur für das Verhalten der Menschen untereinander geben. „Die Hilfe, die die Tiefenpsychologie in der ‚vertieften Einzelfallhilfe' bietet, macht die fürsorgerische Arbeit nicht schwerfälliger, im Gegenteil, der Helfer wird dadurch fähig werden, in der jeweiligen Situation gerade das Richtige zu sagen und es wirksam zu sagen, nun nicht mehr wie ein Zufallstreffer als Naturtalent, sondern aus reifem Können. Die tiefenpsychologische Schulung wird es dem Helfer auch ermöglichen, in seiner Arbeit Maß zu halten, sich nicht Menschenunmögliches aufzuladen und somit sich zu überfordern“[86].

Dr. Dr. med. Rudolf Affemann, Stuttgart vertrat eine evangelische Position. Er relativierte die angebliche Werturteils-Askese von Psychotherapie und *case work*. Er unterschied zwischen einer radikalen Position, die objektive wie subjektive Werte bestreite, und einer moderate Position, die subjektive Werte voraussetze, es aber ablehne, den anderen mit den eigenen moralischen Maßstäben zu messen. „Wertungsfreies Verhalten muss folglich nicht zugleich wert freies Verhalten sein“[87]. Für Psychotherapeuten und *case worker* sei es gleichermaßen wichtig, zu dem Zeitpunkt, zu dem „das Ich stark genug geworden ist, dasselbe mit seiner Moral, mit seinen Schuldgefühlen und seiner Selbstbestrafung (zu) konfrontieren (und die) selbstzerstörerische subjektive Moral (abzubauen), damit das Gewissen, in dem der Mensch an objektive Wirklichkeiten gebunden ist, Raum hat zu wachsen“[88]. Wie sein katholischer Kollege („Das Nichtwollen, das – im Grunde diabolische – Nein zu Gottes Ordnung ist viel häufiger, als man glaubt“) warnte er *case worker* „vor einer mangelnden Beanspruchung des Willens. Wenn man übersieht, dass jeder Mensch innerhalb gewisser Grenzen fähig ist, in echter Weise ihm Aufgegebenes zu wollen oder nicht zu wollen, erzieht man Menschen, die sich gehen lassen und die je länger, je mehr erschlaffen. Ohne eine Anspannung, die allerdings genau den Möglichkeiten, die jeder Einzelne hat, entsprechen muss, erzeugt man im seelischen wie im körperlichen Bereich Rückbildung …“[89].

Auch der Soziologe Helge Peters erkannte als Grundzug der *case work*-Haltung die Herausforderung an den Fürsorger, „die strafende Attitüde durch die psycho- und soziologische Attitüde zu ersetzen, d. h. durch eine Attitüde, die mit der Auffassung motiviert wird, alle Zustände und Verhaltens normen von Personen hätten ihre im Menschen und seiner Umgebung liegenden Ursachen“[90]. Er bestritt, dass diese Haltung wirklich ernst gemeint sei und vermutete, dass sie lediglich instrumentell dazu dienen solle, das Vertrauen der Klienten zu gewinnen und eine tragfähige zwischenmenschliche Beziehung herzustellen. Aber das war nicht ein Hauptpunkt.

Abb. 28: Professorin Marie Kamphuis bahnte den beruflichen Erfahrungsaustausch zwischen den Niederlanden und der Bundesrepublik Deutschland an und unterrichtete ab 1951 Familienfürsorgerinnen in Einzelfallhilfe (Privatfoto: 70er Jahre)

Am Beispiel des seit Mitte der Fünfzigerjahre in der deutschen Sozialarbeit viel benutzten Buches von Marie Kamphuis[91] versuchte er nachzuweisen, dass es mit der behaupteten Wissenschaftlichkeit der Fachliteratur zur vertieften Einzelfallhilfe nicht weit her sei. Das Beispiel für die Peters'sche Methodenkritik war nicht ohne Bedacht gewählt. Marie Kamphuis hatte, ähnlich wie Hertha Kraus und Gisela Konopka, frühzeitig auf Einladung deutscher Sozialarbeiterinnen und ihrer Weiterbildungs-Institutionen den Dialog mit ihren deutschen Kolleginnen gesucht. In Burgsteinfurt beispielsweise hielt sie vor den Direktorinnen der Sozialen Wohlfahrtsschulen von Nordrhein-Westfalen im März 1951 eine programmatische Rede, in der sie die Grundzüge der „Einzelfallhilfe in Holland" entwickelte. In dieser Rede verwies sie darauf, dass *social case work* tatsächlich etwas für europäische Verhältnisse Neues bedeute, aber sie drückte gleichzeitig ihre Überzeugung aus, dass es äußerst schwierig sei, diese Methode unterhalb des sozial-ökonomischen Niveaus der Vereinigten Staaten von Amerika anzuwenden. Sie habe überhaupt nicht verstanden, dass in New York indische Studentinnen mit größter Hingabe *case work* studiert hätten, obwohl doch in ihrem Land zunächst einmal ein dringendes Bedürfnis nach Reis, gesundheitlicher Versorgung, Elementarunterricht und einer elementaren Sozialgesetzgebung bestünde.

Aber zurück zu Helge Peters. Er monierte, ihrem Buch fehlten jegliche Hinweise auf wissenschaftlich erhärtete Thesen, dieses Fehlen werde „verdeckt durch die Neigung der Autorin, die von ihr vorgeschlagenen Handlungen der Sozialarbeiter zu systematisieren und sich dabei anspruchsvoller, aber inhaltsarmer Begrifflichkeit zu bedienen. Der Inhalt des Buches von Marie Kamphuis erfüllt also eine Minimalanforderung, die man an wissenschaftliche Aussagen und wissenschaftlich fundierte Handlungsanweisungen stellt, durchweg nicht"[92]. An diese Mängelrüge knüpfte Helge Peters die Vermutung, die Behauptung von Vertretern des *social case work*, die Einführung und Verwendung wissenschaftlich begründeter Methode stattete die soziale Arbeit mit einer neuen Qualität aus und mache den Klienten zu einem gleichberechtigten Partner, sei gar nicht ernst gemeint, d. h. auf die Verbesserung der Arbeit gerichtet, es handele sich vielmehr „eher um eine spezifische Form des Legitimierungshandelns. Es scheint, als seien ‚Wissenschaftlichkeit' und ‚Methodik' Vehikel der Professionalisierungsinteressen der Sozialarbeiter"[93]. Diesen Professionalisierungsinteressen und der Professionalisierungsstrategie der Sozialarbeit machte Peters an anderer Stelle den Globalvorwurf, „misslungen" zu sein. Es könne, so führte er 1971 aus, Situationen geben, in denen „Berufsgruppen Methoden und Techniken zwar fordern, sich ihrer Einführung aber widersetzen; es kann Berufsgruppen geben, die im Stadium der Intentionalität verharren wollen, weil sie die strukturellen Konsequenzen der Prestigevehikel für ihren Beruf fürchten. Zu solchen Berufsgruppen – das wird hier behauptet – gehören die Sozialarbeiter"[94]. Würde der Sozialarbeiter sein methodisches Handeln wirklich wissenschaftlich fundieren, würde er „häufig darauf hin[gewiesen], dass seine Handlungsmöglichkeiten wenig effizient sind. Er würde erkennen, dass sein Aktionsradius zu klein ist, um die Probleme, deren Ursachen er analysiert hat, so zu lösen wie es möglich wäre"[95]. Möglich wäre es über eine gesellschaftliche Strukturreform, mindestens aber durch allgemeine Sozialreform und durch allgemeine Sozialpolitik. Die Berufsgruppe der Sozialarbeiter aber habe sich gegen Sozialreform und für einen „individualistischen" Ansatz entschieden. „Dieser ‚individualistische Ansatz' immunisiert die um ihre Professionalisierung bemühte Sozialarbeit gegen Konkurrenz; mit ihm wird die Substituierbarkeit von Sozialarbeit durch generelle Sozialpolitik bestritten"[96]. Das professionelle Selbstbild des Sozialarbeiters, so Helge Peters zum Schluss seiner kritischen Einschätzung der Lage, lässt sich bei der gegenwärtigen Rohstruktur seines Berufes nicht verwirklichen:

> „Das Leiden des Handlungsadressaten, das diese Rolle legitimieren könnte, wird häufig zu Unrecht unterstellt. Leidet der Handlungsadressat aber, so bietet die Berufsstruktur des Sozialarbeiters keine Möglichkeit, die Rolle des Helfers zu begründen. Der Sozialarbeiter bleibt Kontrolleur. Es ist bemerkenswert, dass Sozialarbeiter heute kaum ernsthaft versuchen, die berufs- strukturellen Voraussetzungen zu schaffen, um diese Rolle des Kontrolleurs mit der Rolle des Helfers tauschen zu können … Die Verhaltens- und Handlungsempfehlungen lassen erwarten, dass die Sozialarbeiter ihre Berufsposition von der Abhängigkeit übergeordneter Instanzen befreien wollen, dass sie sich für den frei praktizierenden Sozialarbeiter einsetzen, der von den Honoraren seiner Klienten lebt. Solche Versuche werden im allgemeinen unterlassen. Die Ursachen dafür ergeben sich aus Konsequenzen, die solche Versuche für die Sozialarbeit hätten. Sie würden Chancen für Sozialarbeiter, überhaupt noch beruflich tätig sein zu können, verringern"[97].

Argumente wie diese sollten ernst genommen und bedacht werden, auch wenn sie in diesem Fall unschwer mit dem Hinweis auf fehlende Detail-Kenntnisse beiseite geschoben werden könnten[98]. Die Argumentationsweise von Helge Peters zeigt, dass nicht nur Sozialarbeiter, sondern auch Soziologen ihre Probleme mit der Rezeption von Verfahren und Erkenntnissen aus gesellschaftlichen und historischen Zusammenhängen haben, die mit unserer gegenwärtigen Situation nicht zu vergleichen sind. denn das von Peters in Anspruch genommene Konzept der Professionalisierung stammt aus der nordamerikanischen Fachliteratur der struktuell-funktionalen Schule und ist einseitig am Vorbild des vollakademisch vorgebildeten Freiberuflers orientiert. Es verkennt, dass schon zum Zeitpunkt der Kritik in der Bundesrepublik Deutschland die Mehrzahl der vollprofessionellen Arbeitsplätze in privaten, halböffentlichen und öffentlichen Institutionen zu finden war. Das Dilemma, das Peters beschreibt – und das in der Sozialen Arbeit seit langem unter dem Stichwort des „doppelten Mandats“ bekannt ist – gilt für Richter und Staatsanwälte, für Krankenhaus-Ärzte und Erziehungsberaterinnen, für Auftragsforscher und Fertigungs-Ingenieure genauso wie für Sozialarbeiterinnen, Lehrer und Erzieher. Nur Hochschullehrer neigen manch mal dazu, sich falsche Vorstellungen über eigene und fremde Autonomie zu machen.

Anmerkungen

1 Der Deutsche Verein für Armenpflege und Wohltätigkeit wurde im November 1880 im Berliner Rathaus gegründet. Seit 1919 heißt er Deutscher Verein für öffentliche und private Fürsorge. Mit Schreiben vom 11. April 1946 erteilte das Office of Military Government für Hessen dem Verein die Erlaubnis, sich zunächst in Groß-Hessen neu zu bilden und zu diesem Zweck in Frankfurt a. M. am 13. Mai 1946 eine Fürsorgetagung durchzuführen, die mit einer Neuwahl des Hauptausschusses verbunden sein sollte. Dort wurde Prof. Dr. Wilhelm Polligkeit wie schon 1919 zum ersten Vorsitzenden gewählt, der Frankfurter Oberbürgermeister Dr. Blaum zu seinem Stellvertreter und Dr. Eiserhardt zur Geschäftsführerin. Siehe: Eberhard Orthbandt: Der Deutsche Verein in der Geschichte der deutschen Fürsorge (1880–1980) Frankfurt am Main: Eigenverlag 1980; und: Nachrichtendienst des Deutschen Vereins (vorübergehend „Rundschreiben an die Mitglieder und Förderer des Deutschen Vereins“) 1946, 1. Die Verhandlungen der ersten Fürsorgetagung nach dem 2. Weltkriege sind publiziert als: Aufgaben der Fürsorge zur Überwindung der deutschen Volksnot. Bericht über den deutschen Fürsorgetag in Frankfurt am Main am 13. Mai 1946. Berlin : Urban und Schwarzenberg 1947.

2 Nachrichtendienst des Deutschen Vereins (NDV) 1946, 2, S. 18.

3 Dr. Hertha Kraus, Einige Entwicklungen im Anstaltswesen für Erwachsene. In: Wilhelm Polligkeit, Hans Scherpner, Heinrich Webler (Hrsg.): Fürsorge als persönliche Hilfe. Festgabe für Prof. Dr. Christian Jasper Klumker zum 60. Geburtstag. Berlin: Carl Heymanns 1929, S. 129–145.

4 ndv 1947, 1, S. 15.

5 Friedrich Siegmund-Schultze, Grundsätzliches zur Ausbildung männlicher Wohlfahrtspfleger. Rede zur Eröffnung der Jugendwohlfahrtsschule Dortmund am 4. Mai 1949. In: Soziale Welt 1949, 1, S. 55–57.

6 Ilse Krüger in: Sabine Hering und Edith Kramer (Hrsg.): Aus der Pionierzeit der Sozialarbeit. Elf Frauen berichten. Weinheim: Beltz 1984, S. 128–129. Ilse Krügers Bericht spielt in der (damaligen) Sowjetischen Besatzungszone.

7 ndv 1946, 1, S. 1.

8 ndv 1947, 1, S. 4.

9 ndv 1947, 4, S. 50.

10 ndv 1948, 3, S. 48.

11 ndv 1948, S. 3.

12 ndv 1943, 2, S. 20.

13 ndv 1943, 2, S. 38.

14 ndv 1943, 9, S. 118.

15 Dieses Zitat verdanke ich einem Brief von Henry S. Kellermann vom 3. Juni 1986, der mich sehr bewegt hat.

16 Ich darf dabei nicht verschweigen, dass die Fachzeitschriften aus den ersten Jahren der Nachkriegszeit der Entwicklung in der (damaligen) Sowjetisch Besetzten Zone (SBZ) einen breiten Raum zubilligten und den Eindruck hervorgerufen haben, dass in jener 4. Zone die Vergangenheitsbewältigung anders, konsequenter und grundsätzlicher angepackt worden wäre. Das gilt auch für die Rekonstruktion der Fürsorgetätigkeit. In der SBZ wurde allen Berufstätigen gleichmäßig zwanzig Prozent ihres Bruttolohnes oder -Gehaltes als Eigenbeitrag zur Sozialversicherung abgezogen. Der Unterschied zwischen Arbeiter- und Angestellten-Versicherung fiel weg, kleine Unternehmer und mithelfende Familienangehörige wurden in die allgemeine, zoneneinheitliche Versicherung einbezogen. Die Unterhaltspflicht von Familienangehörigen wurde abgeschwächt, Formen der produktiven Fürsorge als Wiedereingliederung in den Arbeitsprozess wurden besonders betont.

17 Siehe Marie Baum: Familienfürsorge. Berlin 1927. Das Buch gehört zu den wenigen Fachbüchern, die nach dem Ende des Zweiten Weltkrieges nachgedruckt worden sind (1951). Siehe auch Siddy Wronsky und Hans Muthesius: Methoden individualisierender Fürsorge in Deutschland. Bericht von der Internationalen Konferenz für Wohlfahrtspflege und Sozialpolitik (Paris 1928). Deutsches Zentralinstitut für soziale Fragen Berlin. Archiv-Nr. 3686. Dr. Hanna Hellinger: Innen- und Außendienst im städtischen Jugendamt. In: Wilhelm Polligkeit u.a. (Hrsg.): Fürsorge als persönliche Hilfe. Festgabe für Prof. Dr. Christian Jasper Klumker zum 60. Geburtstag. Berlin: Carl Heymanns 1929. Alice Salomon: Soziale Diagnose. Berlin: Carl Heymanns 1926. Siddy Wronsky und Alice Salomon unter Mitwirkung von Eberhard Giese: Soziale Therapie. Ausgewählte Akten aus der Fürsorge-Arbeit. Berlin : Carl Heymanns 1926. Siddy Wronsky und Arthur Kronfeld unter Mitwirkung von Rolf Reiner: Sozialtherapie und Psychotherapie in den Methoden der Fürsorge. Berlin: Carl Heymanns 1932.

18 Dr. Hertha Kraus (Hrsg.): Casework in USA. Theorie und Praxis der Einzelhilfe. Frankfurt a. M.: Wolfgang Metzner 1950, S. 5.

19 ndv 1947, 1, S. 15.

20 ndv 1948, 3, S. 46.

21 Dr. Martha Heynacher: Die Berufslage der Fürsorgerinnen unter Verarbeitung einer vom Preußischen Ministerium für Volkswohlfahrt vorgenommenen statistischen Erhebung. Karlsruhe: Verlag G. Braun 1925. Dr. Alice Salomon: Soziale Diagnose. Berlin: Carl Heymanns 1926.

22 ndv 1948, 11, 205. Es wurde der Beschluss gefasst, mit einem Teil des Stiftungsgeldes ein „zentrales Institut in Deutschland zu errichten, um … Informationen zu verteilen, um Kurse und Konferenzen abzuhalten“ (a.a.0.). Der Deutsche Verein nahm diesen Vorschlag nur zögerlich auf und wollte seine Verwirklichung nicht an den bestehenden Fachausschüssen und Forschungsstätten vorbeilaufen sehen.

23 Dr. Hertha Kraus (Hrsg.): Casework in USA. Theorie und Praxis der Einzelhilfe. Frankfurt am Main: Wolfgang Metzner 1950.
24 Hertha Kraus: Von Mensch zu Mensch. „Casework“ als soziale Aufgabe. Frankfurt a. M.: Wolfgang Metzner 1949, S. 3.
25 ndv 1950, 7/8, S. 153.
26 Kraus, 1950, S. 23.
27 Kraus, 1950, S. 24.
28 Kraus, 1950, S. 25.
29 Kraus, 1950, S. 26.
30 Kraus, 1950, S. 29.
31 Kraus, 1950, S. 35.
32 Diese allgemeine Aussage wurde von der American Association of Social Workers 1949 präzisiert. Sie betonte als Voraussetzung von Sozialarbeit „den Grundsatz der Anerkennung des unantastbaren Wertes jedes einzelnen Menschen; seines natürlichen Rechts auf vollste Entwicklung all seiner Fähigkeiten, seines menschlichen Seins; den Grundsatz gleichen Zugangs zu ebenwertigen Quellen der Hilfe und Entwicklung für jeden Menschen in Stadt und Land; den Grundsatz von Anerkennung und Schutz – ohne jede Zurücksetzung – der Würde und Freiheit jedes Menschen und seines Verlangens nach Sicherheit; den Grundsatz von Anerkennung und Schutz der Familie als der Urzelle einer geordneten Gesellschaft; den Grundsatz der Anerkennung einer Verantwortung der Gemeinschaft - über die des Einzelnen und der Familie hinaus - für Gemeinschaftsmaßnahmen, die den Menschen helfen, wesentliche Gefährdungen des vollen Lebens zu überwinden: ohne solch geordnete Hilfe sind Würde, Sicherheit und Freiheit der Menschen und der Frieden innerhalb der Volksgemeinschaft wie zwischen den Völkern bedroht.“ Zitiert nach Kraus, 1950, S. 38.
33 Kraus, 1950, S. 39.
34 An den Übersetzungen haben viele deutsche Immigranten mitgewirkt, die inzwischen in der nordamerikanischen Sozialarbeit Fuß gefasst hatten. An der Übersetzung des Kapitels über „Case Work und Psychoanalyse“ hat der Austauschstudent Hartmut von Hentig mitgewirkt.
35 Frank G. Hertel: Entwicklungstendenzen der Praxis. In: Kraus, 1950, S. 149–155.
36 Luna Bowdoin Brown: Umfassende Hilfe als Aufgabe der Öffentlichen Fürsorge. In: Kraus, 1950, S. 226–236.
37 Gordon Hamilton: Die helfende Beziehung. In: Kraus, 1950, S. 47–55.
38 ndv 1952, 12, S. 419.
39 Dora von Caemmerer: Aufbaulehrgänge für Berliner Sozialarbeiter. In: Soziale Arbeit 1953, 6.
40 Gespräch des Autors mit Dora von Caemmerer am 12.1.1987 und Dora von Caemmerer: Die Kunst des Helfens – Die Methode der Einzelhilfe im Unterricht der Wohlfahrtsschulen. In: Unsere Jugend 1954, 7.
41 Siehe: Dora von Caemmerer: Die Methode der Einzelhilfe – Begriff und Grundlagen. Wiesbaden: Haus Schwalbach 1965. Sonderheft.
42 Siehe Dora von Caemmerer: Akademiekurs über Praxisanleitung – Abschließender Bericht. In: ndv 1966, 9. Siehe auch Dora von Caemmerer (Hrsg.): Praxisberatung (Supervision) – ein Quellenband. Freiburg : Lambertus 1970. Dora von Caemmerer u. a.: Supervision – ein berufsbezogener Lernprozess. Wiesbaden: Haus Schwalbach 1971.
43 Charlotte Towle: The Learner in Education for the Professions – as seen in Education for Social Work. Chicago: Chicago Press 1954.
44 Siehe beispielsweise Erna Maraun: Berufsausbildung und Berufsleistung des amerikanischen Sozialarbeiters. Eindrücke von einer Studienreise in die USA. In: Soziale

Arbeit 1952, 8, S. 366–368; Erna Maraun: Bericht über das Casework-Seminar der Vereinten Nationen. In: Soziale Arbeit, 1953, 9, S. 409–412; Herbert Lattke: Soziale Arbeit in den USA und bei uns. Gedanken nach einer Studienreise. In: Soziale Arbeit, 1953, 12, S. 554–562; Herbert Lattke: Lassen sich „amerikanische" Methoden der „sozialen Hilfe" auch bei uns anwenden? In: Jugendwohl 1958, I, S. 32–41.

45 Dieser Gedanke ist insbesondere in der frühen gruppendynamischen Schule von Bethell Maine wiederaufgenommen und weiterentwickelt worden. Siehe Leland P. Bradford: Das Geschäft des Lehrens und Lernens. In: C. Wolfgang Müller (Hrsg.), Gruppenpädagogik. Texte und Dokumente. Weinheim : Beltz 1970/1987 (Reprint), 222–235. Er ist übrigens schon in den berühmten „Thesen über Feuerbach" von Karl Marx (1845) enthalten: „Die materialistische Lehre von der Veränderung der Umstände und der Erziehung vergisst, dass die Umstände von den Menschen verändert und der Erzieher selbst erzogen werden muss …" (Karl Marx und Friedrich Engels, Werke, Band 3, Berlin 1969, S. 5 ff.

46 Diese Funktionssegmente waren von Florence Hollis zunächst für die vertiefte Einzelfallhilfe entwickelt worden. Dorothy E. Pettes übertrug sie zu einem späteren Zeitpunkt auf die Supervision von social case work. Siehe Florence Hollis: Social Case Work in Practice. Six Case Studies. New York 1939. Florence Hollis: Case Work, a Psycho-Social Therapy. New York 1964. Dorothy E. Pettes: Supervision in Social Work. London: George Allen & Unwin 1967. Siehe auch das Vorwort von ihrer Übersetzerin Christa Deichmann zur deutschen Ausgabe: Dorothy E. Pettes: Supervision in der Sozialarbeit. Anleitung von Studenten und Praxisberatung von Mitarbeitern. Freiburg: Larnbertus 1971, S. 11.

47 Pettes, 1971, S. 19 ff.

48 Bertha C. Reynolds: Learning and Teaching in the Practice of Social Work. New York: Rinehart & Company 1942. Ich folge der Version, die Margaret Williamson: Supervision - New Patterns and Processes. New York: Association Press 1961 als Erweiterung des Buches „Supervision – Principles and Methods" (1950), S. 31–38, vorgelegt hat.

49 Die Akademie für Jugendarbeit in Münster gibt auch die Fachzeitschrift „Supervision" heraus. Zur Weiterbildung von Supervisoren in der Bundesrepublik Deutschland siehe das Sonderheft „Supervision" (1984) aus Anlass des 20. Jahres der ersten Supervisorenausbildung in der BRD.

50 Die Sozialpädagogische Fortbildungsstätte Haus Koserstraße in Berlin etwa während der Jahre ihrer Wirksamkeit von der Annahme aus, die Trennung sozialpädagogischer Praxis in die klassischen drei Methoden habe nur noch historische Bedeutung. „In der Praxis ist bei denjenigen Sozialarbeitern, die sich dafür durch moderne Aus-, Fort- und Weiterbildung qualifiziert haben, eine klienten- und situationsangemessene Kombination dieser Methoden zur beruflichen Idealnorm geworden. Es wird allerdings wohl noch Jahre dauern, bis die Anwendung dieser drei Methoden zur statistischen Norm geworden ist" (Haus Koserstraße, Fortbildungsveranstaltungen 1973, 4).

51 Diese differenzierende Übersetzung der englischen Ausdrücke „field instruction" und „staff instruction" hat Christa Deichmann vorgeschlagen. In: Pettes, 1971, S. 10.

52 Etwa Erna Maraun in: Unsere Jugend 1951, S. 175 ff.

53 Dr. Christa Hasenclever: Die Analyse von Einzelfällen als Unterrichtsproblem der Sozialschule. In: Unsere Jugend 1953, 8, S. 339–344.

54 Dr. Margarete Junk: Jahrestagung der Konferenz der Deutschen Wohlfahrtsschulen in Berlin vom 27.9. bis 1.10.1954. In: Blätter der Wohlfahrtspflege in Baden-Württemberg 1954, S. 87.

55 Junk, 1954, S. 89. Die in dem Bericht erwähnte Fürsorgerin Ingeborg Geest war übrigens Absolventin eines einjährigen Fortbildungslehrgangs über *social group work*

und *social case work* gewesen, den die Berliner Hochschule für Politik im Wintersemester 1951 und im Sommersemester 1952 mit Gastdozenten wie Walter Friedländer (ehemals Jugendstadtrat in Berlin-Prenzlauer Berg, dann Professor für Sozialarbeit in Berkeley/Kalifornien), Nelly Simon (New York) und Heinrich Schiller in der Tradition der Wohlfahrtsschule des Sozialpolitischen Seminars der Deutschen Hochschule für Politik („Mennicke-Schule") ausgeschrieben hatte. Siehe: Soziale Arbeit 1952, I, 37–38 und 2, 85–86.

56 Bernd Haedrich: Zur Berufsbildung der Sozialarbeiter in Deutschland. Phil. Diss. München 1967.

57 Diesem Vorurteil möchte ich in den ersten Kapiteln dieses Lehrbuchs entgegentreten. Wir haben in Deutschland eine eigene Tradition, an die wir uns allerdings nicht oder nur ungern erinnern.

58 Haedrich, 1967, S. 151–153.

59 Siehe Christiane Müller-Wichmann: Zeitnot. Untersuchungen zum „Freizeitproblem" und seiner pädagogischen Zugänglichkeit. Beltz: Weinheim 1984.

60 Haedrich, 1967, S. 218 Fußnote 53.

61 Vergleiche mit dem Bericht von Ingeborg Geest in Junk, 1954.

62 Christine Christmann und C. Wolfgang Müller: Sozialpädagogische Familienhilfe 1986. Bestandsaufnahme, Entwicklung, Perspektiven, Modelle. Berlin: SPI 1986. Heidi und Karl Nielsen, C. Wolfgang Müller: Sozialpädagogische Familienhilfe. Probleme, Prozesse und Langzeitwirkungen. Weinheim, Beltz 1986.

63 Leslie Hartrich Leighninger: The Development of Social Work as a Profession 1930–1960. Diss. University of California/Berkeley Campus, 1981, S. 317. Die von Harry Specht und Harold L. Wilensky betreute Forschungsarbeit ist eine hervorragende Quelle für das Verständnis der gesamtgesellschaftlichen und berufsständischen Hintergründe für die Entwicklung der nordamerikanischen Sozialarbeit.

64 Herbert Lattke: Innen- und Außendienst in der Sozialarbeit. Gedanken zur Frage des fürsorgerischen Hausbesuchs auf Grund von Anregungen aus der amerikanischen Methodenlehre. In: Unsere Jugend 1954, 5, S. 201–208.

65 Lattke, 1954, S. 206.

66 Herbert Lattke: Lassen sich ‚amerikanische' Methoden der ‚sozialen Hilfe' auch bei uns anwenden? In: Jugendwohl 1958, I, S. 32.

67 Lattke, 1958, 34.

68 Die Fallbeispiele aus der Familienfürsorge der Zwanzigerjahre, die Alice Salomon, Siddy Wronsky und Eberhard Giese 1926 unter dem Titel „Soziale Therapie" (Berlin: Carl Heymanns 1926) publiziert haben, zeigen noch deutliche Spuren einer Praxis, bei der die ermittelnde Wohlfahrtspflegerin nach einem Hausbesuch an individuelle Spender herantritt, um sie zu einer Gabe ad personam zu bewegen (vergleiche etwa den Fall der „Familie Bauer", S. 1–9).
Auch die Zentrale für private Fürsorge in e. V. Berlin, in der Siddy Wronsky arbeitete, war ursprünglich eine Auskunftsstelle der Deutschen Gesellschaft für ethische Kultur zur Überprüfung der Bonität privater Wohlfahrts- und Unterstützungsvereinigungen gewesen.

69 Berufserinnerungen von Helen Harris Perlman. National Oral History Project der National Association of Schools of Social Work. Minneapolis, Social Welfare History Archives SW 37, Box 3.

70 Florence Sytz: Verlagerung des Schwerpunktes im Casework. In: Kraus, 1950, 145.

71 Virginia P. Robinson: A Changing Psychology in Social Case Work. University of North Carolina Press 1930.

72 Jessie Taft: The Relation of Function to Process in Social Work. In: Virginia P. Robinson (ed.): Training for Skill in Social Case Work. Philadelphia: University of Pennsylvania Press 1942. In diesem Beitrag führte Taft auch die Forderung nach ‚use of agen-

cy function' ein, mit dem sie die unendlich große Spannweite möglicher Hilfe durch vertiefte Einzelfallhilfe auf jene Segmente begrenzen wollte, welche im Rahmen der selbst definierten Aufgaben der Beratungsstelle liegen, in der Caseworker arbeiten.

73 Leighninger, 1981, S. 14.

74 Im Rahmen der Roosevelt'schen Sozialgesetzgebung (National Industrial Recovery Act und Acricultural Adjustment Act) wurden Mindestlöhne festgesetzt, eine Verkürzung der Arbeitszeit erzwungen, Kinderarbeit wurde verboten, der Landwirtschaft wurden Produktionsbeschränkungen auferlegt und für die Masse der Arbeitslosen wurden staatlich finanzierte Arbeitsbeschaffungsprogramme eingeführt. Der New Deal (= eigentlich: „Das Kartenspiel wird neu gemischt" = „Die Lebenschancen werden neu verteilt") verstärkte die Rolle der Gewerkschaften und galt für viele konservative Amerikaner als die Öffnung der Tür zum Kommunismus.

75 Leighninger, 1981, S. 72.

76 Lattke, 1958, S. 40.

77 Die Dauerbelastung von Fürsorgerinnen und der damit eng verbundene hohe Krankenstand dieser Berufsgruppe sind seit dem „Tagebuch einer Fürsorgerin" von Hedwig Stieve (Erstdruck 1925, Reprint Weinheim: Beltz 1983) aktenkundig. Einen materialreichen Überblick über die Arbeitsbedingungen von Fürsorgerinnen während der Weimarer Zeit gibt Susanne Zeller: Ausbildung und Erwerbsbedingungen von kommunalen Fürsorgerinnen im Wohlfahrtswesen der Weimarer Republik. Berlin: Technische Universität Phil. Diss. 1986, S. 165–221.

78 Salomon, 1926, S. 60.

79 Es scheint, als ob die vertiefte Einzelfallhilfe in der kommunalen Fürsorge der norddeutschen Städte und Stadtstaaten (Berlin, Hamburg, Bremen) sehr entschieden und mit starker ministerieller und bezirklicher Unterstützung eingeführt worden wäre. Bei der Einführung ist sicherlich ein starkes Stadt: Landgefälle und ein moderates Nord-Süd-Gefälle zu beobachten gewesen. Gespräch des Autors mit Irmgard Mende (Berlin).

80 Blätter der Wohlfahrtspflege in Baden-Württemberg 1962, 9, S. 275.

81 In der zeitgenössischen sozialpädagogischen Fachliteratur wird noch immer zwischen „Methodik" und „Didaktik" in der Ausbildung unterschieden. Diese Terminologie entspricht einer in der Erziehungswissenschaft überholten Trennung zwischen „Inhaltsfragen" der lehrenden Vermittlung und „methodischen Fragen". Beide wurden früher getrennt und von unterschiedlichen Gruppen von Pädagogen bzw. Erziehungswissenschaften bearbeitet. Inzwischen hat sich der Begriff „Didaktik" für das Insgesamt aller Fragen, die mit der Organisation von Lehr-Lern-Prozessen verbunden sind, durchgesetzt. Damit ist das Wort „Methodik" obsolet geworden.

82 Blätter der Wohlfahrtspflege in Baden-Württemberg 1962, S. 284–290.

83 Die Aussage, Sigmund Freuds Forschungen seien tragender Bestandteil der amerikanischen Praxis von *social case work* gewesen, gilt in dieser Allgemeinheit nur für die frühe „diagnostische Schule". Später wurden psychoanalytische Ansätze zugunsten der Psychologie des freien Willens von Otto Rank (1884-1939) zurückgedrängt. Rank war zwar ein früher Anhänger Sigmund Freuds gewesen, hatte sich aber spätestens mit der Arbeit über „Das Trauma der Geburt" (1924) von Freud entfernt. Das Missverständnis über den dominanten Einfluss Freuds auf die Einzelfallhilfe mag von Sigmund Freud selbst angelegt worden zu sein, als er in seinen Gesprächen über „die Frage der Laienanalyse" (1926) spielerisch die Möglichkeit ventilierte, dass „vielleicht noch einmal ein Amerikaner auf den Einfall (kommt), es sich ein Stück Geld kosten zu lassen, um die *social workers* seines Landes analytisch zu schulen und eine Hilfstruppe zur Bekämpfung der kulturellen Neurosen aus ihnen zu machen. „Aha, eine neue Art von Heilsarmee." „Warum nicht, unsere Phantasie arbeitet ja immer nach Mustern" (Sigmund Freud, Studienausgabe Band 10. Frankfurt am Main: Fischer 1975, S. 340).

84 Blätter der Wohlfahrtspflege in Baden-Württemberg 1962, S. 285.
85 Blätter der Wohlfahrtspflege in Baden-Württemberg 1962, S. 285.
86 Blätter der Wohlfahrtspflege in Baden-Württemberg 1962, S. 287.
87 Blätter der Wohlfahrtspflege in Baden-Württemberg 1962, S. 288.
88 Blätter der Wohlfahrtspflege in Baden-Württemberg 1962, S. 288.
89 Blätter der Wohlfahrtspflege in Baden-Württemberg 1962, S. 289.
90 Helge Peters: Moderne Fürsorge und ihre Legitimation. Eine soziologische Analyse der Sozialarbeit. Köln und Opladen: Westdeutscher Verlag 1968, S. 72.
91 Marie Kamphuis: Die persönliche Hilfe in der Sozialarbeit unserer Zeit. Eine Einführung in die Methode der Einzelfallhilfe für Praxis und Ausbildung (Niederlande 1950ff.) Stuttgart: Ferdinand Enke 31968. Seit 1951 hatte Marie Kamphuis, die Leiterin der Academie voor Sociale en Culturele Arbeid in Groningen, auf Fortbildungsveranstaltungen in Deutschland social case work gelehrt. Zahlreiche Teilnehmerinnen und Teilnehmer dieser Lehrgänge haben positiv und menschlich wie beruflich beeindruckt von ihrem Wirken berichtet. Es wäre denkbar, dass ihr Buch hinter ihrem persönlichen Wirken zurückblieb.
92 Peters, 1968, S. 77.
93 Peters, 1968, S. 81.
94 Helge Peters: Die misslungene Professionalisierung der Sozialarbeit. In: Hans-Uwe Otto und Kurt Utermann (Hrsg.): Sozialarbeit als Beruf. Auf dem Wege zur Professionalisierung? München: Juventa 1971, S. 101. Über das gleiche Thema hatte Peters schon 1969 in Jahrbuch für Sozialwissenschaft, 1969, 3, und in der Kölner Zeitschrift für Soziologie und Sozialpsychologie 1970, 2, publiziert.
95 Peters, 1971, S. 109.
96 Peters, 1971, S. 110.
97 Peters, 1971, S. 120.
98 So schrieb Dr. Gerd Neises aus Frankfurt in einer Rezension im Nachrichtendienst des Deutschen Vereins 1969, der Platz einer Besprechung würde nicht ausreichen, „Herrn Peters im einzelnen nachzuweisen, wie wenig er sich um jene Offenheit gegenüber den Fakten bemüht hat, ohne die jede soziologische Forschung schnell zur Fabrik wohlfeiler Argumentationsgeschosse wird“ (ndv 1969, 7).
Richtig an dem Verriss des Buches von Helge Peters ist u.a. der Hinweis, dass eine soziologische Analyse des Berufsvollzuges von Sozialarbeitern in ideologiekritischer Absicht nicht bei der literarischen Analyse eines Lehrbuches über Sozialarbeit stehen bleiben kann, ohne sich vorher wenigstens ansatzweise zu versichern, dass die methodischen Handreichungen des Lehrbuches im Berufsalltag von Sozialarbeitern ihre Entsprechungen finden.
Die Anlage meines Buches legt mich darauf fest, historisch-chronologisch vorzugehen. Das heißt auch, dass ich, um nicht klüger zu erscheinen, als wir alle es seinerzeit waren, Arbeiten zum *social case work*, die nach 1967/68 erschienen sind, in diesem Kapitel nicht berücksichtigt habe. Das gilt sowohl für die Arbeiten von Ruth Bang (Das gezielte Gespräch. München: Reinhardt 1968) als auch für Herbert Lattke (Das helfende Gespräch. Freiburg : Lambertus 1969), Helen H. Perlman (Soziale Einzelhilfe als problemlösender Prozess. Freiburg: Lambertus 1969), Robert W. Roberts und Robert H. Nee (Konzept der Sozialen Einzelhilfe. Stand der Entwicklung - neue Anwendungsformen. Freiburg : Lambertus 1974), Harry Specht und Anne Vickery (Methodenintegration in der Sozialarbeit zur Entwicklung eines einheitlichen Praxismodells. Freiburg : Lambertus 1980). Aber auch das letzte Buch von Helen H. Perlman : Relationship, The Heart of Helping People. University of Chicago Press 1979 blieb unberücksichtigt, das nicht nur wegen des Wortspiels im Titel in Anspielung auf eine alte Arbeit von Karl de Schweinitz (The Art of Helping People out of Trouble (1924)) lesenswert und bedeutsam ist.

10. Sozialstaat und Gemeinwesenarbeit

Der Sommer kommt, und der Himmel des Sommers
Leuchtet auch euch.
Wasser ist warm, und im warmen Wasser
Liegt auch ihr.
Auf den grünen Wiesen habt ihr
Zelte aufgeschlagen. Die Straßen
Hörten euren Gesang. Der Wald
Nimmt euch auf. Also
Ist das Elend aus? Trat die Besserung ein?
Ist für euch gesorgt? Könnt ihr ruhig sein?
Wird also eure Welt schon besser? Nein:
Das ist der Tropfen auf den heißen Stein.
...
Werdet ihr euch begnügen mit dem leuchtenden Himmel?
Wird das warme Wasser euch nicht mehr hergeben?
Wird der Wald euch behalten?
Werdet ihr abgespeist? Werdet ihr getröstet?
Die Welt wartet auf eure Forderungen
Sie braucht eure Unzufriedenheit; eure Vorschläge.
Die Welt schaut auf euch mit ihrer letzten Hoffnung.
Ihr dürft nicht lange mehr zufrieden sein
Mit solchem Tropfen auf den heißen Stein.

(Bertolt Brecht: Ballade vom Tropfen auf den heißen Stein (1931): Gesammelte Werke. Suhrkamp: Frankfurt a. M. 1967)

„Das Telefon läutet sehr nachdrücklich. Ein angesehener Schulleiter im Ruhestand in der Kreisstadt bittet dringend um meine Mitarbeit an einer Sitzung in der nächsten Woche. Der Kreis brauche ein paar Menschen, die sich mit der geistig-seelischen Gesundheit der Bevölkerung (*mental health*, C.W.M.) befassen. Da läge manches im argen, er könnte mir aus seiner eigenen Praxis eine ganze Reihe von Beispielen nennen. Es gäbe zwar einige Stellen im Kreis, die sich mit diesen Fragen beschäftigten, aber wohl nicht ausreichend. Jedenfalls hofft er, dass eine interessierte Gruppe von Menschen verschiedenster Berufe sich nächsten Freitagabend zusammenfindet, um diese Dinge einmal zu überlegen. In der Post des nächsten Tages ist ein Schreiben von der Vorsitzenden des Staatsbürger-Verbandes der benachbarten Kleinstadt. Ihre Ortsgruppe sei, angeregt durch das neue Wohnungsbauprogramm des Bundes, nun endlich dazu entschlossen, sich mit den Wohnungsverhältnissen der ärmeren Mitbürger in ihrem Ort vertraut zu machen. Sie hätten vor, sich durch Hausbesuche persönlich von den Verhältnissen zu überzeugen und eine Ortsbestandsaufnahme gewisser Straßen und ganzer Nachbarschaften zu machen. Allerdings sei ihnen nicht ganz klar, worauf es bei solchen Untersuchungen besonders ankäme. Sie hätten einstweilen Fragebogen und statistische Tabellen entworfen und eine kleine Probeerhebung gemacht, aber brauchten doch jetzt etwas technischen Rat. Ob ich bereit wäre, mich ein- bis zweimal mit der Gruppe zu treffen, damit ihre Bemühungen zweckdienlich und wirklich produktiv sein könnten ..."

Mit diesen Beispielen aus ihrer eigenen Alltagserfahrung leitete Hertha Kraus, die wir aus dem neunten Kapitel als wichtige Übermittlerin von amerikanischen Erfahrungen in der Methode des *social case work* kennen, einen längeren Artikel über ‚Amerikanische Methoden der Gemeinschaftshilfe' ein, den die Fachzeitschrift *Soziale Welt* im Frühjahr 1951 veröffentlichte[1]. Die herangezogenen Beispiele machen für deutsche Leser unter zwei Voraussetzungen Sinn: man muss wissen, dass sie in den USA spielen und dass Hertha Kraus eine überzeugte Quäkerin war.

Ich hatte bereits erwähnt, dass Hertha Kraus in Frankfurt Volkswirtschaft studiert hatte und bei Christian Jasper Klumker, dem Inhaber des ersten deutschen Lehrstuhls für das Fürsorgewesen, mit einer Arbeit über die Jugendfürsorgestatistik zum Dr. rer. pol. promoviert worden war. Für die Einschätzung ihrer Beziehungen zum Thema dieses Kapitels sind ein paar zusätzliche Lebensdaten wichtig. Nach ihrem Universitätsabschluss war sie als Sekretärin der Quäker in Berlin-Brandenburg tätig und stand in Verbindung mit Friedrich Siegmund-Schultze, dem Gründer eines der ersten deutschen Nachbarschaftsheime aus christlicher Verantwortung, der Sozialen Arbeitsgemeinschaft Berlin (Ost) aus dem Jahre 1911. Als Konrad Adenauer, damals Oberbürgermeister von Köln, sie 1923 zur Leiterin des Wohlfahrtswesens dieser Stadt berief, versuchte sie, eine alte Idee der *settlements*[2] und der Nachbarschaftsheime in die Tat umzusetzen. Sie ließ leerstehende Kasernen in Altenheime und Schlichtwohnungen umwandeln und nach dem Settlementprinzip einrichten: „In den Wohnquartieren wurden Wohngspflegerinnen eingesetzt, z. T. waren es Krankenpflegerinnen oder Hausfrauen, die den dort untergebrachten Familien bei der Haushaltsführung zur Seite stehen sollten. Auf etwa sechzig Familien kam eine Wohnungspflegerin. Außerdem war in jedem Wohnquartier ein vollamtlicher Hausmeister. Die Wohnquartiere waren meistens durch eine Fürsorgerin als Leiterin besetzt. Zu jedem Wohnquartier gehörte ein Nachbarschaftshaus als Betreuungszentrum mit Kindergarten, Hort, Näh- und Bastelstuben, Offenen Türen für Jugendliche"[3].

Im Sommer 1946 war sie als Repräsentantin des *American Friends Service Committee* (des Dachverbandes der nordamerikanischen Quäker) nach

Frankfurt am Main und Berlin gekommen und hatte die Gründung von Nachbarschaftsheimen und Konferenzzentren zur Unterstützung der sozialen Arbeit angeregt. 1947 wurde das erste deutsche Nachbarschaftsheim auf Quäker-Initiative und mit Quäker-Mitteln in Berlin-Schlachtensee eröffnet. Es ist inzwischen umgezogen und befindet sich heute in einer Gründerzeit-Villa in der Zehlendorfer Königsstraße 43. Durch das internationale Netzwerk der Quäker unterstützt konnte Hertha Kraus in den Sechzigerjahren der bis dahin isolierten deutschen Sozialarbeit wieder den Anschluss an die internationale Entwicklung und die Teilnahme an internationalen Konferenzen Sozialer Arbeit und Wohlfahrt ermöglichen[4].

Aber was hatten die Quäker mit Sozialarbeit zu tun? Die Quäker, sie heißen offiziell *Gesellschaft der Freunde* (*Society of Friends*), sind eine christliche Sekte, die der Engländer George Fox im 17. Jahrhundert gegründet hatte[5]. Sie lehnen die kultischen Formen des Gottesdienstes der großen christlichen Kirchen ab. Ihre Form eines bildlosen Gottesdienstes ist die *Versammlung der Freunde*, ihr tätiger Gottesdienst besteht in praktischer sozialer Arbeit für und mit den Nächsten. Sie sind gegen Steuern, weil sie darin ein Abschieben persönlicher Verantwortung auf den anonymen Staat sehen, und sie tragen keine Waffen. Sie treten für die uneingeschränkte Gleichheit aller Menschen ein, haben aus diesem Grund in den USA für die Sklavenbefreiung gekämpft und sind später für die Emanzipation von Frauen, für den Weltfrieden und für den Völkerbund (später für die UN, die in den USA viele Gegner hatte) eingetreten. 1947 erhielt die Gesellschaft der Freunde den Friedensnobelpreis. International haben die Quäker etwa 150.000 aktive Mitglieder. „In der Fürsorge für die unmittelbare Nachbarschaft, in Siedlungen für Arbeitslose, in Stiftswohnungen für betagte arme Frauen, im Bau von Fabriken, Schulen und allen möglichen öffentlichen Einrichtungen zeigte sich ihre soziale Verantwortlichkeit ebenso wie in der Behandlung der Dienstboten oder der von ihnen abhängigen Menschen. Die Abschaffung der Sklaverei und der Todesstrafe, Reformen der Gefängnisse, die Fürsorge für Geisteskranke, Mäßigkeitsbestrebungen und die Erwachsenenschulbewegung waren in ihre Bemühungen eingeschlossen. Ihre Haltung bezweckte eine Versittlichung des gesamten Gemeinwesens“[6]. Der erste Staat, der von einem Quäker als „heiliges Experiment“ gegründet worden ist, war Pennsylvania, 1682 von William Penn geschaffen und nach ihm genannt.

Hertha Kraus und die Rezeption von *community organization*

Der historische Hintergrund erhellt, dass Hertha Kraus die Beispiele aus ihrem beruflichen Alltag nicht als eine beliebige Hochschullehrerin aufgeschrieben hat, die einen Teil ihrer ansehnlichen Freizeit in ehrenamtliche kommunale Tätigkeiten investierte, sondern als eine bewusste, praktizierende Quäkerin, welche die Weiterentwicklung kommunaler Hilfen und Hilfsquellen für Bedürftige als einen notwendigen Dienst am Nächsten und diesen Dienst am Nächsten als Gottes-Dienst begriff. Von Quäkern ist allerdings in dem Artikel „Amerikanische Methoden der Gemeinschaftshilfe" nicht die Rede, den Hertha Kraus 1951 in der *Sozialen Welt* veröffentlichte. In dem Artikel geht sie vielmehr ganz allgemein davon aus, dass die Entwicklung eines Gemeinwesens von Leuten lebt, „die sich abends oder während der Mittagspause für ein paar Stunden zusammensetzen, um einen Teil der ihnen anvertrauten Angelegenheiten zu ordnen und zu gestalten. Sie beschäftigen sich mit den Gemeinschaftsaufgaben, die jedem Mitbürger gestellt sind, neben den Aufgaben der persönlichen und privaten Sphäre"[7]. Zu den Leuten, die solche Aufgaben ehrenamtlich anpacken, können auch Sozialarbeiter gehören. Deshalb sei in den Lehrplan einiger Ausbildungsstätten für Sozialarbeiter in den USA das Fach *„community organization for social welfare"* aufgenommen worden, „was etwa sinngemäß mit Gemeinschaftsarbeit für das Gemeinwohl übersetzt werden könnte ..."[8]. Dabei entwerfe man in jüngster Zeit „tastend Kriterien und Standards und verwendet sie einstweilen als Arbeitshypothesen, mit deren Hilfe man neue Einsichten zu gewinnen hofft"[9]. Allerdings würden sich schon jetzt einige aufeinander folgende Arbeitsschritte abzeichnen. Zunächst sei es wichtig, die Entwicklung des eigenen Gemeinwesens kontinuierlich zu verfolgen und eventuelle Schwachstellen, Bedarfslücken, Brennpunkte sozialer Unterordnung frühzeitig zu erkennen. Dann sei es sinnvoll, Menschen zusammenzubringen, die bereit und fähig sind, einen Teil ihrer freien Zeit in die Behebung der erkannten Missstände zu investieren. Dazu müsse neues und zusätzliches Datenmaterial über die Reichweite und die Ursachen der Missstände und die Erschließung neuer, zusätzlicher Hilfsquellen beschafft und bewertet werden. An diese Phase schließe sich die Planung möglicher Abhilfen an. Sie könnten darin bestehen, dass bereits bestehende soziale Einrichtungen ihre Arbeitsweise verändern, erweitern oder konzentrieren, um auf die neuen oder neu erkannten Missstände zu reagieren, sie könnten auch darin bestehen, dass vorübergehende Missstände durch zeitlich begrenzte ehrenamtliche Aktionen behoben oder durch die Gründung und Finanzierung neuer Einrichtungen und Maßnahmen dauerhaft angegangen werden. Wenn zusätzliche Gelder zu beschaffen wären, sei es auch notwendig, die Öffentlichkeit von der Notwendigkeit und Nützlichkeit neuer Einrichtungen und Maßnahmen zu überzeugen und kapitalkräftige Spender ausfindig zu machen. Die Spender wiederum hätten einen Anspruch darauf zu verstehen, wofür sie ihr gutes Geld hergeben sollten und sicher zu sein, dass die zweckentsprechende und sparsame Mittelverwendung auch zuverlässig kontrolliert werde.

Im Bücherschrank meines Vaters standen in einer Reihe die rot gebundenen Romane des nordamerikanischen Schriftstellers Sinclair Lewis. Einen davon habe ich als Jugendlicher besonders geliebt. Er hieß „Dr. med. Arrowsmith“ und beschrieb die Lebens- und Berufsgeschichte eines hoffnungsvollen jungen Arztes, der *allen* Menschen helfen will und immer wieder auf einzelne, *individuelle* Krankheiten und Gebrechen heruntergeschraubt wird. Einige Kapitel dieses Romans behandeln jene Station im Leben von Martin Arrowsmith und seiner Frau Leora, als Martin vom Direktor für Volkswohlfahrt und Hygiene der Kleinstadt Nautilus in Iowa als Amtsarzt angestellt wird. Sein Chef, Dr. Pickerbaugh wird von Sinclair Lewis als geborener Gemeinwesenarbeiter geschildert

Dr. med. Almus Pickerbaugh, 48 Jahre alt, vierschrötig und mit eindrucksvollem Borstenbart ausgestattet, dem 26. Präsidenten der Vereinigten Staaten Theodore Roosevelt nicht unähnlich, galt in Iowa als Billy Graham der Volksgesundheit, als weltlicher Evangelist für eine gute Sache. Er setzte seine umfangreiche Familie gezielt ein, um die Bevölkerung von Nautilus durch Werbeverse, Straßentheater und öffentliche Mitsinge-Veranstaltungen dazu zu bringen, weniger zu rauchen und nicht auf die Straßen zu spucken, die Milchflaschen der Säuglinge zu sterilisieren und dem Whisky zu entsagen, Jagd auf Fliegen und Ratten zu machen und den Unrat von den Hinterhöfen zu entfernen. Er war ein begnadeter Propagandist von Sauberkeit und Gesundheit. Aber er wählte seine Argumente jeweils klug in Übereinstimmung mit den Interessen seiner Zuhörer: „Wenn Pickerbaugh in einer Kirche oder im Familienkreise sprach, so erwähnte er den Wert der Gesundheit, um das Leben fröhlich zu gestalten; aber wenn er Geschäftsleuten bei einem Frühstück eine Ansprache hielt, so hieß es, „der Wert in harten Dollars und Cents ausgedrückt, gesunde und nüchterne Arbeiter zu haben, die für denselben Lohn viel mehr leisten“. Bei Elternversammlungen wiederum ermahnte er, „die Doktorrechnung herabzusetzen, indem man vorbaut und kleine Fehler aus der Welt schafft, ehe sie sich zu großen Mängeln ausgewachsen haben“ – aber den Ärzten gab er die Versicherung, dass die hygienischagitatorische Bewegung die Leute nur daran gewöhnen würde, den Arzt regelmäßig aufzusuchen“[10]. Als Almus Pickerbaugh mit großer Mehrheit in den Senat gewählt worden war, wurde Martin Arrowsmith sein Nachfolger. Aber er war zu skrupulös und ehrlich, um sich lange in Nautilus halten zu können. Als er eine stadtbekannte Molkerei wegen unsauberer Milch schließen ließ, als er veranlasste, dass ein tuberkuloseträchtiges Massenquartier niedergerissen wurde, als sich herumsprach, dass er als Amtsarzt mittellose Patienten kostenlos behandelte und sonntags nicht zur Kirche ging, formierte sich eine mächtige innerstädtische Opposition gegen ihn, ehemalige Freunde ließen ihn von heute auf morgen fallen. Martin Arrowsmith gab auf und verkaufte sich an die Forschungsabteilung eines mächtigen Pharmazie-Konzerns.

Die Verhältnisse in Deutschland waren und sind, vielleicht nicht im Prinzip, aber doch in ihren äußeren Erscheinungsformen anders. Keine deutsche Gesundheitsfürsorgerin wird davon träumen können, wie Almus Pickerbaugh zu agieren, und kein deutscher Sozialarbeiter wird befürchten müssen, wie

Martin Arrowsmith aus der Stadt gejagt zu werden. Die deutsche Sozialarbeit konnte lange Zeit nichts oder doch nicht viel mit der Botschaft von Hertha Kraus anfangen, eine Methode Sozialer Arbeit bestünde darin, soziale Missstände zu beobachten und zu analysieren, kommunale Meinungsführer an einem runden Tisch zu versammeln, um auf Abhilfe zu sinnen und Öffentlichkeitsarbeit zu leisten, um den Weg für private Aktivitäten zu ebnen und das allgemeine Niveau kommunaler Wohlfahrt anzuheben. Auch als Herbert Lattke 1955 in seinem, damals vielgelesenen Buch „Soziale Arbeit und Erziehung“ die Informationen von Hertha Kraus wieder aufgriff und *community organization for social welfare* zu einer der „grundlegenden Methoden“ der Sozialen Arbeit ernannte[11], blieb sein Plädoyer zunächst ohne Echo.

Dabei hätte es auch damals schon einen Wohlfahrtsverband gegeben, der auf das Reizwort „Gemeinwesenarbeit“ hätte positiv reagieren können. Die Quäker-Initiative von Hertha Kraus hatte bereits 1948 zu sieben Neugründungen von Nachbarschaftsheimen geführt. Zwölf Heime schlossen sich 1951 zum „Verband Deutscher Nachbarschaftsheime e. V.“ zusammen und sie alle betrieben eine Nachbarschaftshilfe, die sich in eine weite Fassung des Begriffs „Gemeinwesenarbeit“ hätte einfügen lassen. Aber das Selbstverständnis dieser Heime war eher am methodischen Inventar der *Gruppenpädagogik* orientiert. Es ging den Gründern um eine Re-Orientierung der deutschen Bevölkerung auf demokratische, partnerschaftliche und humanitäre Werte, und dieser pädagogisch-politischen Zielsetzung schien die Gruppenpädagogik besser entgegenzukommen als die damals in Deutschland als Methode noch nicht eingeführte Gemeinwesenarbeit. Erst der zu Beginn der fünfziger Jahre langsam angebahnte Kontakt der Sozialen Arbeit in Deutschland zu internationalen Konferenzen und mit internationalen Organisationen brachte der literarischen Rezeption von Gemeinwesenarbeit neue Impulse.

Frühestens auf der Münchener Tagung der Internationalen Konferenz für Sozialarbeit im Jahre 1956 (*„Industrialisierung und Sozialarbeit“*), spätestens auf der Internationalen Konferenz in Rio de Janeiro im Jahre 1962 (*„Urban and Rural Community Development“*) wurde die deutsche Fachöffentlichkeit mit den Begriffen *community organization* und *community development* konfrontiert, ohne dass ein speziell für die internationalen Konferenzen zusammengestelltes dreisprachiges Wörterbuch[12] zur begrifflichen Klärung hätte beitragen können. Da aber jeder Landesausschuss der Konferenz einen Vorbericht einreichen musste, sah sich auch der deutsche Landesausschuss genötigt, Überlegungen anzustellen, was die Bundesrepublik Deutschland auf dem Gebiet der „Entwicklung und des Aufbaus von Gemeinwesen auf dem Lande und in der Stadt“ an international interessierenden Beispielen werde beisteuern können. Die redaktionelle Abfassung des deutschen Landesberichtes für Rio de Janeiro lag in den Händen von Dr. Renate Langohr aus Darmstadt. Sie erwähnte vielfältige Aktivitäten vom

Straßenbau über die Flussregulierung bis zur politischen und sozialen Erziehung, das hessische Programm zur „sozialen Aufrüstung des Dorfes", den Wettbewerb „Unser Dorf soll schöner werden" und vorläufige Raumordnungspläne der Länder[13].

Im Zusammenhang mit der Konferenz von Rio de Janeiro veröffentlichte die *Arbeiterwohlfahrt* in ihrer Zeitschrift Neues Beginnen (heute: *Theorie und Praxis der Sozialen Arbeit*) Artikel über c. o. und c. d. von Dr. Lina Mayer-Kulenkampff, Hamburg und Professor Dr. Walter Friedländer, ehemals Berlin-Prenzlauer Berg, später Berkeley zu diesem Thema[14]. Als Nachwirkung der Konferenz organisierte die Berliner Senatsverwaltung für Arbeit und Sozialwesen 1963 und 1965 zwei Seminare über Gemeinwesenarbeit mit internationaler Besetzung[15], und der Verband Deutscher Nachbarschaftsheime befasste sich Mitte der sechziger Jahre mit der Frage einer Umstellung ihrer Arbeit von der Gruppenpädagogik zur Gemeinwesenarbeit[16]. Ingeborg Blauert, die zwischen 1960 und 1970 als Gruppenpädagogin in Berliner Nachbarschaftsheimen gearbeitet hatte, stellte 1966 die Frage, ob Gemeinwesenarbeit in Deutschland eine Chance habe[17]. Sie verwies auf die unsichere Rezeption dieser „dritten Methode der Sozialen Arbeit", von der noch nicht gewiss sei, ob es sich um eine professionell gehandhabte Methode handele oder um einen auch spontan von Laienkräften angeregten Prozess, wer Anstellungsträger von Gemeinwesenarbeitern sein könne, ob Gemeinwesenarbeit mit falschen Zielsetzungen nicht zur Gefährdung für eine demokratisch aufgebaute Gemeinde werden könne und wie Gemeinwesenarbeit in die Ausbildung der Fachschulen einzubinden wäre.

Es mag deutlich geworden sein, dass die unsicher tastende Rezeption von Gemeinwesenarbeit in den Sechzigerjahren in der Bundesrepublik Deutschland anders verlaufen ist, als die Neuentdeckung von Gruppenpädagogik in den Vierzigerjahren und die Rezeption von vertiefter Einzelfallhilfe in den Fünfzigerjahren – auch wenn teilweise die gleichen Personen an dieser Rezeption beteiligt waren. Über die Gruppenpädagogik wurden Gruppenprozesse, die in allen Gruppen von Kindern, Jugendlichen und Erwachsenen ablaufen, auf eine Weise pädagogisch bewusst gesteuert, welche einen deutlichen Kontrast zu autoritärer, nationalsozialistischer Erziehung darstellen sollte. Über die vertiefte Einzelfallhilfe sollte die ermittelnde und kontrollierende Tätigkeit von Fürsorgerinnen in den Familien der Hilfesuchenden durch eine sozialpädagogisch unterstützende psychisch-soziale Anpassungshilfe abgelöst werden. Gemeinwesenarbeit hingegen wurde zunächst und primär als eine über die angloamerikanische und niederländische Fachliteratur[18] und über internationale Konferenzen und Seminare vermittelte professionelle Forderung an alle Sozialarbeiter rezipiert, sie sollten bei ihrer Arbeit mit Einzelnen, mit Familien und mit Gruppen immer auch denn sozialen Kontext beachten, in dem ihre Klienten lebten und sie sollten immer auch die nachbarschaftlichen Ressourcen bedenken, welche den Hilfesuchenden nützen könnten, ohne die kommunalen und staatlichen Etats zu belasten.

Anders als bei Gruppenpädagogik und Einzelfallhilfe verfügen wir bei der Gemeinwesenarbeit über eine vergleichsweise frühe „Rezeptionsgeschichte“ dieses Begriffes, die Martin Rudolf Vogel und Peter Oel 1966 in ideologiekritischer Absicht veröffentlicht haben, um Licht in das begriffliche Dunkel zu bringen und um auf die markanten Unterschiede in Struktur und Funktion amerikanischer und deutscher Gemeinden aufmerksam zu machen. Die materialreiche und scharfsinnige Analyse der beiden Sozialwissenschaftler scheint mir allerdings Leser zu überfordern, die nicht an eine international vergleichende Struktur- und Funktionsanalyse regionaler und kommunaler Politik gewöhnt sind. Ich versuche deshalb die Hauptpunkte von Vogel und Oel mit meinen Worten wiederzugeben.

Historische Gründe für die amerikanische Entwicklung von Gemeinwesenarbeit und Gemeindeaufbau

Community organization und *community development* sind in der Tat unterschiedliche Dinge, die beide in der zweiten Hälfte des 19. Jahrhunderts in den USA entwickelt worden sind. *Community organization* geht auf die Aktivität amerikanischer *settlements* zurück, die zuerst in New York und Chicago entstanden. In diesen beiden Hafenstädten konzentrierten sich Massen von Immigranten, die wenig Chancen hatten, Arbeit und Wohnung zu finden und auf rasche Weise die amerikanische Staatsbürgerschaft zu erwerben. Sie wohnten in ethnischen Gettos, die meist überbevölkerte, unhygienische Slums waren und wurden von kleinen Unternehmern ausgebeutet. Sozial gesinnte Akademikerinnen und Akademiker gründeten in diesen Gettos soziale Zentren (eben *settlements*), in denen sich die Immigranten trafen, in denen sie erste Orientierungshilfe erhielten und in die basalen Kulturtechniken des neuen Landes eingewiesen wurden[19].

Gleichzeitig waren die *settler* aufgrund ihrer akademischen Vorbildung und ihres politischen Engagements sozialpolitisch tätig und zwangen die Stadtverwaltungen zur Verbesserung der kommunalen Infrastruktur der Elendsviertel: Wasserversorgung, Müllabfuhr, Hygiene, Krankenversorgung, öffentliche Verkehrsanbindung, Kindergärten und Schulen, Kinderspielplätze, Ferienzeltlager für bedürftige Kinder. Gleichzeitig waren die *settler* arbeitspolitisch tätig: Sie griffen Missstände in Fabriken und bei Kleinunternehmern auf, halfen berufstätigen Frauen, sich gewerkschaftlich zu organisieren und setzten minimale gewerbepolizeiliche Einschränkungen der Unternehmerwillkür durch. Sie betrieben also die Rekonstruktion heruntergewirtschafteter Massenwohnviertel und waren fürsorgerisch, sozialpädagogisch, erwachsenenpädagogisch, sozialpolitisch und gewerkschaftspolitisch tätig. Das ist die Wurzel von *community organization*.

Im scharfen Gegensatz zu der ökonomischen und sozialen Situation an der Ostküste und in Chicago stand die Situation im Mittleren Westen. Der Westen „stand in dieser Epoche im Zeichen der Bemühungen zunehmender Besiedlung und landwirtschaftlicher Erschließung. Dabei waren im Unterschied zum Süden hier insbesondere die Umstände. bestimmend, dass *wheat-growers* und *cattle-ranchers* vorwiegend individualistisch gesonnene Einzelsiedler und häufig auch berufsfremde Laien waren“[20]. Was diese Individualisten in den Westen trieb, war der *Homestead Act* vom 20. Mai 1862, ein Gesetz, das jedermann, der fünf Jahre lang bis zu 160 acres braches Land bebaut und kultiviert hatte, erlaubte, dieses Land kostenlos in Besitz zu nehmen. Hinter diesem Gesetz standen die wirtschaftlichen Expansionsinteressen der Bundesländer westlich der Appalachians. Erbitterten Widerstand leisteten bis zuletzt die östlichen Großgrundbesitzer und Fabrikherren, die weiter vom teuren Land des Ostens und den billigen Arbeitskräften der mittellosen Einwanderer profitieren wollten. Um den unerfahrenen Siedlern zu helfen, dem meist unfruchtbaren Boden wenigstens einen minimalen Gewinn abzutrotzen, erließ die Bundesregierung den *Morril Act*, unter dessen finanziellen Garantien in der Folge in diesen unwirtlichen Gebieten 69 Landwirtschaftliche Hochschulen entstanden, welche die unerfahrenen Landwirte mit fortgeschrittenen Kultivierungstechniken vertraut machen und ganz allgemein das soziale Leben der ländlichen Gemeinden bereichern sollten. Diese Landwirtschaftlichen Hochschulen betrieben *community development*, sie halfen, die Neubauern zu unterweisen und ihre zufällig verstreuten Gehöfte zu einigermaßen funktionierenden „Gemeinwesen“ zu entwickeln.

Den bei den unterschiedlichen Tätigkeiten: Rekonstruktion heruntergekommener großstädtischer Wohnquartiere in den überbevölkerten Elendsquartieren der Ostküste und Entwicklungshilfe für die unterbevölkerten landwirtschaftlichen Einöden des Mittleren Westens entsprachen die beiden Begriffe, die später häufig (und verwirrend) als sinngleich verwendet worden sind: *community organization* für die Gemeinwesenreform in Altbaugebieten, *community development* für Gemeindeaufbau in Neusiedlungsgebieten[21].

Es lag nahe, dass *community development* als Methode des Gemeindeaufbaus vielfältig benutzbar schien. Es konnte sowohl zur Gestaltung neuer Dörfer und Städte auf einem Land benutzt werden, das dem Meer abgerungen worden war (Niederlande) als auch zum Aufbau von Kirchengemeinden in Neubausiedlungen als auch in Ländern der Dritten Welt, in denen alte Stammes- und Sippen-Traditionen der intensiveren Ausnutzung und Ausbeutung des Bodens, der Bodenschätze und der menschlichen Arbeitskraft im Wege standen. Im Begriff des *community development* konnten sich deshalb auch Bestrebungen des Britischen Kolonialamtes mühelos wiederfinden, die gelockerten Beziehungen der Kolonien vom Mutterland durch *mass education* auf einer eher ideologischen Ebene wieder zu stabilisieren. Deshalb wurde *community development* auch zu einem der Schlüsselbegriffe der 62er Konferenz in Rio de Janeiro[22]. Ohne zynisch sein zu wollen denke ich, dass wir uns den Begriff und das Konzept von *community development* am Bild der Fremdenverkehrsvereine vergegenwärtigen können, die den (teilweise erfolgreichen) Versuch machen, ländliche und von traditionellen Monokulturen am Kapitalverwertungsprozess gehinderte europäische Alpenregionen dem Fremdenverkehr und dem Wintersport zu erschließen und der betroffenen, einheimischen Bevölkerung die damit verbundenen neuen Arbeitsplätze ebenso wie die Einschränkungen ihrer Lebensqualität als Fortschritte schmackhaft zu machen. Dieser Typ von Gemeinwesenentwicklung hat nicht direkt mit Sozialer Arbeit zu tun. Die Rekonstruktion von Gemeinwesen hingegen hat, zumindest in den USA, sehr viel mit Sozialer Arbeit zu tun, und das hängt mit dem nordamerikanischen Fürsorgewesen zusammen. Die US-Bundesregierung garantiert nur für wenige, eng definierte Gruppen der Bevölkerung eine materielle Minimalversorgung : für Kriegsversehrte und deren Familien, für alleinlebende Mütter mit unmündigen Kindern und für Schwerstbehinderte. Sie stellt weiter beschränkte Mittel für Modell- und Demonstrations-Projekte zur Verfügung, um die sich einzelne Gemeinden bewerben können und sie überlässt im übrigen die materielle und sozial-psychische Versorgung von Problem- und Risiko-Gruppen der Mildtätigkeit einzelner Bürger und privater Stiftungen. Jedes Jahr werden in jeder Stadt und jeder Gemeinde Gelder für den Sozial-Etat der Gemeinde (*Community Chest*) und der überregionalen Wohlfahrtsverbände (*United Fund*) gesammelt. Schon für diesen Zweck, und um gutwillige Spender nicht durch unkoordinierte Spendenaktionen zu verprellen, sind alle regionalen und überregionalen Vereine und Verbände darauf angewiesen, ihre Aktivitäten zu koordinieren, sich den Wohlfahrtsmarkt untereinander aufzuteilen und die Grenzen dieses Marktes abzustecken[23].

Eine erste und allgegenwärtige Funktion von Gemeinwesenarbeit in nordamerikanischen Gemeinden besteht darin, die unterschiedlichen Aktivitäten der verschiedenen Vereine und Verbände Sozialer Arbeit innerhalb der Gemeinde zu koordinieren und Öffentlichkeitsarbeit für ihre gemeinsame gute Sache zu betreiben. Ich habe in einer früheren Einschätzung diesen Aspekt von Gemeinwesenarbeit einen konservativen Aspekt genannt, „weil er in aller Regel auf die Optimierung der Wohlfahrtsbürokratie gerichtet ist, ohne dass die betroffenen Klientengruppen an dieser beabsichtigten Optimierung partizipieren – und ob sie von ihr profitieren, ist ebenfalls eine offene Frage“[24].

Ein zweiter Aspekt von Gemeinwesenarbeit in den USA besteht darin, Menschen in gemeinsame Handlungen zu verwickeln, an denen sie lernen können, wie sie Probleme, unter denen sie leiden, für sich (und mit anderen) selber lösen können. Ich habe „diesen Ansatz als reformpädagogisches Konzept bezeichnet, weil es den Hauptakzent auf interpersonale Beziehungen und staatsbürgerliche Beteiligung legt, in der Hoffnung, dass die Verantwortung von unterprivilegierten Bürgern für das Gemeinwohl ihrer Kommune eine als ursprünglich angenommene und prinzipiell wiederherstellbare Harmonie rekonstruieren könne“[25].

Die Mehrheit der Nordamerikaner lebt in Kleinstädten und auf dem flachen Lande. Das soziale Leben spielt sich kleinräumig ab, die soziale Kontrolle ist groß, Nachbarschaftshilfe ist seit den Pioniertagen eingewurzelte Tradition. Amerikanische Gemeinden sind in der Regelung ihrer öffentlichen Angelegenheiten vergleichsweise frei von staatlichen Vorgaben. Das Geld für Erziehung, Bildung und Wohlfahrt müssen sie selbständig aufbringen, für neue Gemeinde-Investitionen können sie besondere Konsumsteuern erheben. Regionale Banken, Fabriken und Dienstleistungsbetriebe finanzieren kommunale Einzelprojekte, von denen sie sich materiellen oder auch immateriellen Nutzen versprechen. Der Spielraum für Gemeinwesenarbeit ist in diesen Gemeinden vergleichsweise groß, und die Öffentlichkeit ist daran gewöhnt, für neue Projekte in die Tasche zu greifen[26].

Deutsche Gemeinden verfügen bei der Gestaltung ihrer öffentlichen Angelegenheiten über einen wesentlich geringeren Spielraum. Zwar muss ihnen das Recht gewährleistet sein, „alle Angelegenheiten der örtlichen Gemeinschaft im Rahmen der Gesetze in eigener Verantwortung zu regeln“ (Grundgesetz Artikel 28 (2)), aber neunzig Prozent aller Gemeindeaufgaben sind Auftragsangelegenheiten, welche die Gemeinden im Rahmen der Gesetze für den Staat zu erledigen haben. Die Haupteinnahmequelle der kommunalen Haushalte ist die Gewerbesteuer, sie macht drei Viertel aller öffentlichen Einnahmen aus. Spenden und projektgebundene Finanzierungen durch die private Wirtschaft sind die Ausnahme und nicht die Regel. Durch diese Rahmenbedingungen sind die Gemeinden extrem abhängig von der jeweiligen Wirtschaftsentwicklung. Gemeinde-Entwicklungs-Politik ist weitgehend Industrie-Ansiedlungs-Politik. In der Konjunktur haben die Gemeinden genügend Geld in den Kassen, um in die Verbesserung der Infrastruktur investieren zu können. In der Rezession schrumpft das Wachstum des öffentlichen Haushalts, und die Investitionstätigkeit der Kommunen geht zurück.

Verband deutscher Nachbarschaftsheime

Mitte der Sechzigerjahre *schrumpfte* das Wirtschaftswachstum in der Bundesrepublik Deutschland auf vergleichsweise hohem Niveau. Die Gemeindekassen leerten sich schneller als zuvor, die Lebensbedingungen der Bevölkerung verschlechterten sich. Hinzu kam eine erzwungene Binnenwanderung von Bevölkerungsgruppen, die bisher in vergleichsweise preiswerten Altbauwohnungen in innerstädtischen Arbeiterquartieren gelebt hatten. In einer Reihe großer Städte (Frankfurt, Hamburg, München, Berlin) wurden die alten Miethäuser zentral gelegener Wohnquartiere ‚total-saniert’ und durch gewerbliche Bauten für Konsum, Verwaltung und Dienstleistung ersetzt. Die alteingesessenen Bewohner (und junge Ehepaare) mussten in Satelliten-Siedlungen am Stadtrand ausweichen, die Lebensqualität im Wohnumfeld sank, die Lebenskosten stiegen.

In dieser neuen gesellschaftlichen Situation begannen die Deutschen Nachbarschaftsheime, die bisher in traditionsreichen, innerstädtischen Arbeiterquartieren tätig gewesen waren, einen Teil ihrer Arbeit auf die neuen Städte „am Rand der Großstadt" (so der Titel einer Veröffentlichung von Christine Raiser aus dem Jahre 1967) zu verlagern. Der Berliner Landesverband beispielsweise schaltete sich in die Planung der Wohnsiedlung Heerstraße Nord ein (1967), eröffnete eine Außenstelle in Tegel-Süd und später im Märkischen Viertel von Berlin-Reinickendorf (1968). Sigurd Agricola, der Geschäftsführer des Verbandes, gab 1968 einen Sammelband über „Gesellschaftliche Aufbauarbeit in neuen Siedlungen" heraus. Anfang Mai 1969 organisierte der Verband Deutscher Nachbarschaftsheime in Berlin eine Tagung für ehrenamtliche und hauptamtliche Mitarbeiter von Nachbarschaftsheimen, Gemeinschaftshäusern, Freizeitstätten und Häusern der Offenen Tür, die mit dem provozierenden Titel „Die Stadt als Raum des denkenden Aufstands" ausgestattet wurde, eine Wendung, die dem Buche von Alexander Mitscherlich „Über die Unwirtlichkeit unserer Städte" entlehnt war.

Dic damalige Vorsitzende des Verbandes, die Berliner Soziologin Ilse Balg versuchte die Grundgedanken zum Tagungsthema auf ihre Weise einzufangen und zu interpretieren. Die Stadt, so sagte sie, sei die soziale Heimat des zivilisierten Menschen.

> „In ihr gehört das Individuum nicht mehr zu einer bestimmten Landschaft, sondern zu einer sozialen Organisation, – das bedeutet Umwandlung menschlicher Energie in soziale Struktur … Dic wachsende Mechanisierung und Uniformierung von heute hingegen zerstören die soziale und umweltmäßige Komplexheit der Stadt und damit die Lebenswerte der städtischen Gesellschaft – vollends in der öden Gleichförmigkeit sozialer Wohnbauten und Wohnsiedlungen am Rande der Stadt … Die Jugend – auch in ihrem Erlebnisdrang – sieht sich einer abstrakten Massengesellschaft gegenüber, deren Angehörige im großen und ganzen ihr völlig gleichgültig gegenüberstehen … Machen wir uns auch klar: Erziehung dient den Erwachsenen letztlich zur Erhaltung der bestehenden Gesellschaft und Kultur, nicht aber als Mittel zur gesellschaftlichen Umwälzung, deren Notwendigkeit die Jungen hellwach erkennen … Das Lernen [wird] zur wichtigsten Grundbedingung für Erzeugung und Verbrauch und die eigentliche Quelle des neuen Reichtums … Schulen und Hochschulen müssen sich von den derzeitigen Mammutfabriken verwandeln in Gruppen selbständiger Teams, Combines und Colleges, da nur so die inneren Kräfte der Selbstbetätigung und des schöpferischen Einsatzes für die Gesellschaft mobilisiert werden können. Statt Elfenbeinturm der Wissenschaft müssen die Hochschulen zum Kontrollturm der Gesellschaft werden … Not tut … ein Reformprogramm der Demokratie, das ihre essentials garantiert – individuelle Freiheit, Einfluss des mündigen Volkes auf politische Entscheidungen und Abwählbarkeit der Regierung …"[27]. In einer Schluss-Resolution kritisierten die neunzig haupt- und ehrenamtlichen Teilnehmer

Abb. 29: Die Veränderung der Stadt. Vorher …

der Tagung die herrschende Überbetonung von Berufsarbeit und Leistungsdenken und forderten „neue methodische Wege zur Überwindung schichtenspezifischer Arbeit in den Bildungseinrichtungen“, „Bewusstmachung der gesamtgesellschaftlichen Zusammenhänge und der daraus resultierenden Abhängigkeit und Machtverhältnisse“, „Aufgeschlossenheit für moderne Methoden sozialpädagogischer Arbeit“, „Bereitschaft, die Besucher zur Mitgestaltung und Mitverantwortung auch im mitbürgerlichen Bereich anzuregen“ und „die Verselbständigung aktiver Gruppen mit institutionsunabhängiger Selbstbestimmung und Selbstkontrolle“

… und nachher. Aus: J. Müller: Hier fällt ein Haus, dort steht ein Kran und ewig droht der Baggerzahn oder Die Veränderung der Stadt. Frankfurt a. M. 1976

zu fördern. Für die Organisationsstruktur der Nachbarschaftsheime und ihnen verwandter Häuser forderte die Resolution die *Drittelparität* (Besucher, Vereinsmitglieder, Mitarbeiter) in den Leitungsgremien, einen *Delegiertenrat* der autonomen Gruppen, welche das Haus in eigener Verantwortung benutzen und das *Rotationsprinzip* für alle hauptamtlichen Mitarbeiter bei der Leitung des Hauses[28].

Fünf Monate später luden Verband Deutscher Nachbarschaftsheime und Pädagogische Hochschule Berlin *praktizierende Gemeinwesenarbeiter* zu einer Tagung über „Gemeinwesenarbeit und Kommunalpolitik" ein, um einen ersten Überblick über tatsächliche Projekte von Gemeinwesenarbeit in der Bundesrepublik Deutschland zu gewinnen und zu vermitteln. In vier Arbeitsgruppen informierten sich die Teilnehmer gegenseitig über Gemeinwesenarbeit in neuen Siedlungen, in innerstädtischen Sanierungsgebieten, in ländlichen Gemeinden und über allgemeine Probleme von GWA und ihrer institutionellen und gesamtgesellschaftlichen Rahmenbedingungen.

Auf der Tagung wurde eine Fünf-Punkte-Analyse der gesellschaftlichen Voraussetzungen für Gemeinwesenarbeit formuliert, eine Arbeitsgruppe skizzierte einen Katalog von Gegenständen, Problemen und Fragen, der bei der Dokumentation einzelner ‚Fälle' von Gemeinwesenarbeit hilfreich sein könnte und eine andere Arbeitsgruppe formulierte einen Arbeitsrichtlinienentwurf als Anhang für einen Musterarbeitsvertrag für Gemeinwesenarbeiter. Dieser Anhang begann mit den Sätzen: „1. Wir begreifen Gemeinwesenarbeit als politisches Handeln. 2. Wir setzen voraus, dass ein Arbeitgeber (Verbände, Kommunen, Gewerkschaften, Kirchen), der einen Gemeinwesenarbeiter einstellt, an einer weitgehenden Demokratisierung interessiert ist“[29]. Von einem solchen Arbeitgeber wurde gefordert, dass er die folgenden Konzeptionen von Gemeinwesenarbeit akzeptiere: „a) Koordination traditioneller Methoden der Sozialarbeit b) Sozialpädagogische Befriedung c) Aggressive Intervention“[30].

Diese Dreiteilung hatte etwas mit der unvollständigen Rezeptionsgeschichte von Gemeinwesenarbeit in der Bundesrepublik Deutschland zu tun. Ich hatte schon erwähnt, dass mir bei einem zweijährigen Forschungsaufenthalt in den USA aufgefallen war, wie sich die dort in Lehrbüchern publizierten Falldarstellungen von Gemeinwesenarbeit auf zwei Tätigkeitsprofile konzentrierten: die Koordinierung der unterschiedlichen privaten und öffentlichen Träger regionaler Wohlfahrtsbestrebungen mit dem Ziel einer differenzierten Arbeitsteilung bei gemeinsamer Geldbeschaffung (*konservativer Aspekt*) und die Partizipation von Bevölkerungsteilen bei dem Versuch, bestimmte soziale Probleme selbst zu lösen (*reformpädagogischer Aspekt*). Dabei war mir aufgefallen, dass die Lehr-Fälle nordamerikanischer Gemeinwesenarbeit unter einer merkwürdigen Konflikt-Abstinenz litten. Am Beispiel des 1955 in New York publizierten Lehrbuchs von Murray G. Ross (deutsch 1968) versuchte ich diese Konfliktscheu zu belegen.

> „Pädagogisch aufbereitbar sind für Ross nur Konflikte, die nicht existentiell bedeutsam sind, an denen die Beteiligten nicht so stark interessiert sind, dass sie um jeden Preis siegen wollen. In der Tat gilt diesen kleinen, system-immanenten Konflikten die ganze Zuwendung des Autors. Der Zustand unserer Straßen, der Milchpreis, die mangelnde Fürsorge für alte Leute[31], das zu geringe Spendenaufkommen für gemeinnützige Aktionen, das sind Probleme, die dem Geschäftsmann ebenso nahe gebracht werden können, wie der Stadtverwaltung; dem Pfarrer ebenso wie dem Lehrer, der Hausfrau und dem Slumbewohner. Selbstverständlich lässt

auch Ross die ‚Beunruhigung über vorhandene Missstände' als Ausgangspunkt für Gemeinwesenarbeit zu (S. 136 ff.). Aber man muss sich diese Missstände vorher genau ansehen, ob sie das Gemeinwesen existentiell betreffen oder ob sie Randerscheinungen sind ... Die Aufgabe des Gemeinwesenarbeiters ist es, ‚sich mit dem Gemeinwesen als Ganzem (zu verbünden) und nicht mit irgendeinem seiner Teile oder mit einer Gruppe' (S. 187). Für Ross ist Gemeinwesenarbeit ‚keine Minderheitenbewegung' und kann nicht von Bedürfnissen oder Beanstandungen ausgehen, die nur einer kleinen Gruppe im Gemeinwesen wichtig sind ... Danilo Dolci? Gibt es nicht. Die Bürgerrechtsbewegung? Ungeeignet für Gemeinwesenarbeit. Der Protest der studentischen Jugend in Berkeley? Zu aggressiv und zu wenig am Gemeinwohl orientiert. Die Studenten verhinderten vielmehr, ‚dass eine vernünftige Diskussion zwischen den streitenden Gruppen zustande kommt' (S. 141). Da ist er, der offensichtlich unausrottbare Kinder- und Pädagogenglaube, dass Probleme, an denen gegensätzliche Interessengruppen existentiell beteiligt sind, dadurch gelöst werden, dass sich die Interessengegner an einen Tisch setzen und unter Vorsitz eines Gemeinwesenarbeiters vernünftig darüber reden"[32].

Ich habe damals den Sachverhalt pointiert ausgedrückt. Das hat mir mancherlei Kritik eingetragen[33]. An dem Sachverhalt selber kann ich nichts ändern. Es ist in der Tat eine Realität, dass sich die gesamte uns damals (1969) zugängliche nordamerikanische und niederländische Fachliteratur über Gemeinwesenarbeit und ihre Rezeption in der Bundesrepublik Deutschland auf Probleme und Missstände mit dem größten gemeinsamen Interessen-Nenner zurückgezogen hatte und als einzige professionelle Methode von Gemeinwesenarbeit die Koordination der Fürsorge-Verbände und Vereine und die Partizipation der betroffenen Bürger zum Zwecke der Selbsthilfe empfahl. So wurde den Bewohnern innerstädtischer Slums allen Ernstes nahegelegt, ihren Abfall selber zu beseitigen und die Aufgänge ihrer Miethäuser in freundlichen Farben zu streichen, statt in gemeinsamen Aktionen einer korrupten Stadtverwaltung auf die Finger zu klopfen und die Slum-Lords zu zwingen, einen Teil der Mieteinnahmen in die Instandsetzung der Häuser zu reinvestieren. Dieses Ausblenden aggressiver Konzepte und Aspekte von Gemeinwesenarbeit erschien mir damals und erscheint mir heute schlimm genug. Zumal es eine solche aggressive Praxis von Gemeinwesenarbeit in Nordamerika, in England, in Italien und in den Niederlanden gab und gibt, die in den Lehrbüchern schlicht unterschlagen wurde[34]. In den USA habe ich diese Praxis kennen gelernt. Sie ist für mich vorrangig mit zwei Namen verbunden: mit Saul Alinsky und mit Harry Specht.

Aggressive amerikanische Konzepte

Saul Alinsky (1909–1972) war selbst für amerikanische Verhältnisse ein harter Brocken. Er verdiente sein Geld als professioneller Organisierer und blieb doch sein Leben lang ein Individualist, der nicht einmal den von ihm selber geschaffenen Organisationen beigetreten wäre. Er nannte sich einen ‚Radikalen' und verkörperte durch sein ganzes Lebenswerk mehr als die meisten anderen Amerikaner den Traum von einer Gesellschaft Freier und Gleicher. Seine Eltern waren orthodoxe jüdische Einwanderer aus Russland; der Vater – mit dem er einen lebenslangen Krieg führte – war Änderungsschneider, Kolonialwarenhändler und schließlich Besitzer einer kleinen Reinigungsfirma im schlimmsten Teil der Slums von Chicago. Es war für Alinsky der Traum seiner Kindheit und Jugend, einmal eine Stunde lang ungestört das Badezimmer zu benutzen, ohne dass seine Mutter an die Türe schlug, weil eine Kundin aufs Klo wollte. Nach einem College-Studium der Archäologie verließ er die Universität von Chicago ziemlich unbeeindruckt, aber arbeitslos, denn das reiche Amerika durchlebte gerade die größte Wirtschaftskrise dieses Jahrhunderts: die Große Depression. Chicago war damals noch immer die Welthauptstadt des organisierten Verbrechens, und Alinsky erhielt durch Zufall ein Stipendium für Kriminologie. Zwei Jahre lang lebte er im alten Lexington Hotel und studierte die Welt Al Capone's und seiner engsten Mitarbeiter, die ihn gewissermaßen als akademisches Maskottchen adoptierten. Dann arbeitete er als Handlungsforscher für ein Institut zur Erforschung der Jugendkriminalität und sammelte in seiner Freizeit Geld für die Internationalen Brigaden im Spanischen Bürgerkrieg, agitierte für neu gegründete Gewerkschaften und kämpfte gegen Zwangsexmittierungen und für den sozialen Wohnungsbau, als dieses Konzept noch als eine kommunistische Erfindung galt. Nach seiner Zeit bei Al Capone sammelte er Organisationserfahrungen beim Dachverband der nordamerikanischen Gewerkschaften (C.I.O.) und beriet dessen Präsidenten John L. Lewis. Nach dem Ende des Zweiten Weltkrieges baute er seine erste, eigene Organisation auf: die Organisation der Chicagoer Hinterhöfe (*back of the yards*).

Die „Hinterhöfe“ lagen dicht am Chicagoer Viehmarkt und waren – ähnlich der Gegend, in der Jane Addams zwei Generationen vorher ihr berühmtes *settlement Hull House* gegründet hatte – ein menschenunwürdiges Elendsquartier. Niemand war bisher auf die Idee gekommen, seinen Bewohnern zuzutrauen, dass sie sich selber würden helfen können. Alinsky schaffte es in einem wagemutigen Bündnis zwischen Slumbewohnern, katholischen Kirchengemeinden und lokalen Geschäftsleuten. Er brachte die Schlachthof-Arbeiter dazu, sich gewerkschaftlich zu organisieren, und er brachte den (erzkonservativen) Chicagoer Bürgermeister dazu, Druck auf die Fleischfabriken auszuüben, die Gewerkschaft in ihre Betriebe zu lassen. Durch bessere Löhne und kürzere Arbeitszeiten erzwang er neue Arbeitsplätze, die Kaufkraft im Viertel stieg, und Mieter und Geschäftsleute übten einen zunehmenden Druck auf die Hausbesitzer aus, die Wohnbedingungen zu verbessern. Dreizehn Jahre später kam Alinsky nach Chicago zurück und gründete die *Woodlawn Organisation*. Woodlawn war ein Negerviertel, das von der Universität von Chicago zur Erweiterung ihres Campus aufgekauft worden war und totalsaniert werden sollte. Durch politischen Druck erreichte die Organisation, dass die Sanierung gestoppt wurde, dass die Stadt neue Ausbildungsplätze für schwarze Jugendliche schuf, den sozialen Wohnungsbau verstärkte[35] und einem Vertrag zustimmte, nach dem die Woodlawn Organisation darüber entschied, welche Bauunternehmen unter welchen Bedingungen im Viertel bauen durften.

Der methodische Stufenplan Alinskys und der von ihm ausgebildeten Gemeinwesenarbeiter – in Kalifornien beispielsweise gelang es Dolores Huerta und Cesar Chavez, die spanisch-mexikanischen Wanderarbeiter zu organisieren – ist ebenso wirkungsvoll wie schlicht. Alinsky geht von einer zentralen Annahme aus: Jede Gemeinde, jede Stadt besitzt eine etablierte Macht-Struktur, die sich Änderungen in Form von Verbesserungen der Masse der mittellosen Bevölkerung widersetzt. Um dennoch solche Verbesserungen durchsetzen zu können, muss eine Gegen-Macht gebildet werden. Macht aber tritt in Gestalt von viel Geld oder vielen Menschen auf. Menschen, die kein Geld haben, müssen diesen Mangel durch ihre große Zahl kompensieren. Wenn sie sich einig sind und gemeinsam handeln, können sie ihre politischen Gegner zu Zugeständnissen zwingen, sofern sie entschlossen sind, den öffentlichen Konflikt in einer Sache und an einer Stelle zu wagen, wo ihr Hauptgegner verwundbar ist. Politiker, die davon abhängig sind, von Mehrheiten der Bevölkerung wiedergewählt zu werden, können häufig allein durch die Ankündigung bedroht werden, dass man die (in den USA sehr zahlreichen) Nicht-Wähler registrieren und organisieren werde[36]. Den Chicagoer Bürgermeister Daley nahm die Woodlawn Organisation in die Zange, indem sie ihm drohte, den Stolz der Stadt, der Welt größten Flughafen O'Hare Airport unbenutzbar zu machen. Einfach dadurch, dass jeden Tag 2.500 Schwarze[37] rund um die Uhr die Toiletten des Flughafens benutzen würden. Ein großes Warenhaus wurde dazu gebracht, schwarzes Personal einzustellen, weil täglich 3.000 Schwarze an Sonnabenden die Kassen verstopften, ihre Einkäufe per Nachnahme ausliefern ließen und später die Annahme verweigerten. Die Eastman-Kodak-Werke in Rochester wurden zur Einstellung von Schwarzen gezwungen[38], als die von Alinsky's Mitarbeitern gegründete Organisation FIGHT (Freedom, Integration, God, Honor, Today) anfing, über liberale Sympathisanten, die Kodak-Aktien besaßen, systematisch Stimmrechte für die nächste Aktionärsversammlung zu sammeln.

Die wirkungsvollste Waffe Alinsky's wurde mit der Zeit der Ruf, welcher ihm vorauseilte. Er zwang seine potentiellen Gegner zu unüberlegten Gegenreaktionen, die sie in den Augen der Öffentlichkeit und seiner späteren Zielgruppe ins Unrecht setzten. Eine Zeit lang wurde er regelmäßig aus vor-

Abb. 30: Aggressive Gemeinwesenarbeiter: Saul Alinsky (links, um 1950) und Harold Specht (um 1980) (Privatfotos)

geschobenen Gründen verhaftet, wenn er eine neue Stadt – meistens von Kirchengemeinden oder Bürgerrechts-Organisationen gerufen – betrat. Bis zu zwei Monate Gefängnis hält Alinsky für eine gute Sache, weil diese Tatsache die Bürger solidarisiert und er aus dem Gefängnis wirkungsvoll agitieren kann und eine permanente Öffentlichkeitswirkung über Zeitungen und regionale (kommerzielle) Rundfunkstationen herstellt. Sein erstes Buch „Reveille for Radicals“[39] hat er in Teilen im Knast geschrieben und seine Zelle erst verlassen, als ein angefangenes Kapitel beendet war. Als er auf Bitten (und mit Geldern) der Presbyterianischen Kirchen der Bucht von San Francisco nach Oakland reisen wollte, um dort das schwarze Ghetto zu organisieren, belegten ihn die Stadtväter mit einem (ungesetzlichen) Einreiseverbot und schickten ihm ein siebzehn Meter langes Seil, damit er sich am nächsten Baum aufhängen möge. Alinsky revanchierte sich mit einer großen Packung Windeln und betrat Oakland, umringt von Zeitungsleuten und Fernsehreportern, mit seiner amerikanischen Geburtsurkunde in der Hand.

Saul Alinsky ist inzwischen zur Legende geworden. Zu einer Legende, die er in großen Teilen selber aufgeschrieben und weiter erzählt hat. Solche Legenden verschweigen häufig die Fehlschläge, die Ungereimtheiten und die Enttäuschungen[40]. Aber seine professionelle Organisationstätigkeit zwischen 1945 und 1972 hat in den USA Spuren hinterlassen. Und nicht nur dort.

Harry Specht ist anders als Saul Alinsky ein Liberaler und ein Universitätsprofessor. Seit langer Zeit an der Universität von Kalifornien in Berkeley lehrend (wo auch Walter Friedländer bis zu seinem Tode tätig war), systematisierte er in mehreren Lehrbüchern Strategien von Gemeinwesenarbeit, die er „disruptiv“ nannte und die ich als „aggressiv“ beschrieben habe.

Specht sieht drei, graduell unterschiedliche, Möglichkeiten, die eingefahrene Macht-Balance eines staatlichen oder kommunalen Systems in Bewegung zu bringen[41]: die Umverteilung von Ressourcen, die Veränderung eingefahrener Verkehrs formen, die Rekonstruktion des gesamten gesellschaftlichen Systems. Diesen drei unterschiedlichen Möglichkeiten entsprechen drei unterschiedliche strategische Handlungsprofile : Konkurrenzkampf (im Falle der Umverteilung von Ressourcen); Disruption (im Falle der Veränderung eingefahrener Verkehrsformen) und gewaltsamer Aufstand (im Falle der Überwälzung des gesamten gesellschaftlichen Systems). Die erste Variante ist nicht interessant, weil sie im Rahmen von Gemeinwesenarbeit alltäglich ist: unterschiedliche Wohlfahrtsverbände und andere Träger regionaler Wohlfahrt konkurrieren auf dem freien Markt von Spenden, Stiftungen und Steuergeldern um Akzeptanz und Marktanteile. Die dritte Variante ist nicht interessant, weil sie in den USA seit der gewaltsamen Loslösung vom englischen Mutterland und seit dem Bürgerkrieg zwischen Nordstaaten und Südstaaten keine historische Tradition mehr hatte. Aber die zweite Variante war und ist interessant, weil sie mindestens für die „alten" Demokratien Europas eine provozierende Möglichkeit enthält, die zwar immer wieder in Einzelfällen von „radikalen" politischen und sozialen Gruppen angewandt wird, die auf unserem Kontinent jedoch auf generelle Ablehnung stößt und als illegitim, ja illegal gebrandmarkt wird: die Disruption.

Disruption ist im Verständnis von Harry Specht eine Strategie, um das Handlungssystem des Gegners für eine begrenzte Zeit unwirksam zu machen, außer Kraft zu setzen (*disruption* = Unterbrechung). Das geschieht in der Regel in drei Schritten. Zunächst stoßen die einander diametral gegenüberstehenden Interessen innerhalb akzeptierter Grenzen aufeinander und werden der Öffentlichkeit argumentativ und diskursiv bekannt gemacht, um Anhänger zu gewinnen und Schwankende zu mobilisieren. Auf einer zweiten Stufe werden traditionelle Verkehrssitten bewusst aber gewaltlos verletzt: durch Märsche, Demonstrationen, Boykotte, Mahnwachen, Mietstreiks, öffentliches Fasten (Hungerstreiks, eine bevorzugte Strategie von Mahatma Gandhi). Die Strategie auf dieser Stufe ist insofern gewaltlos, als die an ihr Beteiligten das *nicht* tun, was von ihnen erwartet (nicht aber verlangt) wird: Dienstleistungen in Anspruch nehmen und Waren kaufen, regelmäßig essen und die Miete bezahlen, nachts im Bett liegen und schlafen. Auf der dritten Stufe werden gesetzlich festgelegte Erwartungen durch Nicht-Tun passiv oder auch aktiv verletzt: durch das Nicht-Befolgen aber auch das öffentliche Verbrennen von Einberufungsbefehlen, durch das Sitzen oder Liegen an Orten, die anderen Zwecken dienen (*sit-ins* auf Straßenbahn- und Eisenbahn-Schienen und vor den Toren von Militär-Depots und Kasernen), durch das dauerhafte Blockieren von Telefonanschlüssen, Bankschaltern, Warenhauskassen und Zebra-Streifen.

Harry Specht lieferte mit der Systematisierung unterschiedlicher Strategien in politischen Aktionen und Formen von Gemeinwesenarbeit keine neuen

Informationen – über die Strategien selbst konnte man bei Saul Alinsky und anderen wesentlich sinnfälligere Beispiele finden –, was er lieferte war vielmehr die kühle und klare Botschaft, dass solche Strategien *möglich* und in der Auseinandersetzung konkurrierender politischer und sozialer Interessen *legitim* seien. Specht legte die Entscheidung über ihre Verwendung in die Verantwortung der Interessengruppen selbst:

> „Letzten Endes basiert die Wahl bestimmter Taktiken auf unserer Einschätzung des Charakters unseres Gesellschaftssystems. Wenn wir glauben, dass es möglich sei, unsere Gemeinwesen zu verändern, dann können wir auch fortfahren, durch deren Institutionen am sozialen Wandel zu arbeiten. Wenn dies nicht möglich ist, dann helfe uns Gott, denn dann spielen wir weiter unsere Rolle in einem Trauerspiel, das seinen Sinn verloren hat – oder wir müssen uns an seiner Zerstörung beteiligen. Disruption und Gewalt kann einen Beitrag zur Veränderung leisten, aber mehr als das ist nötig zur Versöhnung, mehr als das wird nötig sein, um die Vereinigten Staaten zu verändern“[42].

Burckhardthaus

Im April 1969, als die Berliner Nachbarschaftsheime ihre große Tagung über „die Stadt als Raum des denkenden Aufstandes“ vorbereiteten, begann das Burckhardthaus in Gelnhausen bei Frankfurt mit einem ersten und ehrgeizigen Weiterbildungsprogramm in Gemeinwesenarbeit und Gemeindeaufbau für Sozialarbeiter, Pfarrer und Vikare in Kirchenkreisen und Kirchengemeinden. Das Programm umfasste 160 Lehrgangstage und wurde durch mehrfache Praxisphasen vor Ort unterbrochen. Die Evangelische Kirche in Deutschland war zu jener Zeit ideell und existentiell an Gemeinwesenarbeit interessiert, und das Burckhardthaus besaß eine Tradition, die es für die Weiterbildung in GWA geeignet erscheinen ließ.

Der Berliner Gemeindepfarrer Johannes Burckhardt hatte sich seit den Neunzigerjahren des 19. Jahrhundersts um junge Frauen gekümmert, die aus den ländlichen Ostgebieten des Kaiserreiches nach Berlin gekommen waren, um dort „ihr Glück zu machen“, konkret: um Arbeit zu finden und zu heiraten. Seine Mitarbeiterinnen holten die jungen Frauen auf den Kopfbahnhöfen der Reichshauptstadt ab[43], um zu verhindern, dass sie auf der Straße landeten, brachten sie in kirchennahen Wohnheimen unter, verschafften ihnen eine hauswirtschaftliche Grundbildung und vermittelten sie an vertrauenswürdige Haushalte des Berliner Bürgertums. Daraus entstand die Evangelische weibliche Jugend Deutschlands und das Burckhardthaus als Ausbildungsstätte für Gruppenleiterinnen dieser Mädchengruppen und Gemeindehelferinnen – die ersten weiblichen Berufe im Raum der Kirche. Reisesekretärinnen leisteten so etwas wie Supervision für ihre Absolventinnen vor Ort. Nach dem Zusammenbruch des Dritten Reiches zog die Ausbildungsstätte der Evangelischen weiblichen Jugend Deutschlands über

Flensburg nach Gelnhausen in die Gründerzeit-Villa des Kaffeeimporteurs Karl Schöffer. Bis 1969 wurden in Gelnhausen weiter Gemeindehelferinnen ausgebildet. Dann musste diese Arbeit wegen Nachwuchsmangels eingestellt werden. Die Vertreterversammlung des Trägervereins vom Burckhardthaus beschloss, anstelle der Gemeindehelferinnenausbildung mit der Fort- und Weiterbildung von kirchlichen Mitarbeitern in Gemeinwesenarbeit und Gemeindeaufbau zu beginnen[44]. „Mit dem Weiterbildungsprogramm für Gemeindeaufbau und Gemeinwesenarbeit hat das Burckhardthaus als bisher erste Einrichtung in der Bundesrepublik ein Angebot für eine Kombination von berufsbegleitendem Studium und Praxisberatung in Gemeinwesenarbeit gemacht … (Wir haben uns entschieden), in Zukunft zwei Kurstypen nebeneinander anzubieten: 1. einen berufsbegleitenden Fortbildungskurs für Gemeinwesenarbeit … 2. einen ebenfalls berufsbegleitenden Fortbildungskurs für Gemeindeaufbau … möglichst mit jeweils zwei Mitarbeitern aus einer Kirchengemeinde (etwa Diakon, Gemeindehelferin, Kirchenvorsteher, freier Mitarbeiter oder Pfarrer) …“[45]. Voraussetzung für den kirchlichen Gemeindeaufbau, so schrieb der erste GWA-Dozent des Burckhardthauses, der Pfarrer Manfred Dehnen (1969), sei „die Botschaft von der die Gesellschaft verändernden Liebe Gottes. Diese Wirksamkeit Gottes wird für uns anschaulich als menschliches Geschehen: in heilenden und befriedenden persönlichen Beziehungen und in fortschreitender Vermenschlichung gesellschaftlicher Strukturen“. Dazu gehörten drei grundlegende Methoden: Methoden zur Erfassung gesellschaftlicher Strukturen (empirische Sozialforschung), Methoden zur Arbeit mit Gruppen (Gruppenpädagogik und Gruppendynamik) und Methoden zur Systematisierung des gesamten Vorgehens von der Analyse bis zur Aktion und Auswertung (Gemeinwesenarbeit)[46]. Hinter dieser Strategie stand ein theologischer Ansatz, der aus den USA kam (*Urban Mission*) und vom Ökumenischen Rat in Genf aufgegriffen worden war. Kirche sei nicht dazu da, als Mitgliederkirche den Sonntag zu füllen, sondern um die Lebensräume der Menschen menschlich gestalten zu helfen („Mission als Strukturprinzip“). Dazu sei es organisatorisch notwendig, die feste Burg der Kirchengemeinde hin zur kommunalen Gemeinde zu öffnen und sich die Tagesordnung des Wirkens in der Kommune durch die Fragen und Probleme der Kommune selbst diktieren zu lassen[47].

Hinter diesem Konzept standen existentielle Strukturveränderungen in der Bundesrepublik Deutschland. Einerseits war das Kirchensteueraufkommen durch die Einkommenssteigerungen der Sechzigerjahre gewachsen, die Kirche hatte Geld. Andererseits verloren viele Kirchengemeinden durch die Binnenwanderungen ihrer Mitglieder aus innerstädtischen Sanierungsgebieten in die neuen Städte am Stadtrand viele Mitglieder, und die politischen und sozialen Bewegungen der späten Sechzigerjahre bewirkten ernst zu nehmende Kirchenaustritte und einen deutlichen Nachwuchsmangel. Wollte die Kirche in dieser Situation „im Gespräch bleiben“, so musste sie auf eine neue Weise „dialogfähig werden“. Das aber konnte sie nur, wenn sie die politische und die sozialwissenschaftliche Wende des öffentlichen Klimas in der Bundesrepublik, die sich in den vielfältigen Argumentationen und Aktionen von Studentenbewegung, Schülerbewegung, Lehrlingsbewegung und Sozialarbeiter-Bewegung niederschlug, mindestens zur Kenntnis nahm und in innerkirchliche Sprache übersetzte. Für ein solches Unternehmen war das Burckhardthaus eine gute Adresse. Schon Anfang der Sechzigerjahre arbeiteten in den Lehrgängen des Hauses einige Frauen und Männer, die bereits über eine Doppelqualifikation als Theologen und Sozialwissenschaftler verfügten. Der Versuch der Evangelischen Kirche, über das Burckhardthaus Anschluss an die neuen Bewegungen zu finden, blieb nicht auf die Lehrgänge in Gemeinwesenarbeit und Gemeindeaufbau beschränkt. Insgesamt sollten kirchliche Mitarbeiterinnen und Mitarbeiter durch ein sozialwissenschaftliches Fortbildungsprogramm mit Methoden und Erkenntnissen von Psychoanalyse, Sozialpsychologie, Soziologie und marxistischer Polit-Ökonomie vertraut gemacht werden.

Ein solches Fortbildungs-Unternehmen barg in der ebenso unruhigen wie fruchtbaren Zeit der endsechziger Jahre für eine so traditionsreiche Institution wie die Evangelische Kirche in Deutschland erhebliche Risiken. Kirchliche Mitarbeiter würden möglicherweise, angesteckt durch das allgemeine Klima jener Jahre, bei der Auseinandersetzung mit psychoanalytischer Religionskritik, sozialwissenschaftlicher Institutionenanalyse und historisch-materialistischer Ideologiekritik nicht bei puren Widerlegungsversuchen stehen bleiben, sondern sich vom intellektuellen Charme jener neuentdeckten Traditionen weltlichen Denkens einfangen lassen, gegen die sie eigentlich immunisiert werden sollten. Zumal die sechzehn hauptamtlichen Dozentinnen und Dozenten des Burckhardthauses nicht bei einer Rezeption der „braven“ Traditionen niederländischer und nordamerikanischer Gemeinwesenarbeit stehen blieben, sondern sich auf kämpferische und disruptive Strategien politischer Aktionen im Stadtteil konzentrierten und diese Strategien im Rahmen ihrer Möglichkeiten populär machten.

Dem Burckhardthaus war in jenen Jahren ein Verlag angegliedert, der in früheren Zeiten auf Traktate-Literatur spezialisiert war. In diesem Verlag erschienen jetzt, parallel zu den Lehrinhalten in der Fortbildung des Burckhardthauses, die ersten Übersetzungen der beiden Bücher von Saul Alinsky[48], Schriften zur Pädagogik der Unterdrückten und zur Theologie der Befreiung[49] und theologische Schriften über die „Christenpflicht, radikal zu werden“[50]. Solche Publikationen stellten eine gewisse Öffentlichkeit her, und sie führten zu einer Reihe kritischer Anfragen. Inzwischen gab es auch die ersten Rückmeldungen über die Tätigkeit der in Gelnhausen weitergebildeten kirchlichen Gemeinwesenarbeiter und Gemeindeberater. Ihre gesteigerte professionelle Kompetenz stand außer Zweifel, aber sie kehrten mit neuem Selbstbewusstsein, neuen Strategien und neuen Kompetenzen in die alltägliche Arbeit ihrer Kirchengemeinden zurück und verbreiteten nicht nur neuen Sachverstand, sondern auch neue Fragen, neue Unruhe, neue Unbequemlichkeiten. Einige stiegen in der Hierarchie der Kirchenverwaltung *auf*, einige stiegen *aus* und wandten sich weltlicheren Arbeitsgebieten und Anstellungsträgern zu. Vom Standpunkt der EKD, welche die Arbeit des Burckhardthauses seit 1970 zentral finanzierte, erwiesen sie sich als Fehlinvestition. Als das Burckhardthaus und die von ihm weitergebildeten Mitarbeiter auch noch anfingen, die altväterlichen Organisations- und Weisungs-Strukturen der Evangelischen Kirche infrage zu stellen, Betroffenenbeteiligung in Obdachlosensiedlungen und kirchlichen Sozialeinrichtungen einzuführen und Wörter wie „Drittelparität" und „gebundenes Mandat" in den Mund zu nehmen, schien vielen Kirchen-Verwaltern die Toleranzgrenze überschritten. Das fundamentaldemokratische Selbststeuerungsgremium des Burckhardthauses unterhalb der Mitgliederversammlung – der Planungsausschuss – wurde durch ein Leitungsteam ersetzt, dessen Zusammensetzung durch die EKD bestimmt wurde. Die Dozenten des Hauses erhielten Änderungsverträge – bis auf drei, die gekündigt wurden. In den Jahren zwischen 1975 und 1977 fand keine Fortbildung kirchlicher Mitarbeiter in Gemeinwesenarbeit und Gemeindeaufbau in Gelnhausen statt.

1977 planten die Mitarbeiter des Burckhardthauses erneut ein Langzeitprogramm für Gemeinde-Entwicklung und für Gemeinwesenarbeit, diesmal und der veränderten politischen und gesellschaftlichen Landschaft entsprechend mit einem eher situations- und personenorientierten Ansatz. „Die Entscheidungsgremien des Burckhardthauses stimmten nach langen Diskussionen zu. Für uns hieß das: die GWA-Fortbildungstradition im Burckhardthaus überlebt. Eine ähnliche Erleichterung war später noch einmal spürbar, als erst nach langen Werbungsaktionen das neue Programm mit einer ausreichenden Anzahl von Interessenten besetzt war, so dass es Ende 1977 nach langem Bangen endlich [wieder, d. V.] beginnen konnte"[51].

Victor-Gollancz-Stiftung

Eines der dauerhaften Ergebnisse der 69er Tagung des Verbandes Deutscher Nachbarschaftsheime an der Berliner PH war die Gründung einer „Sektion Gemeinwesenarbeit" und die Publikation eines regelmäßigen Sektionsteils im Rundbrief des Verbandes Deutscher Nachbarschaftsheime (ab 1971: Verband für sozial-kulturelle Arbeit e. V.). Durch diese Organisationsform wurden viele, regional verstreut tätige Gemeinwesenarbeiter in die Lage versetzt, ihre Erfahrungen auszutauschen, zu systematisieren und zu bewerten.

1968/69 schlossen sich auch anderswo Sozialarbeiterinnen und Sozialarbeiter zu Initiativausschüssen und Fachgruppen zusammen. Auch die Einzelfallhelfer, die über die Bundesrepublik und die vergangenen Jahre verstreut an unterschiedlichen Weiterbildungslehrgängen teilgenommen hatten, trafen sich auf Initiative von Ingeborg Mende (Berlin) Mitte November 1968 zu einer 1. Arbeitstagung „Methodische Sozialarbeit" im Berliner Pestalozzi-Fröbel-Haus: „Die halbe Stunde vor Beginn war angefüllt mit stark emotional gefärbten Wiedersehensszenen langfristiger Fortbildungskollegen – kaum zu glauben, wie die sich alle mögen und direkt spürbar gespannter Erwartung auf die Dinge, die da kommen sollten" (aus einem hektographierten Tagungsbericht). Von allen Beteiligten wurde die Frage „nach einem Zusammenschluss von Sozialarbeitern, denen die stärkere Durchsetzung methodischer Sozialarbeit am Herzen liegt, als sehr dringlich" empfunden. Auf dieser Tagung stellte Dr. Arno Kosmale von der Berliner Senatsverwaltung für Familie, Jugend und Sport ein neues Organisationsmodell der Familienfürsorge vor, das methodisches Arbeiten innerhalb von Jugendamt und Sozialamt ermöglichen bzw. erleichtern soll. In diesem „Berliner Modell", das unter kontrollierten Bedingungen in einem Berliner Bezirk erprobt werden solle, würden acht Familienfürsorgerinnen gleichberechtigt und kollegial zusammenarbeiten und sich die anfallende Arbeit – unterstützt durch einen Sachbearbeiter und eine Schreibkraft – in drei Arbeitssegmente teilen : Aufnahme- und Diagnose-Team, Intensivfürsorge mit geringerer Fallzahl und Allgemeine Fürsorge, eventuell in Verbindung mit einem Spezialgebiet der Fürsorge. Auf der letzten Plenarsitzung der Tagung beschlossen die Teilnehmer einmütig, über fünf von ihnen beauftragte Kolleginnen und Kollegen an die drei Berufsverbände der Sozialarbeiter mit der Aufforderung heranzutreten, die Bildung von Fachgruppen für methodisches Arbeiten zuzulassen und diese Fachgruppen zu regionalen Arbeitsgemeinschaften zusammenzufassen.

Mit der Selbstorganisation der Gemeinwesenarbeiter war die deutsche Rezeption von Gemeinwesenarbeit aus ihrer literarischen Phase herausgewachsen und hatte sich ihre eigene und für deutsche Verhältnisse neue Praxis geschaffen und zur Diskussion gestellt. Diese Praxis war weniger von den methodischen Handlungsanweisungen der Klassiker konventioneller GWA geprägt (Datensammlung ; Diagnose; Planung zur Mobilisierung von Ressourcen und zur Koordination regionaler Träger; Planungs-Durchführung; Auswertung[52]) – sie waren auch ein bisschen zu schlicht für anspruchsvolle Praktiker. Und deutsche Sozialarbeiterinnen und Sozialarbeiter, die in den Siebzigerjahren GWA betrieben, *waren* anspruchsvoll. Sie waren vielmehr von den unterschiedlichen Rahmenbedingungen der jeweiligen Gemeinden bestimmt, in denen Gemeinwesenarbeiter unter sehr unterschiedlichen Trägerschaften tätig waren. Drei Konstellationen von Gemeinwesen tauchten dabei immer wieder auf: *Obdachlosensiedlungen* und ihre Konzentration von kinderreichen Problemfamilien; *Altbauviertel*, die von Totalsanierung bedroht waren oder durch aufwendige Modernisierungsvorhaben der Hausbesitzer aufgewertet werden sollten – was einen Teil der alteingesessenen Bewohner wegen der mit der Modernisierung verbundenen Mietsteigerungen (später: Umwandlung in Eigentumswohnungen) vertrieben hätte; *Neubausiedlungen*, deren Kompaktwohnungen zwar für viele Mieter eine Verbesserung darstellten, deren Miethöhe, mangelhafte Infrastruktur und hohe Mietneben- und Mietfolge-Kosten jedoch insgesamt eine markante Verschlechterung der allgemeinen Lebensqualität bewirkten.

Um Licht in die unterschiedlichen Rahmenbedingungen, die unterschiedlichen Strategieprofile, Tätigkeitsmerkmale und Trägerschaften in diesen drei Bereichen zeitgenössischer Gemeinwesenarbeit zu bringen, führte die Arbeitsgruppe Gemeinwesenarbeit der Victor-Gollancz-Stiftung im Jahre 1972 eine Fragebogenuntersuchung von 38 überregional bekannt gewordenen Projekten der Gemeinwesenarbeit in der Bundesrepublik Deutschland durch und veröffentlichte die Ergebnisse als Planungsunterlage für einen zweijährigen Fortbildungslehrgang für Fachhochschuldozenten in Gemeinwesenarbeit an bundesrepublikanischen Fachhochschulen und Universitäten[53]. Fünf Jahre später hat Kurt Mesle eine solche Erhebung wiederholt[54].

Die Victor-Gollancz-Stiftung war 1948 aus Spendenmitteln gegründet worden, die der englische Sozialist und Verleger Victor Gollancz zur „Rettung der deutschen Jugend“ vor den Folgen des Nationalsozialismus in England und Deutschland gesammelt hatte. Die Stiftung unterstützte zunächst Studierende der Sozialpädagogik und Sozialarbeit an Fachschulen, Höheren Fachschulen, Fachhochschulen und Universitäten mit Stipendien und verband diese Stipendien mit einer persönlichen und wissenschaftlichen Betreuung der Stipendiaten durch ehrenamtliche Mitglieder des Vereins, der die Stiftung trug. In einer späteren Phase trat die Stiftung als eigenständiger Träger von Aus- und Fortbildungs-Lehrgängen der Sozialen Arbeit hervor (Victor-Gollancz-Akademie)[55]. In der Phase der sozial-liberalen Bonner Koalition stellte die Stiftung ein politisches Gegengewicht zum 1962 gegründeten Fortbildungswerk des Deutschen Vereins für öffentliche und private Fürsorge dar. Die Fortbildung des Deutschen Vereins konzentrierte sich eher auf Organisations- und Rechtsfragen in der Sozialen Arbeit und in der Sozialverwaltung, die Victor-Gollancz-Akademie arbeitete eher methodenzentriert[56]. Innerhalb der Stiftung gab es eine Arbeitsgruppe, die sich mit vertiefter Einzelfallhilfe und der Neuorganisierung der Familienfürsorge unter Aufhebung des Gegensatzes zwischen Außendienst und Innendienst befasste. Daneben wurde eine Arbeitsgruppe Gemeinwesenarbeit gebildet, die ähnlich wie im Burckhardthaus, nur nicht auf kirchliche Anstellungsträger orientiert – eine längerfristige Fortbildung für GWA-Dozenten an Fachhochschulen entwickeln und eigene „Arbeitsfeldmodelle“ mit Stipendiaten und in Kooperation mit regionalen Trägern schaffen sollte.

> „Zum Zeitpunkt der Befragung – Mitte des Jahres 1971 – existierten in der BRD und in West-Berlin eine ganze Reihe von Projekten der Gemeinwesenarbeit, in denen meist Sozialarbeiter hauptberuflich tätig waren … War die Zahl der professionellen Gemeinwesenarbeiter damals noch relativ klein, so entstand 1971 dann der Eindruck, dass die Projekte

rapide zugenommen hatten und dass weder ein Überblick noch – trotz expandierender Mitgliederliste der Sektion GWA [beim Verband Deutscher Nachbarschaftsheime, d. Verf.] – ausreichende Kommunikation unter den verschiedenen Projekten vorhanden war. Die Vielfalt der Ansätze und der sie begründenden Theorien sowie die unterschiedlichen Zielsetzungen der Gruppen und Institutionen, die Gemeinwesenarbeit betrieben, schienen inzwischen kaum mehr überschaubar"[57].

Die meisten der 1971 untersuchten GWA Projekte operierten in Neubausiedlungen (42 Prozent) oder in Obdachlosensiedlungen (29 Prozent). Innerstädtische Sanierungsgebiete waren mit achtzehn Prozent beteiligt, der Rest entfiel auf ländliche GWA, auf Ausländerarbeit und Planungsberatung. Kirchengemeinden und kirchliche Wohlfahrtsverbände stellten 58 Prozent der Träger, kommunale Träger machten 10,5 Prozent aller erhobenen Fälle aus[58].

Bei einer vorsichtigen Verallgemeinerung ihrer Projektuntersuchung kam die Arbeitsgruppe GWA der Victor-Gollancz-Stiftung zu dem Ergebnis, in den meisten Projekten werde sowohl „lokale" als auch „funktionale" Gemeinwesenarbeit betrieben. „Hierbei verstehen wir unter ‚funktionaler' Gemeinwesenarbeit die Koordination und Kooperation der traditionellen Träger und Gruppen der Sozialarbeit unter dem Aspekt der Effektivierung ihrer Arbeit, einer allgemeinen ‚Verbesserung des sozialen Klimas' sowie durch diese Initiative bedingter partieller struktureller Veränderungen der Institutionen ... Bei ‚lokaler' basisbezogener Gemeinwesenarbeit geht es um therapeutische, Bildungs-, Aufklärungs- und politische Aktivierungsarbeit mit Gruppen der Bevölkerung ... Die Kombination von funktionaler und lokaler Gemeinwesenarbeit stellt in gewisser Weise eine Doppelstrategie dar, die im Prinzip derjenigen der Jusos nicht unähnlich ist. Dabei entsteht die Frage, ob es in den Projekten möglich ist, diese Strategie widerspruchsfrei anzuwenden, d. h. den zugrunde liegenden Konflikt zwischen den Interessen sozialer kommunalpolitischer Institutionen und von benachteiligten Bevölkerungsgruppen durch diese Kombination gewissermaßen unkenntlich zu machen"[59]. Eine solche Doppelstrategie werde es, so schrieben die Autoren dann im Vorgriff auf die kommende Entwicklung, den Kommunen möglicherweise erlauben, Gemeinwesenarbeit als Instrument der Stadtentwicklungsplanung einzusetzen. „Die Rationalisierungsbestrebungen innerhalb der kommunalen Sozialverwaltungen und die Eingliederung der kommunalen Sozialarbeit durch Sozialplanung in die gesamte Infrastrukturpolitik der Gemeinden sind Folgen dieser generellen Umorientierung kommunaler Politik. Durch Koordination der sozialen Dienste (auch der freien Träger) und Partizipation (‚Hilfe zur Selbsthilfe') der Betroffenen soll der Einsatz der Sozialarbeit effektiver werden und sich zugleich integrierend auf kommunalpolitische Auseinandersetzungen auswirken. Insofern reicht die Strategie der Gemeinwesenarbeit – als neu eingeführte Methode der Sozialarbeit – auch über die traditionelle Klientengruppe der Sozialarbeit hinaus“[60]. Allerdings könne man nicht von einer einheitlichen Strategie *der* Gemeinwesenarbeit sprechen. Einige Projekte – vor allem in Obdachlosensiedlungen bewegten sich „überwiegend im Rahmen der Rationalisierungstendenzen der kommunalen Sozialverwaltungen“. Andere würden bürgerlich-radikaldemokratische Traditionen von Gemeinwesenarbeit aufnehmen und Mitbestimmungskonzepte im Bezug auf kommunalpolitische Planung entwickeln. Nur zwei Projekte gingen noch einen Schritt weiter und deuteten „eine Konfliktstrategie gegenüber der kommunalen Verwaltung an“. Sie begriffen Gemeinwesenarbeit als einen „Prozess der Veröffentlichung (kommunal-)politischer Auseinandersetzungen, die sonst hinter verschlossenen Türen stattfinden und deren Ergebnis den Betroffenen als Verwaltungsmaßnahme präsentiert wird“[61].

Die Untersuchung der Arbeitsgruppe GWA der Victor-Gollancz-Stiftung mündete in die Forderung ein, für künftige Aus- und Fortbildung[62] in Gemeinwesenarbeit sei es zunächst notwendig, die ökonomischen und politischen Rahmenbedingungen kommunaler Politik und Planung zu bestimmen, die Entwicklungstendenzen der Sozialarbeit im Zusammenhang mit staatlicher Infrastrukturpolitik einzuschätzen[63] und den Niederschlag dieser Determinanten in den Strukturen der Institutionen und Gruppen im kommunalen Bereich zu analysieren, die Gemeinwesenarbeit betreiben.

> „Den Entwicklungsstand dieser Bedingungen im Bezugsfeld des jeweiligen Projekts zu analysieren, ist eine Voraussetzung dafür, dass ein Gemeinwesenarbeits-Projekt nicht unter idealistischen Vorstellungen begonnen wird und objektiv eine völlig andere Funktion hat, als in der Konzeption der beteiligten Gemeinwesenarbeiter beabsichtigt ist. Solche konkreten Analysen relativieren die Illusion von der emanzipatorischen Wirkung von Gemeinwesenarbeit per se, wie sie lange Zeit unter Sozialarbeitern verbreitet war und wie sie auch durch die Ergebnisse dieser Befragung hindurchschimmert ... Wenn ... die generelle Einschätzung akzeptiert ist, dass Gemeinwesenarbeit als neue Strategie der Sozialarbeit diese in ihrer prinzipiellen Funktion nicht ändert, bleibt als nächste Frage zu diskutieren, ob durch die praktische Arbeit professioneller Gemeinwesenarbeit dennoch emanzipatorische Prozesse in Gang gesetzt werden können. Eine solche emanzipatorische Strategie müsste jedoch ebenso wie in anderen Bereichen professioneller Sozialarbeit durch die herrschenden Strukturen hindurch, gegen sie oder neben ihnen her – soweit die Herstellung eines Freiraums möglich und richtig ist – entwickelt werden, d.h. der Gemeinwesenarbeiter befindet sich ebenso wie jeder andere Sozialarbeiter in dem Widerspruch zwischen ‚Behördenzielen ‘ und ‚ Bevölkerungsinteressen ‘ und hat in diesem Widerspruch – ob er will oder nicht – Partei zu ergreifen. Einen ersten einigermaßen konsequenten Versuch, dieses ‚Partei ergreifen’ konkret zu bestimmen, haben Müller und Nimmermann vorgenommen:
> ‚Im vollen Bewusstsein der Grenzen, die eine politische Arbeit in Wohn-

quartieren hat, plädieren wir für eine ‚komplementäre Strategie', die dort, wo Menschen wohnen, schlafen und essen, einen Widerstand von unten organisiert. Es ist schon an anderer Stelle gesagt worden, dass Sozialarbeiter und Stadtplaner einen Beitrag zu einer solchen Organisierung der Basis leisten können, ohne ihren Beruf aufgeben und damit eine wichtige Funktion auch für eine sozialistische Bewegung aufgeben zu müssen. Eine solche Doppelstrategie setzt voraus, dass sich die politisch bewussten Mitglieder der ‚helfenden' und primär den Zielen des Kapitals dienenden Professionen zusammenschließen, um sich bei ihrer Arbeit in den Institutionen des Systems stützen und gegenseitig kontrollieren zu können – es setzt vor allem aber voraus, dass Sozialplaner begreifen lernen, dass sie nicht im Beruf allein, sondern nur im Rahmen einer berufsübergreifenden Arbeiterorganisation einen Beitrag zur Veränderung der gesellschaftlichen Verhältnisse leisten können'"[64].

Als empirisches Material für den zweijährigen, projektbezogenen Lehrgang für Fachhochschullehrer der Gemeinwesenarbeit und Sozialplanung, den die Victor-Gollancz-Stiftung zwischen 1972 und 1974 durchführte, standen zu jener Zeit zahlreiche Projektbeschreibungen bundesdeutscher Gemeinwesenarbeit und Stadtteilarbeit[65] entweder als graue Papiere oder als öffentlich zugängliche Publikationen zur Verfügung. Wir verfügten damals über ausführliche Projektbeschreibungen aus den Neubauvierteln Stuttgart-Freiberg, München-Perlach und dem Märkischen Viertel in Berlin-Reinickendorf; über Berichte aus den Obdachlosenquartieren in München-Hasenbergl-Nord und Sonnenland (Hamburg) sowie aus dem Bistum Münster und über Projektverläufe in den Altbau- und Sanierungsvierteln am Klausener Platz in Berlin-Charlottenburg, in Hannover-Linden, im Bremer Ostertorviertel, dem Karolinenviertel in Hamburg, in München-Haidhausen, der Maxvorstadt in München, dem Frankfurter Westend und der Arbeitersiedlung Eisenheim im Ruhrgebiet. Außerdem hatte die Mehrzahl der 25 Teilnehmerinnen und Teilnehmer des Lehrgangs[66] eigene Projekterfahrungen in GWA oder begann solche Projekte während des Lehrgangs als Ausbildungsprojekte an ihren Fachhochschulen. So war gewährleistet, dass zu jener Zeit sowohl die Rezeption ausländischer Praxis (in den USA und in Kanada, in England und den Niederlanden) als auch die bis dahin im wesentlichen literarische Rezeption von Gemeinwesenarbeit überwunden werden konnte. Während des Lehrgangs, der aus vier zentralen Blockseminaren von ca. zehntägiger Dauer und ca. dreißig regionalen Arbeitsgruppensitzungen bestand, erlegten sich alle Teilnehmer die Pflicht auf, eigene und fremde Praxisberichte unter den drei Fragestellungen zu bearbeiten, die bereits bei der Auswertung der 38 Praxisberichte in der Planungsphase des Lehrgangs eine Rolle gespielt hatten:

- auf der *projektimmanenten Ebene* wurden einzelne taktische und strategische Schritte und Interventionen im Hinblick auf ihre Wirkungen, Nebenwirkungen und Gegenwirkungen (Re-Aktionen) untersucht;

- auf der *kommunalen Ebene* von regionalen ökonomischen, politischen und sozialen Interessen unterschiedlicher Richtung und unterschiedlicher Ausprägung wurden die Projekte im Kontext kommunaler Sozialpolitik diskutiert;
- auf der *gesamtgesellschaftlichen Ebene* wurden sie danach befragt, welche Erkenntnisse über Strukturen und Funktionen Sozialer Arbeit in der gegenwärtigen Gesellschaft sie hervorbringen könnten. Insbesondere die zuletzt genannte Forderung nach einem gesamtgesellschaftlichen Begründungs- und Ableitungszusammenhang führte dazu, dass sich die Lehrgangsteilnehmer um drei unterschiedliche gesellschaftspolitische Positionen gruppierten:
  „eine christlich-ideelle, eine materialistische und eine sozialstaatlich reformerische. Trotz zum Teil erheblicher Kontroversen wurde die Auseinandersetzung über die aus diesen Positionen folgenden unterschiedlichen Schlussfolgerungen für die Ausbildung und Praxis der GWA von der Mehrzahl als nützlich für die Festlegung der eigenen Position angesehen ... Ausgangspunkt des materialistischen Gesellschaftsverständnisses war dabei der Widerspruch zwischen Lohnarbeit und Kapital in unserer Gesellschaft. Die sozialstaatlich-reformerische Position ging vom Widerspruch zwischen Anspruch und Wirklichkeit in unserer Demokratie aus und die Vertreter der christlich-ideellen Position von den Möglichkeiten und Grenzen der Selbstverwirklichung des Individuums in unserer Gesellschaft. Hieraus versuchten die drei Gruppen Teile oder Entwürfe eines Basiscurriculums abzuleiten, die ansatzweise noch während des Lehrgangs ausprobiert wurden. Für den Lehrgang bestätigte sich, dass eine Formulierung der gesellschaftspolitischen Grundannahmen eine zentrale Voraussetzung für den Aufbau projektorientierter Studiengänge ist, wenn diese nicht lediglich beliebig verwendbare technokratische Modelle sein sollen. Die Auseinandersetzung mit der Praxis der GWA wurde im Lehrgang überwiegend anhand der von den Teilnehmern initiierten und durchgeführten Ausbildungsprojekte geführt. Die Projekte leisteten einerseits einen Beitrag zur Untersuchung und Weiterentwicklung der Praxis, andererseits waren sie der zentrale Kern der pragmatischen Entwicklung von Projektstudiengängen ...“[67].

Nach Abschluss des Lehrgangs publizierte die Arbeitsgruppe Gemeinwesenarbeit der Victor-Gollancz-Stiftung ein Lesebuch zur Theorie und Strategie von Gemeinwesenarbeit[68], das noch heute als anspruchsvolle Einführung in den Gegenstandsbereich „Gemeinwesenarbeit“ gilt. Als schließlich die ehemaligen Lehrgangsteilnehmer ihre eigenen Lernerfahrungen in einem Sonderheft der Neuen Praxis („Gemeinwesenarbeit, Projektstudium und soziale Praxis“ (1976)) veröffentlichten, war die Victor-Gollancz-Stiftung aus der Fortbildungslandschaft der Bundesrepublik Deutschland verschwunden, weil das Bundesministerium für Familie, Jugend und Gesundheit die Finanzierung der Stiftung zum Ende des Etatjahres 1975 eingestellt hatte. Ähnlichkeiten dieser unerwarteten und viele Sozialarbeiter aufregenden Liquidation der Stiftung mit der nur wenig später durchgesetzten Veränderung der Organisationsstruktur des Burckhardthauses fallen ins Auge. Hier wie da war Stein des Anstoßes nicht etwa eine öffentlich publizierte Lehrmeinung von Mitarbeitern zu fachlichen Problemen von Sozialarbeit und Sozialpädagogik, sondern die Einführung eines erweiterten Mitbestimmungsmodells innerhalb der Entscheidungs- und Leitungs-Struktur des Hauses. Seit der Gründung der Victor-Gollancz-Stiftung im Jahre 1948 bestimmte die Mitgliederversammlung der Stiftung die Grundlinien der Stiftungspolitik. Die Mitglieder waren prominente Vertreter der sozialpädagogischen und sozialpolitischen Fachöffentlichkeit aus Bund und Ländern, Kommunen und Wohlfahrtsverbänden, Professoren und Dozenten des Aus- und Fortbildungsbereichs. Im Sommer 1972 wurden neben diesen Vertretern der Fachöffentlichkeit auch ehemalige Stipendiaten und Teilnehmer an Fortbildungsveranstaltungen sowie Delegierte der hauptamtlichen Mitarbeiter der Stiftung in die Mitgliederversammlung berufen und in den Vorstand gewählt. Die Geschäftsführerin wurde durch ein kollegiales Leitungsorgan ersetzt, das alle zwei Jahre von den Mitarbeitern gewählt und vom Vorstand bestätigt wurde. Dies alles geschah mit Wissen und Billigung des Zuschüsse gewährenden Bundesministeriums.

Es gab zwar Konflikte und Diskussionen um Konzepte und Mitarbeiter, die aber in aller Regel produktiv bearbeitet und im Interesse der gesamten Stiftungsarbeit entschieden wurden, obwohl weniger kämpferische Mitarbeiter unter ihnen litten. Überraschend luden dann der Vorsitzende des Vorstandes und vier weitere Mitglieder zu einer außerordentlichen Mitgliederversammlung ein. Sie begründeten ihren Schritt damit, „dass sie die ihnen übertragene Verantwortung nicht länger übernehmen könnten, weil es in der Victor-Gollancz-Stiftung an der notwendigen Sorgfalt und Sparsamkeit beim Umgang mit öffentlichen Mitteln mangele, weil starke Differenzen innerhalb der VGSt bestünden und weil die aufgetretenen Konflikte innerhalb der derzeitigen Struktur der VGSt nicht gelöst werden können … Zwei Tage vor der a. o. Mitgliederversammlung erhielten die Mitglieder die Antwort auf die Rücktrittsankündigung [des Vorsitzenden, d. V.] aus Bonn: das Bundesministerium für Jugend, Familie und Gesundheit teilte mit, dass die Förderung der VGSt keine Gewähr mehr für die zweckentsprechende Verwendung der Mittel geben könne. Eine Begründung hierfür steht bis heute aus“[69].

Die Gründe, die zur Reorganisation des Burckhardthauses und zur Liquidation der Victor-Gollancz-Stiftung geführt haben mögen, tragen verwandte Züge. Beide Institutionen waren fachlich anerkannt und arbeiteten erfolgreich. Ihre hauptamtlichen Mitarbeiter setzten organisatorische Struktur-Reformen durch, welche die Konstruktion traditioneller Wohlfahrts-Vereine zu sprengen drohten. Ehrenamtliche Vorstände sind heute kaum noch in der Lage, kompetenten und selbstbewussten hauptamtlichen Mitarbeitern Handlungs-Strategien aufzuzwingen, die den pädagogischen und politischen Einsichten dieser Mitarbeiter widersprechen. Kommt es zur entscheidenden Kraftprobe, so bleiben einzelne Mitarbeiter auf der Strecke – oder die gesamte Einrichtung.

Gemeinwesenarbeit, insbesondere in ihrer aggressiven, konfliktorientierten Form, hatte die Reformpolitik der späten Sechziger- und der frühen Siebzigerjahre provokativ begleitet. Wirtschaftskrise und nachlassende Experimentierfreude von Gemeinden und Verbänden, Berufsverbote und Einschränkungen im Sozial- und Bildungsbereich begannen nun wieder zu greifen und (vielleicht allzu rasch) eine allgemeine Mutlosigkeit zu verbreiten. Im Herbst 1975 fand (noch einmal) eine Tagung über konfliktorientierte Gemeinwesenarbeit in Berlin statt. Auf ihr formulierten Spaßvögel eine Todesanzeige, die ein Kapitel aus der Methodengeschichte der Sozialen Arbeit in der Bundesrepublik Deutschland abschließend zusammenfasst.

Todesanzeige

Nach einem kurzen aber arbeitsreichen Leben verstarb unser liebstes und eigenwilligstes Kind GWA an:

- Allzuständigkeit, Eigenbrötelei und Profilierungsneurose
- methodischer Schwäche und theoretischer Schwindsucht
- finanzieller Auszehrung und politischer Disziplinierung.

Wir, die trauernden Hinterbliebenen, fragen uns verzweifelt, ob dieser frühe Tod nicht hätte verhindert werden können?[70]

Anmerkungen

1 Hertha Kraus: Amerikanische Methoden der Gemeinschaftshilfe – Community Organization for Social Welfare; in: Soziale Welt 1951, 2, S. 184–192.

2 Settlements waren in der zweiten Hälfte des 19. Jahrhunderts Wohngemeinschaften von Akademikern in Arbeiter- und Elends-Vierteln Englands und Nordamerikas. Die Bewohner verwendeten einen Teil ihrer Arbeitszeit auf ehrenamtliche soziale Arbeit zur Verbesserung der Wohn- und Lebensbedingungen ihrer Nachbarschaft und waren meist auch kommunal- und sozial-politisch tätig. Siehe Kapitel 3.

3 Aus einem Bericht der Stadt Köln aus den Zwanzigerjahren, zitiert nach Sigurd Agricola: Frau Prof. Dr. Hertha Kraus zum 70. Geburtstag. In: Rundbrief 1967, 5, S. 19–20.

4 Sigurd Agricola, 1967, S. 20.

5 Ruth Fry: Die Weise der Quäker. Bad Pyrmont ^{2}1946.

6 Gisela Oestreich: Nachbarschaftsheime gestern, heute - und morgen? München: Ernst Reinhardt 1965, S. 32.

7 Kraus, 1951, S. 185.

8 Kraus, 1951, S. 185.

9 Kraus, 1951, S. 185.

10 Sinclair Lewis: Dr. med. Arrowsmith. Roman. München: Kurt Wolff 1927, S. 403.

11 Herbert Lattke: Soziale Arbeit und Erziehung. Ihre Ziele, Methoden und psychologischen Grundlagen. Freiburg : Lambertus 1955, S. 29.

12 Lorenzi: Aus dem Vokabular der sozialen Arbeit. Schriften des Deutschen Vereins für öffentliche und private Fürsorge. Mannheim 1956.

13 XI. Tagung der Internationalen Konferenz für Sozialarbeit. Deutscher Landesbericht. In: ndv 1962, 7, S. 250–254.

14 Dr. Lina Mayer Kulenkampff: Gemeinschaftsplanung in Gemeinden als Methode der Sozialarbeit. Ein Überblick über Community Organization- und Community Development. In: Neues Beginnen 1962, 2, S. 17–19. Prof. Dr. Walter Friedländer: Gemeinschaftsplanung und Gemeinschaftsentwicklung in den USA. In: Neues Beginnen 1962, 6, S. 81–84.

15 Die beiden Seminare wurden von der Berliner Senatsverwaltung für Arbeit und soziale Angelegenheiten unter Federführung und Leitung von Dr. Gerda Thercke in Zusammenarbeit mit der Evangelischen Schule für Sozialarbeit (Bertha von der Schulenburg Seminar) durchgeführt. Gerda Thercke war vor ihrer Senatstätigkeit als Hochschullehrerin an der Alice Salomon Schule für Sozialarbeit in Berlin tätig gewesen und hatte großes Verständnis für die Notwendigkeit der Weiterentwicklung methodischen Arbeitens in der Sozialen Arbeit. Darüber hinaus kann den beiden Berliner Senatsverwaltungen für Familie, Jugend und Sport und für Arbeit und soziale Angelegenheiten in den fünfziger und sechziger Jahren bescheinigt werden, dass sie durch vielfältige Fortbildungsveranstaltungen über methodisches Arbeiten und Supervision maßgeblich an der Entwicklung einer neuen Fachlichkeit in der behördlichen Sozialarbeit beteiligt waren. Die beiden Seminare waren international zusammengesetzt. 1963 referierten Hertha Kraus aus Philadelphia, Peter Kuenstler aus London, C. N. Graaff aus Groningen (Holland) und Roland L. Warren, der damals Beauftragter der nordamerikanischen Quäker in Europa war. 1965 unterrichteten Ilse Balg aus Berlin und Wilfried Hartwieg aus Detmold, Johanna Boer und Frederik Wanninkhof aus Assen (Holland). Beide Seminare wurden von der Senatsverwaltung für Arbeit und soziale Angelegenheiten umfassend dokumentiert. Die Kenntnis dieser Dokumente verdanke ich Ingeborg Blauert, die am Zustandekommen der Seminare maßgeblich beteiligt war. Die Zusammensetzung der Teilnehmer aus Berlin und anderen Ländern der Bundesrepublik Deutschland zeigte, dass es vor allem darum ging, leitende Mitarbeiterinnen und Mitarbeiter behördlicher und privater Sozialarbeit mit Gemeinwesenarbeit als umfassende Form der Koordinierung fürsorgender Tätigkeit in komplexen Gemeinwesen bekannt zu machen.

16 Vergleiche verschiedene Artikel im Rundbrief des Verbandes, der seit 1965 regelmäßig erschien. Siehe auch Sigurd Agricola: Gedanken zur Diskussion um die Gemeinwesenarbeit. In: Rundbrief 1966, 4/5, S. 15 ff.

17 Ingeborg Blauert: Hat die Gemeinwesenarbeit in Deutschland eine Chance? Ansätze – Bedenken – Möglichkeiten. In: Blätter der Wohlfahrtspflege 1966, 7, S. 218–223.

18 Ich kann hier nicht auf die eigenständige Entwicklung niederländischer Gemeinwesenarbeit eingehen. Sie hat historische Wurzeln in der Entwicklung der Stadt Amsterdam und in der Struktur des niederländischen Fürsorgewesens. Ich muss mich darauf beschränken zu erwähnen, dass der Verband Deutscher Nachbarschaftsheime über viele Jahre in engem Erfahrungsaustausch mit den Niederländern gestanden hat und dass das Lehrbuch über Gemeinwesenarbeit, das Jo Boer 1960 geschrieben und Kurt Utermann 1970 übersetzt hat (Gemeinwesenarbeit. Einführung in Theorie und Praxis. Stuttgart: Ferdinand Enke) neben dem Lehrbuch von Murray G. Ross: Gemeinwesenarbeit, Theorie, Prinzipien, Praxis. Freiburg : Lambertus 1968 – englische Erstausgabe New York 1955 – in den Sechzigerjahren und Anfang der Siebzigerjahre eine Rolle gespielt hat.

19 Siehe Kapitel 3 dieses Lehrbuchs.

20 Martin Rudolf Vogel und Peter Oel: Gemeinde und Gemeinschaftshandeln. Zur Analyse der Begriffe Community Organization und Community Development. Stuttgart: Kohlhammer 1966, 60.

21 Siehe C. Wolfgang Müller: Konzepte der Gemeinwesenarbeit und die Praxis der Kolleginnen und Kollegen in Kreuzberg und Neukölln. In: Rundbrief 1975, 1, S. 3–9 (Sektionsteil).

22 Vogel und Oel, 1966, S. 11–12, 48–49.

23 Gute, illustrative Beispiele zu diesem Tatbestand findet man bei Roland L. Warren: Soziologie der amerikanischen Gemeinde. Chicago: Rand McNally 1963; Köln: Westdeutscher Verlag 1970, S. 102–122.

24 C. Wolfgang Müller, Die Rezeption der Gemeinwesenarbeit in der Bundesrepublik Deutschland. In: C. Wolfgang Müller und Peter Nimmermann (Hrsg.): Stadtplanung und Gemeinwesenarbeit, München: Juventa 1970, S. 237.

25 Müller, 1970, S. 237.

26 Floyd Hunter beschrieb in seiner 1953 erschienenen Analyse der Machtstrukturen von Atlanta, Georgia sehr eindrücklich, wie die führenden Geschäftsleute der Stadt bei einem gemeinsamen Mittagessen im country club innerhalb von dreißig Minuten das Gründungskapital von 65.000 Dollar für ein Export-Zentrum zusammenkratzten, während andere, für die allgemeine Wohlfahrt der Stadt wichtige Projekte bereits in der Diskussions- und Planungsphase von der Tagesordnung verschwanden. Floyd Hunter: Community Power Structure. A Study of Decision Makers. The University of North Carolina Press 1953. Garden City, New York: Doubleday 1963, S. 170–174. Teile der Studie sind in dem Lesebuch von Ralf Zoll: Gemeinde als Alibi, Materialien zur politischen Soziologie der Gemeinde abgedruckt. München: Juventa 1972, S. 129–145.

27 Ilse Balg: Die Stadt als Raum des denkenden Aufstands. Ein gesellschaftspolitischer Auftrag an die Bildungsarbeit. In: Rundbrief 1969, 3, S. 1–8.

28 Resolution des Verbandes Deutscher Nachbarschaftsheime, Gesellschaftspolitische Aspekte von Bildung und Bildungsarbeit. In: Rundbrief 1969, 3, S. 14–18.

29 Arbeitsrichtlinienentwurf als Anhang für einen Arbeitsvertrag für Gemeinwesenarbeiter. Anlage 3 zum Tagungsbericht Gemeinwesenarbeit und Kommunalpolitik. In: Rundbrief 1970, 3, S. 21–23.

30 Rundbrief 1970, 3, S. 21.

31 Diese Beispiele halte ich heute nicht mehr für glücklich ausgewählt. Aufgrund von Erfahrungen, die wir in der Zwischenzeit gemacht haben, wissen wir heute besser als damals, dass eine schlampige Müllabfuhr, fehlende Straßenbeleuchtung in unsicheren Stadtteilen und abgeschaltete Verkehrsampeln an Schulen und Kindertagesstätten durchaus Ausgangspunkt und Kristallisationskern für Bürgeraktionen sein können. In der Stadtteilzeitung des Märkischen Viertels in Berlin wurden beispielsweise regelmäßige Preisvergleiche zwischen den Monopol-Gesellschaften des neuen Einkaufszentrums und den Einzelhandelsgeschäften der Altbau-Viertel, aus denen die neuen Mieter kamen, abgedruckt. Dieser Preisvergleich führte wenigstens vorübergehend zu einer deutlichen Preissenkung im Neubauviertel.

32 C. Wolfgang Müller: Literatur zum Thema Gemeinwesenarbeit (Stand 1969). In: Rundbrief 1970, 3, S. 26.

33 So hat mir B. Uffrecht aus München vorgehalten, ich hätte Murray Ross sinnentstellend zitiert, aus seinem Buch könne außerdem kein Hinweis auf „aggressive Konzepte von Gemeinwesenarbeit“ entnommen werden. Aber genau das war der Punkt meiner Kritik. B. Uffrecht: Murray G. Ross, Gemeinwesenarbeit – Theorie, Prinzipien, Praxis. In: Rundbrief 1970, 3, S. 37–38. Eine andere Kritik halte ich für berechtigt. Sie entzündete sich an den von mir identifizierten „drei Konzepten von Gemeinwesenarbeit“ (konservativ, reformpädagogisch, aggressiv). Damit habe ich den Eindruck erweckt, als würde es sich um drei scharf von einander isolierbare, in sich identische Handlungsstrategien handeln. Das wäre falsch und borniert. Selbstverständlich wird auch eine aggressive Strategie von Gemeinwesenarbeit nach

Bündnispartnern innerhalb des Gemeinwesens suchen und die Unterstützung von Kirchengemeinden, Parteien und Gewerkschaften nicht zurückweisen. Und selbstverständlich wird auch eine reformpädagogische Strategie von Gemeinwesenarbeit nicht prinzipiell auf aggressive Verfahren und Aktionen verzichten, wenn aus ihnen Erfahrungen und Erkenntnisse gewonnen werden können, die einen wesentlichen Beitrag zur politischen Bildung aller Beteiligten leisten. Das gilt nicht nur für Bürgergruppen, sondern genauso für Politiker, die in vielen Auseinandersetzungen notwendigerweise ‚auf der anderen Seite' stehen. Siehe Autorengruppe Märkische Viertel Zeitung: Stadtteilzeitung. Reinbek: Rowohlt 1974. Und: Interview des Autors mit der ehemaligen Reinickendorfer Stadträtin für Familie, Jugend und Sport, Ilse Reichel vom 3. April 1985.

Der Konflikt als didaktischer Hebel für politische Lernprozesse ist wenige Jahre später an einer Reihe von aktuellen Beispielen thematisiert worden . Siehe Hans-Eckehard Bahr und Reimer Gronemeyer: Konfliktorientierte Gemeinwesenarbeit. Neuwied: Luchterhand 1974.

34 Erste internationale Beispiele aggressiver Strategien innerhalb von Gemeinwesenarbeit sind erschienen in: Danilo Dolci: Vergeudung. Bericht über die Vergeudung in westlichen Sizilien (italienische Originalausgabe Turin 1960) Berlin: Union Verlag 1965.

Büro für Stadtsanierung und soziale Arbeit (Hrsg.): Sanierung - für wen? Gegen Sozialstaatsopportunismus und Konzernplanung. Berlin 1970. 2. erweiterte Auflage 1971.

C. Wolfgang Müller und Peter Nimmermann : Stadtplanung und Gemeinwesenarbeit. München: Juventa 1970.

35 Die Kehrseite dieser Medaille: ein Teil der damals im sozialen Wohnungsbau errichteten Wohnhochhäuser ist inzwischen wegen der Massierung sozialer Probleme nahezu unbewohnbar geworden und sollte eher heute als morgen abgerissen oder gesprengt werden. Auch das Areal der „back-of-the-yards-Bewegung" gilt heute als ein zwar stabilisiertes Wohnquartier - aber es beherbergt eine ausschließlich weiße Bevölkerung mit starken Diskriminierungstendenzen gegen farbige Amerikaner.

36 Da es in Nordamerika keine Einwohnermeldeämter gibt, müssen sich potentielle Wähler vor jeder Kommunal- und Landes- bzw. Bundeswahl registrieren lassen. Wer sich nicht registrieren lässt, besitzt kein Stimmrecht. Die Mobilisierung von Nicht-Wählern erfordert also einen vergleichsweise hohen Verwaltungsaufwand, ist aber andererseits ein wirksames Druckmittel gegenüber etablierten, wahl-bewussten sozialen und politischen Gruppierungen. Die Wahlbeteiligung ist in den USA im Vergleich zu Mittel-Europa außerordentlich gering.

37 Die politisch korrekte Bezeichnung für zwangsimportierte Angehörige afrikanische Stämme war in den letzten hundert Jahren schwankend: zunächst wurden sie ‚Neger' (verächtlich: ‚Nigger') genannt, dann ‚Colored People' (als ob sie gefärbt worden wären), schließlich ‚Schwarze' und letztendlich korrekt ‚Afro-Amerikaner'. Ich verwende in meinem Text die Bezeichnung, die in den Vierziger- und Fünfzigerjahren des letzten Jahrhunderts gängig war.

38 Alle strategischen Beispiele von Saul Alinsky gehören in die Zeit vor dem unbestreitbaren Erfolg der Civil Rights-Bewegung. Ende der Achtzigerjahre ist die Diskriminierung am Arbeitsplatz auf andere ethnischen Gruppen verlagert worden (Mexikaner, Puertorikaner), während Angehörige des nordamerikanischen Neger-Proletariats als zuverlässige, aufstiegsorientierte Arbeitskräfte gelten.

39 Saul Alinsky: Reveille for Radicals. New York: Random House 1946. 1969. Deutsch als: Saul D. Alinsky: Leidenschaft für den Nächsten. Gelnhausen/Berlin: Burckhardthaus 1973.

40 „Every major revolutionary movement in history has gone through the same process of corruption, proceeding from virginal purity to seduction to decadence. Look at the Christian church as it evolved from the days of the martyrs to a giant holding company, or the way the Russian Revolution degenerated into amorass of bureaucracy and oppression as the new dass of state managers replaced the feudal landowners as the reigning power elite ...“ Saul Alinsky in einem Interview mit Eric Norden. In: Playboy 1972, 3, S. 76.

41 Specht folgte in seinen Veröffentlichungen dem in den Sechziger- und Siebzigerjahren in den USA dominanten analytischen Modell der strukturell-funktionalen Soziologen-Schule von Merton und Parsons. Meine Zusammenfassung ist eine holzschnitthafte Vereinfachung, sie trifft jedoch, so hoffe ich, den Kern dessen, was Specht aussagen wollte.

42 Harry Specht: Disruptive Taktiken in der Gemeinwesenarbeit. Erstveröffentlichung in: Social Work 1969, April, S. 5–15. Nachgedruckt in: Harry Specht und Ralph M. Kramer: Readings in Community Organization Practice. Prentice-Hall, Englewood Cliffs 1969, 372–386. Übersetzt in: C. Wolfgang Müller und Peter Nimmermann (Hrsg.): Stadtplanung und Gemeinwesenarbeit, München: Juventa 1970, S. 208–227.

43 Diese Tätigkeit Burckhardts und seiner Mitarbeiter war eine Grundlage für die Entwicklung der Evangelischen Jungfrauen- und Mädchenvereine. Siehe Evangelische Fachhochschule Berlin: 80 Jahre Kirchliche Sozialarbeiterausbildung. Berlin/Bonn 1984, insbesondere Ingeborg Blauert, S. 51–160.

44 Eva Renate Schmidt, in: Burckhardthaus 1969, S. 6.

45 Dr. Werner Müller, in: Burckhardthaus 1970, S. 8–10.

46 Manfred Dehnen, in: Burckhardthaus 1969, S. 8–9.

47 Gespräch des Autors mit Manfred Dehnen, Wolfgang Krebs und Michael Wolfart am 8.7.1986.

48 Saul D. Alinsky: Leidenschaft für den Nächsten. Gelnhausen/Berlin: Burckhardthaus 1973. Saul D. Alinsky: Die Stunde der Radikalen. Gelnhausen/Berlin: Burckhardthaus 1974.

49 Antonio Fragoso: Evangelium und soziale Revolution. Ein Kapitel lateinamerikanische Theologie. Gelnhausen/Berlin: Burckhardthaus 1971.

50 Egbert Haug: Von der Christenpflicht, radikal zu werden. Guter Wille allein genügt nicht. Gelnhausen/Berlin: Burckhardthaus.

51 Gisela Richter-Junghölter und Wolfgang Krebs: Gemeinwesenarbeit im Burckhardthaus. In: Rundbrief 1981, 2, S. 8.

52 Unter anderem bei: Cenevieve W. Carter: Soziale Gemeinwesenarbeit. In: Walter A. Friedländer und Hans Pfaffenberger (Hrsg.): Grundbegriffe und Methoden der Sozialarbeit. Neuwied: Luchterhand 1966, S. 219–221.

53 Arbeitsgruppe Gemeinwesenarbeit der Victor-Gollancz-Stiftung: Gemeinwesenarbeit in der BRD. Praxis und Ausbildung 1971/72. Frankfurt am Main: Victor-Gollancz-Stiftung 1972.

54 Kurt Mesle : Zielvorstellungen der Anstellungsträger von Gemeinwesenarbeit. Ergebnisse einer empirischen Untersuchung. In: Soziale Arbeit 1977, 7/8, S. 335–344.

55 „Die Victor-Gollancz-Akademie für Jugendhilfe wendet sich an leitende Mitarbeiter der außerschulischen Jugendbildung sowie an Fachkräfte in der Sozialarbeit und in anderen Berufen, die junge Menschen in ihrer geistigen, körperlichen und sozialen Entwicklung fördern. Die Aufgabe der Akademie ist die begleitende, weiterführende und ergänzende Fortbildung dieses Personenkreises. Sie berücksichtigt die Erfahrungen und Bedürfnisse der Praxis und der Erkenntnisse der Wissenschaften“ (aus einem Grundlagenpapier der Stiftung).

56 So bot die Victor-Gollancz-Stifung Halbjahres-Lehrgänge in Einzelfallhilfe und Praxisberatung an, veröffentlichte Schriften über die erziehungswissenschaftliche Fundierung von Gruppenpädagogik und führte einen Zwei-Jahreslehrgang über Gemeinwesenarbeit durch. Ein zweiter Lehrgang wurde durch die überraschende Liquidierung der Stiftung durch einen Teil des Vorstandes verhindert.

57 Arbeitsgruppe Gemeinwesenarbeit, 1972, S. 1.

58 Arbeitsgruppe Gemeinwesenarbeit, 1972, S. 7.

59 Arbeitsgruppe Gemeinwesenarbeit, 1972, S. 27.

60 Arbeitsgruppe Gemeinwesenarbeit, 1972, S. 35.

61 Arbeitsgruppe Gemeinwesenarbeit, 1972, S. 38.

62 1971/72 boten mindestens 26 (von insgesamt 48) Fachhochschulen in der Bundesrepublik Deutschland Lehrveranstaltungen zu Gemeinwesenarbeit im Hauptstudium an. An vierzehn dieser 26 Fachhochschulen belegten die Studenten ein Praktikum in Gemeinwesenarbeit.

63 Wegen der Tatsache, dass die Gemeinden aufgrund ihrer Abhängigkeit von der Gewerbesteuer prozyklisch investieren, wurden während der Epoche der sozialliberalen Koalition Instrumente staatlicher Gegensteuerung in Zeiten krisenhafter Wirtschaftsentwicklung geschaffen: das Stabilisierungsgesetz, die mittelfristige Finanzplanung, die Gemeindefinanzreform, das Bundesraumordnungsprogramm und die Stadtentwicklungsplanung als Strategie kommunaler Infrastrukturpolitik. Siehe Arbeitsgruppe GWA: Kommunalpolitische Rahmenbedingungen der Gemeinwesenarbeit. In: Arbeitsgruppe Gemeinwesenarbeit, Reader zur Theorie und Strategie von Gemeinwesenarbeit. Frankfurt am Main: Victor-Gollancz-Stiftung [2]1975, S. 65–78.

64 Arbeitsgruppe Gemeinwesenarbeit, 1972, S. 54–55. Das Zitat am Ende des zitierten Abschnitts stammt von: C. Wolfang Müller und Peter Nimmermann, Stadtplanung und Gemeinwesenarbeit. München: Juventa 21973, S. 158.

65 Die starke nordamerikanische Tendenz, Methoden der Sozialen Arbeit als Mittel der Professionalisierung des eigenen Berufes einzusetzen, hat dazu geführt, dass der Begriff „Gemeinwesenarbeit“ nur für Projekte gebraucht wird, in denen professionelle Gemeinwesenarbeiter tätig sind. Andererseits sind zur Weiterentwicklung von Methoden aber auch Projekterfahrungen bedeutsam, an denen keine „Profis“ beteiligt waren. Es hat sich eingebürgert, Gemeinwesenarbeit, die von Bürgerinitiativen und Aktionsgruppen geleistet wird, als „Stadtteilarbeit“ zu bezeichnen.

66 Zu den Teilnehmern des Lehrgangs siehe: Gemeinwesenarbeit, Projektstudium und soziale Praxis. Neue Praxis, 1976 Sonderheft. Insbesondere Jürgen Bianchi, Richard Grübling, Christine Raiser, Christoph Rüsch: Bericht über den „Projektbezogenen Lehrgang für Fachhochschullehrer der Gemeinwesenarbeit und Sozialplanung“, S. 4–15 und Fußnote 12.

67 Jürgen Bianchi u.a. 1976, S. 9–10.

68 Arbeitsgruppe Gemeinwesenarbeit : Reader zur Theorie und Strategie von Gemeinwesenarbeit. Frankfurt am Main: Victor-Gollancz-Stiftung 21975.

69 Die Liquidation der Victor-Gollancz-Stifung. In: Rundbrief 1975, 2 (Sektionsteil).

70 Nach eigenen Unterlagen. Siehe auch Pedro Graf, Christine Raiser, Manfred Zalfen: Sozialarbeit im Obdachlosenbereich. Berlin: VSA 1976, S. 7.
Die Anlage meines Buches legt mich darauf fest, historisch-chronologisch vorzugehen. Das heißt auch, dass ich, um nicht klüger zu erscheinen, als wir alle es seinerzeit waren, Arbeiten zur Gemeinwesenarbeit, die nach 1975 erschienen sind und die wertvolle neue Erkenntnisse über diesen Gegenstand produziert oder alte Erkenntnisse auf eine neue Weise systematisiert haben, vorerst ausblenden muss. Ich empfehle aber Lesern, die an der Weiterentwicklung des Nachdenkens über Gemeinwesenarbeit interessiert sind, die folgenden Texte nachdrücklich: Margrit Brückner: Die Wurzeln der Gemeinwesenarbeit. Versuch einer materialistischen Interpretation.

In: Rundbrief 1977, 3 (Sektionsteil), S. 1–28. Margrit Brückner: Gemeinwesenarbeit. In: Hanns Eyferth, Hans-Uwe Otto, Hans Thiersch (Hrsg.): Handbuch zur Sozialarbeit/Sozialpädagogik. Neuwied: Luchterhand 1984, S. 415–429.
Peter Krahulec: Weitere Materialien für eine materialistische Interpretation der Wurzeln von Gemeinwesenarbeit. In Ergänzung zu Margrit Brückner. In: Rundbrief 1978, I (Sektionsteil) S. 1–20. Dieter Oelschlägel: Gemeinwesenarbeit als Prinzip sozialer Arbeit – Überlegungen zu einer notwendigen Diskussion. In : Rundbrief 1978, 2 (Sektionsteil), S. 1–17. 1. Jaak Boulet, E. Jürgen Krauss, Dieter Oelschlägel: Gemeinwesenarbeit als Arbeitsprinzip. Eine Grundlegung. Bielefeld: AJZ Druck und Verlag 1980.
Gerhard Buck: Gemeinwesenarbeit und kommunale Sozialplanung. Untersuchung zur sozialpolitischen Funktion und historischen Entwicklung eines Handlungsfeldes der Sozialarbeit. Berlin : Hofgarten 1982.
Ein neues Kapitel aus der Methodengeschichte der Sozialarbeit wurde mit der Einsicht begonnen, dass Gemeinwesenarbeit als Methode zwar vorläufig beerdigt worden sei, dass aber Gemeinwesenarbeit als Strukturprinzip Sozialer Arbeit überlebt habe und weiterhin überleben würde. Dieter Oelschlägel, der diese optimistische Vermutung beharrlich verfolgt hat, schrieb in dem Vorwort zur 3. Auflage des „Readers zur Theorie und Strategie von Gemeinwesenarbeit“, es sei falsch gewesen, GWA als „Arbeitsfeld“ einzuengen und als „spezielle Methode“ zu bestimmen. Darüber hinaus habe sich GWA als ein „Set von theoretisch-analytischen Erklärungszusammenhängen und dazu passenden praktisch-strategischen Handlungsorientierungen“ entwickelt, der auf jeweils unterschiedliche Arbeitszusammenhänge und Berufsfelder angewandt werden könne (Dieter Oelschlägel: Gemeinwesenarbeit in der BRD. In: Reader zur Theorie und Strategie von Gemeinwesenarbeit. Bonn: AGJ3 1978, XII). Dieser erweiterte Methodenbegriff ist dem Methodenkonzept von Haus Koserstraße nahe, in dem ebenfalls die alte Forderung „Methoden lernen“ durch die allgemeinere Forderung „Methodisch arbeiten lernen“ ersetzt worden ist.

11. Studentenbewegung, Sozialarbeiterbewegung und Methodenkritik

„Da sind wir auf den Gedanken gekommen, dass wir erst den Rasen zerstören müssen, bevor wir die Lügen über Vietnam zerstören können, dass wir erst die Marschrichtung ändern müssen, bevor wir etwas an den Notstandsgesetzen ändern können, dass wir erst die Hausordnung brechen müssen, bevor wir die Universitätsordnung brechen können. Da haben wir den Einfall gehabt, dass das Betretungsverbot des Rasens, das Änderungsverbot der Marschrichtung, das Veranstaltungsverbot der Baupolizei genau die Verbote sind, mit denen die Herrschenden dafür sorgen, dass die Empörung über die Verbrechen in Vietnam, über die Notstandspsychose, über die vergreiste Universitätsverfassung schön ruhig und wirkungslos bleibt. Da haben wir gemerkt, dass sich in solchen Verboten die kriminelle Gleichgültigkeit einer ganzen Nation austobt. Da haben wir es endlich gefressen, dass wir gegen den Magnifizenzwahn und akademische Sondergerichte, gegen Prüfungen, in denen man nur das Fürchten, gegen Seminare, in denen man nur das Nachschlagen lernt, gegen Ausbildungspläne, die uns systematisch verbilden, gegen Sachlichkeit, die nichts weiter als Müdigkeit bedeutet, gegen die Verketzerung jeder Emotion, aus der die Herrschenden das Recht ableiten, über die Folterungen in Vietnam mit der gleichen Ruhe wie über das Wetter reden zu dürfen, gegen demokratisches Verhalten, das dazu dient, die Demokratie nicht aufkommen zu lassen, gegen Ruhe und Ordnung, in der die Unterdrücker sich ausruhen, gegen verlogene Rationalität und wohlweisliche Gefühlsarmut – dass wir gegen den ganzen alten Plunder am sachlichsten argumentieren, wenn wir aufhören zu argumentieren, und uns hier in den Hausflur auf den Fußboden setzen. Das wollen wir jetzt tun."

(Peter Schneider: Wir haben Fehler gemacht. Rede auf der Vollversammlung der Freien Universität Berlin am 5. Mai 1967)

Am 23. Oktober 1968 kamen 150 Berliner Sozialarbeiterinnen und Sozialarbeiter zu einer Fortbildungsveranstaltung in das Haus Koserstraße. Ich hielt ein einleitendes Referat über „Rolle und Funktion des Sozialarbeiters in der gegenwärtigen Gesellschaft". Es war formal und inhaltlich noch sehr stark an der soziologischen Tradition der strukturell-funktionalen Schule orientiert, die ich in den Vereinigten Staaten kennen gelernt hatte. Es bestritt die Entscheidungsfreiheit des einzelnen Sozialarbeiters, nach eigenem, professionellem Ermessen zu handeln und ordnete seine Tätigkeit als stabilisierende Maßnahme des wirtschaftlichen und politischen Gesamt-Systems ein[1]. In der Diskussion zu diesem Referat wurden „Anträge zur Einberufung einer ‚allen Sozialarbeitern Berlins zugänglichen Versammlung' (Kongress) gestellt. Zur Vorbereitung dieser Versammlung, deren Ziel die Veränderung der Sozialarbeit sein sollte, wurde ein Komitee gewählt und beauftragt, die erforderlichen technischorganisatorischen Vorbereitungen zu treffen und alle Berliner Sozialarbeiter zu informieren"[2]. Der Kongress. kam nie zustande. Aber die zu seiner Vorbereitung gebildeten Arbeitsgruppen (Funktion und Ideologie der Sozialarbeit; Sozialbürokratie ; Heimerziehung ; Gesundheitswesen; Ausbildung; Sozialpädagogen im Republikanischen Club) waren der aktive Kern des Arbeitskreises Kritischer Sozialarbeiter (AKS), der über die Grenzen Berlins hinaus in den nächsten Jahren eine politische Rolle innerhalb der Sozialarbeiter-Bewegung spielen sollte[3].

Am 11. Dezember 1968 ertrotzten Kritische Sozialarbeiter aus dem Bezirksamt Berlin-Wedding eine Dienstbesprechung mit ihrer Amtsleitung über die katastrophale Arbeitssituation in der TBC-Fürsorge. Zu der Besprechung erschienen unangemeldet fünfzehn weitere AKS-Mitglieder aus anderen Berliner Bezirken, um die Teilnahme an der Dienstbesprechung zu erzwingen und die Kollegen in Wedding zu unterstützen. Der Weddinger Stadtrat ließ sich auf keine Diskussion mit ihnen ein, holte die Polizei und stellte Strafantrag wegen Hausfriedensbruchs. Auf einer Plenarversammlung des AKS im Januar 1969 kritisierte die Neuköllner Gruppe des AKS das unabgesprochene Go-In der fünfzehn: „Wir meinen, dass das Go-In nicht zur Methode erhoben werden soll, sondern eine demonstrative Handlung sein soll, die erst dann ihre Legitimation findet, wenn mehrere Versuche vorausgegangen sind, mit den gleichen Personen, gegen die sich die Aktion richtet, inhaltliche Diskussionen zu führen"[4]. Die zum Antrag erhobene Forderung fand in der Versammlung keine Mehrheit, und die Neuköllner erklärten, unter diesen Umständen nicht mehr im AKS mitarbeiten zu können. Tumultartig löst sich die Versammlung auf.

Diese Episode aus dem Gründungsjahr der Sozialarbeiter-Bewegung illustriert ein Thema, das für die Weiterentwicklung dieser Bewegung bestimmend bleiben wird: den Gegensatz zwischen berufstätigen Sozialarbeitern und Sozialpädagogen und Studierenden, die noch auf der Suche nach ihrer politischen und professionellen Identität waren. Mit diesem Gegensatz hingen zwei unterschiedliche Strategien zusammen. In der Sprache des AKS:

> „Die radikal-demokratische Position geht davon aus, dass die gegenwärtige Gesellschaft reformbedürftig ist. Sie orientiert sich deshalb an den unzulänglichen Arbeitsbedingungen und hofft, damit weite Teile der unzufriedenen Sozialarbeiter zu sammeln und bei ihnen langfristig ein kritisches Bewusstsein zu erreichen ... Aus ihrer Vorstellung von Veränderung heraus achtet sie besonders streng auf die Einhaltung formaldemokratischer Spielregeln und wehrt sich dagegen, durch Aktionen und

Veröffentlichungen von Teilen des AKS in die Nähe der APO gerückt zu werden ... Die sozialistische Position (sozialistisch hier im weitesten Sinne verstanden) sieht im Zusammenhang mit allen anderen Gesellschaftsbereichen durch die Bewusstseinsveränderung bei Sozialarbeitern die Möglichkeit der Überwindung des Kapitalismus ... Die Widersprüche am Arbeitsplatz haben für sie beispielhaften Charakter, die über die Solidarisierung breiter Teile der Kollegen langfristig zu einer Bewusstseinsänderung führen, die die Überwindung der gegenwärtigen Gesellschaft zur Folge hat. Was für die radikal-demokratische Position Ziel ist, ist für die sozialistische Mittel zur Erreichung ihres Zieles“[5].

Vierter Jugendhilfetag

Im Kern des AKS bildete sich im Frühjahr 1969 eine Gruppe von drei Sozialarbeitern, die eine monatlich erscheinende „Sozialpädagogische Korrespondenz der Kindergärtnerinnen, Erzieher, Jugendpfleger und Sozialarbeiter in Praxis und Ausbildung“ herausgaben. Die SPK sollte „die Trennung aufheben, die zwischen den sozialen Berufen aufgerichtet wurde. Es sollen Konflikte und Miseren am Arbeitsplatz geschildert und die Reaktion der Vorgesetzten aufgezeigt und analysiert werden“[6]. Willkommener Anlass für die Ausweitung der Wirksamkeit des AKS und der SPK über die Grenzen Berlins hinaus waren die Vorbereitungen auf den 4. Deutschen Jugendhilfetag im Mai 1970 in Nürnberg. Veranstalter der alle zwei Jahre stattfindenden Jugendhilfetage war die Arbeitsgemeinschaft für Jugendpflege und Jugendfürsorge (AGJJ, heute Arbeitsgemeinschaft für Jugendhilfe (AGJ“, in der sechzehn Jugendverbände, elf Landesjugendringe, sechs Spitzenverbände der Wohlfahrtspflege, die obersten Jugendbehörden der Länder und Fachorganisationen der Jugendhilfe zusammenarbeiteten. Schon auf dem 3. Deutschen Jugendhilfetag in Stuttgart (1968) war eine Podiums-Diskussion von Vertretern aus Jugendverbänden, Politik und Wissenschaft („Rebellion der Jugend-Herausforderung der , vergesellschafteten’ Jugendarbeit?“) aus dem Takt gebracht worden, als Demonstranten mit Spruchbändern und Fahnen in die Stuttgarter Liederhalle einzogen und die Teilnehmer aufforderten, den Raum zu verlassen und sich einer Demonstration gegen die von der christlich-sozialen Koalition eingebrachten Notstandsgesetze anzuschließen[7]. Am 4. Jugendhilfetag, das war die Strategie des AKS, sollten von vorn herein Kritische Sozialarbeiter und Kritische Studierende nicht als Demonstranten, sondern als argumentativ gut vorbereitete Teilnehmer in Erscheinung treten. Das Rahmenthema des 4. Jugendhilfetages war vom offiziellen Veranstalter relativ neutral formuliert worden: *Kindheit und Jugend in der Gesellschaft*. „Der 4. deutsche Jugendhilfetag sollte

- die gesellschaftlichen Strukturen analysieren, die das Leben von Kindern und Jugendlichen bestimmen;
- das Bewusstsein von Mitarbeitern in der Jugendhilfe für die gesellschaftli-

che Funktion der Jugendhilfe und für gesellschaftliche Verhältnisse, in denen sie geübt wird, schärfen;

- die Rolle der Jugendhilfe neu überdenken und bestimmen helfen ... Dieser Jugendhilfetag öffnet sich vor allem für kontroverse Standpunkte, da Vertreter kontroverser gesellschaftlicher Gruppen bereits bei der Planung beteiligt wurden“[8].

Als Gegenstrategie hatten Kritische Sozialarbeiter in verschiedenen Städten der Bundesrepublik im März 1970 eine *Sozialistische Aktionsgruppe Jugendhilfetag* gegründet und beschlossen: „Die Aktionsgruppe wird den Jugendhilfetag als Forum benutzen, und, wo nötig, umstrukturieren mit dem Ziel,

1. den Ausbeutungs- und Klassencharakter der westdeutschen Gesellschaft im Hinblick auf die Lage insbesondere der Kinder und Jugendlichen aus der Arbeiterklasse zu verdeutlichen;
2. den auf dem Jugendhilfetag Versammelten die gesellschaftlichen Bedingungen und die bisherige systemstabilisierende Funktion der Jugendhilfe zu demonstrieren;
3. die Berufssituation der Sozialarbeiter und Sozialpädagogen zu analysieren, ihnen Wege für eine systemüberschreitende politische Praxis in und außerhalb der Institutionen der Jugendhilfe aufzuzeigen und sie zu veranlassen, diese mit größerer Entschlossenheit zu beschreiten und sich zu diesem Zweck zu organisieren“[9].

Die ersten beiden Teilziele der Sozialistischen Aktion erschienen mir damals und erscheinen mir auch heute noch vernünftig und respektabel, das dritte Teilziel war wohl zu großsprecherisch geraten. Denn Wege zu einer systemüberschreitenden politischen Praxis in und außerhalb der Institutionen der Jugendhilfe kannte im Frühjahr 1970 niemand. Die in der Tat eindrucksvolle Praxis antiautoritärer Kinderläden war alles andere als ‚systemüberschreitend‘[10], der Versuch, diese Praxis auf die Hortarbeit mit Kreuzberger Arbeiterkindern zu übertragen, endete desillusionierend und chaotisch[11], die Wohngemeinschaften von Trebe-Jugendlichen aus der Staffelberg-Kampagne konnten im Regelfall nicht stabilisiert werden, und ein revolutionäres Subjekt systemüberschreitenden politischen Kampfes war weder im Produktions-, noch im Reproduktions- Bereich auszumachen.

Immerhin, einige Hundert Kritischer und Sozialistischer Sozialarbeiter, Sozialpädagogen und Studierende reisten gut vorbereitet und sendungsbewusst nach Nürnberg und wirbelten die Kongress-Dramaturgie gehörig durcheinander. Sie hinderten offizielle Redner am Reden, hielten ausführliche, „systemsprengende“ Gegenreferate, legten Resolutionen vor und ließen über sie abstimmen, setzten Arbeitsgruppensitzungen in eigener Regie fort, wenn die offiziellen Moderatoren die Veranstaltungen wegen Beschlussunfähigkeit eilends beendet hatten und zeigten sich insgesamt so ungebärdig, wie die Kenner der studentenbewegten Szene aus Groß- und Universitäts-Städten das seit Jahren gewohnt waren. Aber für viele Teilnehmer des Jugendhilfetages, die aus windgeschützten Ecken der Republik angereist waren, für Jugendamtsleiter aus der Provinz und für Geschäftsführer kleiner, verträumter Trägervereine der Jugendwohlfahrt mochten die turbulenten Szenen jenes 4. Jugendhilfetags in der Tat den Untergang von Sitte und Anstand, von Respekt und Ehrerbietung signalisieren. Zumal von den organisierten Störungen auch Hochschullehrer nicht verschont blieben, deren Ausführungen den meisten konservativen Teilnehmern schon viel zu weit gegangen waren. Albrecht Müller-Schöll vom Diakonischen Werk machte in seinem Kommentar zum 4. Jugendhilfetag drei Gruppen von Teilnehmern aus:

> „Die *Empörten*, von den Stürmen gegenwärtiger Auseinandersetzungen offensichtlich noch weithin verschont Gebliebener. Ihr Leitbild Jugendhilfe – entstanden in den fünfziger Jahren – war ins Wanken geraten. Noch lag ihnen die Abstempelung als , Sozialsanitäter ‘ (Moser in Bochum) im Magen. Das Programm hatten sie schon bei der Anreise als beunruhigend empfunden. Sie waren dennoch nach Nürnberg gekommen. Aber nun empfanden sie sich als Geprellte. Die zweite Gruppe, die *Liberal-Progressiven* vertraten zumeist Meinungen, die den einen zu progressiv, den anderen zu konservativ waren. Die dritte Gruppe endlich, die *Linksradikalen* zerfielen in mehrere Gruppen: am stärksten trat die *Sozialistische Aktion Jugendhilfetag* in Erscheinung. Ihr muss man wohl attestieren, dass sie sich auf den Jugendhilfetag gründlich präpariert und eine taktisch raffinierte Strategie entwickelt hatte. In alten Volkswagen und per Anhalter waren die zu dieser Gruppe Zählenden aus dem ganzen Bundesgebiet und aus Berlin angereist – rote Fahnen schwingend, feste Konzepte im Kopf und mit einem guten Dutzend antiautoritär erzogener Babys im Fond. Sie hatten nicht nur ihre Ausarbeitungen, sondern auch gleich die fertigen Entschließungen mitgebracht. Neben harten Informationen und guten Diagnosen hatten sie eine ansehnliche Portion Ideologie im Gepäck, und diese wurde mit sturer Penetranz verbreitet“[12].

Ulf Lüers, dessen Jugendhof auf dem Dörnberg wegen seiner konfliktpädagogischen Experimente zur politischen Bildung ins Schussfeld der Kasseler CDU-Fraktion geraten war, sah ideologische Verhärtungen nicht nur bei den Linken, sondern auch bei konservativen Teilnehmern des Jugendhilfetags :

> „Nonnen, die Bundestagsabgeordneten der CDU frenetisch zuwinkten; offensichtlich eingeübte Sprechchöre ‚APO raus' – die solche Begeisterungsstürme erweckten, dass man sich an die Filme über die Goebbelsrede im Reichssportfeld erinnerte. Doch die Gegenrufe: ‚Kirche raus' bewahrten davor, dieser Assoziation lange nachzuhängen. Schließlich kam es, wie es kommen musste -und eigentlich schon vorher präzise im Programm hätte ausgedruckt werden können: Das Podium wurde besetzt,

die Veranstaltung für geschlossen erklärt, Walzermusik versuchte, die Sprechchöre zu überspielen, der Kongress tanzte. Und ein Vorstand, der als alle weg waren, erklärte, so habe er das ja gar nicht gemeint und alles, alles sei unverbindlich gewesen"[13].

Die *Sozialistische Aktion Jugendhilfetag* hatte der Fachöffentlichkeit vor Augen geführt, dass eine neue Generation von sozialpädagogischen Praktikern, Studierenden und Hochschullehrern in Bewegung gekommen war, die sich nicht mehr widerstandslos auf das überkommene Idealbild ihres Berufs verpflichten ließ, die menschlichen Folgen gesellschaftlicher Ungerechtigkeit verständnisvoll und behutsam zu mildern. Damit hatte die *Sozialistische Aktion* der Weiterentwicklung von Sozialarbeit und Sozialpädagogik einen großen Dienst erwiesen. Christa Hasenclever, die damalige 1. Vorsitzende der AGJJ war eine der ersten „offiziellen" Berufsfrauen, die das erkannt haben mochte. Im Bundesjugendkuratorium zog sie eine insgesamt positive Bilanz:

> „Der Jugendhilfetag hat bestätigt, dass mit der studentischen Opposition, mit der außerverbandlichen Aktion etwas in Bewegung gekommen ist, neue soziale Impulse aufgebrochen sind, deren Experimente erst auf- und angenommen werden sollten. Ein Teil der aktiven Studenten ist nicht nur rhetorisch interessiert; besonders die immer zahlreicheren Sozialpädagogikstudenten sind an unmittelbar praktischer Jugendarbeit stark interessiert. Wir müssen ihre Kritik und ihre Praxis ebenso kritisch wie die Effektivität der traditionellen Jugendhilfe überprüfen und endlich ernst machen mit einer grundlegenden Reform der Notstände in unserem sozialen Rechtsstaat und damit deutlich machen: mit Schlagworten und mit Engagement allein ist von keiner Seite aus etwas zu verändern. Der Jugendhilfetag hat gezeigt, dass der Erziehungsbereich Jugendhilfe inzwischen eine gesellschaftspolitische Dimension gewonnen hat, über den engen Fachbereich hinaus für die Öffentlichkeit relevant wird und damit auch gesellschaftspolitischer Kritik und der Forderung nach Offenlegung und Kontrolle begegnet, ein Infragestellen bisher selbstverständlich hingenommener Privilegien und praktizierter Arbeitsmethoden hinnehmen und lernen muss, sich einer Kritik zu stellen, aus ihr zu lernen und ihr zu begegnen ..."[14].

Methodenkritik der Sozialarbeiter-Bewegung

Die Sozialarbeiter-Bewegung und ihre Arbeitskreise Kritischer Sozialarbeiter, die sich nach Berlin auch in Frankfurt, Hamburg und anderen Großstädten gebildet hatten, mussten in den folgenden Jahren lernen, mit der schwierigen Aufgabe fertig zu werden, eine politisch-ökonomisch fundierte Fundamentalkritik der bundesrepublikanischen Gesellschaft mit Hinweisen und Handreichungen für praktizierende Sozialarbeiter und Sozialpädagogen zu verbinden, wie unter den gegenwärtigen Arbeitsfeldbedingungen ihr Handeln so zu reformulieren wäre, dass sie im Interesse ihrer Kinder, Jugendlichen und Klienten tätig werden könnten. Erste Ansätze in dieser Richtung machte die *Sozialpädagogische Korrespondenz* in den Jahren 1971 und 1972, indem sie sich in einer Artikelserie kritisch mit den etablierten drei Methoden der Sozialarbeit auseinander setzte. Die Kritik der Sozialpädagogischen Korrespondenz an den klassischen Methoden litt, wie die damals bereits vorliegende Kritik (etwa von Helge Peters an der Einzelfallhilfe und von Jürgen Henningsen an der Gruppenpädagogik) daran, dass sie als *literarische* Kritik vorliegender *literarischer* Zeugnisse (vor allem in Form von Lehrbuch-Übersetzungen aus dem Englischen) vorgetragen wurde. Offensichtlich verfügten SPK und AKS nicht über Kritische Sozialarbeiter, die ihre kritischen Positionen aus der reflektierten *Anwendung* methodischer Postulate gewonnen hatten. Das mag seinen Grund darin haben, dass sich berufstätige Sozialarbeiter, Sozialpädagogen und Gemeinwesenarbeiter in jenen Jahren zwar auch organisierten, aber in anderen, eher berufsfeldbezogenen und teilweise berufsständischen Gruppen und Organisationen. Ich habe im zehnten Kapitel dieses Buches schon auf die Fachgruppen für methodisches Arbeiten der Sozialarbeiterinnen und die Sektion Gemeinwesenarbeit hingewiesen.

Die Kritik an der vertieften Einzelfallhilfe (SPK 1970, S. 17) ging nicht über den bereits von Helge Peters erhobenen Vorwurf fehlender wissenschaftlich-theoretischer Fundierung dieser Methode hinaus. „Ohne Theorie aber kann im wissenschaftlichen Sinne auch nicht von Methode die Rede sein, da beide eng zusammenhängen. Die Methode enthält operationale Vorschriften und Anweisungen, die angeben, wie theoretisch formulierte Erkenntnisse in Praxis umzusetzen sind“[15]. Es folgte der (beachtenswerte) ideologiekritische Dauervorwurf der Sozialarbeiter-Bewegung an der Einzelfallhilfe : sie diskriminiere, „weit davon entfernt, den Klienten über die wahren Ursachen seiner Hilfsbedürftigkeit aufklären zu können, … statt dessen die Opfer einer pathologischen Gesellschaft und betreibt weiterhin deren Anpassung an die sie krank-machenden Verhältnisse“[16]. Ich schreibe „beachtenswert“, weil auch ich meine, dass die meisten mir bekannten Richtungen praktizierter Einzelfallhilfe eher über Beziehungsprobleme zwischen einzelnen Menschen aufklären, als über die gesellschaftlichen Verhältnisse, die sie formen. Der Anpassungsvorwurf hingegen ist leichter zu formulieren, als durch praktikable Alternativen zu entkräften. Wer unter kränkenden und krank-machenden Verhältnissen leidet, dem wird die Aufforderung, diese Verhältnisse ändern zu helfen, wenig praktikabel vorkommen. Andererseits praktizierten zum Zeitpunkt der Kritik (1970) fortschrittliche Sozialarbeiterinnen längst nicht mehr die Einzelfallhilfe traditioneller Schule, sondern bemühten sich, zusätzliche Hilfequellen im Umfeld ihrer Klienten zu erschließen und sie aus der psychischen und sozialen Isolation ihrer Problemzentrierung herauszulösen.

1·Jg·1969 erscheint monatlich in Berlin 19·5·Nr.1

SOZIALPÄDAGOGISCHE KORRESPONDENZ

der Kindergärtnerinnen • Erzieher • Jugendpfleger • und Sozialarbeiter in Praxis und Ausbildung

ENTSTEHUNG UND ZIEL DER SPK

Seit längerer Zeit wird von den Kollegen und Kolleginnen in den Ämtern und Heimen, in den Tagesstätten und Jugendfreizeitheimen der Wunsch geäußert nach einem kontinuierlich erscheinenden Informationsblatt für alle Bereiche der sozialen und pädagogischen Arbeit.
Kollegen aus mehreren Bereichen der Praxis und Ausbildung haben die organisatorischen und inhaltlichen Fragen zu klären versucht. Sie legen mit dieser Nummer das erste praktische Ergebnis vor.
Die SPK soll zunächst monatlich erscheinen. Ob die SPK häufiger erscheinen wird, richtet sich nach der aktiven Mitarbeit der Kollegen. Vorläufig besteht die Redaktion aus drei Kollegen, die zusammen mit den Artikelschreibern die SPK gestalten.
Redaktionssitzungen sind öffentlich und werden bekannt gegeben.

Informationen über alle Bereiche der sozialpädagogischen Arbeit
Die SPK wendet sich an Kindergärtnerinnen, an Jugendleiterinnen und Jugendpfleger, an Erzieher und Sozialarbeiter, an Studenten und Dozenten der Ausbildungsstätten.
Eine ihrer Aufgaben wird sein, die Trennung aufzuheben, die zwischen den sozialen Berufen aufgerichtet wurde. Es sollen Konflikte u. Miseren am Arbeitsplatz geschildert und die Reaktion der Vorgesetzten aufgezeigt und analysiert werden.
Mißstände, bisher nur individuell getragen, werden öffentlich gemacht, am gesellschaftlichen Zusammenhang dargestellt, damit die Kollegen daraus fachliche und politisch-organisatorische Konsequenzen ziehen können.
Daher werden auch Berichte und Analysen über Sozialisation von Kindern, Jugendlichen und Erwachsenen veröffentlicht: von Gruppen, die innerhalb und außerhalb der Institutionen arbeiten. Wir werden uns um Übersetzungen von Berichten bemühen, die Erfahrungen in anderen Ländern schildern.
Die SPK wendet, sich an die 6000 Kindergärtnerinnen, 4500 Heimerzieher, an die 2400 Sozialarbeiter, an die Jugendleiter u. Jugendlichen, die konkrete Arbeit in der Praxis leisten oder noch in Ausbildung sind. Sie wendet sich nicht an die Minderheit der Stadträte und Büroleiter. Diese Damen und Herren Vorgesetzten werden informiert durch eigens für sie bestimmte Publikationen. Aber aus diesen Informationen ziehen sie keine Konsequenzen für die V e r ä n d e r u n g der P r a x i s. Den kollegen, die mit, den Schwierigkeiten der Praxis belastet sind, werden wichtige Informationen vorenthalten.

INHALT:
- Entstehung und Ziel der SPK
- Misere der Kindertagesstätten
- Wie kam es zu den Kampfmaßnahmen der Kindergärtnerinnen?
- Sozialarbeiter stehen zu den Kampfmaßnahmen der Kindergärtnerinnen
- Arbeitsgruppen des AKS

Sicherlich gibt es Vorgesetzte, die anders handeln. Das ist gut so. Aber es muß garantiert sein daß selbst dem isolierten Sozialarbeiter im Obdachlosenasyl oder der überarbeiteten Kindergärtnerin in der überfüllten Kindertagesstätte alle wichtigen fachlichen Informationen zugänglich sind.
Die SPK wird statt der Informationen von oben über den Dienstweg - die Möglichkeit der Information von der Basis an die Basis der Kollegen schaffen.

Abb. 31: Die erste Ausgabe der *Sozialpädagogischen Korrespondenz*, 1969

Der Gruppenpädagogik (SPK 1971, S. 19) wurde bescheinigt, dass sie ursprünglich auf die Demokratisierung der gesellschaftlichen Verhältnisse abgestellt gewesen sei, sich aber im Laufe der Zeit zu therapieähnlichen Behandlungsformen Einzelner herunterentwickelt habe. Heute habe sie ihren politischen Anspruch verloren, sie sei konfliktscheu geworden, operiere mit einem Menschenbild, in dem die Zugehörigkeit zu sozialen Schichten und Klassen nicht vorkomme und mute dem Individuum zu, „die in der Gesellschaft begründete Entfremdung in sich aufzuheben“[17]. So richtig diese summarische Ideologiekritik war, so wenig berücksichtigte sie die Weiterentwicklung von Gruppenpädagogik in dem Zeitraum zwischen den ersten Rezeptionsjahren und dem Jahre 1971. Damals lagen bereits zahlreiche Berichte über eine eigenständige deutsche Praxis vor, die mit den Begriffen „unpolitisch“, „konfliktscheu“, „nicht klassenspezifisch“ und „affirmativ“ nur unvollkommen beschrieben würden[18]. Außerdem war die parallel zur Sozialarbeiter-Bewegung verlaufende Studentenbewegung damals gerade dabei, die Gruppe gleichaltriger Kinder und Jugendlicher als Medium der politischen und gesellschaftlichen Selbsterziehung neu zu entdecken. Kinderläden, Jugendwohngemeinschaften, Studienkollektive und selbstorganisierte Ausbildungsprojekte waren in allen Städten mit Universitäten und Fachhochschulen aus dem Boden geschossen. Ihre Praxis hätte mit Gewinn in dem Spannungsfeld zwischen der Gruppenpädagogik Gisela Konopkas und der Kollektiverziehung Anton Makarenkos reflektiert und weiterentwickelt werden können. Das war nicht der Fall, und das hatte seine guten Gründe. Studierende und Praktikanten der Sozialpädagogik waren in jenen Jahren hochmotiviert, ihre eigene Praxis zu entwickeln und ihre eigenen pädagogischen Erfahrungen zu machen. Aus diesen Erfahrungen sollte jene neue gesellschaftswissenschaftlich begründete Theorie hervorgetrieben werden, welche den Fundus für die Formulierung neuer methodischer Handlungsschritte abgeben würde. Andererseits waren viele Hochschullehrer und Berufspraktiker nicht darauf vorbereitet, die neuen Praxisformen ihrer Studierenden und Praktikanten zur Kenntnis zu nehmen, kritisch zu reflektieren und als Anstöße zur Weiterentwicklung traditioneller methodischer Ansätze zu nutzen. Diese geringe Bereitschaft wurde durch curriculare Schwerpunktverschiebungen in den Studienplänen von Universitäten und Fachhochschulen unterstützt. An vielen Orten wurde die alte „Methodenlehre“ zugunsten einer „Arbeitsfeldorientierung“ (Vorschule und Hort, Jugendarbeit, Arbeit mit Behinderten, Arbeit mit Erwachsenen …) aufgegeben, und die systematische Weiterarbeit an der Methodenlehre blieb für das folgende Jahrzehnt auf der Strecke.

Die Kritik an der Gemeinwesenarbeit wurde in der SPK (1972, S. 21) im wesentlichen am Beispiel des Lehrbuches von Murray G. Ross vorgetragen. Sie deckte sich in weiten Teilen mit der Kritik, die ich 1969 in der Zeitschrift *deutsche jugend* geltend gemacht hatte. Ross gehe, so hieß es in der SPK, von einem idealtypischen strukturell-funktionalen Modell der Gesellschaft aus. Die Anlehnung an die Parsons'sche Systemtheorie sei unverkennbar, wo „die vollständig integrierte Gesellschaft als ein Zustand definiert ist, in dem sich , Mittel und Wünsche im Gleichgewicht befinden'. Der gesamte Prozess der Gemeinwesenarbeit Ross'scher Prägung lässt sich letztendlich in der simplen Formel zusammenfassen: *Da es unmöglich ist, im bestehenden ,System' die Mittel den Wünschen anzupassen, müssen die*

Wünsche den Mitteln angepasst werden“[19]. Saul Alinsky und seine Strategien der Mobilisierung von Slumbewohnern und proletarischen Minderheiten werden in aller Breite dargestellt und mit leichten Einschränkungen positiv bewertet: „Es sind drei Punkte festzuhalten, in denen Alinsky über die anderen hier behandelten Konzepte von Gemeinwesenarbeit hinausgeht. Zum ersten, indem er die *Selbstorganisation* der Bevölkerung zum wesentlichen Prinzip macht, zum zweiten, indem er die Erreichung des Ziels, der demokratischen Gesellschaft, von der *Machtfrage* abhängig macht, und zum dritten, indem er die Notwendigkeit der überregionalen *Organisation* (Hervorhebungen immer im Original, C.W.M.) betont“[20]. Die positive Bewertung der Stadtteilarbeit Alinsky'scher Prägung war für die Sozialarbeiter-Bewegung von besonderer Bedeutung, weil sie sich noch keine Klarheit darüber hatte verschaffen können, in welchen Feldern Sozialer Arbeit in Großstädten wie Berlin oder Frankfurt eine erfolgversprechende revolutionäre Berufspraxis entwickelt werden könne. In dieser Situation bot sich die besonders in Alt- und Neubau-Vierteln Berlins (Kreuzberg, Charlottenburg, Märkisches Viertel) beginnende Stadtteilarbeit als mögliches Praxisfeld an.

Nach der ersten Spaltung des AKS im Januar 1969 zeichnete sich eine weitergehende Fraktionierung zwischen einer kleinen Gruppe von Anhängern außerinstitutioneller politischer Arbeit in Schülerläden, Lehrlingskollektiven, mit Gastarbeitern, in Betrieben und Stadtteilen und einer Mehrheitsgruppe ab, welche die außerinstitutionelle Arbeit zwar nicht ablehnte, aber vorrangig die politische Tätigkeit am Arbeitsplatz und in den Bezirksämtern betonte, um an den tatsächlichen Bedürfnissen der Kolleginnen und Kollegen nach Demokratisierung ihrer behördlichen Tätigkeiten anknüpfen zu können. Im September 1969 verließen die Vertreter außerinstitutioneller Arbeit den AKS. „Zur Begründung führten sie den mangelnden Bewusstseinsstand der Mehrzahl der AKS-Mitglieder an, der sich in ihrem organisationsfeindlichen Verhalten und in ihrem illusionären Glauben an gesellschaftsverändernde Reformmöglichkeiten innerhalb der Institutionen äußere. Der AKS sei trotz der gemachten Erfahrungen nicht bereit, die erforderlichen Konsequenzen zu ziehen“[21].

Doch. Er zog sie. Nur auf eine andere als die von den Aussteigern erhoffte und erwünschte Weise. Er zog sie, indem er sich auf eine Strategie einigte, die den Anti-Institutionalisten notwendig als reformistisch erscheinen musste. Diese Strategie war durch Langfristigkeit, Zusammenhang zwischen inner-institutionellen Demokratisierungsprozessen und einem unterstützenden Druck durch betroffene Bevölkerungsgruppen und einer neuen Einschätzung partieller Reformen gekennzeichnet. „Sofern Sozialisten innerhalb einer nicht einmal vorrevolutionären Phase, in der systemzerstörende Aktionen undurchführbar sind, Reformen nicht pauschal als systemstabilisierend abtun, muss reformerisches Handeln bei der Strategiebestimmung berücksichtigt werden“[22]. Die Mehrheit des AKS hielt an der Einsicht fest, dass ihre praktische Arbeit innerhalb der Institutionen durch theoretische

Weiterbildung fundiert werden müsse. Da sie weder die Zeit noch die Ressourcen der Universitäten im Hintergrund hatte, um diese Weiterbildung mit eigenen Kräften zu betreiben, musste sie wieder auf Studenten (vor allem der Soziologie und der Politologie) zurückgreifen. Sie versuchte sich zweigleisig weiterzubilden und im Wechsel politisch-ökonomische Grundbildung und problemorientierte Anwendungsbildung zu betreiben („einmal Marx, einmal Bernfeld")[23]. Aber die Studenten, mit denen sie ihre Weiterbildung gemeinsam betreiben wollte, erwiesen sich als wenig zuverlässig, der damalige Stand ihrer Theorie-Aneignung war wenig tauglich, Umsetzungs-Strategien für die eigene berufliche Praxis zu produzieren. Oder, in den resignierenden Worten der Redaktion SPK in der Ausgabe, in der sich die Einstellung der Sozialpädagogischen Korrespondenz annoncierte: „Als die Kinder der Bourgeoisie die Arbeiterklasse ‚entdeckten', ließen sie mit der Randgruppenstrategie[24] auch den eben erst hergestellten organisatorischen Zusammenhang des AKS als ungenügend fallen"[25].

Kritik an der Idee des Sozialstaates

Dennoch und aus dem Nachherein betrachtet war die theoretische Diskussion der Studenten über die Reformierbarkeit des bürgerlichen Staates im Kapitalismus von Bedeutung für eine allgemeine Funktionsbestimmung von Sozialarbeit im gegenwärtigen Zustand der bundesrepublikanischen Gesellschaft. Dabei spielten zwei Positionen eine Rolle, die einmal von Wolfgang Müller und Christel Neusüß, zum anderen von Klaus Offe vertreten wurden.

Die Streitschrift von Wolfgang Müller und Christel Neusüß „Die Sozialstaatsillusion und der Widerspruch von Lohnarbeit und Kapital" erschien zuerst in der am Otto-Suhr-Institut der Freien Universität Berlin herausgegebenen Zeitschrift *Sozialistische Politik* (1970, Heft 6/7) und wurde nach der Spaltung der Redaktion dieser Zeitschrift in der ersten Nummer der neuen Zeitschrift *Probleme des Klassenkampfes* (Sonderheft 1. Juni 1971) nachgedruckt. Sie wurde an den Universitäten vor allem unter Pädagogen, Sozialpädagogen, Architekten und Stadtplanern heftig diskutiert, weil sie das progressive Selbstverständnis von Studierenden infrage stellte, die sich darauf vorbereiteten, eine revolutionäre Berufspraxis im Staatsapparat aufzunehmen.

In der Streitschrift ging es um die Frage, ob die Aufhebung kapitalistischer Produktionsverhältnisse *nur* durch kollektive Handlungen der revolutionären Arbeiterklasse erzwungen oder *auch* durch Maßnahmen und Einrichtungen des bürgerlichen Staates angebahnt und bewirkt werden könne. Die beiden Autoren argumentierten auf der Basis der klassischen Schriften von Karl Marx und Friedrich Engels (Grundrisse der Kritik der politischen Ökonomie, Deutsche Ideologie, Kritik des Gothaer Programms, Das Kapital), von W. I. Lenin (Staat und Revolution) und Rosa Luxemburg (Sozialreform oder Revolution) gegen eine Reihe von „revisionistischen Autoren“ wie Eduard Bernstein, Rudolf Hilferding, Fritz Naphtali, Paul Sering, Jürgen Habermas und Claus Offe. Die meisten dieser, zuletzt genannten Sozialstaats-Theoretiker gingen davon aus – so die beiden Autoren – „dass der Staat im Kapitalismus die Möglichkeit zu umfassender und bewusster Regulierung ökonomischer, gesellschaftlicher und politischer Prozesse hat. Dabei ist das eigentliche Terrain, auf dem der Staat als ‚Sozialstaat' sich als selbständig gegenüber der kapitalistischen Produktion erweisen soll, die Sphäre der ‚Verteilung des Sozialprodukts'“[26].

Diese Unterstellungen der Revisionisten hielten die beiden Autoren für illusionär. *Eine* Illusion bestehe darin, darauf zu hoffen, dass der Sozialstaat überhaupt etwas habe, was er zwischen den Klassen umverteilen könne. Da aber der Sozialstaat nicht den von den Produktionsmittelbesitzern erwirtschafteten Mehrwert besteuere, sondern nur den nicht wieder in die Produktionsmittel re-investierten Wert, habe der Sozialstaat keine Steuermittel, die er zwischen den Klassen umverteilen könne, sondern lediglich Steuermittel, die er innerhalb der Arbeiterklasse umverteilen könne. Eine *andere* Illusion bestehe darin, dass die Revisionisten glaubten, die Produktions- und Verteilungs-Sphäre auseinanderreißen zu können, dass sie darauf hofften, die sozialstaatliche Verteilungs-Sphäre sei politischen Zugriffen zugänglich und unterliege nicht den ökonomischen Zwängen der kapitalistischen Produktionsweise, unabhängig vom guten Willen einzelner Kapitalisten. Ein weiteres Problem bestehe darin, dass Sozialpolitik als Versuch der Sicherung von Reproduktionsrisiken von Arbeitern und Angestellten an kontinuierliche Wachstumsraten des Sozialprodukts gebunden wäre. Es wirke in Zeiten der Hochkonjunktur und versage während der immer wiederkehrenden Produktions- und Wachstums-Krisen. Schließlich interessierten sich revisionistische Sozialstaats-Theoretiker ausschließlich für die politischen Handlungsspielräume des Staates und nicht für die Arbeiterklasse als historisches Subjekt gesellschaftlicher Prozesse. Sie ersetzten Klassenkampf mehr oder weniger stillschweigend durch ein Konzept von pluralistischem Interessenausgleich in einer bürgerlich-parlamentarischen Demokratie.

Erst am Ende ihrer umfangreichen Streitschrift legten die Autoren offen, wogegen sie sich in praktischer Absicht richteten: gegen die enorme Überschätzung der Rolle des Staates im Spätkapitalismus, „die für einen großen Teil der Studenten- und Schülerbewegung kennzeichnend ist und deren materielle Basis nicht nur das Erlebnis von Polizeischlachten und Justizverfolgungen, sondern zugleich die Tatsache der errungenen Zugeständnisse und der gewährten Reformen der ‚Modernisierung des Bildungswesens'“ sei[27]. Außerdem hatten die Autoren in der Einleitung zu ihrer Streitschrift offengelegt, dass ihr „vorliegender Aufsatz … sich mit den revisionistischen *Theorien* vom Sozialstaat“ befasse. Er gebe also „keineswegs eine *Realanalyse* des heutigen Sozialstaats – dies wird erst in der Untersuchung einzelner Bereiche geschehen“[28]. Beide Einschränkungen wurden von der Studenten-Bewegung nicht hinreichend wahrgenommen. Die meisten Leser hielten die Streitschrift für eine Real-Analyse des *gegenwärtigen* Sozialstaats und missverstanden die Warnung der Autoren, sich in ihren Hoffnungen auf Überwindung des kapitalistischen Systems nicht auf den bürgerlichen Staat zu fixieren, indem sie sich in den folgenden Jahren umso gründlicher und ausschließlicher *nur noch* mit dem bürgerlichen Staat und seinen Vertretern auseinander setzten, als wäre dieser Staat dafür verantwortlich, dass die von ihnen angestrebten tiefgreifenden Demokratisierungs- und Reformierungsprozesse unterdrückt würden. *Ein* Ausdruck dieser illusionären Staatsfixierung war der von Anarchistenhand auf Berliner Mauern gesprayte Slogan „Der Staat macht keine Fehler – der Staat ist der Fehler".

Gegen diese „Fetischisierung" des als omnipotent vorgestellten bürgerlichen Staates setzte der Gesellschaftswissenschaftler Claus Offe erstmals in einem Gemeinschaftsreferat auf dem 16. Deutschen Soziologentag 1968 in Frankfurt[29] ein differenzierteres Bild gegenwärtiger Staatstätigkeit, das unter dem Stichwort „Horizontale Disparitäten-Theorie" bekannt geworden ist. Der Gegensatz zwischen „Arm" und „Reich" sei heute nicht mehr nur vertikal über die sozialen Klassen der Gesellschaft verteilt, sondern erstrecke sich auch horizontal auf bestimmte, von der wirtschaftlichen Entwicklung benachteiligte geographische Gebiete und Wirtschaftszweige und auf „biographische Marginalsituationen" (Alte, Kranke, Gastarbeiter). „In dieser Situation tritt ein Bedürfnis auf, das nicht den Kampf *um Lohnerhöhungen*, sondern den Kampf *gegen Lebensumstände* motiviert, gegen die wir uns auch im Falle einer Verdoppelung unseres Monatslohnes nicht durch den Kauf von Gütern und Leistungen zur Wehr setzen könnten"[30]. Der Kampf gegen die Verschlechterung der Lebensumstände finde nicht im Produktionsbereich, sondern im Reproduktionsbereich statt und vereine Menschen sehr unterschiedlichen Herkommens und unterschiedlicher Interessen für einen inhaltlich und zeitlich begrenzten Zweck. Damit bezog sich Offe auf die Bürgerinitiativen, die Anfang der Siebzigerjahre öffentlich in Erscheinung traten. Die „Anti-Revisionisten" lehnten diese Strategie ab, weil sie befürchteten, die Bürgerinitiativen würden dem Staat Arbeit abnehmen und Kosten sparen. „Sie stopfen Löcher, statt dem Übel auf den Grund zu gehen. Gleichzeitig dienen sie als ‚Frühwarnsystem' und nehmen bestimmte sozialpolitische Regelungen exemplarisch vorweg. Der Staatsapparat registriert auf diese Weise sich abzeichnende Konflikte eher und kann, um drohende Entwicklungen einzudämmen, Befriedungsmaßnahmen treffen"[31]. Dieser Kritik begegnete Offe mit der Forderung, um nicht zu belanglosen Hilfsorganen einer sowieso stattfindenden staatlichen Reformpolitik umfunktioniert zu werden, dürften sich Bürgerinitiativen „nicht an das Reglement halten, in dessen Grenzen die offizielle Reformpolitik verläuft. Das bedeutet konkret: die sachlichen, zeitlichen und sozialen Restriktionen, unter denen insbesondere die kommunale Verwaltung steht, müssen im Verlaufe von Bürgerinitiativen gesprengt werden"[32].

Aufgrund nordamerikanischer Erfahrungen in der Bürgerrechtsbewegung und aufgrund erster deutscher Erfahrungen von Bürgerinitiativen glaubte Offe zu erkennen, dass der bürgerliche Staatsapparat auf eine solche Strategie nicht einfach nur mit repressiven Maßnahmen antworten werde. Sein Handeln sei vielmehr von „interessenunspezifischen", „sachgesetzlichen Imperativen" bestimmt, die nicht notwendig mit den Interessen der Wirtschaft an optimalen Bedingungen für den Kapitalverwertungsprozess zusammenfielen. Die Sicherung wirtschaftlicher Stabilität und politischer Massenloyalität erfordere ein umsichtiges Krisen-Management und eine langfristige Vermeidungsstrategie, deren Entscheidungsspielräume durch eine von der Basis her wiederbelebte Öffentlichkeit immer wieder hinausgeschoben werden könnten.

Für die „Anti-Revisionisten" innerhalb der Studentenbewegung war diese Disparitäten-Strategie unannehmbar, weil der Kampf gegen die Verschlechterung der Lebensumstände nicht im Zusammenhang des organisierten Kampfes der Arbeiterklasse gegen die Bourgeoisie, sondern in sozial heterogenen Situationsgruppen geführt würde[33]. Da die bestehenden Organisationen der Arbeiterklasse ihrerseits „revisionistisch" handelten, mussten sich die studentischen „Anti-Revisionisten" ihre Arbeiterparteien selber machen (KPD und KB) und in einem mehrjährigen historischen Rollenspiel den langen Marsch durch die blauen Bände der Marx-Engels'schen Gesamtausgabe antreten. Auf dieses tragikomische Finale eines Teiles der Studentenbewegung[34] bezog sich die resignierende Feststellung in der letzten Nummer der *Sozialpädagogischen Korrespondenz*, als die Kinder der Bourgeoisie die Arbeiterklasse als historisches Subjekt entdeckten und den Marsch in die Geschichte antraten, hätten sie den eben erst hergestellten Zusammenhang mit den Kritischen Sozialarbeitern als unbedeutend aufgegeben.

Aus dem Nachherein betrachtet werden die unterschiedlichen Positionen von Studierenden einerseits und Berufspraktikern andererseits innerhalb der Studenten- und Sozialarbeiter-Bewegung erklärlich, wenn die unterschiedlichen Interessen beider Gruppen berücksichtigt werden. Die Studierenden *studierten* und befanden sich im Zustand der Suche nach einer für ihre Wünsche und Interessen angemessenen Berufsperspektive, die hoffnungsvollerweise eine „revolutionäre Berufspraxis" ermöglichen sollte. Angesichts des allgemeinen gesellschaftswissenschaftlichen Grundstudiums, das sie sich selbst verordnet hatten und das sie teilweise auch selbst organisierten, waren sie während ihres Studiums noch nicht auf bestimmte isolierte Berufsfelder festgelegt. So entschieden sich Theologen, Studienräte zu werden, Studienräte sahen die Erfüllung ihrer Berufswünsche plötzlich in einer Tätigkeit als Hauptschullehrer, angehende Architektinnen wurden Berufsschullehrerinnen, Studierende mit der 1. Lehrerprüfung in zwei Wahlfächern entschieden sich massenweise zum Weiterstudium im Schwerpunkt Sozialpädagogik und Sozialarbeit des neuen Diplomstudienganges, Psychologinnen wechselten zur Soziologie, Soziologinnen zur Bildungsökonomie. Die damalig Arbeitsmarkt-Situation machte ein solches Rochieren möglich und erleichterte die Formulierung ehrgeiziger Ansprüche an das Berufsfeld der eigenen Wahl. Die Berufspraktiker hingegen waren bereits nach abgeschlossener Ausbildung in einem Beruf Sozialer Arbeit *tätig* und konnten ihn nicht ohne weiteres und ohne Zusatzstudium und Zusatz-Qualifikationen verlassen. Sie mussten deshalb an Informationen und Handreichungen interessiert sein, wie sie ihre Berufsarbeit verändern könnten, um im Interesse ihrer Klienten tätig zu werden bzw. welche organisatorischen und institutionellen Veränderungen am Arbeitsplatz sie gemeinsam erstreiten müssten, um den repressiven und stigmatisierenden Charakter ihrer Berufsarbeit zu dämpfen.

Entdeckung verdrängter Erziehungslehren

Was hat dieser Richtungsstreit zwischen „revisionistischen" und „antirevisionistischen" Strategien zur Umwälzung der bestehenden gesellschaftlichen Verhältnisse in der Bundesrepublik Deutschland mit der Funktionsbestimmung von Sozialer Arbeit zu tun gehabt? Und was mit den klassischen Methoden der Sozialen Arbeit? Er machte uns[35] Ende der Sechziger- und zu Beginn der Siebzigerjahre deutlich, dass bei der Analyse und bei der Konstruktion methodischen Arbeitens in der Sozialen Arbeit sinnvollerweise immer drei Ebenen der Problemformulierung und der Problembearbeitung berücksichtigt werden sollten: die Ebene *gesamtgesellschaftlicher Zustände* und Entwicklungen, in deren Rahmen Soziale Arbeit organisiert ist (Makro-Ebene), die Ebene der Einbindung von *Einrichtungen und Maßnahmen* Sozialer Arbeit innerhalb des Netzwerkes sozialstaatlicher Institutionen, Gesetze und Rechtsverordnungen, finanzieller und personeller Ressourcen (*Mezzo-Ebene*) und die Ebene *konkreter Interaktionen* zwischen Vertretern der Sozialen Arbeit und ihren vielfältigen Klientengruppen (*Mikro-Ebene*)[36]. Die deutsche Rezeption von Einzelfallhilfe und Gruppenpädagogik, die ich in den vorangegangenen Kapiteln dieses Buches beschrieben habe, betonte vor allem die Mikro-Ebene methodischen Arbeitens und begnügte sich im Hinblick auf die Makro-Ebene mit allgemeinen Aussagen über den wünschenswerten Zustand „der" Gesellschaft und den Wert und die Würde „des" Menschen. Die Entwicklung einer eigenständigen Praxis von Gemeinwesenarbeit in der Bundesrepublik Deutschland führte zum ersten Male dazu, genauer den Zustand *der* Gesellschaft zu untersuchen, in der Gemeinwesenarbeit eine offensichtliche Notwendigkeit geworden war. Die Anstrengung, die mit einer realistischen und nicht-ideologischen Analyse gesellschaftlicher Zustände und Verhältnisse verbunden war, konnte von Sozialarbeitern und Sozialpädagogen *allein* weder während der praktischen Arbeit in den Berufsfeldern noch in der Ausbildung an Universitäten und Fachhochschulen geleistet werden. Zwar gibt es immer noch redliche Idealisten, welche die Entwicklung einer eigenständigen „Sozialarbeitswissenschaft" fordern, aber die Erfahrungen der

Studentenbewegung scheinen gezeigt zu haben, dass eine solche Aufgabe sinnvoll nur innerhalb einer größer dimensionierten wissenschaftlichen Disziplin angegangen werden sollte. Die alte Wohlfahrtspflege vor dem Ersten Weltkrieg war im wesentlichen den Staats- und Verwaltungswissenschaften zugeordnet. Die Sozialpädagogik der Weimarer Republik verdankte wesentliche Impulse der allgemeinen Pädagogik, vor allem in ihrer fortgeschrittenen Gestalt als Reformpädagogik. Die traditionelle Pädagogik als *Geistes- und Kulturwissenschaft* veränderte in den Sechzigerjahren die Weise ihrer Problemformulierung und Problembearbeitung in Annäherung an empirische Sozialwissenschaften wie Soziologie, Sozialpsychologie, Psychologie und Ethnologie. Die Studentenbewegung beschleunigte diese Neuorientierung durch die Forderung, zeitgenössische Erziehungswissenschaft sei nur als kritische Gesellschaftswissenschaft zu studieren und zu betreiben. Dieser Forderung schlossen sich zahlreiche Hochschullehrer und ihre wissenschaftlichen Mitarbeiter an. Angeregt und teilweise auch gedrängt durch kritische Studierende durchsuchten sie ihre Nachbar-Disziplinen nach vergessenen oder verdrängten gesellschaftswissenschaftlichen Erkenntnissen über das gesellschaftliche Wesen des Menschen, über die Bedeutung von Lehren und Lernen im Prozess menschlicher und gesellschaftlicher Entwicklungen und über die gesellschaftlichen Ursachen misslingender menschlicher Entwicklungs- und Lernprozesse. Dabei überschritten sie die institutionellen Grenzen der traditionellen Pädagogik, die überwiegend an den Problemen von Schule und Unterricht orientiert gewesen war und beschäftigten sich zunehmend mit Erziehungsfeldern und Erziehungsprozessen, die nicht in der Schule und von der Schule organisiert werden. Auf diese Weise leistete die neuere, gesellschaftswissenschaftlich orientierte Erziehungswissenschaft wertvolle Vor-Arbeiten und Zu-Arbeiten für eine wissenschaftliche Ausbildung von Sozialarbeitern und Sozialpädagogen. Allerdings unter einer Voraussetzung, die nicht von allen Praktikern, Studierenden und Hochschullehrern mitvollzogen wurde: Diejenigen, die sich an dieser Weiter-Entwicklung beteiligten, mussten bereit sein, Probleme und Tätigkeiten von Sozialarbeitern und Sozialpädagogen als Erziehungs-Tätigkeiten in einem erweiterten Sinne zu reformulieren. Das fiel Sozialpädagogen – vor allem, wenn sie von der reformpädagogischen Bewegung berührt worden waren – weniger schwer als Sozialarbeitern, die sich – in Übereinstimmung mit einem großen Teil ihrer tatsächlichen Berufsarbeit – eher als soziale Probleme Verwaltende, denn als zur Lösung sozialer Probleme Anleitende verstanden.

Die erste vergessene und verdrängte Erziehungs-Praxis, die im Zusammenhang mit der Studentenbewegung neu entdeckt und an Universitäten „aufgearbeitet" wurde, war die Internatserziehung des englischen Pädagogen Alexander S. Neill, der 1921 in Leiston in der Grafschaft Suffolk ein Landerziehungsheim gegründet und in einem nicht-direktiven, an Erkenntnissen der Psychoanalyse (vor allem in der Fassung von Wilhelm Reich) orientierten Erziehungsstil geleitet hatte. 1960 veröffentlichte er seine Erfahrungen unter dem Titel *„Summerhill. A radical approach to child rearing"*[37]. 1965 publizierte der Szczesny Verlag in München eine deutsche Übersetzung unter dem Titel „Erziehung in Summerhill. Das revolutionäre Beispiel einer freien Schule" mit mäßigem Erfolg. Vier Jahre später erwarb der Rowohlt-Taschenbuch-Verlag die Rechte an einer Paperback-Ausgabe und versah sie mit dem neuen Titel „Theorie und Praxis der antiautoritären Erziehung. Das Beispiel Summerhill". Diese Ausgabe wurde ein Riesenerfolg und Pflichtlektüre der meisten Pädagogik-Studierenden und aller Mitarbeiter in Kinderläden, Schülerläden und Eltern-Initiativ-Kindergärten. Über Alexander S. Neill wurde auch die verdrängte psychoanalytische Erziehungslehre von Sigmund Freud (1856–1939) vergegenwärtigt. Freud wurde dem radikaleren Teil der Studentenbewegung bald verdächtig, weil seine Psychologie als Psychopathologie des feudal-bürgerlichen Individuums erkannt wurde, welche für die emanzipatorische Erziehung von Arbeiterkindern wenig hergebe. Dafür trat Siegfried Bernfeld (1892–1953) ins Zentrum universitären Interesses. Ihm wurde bescheinigt, dass er kritische Wissenschaft und politische Praxis, Theorie und das praktische Experiment miteinander zu vereinen suchte. „Wer über psychoanalytische und antiautoritäre Kindererziehung und Probleme einer sozialistischen Heim- und Anstaltserziehung sich informieren möchte, kann an den Einsichten und Erfahrungen Siegfried Bernfelds nicht vorbeigehen" schrieb damals der Frankfurter März-Verlag zur Einführung einer von Reinhart Wolff und Lutz von Werder besorgten dreibändigen Auswahl aus Bernfelds Werken[38]. Siegfried Bernfelds Klassiker „Sisyphos oder die Grenzen der Erziehung" (1. Auflage 1925, Neudruck 1967) wurde zur Standardlektüre vieler erziehungs- und sozial wissenschaftlicher Seminare. Aber auch Bernfeld war, alles in allem, ein bürgerlicher Reformpädagoge gewesen. Im März-Verlag erschienen, als Kontrapunkt gedacht, historische Arbeiten von Edwin Hoernle (Grundfragen der proletarischen Erziehung (1929)) und Otto Rühle (Die Seele des proletarischen Kindes (1925)) Lutz von Werder und Reinhart Wolff erwarben sich große Verdienste, indem sie 1969 die Biographien und Bibliographien verschwiegener sozialistischer Erzieher und Erziehungswissenschaftler von A (Max Adler) bis Z (Clara Zetkin) kompilierten[39].

Das Interesse wuchs, internationale Erfahrungen bei der Erziehung von Kindern und Jugendlichen zur Kenntnis zu nehmen. Die israelische Kibbuz-Erziehung wurde Gegenstand zahlreicher Seminare und wissenschaftlicher Arbeiten. Die Kollektiverziehung Anton Makarenkos (1888–1939) fand eine neue, große und kritische akademische Öffentlichkeit, weil Makarenko seine kollektive Arbeitserziehung in den Kinderkolonien ja gerade in deutlichem Gegensatz zu den psychoanalytischen Erziehungskonzepten entwickelt hatte, die in den Jahren nach der Revolution bis in die Reihen des Ukrainischen Volksbildungs-Kommissariats hinein ihre Anhänger hatte, welche den Erziehungsstil Makarenkos als „Kommandeurs- Pädagogik" abqualifizierten.

Angesichts der Überzeugung, dass es keine „allgemeinmenschliche“ Erziehung gebe, sondern dass Erziehung immer Klassenerziehung wäre – zumindest, solange sie in kapitalistischen Gesellschaften stattfinde –, gewann die Frage an Bedeutung, wie die klassenspezifische Erziehung in der Familie aussehe und was sie bewirke. Damals lagen bereits empirische Untersuchungen über Erscheinungsweisen und Merkmale schichtspezifischer Familienerziehung[40] in den USA vor, die in Seminaren von Dietrich Goldschmidt an der Freien Universität rezipiert und von Wilfried Gottschalch, Marina Neumann-Schönwetter und Gunther Soukup an der Pädagogischen Hochschule Berlin popularisiert wurden[41]. Die aus der Kenntnisnahme schichtspezifischer Erziehung in der Familie und der Analyse allgemeinbildender Schulen als „Mittelklassen-Institutionen“ abgeleiteten Konzepte der „Gegensteuerung“ in Form „kompensatorischer Erziehung“ stießen wiederum auf die Kritik linker Gruppen. Diese erkannten in dem der kompensatorischen Erziehung zugrundegelegten „Menschenbild“ eine Abwertung von Arbeiterkindern, deren Sozialisation als „defizitär“ diffamiert werde und setzten der „kompensatorischen Erziehung“ eine komplementäre Erziehung entgegen, welche an den Stärken der Arbeiterkinder anknüpfen und sie zu „allseitig entwickelten Persönlichkeiten“ bilden sollte – ein Erziehungskonzept, dem in kapitalistischen Gesellschaften allerdings enge Systemgrenzen gezogen wären[42].

Projektstudium als methodisches Paradigma

Die Studentenbewegung hatte als Bewegung zur Reform der Universitäten und zur Reform des Studiums begonnen. Insbesondere der Sozialistische Deutsche Studentenbund (SDS), der Verband Deutscher Studentenschaften (VDS) und die Bundesassistentenkonferenz hatten in den fünfziger und sechziger Jahren zahlreiche Vorschläge zur äußeren und inneren Hochschulreform gemacht. Einer dieser Vorschläge, das *Projektstudium*, wurde innerhalb der Studentenbewegung aufgegriffen, praktiziert und an vielen Universitäten im Laufe der Jahre als Regelstudium oder als Alternative zum Regelstudium institutionell durchgesetzt und in Studienordnungen abgesichert. Auch der 1969 von der Kultusministerkonferenz bundesweit eingeführte Diplomstudiengang in Erziehungswissenschaft mit dem damals, populärsten Studienschwerpunkt „Sozialarbeit und Sozialpädagogik“ war als Projektstudiengang angelegt.

Das traditionelle geistes- und sozialwissenschaftliche Studium war an einzelnen Wissenschaftsdisziplinen (Fächern) orientiert, welche die Studierenden auswählten und zusammenhanglos nebeneinander her studierten. Zwar gab es in einigen Studiengängen (an Fachhochschulen und im Lehrerstudium an Pädagogischen Hochschulen) Praktika in den Semesterferien, oder, wenn es hoch kam, über ein ganzes Semester, aber die tragende Idee dieses Fächer-Studiums war es, dass die Studierenden *in ihren Köpfen* die unterschiedlichen Einzelfächer zu einer berufsqualifizierenden Einheit integrierten. Das Projektstudium sollte mit diesem traditionellen hochschuldidaktischen Ansatz brechen und reale Probleme und Situationen in ausgewählten Berufsfeldern, für die dieses Studium qualifizieren sollte, zum Gegenstand mehrere Semester dauernden „forschenden Lernens“ machen. Damit ein solches Projektstudium nicht zur umstandslosen Anpassung der Studierenden an die Rahmenbedingungen des jeweiligen Praxisfeldes verkäme, sahen sich Studierende und ihre Hochschullehrer veranlasst, am Rande der Universitäten eigene Praxisfelder aufzubauen, deren geringe institutionelle Verfestigung Lernprozesse dauerhaft ermöglichen sollte, ohne sie unter Hinweis auf die „nun einmal vorliegenden Sachzwänge“ vorzeitig und auf unfruchtbare Weise zu blockieren oder abzubrechen. Ohne sich bewusst auf das dreigestufte Vorgehen im Rahmen der klassischen Methoden der Sozialen Arbeit zu beziehen, wurde das Projektstudium aller Orten methodisch in ähnlicher Weise strukturiert, wie es die Klassiker der Methodenlehre in ihren Lehrbüchern vorgeschlagen hatten.

In einem *ersten* Schritt wählten Hochschullehrer ein Praxisfeld aus, das „gesellschaftlich relevant“ war, exemplarischen Charakter für die zeitgenössische Arbeitsweise, Problemstellung und Widersprüchlichkeit eines Segmentes Sozialer Arbeit besaß, für Studierende zugänglich war und in dem möglichst schon erfahrene Sozialarbeiter und Sozialpädagogen oder/und studentische Initiativgruppen tätig waren, deren Praxis im Projektstudium unterstützt und reflektiert werden konnte. In vielen Fällen waren es auch die Studierenden selbst, die im Rahmen ihrer Interessen und ihrer Nebentätigkeit in studentischen Initiativen Praxisfelder für das Projektstudium vorschlugen oder forderten. In einem *zweiten* Schritt bereiteten sich Hochschullehrer und Studierende durch Vorlesungen, Seminare und ein Studium der relevanten Fachliteratur auf die Probleme des Feldes vor, in dem sie tätig werden wollten und entwickelten gleichzeitig in diesem Feld eine erste „Untersuchungstätigkeit“, um die Angemessenheit der in der Fachliteratur formulierten Annahmen über die gesellschaftlichen Ursachen und die menschlichen Auswirkungen des zu bearbeitenden Praxis- und Problem-Feldes kritisch zu hinterfragen. In einem *dritten* Schritt formulierten sie die zu bearbeitenden Probleme unter der Perspektive von Fernzielen, mittelfristigen Zielen und Nahzielen und verständigten sich über ein gemeinsames Vorgehen, d. h. über die Aufeinanderfolge methodischer Einzelschritte. Dieses methodische Vorgehen wurde fortlaufend dokumentiert und in regelmäßigen Plenarsitzungen der Studierenden und ihrer Hochschullehrer, häufig auch zusammen mit den vom Projekt „betroffenen“ Kindern, Jugendlichen, Erwachsenen und Eltern kritisch reflektiert. Einzel-Supervision, wie sie im Rahmen methodischen Arbeitens bisher üblich und sinnvoll gewesen war, spielte in den ersten Jahren des Projektstudiums keine Rolle, sie wurde an einigen Universitäten erst in den Achtzigerjahren wieder eingeführt. Der *vierte* Schritt des Projektstudiums bestand in der abschließenden Auswertung der gesamten Projektarbeit und dem Versuch, wieder an die fachwissenschaftlichen Annahmen anzuknüpfen, die in der Vorbereitungsphase Gegenstand einer ersten Hypothesenbildung gewesen waren. Die Auswertung führte häufig zu umfangreichen und teilweise herausragenden Abschlussarbeiten, die als Fachbücher in pädagogischen Verlagen erschienen oder als „graue Literatur“ zur Vorbereitung der nächsten Studentengeneration an den Hochschulen kursierten.

Ich versage es mir, an dieser Stelle das Für und Wider des Projektstudiums zu diskutieren, dessen Anhänger ich bin und das unser Institut an Pädagogischer Hochschule und (später) an der Technischen Universität Berlin seit 1970 mit bisher schätzungsweise 220 unterschiedlichen Einzel-Themen betrieben hat. Die hochschuldidaktische Fachliteratur dazu ist inzwischen so umfangreich geworden, dass sie nur noch von Spezialisten übersehen werden kann[43]. Das Projektstudium hat eine Reihe von traditionellen Studienproblemen gelöst, und es hat eine Reihe von neuen Problemen organisatorischer, finanzieller, juristischer und berufsethischer Art aufgeworfen. Mir liegt im Rahmen dieses Buches daran, drei Strukturmerkmale zu betonen, welche den besonderen Charakter und die hochschuldidaktische Bedeutung dieses Studientyps ausmachen. *Projektstudium ist Gruppenstudium.* Es zwingt alle Beteiligten zur Analyse wirklicher Probleme und zur Konstruktion möglicher Handlungsschritte im sozialen Zusammenhang mit anderen Studierenden, mit Berufspraktikern, Hochschullehrern und den „betroffenen“ Kindern, Jugendlichen und Erwachsenen. Dieser „Zwang“ ist ebenso förderlich wie schmerzlich.

Projektstudium ist praktiziertes forschendes Lernen[44]. Es fordert ein ständiges Ineinander von Theorie-Entwicklung und Praxis-Entwicklung. Es zwingt zu dauernder intra-disziplinärer und inter-disziplinärer Zusammenarbeit. *Projektstudium ist berufsfeldbezogenes Studium an wenigen, exemplarischen Gegenständen.* Gerade ein Studium, das für komplexe und teilweise disparate Berufsfelder und Berufsfeld-Segmente qualifizieren soll, kann keinem Studierenden versprechen, dass es während seines Studiums ein Projekt in gerade jenem Berufsfeld offeriert, für das er sich schon bei Aufnahme des Studiums entschieden hat. Auch die Landschaftsplanerin, die sich während ihres Studiums mit der Anlage eines Naherholungszentrums beschäftigt hat, das die Bürgerinitiative *Grüne Hand* nach der Begrünung einer stillgelegten Müll-Deponie durchgesetzt hat, wird nicht erwarten können, dass das erste Projekt nach erfolgreichem Berufseinstieg wiederum ein Naherholungszentrum am Rande der Großstadt sein wird. Vielleicht wird sie sich als erstes mit der Aufgabe beschäftigen müssen, einen innerstädtischen Friedhof neu zu gestalten oder das Freigelände eines Zoologischen Gartens zu sanieren. Projektstudium kann nicht auf eine bestimmte Aufgabe in einem bestimmten Berufsfeld vorbereiten, es kann aber bei der Aneignung allgemeiner problem-bestimmender und problemlösender Vorgehensweisen und Verfahren helfen. So gesehen ist die Einführung des Projektstudiums innerhalb des Diplomstudiums an Universitäten und Fachhochschulen ein Beitrag zur Vermittlung methodischen Arbeitens in der Sozialen Arbeit. Und so gesehen hat diese Errungenschaft der Studentenbewegung einen direkten Bezug zu meinem Buch über die Geschichte der Methoden in der Sozialen Arbeit. Dieser Aneignungsprozess wird durch die Selbsttätigkeit der Studierenden und durch die Anleitung in der Hochschule gleichermaßen strukturiert. Dabei entstehen mit Sicherheit und Notwendigkeit Konflikte zwischen Studierenden, die auf Selbsttätigkeit pochen und Hochschullehrern, die für theoretisch-praktische Anleitung bezahlt werden.

Die Praxisfelder und Praxisprobleme, die seit 1969 im erziehungswissenschaftlich und sozialpädagogischen Studium an den Universitäten und Fachhochschulen bearbeitet wurden, waren an den vergessenen oder verdrängten Erziehungs-Traditionen orientiert, die auch im „literarischen" Studium wieder aufgegriffen worden waren: psychoanalytische Erziehungslehre, alle Facetten antiautoritärer Erziehungspraxis, sozialistische Erziehungspraxis, klassenspezifische Erziehungspraxis.

Die Studenten-Bewegung hat über das Interesse an allseitiger Erziehung der eigenen Kinder von Studierenden und über die Rezeption psychoanalytischer Erziehungslehre im Hinblick auf Säuglinge und Kleinkinder eine deutliche Aufwertung pädagogischer Arbeit im Krippen- und Kindergarten-Alter bewirkt. Solange eine Gesellschaft unter der ungleichen Bewertung männlicher und weiblicher Berufsarbeit leidet, ist es ein untrügliches Kennzeichen der Aufwertung eines früher weiblich dominierten Berufes, wenn sich plötzlich Männer für ihn interessieren. Die Kinderladen-Bewegung war zwar (zumindest in Berlin) von Frauen im Sozialistischen Deutschen Studentenbund angeregt worden, die nicht auf ihren Kindern sitzen bleiben wollten, während ihre Männer die Transformation der spätkapitalistischen Gesellschaft und den Befreiungskampf in der Dritten Welt diskutierten. In den Kinderladengruppen arbeiteten aber eine Zeit lang mehr Männer als Frauen in der praktischen Erziehungsarbeit, und die Kinderladen-Eltern achteten bei der Einstellung von neuen Erziehern sehr darauf, dass das Geschlechterverhältnis mindestens ausgeglichen war. Männer der Studentenbewegung entdeckten die Faszination erziehender Unterstützung der oralen und analen Phase ihrer Kinder, lange bevor die „neuen Väter" der Achtzigerjahre sich entschlossen ihre Kinder vor den Bauch zu schnallen. Die prominenten Themen aller Projekte in der damaligen Kleinkinder-Erziehung waren ein gelassenes Sauberkeitstraining am Ende der analen Phase ohne Zeitdruck, eine vorsichtige Erziehung zur Frustrationstoleranz ohne massive Intervention der Erwachsenen, großes Vertrauen in die Selbstregulierungs-Kapazität der Kleinkindergruppe selbst, gemeinsame Verantwortung von Frauen und Männern für die Alltagsprobleme der Kleinkinder-Erziehung und ein entspanntes Verhältnis der Erwachsenen zu allen Ausdrucksformen kindlicher Sexualität. Insbesondere die zuletzt genannte Forderung, die ja ein wesentliches Ergebnis psychoanalytischer Entwicklungspsychologie war, wurde auch auf Projekte mit älteren Kindern und Ju-

Abb. 32: Anstoß für die Kinderladenbewegung war der Wunsch vieler Mütter, sich aktiv an den Veranstaltungen der Studentenbewegung beteiligen zu können. TU Berlin 1968 (Landesbildstelle Berlin)

gendlichen übertragen. Es gab genügend Studierende, die sich an der Vorbereitung und Durchführung von Ferienzeltlagern mit Großstadt-Jugendlichen beteiligten und auf diesem Gebiet vor allem mit der Sozialistischen Jugend Deutschlands zusammenarbeiteten. Das gemeinsame Schlafen von Mädchen und Jungen in den Zelten, das gemeinsame Waschen und Duschen, die Toleranz gegenüber vielfältigen Ausdrucksformen von Zuneigung und Zärtlichkeit in der Zeltlageröffentlichkeit waren ein dauernder Konfliktstoff zwischen Veranstaltern, studentischen Projektgruppen und Jugendlichen einerseits und der pädagogischen und politischen Öffentlichkeit andererseits. Ähnliches gilt für die antiautoritäre Erziehungspraxis allgemein, soweit von ihr nicht nur die Kinder und Jugendlichen der Studierenden betroffen waren, sondern Kinder aus Arbeiter- und Angestellten-Familien. Hier wirkten sich die Unterschiede schichtspezifischer Familienerziehung und die unterschiedlichen Lebensperspektiven der sozialen Schichten deutlich wahrnehmbar, aber von den studentischen Projektgruppen nicht immer begriffen aus. Während studentische und jungakademische Eltern – nicht zuletzt aufgrund leidvoller Erfahrung mit der eigenen Erziehung – vor allem darauf bedacht waren, dass ihre Kinder nicht unnötig gegängelt würden und dass sie zusammen mit anderen Gleichaltrigen soziales Denken und Handeln lernten, das in der Kleinfamilie nur mit Mühe praktisch vermittelt werden kann, hatten Arbeiter- und Angestellten-Eltern große Sorge, dass antiautoritäre und repressionsfreie Erziehung ihren Kindern die Chance nehmen würde, in Kindergarten, Schule und Beruf den sozialen Aufstieg fortzusetzen, den sie gerade erst begonnen hatten. Ich habe noch den verzweifelten Ausdruck im Ohr, mit dem ein junger Bauarbeiter sich gegen den antiautoritären Erziehungsstil eines studentischen Projektes im Märkischen Viertel zur Wehr setzte: „Aber auch antiautoritäre Erziehung ist doch *Erziehung*!!!“ Viele von uns haben erst sehr viel später begriffen, dass ein solcher Ausbruch nicht das Unverständnis eines proletarischen Vaters für eine vernünftige Erziehungspraxis signalisierte, sondern die berechtigte Furcht vor den sozialen Folgen einer Erziehung, die nicht für die Kinder der eigenen Klasse gedacht und gemacht worden war.

Alle sollen alles lernen

Das war das revolutionäre didaktische Prinzip des tschechischen Pädagogen Johann Amos Komensky (1592–1670) der in latinisierender Form seines Namens als ‚Comenius' in die Geschichte der Erziehungswissenschaft eingegangen ist. Das ganze Menschenleben sei eine Erziehungsaufgabe und die Schule solle ‚alle alles lehren' (*Didactica magna*, 1657). Für reformorientierte hochschuldidaktische Lehrerinnen und Lehrer war das Projektstudium eine geeignete Möglichkeit, eine Didaktik vom sinnlich Erfahrenen und experimentell Erprobten hin zu vorsichtigen Formen wissenschaftlicher Verallgemeinerung zu entwickeln.

So einfach es für studentische Projektgruppen war, die gegenwärtige Erziehungspraxis in Familie, Kindergarten und Schule als eine Erziehung zu beschreiben, die dem Interesse der herrschenden Klasse diene und den aufstiegsorientierten Mittelschichten nütze, so schwierig war es für sie, eine neue Erziehungspraxis zu erfinden und zu erproben, welche an die entwickelten Fähigkeiten von Arbeiterkindern anknüpft, ohne diesen Kindern die Möglichkeit zu verbauen, in dieser Gesellschaft einigermaßen passabel zu überleben. Ich denke, wir haben in einigen der Kinder- und Jugend-Projekte im Rahmen des Diplomstudiengangs an der (inzwischen aufgelösten) Pädagogischen Hochschule Berlin Anfang der 70er Jahre eine didaktische Tendenz erarbeitet, die ausbaufähig war und auch heute noch ist. Ich will diese Tendenz an der Entwicklung der Projekte „Das ‚Fest' im Märkischen Viertel“ [45] und „Abenteuerspielplatz – Wo Verbieten verboten ist“[46], verdeutlichen und mich dabei streng an den damals formulieren Auswertungstext halten.

In der Einleitung ihrer Auswertung des Projektes „Das ‚Fest' im Märkischen Viertel“, das ein in sich geschlossenes Ferien-Spiel-Angebot für die Kinder dieses Neubauviertels darstellte, schrieben Mitlieder der Projektgruppe in kritischer Auseinandersetzung mit der damals vorherrschenden psychoanalytischen Erziehungslehre, sie hätten den „Arbeiterfrauen bedeutungsvolle

Fragen nach dem Zeitpunkt des Abstillens, der Sauberkeitserziehung, dem Verhältnis zu den Geschwistern, nach besonderen Ängsten (schreckhaftes Erwachen nachts? Wasser? Hunde?) gestellt, nach besonderen Vorlieben (Malen, Rad fahren, Vorlesen?), nach Krankenhausaufenthalten. Die Mütter waren einerseits beeindruckt durch so ungewohnt professionelles Vorgehen, denn beim Anmelden in der Kindertagesstätte werden im allgemeinen nur Zahlungsmodalitäten besprochen. Andererseits entwickelte sich auch ein Leistungsdruck. Die Mütter versicherten, die Kinder seien schon mit einem Jahr sauber gewesen, überhaupt sehr sauber, kurz: die Fragen gingen an der Erziehungsrealität vorbei. Ein Beispiel für viele: die meisten Kinder waren mehrere Monate ferienverschickt gewesen. Vor dem Hintergrund der Psychoanalyse assoziierten Studenten: Trennungstrauma und fragten nach Folgeerscheinungen wie Bettnässen. Erst nach praktischen Erfahrungen erkannten sie die Klassengebundenheit solcher Vorstellungen. Denn für Arbeiterkinder bedeutet eine Verschickung, zum erstenmal in einer Umgebung zu leben, die bewusst auf Kinder eingestellt ist. Für die meisten Arbeiterkinder ist Ferienverschickung deshalb eine ausschließlich positive Erfahrung“[47]. Die Autorinnen der Einleitung zu diesem Bericht erkannten rückblickend, dass sie die These, dass Arbeitereltern über Erziehung nicht zu erreichen wären, im Laufe des Projektes fallen lassen mussten.

> „Es wurde deutlich, dass Arbeitereltern an Erziehungsproblemen sehr wohl interessiert sind – nur nicht an *jenen* Erziehungsproblemen, die von den Studenten in den Vordergrund gestellt wurden. So wurde zum Beispiel das Problem ‚Rauchen von Zwölf jährigen' von studentischen Betreuern einfach nicht ernst genommen. Voll mittelständischer Liberalität erklärten sie es zum Problem von untergeordneter Bedeutung. Sie erkannten nicht, wie sich am Beispiel ‚Rauchen' für Arbeitereltern die Erfahrung des eigenen Ausgeliefertseins an schädliche und teure Konsumgewohnheiten festmachen kann, und dass sie diese Erfahrungen ihren Kindern ersparen wollen. Die langfristige, zusammenhängende pädagogische Arbeit der Volkstheaterkooperative und anderer Gruppen, die im Plenum Märkisches Viertel der Pädagogischen Hochschule Berlin ihre Erfahrungen austauschten, drängte uns mehr und mehr zu der Erkenntnis, dass sowohl der psychoanalytische als auch der behavioristisch-soziologische Ansatz der gängigen Sozialisationsforschung Vorurteile verursachte oder verstärkte, die uns daran hinderten, das Verhalten von Arbeiterkindern nicht nur als notwendig im Zusammenhang mit ihrem Lebensmilieu und ihrer Erziehungspraxis zu begreifen, sondern auch als nützlich und schöpferisch zu bewerten. Wir entdeckten plötzlich bei unseren Kindern auf den Abenteuer- und Bauspielplätzen, im Kindertheater und im Spielklub Eigenschaften, die wir bisher nicht gesehen oder anders genannt hatten. Nämlich Kampflust und Risikobereitschaft, langfristige Planung und Ausdauer beim Experimentieren, einen schöpferischen Umgang mit dem, was wir Erzieher ‚Wahrheit' nennen, vielfältige For-

men der Arbeitsteilung bei gleichzeitiger Fähigkeit zur Kooperation, frappierendes Sprachverhalten, in Situationen, wo die Kinder eine faszinierende Spielhandlung besprachen, statt (wie in den meisten Vorschulprogrammen) das Sprechen an die Stelle des Handeins setzen zu müssen. Wir entdeckten die Bedeutung der Spielumwelt für das Verhalten unserer Kinder im Spiel. Wir entdeckten, dass Kinder, die gelangweilt vor einem weißen DIN A4-Bogen saßen, plötzlich ungeheuer munter wurden, wenn es darum ging, eine Straße zu bemalen oder ein Haus. Dass Kinder, die nicht sieben Pflaumen und drei Birnen zu zehn Stücken Obst zusammenzählen mochten, plötzlich komplizierte Preisvergleiche in der Spielstadt anstellten, weil sie nicht aufgefordert worden waren, zusammenzuzählen, sondern einzukaufen."

„Wir entdeckten, dass es einen gewaltigen Unterschied machte, ob unsere Kinder in einem Wohnzimmer zusammen spielten (24 qm), einer Fabrikhalle (380 qm) oder auf einem Bauspielplatz (600 qm). Wir entdeckten, dass es einen gewaltigen Unterschied machte, ob die Aufforderung, ein bestimmtes Spiel zu spielen, durch einen Erzieher ausgesprochen wurde oder ob sie durch das Arrangement der räumlichen und sächlichen Umstände suggestiv vermittelt wurde. Wir erkannten, dass die meisten Kinderspiele, die von Erziehern erfunden und durchgesetzt werden, diese Kinder im Umgang mit Symbolen schulen sollen. Und dass die meisten Arbeiterkinder, deren Eltern nicht für den Umgang mit Symbolen bezahlt werden, sondern für die Bearbeitung der Materialien, die durch die Symbole abgebildet werden, erst dann richtig wach wurden, wenn sie an diesen Symbolen vorbei die Wirklichkeit begreifen konnten."

„Indem wir Kinder bei Spielen beobachteten, lernten wir das Abenteuerspiel und das Rollenspiel dieser Kinder ernst zu nehmen und auf dem Handlungsareal einer von uns allen gemeinsam gebauten Spielstadt[48] zu einem neuen Gesellschaftsspiel zu verbinden."

„Die Sache mit dem Abenteuerspiel ging von den Beobachtungen eines dänischen Landschaftsarchitekten aus, dass Kinder weniger gern auf den vorfabrizierten, mit Buddelkästen und buntem Klettergerüst armierten Kinderspielplätzen spielten als auf ‚ernsthaften' Baustellen und Schrottplätzen[49]. Diese Beobachtung scheint übrigens für die meisten Kinder zu gelten, egal, aus welcher Klasse und aus welcher Schicht[50] sie kommen. Nur: Bürgerkindern wird es eher als Arbeiterkindern verboten, schmutzig, zerrissen und mit Brüschen am Knie vom Bauspielplatz nach Haus zu kommen. Im Laufe eines langen, verschlungenen Sozialisationsprozesses wird dann, so scheint uns, der gemeinsame Spaß von Kindern, mit Wasser, Feuer, Sand und Erde umzugehen, bei einigen Kindern ins Konstruktionsbüro gelenkt, wo Architekten Häuser entwerfen, bei vielen anderen Kindern hingegen auf die Baustelle, wo Baukolonnen Häuser hochziehen. Pädagogen, eher an der Erziehung von Architekten interes-

Abb. 33: Erziehung zum kollektiven Handeln; aus: Kursbuch 24, 1971

siert als an der Erziehung von Bauarbeitern, preisen die Erfindung des Lego-Bausteins. Weil man mit ihm bauen und dabei die kindliche Feinmotorik und konstruktive Fertigkeiten schulen kann. Richtig. Aber dabei muss bedacht werden, dass es einen Unterschied macht, ob bestimmte Kinder mit Symbol-Steinen umgehen oder mit realen Balken, Latten und Nägeln. Dass es einen gewaltigen Unterschied macht, ob Kinder Lego-Steine zu einem Haus zusammenfügen, in dessen Garage man ein

> Matchbox-Auto unterbringen kann, oder ob Kinder eine Pfahlhütte bauen, in der sie Kaffee kochen können."[51]

Diese, an den Erfahrungen, Kenntnissen und Fertigkeiten („den Stärken") von Arbeiterkindern anknüpfende pädagogische Praxis ist von Rechts wie von Links kritisiert worden. Von Rechts wegen des offensichtlichen Lehrziels, diese Kinder durchsetzungsfähig für den Klassenkampf zu machen, von Links wegen der theorielosen „Handwerkelei", durch die wir mit Versuch und Irrtum auf ein paar richtige Erkenntnisse gekommen seien, im übrigen aber „nur ausgesprochen Verworrenes zum Verhältnis von gesellschaftlicher Wirklichkeit, Aufklärung, Bedürfnis und Erlebnis mitgeteilt hätten"[52]. Nun war in jenen Jahren in der Tat auch den uns vorliegenden entwicklungs- und lern-theoretischen Ansätzen eine neue, methodisch formulierte Praxis in der pädagogischen Arbeit mit unseren Kindern aus dem Märkischen Viertel nicht abzuleiten, und die 11. These von Karl Marx über Ludwig Andreas Feuerbach allein gab dafür auch nicht viel her[53]. Die Ergebnisse lerntheoretischer Grundlagenforschung, die uns seinerzeit hätten helfen können, wurden erst einige Jahre später in deutscher Sprache zugänglich: Das Psychologische Institut der Freien Universität Berlin legte erst 1973 die Arbeit von Alexejew Nikolajew Leontjew ‚Probleme der Entwicklung des Psychischen' vor, und der erste internationale Kongress zur Tätigkeitstheorie fand erst im Oktober 1986 in der Berliner Hochschule der Künste statt[54].

Heimerziehung

Es gab eine Institution innerhalb der Sozialen Arbeit, in der seit einem Jahrhundert Arbeiterkinder und Arbeiterjugendliche massiert untergebracht worden sind: die von Kommunen und privaten Trägern betriebenen *Erziehungsheime*. Seit den Jahren des Kaiserreiches waren sie Gegenstand öffentlicher Kritik, weil sie Kinder und Jugendliche unterdrückten und in mehr als der Hälfte aller Fälle ihr Erziehungsziel der Wiederanpassung ihrer Zöglinge an ein selbständiges Leben in Freiheit (Resozialisierung) nicht erreichten. Seit den Anfängen der Studentenbewegung waren Erziehungsheime ein bevorzugtes Ziel studentischer Initiativen und Ausbildungsprojekte. Studierende der Sozialpädagogik kamen bei Besichtigungen von Erziehungsheimen in Berührung mit einzelnen Heim-Jugendlichen und versprachen ihnen Hilfe für den Fall, dass sie eines Tages das Heim verlassen wollten. Dieser Tag kam sehr rasch, und Heimjugendliche auf der Flucht aus dem Heim standen vor den Türen studentischer Wohngemeinschaften, weil sie es im Heim nicht mehr aushielten. „Die studentischen Kommunen und Wohngemeinschaften waren in keiner Weise den Ansprüchen gewachsen, die der Ansturm der Heimzöglinge und Rocker an sie stellte: Sie konnten weder Wohnraum noch Geld zur Verfügung stellen, weil sie selbst von beiden nicht genug hatten; sie waren selber psychisch zu labil, um die Belastungen ihrer Gäste noch mittragen zu können; sie stellten einen politischen Anspruch, der sich mit der Wirklichkeit der Jugendlichen nicht in Einklang bringen ließ"[55].

Studenten-bewegte Sozialpädagogen, die dennoch versuchten, in ihrem Projektstudium oder am Rande ihres Studiums Wohngemeinschaften nach dem Vorbild der studentischen Berliner Kommune 2 aufzubauen, ließen sich dabei von der Hoffnung leiten, dass die Heimjugendlichen, weil sie am deutlichsten und direktesten unter den pädagogischen Repressionen des kapitalistischen Systems leiden mussten, besonders schnell zu mobilisierende Kämpfer gegen dieses System abgeben würden. Diese Hoffnung erwies sich als unrealistisch. Zwar gab es in der Heimerziehung genügend Anlass für Strukturreformen im Interesse der Heim-Kinder und -Jugendlichen. Die Lehrlingskollektive in Frankfurt und das Georg-von-Rauch-Haus in Berlin schienen auch zu beweisen, dass eine Selbst-Organisation von Heimjugendlichen ohne Gängelung durch Sozialpädagogen möglich sei (allerdings unter optimalen äußeren und inneren Bedingungen und unter Mithilfe einer problembewussten und verständnisvollen Jugendverwaltung), aber dieser pragmatische Reformansatz erschien den politisch anspruchsvollen Studenten-Bewegten zu mager, zumal sie seit 1970 mit dem Aufbau nichtrevisionistischer Arbeiterorganisationen befasst waren und nach zuverlässigen Führungs-Kadern für diese Organisationen suchten. Ihr Informations-Organ, die *Rote Presse Korrespondenz* (RPK) rief deshalb für den 7. und 8. Februar 1970 zu einer Randgruppen-Konferenz in der Berliner Technischen Universität auf, um mit Studenten und Sozialpädagogen die weiteren politischen Perspektiven dieser Arbeit zu bereden. Das Vorbereitungskomitee veröffentlichte schon vor der Konferenz eine allgemeine politische Einschätzung der Arbeit mit jugendlichen Randgruppen, die deutlich erkennen ließ, dass die Veranstalter auf die Frage nach der Sinnhaftigkeit dieser Arbeit schon vor der Konferenz eine Antwort parat hatten. In der Vorab-Einschätzung wurden die Kinder und Jugendlichen in Erziehungsheimen als Teil des von Karl Marx so bezeichneten „Lumpenproletariats" eingeordnet, sie besäßen „eine geringe Frustrationstoleranz und Ich-Stärke, d. h. sie sind unfähig, durch Ertragen von Konflikten und Spannungen, durch Erarbeiten von Fähigkeiten und durch Knüpfen von festen menschlichen Beziehungen den sich ihnen stellenden Problemen zu begegnen …"[56]. Dort, wo solche Jugendliche in studentische Wohnkollektive aufgenommen worden seien, wären die Erfahrungen in allen Fällen negativ gewesen. Die Jugendlichen wären weder bereit gewesen, sich an politischen Aktionen zu beteiligen, noch ihren Teil zum kollektiv organisierten Alltag der Wohngemeinschaften beizutragen. Sie hätten durch Heimerziehung und Jugendarrest eine tief begründete Abneigung gegen kollektives Leben. „Sie haben in diesen ‚Kollektiven', in denen sie meist zwangsweise leben mussten, ständig erlebt, dass dort gegen ihre Bedürfnisse und Interessen gehandelt worden ist. Die Betroffenen interpretieren die Fehler des heutigen Gemeinschaftslebens in den Heimen als unabänderlich für jedes gleichwie strukturierte Kollektiv. Sie sagen oft, Gemeinschaft ist grundsätzlich gegen meine Bedürfnisse, es sei denn, sie lässt sich für meine Interessen ausnutzen. Es ist sicher sehr lange Zeit praktischer Solidaritätserfahrung notwendig, um ihnen dieses verwurzelte Misstrauen zu nehmen … Der Sprung von der karitativen Hilfe zur Erziehung zum Klassenkampf ist erst zu leisten, wenn relevante Gruppen der Arbeiterklasse sich zum Kampf gegen das kapitalistische System organisiert haben, wenn die Integration eines bestimmten Teils der Jugendlichen in eine proletarische Organisation möglich ist, und von dieser Organisation die für alle Jugendlichen notwendige Klassenerziehung geleistet werden kann."[57]

Das Ergebnis der Konferenz entsprach dann auch mehrheitlich der Vorab-Einschätzung des Vorbereitungskomitees. „In der Diskussion wurde Übereinstimmung darin erzielt (bis auf eine Gruppe aus Münster, die ihren bornierten aktivistischen Standpunkt nicht aufgeben wollte), dass Heimkampagnen weder fortgeführt noch neu aufgenommen werden … Allgemein wurde anerkannt, dass allein eine zu schaffende revolutionäre proletarische Jugendorganisation die Integration der deklassierten Jugendlichen ins Proletariat ermöglicht und die Verwahrlosung, der tendenziell alle proletarischen Jugendlichen ausgesetzt sind, politisch wenden kann … Als Alternative wurde einerseits die proletarische Kinder- und Jugendarbeit im Rahmen einer organisierten Stadtteilarbeit und andererseits Betriebsarbeit diskutiert, die nicht voneinander zu trennen sind. Allerdings wurde die Arbeit nur als sinnvoll und erfolgversprechend angesehen, wenn sie unter dem Primat der Klassenanalyse steht und darauf zielt, Kader für eine revolutionäre Organisation heranzubilden"[58]. Studentische Initiativen und Studienprojekte, die sich nicht an das Verdikt der *Roten Presse Korrespondenz* gebunden fühlten und die nicht den Ehrgeiz hatten, eine neue nicht-revisionistische Arbeiter-Partei aufzubauen, hatten langfristig gesehen beachtliche Erfolge bei Reformen innerhalb der Berliner Heimerziehung. Ausbildungsprojekte (Theorie-Praxis-Seminare) meines Kollegen Gunther Soukup beispielsweise halfen die Existenz des Georg-von-Rauch-Hauses zu sichern, organisierten ein ständiges Plenum Berliner Heimerzieher, gründeten eine selbstorganisierte Heimerzieher-Zeitung (HEZ) und einen Verein zur selbstorganisierten Fortbildung von Heimerziehern (QUABS). Sie trugen dazu bei, dass immer mehr Berliner Erziehungsheime einen Teil ihrer Plätze in selbständigen Wohngemeinschaften aus den Heimen auslagerten, damit die lähmende Totalversorgung der Jugendlichen im Heimalltag durchbrochen werden konnte[59].

Der Beitrag der Sozialarbeiter-Bewegung, der Studenten-Bewegung und der Studienreform zur Weiter-Entwicklung methodischen Arbeitens in der Sozialen Arbeit ist nicht einheitlich. Er richtete sich zunächst vor allem auf den Makro-Aspekt jeder vernünftigen Methodenlehre: die Analyse der gesellschaftlichen Bedingungen, die jene sozialen Probleme erzeugen, die methodisches Arbeiten überhaupt erst notwendig machen. Die breite Rezeption psychoanalytischer und antiautoritärer Erziehungslehre war notwendig und lange überfällig. Sie nützte sicherlich den Kindern der an dieser Rezeption beteiligten Studierenden und Jung-Akademiker wesentlich mehr als den Arbeiter-Kindern und -Jugendlichen. Ansätze zu einer eigenständigen und positiven, Klassenspezifika berücksichtigenden sozialpädagogischen Arbeit mit Arbeiterkindern waren zwar vielversprechend, blieben aber Randerscheinungen. Die Gruppenpädagogik hätte von einem neu gewonnenen Verständnis für die Bedeutung selbst bestimmten, verantwortlichen Handeins in selbstorganisierten Gruppen Gleichaltriger profitieren können, wenn sie die entsprechenden praktischen Versuche von Studierenden und ihren Hochschullehrern zur Kenntnis – und ernst – genommen hätte. Die Weiterentwicklung von Gemeinwesenarbeit wurde durch studentische Aktivitäten und Studienprojekte im Rahmen von Stadtteilarbeit ohne Zweifel bereichert. Diese Projekte bargen aber auch die meiste politische Sprengkraft und blieben auf dem langen Marsch durch die Institutionen der etablierten Sozialen Arbeit auf der Strecke.

Insgesamt haben die Bewegungen der frühen Siebzigerjahre die Erziehungsarbeit als eine gesellschaftlich wichtige Tätigkeit aufgewertet und zahllose anspruchsvolle Studentinnen und Studenten motiviert, Erziehungswissenschaft und Sozialpädagogik zu studieren, um anschließend praktische Erziehungsarbeit „an der Basis“ zu leisten und nicht in abgehobenen Erziehungsverwaltungen Akten zu bearbeiten und Rechtsverordnungen zu entwerfen.

Es heißt zwar, die Natur mache keine Sprünge. Die gesellschaftliche Entwicklung hingegen bewegt sich häufig auf Zick-Zack-Bahnen. Die Errungenschaften eines berufsqualifizierenden Projektstudiums wurde jedenfalls zu Beginn des 21. Jahrhunderts an den meisten deutschen Universitäten und Fachhochschulen zurückgefahren. Ursächlich verantwortlich gemacht wurden dafür einmal die ‚Sparzwänge' der öffentlichen Hände und zum anderen die angeblichen Notwendigkeiten, die unterschiedlichen Ausbildungsgänge und Ausbildungsebenen der akademischen Lehre innerhalb der Europäischen Gemeinschaft zu standardisieren (*Bologna-Prozess*). Ich sehe die große Gefahr, dass diese Form der Homogenisierung eine allgemeine Praxis auf vergleichsweise unterentwickeltem Anspruchsniveau hervorbringt, die entwickelte Bildungssysteme zumindest hochschuldidaktisch ins frühe 19. Jahrhundert zurückwirft, ohne den Charme zu konservieren, den die ungewöhnlichen Nischen abseits des akademischen *mainstream* im vergangenen Jahrhundert beherbergt hatten.

Anmerkungen

1 Der strukturell-funktionale Ansatz, den ich damals benutzte, hat in der Tat nur einen begrenzten Erkenntnis-Wert. Ein paar Jahre später glaubten meine Kollegen und ich die Funktionen traditioneller Fürsorge mit Hilfe des historisch-materialistischen Konstrukts der „industriellen Reservearmee“ genauer beschreiben zu können: „Die Existenz dieser industriellen Reservearmee erfüllt eine doppelte ökonomisch-politische Funktion: den Preis der Ware Arbeitskraft zu drücken und gleichzeitig die arbeitenden Teile des Proletariats durch permanente Konkurrenz mit den Angehörigen der industriellen Reservearmee zu disziplinieren. Um diese Funktion zuverlässig erfüllen zu können, muss die industrielle Reservearmee quantitativ und qualitativ unter Kontrolle gehalten werden … [Sie kann] ihre doppelte Funktion (den Preis der Ware Arbeitskraft zu drücken und die Arbeiter zu individuellen Konkurrenten zu machen) nur dann erfüllen, wenn die Mehrheit der Angehörigen dieser Reservearmee trotz des objektiven Mangels an Arbeitsplätzen subjektiv arbeitsfähig und arbeitswillig, zeugungsfähig und zeugungswillig gehalten wird. Hier scheint uns historisch und aktuell gesehen die Wurzel für die drei Funktionen der allgemeinen Fürsorge zu liegen. Sie soll in Zusammenarbeit mit den Spezialfürsorgen die Arbeitsunfähigkeit von Angehörigen der industriellen Reservearmee durch materielle Zuwendungen (und mehr und mehr auch durch immaterielle Dienstleistungen) minimal sichern; sie soll gleichzeitig dafür sorgen, dass angesichts dieser materiellen Zuwendungen in Zeiten der Arbeitslosigkeit oder Arbeitsfähigkeit der Wille zur Arbeit nicht erlahmt, sie soll (weiter) dafür sorgen, dass die Zeugungs- und Erziehungsbereitschaft in den Familien der industriellen Reservearmee nicht erlahmt“ (C. Wolfgang Müller, Dieter Oelschlägel, Christina Thürmer-Rohr: Gemeinwesenarbeit als entwickelte Form kommunaler Fürsorge. Arbeitspapier PHB, 1973. Zitiert nach: Arbeitsgruppe Gemeinwesenarbeit, [2]1975, S. 15–16).
2 Zur Geschichte des AKS (I). In: Sozialpädagogische Korrespondenz 1971, 17, S. 7.
3 Ich folge dabei den Selbstdarstellungen der Sozialarbeiter-Bewegung in der Sozialpädagogischen Korrespondenz und zitiere nach den Originalquellen. Ein auszugsweiser Reprint der SPK ist 1978 im Verlag 2000 in Offenbach als Heft 8 der Arbeitsfeldmaterialien zum Sozialbereich erschienen. Als die SPK im Dezember 1973 ihr Erscheinen einstellte, führte das Sozialistische Büro Offenbach und sein Verlag die von der SPK begonnene Arbeit fort.
4 Zur Geschichte des AKS (I), SPK 1971, 17, S. 8–9.
5 Zur Geschichte des AKS (I), SPK 1971, 17, S. 9–10.
6 Entstehung und Ziel der SPK, In: SPK 1969, I, 1.
7 Die Mitarbeiter in der Jugendhilfe. Bericht vom 3. Deutschen Jugendhilfetag in Stuttgart. München: Juventa 1968. S. 231–233.
8 Walter Hornstein : Kindheit und Jugend in der Gesellschaft. Dokumentation des 4. Deutschen Jugendhilfetags. München: Juventa 1970, S. 15.
9 Sozialistische Aktion zum Jugendhilfetag. In: SPK 1970, 9/10, S. 1.
10 Siehe auch: Berliner Kinderläden. Antiautoritäre Erziehung und sozialistischer Kampf. Köln: Kiepenheuer 1970. Kinderläden – Revolution der Erziehung oder Erziehung zur Revolution? Reinbek: Rowohlt 1971. Revolutionäre Erziehung im Kapitalismus und Sozialismus. Kritik der antiautoritären Erziehung. Köln: Kiepenheuer 1973.
11 Siehe: Schülerladen Rote Freiheit. Frankfurt: Fischer 1971.
12 Albrecht Müller-Schöll: Zu Anfang und zu Ende ein Pauckenschlag. In: Die Innere Mission, August 1970; zit. nach: Hornstein 1970, S. 212–213.
13 Ulf Lüers, in: Außerschulische Bildung. Mitteilungen des Arbeitskreises deutscher Bildungsstätten 1970, 2, B27–B28; zit. nach: Hornstein 1970, S. 215. Mit seiner

Schlussbemerkung spielte Lüers auf eine Erklärung an, welche der Vorstand der AGJJ am Ende des 4. Jugendhilfetages (bei einer Enthaltung) der Öffentlichkeit übergeben hatte. In ihr hieß es: „Der Verlauf des Jugendhilfetages hat jedoch auch gezeigt, dass Gruppen von Teilnehmern diese, von der AGJJ bewiesene Toleranz missbraucht haben ... Der Vorstand distanziert sich insbesondere von der Diffamierung, die Personen und Trägergruppen widerfahren ist, sowie von den Methoden, mit denen Veranstaltungen des 4. Deutschen Jugendhilfetags manipuliert wurden. Sofern Äußerungen, die gegen die freiheitliche Grundordnung gerichtet waren, gefallen sind, distanziert sich der Vorstand ebenfalls; er wird prüfen, ob dies zutrifft" (zit. nach: Hornstein 1970, S. 183).

14 Dr. Christa Hasenclever im Bundesjugendkuratorium. Zit. nach Hornstein 1970, S. 194–195.

15 Kritik der Methoden der Sozialarbeit. Teil 1 : Case Work. In: SPK 1970, 17, S. 4.

16 SPK 1970, 17, 4.

17 Kritik der Methoden der Sozialarbeit. Teil 2: Social Groupwork. In: SPK 1971, 19, S. 8.

18 Etwa: Helmut Kentler: Jugendarbeit in der Industriewelt. Bericht von einem Experiment. München: Juventa 1962. C. Wolfgang Müller und Hans Maasch: Gruppen in Bewegung. Sechs Berichte aus der Praxis. München: Juventa 1962. Gottfried Weber: Lernen in Gruppen. Sieben Berichte. München: Juventa 1967. Ulf Lüers u. a.: Selbsterfahrung und Klassenlage. Voraussetzungen und Methoden politischer Bildung. München: Juventa 1971.

19 Kritik der Methoden der Sozialarbeit. Teil 3: Gemeinwesenarbeit. In: SPK 1972, 21, S. 6.

20 SPK 1972, 21, 8.

21 Zur Geschichte des AKS (II). In: SPK 1971, 18, S. 14.

22 Zur Geschichte des AKS (III). In: SPK 1971, 20, S. 17.

23 SPK 1971, 20, S. 15.

24 Die Randgruppenstrategie beruhte auf der Hoffnung, die Teile des Proletariats, die unter kapitalistischer Repression am deutlichsten leiden würden, müssten sich auch am ehesten für den antikapitalistischen Kampf mobilisieren lassen. Diese Strategie diente zur nachträglichen politischen Begründung verschiedener Heim-Kampagnen, in denen Studierende ihnen bekannte Heimjugendliche aufforderten, ihre Heime zu verlassen und sich in Wohngemeinschaften und Lehrlingskollektiven zusammenzuschließen. Im Februar 1970 organisierte die Rote Presse Korrespondenz eine Randgruppen-Konferenz an der Berliner Technischen Universität, um die weiteren Perspektiven dieser Arbeit im alternativen Heimbereich zu besprechen. Das Ergebnis der Konferenz war, dass die Randgruppenstrategie fallengelassen wurde, weil die von ihr erfassten Jugendlichen keine verlässlichen Kader für den Aufbau neuer, antirevisionistischer Arbeiter-Organisationen abgeben würden. Siehe Rote Presse Korrespondenz 1969, S. 39; 1970, S. 54. Nachgedruckt in: Autorenkollektiv (Irmgard Kohlhepp): Grenzen der Sozialpädagogik. Berlin: Karin Kramer 1973, S. 95 ff.

25 Zur Einstellung der SPK. In: SPK 1973, 31/32, S. 40.

26 Wolfgang Müller und Christel Neusüß : Die Sozialstaatsillusion und der Widerspruch von Lohnarbeit und Kapital. In: Sozialistische Politik 1970, 6/7, 9.

27 Müller/Neusüß, 1970, 67.

28 Müller/Neusüß, 1970, 4.

29 Joacbim Bergmann, Gerhard Brandt, Klaus Körber, Ernst Theodor Mohl, Claus Offe: Herrschaft, Klassenverhältnis und Schichtung. Frankfurt am Main 16. Deutscher Soziologentag 1968. Manuskript. Gedruckt in: Spätkapitalismus oder Industriegesellschaft? Stuttgart 1969, S. 67 ff. Claus Offe: Politische Herrschaft und Klassenstrukturen. Zur Analyse spätkapitalistischer Herrschaftssysteme. In: Politikwissen-

schaft. Eine Einführung in ihre Probleme. Frankfurt am Main: 1969, S. 155 ff. Claus Offe: Bürgerinitiativen und Reproduktion der Arbeitskraft im Spätkapitalismus. In: Heinz Grossmann (Hrsg.): Bürgerinitiativen. Schritte zur Veränderung? Frankfurt a. M.: Fischer 1971, S. 152–165.

30 Offe, 1971, S. 159.

31 Bürgerinitiativen, Gemeinwesen- und Stadtteilarbeit. Kritische Anmerkungen und praktische Beispiele. In: SPK 24, 1972, 3. Für eine solche naseweise Schulmeisterei hatte wiederum das Kursbuch nur Spott und Hohn übrig: „Wovor sollen die Bürgerinitiativen die Verwaltung denn frühzeitig warnen? Vor den Bedürfnissen und Interessen der Bevölkerung? … Dieses fatale Schielen auf die geheimen Absichten des Staatsapparates unterbindet im Grunde von Anfang an die politische Auseinandersetzung mit einer derartigen Praxis“ (Staatsgewalt, Reformismus und die Politik der Linken. In: Kursbuch 31, 1973, S. 53–54).

32 Offe, 1971, S. 161–162.

33 So Helga Faßbinder: Kapitalistische Stadtplanung und die Illusion demokratischer Bürgerinitiative. In: Probleme des Klassenkampfes 1971, Sonderheft 1, 94.

34 Diese Entwicklung wird in der Szenenfolge „Eine linke Geschichte“ von Volker Ludwig (GRIPS-Theater Berlin) auf eine mir sehr sympathische Weise dargestellt. Volker Ludwig und Detlef Michel: Eine linke Geschichte. Theaterstück mit Kabarett. Berlin: Grips-Theater [5]1985.

35 Wenn ich „uns“ schreibe, dann muss dem Leser dieses Wort als sehr unbestimmt erscheinen. Ich meine damit auf keinen Fall nur „mich selbst“. Denn ich kann meine eigene wissenschaftliche und politische Entwicklung nicht als „Einzelfall“ betrachten. Ich meine damit aber auch nicht „alle Hochschullehrer“ in dem Bereich Erziehungswissenschaft/Sozialpädagogik, die mir bekannt sind. Ich meine vielmehr eine Summe von Kolleginnen und Kollegen meiner eigenen Universität und anderer Fachhochschulen und Universitäten, mit denen ich durch gemeinsame Projekte und wissenschaftlichen Austausch verbunden bin. Sie sind „meine Bezugsgruppe“ und sie meine ich, wenn ich „uns“ schreibe.

36 Diese drei Ebenen der Problemformulierung und Problembearbeitung haben E. J. Mullen und J. R. Dumpson in einem Beitrag (Is Social Work on the Wrong Track?) in dem von ihnen herausgegebenen Sammelband Evaluation of Social Intervention (San Francisco 1972) vorgeschlagen. Siehe C. Wolfgang Müller: Sozialpädagogische Evaluationsforschung : Ansätze, Erfahrungen und Kritik. In: C. Wolfgang Müller (Hrsg.): Begleitforschung in der Sozialpädagogik. Weinheim: Beltz 1978, S. 23. Siehe auch Michael Schneider: Gegen den linken Dogmatismus eine ‘Alterskrankheit’ des Kommunismus. In: Kursbuch 251971. Wiederabgedruckt in: Ingrid Karsunke und Karl Markus Michel (Hrsg.): Bewegung in der Republik 1969-1984. Eine Kursbuch Chronik. Frankfurt am Main: Büchergilde Gutenberg 1985 (Band 1), S. 195–212.

37 Alexander S. Neill: Summerhill. A radical approach to child rearing. New York: Hart 1960.

38 Siegfried Bernfeld: Antiautoritäre Erziehung und Psychoanalyse. Ausgewählte Schriften Bände 1–3. Herausgegeben von Lutz von Werder und Reinhart Wolff. Darmstadt : März 1969/1970.

39 Zentralrat der sozialistischen Kinderläden West-Berlin (Hrsg.): Erziehung und Klassenkampf. oder deren Geschichte nebst einer relativ vollständigen Bibliographie unterschlagener, verbotener, verbrannter Schriften zur revolutionären sozialistischen Erziehung. Berlin: 1969.

40 Die Begriffe „Klasse“ und „Schicht“ meinen unterschiedliche Tatbestände und gehen von unterschiedlichem Gesellschaftsverständnis aus. Während sich im Marx'schen Klassenbegriff „Arbeiter“ und „Produktionsmittel-Besitzer“ antagonis-

tisch gegenüberstehen, suggeriert der „Schichten"-Begriff ein gesellschaftliches Kontinuum, in dem die einzelnen sozialen Schichten wie in einer Buttercreme-Torte ineinander übergehen oder wie in einer Stufenleiter aufeinander aufbauen. Der nordamerikanische Sprachgebrauch meint, auch wenn der Begriff „class" verwendet wird, in aller Regel „Schicht".

41 Sozialisation und kompensatorische Erziehung. Ein soziologisches Seminar an der Freien Universität Berlin als hochschuldidaktisches Experiment. Berlin: Institut für Soziologie 1969.
Wilfried Gottschalch, Marina Neumann-Schönwetter, Gunther Soukup: Sozialisationsforschung. Frankfurt am Main: Fischer 1971 ff.
Über die gesamte Tradition empirischer Sozialisationsforschung informiert umfassend und zuverlässig das von Klaus Hurrelmann und Dieter Ulich herausgegebene „Handbuch der Sozialisationsforschung", insbesondere der einleitende Artikel von Dieter Geulen: Die historische Entwicklung sozialisationstheoretischer Paradigmen. Weinheim: Beltz [4]1991.

42 So richtig diese Einrede in ihrer Allgemeinheit sein mochte, so sehr brachte sie Pädagogen, die an Fortschritten in ihrer praktischen Erziehungsarbeit interessiert waren, in die Zangenbewegung von Grundsatz-Treue und Erfolg. Wenn es richtig war, dass der Staatsapparat, der ja Erziehung und Bildung organisierte oder zumindest kontrollierte, jede neue Erziehungspraxis verhinderte, welche die Rationalität und die Funktionalität des Gesamtsystems erfolgreich infrage stellte, und wenn es gleichzeitig richtig war, dass ein wichtiges Prüf-Kriterium für die Angemessenheit eines methodischen Vorgehens sein Erfolg, d. h. die erkennbare Annäherung an vorab definierte Ziele, war, dann mussten per Definition wirkungsvolle Erziehungsmaßnahmen zur Überwindung des gegenwärtigen Gesamtsystems erfolglos bleiben, gleichzeitig aber musste allen Erziehungsmaßnahmen, die Erfolge verzeichneten, ihr systemüberwindender Charakter abgesprochen werden.

43 Ich nenne aus der Fülle der Fachliteratur drei vergleichsweise frühe Erfahrungsberichte über das Projektstudium in für Sozialarbeiter und Sozialpädagogen relevanten Studiengängen: Curriculum-Arbeitsgruppe (Gesamthochschule Kassel) (Hrsg.): Studienmodell für soziale Berufe. Neuwied: Luchterhand 1963. Helmuth Schweitzer u. a.: Projektstudium in der Heimerziehung. Frankfurt am Main: Campus 1977. Prodosh Aich u. a. : Möglichkeiten und Grenzen des Projektstudiums. Oldenburg: Universität Oldenburg 1978. Das Interdisziplinäre Zentrum für Hochschuldidaktik in Hamburg hat sich seit 1973 kontinuierlich mit Fragen des Projektstudiums befasst und eine Reihe von „Hochschuldidaktischen Arbeitspapieren" zu Einzelfragen herausgegeben.

44 Die Projektmethode als didaktisches Arrangement in Schulen, Berufsschulen und Erziehungsheimen wurde in den Zwanzigerjahren von William Heard Kilpatrick (1987–1965) in den USA und von Anton Semenovic Makarenko (1988–1939) in der UdSSR praktisch entwickelt und von John Dewey (1859–1952) und Pavel Petrovic Blonskij (1884–1941) theoretisch begründet. Siehe: Karl Frey: Die Projektmethode. Weinheim: Beltz 1982.

45 Autorengruppe Westberliner Volkstheater kooperative: Blumen und Märchen. Stadtteilarbeit mit Kindern im Märkischen Viertel Berlin. Reinbek: Rowohlt 1974.

46 Autorengruppe Abenteuerspielplatz im Märkischen Viertel: Abenteuerspielplatz. Wo Verbieten verboten ist. Reinbek: Rowohlt 1973.

47 Autorengruppe 1974, S. 11 ff.

48 Arbeitskollektiv : Bericht über das proletarische Kindertheater X. In: Betrifft: Erziehung 1972, 5, S. 19–31 (Fußnote im zitierten Text).

49 Autorengruppe 1973, S. 31 (Fußnote im zitierten Text).

50 „Wir verwenden den Klassenbegriff, um die beiden einander gegenüberstehenden

Hauptklassen der Besitzer von Produktionsmitteln und der Verkäufer von Arbeitskraft zu bezeichnen. An den einander zugewandten Rändern dieser beiden Hauptklassen erkennen wir Sub-Klassen oder Schichten, die zwar noch viele entscheidende Gemeinsamkeiten mit ihrer Hauptklasse aufweisen, die sich jedoch im Hinblick auf andere Kriterien vom harten Kern der Hauptklasse unterscheiden. Insofern ersetzt für uns der Schicht-Begriff nicht den Klassenbegriff, er ergänzt und differenziert ihn nur“ (Fußnote im zitierten Text).

51 Autorengruppe 1974, S. 19. Andere Berichte von Projekten aus der Arbeit mit Kindern des Märkischen Viertels in Berlin sind veröffentlicht in: Helme Ebert, Volkhard Paris: Warum ist bei Schulzes Krach? Kindertheater Märkisches Viertel. Teil I und II. Berlin: Basis Verlag 1976. Achim Hellmich u. a.: Ein Kinderbuchprojekt in der Gemeinwesenarbeit. Weinheim : Beltz 1974. Über die Erfahrungen in der politischen Arbeit mit Erwachsenen wurden u.a. veröffentlicht: Autorengruppe Märkische Viertel Zeitung: Stadtteilzeitung. Reinbek: Rowohlt 1974. Betroffene des Märkischen Viertels: Wohnste sozial haste die Qual. Reinbek: Rowohlt 1975. Eine Zusammenfassung der Projektarbeit unter den Gesichtspunkten von Handlungsforschung versuchten: C. Wolfgang Müller und Ursula Schröter, Das Gemeinwesenprojekt Märkisches Viertel in Berlin. In: Betrifft: Erziehung 1975, 5, S. 28–33.

52 Jörg Claus u. a.: Spiel im Vorschulalter. Möglichkeiten der Erziehung zur Kollektivität und Solidarität. Frankfurt: Europäische Verlagsanstalt 1973, S. 220.

53 Claus und andere machten uns damals den Vorwurf, wir hätten durch unsere Handwerkelei die 11. These von Marx über Feuerbach „grausam verfälscht“, die da lautete: „Die Philosophen haben die Welt nur verschieden interpretiert, es kömmt darauf an, sie zu verändern“ (Marx Engels Werke Band 3. Berlin: Dietz 1969, S. 7).

54 Der von Georg Rückriem (Hochschule der Künste), Klaus Holzkamp und Martin Hildebrand-Nilshon (Freie Universität) und Walter Volpert (Technische Universität) vorbereitete 1. Internationale Kongress zur Tätigkeitstheorie diskutierte zum ersten Mal internationale Erfahrungen mit der Grundlagenforschung Leontjews.

55 Autorenkollektiv (Irmgard Kohlhepp): Grenzen der Sozialpädagogik. Berlin: Karin Kramer 1973, S. 13–14.

56 Helmut Kapczynski: Zur Frage einer sozialistischen Randgruppenstrategie. In: Rote Presse Korrespondenz 39, 1969.

57 Kapczynski, a.a.O.

58 Randgruppenkonferenz in Berlin. Berichte und Materialien. In: Rote Presse Korrespondenz 54, 1970.

59 Siehe Gunther Soukup: Erziehungsheim. In: C. Wolfgang Müller (Hrsg.): Einführung in die Soziale Arbeit. Weinheim: Beltz 1985, S. 117–158. Diplomarbeiten, welche aus dieser Projektarbeit stammen und als Fachbücher veröffentlicht worden sind: Gunther Augustin und Hartmut Brocke. Arbeit im Erziehungsheim. Weinheim: Beltz 1979ff. Ursula Jacob und Dörthe Peter: Und wenn die Kinder nicht wollen …? Weinheim: Beltz 1978. Zur Gründung und Entwicklung von Jugendwohnkollektiven siehe auch: Manfred Liebel u. a.: Jugendwohnkollektive. Alternative zur Fürsorgeerziehung? München: Juventa 1972.

12. Neue Bewegungen

Die Tüchtigen

Manchmal wünschte ich mir ein übersichtliches Leben. Manchmal träume ich, einen Platz gefunden zu haben, wo die Ansprüche mit dem Gehalt steigen, wo die Drinks schnell serviert sind und die Frau auch sonst wüsste, was ich gerne mag. Eine harte Arbeit würde den Tag bestimmen und die Woche, den Rhythmus des Jahres. Doch wenn ich Feierabend hätte, wäre er verdient. Ich wüsste, was ich getan hätte, und die Kollegen wüssten es auch. Andere in meinem Alter hatten längst einen Schreibtisch gefunden, von dem aus verwalteten sie Konten und Kredite, vereinbarten Importe oder entwarfen Marktanalysen ... Sie bekämpften ihre Schuppenflechte aus beruflichen Gründen, trugen Anzüge und Markenbrillen und hießen Schönhuber und Herr Rogalla. Sie begrüßten sich untereinander mit Handschlag und waren gewandt in einfacher Kommunikation: „Mal sehen, was es heute gibt“, eröffneten sie ein Gespräch auf dem Weg zur Kantine und sagten „Mahlzeit!“ in viele Richtungen. Sie hatten ein zwanzigbändiges Lexikon und keine Angst vor Atomkraftwerken. Sie waren diplomatisch und sagten bei Konflikten: „Man muss auch die andere Seite sehen“. Sie kannten den Golf von Neapel, und ihre Kameras hatten mehrere Objektive. Sie trugen im Sommer atmungsaktive Polohemden und zur Weihnachtszeit gestresste Mienen ... „Ich beobachtete die Gleichaltrigen, für die eine Aufgabe bereitstand. Wie sicher sie sich bewegten. Wie selbstverständlich sie in der Lebensmittelabteilung mit einem Scheck bezahlten, und wie gleichmütig sie alle hinter sich in der Schlange zu ihrem Publikum machten ... Ich traf Klassenkameraden und wunderte mich, dass sie in zwölf Jahren so viel älter geworden waren als ich. Das waren die Macher, die Kurzentschlossenen, die das, was sie suchen, überall finden, die von Hamburg nach Böblingen ziehen, wenn die Kasse stimmt und die Parkplatzordnung der Firma sie angemessen berücksichtigt.

(Georg Heinzen/Uwe Koch: Von der Nutzlosigkeit erwachsen zu werden. Reinbek: Rowohlt 1985)

Ich denke, die 68er waren frühe Post-Materialisten. Oder, weil mir das Wort besser gefällt: Hedonismen[1]. Hedonisten mit dem schlechten Gewissen allerdings, dass sie noch nicht genug geleistet hätten, um schon genießen zu dürfen. Die auf sie folgende Zwischengeneration hatte es da leichter und schwerer zugleich. Cora Stephan, die ein allseits bekanntes Schandmaul ist, hat den neuen Typ 1983 im *Kursbuch* beschrieben:

„Seiner Mutter tat er mit den überschulterlangen Haaren und dem weniger männlich denn natürlich sprießenden Vollbart manch Leid an, aber ansonsten war er der Frauen bester Freund. Ein Kind der Siebzigerjahre, in denen die Errungenschaften von '68 bereits geerntet, eingefahren und verarbeitet waren: unaggressiv, androgyn, selbstkritisch. Er zog handgestrickte Ringelpullover den Hemden und Manschetten vor und bot das gute Gespräch an, bevor er sich im Bett, auf Schmusen, Streicheln und Penetrationsverzicht eingestellt, als gelehriger Schüler der Frauenbewegung erwies. Er ging stets mit zum Frauenarzt, bewährte sich beim Temperaturmessen, kannte sich mit den Funktionen des weiblichen Körpers besser aus als mit denen des eigenen. Er hielt der Weiblichkeit noch die Stange, als andere sich bereits wieder auf Mackerqualitäten zurückbesannen und ihren zeitweiligen Verzicht darauf nunmehr als unterdrückten Fremdeinfluss der Frauenbewegung erkannten"[2].

Es ist nicht richtig, wenn den Jugendbewegungen der späten Sechziger und frühen Siebzigerjahre in kritischer Absicht und mit einem Beigeschmack von Häme bescheinigt wird, sie hätten die Ängste, Wünsche und Hoffnungen des Einzelnen in die Fassade des caritativen Anspruchs eingemauert, allzeit für die Befreiung des Proletariats, dieses stellvertretend, kämpfen zu müssen. Sie hätten außer Acht gelassen, dass Menschen ein Recht darauf haben, glücklich zu sein, ihr Leben zu genießen – nicht irgendwann in ferner Zukunft, sondern hier und jetzt. Es war im Jahre 1971, als Diethart Kerbs einen Sammelband über die „hedonistische Linke"[3] herausgab. Wilfried Gottschalch wählte als Motto für seinen Beitrag über Marxismus und Hedonismus den schönen Satz von Sigmund Freud: „Glück ist die nachträgliche Erfüllung eines prähistorischen Wunsches. Darum macht Reichtum so wenig glücklich; Geld ist kein Kinderwunsch gewesen"[4].

Zeitgenössische Bewegungen werden häufig als Moden missverstanden. Wenn Mehrheiten sie abgelegt haben wie die Bluse vom letzten Sommer, dann gelten sie als passé. Kontinuität ist nicht gefragt in einer Zeit permanenter Schlussverkäufe. Auch die Mängelrüge, die Bewegungen der Sechziger- und Siebzigerjahre hätten sich nicht um die Ängste, Wünsche und Hoffnungen des Einzelnen gekümmert, greift zu kurz. Die Bewegungen entzündeten sich sehr wohl an den Konflikten, unter denen die frühe Studenten-, Schüler- und Lehrlingsbewegung litt[5]: volle Hörsäle, wertfreie, objektivistische Wissenschaftsvermittlung, isoliertes Leben und Lernen, individueller Konkurrenzkampf um Prüfungsnoten und Lebenschancen. Die Einrede der Älteren, früher sei ja alles noch viel schlimmer gewesen, geht am Wesen menschlicher Bedürfnisse vorbei. Sie sind keine Naturkonstante, sondern besetzen ein Anspruchsniveau, das sich am Pegel des inzwischen erreichten gesellschaftlichen Fortschritts orientiert. Menschen, die einigermaßen menschlich zu leben gelernt haben, werden begehrlich. Nur Sklaventreiber lenken die Spiralen menschlicher Bedürfnisse nach unten.

Gegen die kritisierte Realität ihres Alltagslebens hatten Studenten und Schüler praktische Alternativen gesetzt: Die Gruppenarbeit, das alternative Seminar[6], Gruppenprüfungen und Gruppennoten, Theorie-Praxis-Verbund in Gestalt von Studienprojekten, Arbeits„kollektive" und Wohngemeinschaften. Begünstigt wurden die Wohngemeinschaften durch große, ehemals herrschaftliche Mietwohnungen in den Großstädten, später kamen verlassene Fabriketagen (*Lofts*) dazu. Die „WG" sollte einen Lebens- und Arbeitszusammenhang zwischen Gleichgesinnten beiderlei Geschlechts stiften und verhindern, dass das sich gerade von seiner Ursprungsfamilie emanzipierende bürgerliche Individuum wieder in die Isolation bürgerlicher Individualität zurückfiele. Und – jetzt kommt ein für meine Argumentation wichtiger Punkt –, alle Mitglieder der Wohngemeinschaft sollten jedem einzelnen Bewohner helfen, sich kritisch und mit der Absicht der Veränderung der eigenen Person, mit seiner Vergangenheit, mit Familie, Schule, Kirche, bisherigem Studium, Berufsperspektive, Beziehung zum anderen Geschlecht, auseinander zusetzen. Die Mitglieder der Berliner Kommune 2 beschrieben ihre, gleichsam gruppenanalytische Praxis als den Versuch, Konflikte methodisch zu bearbeiten.

> „In der ersten Zeit versammelten wir uns fast jeden Abend, um über den täglichen Ärger, die gegenseitigen Aggressionen oder individuellen Schrullen zu sprechen. Wir spürten das Bedürfnis, Probleme, mit denen wir uns bis dahin allein herumgeschlagen hatten, mit den anderen zu teilen. Die bürgerliche Moral zwingt das Individuum dazu, seine spontanen Emotionen weitgehend zu unterdrücken. Wilhelm Reich hat diese Unterdrückung als Charakterpanzerung beschrieben (vgl. *Charakteranalyse*, 1. Aufl. 1933). In einer Gesellschaft, in der jeder Mensch des anderen Konkurrent ist, darf niemand seine innere Schwäche (Angst, Traurigkeit, den Wunsch nach Zärtlichkeit und Liebe) anders als in der seltenen Intimität eines Liebesverhältnisses eingestehen. Der Zwang, in der Konkurrenz bestehen zu müssen – wie wir es noch als Leistungsanspruch in den politischen Diskussionen im SDS erfahren hatten –, bringt die Menschen zur ständig erneuerten Verhärtung gegenüber ihren eigenen Wünschen und zu den bösartigsten Aggressionen gegenüber denen der anderen. In der Kommune lernten wir allmählich, unsere eigenen unterdrückten Bedürfnisse in denen der anderen wiederzuerkennen … Aber diese Aggressionen, wie Türen-Zuschlagen und gegenseitiges Anbrüllen, boten keinem von beiden eine Abfuhrmöglichkeit, sondern führten bei den Mädchen zu Depressionen. Und die sexuellen Schwierigkeiten waren noch nicht dadurch behoben, dass man diese Konflikte genau benennen und mit den anderen darüber reden konnte. Wir wurden dazu gedrängt, die frühkindlichen Ursachen dieser Schwierigkeiten aufzudecken, und versuchten, ein gruppenanalytisches Verfahren zu entwickeln. Die wichtigsten Faktoren dieser Methode waren: 1. Jeweils einer analysierte ein anderes Gruppenmitglied. Die Gruppe war dabei anwesend und fungierte als

Kontrollinstanz. 2. Der jeweilige Analytiker ging aktiv auf die Wünsche des Analysanden ein, soweit es nötig war, um Alternativerfahrungen zu frühkindlichen Ängsten zu ermöglichen. 3. Trotz theoretischer Bedenken mussten wir ohne ausgebildeten Analytiker auskommen. In der Analyse gelang es uns, Affekte und Verdrängungen zu lösen. Das wirkte sich unmittelbar in größerer Spontaneität und Zärtlichkeit in der gesamten Gruppe aus. Wir mussten die Analyse nach drei Monaten aber abbrechen, weil die Dynamik der befreiten Wünsche, Phantasien und infantilen Ansprüche jeglichen Realitätsbezug zu überschwemmen drohte. Da alle gleichzeitig an diesem Prozess beteiligt waren, fehlte jemand, der die aufbrechenden Strebungen hätte relativieren können."

„Ein Kollektiv wie unseres, in dem niemand gezwungen war, regelmäßig zu arbeiten, schwebt in der Gefahr, den Bezug zur gesellschaftlichen Realität allmählich zu verlieren. Dieser Verlust der Realität und die utopische Phantasiewelt sind zur Zeit bei vielen subkulturellen Gruppen in Westdeutschland und Westberlin zu beobachten, vor allem bei denen, die regelmäßig Halluzinogene und Opiate nehmen. Wir waren mehrfach (vor allem während der Zeit der Analyse) verlockt, dem Wunsch nach einer totalen Regression in eine infantile Traumwelt nachzugeben. Wir malten uns einen Zustand aus, in dem jede äußere Organisation aufgehoben wäre. Jeder hätte schlafen können, solange er wollte, dann essen dürfen, wenn er Hunger hatte. Niemand sollte saubermachen, abwaschen, einkaufen, außer er verspürt das Bedürfnis dazu. Wir wollten ein gemeinsames Schlafzimmer einrichten, Musik hören und tanzen und im übrigen nur wie unsere Kinder miteinander spielen. Wir möchten nach den Beobachtungen, die wir heute an anderen Gruppen machen, bezweifeln, ob diese Form kollektiver Regression therapeutische Wirkung hat, wenn auf die Dauer das Kollektiv keine andere gemeinsame Aufgabe entfaltet. Das Fehlen einer Instanz, die den Bezug zur äußeren Realität repräsentiert (wie sie in der Kindheit die Eltern darstellten), scheint typischerweise eher zu einer fortschreitenden Desintegration der psychischen Struktur zu führen, als dass sie helfen könnte, gegen die gesellschaftliche Manipulation resistentere und autonomere Individuen zu bilden."[7]

Gruppendynamik

Das, was den Kommune-Mitgliedern als ein starkes Bedürfnis bewusst wurde, was sie aber mit den ihnen zur Verfügung stehenden Mitteln nicht befriedigen konnten, war zu jener Zeit in den USA zu einem etablierten Instrument der Selbsterfahrung durch Reflexion im Gruppenprozess entwickelt worden. Bei dieser Entwicklung hatte der Gestalt-Psychologe Kurt Lewin, den wir schon aus seinen methodischen Forschungsbeiträgen zur Gruppenpädagogik kennen, eine bedeutsame Rolle gespielt.

Im Sommer des Jahres 1946 veranstaltete die *Interracial Commission of Connecticut* mit dem Forschungszentrum für Gruppendynamik an der Technischen Universität von Massachusetts (MIT), an der Kurt Lewin damals lehrte, einen Fortbildungslehrgang für Lehrer, Sozialarbeiter, Geschäftsleute und interessierte Laien, um sie als lokale Meinungsführer für die Aufgabe zu qualifizieren, in ihren Gemeinden dafür einzutreten, dass im Rahmen der Gleichbehandlung von weißen und „farbigen" Amerikanern die gerade verabschiedete Gesetzgebung des *Fair Employment Practices Act* berücksichtigt wurde. Das Projekt war gleichzeitig ein Forschungsprojekt, durch das Licht auf die Faktoren geworfen werden sollte, welche für Wahrnehmungsverzerrungen, Verhaltenssperren und Vorurteils-Bildungen gegenüber der bürgerrechtlichen Zielsetzung des Fortbildungslehrganges verantwortlich sein könnten. Dozenten und Forscher trafen sich auf Anregung von Kurt Lewin an jedem Abend, „um ihre Beobachtungen vom Fortschritt jeder Gruppe zusammenzutragen und auf Band zu sprechen"[8]. Einige Tagungsteilnehmer, die auf dem Universitätsgelände wohnten, hörten von diesen Besprechungen und wollten an ihnen teilnehmen. Die Forscher machten die Erfahrung, dass diese Teilnehmer bei der Reflexion ihres eigenen Verhaltens hochgradig bedeutsame und treffende Einschätzungen geben konnten, „wenn sie auf eine mehr oder weniger objektive Weise mit den Daten konfrontiert wurden, die ihr eigenes Verhalten und seine Wirkungen betrafen, allerdings unter der Voraussetzung, dass sie sich am Nachdenken über diese Daten beteiligen konnten, ohne in die Defensive getrieben zu werden"[9].

Diese Erfahrungen führten zur Erfindung der Gruppendynamik als Lehrmethode zur Modifizierung des eigenen Verhaltens. In einer Trainingsgruppe werden Menschen veranlasst, miteinander zu agieren, sie werden danach (später auch gleichzeitig) veranlasst, ihre Meinungen und Gefühle über ihr eigenes Handeln und ihre Reaktionen auf das Handeln anderer auszutauschen. Dieser Austausch (*feed back*) kann dazu führen, dass sie lernen, ihre Wirkungen auf andere realistischer einzuschätzen und ihr eigenes Verhalten so eindeutig zu machen, dass es von anderen nicht missverstanden werden kann. Um diesen heiklen Prozess ohne große Störungen in Gang zu bringen, entwickelten die Gruppendynamiker der ersten Generation[10] strenge Rituale: Die Trainer (es sollten immer zwei sein, die sich gegenseitig kontrollierten und nach der Sitzung den Verlauf untereinander kritisch einschätzten) waren gehalten, keinerlei Bewertung des Geschehens zu geben und auch über sich und ihre eigene Befindlichkeit nichts auszusagen. Sie sollten wie ein Tintenklecks im Rohrschach-Test als Projektionsfläche fungieren, auf welche die Gruppenmitglieder ihre Ängste, Wünsche und Hoffnungen *untereinander* projizieren konnten. Die Trainer *durften* Erklärungsangebote im Hinblick auf das vor ihnen liegende Geschehen machen und an Aussagen erinnern, die von Mitgliedern der Gruppe in früheren Sitzungen gemacht worden waren. Kam aus der Gruppe Widerstand gegen diese Deutungsversuche, dann durften sie keinesfalls auf ihren Deutungen bestehen. Die Gruppenmitglieder durften alles sagen und tun, was sich auf die Personen der Gruppe und das Geschehen in der Gruppe bezog. Jeder durfte im Hinblick auf sich selbst auch von Dritten erzählen, wenn sie ihm für seine Geschichte wichtig erschienen. Die Gruppensitzungen begannen sehr pünktlich und endeten ebenso pünktlich, teilweise unvermittelt und abrupt. Außerhalb der Sitzungen sollte nicht über das Geschehen in der T-Gruppe gesprochen werden. Trainer und Co-Trainer trafen außerhalb der Gruppensitzungen *nicht* mit den Gruppenmitgliedern zusammen. Täglich gab es höchstens zwei Sitzungen (manchmal eine T-Gruppensitzung am Vormittag und eine Arbeitsgruppen-Sitzung am Nachmittag, auf der gemeinsam interessierende Sachfragen besprochen wurden). An den A-Gruppen-Sitzungen nahmen die T-Gruppen-Trainer nicht teil.

Gruppendynamische Trainings-Methoden wurden Anfang der Seczigerjahre in der Bundesrepublik Deutschland bekannt gemacht[11]. „In den letzten Jahren (nach 1971, d. V.) hat die Gruppendynamik auch ihren Einzug in die Hochschule gefunden[12]. Es fällt auf, dass diese verstärkte Rezeption der Gruppendynamik im Hochschulbereich parallel läuft mit einer durch staatliche Eingriffe und Reformmaßnahmen verstärkten Vergesellschaftung des Studiums. Dabei meint Vergesellschaftung des Studiums nicht nur die rapide steigende Studentenzahl an unseren Universitäten, den anonymen Massenbetrieb, die überfüllten Hörsäle, sondern auch eine zunehmende Rationalisierung und Effektivierung der Hochschulorganisation, der Studiengänge und der Studenten selbst“[13]. Tobias Brocher vom Sigmund-Freud-Institut in Frankfurt hatte als einer der ersten Deutschen die von Kurt Lewin und Leland P. Bradford entwickelte Methode gruppendynamischen Trainings aufgegriffen und ihre psychoanalytische Fundierung verstärkt. Er ging davon aus, dass in der gemeinsamen Gruppenarbeit von Erwachsenen frühkindliche Erfahrungen revitalisiert werden, die in der eigenen Ursprungsfamilie mit Eltern und Geschwistern gemacht worden sind. „Bei der Anpassungsleistung an die Primärgruppe sind also die soziale Angst und der Wunsch nach Bestätigung entscheidend beteiligt. Nach dem gleichen sozialen Modell erfolgt zunächst unbewusst auch die spätere Anpassung an sekundäre Gruppen. Ziel dieser Anpassung ist es wiederum, ein Gleichgewicht zwischen der Befriedigung eigener Bedürfnisse durch die Zugehörigkeit zur Gruppe einerseits und der Identifizierung mit ihren Standardnormen oder -regeln andererseits herbeizuführen. Gleichzeitig erwartet man eine Belohnung durch die Gruppe für die zurückgestellten, innerhalb der Gruppennormen, nicht tolerierten Befriedigungswünsche“[14]. In der Gruppensituation neigen Menschen dazu, unabhängig von ihrer intellektuellen Einsicht emotional auf frühere Ebenen von Erwartungsvorstellungen zurückzufallen. „Auf diesen bedeutet Wissen zugleich Nahrung, die der Gruppenleiter den Mitgliedern gibt oder vorenthält. Seine Zuwendung zum einzelnen Gruppenmitglied, gleichgültig welcher Art und welcher rationalen Inhalte, bedeutet dann ein Mehr an Zufuhr für den Betreffenden gegenüber anderen. Die Abwendung vom einzelnen Gruppenmitglied, wiederum unabhängig vom verbalen oder rationalen Inhalt, bedeutet dagegen eine Verringerung der Zufuhr gegenüber Gruppenmitgliedern“[15]. *Deshalb* sollten sich die Trainer nicht so verhalten wie Gruppenleiter. Durch ihre bewusste (und zunächst immer provozierende) Enthaltsamkeit sollten sie die emotionalen Bedürfnisse der Teilnehmer vom Leiter weg und hin zu den anderen Gruppenmitgliedern lenken. Die Hindernisse, die bei diesem Prozess der Neuorientierung auftraten, sollten durch Rückbesinnung auf die eigenen, kindlichen Sozialisationserfahrungen bewusst gemacht und überwunden werden.

Gruppendynamisches Training war für viele Studierende, vor allem solche, die bisher noch nicht an Gruppenarbeit gewöhnt worden waren, eine entlastende, stimulierende und erkenntnisträchtige Sache. Bisher hatten sie mehr oder weniger darunter gelitten, dass Kommilitoninnen und Kommilitonen, die verbal mit ihnen einer Meinung waren, in ihrem Kommunikationsverhalten das Gegenteil ausdrückten. Jetzt konnten sie sich dieses merkwürdige Phänomen erklären. Und sie konnten lernen, durch verbalen und nicht verbalen *feed back* empathischer zu agieren und für die anderen eindeutiger zu werden.

Zu der Zeit, als sich gruppendynamisches Training alter Schule in der Bundesrepublik ausbreitete, war es in den USA schon obsolet geworden. Vor allem in Kalifornien, dem Treibhaus neuer Therapien und neuer Scharlatanerien war es zu ungezählten neuen Fummel-Strategien verkommen, mit denen Psychologen der verschiedensten Schulen und Richtungen ihr zahlungskräftiges Publikum amüsierten. Die neuen Klienten der neuen Gruppendynamik wollten nichts mehr über sich erfahren, sie wollten „einen warmen, liebevollen Trainer, sie wollten diese Zuneigung nicht durch die Arbeit an ihren Problemen bewiesen erhalten, sondern sie wollten sie direkt, demonstrativ … sie wollten emotional bewegt und geliebkost werden, sie wollten spezielle Übungen zum Phantasieren, Meditieren oder nichtverbalen Verhalten“[16].

Das Einhalten des strengen, rituellen Arrangements der Gruppenarbeit nach den Regeln der „alten“ Gruppendynamik der ersten Generation hat sich in vielen Fällen als zu umständlich für den erwachsenenpädagogischen Hausgebrauch erwiesen. Ruth Cohn hat deshalb eine methodische Variante entwickelt, die nicht zusätzlich zu normalen Gruppensitzungen angewandt werden muss, sondern die in diesen „normalen“ Sitzungen praktiziert werden kann. Diese „themenzentrierte interaktionelle Methode“ (TIM) lässt sich mit einem Satz von einfachen Regeln beschreiben, die sich sowohl auf das Kommunikationsverhalten der Gruppenmitglieder bei der Behandlung von Sachfragen beziehen als auch auf ihr Verhalten bei der Behandlung von Fragen der Befindlichkeit der Gruppenmitglieder angesichts der Art und Weise, wie diese Sachfragen behandelt werden.

1. Versuche in jeder Sitzung das zu geben und aufzunehmen, was du selbst geben und aufnehmen willst.
2. Bestimme selbst, wann du reden und wann du schweigen willst und was du tust.
3. Störungen haben Vorrang und sollten gleich von der Gruppe besprochen werden.
4. Sprich immer per „ich“ und nicht per „man“ oder „wir“.
5. Versuche dir bewusst zu sein, was du wirklich sagen oder tun willst, nicht was du tun solltest oder von dir erwartet wird.
6. Beobachte Signale aus der Körpersphäre.
7. Es soll nie mehr als einer auf einmal reden.
8. Seitengespräche haben Vorrang.
9. Fragen sollten nur selten gestellt werden.
10. Vermeide Interpretationen und Generalisierungen von Aussagen anderer[17].

Das themenzentrierte Verfahren wurde in den Siebzigerjahren bei uns recht populär. Es hatte eine befremdliche Nebenwirkung. Hatten bisher viele Gruppenmitglieder darunter gelitten, dass andere sich mit ihnen stritten, obwohl sie doch offensichtlich miteinander einer Meinung waren, so konnten jetzt TIM-gewitzte Gruppenmitglieder jede unliebsame Sachdiskussion mit der Bemerkung stoppen: „Ich fühle mich jetzt aber *sehr* unbehaglich“ oder „In der gegenwärtigen Diskussion finde ich mich *überhaupt nicht* wieder“. Dann schwenkte die Aufmerksamkeit der übrigen Gruppenmitglieder auf die Störungen des Störers – denn „Störungen haben Vorrang“ – und alle versuchten herauszufinden, welches Leid man ihm denn angetan hätte.

Immerhin war die Rezeption der Gruppendynamik in der Bundesrepublik Deutschland eine notwendige und wichtige Bereicherung der alten Gruppenpädagogik, der ja (auch in diesem Buch) der Vorwurf gemacht worden ist, dass sie neuere Erkenntnisse der soziologischen und sozialpsychologischen Kleingruppenforschung nicht berücksichtigt habe und dass sie im übrigen in methodischen Formalismen erstarrt sei, die es überhaupt nicht mehr erlaubten, einen sinnvollen Zusammenhang zwischen den Inhalten der Gruppenarbeit (dem „Programm“) und den je nach Programm zu modifizierenden methodischen Handlungsschritten herzustellen. Die weitere Entwicklung der Gruppendynamik in der Bundesrepublik kann ich im Rahmen dieses Buches nicht mehr behandeln. Sie ist aus den jüngeren Jahrgängen der Fachzeitschrift „*Gruppendynamik.* Zeitschrift für angewandte Sozialwissenschaft“ abzulesen, die im Verlag Klett-Cotta (Stuttgart) erscheint.

Therapie-Bewegung

Die Rezeption der Gruppendynamik in der Bundesrepublik Deutschland war nur der erste Vorläufer einer viel breiter angelegten Therapie-Bewegung, die Mitte der Siebzigerjahre einsetzte und Anfang der Achtzigerjahre einen Höhepunkt erreicht hatte. Selbst Intimkenner der Szene haben inzwischen den Überblick über die Vielfalt der verschiedenen Therapie-Schulen verloren, zumal die neuen Therapien es aufgegeben haben, sich noch explizit auf jene psychologischen Schulen zu beziehen, denen sie ihre teils interessanten, teils wunderlichen Konzepte, Methoden und Verfahren verdanken. Außerdem sind sie als Mode-Erscheinungen des blühenden *body and mind markets* kurzlebig und bilden selten eine verschriftlichte, geschweige denn wissenschaftlich dokumentierte Tradition aus, sondern werden meist durch mündliche Überlieferung von Therapeut zu Therapeut und von Analysand zu Analysand weitergereicht. Sehr allgemein gesprochen kann man fünf therapeutische Hauptrichtungen unterscheiden: die mit der Psychoanalyse verbundene Psychotherapie nach Sigmund Freud und seinen verschieden Schülern und Dissidenten; die Gesprächstherapie nach Carl Rogers, die Gestalttherapie nach F. Pearls, die Verhaltenstherapie nach Burrhus Frederic Skinner und Albert Bandura und die Kommunikationstherapie nach Paul Watzlawick (unter Mitarbeit von Jackson und Bateson). Das Handwörterbuch für Psychologie aus dem Jahre 1982 nannte 46 Therapie-Formen der „wichtigsten Therapieschulen“[18], die von 200 Organisationen vertreten wurden, „die in der psychotherapeutischen Ausbildung tätig waren, über deren Richtlinien aber wenig bekannt war“[19].

Der auf der Erscheinungsebene als „Therapie-Boom“ und als „Weg in die Therapie-Gesellschaft“ beschriebene Prozess fand viele Anhänger und stieß auf heftigen Widerstand. Der Widerstand machte sich vor allem an den Therapien der „Humanistischen Psychologie“ fest[20], die durch das 1974 erschienene Taschenbuch „Anleitung zum sozialen Lernen für Eltern, Paare und Erzieher“[21] popularisiert worden war. Der Humanistischen Psychologie bescheinigt Rolf Winiarski, sie verbreite ein aus „aufgeblasenen Trivialitäten und modischen Irrationalismen zusammengebrautes neues Menschenbild, das auf fruchtbaren Sponti-Boden gefallen sei“[22]. Winiarski hatte im Wintersemester 1982/83 an einem Seminar des renommierten Psychologie-Professors Reinhard Tausch teilgenommen – der die Gesprächstherapie von Carl Rogers in Deutschland bekannt gemacht hat, nachdem er versucht hatte, die Erkenntnisse der Führungsstil-Untersuchungen von Kurt Lewin auf den deutschen Schulunterricht zu übertragen. Winiarski hatte den Seminarverlauf wörtlich protokolliert. Dabei kamen in der Tat wundersame und befremdliche Dinge zum Vorschein.

Unter dem Dach der 46 von der Wissenschaft mindestens zur Kenntnis genommenen Therapie-Formen entwickelte sich ein Gestrüpp von subkulturellen Therapie-Ablegern, das weder zu überblicken noch auf seine wissenschaftstheoretischen und handlungspraktischen Voraussetzungen und Konsequenzen einzuordnen war. Auf der Grundlage von Anzeigen in Stadtmagazinen stellte Winiarski beispielsweise die folgenden Therapieangebote zusammen:

> „Buddhistische Therapie durch Diplompsychologen/Befreiung des transzendentalen Selbst! Körper&Trommeln, Selbsterfahrung durch elementare Rhythmen/Rebalancing-Massage, diese Körpertherapie sucht tiefsitzende physische und psychische Verspannungen zu beheben/Tanztherapie und Body-Language/Praktische Anwendung ursprünglicher Weisheit gemäß dem vierten Weg/Astrotherapie, wir befassen uns liebevoll mit Deinem Weg/Individuelle Einzelsitzungen in psychischer Massage, Energieausgleich, Bodyreading, Reinkarnation/Gestalttherapie und Windsurfkurs/ Heilkräuter-Meditations-Seminar/Heil-werden durch die Kraft des Geistes, Indianische Pfeifenzeremonie, Benutzung der Heilkräfte von Kristallen …"[23]

Der Psycho-Boom hinterließ seine Spuren auch in der großstädtischen Szene-Sprache. Wurde ihr Vokabular früher aus dem Fixer-Jargon gespeist („antörnen", „abtörnen", „auf etwas abfahren", „high sein", „drauf sein", „sich etwas reinziehen", „ausflippen"), so sickerten jetzt die Fachausdrücke des *body and mind markets* ein: „ich kann damit umgehen", „das ist für mich sehr wichtig", „du blockst jetzt aber ab", „verkopft leben", „lass dir das doch zu", „du klammerst noch sehr", „gib doch mal *feed back*". Der Berliner Germanistik-Professor Klaus Laermann hat 1974 im *Kursbuch* eine ziemlich genaue und amüsante Beschreibung des „linken Berliner Kneipengeredes" (*Kursbuch 37*) gegeben. Auch das Botho-Strauß-Stück „Caldewey Farce" in der Inszenierung der Berliner Schaubühne am Lehniner Platz enthielt hervorragend beobachtete und in szenische Aktion umgesetzte Mosaik-Bilder der einschlägigen Großstadt-Szene.

Wie war ein solcher Therapie-Boom zu erklären? Und zuvor: War es überhaupt ein Boom? Entsprach die öffentliche Wahrnehmung seiner quantitativen Reichweite? Faber hat 1984 zusammengerechnet, dass von den gesamten kassenärztlichen Leistungen für das ambulante Gesundheitssystem ganze 0,56 Prozent auf psychotherapeutische Leistungen entfallen, während die restlichen 99,44 Prozent innerhalb der somatischen Medizin ausgegeben werden[24]. Von den knapp 200.000 Ärzten der Bundesrepublik arbeiten knapp 3.000 als Fachpsychotherapeuten, hinzu kommen etwa 1.500 indirekt von den Kassen anerkannte Fachpsychologen[25]. Aus diesen Zahlen aus den Jahren des Höhepunktes des sogenannten Therapie-Booms lässt sich kein rechter „Boom" ablesen. Das hängt damit zusammen, dass die meisten Menschen, welche die offensichtliche Fülle modischer Therapien in Anspruch nehmen, diese Dienstleistungen bar bezahlen und nicht auf Krankenschein in Anspruch nehmen. Damit wird der Kreis potentieller Nutzer des Therapie-Booms auf eine vergleichsweise kleine Gruppe junger, großstädtischer, akademisch vorgebildeter Frauen und Männer (die so genannten *Yuppies*[26]) eingegrenzt, die sich solche relativ kostspieligen und zeitaufwendigen Therapien leisten können bzw. denen ihre „seelische Gesundheit" wichtig genug ist, um in ihre Erhaltung oder Wiedergewinnung namhafte Beträge zu investieren. Als besondere Zielgruppe von Psychotherapien der verschiedenen Couleur machte Gerhard Vinnai (1979) die Angehörigen des „gehobenen Kleinbürgertums" in den höheren Rängen von Angestellten- und Beamtenschaft aus, deren gesellschaftliche Lage durch bestimmte ökonomische Zwänge und psychische Verkrüppelungen gekennzeichnet sei. „Der Kleinbürger in den höheren Rängen der sozialen Hierarchie muss von der ‚Spitze' delegierte Aufgaben in einem bestimmten Rahmen selbständig ohne unmittelbare Kontrolle ausführen. Die größere Freiheit von unmittelbarem äußeren Druck, die dem Kleinbürger im Vergleich zum Arbeiter zugebilligt wird, behält er nur, sofern er bereit ist, sich selbst so zu disziplinieren, wie es die Regeln der Institution verlangen, in der er tätig ist … Der Kleinbürger, der sich ständig selbst disziplinieren muss, der die Widerborstigkeit seiner Bedürfnisse gegen die ihm aufgezwungene ökonomische Charaktermaske unter ständigem Aufwand von psychischen Energien niederringen muss, sehnt sich im geheimen danach, sich gehen zu lassen, Orgien zu feiern, sich hemmungslos seiner Triebhaftigkeit hinzugeben … Der isolierte Einzelne sehnt sich, zumindest unterschwellig, nach der starken Hand von Übervätern, die die innere Abwehr des bedrohlich drängenden Begehrens von außen unterstützt und damit psychodynamische Entlastung gewährt"[27]. Nehmen wir an, das wäre so, wie es in aller Allgemeinheit von Vinnai vermutet worden ist[28]. Dann würde immer noch ein Zwischenglied fehlen. Auslösend für Therapiebedürfnisse wirkt objektives Leiden nur unter der Voraussetzung, dass es auch subjektiv als „Leiden" erkannt wird und nicht etwa als Begleiterscheinung eines naturwüchsig ablaufenden „Schicksals". Die Sensibilität für das Leiden und der Begriff vom Leiden müssen zum objektiven Leiden hinzukommen, um therapeutische Bemühungen in Gang zu setzen. Diese Voraussetzungen scheinen mir in der gegenwärtigen Situation bei einer Zielgruppe gegeben, die im Rahmen ihres erziehungs- und gesellschaftswissenschaftlichen Studiums gelernt hat, individuelles Schicksal auf gesellschaftliche Verhältnisse zurückzuführen, mit der Arbeit an der Vermenschlichung gesellschaftlicher Verhältnisse aber nicht zu warten, bis neue Verhältnisse eingetreten sind, die es erlauben, dass Menschen sich zu Menschen bilden. Diese Aufforderung zu einer Doppelstrategie der Veränderung von *Verhältnissen* und der gleichzeitigen Selbsterziehung in *Beziehungen* war ja die Kernaussagen der 11. These von Karl Marx über Feuerbach, auf die sich viele Studentenbewegte bezogen.

Die Vermutung erscheint plausibel, dass es vor allem studentenbewegte, großstädtische Angestellte, Beamte und Freiberufler aus den Überbau-Berufen von Erziehung und Bildung, von Schule und Hochschule, Sozialarbeit und Sozialpädagogik, von Humanmedizin, Theologie, Psychologie und Soziologie waren, die von Markte neuer Sensibilitäts- und Selbstbefreiungs-Therapien bedient wurden.

> „In der Therapiegesellschaft kumuliert alles Leiden an der technisch-rationalen Welt, sie integriert alle Hoffnungen nach einer therapeutischen Rettung des Subjekts – wobei gar nicht ausgemacht sein muss, was dieses Subjekt letztendlich sei. Ironischerweise war es nicht zuletzt Marcuse, der viele von uns zur Teilhabe an dieser Therapiegesellschaft veranlasste. Als Analytiker, Psychiater, Sozialarbeiter auf der Seite der Außenseiter und Opfer zu stehen, schien uns eine klare Möglichkeit zu sein, die Kritik des Systems zu realisieren. Andere kamen hinzu: der Ingenieur (grad.) bei Siemens, der sich, um keine Waffen mitproduzieren zu müssen, zum Sozialarbeiter umschulen ließ, der erfolgreiche Manager, der Musiktherapeut wurde, oder der Verhaltenswissenschaftler, der sich zum Sufi-Therapeuten mauserte. Gut, das politische Bewusstsein unter den Teilhabern der Therapiegesellschaft mag differieren; in Psychiatrie und Psychoanalyse jedenfalls treffen wir heute auf eine größere Anzahl kritischer Kollegen als im gesamten übrigen Gesundheitssystem.“[29]

Das wäre die freundliche Seite einer möglichen Interpretation des Therapie-Bedürfnisses und des Bedürfnisses nach Therapie-Ausübung am ‚Ausgang der Studentenbewegung'. Die dazugehörende unfreundliche Seite der Interpretation ist von Peter Krahulec angedeutet worden, als er ein vergessenes Zitat von Maxim Gorki in Erinnerung brachte, wonach „der Intellektuelle … nach jeder Begegnung mit dem Volk bestrebt (sei),in seine Kreise zurückzukehren – von der Lösung des sozialen Problems kehrt er zur Lösung des individuellen zurück“[30]. Kurt Bader hat in seinem empfehlenswerten Buch „Viel Frust und wenig Hilfe“ (Weinheim [2]1987) die Vermutung ausgearbeitet, dass diese Rückzugsbewegung nicht nur, wie das Zitat von Maxim Gorki nahe legt, der Eigengesetzlichkeit kleinbürgerlicher Existenzweise geschuldet ist, sondern auch der Sozialen Arbeit als Beruf anhaftet. Indem das „Soziale“ vom „Gesellschaftlichen“ abgelöst und den, in der Sozialen Arbeit interagierenden Personen angeheftet wird, fixiert sich der Betrachterblick auf die Folgen gesellschaftlicher Problemlagen, als wären sie zu Recht die bestimmenden Ursachen für Gefühle und Werturteile, für Zuwendung und Abwendung, für Sympathie und Antipathie, für Stilisierung und Diskriminierung, Aufwertung und Abwertung. Darüber hinaus macht Kurt Bader deutlich, dass Glorifizierung ebenso wie Vernachlässigung methodischen Arbeitens zu den Berufskrankheiten von Sozialarbeitern und Sozialpädagogen gehören. Kritische Distanz und Reflexion der eigenen Rolle müssen nicht zu professionellem Dauerfrust führen, sondern können sehr wohl helfen, subjektive Handlungsmöglichkeiten zu erschließen und neue Spielräume mit Leben zu füllen.

Wie dem auch sei – sicher ist, dass diejenigen, die als „Surfer auf die heranrollende Psycho-Welle gesprungen waren“ (Ulrich Enzensberger), sich davon etwas für sie persönlich Erweiterndes, Bereicherndes und Veränderndes versprachen. Wie sah das bei Sozialarbeitern und Sozialpädagogen aus? Hatten sie auch und hatten sie nur solche persönlichen Interessen, oder spielte bei ihnen die Hoffnung eine Rolle, über den bewussteren und kontrollierteren Einsatz der eigenen Person als Medium von Lehr-Lern-Prozessen ihr professionelles Handeln zu verbessern? Diesen Fragen ist seit 1977/78 in Berlin eine aus Sozialarbeiterinnen und Sozialarbeitern bestehende „Arbeitsgruppe Psychomethoden“ nachgegangen. Eine von ihr im März 1979 organisierte Arbeitstagung bestätigte den Eindruck, „dass das Interesse an psychotherapeutisch orientierten Methoden unter Sozialarbeitern und Sozialpädagogen größer ist, als ursprünglich angenommen; dass die Kritik an verschiedenen Ansätzen und den damit verbundenen Erwartungen … zwar von vielen geteilt wird, dass aber ein erhebliches Informationsinteresse besteht, weil die Psycho-Methoden auf ein tatsächliches Bedürfnis stoßen, das nicht wegzuleugnen ist, auch wenn es fraglich bleibt, wieweit dies durch die verfügbaren Ansätze abgedeckt werden kann“[31]. Im Fortbildungsangebot der Fachhochschule für Sozialarbeit und Sozialpädagogik Berlin machten zu jener Zeit die Angebote in Gestalttherapie und Transaktionsanalyse bereits vierzig Prozent des Gesamtprogramms aus. Die Fortbildungsstätte Haus Koserstraße stellte fest, dass ihre Seminare in Verhaltenstherapie und Gesprächstherapie dreifach überbelegt waren[32]. Die Leitungen der Jugendämter unterstützten diese Tendenz; schon 1976 wurde von einem Bezirksamt Berlins berichtet, dass dort praktisch niemand mehr arbeite, der nicht mindestens einen derartigen Fortbildungskurs besucht habe: „Alles dreht sich um Teamfähigkeit, die Dynamik des Gruppengeschehens, Formen der Kommunikation, Beziehungsaspekte und berufliche Identität. Dass dies alles aber letztlich ‚vor allem dem Klienten’ dient, dafür kann der Nachweis nur indirekt angetreten werden“[33].

Sozialarbeiter und Sozialpädagogen arbeiten, anders als freiberuflich tätige Therapeuten, in Institutionen. Ihr Handeln wird von drei Ebenen der Kommunikation bestimmt: der Kommunikation mit Vorgesetzten, mit Kolleginnen und Kollegen innerhalb der Institution und in benachbarten Institutionen und der Kommunikation mit ihren Klienten und Klientengruppen. Die klassischen Konzepte, Methoden und Verfahren der Einzelfallhilfe hatten sich im wesentlichen auf die Kommunikation zwischen Sozialarbeitern und Klienten konzentriert. In ihrer Ausbildung war Sozialarbeitern empfohlen worden, ihre Klienten diesseits möglicher moralischer Werturteile so zu akzeptieren, wie sie sind – ohne sich dabei notwendig mit ihnen zu identifizieren. Sie waren ferner aufgefordert worden, möglichst rasch eine tragfähige zwischenmenschliche Beziehung zu ihnen aufzubauen, damit spätere Vorschläge zur Modifizierung alltäglichen Verhaltens in Konfliktsituationen auf fruchtbaren Boden fallen könnten. Einige der jetzt neu rezipierten Therapierichtungen machen ähnliche Vorschläge. die klientenzentrierte Gesprächstherapie von Carl Rogers beispielsweise fordert Therapeuten auf,

Klienten zu akzeptieren und ihnen positive Gefühle entgegenzubringen, ein tiefgreifendes Verstehen zu entwickeln und eine Übereinstimmung eigenen Gesprächsverhaltens und eigener Überzeugungen (Kongruenz) an den Tag zu legen[34]. Die kommunikationstheoretisch orientierten Therapien nach Paul Watzlawick und die Familientherapie von Salvadore Minuchin richten zusätzlich das Augenmerk auf das „Verstehen“. Sie betonen die offensichtliche Tatsache, dass Menschen nicht immer das sagen, was sie meinen, ja dass häufig ein deutlicher Widerspruch zwischen Sagen und Bedeuten besteht, den es im Gesprächsverlauf bewusst zu machen und zu deuten gilt. Psychoanalytisch orientierte Therapien konzentrieren sich häufig auf die kommunikativen Missverständnisse, die dadurch entstehen, dass Sozialarbeiter nicht das hören, verstehen und deuten, was ihre Klienten sagen und meinen, sondern das, was sie selbst an unaufgeklärten Hoffnungen und Befürchtungen in diese Klienten hineinhören. Karlheinz A. Geißler und Marianne Hege kommt das Verdienst zu, die meisten der in der Gesprächsführung nützlichen therapeutischen Vorschläge für Sozialarbeiter und Sozialpädagogen in einem handlichen Buch zusammengefasst und in ihren Grundzügen erklärt zu haben. Alle betonen die Fähigkeit von Sozialarbeitern zur Empathie. In den nicht-direktiven Verfahren bedeutet Empathie die Fähigkeit von Sozialarbeitern, ihre Gesprächspartner in deren Kontext zu verstehen und einfühlsam zu interpretieren. In eher direktiven Verfahren, wie der von Minuchin vertretenen Familientherapie, bedeutet Empathie *gleichzeitig* die Fähigkeit von Sozialarbeitern, sich selbst so eindeutig auszudrücken, dass sie von ihren Gesprächspartnern so verstanden werden, wie sie selbst verstanden werden wollen.

Methoden und Verfahren der psychoanalytischen, der klienten-zentrierten, gesprächstherapeutischen und der kommunikationstheoretisch orientierten Therapien – darauf weisen Geißler und Hege zu Recht hin – sind sinnvolle Ergänzungen und Erweiterungen klassischer Konzepte von vertiefter Einzelfallhilfe, wie sie etwa in dem letzten Buch von Helen Harris Perlman (1979, 1983)[35] formuliert worden sind. Andere therapeutische Konzepte und Methoden sind vom Sozialarbeiter nicht und vom Sozialpädagogen nicht mit Sicherheit sinnvoll anzuwenden, weil sie eines institutionellen Rahmens (*setting*) bedürfen, welcher der beruflichen Alltagssituation dieser Berufsgruppen nicht entspricht. Das gilt insbesondere für die Verhaltenstherapie und, wie ich meine, auch für die Gestalttherapie, obwohl deren Vertreter sich inzwischen bemühen, so etwas wie eine gestalttherapeutisch orientierte „Gestalt-Pädagogik“ zu entwickeln.

Zwei gravierende Anwendungsprobleme bleiben bestehen. Hans Thiersch hat 1978 darauf hingewiesen, dass Therapie und Pädagogik das gleiche Ziel haben, „nämlich Hilfen zu geben in den im Alltag auftauchenden Problemen, gelungenen Alltag zu ermöglichen. Wenn Alltag aus sich, seinen eigenen Ressourcen und Konfliktstrategien nicht hinreicht, bieten sich pädagogische und therapeutische Hilfen an, indem sie im Alltag angelegte

Handlungsmuster aufnehmen, strukturieren, verfremden, – zunächst die pädagogischen als die alltagsnäheren, dann, in besonders verhärteten Situationen, die therapeutischen"[36]. Aber, so Thiersch:

> „Die Vielfältigkeit des Alltäglichen wird in therapeutischen Ansätzen reduziert, indem aus der gegebenen Komplexität jene Probleme akzentuiert herausgehoben werden, die sich – im Kontext der jeweiligen Anthropologie – als Schlüsselprobleme, also als geeignet dazu erweisen, dass die Klienten, indem sie sie durcharbeiten, neue Möglichkeiten von Selbstverständnis und Handlungsmustern finden. Im Kontext der Verhaltenstherapie z. B. werden Verhaltensmomente identifiziert, die sich durch Verlernen, Umlernen und Neulernen angehen lassen, im Kontext der Kommunikationstheorie werden Kommunikationsfiguren beachtet und bearbeitet, im Kontext der Tiefenpsychologie Fragen, die auf frühere Auseinandersetzungen mit Eltern verweisen oder auf Verschiebungen, Projektionen, Traumatisierungen. Solchen akzentuierend herausgehobenen Fragestellungen entsprechen die besonders akzentuierten Verfahren in der Therapie; die Vielfältigkeit möglicher und flexibler Umgangsformen wird jeweils festgelegt auf eine bestimmte Methode … Solche Reduktionen in der Interpretation der Probleme der Klienten ebenso wie in der Praxis der Interaktionsmuster gehen einher mit den dem Alltag der Klienten gegenüber spezifisch distanzierten therapeutischen Arrangements. Alltäglichkeit bedeutet Engagement im gemeinsamen Handeln, Reden und Unternehmen; Therapie dagegen setzt auf Distanz, damit der Klient von den Zwängen des Miteinander-Auskommen-Müssens freigesetzt (und ihnen gegenüber auch durch die Verschwiegenheit des Therapeuten abgesichert) neue, unbefangene Möglichkeiten eines Verhältnisses zu sich, seinen Ängsten, Hemmungen und Peinlichkeiten finden kann. Diesem Prinzip der Distanz entsprechen die zeitlichen und räumlichen Voraussetzungen von Therapie"[37].

Mit dem Hinweis auf die Verschwiegenheit des Therapeuten hat Thiersch die außerordentlich wichtige Frage des Verwertungszusammenhanges jener Informationen hingewiesen, die im Gespräch zwischen Sozialarbeitern/Sozialpädagogen und Klienten zutage gefördert werden. Sozialarbeiter locken im Gespräch bedeutsame Informationen ja nicht (nur) deshalb hervor, damit sie diese ihren Gesprächspartnern zurückspiegeln können, um deren Selbstwahrnehmung, Selbstdefinition und Selbstsicht zu schärfen. Sondern sie müssen in den meisten Fällen des beruflichen Alltags diese Informationen verwenden, um Entscheidungen zu treffen, vorzuschlagen und vorzubereiten, die von direkter und häufig existentieller Bedeutung für die von diesen Entscheidungen Betroffenen sind. Da geht es um die Entscheidung über Hilfen zum Lebensunterhalt oder in besonderen Situationen (BSHG), um die Entscheidung über den Entzug oder das Verwirken elterlicher Rechte, um die Bestimmung des Aufenthaltsortes bei Scheidungskindern und die Fremdunterbringung als Beschluss eines Vormundschaftsgerichtes … Erfahrene Sozialarbeiter wissen, dass sie nicht alles in ihre Fürsorgeakte schreiben, was sie erfahren haben, erfahrene Klienten wissen, dass sie gut daran tun, „auf dem Amt“ nicht alles zu erzählen, was Sache ist, Sozialpädagogen wissen, dass sie in die Entwicklungsberichte über ihre Heimkinder nicht alles hineinschreiben, was sie realitäts-getreu hineinschreiben könnten[38].

Die Therapie-Bewegung der Siebziger- und Achtzigerjahre hat ohne Zweifel eine notwendige und sinnvolle Diskussion über die Modifikation, Erweiterung und Bereicherung sozialarbeiterischen Handeins in der Einzelfallhilfe und in der Heimerziehung hervorgebracht. Aber diese Diskussion würde zu falschen, weil unrealistischen Neu-Orientierungen führen, wenn sie bewirken würde, dass überzeugungsstarke Therapeuten interessierte Sozialarbeiter und Sozialpädagogen dazu überredeten, ihre jeweils besonderen und auf besondere Probleme gerichteten Konzepte, Methoden und Verfahren naiv und umstandslos in ihre berufliche Alltagsarbeit zu integrieren. Ob eine bestimmte Therapie in einem bestimmten Fall hilfreich sein kann oder nicht, entscheiden nicht nur die Stimmigkeit ihres Konzeptes, die Angemessenheit ihrer Methoden und die Nützlichkeit ihrer Verfahren, sondern *auch* (und häufig vor allem) die Angemessenheit der institutionellen Voraussetzungen (*setting*), unter denen eine Therapie oder eine an Therapieverfahren angenäherte Kommunikation zwischen Sozialarbeitern, Sozialpädagogen und Klienten stattfindet[39]. Sinnvoller, als vorhandene Therapieverfahren auf die Arbeitsbedingungen von Sozialarbeitern und Sozialpädagogen zu übertragen, erscheint mir der vorsichtige Versuch, vorhandene Verfahren vertiefter Einzelfallhilfe im Rahmen der gegebenen Arbeitsbedingungen weiterzuentwickeln. Ein gutes Beispiel dafür ist die in den letzten fünfzehn Jahren entwickelte Sozialpädagogische Familienhilfe, die es Jugendämtern und von ihnen beauftragten privaten Trägern ermöglichen soll, intensiver und wirkungsvoller als bisher auf Familien einzuwirken, in denen der Anspruch von Kindern auf Erziehung zur leiblichen, seelischen und gesellschaftlichen Tüchtigkeit aus einer Vielzahl von inneren und äußeren Gründen gefährdet wird. Für diese Familien war es bisher in vielen Fällen schon ein Fortschritt, dass die unterschiedlichen Interventionen der Sozialen Dienste seit dem Reichsjugendwohlfahrtsgesetz von 1924 in der Hand der Familienfürsorge zusammengefasst wurden. Problematisch blieb die geographische, soziale und zwischenmenschliche Distanz zwischen der Lebenswelt der Familie und der Beratungssituation „im Amt“, die auch durch häufige Hausbesuche nicht wirklich wirkungsvoll verringert werden konnte. In ausgewählten Fällen kann jetzt für eine solche Familie vom Jugendamt eine Familienhelferin oder ein Familienhelfer über mehrere Jahre jeweils bis zu 19 Wochenstunden eingesetzt werden, um zu helfen, die materiellen und infrastrukturellen Lebensbedingungen zu verbessern, die schulischen und beruflichen Chancen der Kinder zu erhöhen und die Kommunikations- und Interaktions-Stile innerhalb der Familie und zwischen den einzelnen Familienmitgliedern förderlicher zu gestalten. Voraussetzung dafür ist, dass die Familienhelfer nicht zum aktenführenden Teil des Jugendamtes gehören, sondern aufgrund eines allgemeinen Einsatz-Vertrages – und nur dann, wenn die Familie diesem Vertrag zustimmt – sowohl im Hinblick auf gravierende aktuelle Verbesserungen als auch auf mittelfristige Strukturveränderungen vergleichsweise freizügig tätig werden können. Die sozialpädagogische Intervention findet nicht in therapeutischer Distanz und nicht allein über das Medium sprachlicher Beratung statt. Die Familie erlebt, wenn es gut geht, die Familienhelfer als engagierte, unterstützende Außenstehende, die sich für eine bestimmte Zeit auf ihre Lebenswelt und ihre Alltagsprobleme einlassen. Das institutionelle Arrangement dieser Interventionsform kommt der Forderung von Thiersch nach unterstützenden Hilfen für einen gelingenden Alltag ziemlich nahe. Die erste empirische Untersuchung über die Langzeitwirkungen einer solchen sozialpädagogischen Familienhilfe sind so ermutigend, dass es lohnend erscheint, an diesem Modell von Familienhilfe in Fällen der Gefährdung des Kindeswohls weiterzuarbeiten[40].

Ein intensives, verstehendes Eindringen von Angehörigen der Sozialen Dienste in den Alltag ihrer Klienten kann immer auch in die Gefahr geraten, dass die auf diese Weise gewonnenen Daten, Kenntnisse und Erkenntnisse für Zwecke benutzt werden, die nicht der Unterstützung von Menschen bei der Bewältigung ihrer Alltagsprobleme dienen, sondern zur Legitimierung ihrer Ausgrenzung aus den Kernbereichen gesellschaftlicher Solidarität. Die Diskussion der damit verbundenen Frage „Verstehen oder Kolonialisieren?“ – so das Thema einer Fachtagung der Kommission Sozialpädagogik der Deutschen Gesellschaft für Erziehungswissenschaft 1983[41] – war einem sehr allgemein gehaltenen Text von Jürgen Habermas entlehnt, der 1981 in Analogie zur „äußeren Kolonisation“ der Drittländer durch die Erste Welt die These von der „inneren Kolonisierung“ aufgestellt hatte, die besagt, „dass die Subsysteme Wirtschaft und Staat infolge kapitalistischen Wachstums immer komplexer werden und immer tiefer in die symbolische Reproduktion der Lebenswelt eindringen“[42]. So richtig eine solche Bemerkung ist, so unverbindlich bleibt sie für sozialpädagogisches Alltagshandeln, solange es in das gegenwärtige System Sozialer Dienste und das wirtschaftliche System von Profit-Maximierung und Wachstums-Orientierung eingebunden ist. Eine Alternative im Sinne einer „freien Beratungstätigkeit“ ist gerade für jene Bevölkerungsgruppen, welche unterstützende Hilfe bei der Bewältigung ihrer Alltagsprobleme brauchen, nicht in Sicht. Was als Konsequenz bleibt, ist die Forderung etwa von Frank Nestmann, bei der Ausbildung von Sozialarbeitern und Sozialpädagogen die Methoden-Aneignung auf grundsätzlicheren Ebenen als denen der üblichen „Beratungstechniken“ anzusiedeln. Dazu gehöre, neben den traditionellen Forderungen nach Kenntnis der Lebenswelt der Betroffenen, Beherrschung unterschiedlicher Sprachebenen[43] und Kenntnis psychosozialer Versorgungsnetze, das Bewusstsein über die Komplexität von Problemen und die Fähigkeit zur Selbstreflexion[44].

Offene Jugendarbeit

Die traditionelle Gruppenpädagogik war von einigen Annahmen über die Voraussetzungen ausgegangen, die vorliegen müssen, damit eine, von erwachsenen Pädagogen verantwortete Steuerung von Gruppenprozessen zustande komme. Dazu müsse die Gruppe *überschaubar* sein (überschaubar nicht nur für die Teilnehmer, sondern auch für die Pädagogen), ihre *Zusammensetzung* müsse von den Pädagogen sorgsam gesteuert werden, damit das Insgesamt der Gruppe seine heilsamen Wirkungen auf jedes einzelne Mitglied entfalten könne, und wichtigstes Medium der Steuerung sei das *Gruppenprogramm*, das (im schlechtesten Falle) von den Pädagogen vorgeschlagen und durchgeführt oder (im besten Falle) von allen Gruppenmitgliedern gemeinsam beschlossen und verantwortet werde. Auch der Anfang und das Ende des Lebens einer Gruppe werde – bei Lichte betrachtet – von den beteiligten Pädagogen gesetzt. Dennoch beschrieb sich diese traditionelle Gruppenpädagogik als „jugendzentriert“ oder „teilnehmerzentriert“. Damit war gemeint, dass sich die Pädagogen in ihren Wahrnehmungen, Wertungen und Handlungen auf die einzelnen Gruppenmitglieder bezogen und konzentrierten, es bedeutete nicht, dass die Rollen von Pädagogen und Gruppenmitgliedern ausgewogen, gleichgewichtig und spiegelbildlich ausgestattet waren. Für die praktische Gruppenarbeit – etwa in einem kommunalen Jugendfreizeitheim – bedeutete dies, dass sie zweigeteilt wurde: In einem offenen, geselligen Raum wurden „unverbindliche“, gesellige Angebote gemacht (Filmabende, Disco, Teestuben- oder auch Bar-Betrieb, Tischtennis, Flippern), in den hinteren Räumen fand eine „verbindliche“ Gruppenarbeit mit „festen“ Gruppen statt. Sie diente der politischen Bildung, der kulturellen Erziehung, dem gemeinsamen sportlichen und musischen Tun. Die mit dieser pädagogischen Praxis verbundene Bewertung der „offenen Jugendarbeit“ als „unverbindlich“ und der „Arbeit in geschlossenen Gruppen“ als „verbindlich“ bezeichnete eine immer größer werdende Gruppe von Jugend-Arbeitern im Hinblick auf die Bedürfnisse und Interessen von Arbeiterjugendlichen als „zynisch“.

> „Je mehr diese Jugendlichen aufgrund der deutlich sichtbaren Verschlechterung ihrer Lebensbedingungen – wachsender Disziplindruck und steigende Konkurrenz in den Schulen, Lehrstellenmangel, Arbeitslosigkeit, Wohnungsnot – auf die ‚billigen‘ nichtkommerziellen Freizeiteinrichtungen angewiesen waren, desto häufiger wurden sie aus ihnen praktisch ausgeschlossen. In vielen Fällen geschieht dies in der Weise, dass – meist ausgelöst durch Konflikte mit den Jugendlichen, die sich gegen pädagogische und disziplinarische Gängelung wehren – die Nutzung des Freizeitheims an Bedingungen geknüpft wird (zum Beispiel sich an bildungs- oder hobbyorientierter Gruppenarbeit zu beteiligen) oder die Einrichtung ganz geschlossen wird … Die Tendenz, sich in großer Anzahl an einem bestimmten Ort regelmäßig zu treffen, ist ein unmittelbarer Ausdruck der eingeschränkten Familien- und Arbeitsbedin-

> gungen der Jugendlichen und zugleich eine positive und existenziell bedeutsame Abwehr gegen Vereinzelung und Isolierung. Diesem Grundbedürfnis versucht die offene Jugendarbeit dadurch Rechnung zu tragen, dass sie die räumliche Voraussetzung solcher Treffpunkt-Möglichkeiten schafft. Die konkrete Ausgestaltung dieser Treffpunkte richtet sich dabei notwendigerweise nach vorhandenen und artikulierbaren Freizeitbedürfnissen der Jugendlichen. Beat-Musik, Tanz, Bier, Klubräume sind dabei der von den Jugendlichen akzeptierte Rahmen, um ungezwungen ihre eigenen Kommunikationsformen zu erhalten und zu entwickeln … Der Sozialarbeiter in der offenen Jugendarbeit hat einerseits die Funktion, mit den Jugendlichen für die Erhaltung der materiellen Voraussetzungen ihrer Kommunikation gegenüber den Trägerinstitutionen einzutreten und andererseits sich offensiv mit den Jugendlichen auseinander zusetzen, wenn sie phasenhaft Verhaltensformen entwickeln, die den solidarischen Zusammenhang der Jugendlichen untereinander gefährden und zerstörerische Auswirkungen auf einzelne und die ganze Einrichtung haben können (zum Beispiel Kampf gegen Alkoholismus, Drogenabhängigkeit und gegenseitige Ausbeutung und Unterdrückung). Die Auseinandersetzung mit den konkreten Erscheinungsformen der gesellschaftlichen Deklassierung der Jugendlichen, wie Kriminalität, Alkoholismus und Drogenabhängigkeit ist allerdings nur möglich, wenn ein größerer Teil der Jugendlichen in der Einrichtung diesen Kampf als für sich selbst wichtig begreift und ihn mit Vollversammlungsbeschlüssen, der Aufstellung bestimmter Bedingungen (zum Beispiel „Wer dealt, fliegt raus“) unterstützt. Die Voraussetzung dafür ist aber, dass ein großer Teil der Jugendlichen, die Sozialarbeiter, Erzieher, etc. ganz unmittelbar praktisch in einer unterstützenden solidarischen Funktion erlebt, wenn es um die Bewältigung ihrer existenziellen Probleme geht.“[45]

Eine Jugendarbeit, die mit der „alten Gruppenpädagogik“ nichts mehr im Sinn hatte, war – wie diese auch – an eine Reihe von Voraussetzungen und Bedingungen geknüpft, die nicht überall dort vorhanden waren oder hergestellt werden konnten, wo Jugend-Arbeiter die Forderung nach offener Jugendarbeit erhoben. Der Träger eines Jugendfreizeitheims musste außergewöhnlich konfliktorientiert und konflikterfahren sein; die Jugend-Arbeiter mussten auf eine wenig strukturierte aber gleichzeitig hochgradig aufgeladene Situation vorbereitet sein und souverän mit ihr umgehen können, ohne ihrerseits in den Fehler zu verfallen, entstehende Konflikte vorzeitig zu harmonisieren oder ihre Verursacher zu disziplinieren; die Mehrheit der Jugendlichen musste in der Lage und bereit sein, die fehlenden normativen Vorgaben durch mehrheitliche Entscheidungen zu ersetzen und diese auch zu praktizieren. In manchen Fällen gelang dies auf eine faszinierende Weise; in manchen Fällen war das Ergebnis unfruchtbar und deprimierend für alle Beteiligten. Langeweile, Anmacherei, Aggressionen gegen Personen und Sachen waren überall dort an der Tagesordnung, wo die Jugendlichen nicht in der Lage waren, die fehlenden Vorgaben der Jugend-Arbeiter durch strukturierende eigene Aktivitäten gemeinsam herzustellen.

Erfahrungen in der offenen Jugendarbeit waren in der Regel *dort* positiv, wo noch keine Jugendfreizeitheime und Jugendhäuser existierten. Vor allem in ländlichen Gebieten, wo „eh nicht viel los war", bildeten sich in den Siebzigerjahren allenthalben Initiativ-Gruppen Jugendlicher auf der Suche nach und im Kampfe um ein eigenes Jugendzentrum, das sie in Selbstverwaltung übernehmen, ausbauen und einrichten konnten. Es zeigte sich, dass der gemeinsame Kampf um ein solches Zentrum eine Perspektive darstellte, welche die sonst heterogenen Interessen unterschiedlicher Gruppen von Jugendlichen für einen bestimmten, überschaubaren Zeitraum zu binden und zu homogenisieren vermochte. Die Kehrseite dieser positiven Erfahrung war die Tatsache, dass die jeweilige Gründer-Generation von ländlichen Jugendzentren, nachdem sie ihr Jugendhaus erkämpft und eröffnet hatte, häufig nicht mehr die Kraft und die Geduld aufbrachte, neue Besucher zu integrieren und an der gemeinsamen Programmgestaltung zu beteiligen. Die Prinzipien der offenen Jugendarbeit: Strukturlosigkeit als produktive Provokation, Selbstorganisation, eigene Programm-Hoheit, Beschränkung der Rolle von Pädagogen auf unterstützende und beratende Hilfen, erforderten offensichtlich ein Maß an Kompetenzen und·Investitionen in Kraft und Zeit, das als Vorleistungen von jenen Gruppen Jungendlicher zu erwarten unrealistisch war, auf die sich die Vertreter der offenen Jugendarbeit in ihren Konzepten bezogen.

Neben der offenen Jugendarbeit in festen Jugendheimen und Jugendhäusern entstand in den Siebzigerjahren so etwas wie eine neue Jugendbewegung, ohne Fahnen, ohne Uniformen und Abzeichen, ohne formelle Führer und Organisationen. Christian Marzahn beschreibt diese, für viele Erwachsene erstaunliche und unerwartete Entwicklung so:

> „In Initiativen aller Art haben [sich Jugendliche, C.M.W.] in einem bisher kaum gekannten Ausmaß daran gemacht, ihre Sache in die *eigene* Hand zu nehmen. Und es sind nicht nur viele, die sich an solchen Initiativen aktiv beteiligen oder mit ihnen sympathisieren, es sind auch viele Bereiche, in denen solche Initiativen entstanden sind: Produktions- und Arbeitskollektive, Selbsthilfegruppen der verschiedensten Art, vielfältige Kulturgruppen, Initiativen zum Umweltschutz, Friedensinitiativen – niemand kann das heute mehr überschauen. Vermutlich der größere Teil dieser Initiativen hat niemals oder nur minimale professionelle Unterstützung in Anspruch genommen, die sie nicht selten eher als Behinderung denn als Hilfe erlebt haben. Gegenüber vielen gesellschaftlichen Entwicklungen waren und sind die Jugendlichen sensibler, kompromissloser, mutiger und auch kreativer als viele Erwachsene – und auch als viele professionelle Jugendarbeiter. Hier hat die Jugendarbeit im besten Fall von ihnen zu lernen."[46]

Feministische Gruppenarbeit

Ende der Siebzigerjahre merkten viele junge Frauen, dass sie in der Jugendarbeit nicht vorkamen. Weder in der traditionellen Gruppenpädagogik (dort waren sie zwar individuelles Gruppenmitglied, nicht aber junge Frau) noch in der offenen Jugendarbeit der Freizeitheime und Jugendzentren (dort waren sie Anhängsel oder, wenn es hoch kam, „guter Kumpel"). Manchmal schmückten sie, häufig waren sie lästiges Beiwerk, nie aber kümmerte sich jemand um ihre „Interessen und Bedürfnisse". Monika Savier und Carola Wildt gehörten zu den ersten Jugend-Arbeiterinnen, die aufgrund ihrer Erfahrungen mit „autonomen Mädchengruppen" Ansätze zu einer feministischen Gruppenarbeit publizierten[47]. Diese Ansätze enthielten Forderungen an Pädagoginnen, die in einigen Punkten mit der traditionellen Gruppenpädagogik, in anderen Punkten mit der offenen Jugendarbeit übereinstimmten, in einer Reihe von Fragen aber neue Perspektiven formulierten.

- „Mädchen müssen als gesellschaftlich relevante Zielgruppe ernst genommen werden … Eine feministische Arbeit mit Mädchen ist in jedem Fall parteilich und an ihren Interessen und dem Wunsch nach einer eigenen Identität orientiert …
- Widersprüchliche Verhaltensweisen der Mädchen müssen wir akzeptieren lernen, ohne die eine oder die andere Seite zu bewerten …
- ‚Feministische Pädagogik' heißt: Verhaltensweisen danach zu bewerten, wie ihr tatsächlicher gesellschaftlicher Nutzen ist (z. B. Neubewertung der von Männern und Frauen geleisteten Arbeit im Reproduktionsbereich).
- Ansätze von Gegenwehr der Mädchen müssen erkannt und unterstützt werden …
- Die Situation der Mädchen kann sich nur verändern, wenn sie sich in einer *autonomen Mädchengruppe* zusammenschließen …
- Identifizieren sich die Mädchen mit der Pädagogin, dann sind sie auch bereit, sich mit deren Erfahrung auseinander zu setzen und sie zum Beispiel auch als Korrektiv zu akzeptieren. Demnach muss sich die Pädagogin *direktiv verhalten*, um alternative Verhaltensweisen anzubieten. Würde sie sich *non-direktiv verhalten*, also abwarten, welche Erfahrungen die Mädchen ausschließlich selber machen, dann könnte sie vermutlich dabei zusehen, wie sich die hinlänglich bekannten Probleme der Mädchen immer wieder aufs Neue reproduzieren"[48].

Der aus Erfahrungen gespeisten Forderung nach einem *nicht* non-direktiven Verhalten der Pädagoginnen entsprach eine deutliche Beachtung des Programms in dieser feministischen Gruppenarbeit. Das Programm war projektorientiert und enthielt vielfältige Anregungen im Erfahrungs- Erlebnis- und Handlungsbereich junger Frauen. Körpererfahrungen, Erfahrungen im Rollenhandeln und in der Konfrontation mit dem eigenen „Selbst" sollten gemacht, zurückgespiegelt und experimentell verändert werden. Dazu gehörte der Einsatz unterschiedlicher Medien der Gruppenarbeit : Rollenspiel und Planspiel, Masken und Körperarbeit, Fotographie und Video.

Die Praxis feministischer Gruppenarbeit war ein deutlicher Kontrapunkt zum anscheinenden Laissez-Faire der offenen Jugendarbeit. Und sie stellte – vielleicht zum ersten Mal seit der alten Jugendbewegung wieder einen inneren Zusammenhang zwischen der Lebenslage der Gruppenmitglieder, den Funktionen von Pädagoginnen und dem Programm und den Medien der Gruppenarbeit her, einen inneren Zusammenhang, der in der traditionellen Gruppenpädagogik weitgehend verloren gegangen war. Feministische Gruppenarbeit in der von Savier und Wildt beschriebenen Form war nicht identisch mit der Arbeit des feministischen Teils der Frauenbewegung.

> „Emanzipation hängt heutzutage für viele Mädchen kaum mit der persönlichen Teilhabe an der Frauenbewegung zusammen. Sie fühlen sich auch so emanzipiert – sie haben sich Situationen erkämpft, die wir tatsächlich im weitesten Sinne mit relativer Unabhängigkeit umschreiben können. Die Geschichte vieler dieser Mädchen zeigt, dass sie mittelbar zur ‚zweiten Generation' der Frauenbewegung gehören, ohne dass sie dies selbst unbedingt wahrhaben wollen. Denn die Frauenbewegung erwies sich als ideologische Stütze der Frauen, die Bezugspersonen in ihrer Kindheit oder frühen Jugend waren: ‚Frauenbewegte' Lehrerinnen, Erzieherinnen im Jugendheim, Sozialarbeiterinnen auf dem Jugendamt oder der Familienfürsorge oder auch die Dozentin an der Volkshochschule, an der ihre Mutter einen Kurs belegt hatte, hatten einen nicht unerheblichen Einfluss auf die Entwicklung neuer Lebensperspektiven der Mädchen. Durch sie erlebten die Mädchen neue ‚Bilder' von Frauen. Oder haben Mütter unerfüllte Emanzipationswünsche an die Töchter ableiten können? Die verbale Absage vieler Mädchen an die Frauenbewegung (welche auch immer die Mädchen damit meinen) hat ihre guten Gründe, da der Frauenbewegung als einer Bewegung von erwachsenen Frauen oftmals die Handlungsspielräume fehlten, die die Mädchen für die Entwicklung einer Identifikation mit der Bewegung und ihren politischen Zielen nötig gehabt hätten … Mädchen sind in mancher Hinsicht Frauen gegenüber privilegiert. Sie können nach außen aktiver sein, weil sie nur im seltensten Fall ein ‚ Hausfrauensyndrom ' plagt. Sie haben meist noch keine Kinder und sind daher unabhängiger, und – haben sie sich einmal zum Ausstieg entschlossen – entwickeln sie in neuer Freiheit oftmals eine ungeahnte Radikalität. Der Bruch mit der Familie, der bei fast allen Mädchen für den Ausstieg nötig war, hat sie unabhängig gemacht und die Erinnerung an familiale Zwänge, der Druck, sitzt ihnen noch im Nacken. Das Gefühl, nichts mehr verlieren zu können, macht sie radikal und risikobereit. Sie kämpfen für eine lebenswerte Alternative – aber möglichst sofort."[49]

Selbsthilfe und Professionalität

Vertreter offener Jugendarbeit schränkten zwar die Rollen und Funktionen von Sozialarbeitern und Sozialpädagogen bei der Entfaltung und Kultivierung jugendlicher Gesellungs- und Handlungsformen ein, ließen sie aber in flankierenden und unterstützenden Funktionen weiterhin gelten. Vertreterinnen feministischer Gruppenarbeit wiesen den Pädagoginnen Rollen und Funktionen zu, die im Vergleich zur traditionellen Gruppenpädagogik erhöhte Anforderungen an Kompetenz und Performanz stellen. Ganz anders die Entstehung von vielgestaltigen Selbsthilfegruppen in der Bundesrepublik Deutschland, die in den siebziger Jahren entweder im Zusammenhang mit oder parallel zu der Bürgerinitiativ-Bewegung entstanden sind. Selbsthilfegruppen sind, so will ich vereinfachend sagen, freiwillige Zusammenschlüsse von Menschen, die von einem genau umrissenen Problem betroffen sind, dessen Lösung oder „Verwaltung" bisher in der Hand professioneller Experten lag und die, nach deprimierenden Erfahrungen mit diesen Experten beschlossen haben, sich künftig selber zu helfen. Besonders wichtig bei dieser Zustandsbeschreibung sind die Punkte: Selbstbetroffenheit, Enttäuschung von Experten, Selbsthilfe als „Hilfe für sich selbst" (und nicht für andere)[50]. Chef-Ideologe dieser Selbsthilfebewegung war Ivan Illich, ein in Österreich geborener und in Mexiko lebender Jesuit, der seit geraumer Zeit den Kreuzzug gegen die neue Priester-Kaste der Experten in den personenbezogenen Dienstleistungsberufen auf seine Fahne geschrieben hat:

> „Die neuen Spezialisten, die nichts anderes tun, als solche menschlichen Bedürfnisse zu befriedigen, die ihre Zunft erst erfunden und definiert hat, kommen gern im Namen der Liebe daher und bieten irgendeine Form der Fürsorge an. Ihre Zünfte sind tiefer verfilzt als eine byzantinische Bürokratie, internationaler organisiert als eine Weltkirche und stabiler als jeder Gewerkschaftsbund, dazu ausgestattet mit umfassenderen Kompetenzen als jeder Schamane und rücksichtsloser in der Ausbeutung ihrer Schützlinge als die Mafia … Die Gangster schlagen ihren Profit aus den Bedürfnissen der Menschen, indem sie die Versorgung mit entsprechenden Gütern kontrollieren. Heute können Erzieher, Ärzte und Sozialarbeiter etwas, was früher nur Priester und Richter vermochten nämlich aus eigener Rechtsvollkommenheit ein Bedürfnis erzeugen, das zu befriedigen sie allein berechtigt sind."[51]

Das Zitat zeigt, dass historische Genauigkeit nicht die Force von Ivan Illich ist. Denn die Gangster-Syndikate der USA waren groß geworden, als die Regierung den Konsum von Alkohol durch Prohibitionsgesetze *illegalisierte* und sie sind unter anderem groß geblieben durch den internationalen Rauschgift-Traffic. Dieser befriedigt nun wirklich kein Bedürfnis, das jeder von uns hat, sondern eins, das die Dealer zunächst einmal mit Mühe und Zwang erzeugen mussten. Das Zitat zeigt sicherlich auch den Ärger eines Theologen, dem eine neue Kaste von säkularen Kult-Beamten den ideologischen Wind aus den Segeln genommen hat. Auf der anderen Seite ist die Kritik an der „stummen Medizin“ von Ärzten, welche die Fähigkeit verloren haben, ihren Patienten zu erklären, was ihnen fehlt und die keine Zeit mehr haben herauszufinden, warum es ihnen fehlt, sondern die mit antrainierter Gebärde zum Rezeptblock greifen, nachdem der Patient ihnen mitgeteilt hat, unter welchen Symptomen er leidet, aus vielen guten Gründen berechtigt. Aus guten Gründen haben die Mitautoren der populären Experten-Schelte von Illich ihre Beispiele bevorzugt aus dem Gesundheitswesen geholt. Lediglich Joseph Huber hat ein Kapitel über die neue Abhängigkeit des Bürgers vom Sozialstaat beigetragen. Darin räumt er, als gelernter kritischer Gesellschaftswissenschaftler ein, dass der Sozialstaat eine notwendige Antwort des bürgerlichen Staates auf die sozialen Löcher darstellte, welche die kapitalistische Entwicklung und ihr Industrialisierungsprozess in die Netze des sozialen Gemeinschaftslebens gerissen habe. „Wenn Willy Brandt in jedem Stück Sozialstaat ein Stück mehr sozialer Gerechtigkeit sieht, so beweist dies gute sozialdemokratische Tradition aber bereits auch eine gewisse Verkennung der Situation im letzten Viertel des 20. Jahrhunderts … Der Sozialstaat, unter der Fahne der *Gleichheit* erfolgreich und verdienstvoll vorangetrieben, pervertiert jenseits bestimmter kritischer Schwellenwerte und abseits orthodox sozialistischer Wahrnehmung zur *Gleichschaltung*, zur gleich mechanischen Unterwerfung aller, ungeachtet ihrer Klassenzugehörigkeit unter das entstehende große Einheitssystem, das Lewis Mumford ‚neue Mega-Maschine’ genannt hat.“[52]

Diese Beweisführung ist kraus, weil der (faschistische) Begriff *Gleichschaltung* nahe legt, dass Gleichheit im Sozialstaat zu faschistischer Gleichschaltung führt. Wann? Jenseits bestimmter kritischer Stellenwerte und abseits orthodox sozialistischer Wahrnehmung. Also wäre der Sozialstaat *innerhalb* orthodox sozialistischer Wahrnehmung (im Sinne von Interessendurchsetzung?) keine Gleichschaltung? Und was heißt „ungeachtet ihrer Klassenzugehörigkeit“? Etwa, dass der Sozialstaat nahezu alle Menschen sozialversichert, rentenversichert, gegen Arbeitslosigkeit versichert? Und nicht nur die Armen? Ist das die Kritik? Will Joseph Huber neue Privilegien für einen „Neuen Mittelstand“? Und wo liegt der kritische Schwellenwert? „Durch Institutionalisierung, Technisierung, Professionalisierung und Monetarisierung von immer mehr Lebenstätigkeiten *zerstört* das System den sozialen Zusammenhalt – und muss ihn zugleich *ersetzen* in Gestalt einer Betreuung und Kontrolle durch Gesundheits-, Jugend- und Altenpflege-, Erziehungs-, Fürsorge-, Justiz- und Polizeiapparate“[53]. Vorher hieß es noch, die kapitalistische Wirtschaft habe jene Löcher ins Netz des sozialen Gemeinschaftslebens gerissen, welche der Sozialstaat zu stopfen genötigt gewesen sei. Jetzt ist es der Sozialstaat selbst, welcher die Löcher reißt, um sie nachträglich zu stopfen. Welch ein genialer Taschenspielertrick, um das kapitalistische Wirtschaftssystem zu entlasten und den Sozialstaat zum Verursacher neuer sozialer Ungerechtigkeit empor zu stilisieren. Dieser Taschenspielertrick ist gleichzeitig erkenntnisfördernd. Er erlaubt es, uns seine Urheber als Neo-Liberale zu erkennen. „Systemausdehnung und Niedergang der Selbständigkeit“ heißt eine bezeichnende Zwischenüberschrift im Beitrag von Joseph Huber. Als ob die gegenwärtigen Klassenauseinandersetzungen zwischen Sozialstaat, Sozialhilfeempfängern und Selbsthilfegruppen ausgetragen würden. Als ob das kapitalistische Wirtschaftssystem, das heute freie oder soziale Marktwirtschaft genannt wird (je nachdem, ob Graf Lambsdorf oder Norbert Blüm darüber redet), durch eine Mega-Maschine, die aus der Bundesanstalt für Arbeit, den Allgemeinen Ortskrankenkassen und der Bundesarbeitsgemeinschaft der Wohlfahrtsverbände besteht, ersetzt worden wäre!

Unabhängig von den krausen Begründungen einiger Verfechter einer Entprofessionalisierungs-Kampagne bleibt festzustellen, dass die Selbsthilfe-Bewegung seit den Siebzigerjahren eine Massenbewegung geworden ist. Allein das Berliner Stattbuch nennt in seiner 3. Auflage von 1984 rund 2.500 solcher Initiativen in den Bereichen Alte Menschen, Arbeitslose, Ausländer(innen), Behinderte, Drogen & Süchte, Erwachsenenbildung, Frauen, Frieden, Geistliches Leben, Geschichte, Gesundheit, Handel, Handwerk und Dienstleistungen, Jugendliche, Kinder, Knast, Körper und Bewegung, Kultur & Medien, Lesben, Männer, Politische Initiativen, Reisen, Sanfte Technik, Schwule, Treffs im Stadtteil, Umweltschutz und Wohnen[54]. Im Wirkungsfeld von Sozialarbeit und Sozialpädagogik sind besonders viele Selbsthilfegruppen tätig. Sie arbeiten in der Knasthilfe und der Betreuung entlassener Strafgefangener, im Ausländer- und Behinderten-Bereich, in der Hilfe für misshandelte Frauen, für Selbstmordgefährdete, Drogenabhängige, psychisch Kranke, Alte, Arbeitslose und als Zusammenschluss der Angehörigen unheilbar Kranker. Teilweise haben sie sich eigene Institutionen geschaffen: Kinderläden, Schülerläden, Kleinstheime, Frauenzentren, Frauenhäuser, Selbstverwaltete Jugendzentren, Beratungsläden, Gesundheitsläden. Anders als Teile der Alternativbewegung hat es die Mehrheit der Selbsthilfegruppen niemals abgelehnt, unter Umständen für ihre Arbeit „Staatsknete“ zu kassieren. Dafür lehnen sie (mehr oder weniger grundsätzlich) die Einstellung bezahlter Profis ab. In Zeiten hoher Arbeitslosenanteile bei Absolventen sozialer Studiengänge ist dieses Prinzip inzwischen porös geworden. Selbsthilfegruppen in besonders zeitintensiven Beratungsbereichen schaffen heute mehr und mehr Arbeitsplätze und Planstellen für aktive Mitglieder aus ihren eigenen Gruppen. Christian Marzahn hat zu Recht festgestellt, dass die Selbsthilfebewegung neue Fragen an die professionelle Identität der Sozialen Arbeit und ihrer Profis gestellt hat. Die Antworten sind in zwei Lager gespalten. „Auf der einen Seite steht das Plädoyer für eine ‚neue Fachlichkeit‘ (Kommission Sozialpädagogik)[55], die ihre Aufgabe in der Stärkung der Selbsthilfekräfte der Betroffenen sieht; in der sich die Beziehung zwischen dem Sozialarbeiter und den Menschen, mit denen er zu tun hat, als dialogisch und gleichberechtigt darstellt; in der die Ermittlung des Problems, seiner Implikationen und seiner Lösungsmöglichkeiten als gemeinsame Aufgabe verstanden wird; die für die Benachteiligten und Bedrohten Partei ergreift und sich für ihre vorenthaltenen Rechte, Chancen und Glücksmöglichkeiten solidarisch einsetzt[56]. Auf der anderen Seite steht die Forderung nach einer weitgehenden oder sogar prinzipiellen Deprofessionalisierung der sozialen Arbeit[57]. Die Klientifizierung der Betroffenen, ihre gesellschaftliche Ausgrenzung und institutionelle Sonderbehandlung lassen sich im Grundsatz nur dann vermeiden, wenn die Identifizierung und Bearbeitung sozialer Probleme konsequent wieder in die Sozialeinheiten und das soziale Handeln der Menschen zurückgeholt werden ...“[58].

Bei dem weiteren Nachdenken über dieses Problem schlage ich vor, zwei Tatsachen zur Kenntnis zu nehmen. In Selbsthilfegruppen arbeiten in der Regel Menschen mit hohem professionellen Sachverstand zusammen. Es gibt kaum eine Gesundheits- oder Sucht-Hilfe-Gruppe, in der keine Ärzte, Psychologinnen, Krankenschwestern, MTAs und andere „Experten“ aus dem Gesundheitsdienst ehrenamtlich mitarbeiten. Es gibt kaum ein Frauenhaus ohne Pädagoginnen, Psychologinnen, Feministinnen – die ja nun wirklich Expertinnen für die dort manifest gewordenen Probleme sind. Wenn die Selbsthilfegruppen Profis ablehnen, dann lehnen sie nicht deren Sachverstand ab, sondern deren Berufsarbeit gegen Kontrakteinkommen. Auf der anderen Seite müssen wir uns selbstkritisch fragen, wie hoch eigentlich das Professionalitäts-Niveau unserer Sozialen Berufe inzwischen angehoben worden ist[59]. Wenn ich sie mit dem Niveau von Ingenieuren, Maschinenbauern, Kfz-Technikern, Informatikern, Lehrern mit zwei Unterrichtsfächern, Ballett-Tänzerinnen, Diät-Assistentinnen und Landvermessern vergleiche und dabei frage, was Menschen in diesen Berufen am Ende ihrer Ausbildung wissen und können müssen, was sie zu Beginn ihres Studiums noch nicht wussten und konnten, so denke ich, dass der Kompetenzzuwachs durch Ausbildung und Berufseinmündungsphase in unseren Berufen recht bescheiden ausfällt. Deshalb halte ich die immer wieder erhobene Forderung nach Entprofessionalisierung für falsch. Wir haben gar nicht allzu viel, was wir ent-professionalisieren könnten! Der Begriff muss also – weil seine Anhänger sich dabei ja etwas gedacht haben – etwas anderes meinen. In der Tat. Es gibt zwei Orte, an denen Professionalität angelagert werden kann: Personen und Arbeitsplätze in Institutionen. Die traditionellen Vorstellungen von „Professionen“ waren an den klassischen Berufen freischaffender Akademiker orientiert: den Ärzten, den Rechtsanwälten, den Architekten. Ihr akademisches Studium wurde mit einer Prüfung abgeschlossen, die ihnen das Recht verlieh, sich niederzulassen und auf eigene Kosten zu praktizieren. Für Berufe, die später professionalisiert worden sind, wurde die Berechtigung zur freien Berufsausübung nicht mehr an Personen gebunden, sondern an staatlich zugelassene Institutionen, insbesondere dann, wenn diese Institutionen Steuergelder für ihre Dienstleistungen in Anspruch nahmen oder nachgeordnete Einrichtungen des Staates waren. Das galt für Lehrer und Schulen, für Erzieherinnen und Kindertagesstätten, für Sozialarbeiter und Jugendämter. Kein Lehrer mit der zweiten Staatsprüfung kann ohne weiteres eine Schule aufmachen, kein Sozialarbeiter nach dem Anerkennungsjahr ein Sozialamt. Übrigens kann auch kein Volljurist ein Gericht aufmachen und kein Ingenieur eine neue U-Bahn-Linie. „Entprofessionalisierung" in Arbeitsfeldern der Sozialen Dienstleistungsberufe heißt also vor allem, dass die Arbeitsplätze in diesen Arbeitsfeldern aus ihren zentralen, staatlichen Monopolstellungen herausgelöst, dezentralisiert und entinstitutionalisiert werden sollen, damit sie den Charakter von Behörden oder ihnen nachgeordneten Dienststellen verlieren. Bei Lichte betrachtet ist die Forderung nach Entprofessionalisierung die Forderung nach einer Neubelebung des Subsidiaritäts-Prinzips.

Auch aus den Reihen von Profis selbst sind im letzten Jahrzehnt Angebote zu einer besseren Zusammenarbeit zwischen Experten und Betroffenen und zur Anerkennung von Selbsthilfegruppen als intermediäre Instanzen gemacht worden. Schon Anfang der Siebzigerjahre hatte der Gießener Psychoanalytiker und Hochschullehrer Horst-Eberhard Richter in zwei Feldexperimenten die Frage untersucht, ob, unter welchen Umständen und mit welchen Wirkungen Psychoanalytiker mit lokalen Initiativgruppen (in diesem Fall einer Elterngruppe und einer Obdachlosen-Initiative) zusammenarbeiten könnten[60]. In diesem Demonstrations-Modell war die Expertenrolle des psychoanalytisch orientierten Gruppendynamikers noch nicht infrage gestellt, lediglich das *setting* seines therapeutischen, von Co-Therapeuten begleiteten Handeins war entprofessionalisiert worden. Einen Schritt weiter ging der Gießener Psychoanalytiker und Hochschullehrer Michael Lukas Moeller. 1978 hatte er einen ersten Überblick über die Landschaft der Selbsthilfegruppen in der Bundesrepublik gegeben[61]. 1981 veröffentlichte er ein Buch mit Erfahrungen in der ehrenamtlichen Beratung von Selbsthilfegruppen auf dem Gebiet der psychosomatischen Medizin. Für Moeller sind die Selbsthilfegruppen Kinder der großen Protestbewegungen der späten Sechzigerjahre.

> „Doch stehen nun nicht länger ferne, globale Probleme, sondern hautnahe persönliche Alltagssorgen im Mittelpunkt. Dass die Gruppen in eigener Sache handeln, garantiert ihr langfristiges Bestehen und macht sie stark. Ihre vielfache Bedeutung – als Basistherapie in der Medizin, als Ausbildungsbaustein in der Erziehung, als Identitäts- oder Beziehungswerkstatt im Alltag – entspricht der zunehmenden Verflechtung unseres Lebens. Sie übertreffen damit herkömmliche therapeutische oder erzieherische Konzepte – ganz abgesehen von so entscheidenden Vorteilen wie Einfachheit, Kostenlosigkeit und Flexibilität ... Es ist deshalb schwer, sie einem bestimmten Bereich zuzuordnen. Politisch gesehen sind sie eine psychosoziale Bürgerinitiative. Von Bürgerinitiativen unterscheiden sie sich allerdings in einem wesentlichen Punkt: sie setzen neben die Veränderung der sozialen Bedingungen als gleichrangiges Ziel

> die Selbstveränderung … Sie arbeiten also gleichsam an ihren Identifikationen als einer ‚inneren' Gesellschaftsstruktur ebenso wie an den sozialen Bedingungen und an den Institutionen der ‚äußeren'. Darin liegt ihre große Chance und ihre wirkliche Potenz."[62]

Moellers Plädoyer für die Zusammenarbeit von Experten mit Selbsthilfegruppen ist am Modell distanzierter Beratung in kritischen Zeitpunkten der Gruppenentwicklung bzw. der Entwicklung ihres Projektes orientiert. Er sieht dabei – ähnlich wie Horst-Eberhard Richter – den beiderseitigen Nutzen einer solchen partiellen Zusammenarbeit. Der Experte lernt von der Selbsthilfegruppe ebenso, wie die Selbsthilfegruppe vom Experten. Dabei bleiben einige Fragen ungeklärt: Die Frage der Bezahlung der Beratung, die Frage der zeitlichen Intensität der Beratung und die Frage von Nähe und Distanz des Beraters zu der Selbsthilfegruppe und den Problemen, die sie bearbeitet. Bei allem Einverständnis mit der These, die besondere Bedeutung von Selbsthilfegruppen liege in der Selbst-Betroffenheit der Gruppenmitglieder und verhindere das störende Helfer-Syndrom (Schmidbauer) wird häufig vergessen oder verdrängt, dass eine Distanzierung der Helferberufe von den Problemen und Personengruppen, mit denen sie arbeiten, eine wichtige kulturelle Leistung bei der Professionalisierung der Helferberufe war. Es ist nämlich immer noch strittig, ob der Sozialarbeiter, der erfolgreich und sensibel in der Strafentlassenen-Hilfe arbeitet, selbst im Knast gesessen haben muss. Es kann dies der Fall sein – wie die Beispiele wirksamer Selbsthilfegruppen im Suchtbereich (*Synanon, Anonyme Alkoholiker*) zu zeigen scheinen –, es kann aber auch der Fall sein, dass die eigene Betroffenheit von einem Problem Prozesse der Fehlinterpretation und der Projektion eigener unbearbeiteter Probleme auf „die anderen" auslöst, die für eine wirksame und dauerhafte Hilfe sehr störend sind. Deshalb denke ich, dass für Selbsthilfegruppen *wie für Profis* – und für ihre Zusammenarbeit umso mehr – die Fähigkeit zur permanenten Selbst-Reflexion gefordert wird. Sie ist nicht das Ergebnis eines naturwüchsigen Prozesses, sie muss in einer längeren Anstrengung angeeignet werden, und bei diesem Aneignungsprozess sind Außenstehende, von der Gruppe und ihren Problemen nicht Betroffene hilfreicher als solche, die in die Konstellationen eingebunden sind, welche gerade zum Gegenstand der gemeinsamen Reflexion gemacht werden sollen.

Für den distanzierten Betrachter scheint es fließende Übergänge zwischen der Selbsthilfe-Bewegung, der neuen Genossenschafts-Bewegung und der Alternativ-Bewegung zu geben. Viele Selbsthilfe-Gruppen, die über einen längeren Zeitraum erfolgreich (und häufig mit kommunaler oder staatlicher Unterstützung) gearbeitet haben, professionalisieren sich und bieten ihre Waren und Dienstleistungen schließlich jederfrau und jedermann zu marktgängigen Preisen an. Dies unterscheidet sie dann von den Zielsetzungen und Arbeitsweisen der Selbsthilfe, aus der sie stammen. Aber das macht sie noch nicht „alternativ". Alternativ sind die *Produkte*, die sie anbieten, im

Vergleich zu denen des bisher dominierenden Marktes (andere Nahrungsmittel, natürliche Baustoffe, neue Energiequellen, anderer Service) oder die Produktionsweise (hierarchiearme Betriebs-Struktur, einheitliche Bezahlung, gemeinsames Leben und Wohnen, Rotation von Tätigkeiten und Exekutiv-Befugnissen, kollektive Weiterbildung). Bei ihnen spielt die Entprofessionalisierungs-Debatte der Sozialpädagogen und Sozialarbeiter keine wesentliche Rolle. Sie sind im Gegenteil an gesteigerten und komplexeren Qualifikationen interessiert, weil sie es anders (und besser) machen wollen und sich dabei am Markt halten müssen[63].

Friedensbewegung

Die Friedensbewegung war, wie Arbeiterbewegung und Frauenbewegung, einem überregionalen und globalen politischen Ziel verpflichtet, besitzt aber (anders als die Arbeiterbewegung) keine einheitliche nationale Organisationsstruktur, sondern lediglich ein überregionales Koordinations-Komitee. Interessant war ihre Arbeitsweise für Sozialpädagogen wegen ihres spezifischen Kleingruppenklimas und wegen ihrer politischen und agitatorischen Strategien, die Ähnlichkeiten mit den von Harry Specht eingeführten „disruptiven Strategien" haben. Ich verwende zur Illustration ein Beispiel, das Peter Schneider 1983 im *Kursbuch* veröffentlicht hat. Der Autor, der damals an der gewaltfreien Blockade des US-Raketenstützpunktes in Mutlangen teilgenommen hatte, benutzte seine Eindrücke vom Gruppenklima der Blockierer, um Befremden und Distanz zu begründen. Ich will es zu einem anderen Zweck benutzen. Aber zunächst Peter Schneider:

> „Tatsächlich musste ein Passant, der sich in jenen Tagen dem Eingang zum Raketenstützpunkt Mutlangen näherte, den Eindruck gewinnen, er sei Zeuge einer seltsamen Trauerfeier. Vor dem Stacheldrahtzaun bemerkte er eine kleine Gruppe von Menschen, die sich im Kreis um etwas Unbewegtes gruppierten, an den Händen hielten und schwiegen. Erst im Nähertreten konnte der Passant erkennen, dass sich im Innern des Kreises nicht etwa eine Leiche, sondern eine andere Menschengruppe befand, die auf dem Boden hockte und ebenfalls schwieg. Nach genau zehn Minuten wurde das Schweigen durch eine behutsam gezupfte Gitarre unterbrochen, und es erklangen Lieder der getragenen Art, am häufigsten: ‚Wir wollen wie das Wasser sein/weiches Wasser bricht den Stein …' Das beschriebene Ritual macht Sinn, wenn der Gruppe der Blockierer sich von außen eine Gefahr nähert, eine Gegendemonstration, Polizei, wütende Anwohner. Für diesen Fall kann die sogenannte ‚Patengruppe', die die Blockierer-Gruppe umringt, einen Schutz darstellen. Wenn es aber über drei Tage lang ausgeübt wird, ohne dass am Horizont irgendeine Störung zu bemerken ist, erhält es Zeichencharakter. Was ist die Botschaft einer Gruppe, die sich ohne Not diese Form gibt? Sie lautet etwa so: Was wir wollen, ist so geartet, dass man sich am besten an den Händen fasst, schweigt oder singt. Spiele, laute

Reden, Witze, Elektrogitarren, Dissonanzen, Bosheiten sind in dem, was wir wollen, nicht vorgesehen. Seid lieb zueinander.

Dasselbe überwältigende Harmoniebedürfnis drückt sich in der Sprachgebung der Friedensbewegung aus. Das Wort ‚Bezugsgruppe' evoziert die Vorstellung, Menschen, die für den Frieden kämpfen, müssten erst einmal einen ‚Bezug' herstellen – sie haben sonst keinen -, sie brauchten einen Herd, einen Anker, eine Familie, die sich um sie schart. Außenstehende, die an Aktionen teilnehmen möchten, aber das Gruppen-Training nicht mitgemacht haben, können von einer Gruppe zusätzlich ‚adoptiert' werden – auch hier das Bild von einer Welt, in der die Menschen grundsätzlich als Waisen herum stolpern und ständig auf der Suche nach Eltern sind. Vor sie, die Waisenkinder, stellt sich im Aktionsfall schützend die ‚Patengruppe', die sie mit Obst und Liedern versorgt.

Am ärgsten stößt mir das neue Zauberwort vom ‚Konsens' auf. Der Konsens wird in einem Handbuch gerühmt als eine , Form der demokratischen Entscheidung, ohne abzustimmen'. Dem Mehrheits- oder Abstimmungsprinzip sei der Konsens-Gedanke überlegen durch das Ziel, ‚alle Ideen und Vorschläge zu sammeln und miteinander zu verschmelzen'. Ich möchte nicht darüber spekulieren, ob ein solches Entscheidungsmodell funktionieren kann. Schlimmer als der Gedanke, es sei unpraktikabel, ist mir die Vorstellung, es könnte sich in der Friedensbewegung bewähren. Denn eine Gruppe von zehn oder fünfzehn Menschen, die vier Wochen zusammensitzt und nach dem Konsensprinzip, also einstimmig, ihre Entscheidungen trifft, ist entweder betäubt oder hypnotisiert oder besoffen, jedenfalls nicht bei klarem Verstand. Auch wenn niemand sie manipuliert, ist sie das Opfer einer Manipulation. Jede gemeinsame Willensentscheidung unter lebendigen Menschen setzt die Unterdrückung eines anderen Willens voraus, sei es der eines einzelnen, einer Minderheit oder auch einer Mehrheit. Das Mehrheitsprinzip und auch das autoritäre Führer- oder Leithammel-Prinzip ist vergleichsweise menschenfreundlich, weil in beiden Prinzipien die Tatsache anerkannt ist, dass es in jeder Gruppe notwendigerweise Widerspruch gibt, und sei er nur durch Neid oder Profilierungssucht motiviert. Konsens ist der Glücksfall für eine Gruppendiskussion; zum Prinzip erhoben, wird der Glücksfall zu einem Instrument der Vorbeugung gegen jeden Dissens. Tatsächlich empfiehlt das Handbuch die Lust am Widerspruch der Selbstzensur jedes einzelnen an: ‚Wir müssen beim Reden, beim Entscheiden unserem Verhalten immer wieder einen Spiegel vorhalten lassen, um uns mehr zu spüren: ‚Aha, jetzt rede ich schon fünf Minuten' … oder ‚Verflixt, eigentlich bin ich gar nicht anderer Meinung, ich habe bloß einen persönlichen Ärger'." Ich gestehe, auf mich macht die Einübung des Unisono einen makabren Eindruck. Denn es ist klar, wer der eigentliche Beweger und Dirigent der Einstimmigkeit ist: Guru Atombombe. „Unter meinem Regime", flüstert dieser Tyrann den Mitgliedern der Bezugsgruppen zu, „hat jeder Einzelwille zu schweigen. Widerspruch, Neid, Eifersucht, Konkurrenz, all die niedrigen Beweggründe, die die Menschen bisher umtrieben, gehören der Vergangenheit an, und alle Stimmen vereinen sich zu dem einzigen Satz: wir wollen leben!“[64].

Es geht mir nicht um die ästhetische Wertung der Phänomene, die Peter Schneider beobachtet hat. Ästhetische Wertungen sind, ähnlich wie moralische Werturteile, immer eng an die Klassenlage und den Sozialisationsprozess der Wertenden gebunden. Sie eignen sich deshalb wenig für ein Streitgespräch. Mir geht es um die Beschreibung eines sozial-kulturellen Gruppenphänomens. Gruppen entwickeln ihren je eigenen Stil, und wenn eine ganze Bewegung – oder relevante Teile von ihr – einen solchen als einheitlich wahrgenommen Stil entfaltet und tradiert, ohne dass er von einer zentralen Organisationsleitung angeordnet worden wäre, dann erinnert mich das an Gemeinsamkeiten mit dem historischen Phänomen der bürgerlichen und proletarischen Jugendbewegungen. Dort wie hier wirkte ein gemeinsamer politischer Wille bei aller Unterschiedlichkeit einzelner Personen und Gruppen *stilbildend.* Das war bei den einzelnen, überschaubaren Bünden der bürgerlichen Jugendbewegung noch nicht verwunderlich. Bei einer großen Bewegung, einer Massenbewegung, die über keine zentrale Steuerungsinstanz verfügt, ist es umso erstaunlicher. Ich schreibe dies als Gruppenpädagoge, der gelernt hat, auf äußere Zeichen und Symbole eines gemeinsam entwickelten „Wir“-Gefühls zu achten. Meine Interessen unterscheiden sich deshalb auch von denen Peter Schneiders, der als politisches Individuum die beobachtete Gruppenkultur mit seinen eigenen, individuellen Ansprüchen vergleicht und bewertet. Dabei versteht er manches falsch. Die „Bezugsgruppe“ beispielsweise ist der achtbare Versuch, innerhalb einer Massenbewegung eine überschaubare und vertrauenswürdige Basis zu verankern, auf die sich der Einzelne in Konflikt- und Belastungs-Situationen „beziehen“ kann und die einsickernden Provokateuren und gewaltsamen Störern ihre Arbeit erschweren soll. Die Erfindung der „Patengruppen“ wiederum tragen der offensichtlichen Tatsache Rechnung, dass es innerhalb der Friedensbewegung Sympathisanten unterschiedlicher Risikobereitschaft gibt, die aber alle in die komplexen Demonstrationen einbezogen werden sollen. Das „Konsens-Prinzip“, das Peter Schneider so nervt, ist eine Konsequenz aus den endlosen Fraktionskämpfen der ausgehenden Studentenbewegung, wo Mehrheiten Minderheiten ausschlossen oder zum Auszug zwangen. Selbstverständlich steckt in diesen Gruppenregeln und in dem sich rund um sie entfaltenden Gruppenklima ein Stück Selbsterziehungsanspruch gegenüber individuellen Profilierungswünschen („Aha, jetzt rede ich schon fünf Minuten“), aber wer könnte sich eigentlich rechtens darüber erregen, dass erwachsene Menschen in existentiell bedrohlichen politischen Situationen beschließen, sich durch Selbsterziehung auf die Bewältigung dieser Situationen angemessen vorzubereiten?

Abb. 34: Friedfertigkeit als Provokation. Reigentanz vor einer Luftabwehrrakete beim NATO-Flugtag in Ramstein, 1983. (Foto: Klar, Deutsche Presseagentur)

Einige Lehren

Ich würde missverstanden, wenn der Eindruck entstünde, mir wäre die Friedensbewegung vor allem gruppenpädagogisch oder gruppendynamisch interessant. Ich erwähne sie, weil für mich neben den Siebzigerjahren auch die Achtzigerjahre wichtige Lehren für diejenigen enthalten, denen an der kontinuierlichen Weiterentwicklung methodischen Arbeitens gelegen ist. Die ersten Kapitel meiner Methodengeschichte der Sozialarbeit kreisten um die Erkenntnis, dass unsere Methoden Kinder sozialer Bewegungen sind: der Frauenbewegung, der Settlement-Bewegung, der Jugendbewegung. In dem Maße, in dem sie von Geschichte und Gegenwart dieser Bewegungen abgelöst und als professionelle Verfahren an Universitäten gelehrt wurden, verloren sie ihren Charme, ihre Bedeutsamkeit, ihre Wirkung. Wenn sich nun *neue* Bewegungen in die Tagesordnung der Zeitgeschichte einschreiben, dann sollten wir nicht in den alten Fehler verfallen und so tun, als gingen sie uns nichts an, nur weil wir unser professionelles Selbst von ihren geschichtlichen Vorgängern abgelöst haben. Um einen Preis, der zu hoch war. Darum denke ich, dass Studentenbewegung, Sozialarbeiter-Bewegung, Jugendzentrums-Bewegung, Bürgerinitiativ-Bewegung, Frauen-Bewegung,

Selbsthilfe-Bewegung und Friedensbewegung für unsere Arbeit wichtige Lehren enthalten. Nicht in dem Sinne äffischer Nachahmung. Das würde uns sowieso nur lächerlich machen. Sondern in dem Sinne der Herstellung partieller Bündnisfähigkeit. Unter der Voraussetzung, dass wir sie ernst nehmen und akzeptieren, so wie wir gelernt haben, Menschen ernst zu nehmen und zu akzeptieren, die mit uns (oder mit denen wir) zusammenarbeiten wollen. Dann könnten wir durch das Studium der Studenten-Bewegung und der Sozialarbeiter-Bewegung lernen, die Funktionen unseres Berufes in der historischen Bewegung zunehmender sozialstaatlicher Interventionen neu (und realistisch) zu bestimmen. Dann könnten wir aus der Jugendzentrums-Bewegung lernen, den schöpferischen Kräften junger Leute mehr zuzutrauen als die freiwillige Teilnahme an einem gruppenpädagogischen Programm, dessen Inhalte beliebig sind. Dann könnten wir aus dem Studium feministischer Gruppenarbeit lernen, wie Programme und Projekte heute aussehen, für die zu streiten junge, anspruchsvolle Frauen gewonnen werden können. Dann könnten wir aus der Bürgerinitiativ-Bewegung lernen, dass Gemeinwesenarbeit zumindest von ihren aggressiven und provokativen Konzepten her keineswegs tot Sie hat sich nur von der Illusion verabschiedet, dass Sozialpädagogen an ihrer Spitze marschieren. Dann könnten wir von der Selbsthilfe-Bewegung lernen, dass wir uns wesentlich besser und umfassender qualifizieren müssen, wenn wir von ihren Vertretern als ernstzunehmende Gesprächspartner akzeptiert werden wollen (falls wir das wollen). Dann könnten wir von der Friedensbewegung lernen, dass es unter angebbaren Umständen gelingen kann, eine neue Gruppenkultur zu entwickeln und Frauen wie Männer aller Altersgruppen ohne Mitgliedsbücher, ohne Vorstandsbeschlüsse und ohne verordnete Uniformen, alles Trennende für einen gemeinsamen Zweck beiseiteschiebend, nein, Peter Schneider: *nicht zu vereinheitlichen, sondern zu vereinen.*

Anmerkungen

1 Hedonisten sind Anhänger einer antiken philosophischen Schule, die das Streben nach der Erweiterung menschlicher Genussfähigkeit propagiert.

2 Cora Stephan: Nun muss sich alles, alles wenden. In: Kursbuch 71, 1983. Nachgedruckt in: Ingrid Karsunke und Karl Markus Michel (Hrsg.): Bewegung in der Republik 1965–1984. Eine Kursbuch-Chronik. Band 2. Frankfurt am Main: Gutenberg 1985, S. 350.

3 Diethart Kerbs (Hrsg.): Die hedonistische Linke. Beiträge zur Subkulturdebatte. Neuwied: Luchterhand 1971.

4 Wilfried Gottschalch : Marxismus und Hedonismus. In: Kerbs, 1971, S. 10.

5 An diesen Passagen mag kritisiert werden, dass mein kohortenspezifischer Versuch, die sozialpädagogische Methodendiskussion der letzten vierzig Jahr zu strukturieren, an den wechselhaften Befindlichkeiten von Studierenden der Sozialarbeit und Sozialpädagogik orientiert sei, nicht aber an Lebenslage und Alltagsproblemen von Massen der Bevölkerung. Das ist richtig. Ebenso richtig ist, dass mein historisches Studium der Methoden und meine fünfzigjährige Praxis als Sozialpädagoge mich da-

rüber belehrt haben, dass die speziellen Ausformungen methodischen Arbeitens in unserem Beruf allemal stärker von unseren eigenen Erfahrungen, Erkenntnissen und Befindlichkeiten geprägt werden als von den objektiven Zwängen, deren Symptome unsere Klienten zeigen. In den ersten Kapiteln meiner Methodengeschichte habe ich versucht, diese These am Beispiel der Akademiker in den settlements und der Schüler und Lehrlinge in bürgerlicher und proletarischer Jugendbewegung zu belegen.

6 Schon vor Beginn der Studenten-Bewegung war es an einigen Universitäten und Fakultäten üblich geworden, dass sich besonders interessierte Studierende zu Beginn eines Semesters in „alternativen Seminaren“ auf „offizielle Seminare“ der Hochschullehrer vorbereiteten, um der Stoffauswahl und Tendenz dieser Seminare nicht hilflos ausgeliefert zu sein. Aus dieser Praxis ist beispielsweise die Zeitschrift Das Argument (Berlin) entstanden.

7 Kommune 2: Kindererziehung in der Kommune. In: Kursbuch 17, 1969. Wiederabgedruckt in: Ingrid Karsunke und Karl Markus Michel, 1985 (Band 1), S. 190 f.

8 Benne, Bradford, Gibb (ed.): T-Group Theory and Laboratory Method. Innovation in Re-education. New York 1964, S. 82.

9 Benne, 1964, S. 83.

10 Bis 1949 arbeiteten die Gruppendynamiker im wesentlichen interdisziplinär unter Betonung von Psychoanalyse und Pädagogik. Später dominierten klinisch orientierte Psychologen und Rogers-orientierte Gesprächstherapeuten.

11 Siehe Friedrich Minssen: Gruppendynamik und Lehrerverhalten. In: Internationale Zeitschrift für Erziehungswissenschaften 1965, 11, S. 305–325. Friedrich Minssen: Die psychosoziale Dimension des Lehrberufs. In: Gruppendynamik 1970, 1, S. 50–62. Dieter Spangenberg : Chancen der Gruppenpädagogik. Gruppendynamische Modelle für Erziehung und Unterricht. Weinheim: Beltz 1969. Jürgen Fritz: Gruppendynamik und Jugendarbeit. München: Juventa 1973. Harm Prior: Gruppendynamik in der Seminararbeit. Blickpunkt Hochschuldidaktik. Heft 11. Hamburg 1970.

12 Klaus W. Vopel (Hrsg.): Gruppendynamische Experimente im Hochschulbereich. Blickpunkt Hochschuldidaktik. Heft 24. Hamburg 1972; Margarete Lutz und Wolfgang Ronellenfitsch: Gruppendynamisches Training in der Lehrerbildung. Ulm: Süddeutsche Verlagsgesellschaft ^{2}1973; Eckstein und Hrabowski: Gruppendynamische Arbeit an der Hochschule. Heidelberg 1973; Berg u. a.: Gruppe – Kollektiv, Mittel zur Unterdrückung – Möglichkeit der Befreiung. Konzeption und Versuche. Starnberg 1973 (Fußnote im Zitat).

13 C. Wolfgang Müller und Dieter Oelschlägel: Gruppendynamik und Emanzipation. In: Gunter Hartfiel (Hrsg.): Emanzipation – Ideologischer Fetisch oder reale Chance? Opladen: Westdeutscher Verlag 1975, S. 318.

14 Tobias Brocher: Gruppendynamik und Erwachsenenbildung. Braunschweig: Westermann 1967, S. 49 ff.

15 Brocher, 1967, S. 59 ff.

16 Max Pages: Bethel 1969. Eindrücke eines Immigranten. In: Gruppendynamik 1971, 2, 112–127.
Ich selbst habe Anfang der Siebzigerjahre in gruppendynamischen Fortbildungsseminaren von Sozialarbeitern und Sozialpädagogen als Co-Trainer von Wilfried Gottschalch gearbeitet, dem ich im Hinblick auf die Praxis einer bewusstseinserweiternden und handlungs-anleitenden gruppendynamischen Selbsterfahrung sehr viel verdanke.

17 Vergleiche Ruth Cohn: Von der Psychoanalyse zur themenzentrierten Interaktion. Stuttgart: Klett-Cotta 1975.

18 Helmut Wetzel/Hans-Wolfgang Linster: Psychotherapie. In: Roland Asanger/Gerd Wenninger (Hrsg.): Handwörterbuch der Psychologie. Weinheim: Beltz 1982, S. 397.

19 Asmus Finzen, Hilde Schädle-Deininger: Unter elenden menschenunwürdigen Umständen. Die Psychiatrie-Enquete. Rehberg-Loccum 1979, S. 92 ff. Zitiert nach Jörg Bopp, Psycho-Kult – kleine Fluchten in die großen Worte. Kursbuch 82, 1985, S. 63.

20 Der Sammelname „Humanistische Psychologie" ist ein recht allgemeines Etikett für sehr unterschiedliche psychologische Richtungen, die sich in den Sechzigerjahren in den USA zusammengeschlossen haben. Unter ihnen sind sowohl existenzphilosophische und fernöstliche als auch psychoanalytische und gestaltpsychologische Traditionen vertreten.

21 Lutz Schwäbisch/Martin Siems: Anleitung zum sozialen Lernen für Paare, Gruppen und Erzieher. Reinbek: Rowohlt 1974. Das Buch hatte schon vier Jahre nach Erscheinen eine Druckauflage von 233.000 Exemplaren erreicht.

22 Rolf Winiarsky: Die Kraft des Guten. Kurzer Lehrgang über humanistische Therapie. In: Kursbuch 82, 1985, 53.

23 Winiarsky, a. a. O., 51.

24 Franz Rudolf Faber: Ärztliche Psychotherapie in der Praxis. Daten und Thesen. In: Deutsches Ärzteblatt 1981, 49. Zitiert nach: Herbert Will, Kursbuch 82, 1985, 31.

25 V. L. Janssen: Zur Einführung einer Gebietsbezeichnung „Psychosomatische Medizin und Psychotherapie". In: Spektrum der Psychiatrie und Nervenheilkunde 1985, 14, S. 62–70. Zitiert nach: Herbert Will, Kursbuch 82, 1985, S. 31.

26 YUPPIE = Young urban professional people.

27 Gerhard Vinnai: Die Misere des Kleinbürgers und ihr Niederschlag in therapeutischen Prozeduren. In: Herbert Nagel/Monika Seifert (Hrsg.): Inflation der Therapieformen. Reinbek: Rowohlt 1979, S. 60 ff.
Eine breit angelegte Untersuchung des Wissenschaftszentrums Berlin weist als Risikogruppe für arbeitsbedingten Herzinfarkt Vorarbeiter und Meister in der Industrie nach, für welche offensichtlich die Beschreibung von Vinnai (von „oben' delegierte Aufgaben innerhalb der Produktion durch Druck nach „unten" weitergeben zu müssen) in ähnlicher, vielleicht so gar verstärkter Weise zutrifft.

28 Herbert Will (Kursbuch 82, 1985, S. 21 ff.) berichtete unter dem Titel „Selige Gesundheit. Systeme der Therapiegesellschaft" von empirischen Felduntersuchungen in Oberbayern und Mannheim, nach denen ca. 15–25 Prozent der dort untersuchten Gesamtbevölkerung an behandlungsbedürftigen psychogenen Erkrankungen litten. Dabei waren die Erkrankungen in der unteren Unterschicht viermal so häufig wie in der mittleren Mittelschicht bis Oberschicht.

29 Will, a. a. O., S. 12.

30 Peter Krabulec in: Rundbrief 1978, 1, 1 (Sektionsteil). Er zitiert dort unter Hinweis auf Michael Schneider, (Von der alten Radikalität zur neuen Sensibilität. In: Kursbuch 49, S. 174 ff.) Maxim Gorki, Die Zerstörung der Persönlichkeit. In: Über Literatur. Berlin: 1968, S. 61. Der Hinweis auf Maxim Gorki mag erhellen, warum die Berliner Schaubühne am Lehniner Platz zu jener Zeit nicht mehr Bertolt Brechts Gorki-Bearbeitung der „Mutter" im Programm hatte, sondern in einer opulenten Inszenierung „Die Sommergäste" von Maxim Gorki spielte, ein Stück, dass sich mit der Lage der bürgerlichen Intelligenz nach der fehlgeschlagenen russischen Revolution des Jahres 1905 befasste.

31 Informationsdienst Sozialarbeit: Psycho-Methoden in der Sozialarbeit. Offenbach: Verlag 2000 1979, S. 3–4.

32 Zur Entwicklung der Methoden in der Sozialarbeit seit 1968 am Beispiel·Westberlins. In: Informationsdienst Sozialarbeit 1979, S. 11.

33 Informationsdienst Sozialarbeit 1979, S. 12.

34 Karlheinz A. Geißler, Marianne Hege: Konzepte sozialpädagogischen Handelns. Weinheim: Beltz ^{4}1987.

35 Helen Harris Perlman : Relationship. The Heart of Helping People. Chicago: The University of Chicago Press 1979. Taschenbuchausgabe 1983.

36 Hans Thiersch: Zum Verhältnis von Sozialarbeit und Therapie. In: Neue Praxis: Sozialarbeit und Therapie (Sonderheft 1978), S. 19.

37 Thiersch, 1978, S. 17–18.

38 Darum sind quantitative und qualitative Analysen von Fürsorgeakten für die Erhellung des tatsächlichen Verlaufs von Beratungsprozessen vergleichsweise unergiebig.

39 Deshalb sind in der Weiterentwicklung von Einzelfallhilfe und Familienberatung jene neueren Verfahren besonders interessant, welche auch den institutionellen Rahmen, in dem diese neue Praxis stattfindet, verändern. Etwa bei der Berliner „Bildungs- und Konfliktberatung für Arbeiterjugendliche" (Verlag allgemeine Jugendberatung Berlin 1977, 1978 und 1985) und im Rahmen der sozialpädagogischen Familienhilfe (Heidi und Karl Nielsen, C. Wolfgang Müller: Sozialpädagogische Familienhilfe. Probleme, Prozesse und Langzeitwirkungen. Weinheim : Beltz 1986). Auch die Beratungstätigkeit des Berliner Kinderschutzbundes wäre heranzuziehen: Jens Beiderwieden, Eberhard Windaus, Reinhart Wolff: Jenseits der Gewalt. Hilfen für misshandelte Kinder. Basel und Frankfurt am Main: Stroemfeld/Roter Stern 1986.

40 Siehe Heidi und Karl Nielsen, C. Wolfgang Müller, 1986. Besonders lehrreich an dieser Untersuchung scheinen mir die Analysen jener Fälle von sozialpädagogischer Familienhilfe zu sein, in denen diese Interventionsform aus angebbaren Gründen erfolglos blieb.

41 Siegfried Müller und Hans-Uwe Otto (Hrsg.): Verstehen oder Kolonialisieren? Grundprobleme sozialpädagogischen Handeins und Forschens. Bielefeld: Kleine Verlag 1984.

42 Jürgen Habermas: Theorie des kommunikativen Handelns Band 2. Frankfurt 1981, 539. Siehe insbesondere Micha Brumlik: Verstehen oder Kolonialisieren. Überlegungen zu einem aktuellen Thema. In: Müller/Otto, 1984, S. 31–62.

43 Diese traditionellen Forderungen wurden insbesondere in der bürgerlichen Frauenbewegung erhoben, als sich Sozialarbeiterinnen und ihre Klienten im Hinblick auf Sozialschicht und Lebenswelt deutlich unterschieden.

44 Frank Nestmann: Beratung und Beraterqualifikation. In: Siegfried Müller u. a. (Hrsg.): Handlungskompetenz in der Sozialarbeit/Sozialpädagogik. Interventionsmuster und Praxisanalysen. Band I. Bielefeld: AJZ Druck 1982, 33-64.

45 Erwin Bienewald u.a.: Offene Jugendarbeit im Arbeiterviertel. Bensheim : Päd. extra Buchverlag 1978, 8 ff.

46 Christian Marzahn: Jugendhaus. In: C. Wolfgang Müller (Hrsg.): Einführung in die Soziale Arbeit. Weinheim: Beltz ^{2}1987, S. 186.

47 Monika Savier und Carola Wildt: Mädchen zwischen Anpassung und Widerstand. Neue Ansätze zur feministischen Jugendarbeit. München: Frauenoffensive 1978. Siehe auch: Angela McRobbie und Monika Savier (Hrsg.): Autonomie – aber wie? Mädchen Alltag Abenteuer. München: Frauenoffensive 1982.

48 Monika Savier, 1978, S. 164–169.

49 Claudia Fromm und Monika Savier: Widerstandsformen von Mädchen in Jugendsubkulturen. Expertise zum 6. Jugendbericht. Manuskript Berlin 1982, S. 41–42.

50 Mir ist diese Unterscheidung sehr wichtig. Ich weiß, dass es Selbsthilfegruppen gibt, die nach anfänglichen und positiven Erfahrungen mit der Bearbeitung ihrer eigenen Probleme beschlossen, staatliche Gelder in Anspruch zu nehmen, um ihre „Selbsthilfe" auf die „Fremdhilfe" von ihnen bisher noch unbekannten Betroffenen auszudehnen. Eine dieser Gruppen, der es um die Soforthilfe vergewaltigter Frauen ging, beantragte bei einem Berliner Bezirksamt als erste sächliche Unterstützung einen automatischen Anrufbeantworter, weil ihre Personalkapazität nicht ausreichte, um ihr Krisentelefon rund um die Uhr zu besetzen. So verständlich diese Entscheidung war,

so sehr näherte sie mit den damit verbundenen Folgen für die Benutzer ihre Arbeit an die Routine des von ihr zu Recht kritisierten Bezirksamtes an.

51 Ivan Illich: Entmündigende Expertenherrschaft. In: Ivan Illich u.a.: Entmündigung durch Experten. Zur Kritik der Dienstleistungsberufe. Reinbek: Rowohlt 1979, S. 14.

52 Joseph Huber: Zwischen Supermarkt und Sozialstaat: Die neue Abhängigkeit des Bürgers. In: Illich 1979, S. 130. Die Anspielung auf Lewis Mumford bezieht sich auf dessen Buch „Mythos der Maschine". Frankfurt am Main 1977, S. 606 ff.

53 Huber, 1979, S. 135.

54 Stattbuch Berlin 3. Ein Wegweiser durch das andere Berlin. Berlin 1984. Darin sind allerdings auch Gruppen, Initiativen und Institutionen enthalten, die auch schon in dem Führer durch das soziale Berlin (Graubuch) [13]1977 aufgetaucht waren. Dennoch ist die Zunahme kleinräumiger Initiativen in den letzten zehn Jahren bemerkenswert.

55 Kommission Sozialpädagogik der Deutschen Gesellschaft für Erziehungswissenschaft: Das Diplomstudium in Erziehungswissenschaft mit dem Schwerpunkt Sozialpädagogik/Sozialarbeit. In: Neue Praxis Sonderheft 1977, 63–72. Zitat im zitierten Text.

56 B. Höbel und U. Seibert: Bürgerinitiativen und Gemeinwesenarbeit. München: Juventa 1973; Timm Kunstreich : Der institutionalisierte Konflikt. Eine exemplarische Untersuchung zur Rolle des Sozialarbeiters in der Klassengesellschaft am Beispiel der Jugend- und Familienfürsorge. Offenbach: Verlag 2000 1975; E. Pankoke u. a.: Neue Formen der gesellschaftlichen Selbststeuerung. Göttingen 1975; Konrad Leube: Berufssozialisation und Professionalisierung. Thesen zur Ausbildung künftiger Sozialarbeiter und Sozialpädagogen an der Hochschule. In: Neue Praxis 1976, 6, S. 101–106. Zitat im zitierten Text.

57 Hans-Christian Binswanger u. a. (Hrsg.): Wege aus der Wohlstandsfalle. Der NAWU-Report. Frankfurt 1979. Maja Heiner: Die ‚Grünen' und die Sozialarbeit. Perspektiven einer zukünftigen sozialen Arbeit aus der Sicht der ökologischen Bewegung. In: Neue Praxis 1979, 2, S. 147–162. Zitat im zitierten Text.

58 Christian Marzahn: Partizipation, Selbsthilfe und sozialpädagogische Kompetenz. In: Siegfried Müller u. a. (Hrsg.): Handlungskompetenz in der Sozialarbeit/Sozialpädagogik. Band I. Bielefeld: AJZ Verlag, 1982, S. 74–75.

59 Unter Professionalisierung eines Berufes wird traditionell, und an den klassischen Berufen von Ärzten, Rechtsanwälten und Architekten orientiert, die Ausbildung einer bestimmten Berufsgruppe innerhalb eines geschlossenen Studienganges an Universitäten verstanden, der den Zugang zum Beruf monopolisiert. Meist ist dieser Prozess mit der Bildung einer exklusiven Standesorganisation verbunden, die ein eigenes Berufs-Ethos formuliert und durch berufsinterne Ehrengerichte über dessen Einhaltung wacht. Das Professionalisierungs-Niveau wird meist an der Länge der akademischen Ausbildung und der Spezifität des in dieser Ausbildung erworbenen, nicht alltäglichen Wissens und Könnens gemessen.

60 Horst-Eberhard Richter: Die Gruppe. Hoffnung auf einen neuen Weg, sich selbst und andere zu befreien. Psychoanalyse in Kooperation mit Gruppeninitiativen. Reinbek: Rowohlt 1972 ff.

61 Michael Lukas Moeller: Selbsthilfegruppen. Reinbek: Rowohlt 1978.

62 Michael Lukas Moeller: Anders helfen. Selbsthilfegruppen und Fachleute arbeiten zusammen. Stuttgart: Klett-Cotta 1981, S. 20.

63 Die Marktorientierung macht es manchem sympathisierenden Kritiker dieser Bewegung schwer, ihr die Treue zu ursprünglichen Zielsetzungen über die Zeit hinweg zu attestieren. So mehrten sich Mitte der Achtzigerjahre Stimmen, welche sowohl Frauenbewegung als auch Alternativbewegung ein nahes Ende bescheinigen. Siehe Cora Stephan: Ganz entspannt im Supermarkt. Liebe und Leben im ausgehenden

20. Jahrhundert. Berlin: Rotbuch 1985; Matthias Horx: Das Ende der Alternativen. Oder die verlorene Unschuld der Radikalität. Ein Rechenschaftsbericht. München: Carl Hanser 1985.

64 Peter Schneider: Keine Lust aufs grüne Paradies. In: Kursbuch 7, 4, 1983. Wiedergedruckt in: Ingrid Karsunke und Karl Markus Michel Band 2. 1985, S. 270–273.

13. Postmoderne Verwerfungen

Tanzt unsre Welt mit sich selbst schon im Fieber?
Liegt unser Glück nur im Spiel der Neutronen?
Wird dieser Kuss und das Wort, das ich Dir gestern gab,
schon das letzte sein?
Wird nur noch Staub und Gestein ausgebrannt allezeit
auf der Erde sein?
Uns hilft kein Gott, unsre Welt zu erhalten ...

(Rockgruppe Karat: Der blaue Planet)

Die Kämpfe um die Einführung industrieller Energie aus Kernspaltung und Kernverschmelzung muten an wie antiquierte Rituale. Die globale Bedrohung, welche die Rockgruppe Karat im „Blauen Planeten" zitierte, erscheint ausgetauscht. Es sind nicht mehr die entwickelten Produktionsmittel, die uns bedrohen wie der Besen den Zauberlehrling. Es sind wir selber, die wir uns kaputt machen. So kaputt, dass uns kein Schöpfer hilft, wenn er sich denn personalisieren ließe, „unsere Welt zu erhalten". Wir vernichten uns durch unsere pure Existenz. Wir bedrohen uns dadurch, dass wir uns ohne Sinn und Verstand vermehren. Und dabei unsere Erde verwüsten und all unsere bodenständigen Energien aufbrauchen und unsere Nachkommen bestehlen.

Die pathetische Gebärde der Siebziger und die sensible Innenschau der Achtziger scheinen vorüber. Überall hören und lesen wir, heute sei etwas Neues angesagt. Effizienz und Einsamkeit, Pluralität der Wege zu den alten Zielen, Verzicht auf weinerliche Rückschau. Aber auch Rückkehr des Schnörkels als luxurierende Attitüde. Also selbstgemachte neue Unübersichtlichkeit. Eben Postmoderne. Oder Rokoko. Um den Preis der Vereinzelung.

Es scheint richtig zu sein, dass der Optimismus unserer bisher letzten europäischen Moderne – für deren Inbegriff das Berlin der Zwanziger mit seinem Widerspruch aus universellen Lebensentwürfen und politischen Hilflosigkeiten stand – erst einmal zu den Akten zu legen ist. Aber auch die Weltuntergangsstimmungen der Modernismuskritik wirken merkwürdig angejahrt und kurzbehost. Obwohl doch die globale Bedrohung, die wir uns selber inszeniert haben, nichts von ihrer Eindringlichkeit und Nachdrücklichkeit verloren hat. Im Gegenteil. Doch wir behelfen uns mit alltäglichen Geschäftigkeiten und tun so, als sei *business as usual.* Unser Verhältnis zu unserer Umwelt und zu unseren Mitmenschen scheint gestört zu sein. Es

Abb. 35: Siemens AG, München 1989; aus: T. Rautert: Gehäuse des Unsichtbaren. Ausstellungskatalog. Essen 1992

mehren sich die Ratgeberschriften, die unser gestörtes Wahrnehmungsvermögen entlarven und unsere Deutungsfähigkeiten bezweifeln. „Du kannst mich einfach nicht verstehen." Ja, es gibt inzwischen unter Forschern eine neue „radikale Minderheit" von „radikalen Konstruktivisten", die uns prinzipiell die Fähigkeit absprechen, externe Wirklichkeiten wahrzunehmen. Sie sagen, wir machten uns unsere Wirklichkeiten selber und hielten sie anschließend für wirklich. „Dass die Wirklichkeit von uns er-funden und nicht ge-funden wird, ist eine schwer zu schluckende Pille. Denn für unser emotionales Leben brauchen wir die Einsicht in eine sinnvolle Welt", meint Paul Watzlawick, der bei der Fahndung nach strukturellen kommunikativen Missverständnissen zum radikalen Konstruktivisten geworden ist. Sieht man sich die Alltagsbeispiele radikaler Konstruktivisten allerdings genauer an, die sie zur Illustration ihres theoretischen Ansatzes zitieren, so kommt man schnell dahinter, dass es sich um altbekannte Phänomene von Vorurteilsbildung, Selbstdefinitionen, sich selbst erfüllenden Prophezeiungen und kontextabhängigen Uminterpretationen wahrgenommener Phänomene handelt. Aber nicht darum, dass wir Realitäten nur als „virtuelle Realitäten" kennen würden. Das tun wir auch. „Radio ist das Kino im Kopf", sagte einst ein Werbefachmann, um anzudeuten, dass der Hörfunk einen Kanal (den optischen) zur phantasievollen Selbstbebilderung freigibt.

Was hat das alles in einem Buch zu suchen, das die Aufgabe hat, die Geschichte der Sozialen Arbeit in den letzten hundert Jahren als eine Geschichte ihrer Methoden zu schreiben? Es hat etwas in ihm zu suchen, weil ich mir vorgenommen habe, diese Geschichte *auch* als eine Geschichte zu schreiben, bei der Fragen des Zeitgeistes, der Mentalität einzelner Altersgruppen und der Vergänglichkeit bestimmter Moden eine nicht unwesentliche Rolle spielen. Die ausgerufene Unübersichtlichkeit der Postmoderne produziert (angeblich oder tatsächlich) neue Irritationen im Zusammenleben der Menschen und bei dem immer wieder neuen und achtbaren Versuch von uns allen, dieses Leben auf einigermaßen anständige Art zu gestalten. Die kommunikativen Störungen, welche (angeblich oder tatsächlich) die neuen Unübersichtlichkeiten der Postmoderne begleiten, werden selbstverständlich auch in der Sozialen Arbeit wahrgenommen und führen zu neuen methodischen Akzenten und methodologischen Instrumentarien. Mit ihnen beschäftigt sich das letzte Kapitel dieses Buches. Nach der ersten Auflage des ersten Bandes meiner ‚Methodengeschichte' (1982) hat es eine Reihe von Kolleginnen und Kollegen in der sozialpädagogischen Zunft gegeben, die an der Methodengeschichte der Sozialen Arbeit und ihrer Entwicklung in der Gegenwart weitergedacht und weitergeschrieben haben. Das fing an mit Ernst Martin, der 1989 eine *‚Didaktik der sozialpädaogischen Arbeit, eine Einführung in die Probleme und Möglichkeiten'* (Weinheim: Juventa) vorgelegt und sich dabei als Nachfolger der *‚Berliner Schule der Didaktik'*, der auch ich mich verbunden glaube, erkennbar gemacht hat, indem er die sozialpädagogischen Lehr-Lern-Verfahren (einschließlich der Supervision) als Sonderbeispiele einer allgemeinen Didaktik im Sinne von Paul Heimann beschrieben hat.

Burkhard Müller hat das methodische Repertoire der Sozialarbeit im engeren Sinne im Hinblick auf unterschiedliche Zugänge zum ‚Fallverstehen' untersucht (*‚Sozialpädagogisches Können, ein Lehrbuch zur multiperspektivischen Fallarbeit'*, Freiburg: Lambertus 1993) und dabei auch die psychoanalytische Sichtweise zur Geltung gebracht.

Auf dem gleichen Gebiet hat auch Peter Pantuček aus Wien eine Einführung in die sozialarbeiterische Beratung vorgelegt (*‚Lebensweltorientierte Individualhilfe, eine Einführung für soziale Berufe'*, Freiburg: Lambertus 1998). Und Johannes Schilling ordnet Methoden der Sozialpädagogik ebenfalls als professionell zu handhabendes didaktisches Können in eine erziehungswissenschaftliche Denkweise mit erweitertem Anwendungshorizont ein (*‚Didaktik/Methodik der Sozialpädagogik'*, Neuwies: Luchterhand ^{2}1995).

Michael Galuske bringt die Leserinnen und Leser seiner Einführung in *‚Methoden der Sozialen Arbeit'* (Weinheim: Juventa ^{5}2003) auf den neueren Stand der Weiterentwicklung (und der teilweise auch verwirrenden Verzettelungen) methodischen Arbeitens, indem er neuere Sichtweisen (wie multiperspektivische Fallarbeit, Rekonstruktive Sozialpädagogik) neuere Strategien (Case Management, Mediation, Empowerment, Selbstevaluation) und neuere Arbeitssegmente (wie Erlebnispädagogik, Streetwork, Jugendhilfeplanung) deutlich und greifbar macht. Hiltrud von Spiegel schließlich legt eine umfassende Einführung über *‚Methodisches Handeln in der Sozialen Arbeit'* vor, die selbst schon didaktisch (= als handhabbare Einführung mit einem handhabbaren ‚Werkzeugkasten') gearbeitet ist und sich gut als Grundlage für das Selbststudium und als Richtschnur für die berufsbezogene Vermittlung an SchülerInnen, StudentInnen und KollegInnen eignet (München: Reinhardt 2004).

Auch mein Buch wendet sich an Studierende und an Praktizierende der Sozialen Arbeit – also an Menschen, die nicht als „Amateure" unbezahlte Liebhaber-Arbeit verrichten, sondern die als „Profis" gegen Kontrakteinkommen tätig sind. Als Profis brauchen sie eine „professionelle Identität", die sich zwar nicht „über die Amateure stellt", aber doch von ihnen unterscheidbar macht. Diese professionelle Identität gewinnen sie in der Regel durch fachdisziplinäre Ausbildung – staatliche Lizenz – professionelles Setting – Kenntnis und Anwendung professioneller Methoden.

Mit den Methoden beschäftigt sich dieses Buch. Es versucht, ihre historische Entwicklung zu rekonstruieren, bei der die experimentelle Praxis unterschiedlicher sozialer Bewegungen von Bürgern, von Jugend, von Arbeitern und von Frauen eine bedeutsame Grundlage gewesen ist. Diese Entwicklung begann früher als gemeinhin angenommen – nämlich in der zweiten Hälfte des 19. Jahrhunderts. Sie wurde in den vierzehn Jahren der Republik von Weimar professionalisiert und in den folgenden zwölf Jahren nationalsozialistischer Diktatur aus unserem kollektiven Gedächtnis gelöscht. Nach dem militärischen Zusammenbruch dieser Diktatur im Mai 1945 wurde sie mit Hilfe ausländischer und ausgewanderter Expertinnen und Experten wieder schrittweise in unser professionelles Gedächtnis gehoben. Wir nannten das damals mit spitzen Mündern „Umerziehung".

In den Siebzigerjahren verschwand der Kanon von „Methodenlehre" und „methodischem Arbeiten" aus den Lehrangeboten vieler Fachhochschulen und Universitäten der alten Bundesrepublik. Dieses Verschwinden wurde häufig mit dem Einfluss der Studentenbewegung erklärt, welche die alte Methodenlehre als ein ideologisches Konstrukt „entlarvte", das die gesellschaftlichen Ursachen individuellen Leids und individueller Hilflosigkeit „verschleiern" sollte. Das ist richtig, trifft aber – wie das meiste was richtig ist – nur die Hälfte der Sache.

Denn ebenso wenig, wie vernünftige Erkenntnisse über das Wesen und die Gesetzmäßigkeiten einer Sache mit Notwendigkeit zu „richtigen", d. h. diesen Erkenntnissen angemessenen Handlungen führen, genauso wenig treiben erfolgreiche Handlungsmuster mit Notwendigkeit richtige Erkenntnisse über die Gesetzmäßigkeiten ihrer Wirksamkeit hervor. Deshalb war das Beharren der kritischen Studenten auf einer grundlegenden Analyse von

Gesellschaftsformen, die Soziale Arbeit notwendig machen, richtig. Obwohl die Ergebnisse dieser Analyse noch nicht automatisch zu methodisch plausiblen und menschenfreundlichen Handlungsschritten führen mussten.

Die Einflüsse dieser Studentenbewegung waren am Ende der Siebzigerjahre wieder verblasst. Und eine neue Generation von Studierenden hatte im Prinzip ein großes Interesse, schon während des Studiums zu erfahren, „wie man es denn nun wirklich macht". Aber die potentiellen Träger reformierter Auskünfte darüber, „wie man es denn nun wirklich macht", waren zu jener Zeit durch eine verfehlte Hochschulpolitik in ihrer Ausbildungskraft gelähmt. Ich rede von den „lehrenden Sozialarbeitern", die an den alten Fachschulen und Höheren Fachschulen für Sozialarbeit eine wichtige berufseinführende und Berufsidentität vermittelnde Rolle gespielt hatten. Mit der Anhebung der Höheren Fachschulen zu Fachhochschulen zu Beginn der Siebzigerjahre wurden sie zu Lehrkräften minderer Bedeutung, aber erhöhten Lehrdeputats gemacht und bekamen (oder sahen) häufig keine Chance, sich zu „richtigen" Hochschullehrern zu qualifizieren. „Richtige" Hochschullehrerstellen an den neuen Fachhochschulen hingegen wurden von Absolventen und Absolventinnen „richtiger" Universitäts-Studiengänge wie Psychologie, Soziologie, Politologie, Erziehungswissenschaft und Jurisprudenz besetzt. Diese neue Hochschullehrergeneration legte größeren Wert auf die analytische Kompetenz ihrer Studierenden als auf deren Handlungsorientierung. Sie betonte die Fähigkeit, soziale Probleme in ihrem gesellschaftlichen Ursprung zu erkennen (was richtig war) und vernachlässigte die Entwicklung der Fertigkeit, auf eine methodisch geordnete Weise mit Symptomträgern dieser sozialen Probleme umzugehen (was *zusätzlich* nötig gewesen wäre).

Die Lücke, welche die Fachhochschulen und Universitäten bei ihren Absolventen hinterließen, verschob den Akzent der Methodenausbildung von der Erstausbildung zur Fort- und Weiterbildung. Kommunale, kommunitäre und private Träger von Fort- und Weiterbildung für die Soziale Arbeit übernahmen in den letzten zwei Jahrzehnten zunehmend und teilweise nahezu allein die Verantwortung für Transfer und Training von ausgewählten alten und neuen Formen methodischen Arbeitens. Einen zusammenfassenden Überblick über diese Entwicklung fanden seinerzeit interessierte Leser im Mai-Heft 1992 der *Blätter der Wohlfahrtspflege* (Stuttgart).

Anders als Universitäten und Hochschulen es hätten tun können, ordneten manche dieser Fort- und Weiterbildungseinrichtungen (die mehr und mehr auf kostendeckende und überschussproduzierende Arbeit angewiesen waren) ihre modernen und teilweise modischen Angebote nicht in das Kontinuum der Entwicklung methodischen Arbeitens ein, sondern behandelten sie als jeweils neueste Errungenschaft ohne Geschichte, ohne eingebaute Grenzen, ohne Alternative. Auf diese Weise ist ein Supermarkt methodischer Detail-Angebote entstanden, der Außenstehende verwirrt, Gutwillige in die Irre führt und unsere Profession nach außen hin wenig glaubwürdig macht.

Von Selbsterfahrungsgruppen, Therapiebewegung und Psycho-Boom habe ich schon gesprochen. Ende der Achtzigerjahre hatten sich drei professionelle Entwicklungen etabliert, welche die Richtungen methodischen Arbeitens in den Feldern Sozialer Arbeit mindestens auf der Meta-Ebene mehr und mehr bestimmten: *Professionalisierung der Gesprächsführung, Systemische Beratung* und *Organisationsentwicklung* statt eingefrorener Verwaltungslehre. Die bisherige methodischprofessionelle Kompetenz verliert ihren Hauptwort-Charakter („Ich bin eine *Gruppenpädagogin*") und wird zum *tätigkeitsbegleitenden Eigenschaftswort* („Ich arbeite *systemisch*").

Professionalisierung der Gesprächsführung

Um 1940 entdeckte der nordamerikanische Psychotherapeut Carl R. Rogers durch die empirische Untersuchung des Beratungsverhaltens von Therapeuten, die von ihren Klienten als besonders erfolgreich eingestuft worden waren, drei Merkmale der Gesprächsführung, die immer wieder als positiv genannt wurden und die auch bei der Analyse der Tonbandwiedergaben[1] von Beratungsgesprächen immer wieder auftauchten:

„Positive Wertungsschätzung" der Klienten und dessen, was sie sagen unabhängig davon, was die Berater als Personen davon halten mögen; gleichzeitig aber *„Echtheit"* der Reaktionen auf bestimmte Gesprächsinhalte oder Kommunikationsformen, die im Gegensatz zu maskenhafter Unberührtheit und Unberührbarkeit gelangweilter Therapeuten stehen; schließlich *„Empathie"* als die Fähigkeit, die Botschaften der Klienten so zu verstehen, wie sie offensichtlich *gemeint waren*, aber nicht notwendigerweise gesagt wurden. Diese drei Segmente professionellen Gesprächsverhaltens innerhalb unterschiedlicher Formen und Settings von Beratung sind inzwischen zum Gegenstand wohlmeinender und nützlicher Trainingsbücher für die Aus- und Fortbildung von Beraterinnen und Beratern geworden, von denen ich hier nur drei aktuelle Titel nennen werde. Sabine Weinberger hat 1980 ein Lehr- und Trainingsbuch für helfende Berufe publiziert, das 2006 bei Juventa in Weinheim in 11. Auflage erschienen ist und sich an Beraterinnen und Berater aus Sozialarbeit und Sozialpädagogik richtet[2]. Sabine Bachmair und andere haben auf der Basis ihrer Erfahrungen als/mit Beratungslehrer/n in süddeutschen Schulen ein ähnliches Lehr- und Trainingsbuch 1983 publiziert, das 1989 in 4. Auflage im Verlag Psychologie Verlags Union in München erschienen ist[3]. Christian-Rainer Weisbach hat 1988 aufgrund eines Tutorenprogramms für Beraterinnen und Berater in der Lehrerbildung einen Leitfaden zum „Training des Beraterverhaltens" publiziert[4]. Alle diese Lehrbücher betonen auf ihre je unterschiedliche Weise, dass erfolgreiche Gesprächsführung in Beratungsgesprächen nach Carl R. Rogers lehrbar und lernbar ist und auf systematische Weise angeeignet werden kann.

Die theoretische Fundierung zwischenmenschlicher verbaler Kommunikation als *Teil* von Beraterverhalten ist entscheidend von Paul Watzlawick und Mitarbeitern vorangetrieben worden, die seit 1967 (deutsch seit 1969) die Pragmatik menschlicher Kommunikation, ihrer Formen, Störungen und Paradoxien beschrieben und analysiert haben[5]. Sie haben dabei vor allem die Rogers'sche Forderung nach „Empathie" dahingehend präzisiert, dass sie die vielen Möglichkeiten und Spielformen unseres *Missverständnisses* fremder Botschaften (seien sie verbal oder nonverbal) systematisiert und erklärt haben, so dass es aufgrund des systematischen Studiums dieser Autoren möglich werden sollte, fremde Botschaften nicht nur *besser zu verstehen*, sondern sich selbst auch besser verständlich zu machen. Eine Qualität, die bisher unter Hinweis auf die bildungsspezifischen Unterschiede in unserem Sprachverhalten immer wieder bezweifelt worden ist. Neuer Ausdruck dieser kommunikationstheoretischen Bemühung um sprachliche Eindeutigkeit ist der US-Bestseller „Du kannst mich einfach nicht verstehen" von Deborah Tannen[6], der Männern wie Frauen zu erklären versucht, warum ihre jeweilige Sprache (auch wenn es ihre „Mutter"-Sprache ist) vom anderen Geschlecht mit Folgerichtigkeit missverstanden werden muss. Kommunikationswissenschaftliche Schriften wie diese sind ein wichtiger Beitrag zur Methodenlehre in der Sozialen Arbeit, zur Professionalisierung der Gesprächsführung und zur Sozialen Arbeit in einer interkulturellen Gesellschaft. Denn wenn es schon genügend frappierende Missverständnisse zwischen deutschen Frauen und deutschen Männern gibt, wie wollen wir uns dann auf Missverständnisse zwischen deutschen Beraterinnen und türkischen Klientinnen vorbereiten?

Damit wurde der Bann des „Betroffenheits"-Kults gebrochen, der nahegelegt hatte, dass gute Beraterinnen in der Regel solche seien, die ihrerseits jene Krisen durchlitten hätten, die ihre Klienten gerade erlebten. Auch das Betroffenheitsgebot hatte seine positive Bedeutung angesichts von Lebenslagen, deren besonderer Charakter in der öffentlichen Meinung geleugnet oder verdrängt wurde. Andererseits erforderte die multikulturelle Veränderung unserer Gesellschaft eine neue Art von Empathie, die sich nicht mit der beruhigenden Versicherung begnügen konnte: „Ich verstehe dich ja so gut, meine Schwester", sondern die den angespannten Versuch zu unternehmen hatte, gerade das zu verstehen, was fremd, was ungewohnt, was unverständlich war. Martina Emme hat über diese neue, radikale Gestalt von Empathie eine aufregende Dissertation geschrieben: „Der Versuch, den Feind zu verstehen" (Frankfurt am Main: Iko 1996).

Eine zweite Professionalisierungstendenz relativierte die bisherige Dominanz des Konzeptes von Carl Rogers und seiner klientenzentrierten Gesprächsführung. Die Grundannahmen seiner gesprächstherapeutischen Schule blieben zwar weiterhin gültig, sie verloren aber mehr und mehr ihren Allgemeingültigkeitsanspruch und wurden durch Elemente aus der Verhaltensmodifikation, der Gestalttheorie und der Handlungstheorie ergänzt. Das Lehrbuch von Sue Culley, das ich 1996 übersetzt habe, ist dafür ein gutes Beispiel[7].

Sie teilt ihren idealtypisch als auf zehn Sitzungen zu je 45 Minuten vorgestellten Beratungsprozess in drei Phasen, denen sie jeweils unterschiedliche Beratungsstrategien zuordnet. Die erste Phase ist eher verstehen-wollend rezeptiv und vorsichtig eruierend orientiert – also rogerianisch getönt. Die zweite Phase soll helfen, die Probleme neu zu sehen, neu zu bewerten und neue Gefühle an sie zu binden. Dazu verwendet sie Techniken, die eher „herausfordernd", „konfrontativ" und „feed-back-haltig" sind, die zusätzliche Informationen geben und vorsichtige Selbstmitteilungen der Beraterin enthalten. Die Strategie entspricht dem, was Paul Watzlawick und andere „reframing" genannt haben. Die dritte Phase schließlich soll zu neuen Handlungen und zu neuen Handlungsroutinen führen, um die „neu gerahmten Bilder" durch erfolgreiche Handlungen „zu fixieren". Hier spielen lerntheoretische Erkenntnisse der Tätigkeitstheorie und des Modellernens eine erkennbare Rolle. Ein solcher „Methodenmix" wird heute nicht mehr als eklektische Fingerübung angesehen, der die theoretische Orientierung mangele, sondern als angemessenes Eingehen auf die sich entwickelnden und erweiternden Bedürfnisse, die im Beratungsprozess entstehen und seinen Fortschritt signalisieren.

Systemische Beratung

Die traditionelle „Soziale Einzelhilfe" war von der Besonderung, ja Einmaligkeit jedes einzelnen Falles von Hilfsbedürftigkeit ausgegangen. Reformen dieses Verfahrens setzten bei Versuchen an, unterschiedliche Personen, Maßnahmen und Einrichtungen, die am Hilfeprozess für den „Einzelfall" beteiligt waren, aufeinander abzustimmen und miteinander zu vernetzen. Historisch reichen diese Bemühungen von der „Einheitsfürsorge" der Zwanzigerjahre zum *„case management"* der Neunzigerjahre[8]. Andere Reformen dieses Verfahrens setzen bei der Problematisierung der Sichtweise auf den „Einzelfall" an. Dort wird gemeinhin davon ausgegangen, dass die Hilfsbedürftigkeit des „Einzelnen" eine kausale Folge seiner Lebensgeschichte, seiner inneren Konstitution und/oder seines beschränkten Zugangs zu wirtschaftlichen und sozialen Hilfsquellen (*Ressourcen*) sei. Diese Sichtweise erscheint ihren Kritikern als vergleichsweise statisch. Sie berücksichtige nicht die vielfältigen *dynamischen* Beziehungen des Einzelnen zu den verschiedenen Personen seiner Lebenswelt. Diese Lebenswelt wird von den Kritikern als ein interdependentes System von Traditionen, Handlungen und Beziehungen aufgefasst, in dem alle Ursachen und Wirkungen, Täter und Opfer gleichzeitig sind und in dem Hilfe nur durch eine grundsätzliche Rekonstruktion von Botschaften und Formen zwischenmenschlicher Kommunikation kommen könne.

Theoretische Basis des systemischen Beratungsansatzes sind die schon erwähnten Arbeiten der Schule von Palo Alto um Paul Watzlawick[9] und die separat zu betrachtenden Forschungen von Gregory Bateson[10]. Beide Ansätze basieren ursprünglich auf der Erforschung der Genese schizophrenen Denkens und Fühlens als „gestörte Kommunikation". „It takes two to know one", schreibt Bateson. Und „was eine Mitteilung ist, bestimmt der Empfänger, nicht der Sender", sagt Helm Stierlin.

Außenstehenden fällt es schwer, die verschiedenen Richtungen der auf den genannten kommunikationstheoretischen Forschungen basierenden Familientherapien auseinander zuhalten und auf ihre unterschiedlichen Traditionen und augenblicklichen Praxisfelder zurückzuführen. Gemeinhin unterscheidet man drei Hauptrichtungen: Eine Richtung basiert auf *psychoanalytischer Theoriebildung* und betrachtet den „Patienten Familie" (Richter 1970)[11] in seiner historischen Gewordenheit und akuten Rollenverteilung und Rollenzuschreibung. Eine zweite Richtung bezeichnet sich selbst als *strukturalistische Familientherapie* und versucht, durch aktives Eingreifen des Therapeuten in die Kommunikationsroutinen des „Familiensystems" dauerhafte Wirkungen zu erzielen (Minuchin 1977)[12]. Eine dritte Richtung hat sich in den letzten Jahren als *„systemische Familientherapie"* im engeren Sinne durchgesetzt. Sie basiert auf der Praxis der so genannten *Mailänder Gruppe* und „orientierte sich stark an den Arbeiten von Gregory Bateson (1981, 1982) und an den kommunikationstheoretischen Auffassungen der Palo-Alto-Gruppe (Watzlawick/Beavin/Jackson 1967; Watzlawickl/ Weaklandl/Fisch 1974). Inzwischen wurde dieses Konzept von verschiedenen anderen Gruppen aufgegriffen"[13]. Einen orientierenden Überblick über die unterschiedlichen Richtungen und Entwicklungen geben Helm Stierlin und Fritz Simon in ihrem Buch „Die Sprache der Familientherapie. Ein Vokabular"[14]. Heidi Nielsen hat 1995 ein Lern- und Praxis-Anleitungsbuch für soziale Berufe von John B. Burnham übersetzt, das einen guten und praktischen Einblick in Konzepte, zentrale Begriffe, Verlaufsmodelle, Fertigkeiten und Techniken im Rahmen systemischer Familienberatung bietet (John B. Burnham: Systemische Familienberatung. Eine Lern- und Praxisanleitung für soziale Berufe. Weinheim: Beltz 1995).

Es ist verständlich, wenn anspruchsvolle Sozialarbeiter und Sozialarbeiterinnen sich angesichts fehlender Orientierungen über methodische Arbeiten während ihrer Berufsausbildung später berufsbegleitend zusätzlichen Fort- und Weiterbildungen aussetzen. Zu fragen bleibt, ob dabei hinreichend die Ausgangssituationen, Settings und infrastrukturellen Voraussetzungen bedacht werden, die Hilfeprozesse niedergelassener Familientherapeutinnen von den Hilfeprozessen des Allgemeinen Sozialdienstes, der Erziehungsberatung oder des Jugendamtes unterscheiden. So richtig und verdienstvoll es ist, wenn in der systemischen Beratung eine ganzheitliche Sichtweise gefordert wird, ein Vertrauen auf die Selbstheilungskräfte des Umfeldes, wenn Hauptaufgaben nicht mehr so sehr im „persönlichen Bezug" zwischen Beraterin und Klientin gesehen werden, sondern im Herstellen von Rahmenbedingungen für störungsfreie Kommunikation nach innen und selbstbewusstes Durchsetzungsvermögen nach außen, so problematisch erscheinen schnelllebige Fortbildungsmoden auf den verschiedenen Teilmärkten des *Body-and-mind*-Geschäfts mit ihrer Mischung aus kybernetischen Banalitäten und postmoderner Neo-Mystik. Diese Warnung bezieht sich nicht speziell auf Beratungsverfahren, die mit dem Eigenschaftswort „systemisch“ verbunden werden. Sie bezieht sich nicht einmal nur auf den immer noch expansiven Weiterbildungsmarkt für Angehörige sozialer Berufe. In dem Informationsblatt „Training aktuell“ fand ich die Meldung, die International Academy for Physical and Mental Wellness mit Sitz auf Mallorca biete eine vierwöchige Ausbildung zum Wellness-Instructor bzw. zum Diplom-Sport & Wellness-Mentaltrainer zum Preis von 200 Euro je Woche (ohne Reise, Unterkunft und Verpflegung) an.

Immer wieder kritisieren grundständig Studierende der Sozialen Arbeit, dass sie in der Erstausbildung an Fachhochschulen und Universitäten zu geringe Methodenkenntnisse über Beratungsverfahren, klientenzentrierte Gesprächsführung, systemische Familien- und Partner-Beratung und Moderationsverfahren für Gruppen und Teams erwerben können. Diese Kritik ist verständlich. Sie könnte allerdings auch die tatsächliche und sinnvolle Arbeitsteilung zwischen einer vergleichsweise generalistischen Grundausbildung und der Notwendigkeit zu permanenter berufsbegleitender Weiterbildung[15] aus dem Auge verloren haben. Für den souveränen Umgang mit Handlungsstrategien, Fertigkeiten (*skills*) und Techniken im Rahmen ausgeformter Methoden-Lehre ist eine kontinuierliche berufliche Praxis Voraussetzung, auf die sich das in der Weiterbildung vermittelte Aneignungstraining bezieht. Überall dort, wo in den Studienordnungen der grundständigen Ausbildungsgänge von der Hochschule ausgewählte, verantwortete und angeleitete Praxisphasen oder Theorie-Praxis-Seminare vorgesehen sind, können Aneignungs- Trainings methodischer Fertigkeiten und Techniken einen hohen Wert bekommen. Als abgehobene Seminarveranstaltungen, die isoliert an der Hochschule angeboten werden, wirken sie eher exotisch, museal oder einfach nur abschreckend. Abgesehen davon, dass die didaktischen Qualitäten eines Trainers und einer Trainerin anderer Art sind als die entwickelten Qualitäten einer Hochschullehrerin. Es sei denn, sie wäre und könnte beides.[16]

Sozialmanagement

Die in meinem Buch in ihrer Entwicklung geschilderten Methoden Sozialer Arbeit sind im Prinzip als *klientenzentrierte Kommunikations-Medien* zwischen professionellen Helfern und einzelnen oder mehreren Hilfsbedürftigen oder Bildungspartnern gedacht und genutzt worden. Diesem Zweck dienen indirekt auch die Praxisberatung (Supervision) und die Gemeinwesenarbeit.

Diese Klientenzentrierung war historisch richtig und notwendig und hat dazu beitragen können, unsere Blicke nicht nur auf die „Gesellschaft“ zu richten, die Soziale Arbeit organisiert, finanziert und zulässt, sondern auch auf konkrete Menschen und Menschengruppen, die von ihr profitieren sollen. Aber ähnlich der Schulpädagogik, die lange Zeit wie gebannt auf das Lehrer-Schüler-Verhältnis und dessen didaktische Qualitäten gestarrt hat („Pädagogischer Bezug“, „Pädagogischer Takt“), waren wir dabei zu vergessen, dass unsere Beziehungen am Arbeitsplatz und zum Arbeitsplatz nicht nur Klienten-Beziehungen sind, sondern auch Beziehungen ‚zu Kolleginnen und Kollegen innerhalb und außerhalb der Einrichtung, in der wir tätig sind, und Beziehungen zu anleitenden und leitenden Personen in Verwaltung, Vereinen und Verbänden. In den älteren Lehrplänen sozialarbeiterischer Studiengänge waren solche Themen in den Fächern „Staats- und Verwaltungskunde“ verpackt und bezogen sich meist auf die „öffentliche Verwaltung“ und deren klassische „Ämter“, für die ausgebildet wurde: Sozialamt, Jugendamt, Gesundheitsamt.

Seit den Siebzigerjahren werden Profis in öffentlichen und privaten Einrichtungen Sozialer Arbeit dazu gedrängt, über die organisatorischen Voraussetzungen, Nebenwirkungen und Wirkungsgrenzen ihrer Institutionen nachzudenken und alternative Organisationsformen zu entwerfen. In kommunalen Ämtern wird der mögliche Gegensatz zwischen Zentralisierungstendenzen im Rathaus und bürgernaher Dezentralisierung im Stadtteil diskutiert (Müller/ Otto 1980[17]). Große Wohlfahrtsverbände nehmen Fragen der Organisationserneuerung und Organisationsentwicklung in ihr Fortbildungsprogramm auf (Müller-Schöll 1976[18]), weil sie über Fragen einer „optimalen Betriebsgröße“ nachdenken müssen oder über das spannungsreiche Verhältnis zwischen in ein Ehrenamt gewählten Vorständen und ihren professionellen Geschäftsführern – zwischen sozialstaatlich flächendeckender Versorgung einerseits und marktwirtschaftlich an Teilmärkten orientierter geldwerter Dienstleistung (Burla 1989[19]) andererseits. Die Tendenzen zur Privatisierung sozialstaatlicher Leistungen in Gestalt von betroffenennahen Selbsthilfegruppen und deren lokalen Organisationen produzieren seit Ende der Achtzigerjahre einen neuen Typ von Nachfrage nach Methoden von Projektmanagement, Sozialmanagement, Zeitmanagement und der Weiterentwicklung bestehender Strukturen in Richtung auf neue Aufgaben (Organisationsentwicklung[20]).

Die Gestaltung und innovative Umgestaltung des Arbeitsplatzes und der Organisationsstruktur sozialer Institutionen wird zu einer mehr und mehr nachgefragten methodischen Kompetenz von Mitarbeitern sowohl in Behörden als auch in Wohlfahrtsverbänden und Selbsthilfegruppen. Was in der Studenten- und Sozialarbeiterbewegung als „Herrschaftswissen“ abgelehnt worden war, wird nun als Teil professioneller Kompetenz nicht nur „der Leitenden“, sondern auch ihrer Mitarbeiter neu definiert. Denn um innovative Strukturen entwerfen und durchsetzen zu können, brauchen die „Leitenden“ die professionelle Kenntnis und Einsicht ihrer Untergebenen; um deren Pros und Contras einschätzen und abwägen zu können, brauchen die Mitarbeiter das „Herrschaftswissen“ der „Leitung“. Aus der tatsächlichen Divergenz ist eine postulierte Konvergenz geworden: Notwendige und einsichtige Innovationen sind nur möglich, wenn die, eine notwendige und nachgefragte Dienstleistung erbringende Organisation die Fähigkeit entwickelt, *gemeinsam* jenen methodischen Dreischritt zu gehen, der schon an der Wiege methodischen Arbeitens in der Sozialen Arbeit gestanden hat: Probleme zu erkennen und zu analysieren – über (alternative) Problemlösungen zu entscheiden – aus den Erfahrungen mit den (neuen) Problemlösungen gemeinsam zu lernen …

Die Aktualität von Organisationsentwicklung (OE) in den Achtziger- und Neunzigerjahren des letzten Jahrhunderts führt uns auch historisch zurück – zu Wurzeln sozialpädagogischer Handlungsforschung aus den Fünfzigerjahren. Damals haben Kurt Lewin und Mitarbeiter Prinzipien, Verfahrensweisen und Settings der „Gruppendynamik“ „erfunden“, um Blockaden (Wahrnehmungsverzerrungen; Vorurteile) gegenüber kriegsentlassenen afro-amerikanischen Bürgern bei der Gleichstellung auf dem Arbeitsmarkt wirksam bearbeiten und abbauen zu können. Während der nächsten zehn Jahre arbeiteten Gruppentrainer auf der Basis gruppendynamischer T(rainings)-Gruppen mit Arbeitern und Angestellten der Firmen ESSO Standard Oil und Union Carbide, um innerorganisatorische Veränderungen, die durch betriebssoziologische Felduntersuchungen als notwendig erkannt worden waren (*survey feedback*), *durch*zusetzen und in der internen Kommunikation der Mitarbeiter untereinander und mit ihren Chefs umzusetzen. In *diesem* Zusammenhang ist auch die Rede von der „Unternehmens-Kultur“ erfunden worden, welche die verschiedenen Firmen unterscheidbarer machen sollte als durch ihre immer verwechselbareren Endprodukte.

So problematisch diese Formen der *human relations* und des *human engineering* auch sein mögen – vor allem, wenn das Eigenschaftswort „human“ nur zur Kaschierung für Maßnahmen zur Erhöhung der Arbeitsmotivation und zur Senkung der Stückkosten dient –, im Bereich der Organisation von Nonprofit-Dienstleistungen haben sie ihren beschreibbaren Platz. Und Sozialpädagogen, die sich solcher Organisationsentwicklungs-Strategien bedienen, dürfen dies in dem Selbstbewusstsein tun, dass sie auf einem Terrain operieren, das ihre deutsch-amerikanischen Kollegen vor fünfzig Jahren experimentell entwickelt haben[21].

Fritz Gairing hat 1996 in einer Dissertation die Forschungsgeschichte der Organisationsentwicklung kenntnis- und materialreich nachgezeichnet und bis zur Gegenwart fortgeführt (Fritz Gairing: Organisationsentwicklung als Lernprozess von Menschen und Systemen. Weinheim: Deutscher Studienverlag 1996).

Getrennt von diesem Ansatz einer prozessorientierten Sichtweise auf Organisationen als Dienstleistungsagenturen, deren Mitarbeiter (auf allen Ebenen) sich und ihre Arbeit verändernd weiterentwickeln wollen (und die auch autonom genug sind, dies zu tun), muss man einen zweiten großen Sektor gegenwärtiger Reformbestrebungen betrachten, die darauf gerichtet sind, Teile der öffentlichen Verwaltung zu verschlanken, staatliche (vor allem kommunale) Aufgaben und Dienstleistungen auszulagern und zu privatisieren und dabei in den konsumptiven Sektoren der Staatstätigkeit mittelfristig Steuergelder einzusparen bzw. die bisherigen Leistungsempfänger auf Eigenleistungen zu orientieren. Die Wortführerschaft auf diesem Gebiet des organisatorischen Umbaus sozialstaatlicher Routinen haben Markt-Radikale und Betriebswirtschaftler übernommen. Daher auch die neuen Fachtermini, die manchen Kollegen wie Parodien vorkommen – anderen hingegen wie eine sach-angemessene Befreiung von ideologischen Zöpfen aus der Zeit sozialdemokratischer Omnipotenz-Phantasien von einer sozialstaatlichen Rundumversorgung. Die Auseinandersetzung mit dieser neuen Begrifflichkeit muss ich dem Selbststudium meiner Leser überlassen. Es lohnt sich, dabei nicht nur an Bücher, sondern vor allem an die zahlreichen Fachzeitschriften zu denken, die sowohl von führenden Verlagen als auch von Wohlfahrtsverbänden und Trägerverbänden herausgegeben werden. Einen guten, jeweils kurz kommentierten Überblick über 124 der wichtigsten Fachzeitschriften der Sozialen Arbeit und ihrer Spezialgebiete von der Amtsvormundschaft bis zur Straßensozialarbeit bietet das dickleibige „Wörterbuch Soziale Arbeit“ von Dieter Kreft und Ingrid Mielenz, das 2005 in 5. Auflage vollständig überarbeitet und erweitert im Juventa Verlag erschienen ist.

Verwaltungsreformen und neue Steuerungsinstrumente

Verwaltungsreform und neue Steuerungsinstrumente – und in nicht immer einsichtigem Zusammenhang damit die relative Armut der Kommunen sind seit einiger Zeit bevorzugte Themen jener Fachzeitschriften, die von Sozialarbeitern und Sozialpädagogen gelesen werden. Bei den notwendigen Auseinandersetzungen mit diesen Themen wird manchmal vergessen, dass ihre bloß *technokratische* Bearbeitung dazu beiträgt, drängende *inhaltliche* Fragen der gerechten Verteilung des gesellschaftlich erwirtschafteten Reichtums in den Hintergrund zu schieben.

Die lange, unübersichtliche und von teilweise leidenschaftlichen Vor-Urteilen getönte Diskussion um die Reform des entwickelten Sozialstaates hat einen bisher wenig beachteten Nebeneffekt gehabt. Selbständige Jugendämter, deren Existenz im KJHG als durch Bundesrecht geboten festgeschrieben worden war und deren Eigenstand durch die Charakterisierung dieser Jugendämter als ‚zweigliedrige Behörde' mit einer Spitze aus Verwaltung und Jugendhilfeausschuss bestätigt wurde, werden zunehmend im Rahmen von ‚verwaltungsvereinfachenden Maßnahmen', die vielfach von externen Unternehmensberatern empfohlen und deren Empfehlungen von Kämmerern und Kommunalpolitikern applaudiert wird, zur Disposition gestellt. Ihre Zusammenlegung mit anderen Ämtern Sozialer Dienstleistungen (Sozialamt, Gesundheitsamt, Wohnungsamt) wird empfohlen und in Einzelfällen bereits praktiziert.

Seit 1974 lag die Kommunale Geschäftsstelle für Verwaltungsvereinfachung in Köln (KGSt) den Kommunalpolitikern mit der Forderung in den Ohren, sie mögen ihre Jugendämter organisatorisch reformieren (KGSt 22/74)[22]. Dieses Memento hatte gewichtige und für Jugendämter sogar respektable Gründe. Seitdem das alte Reichsjugendwohlfahrtsgesetz (RJWG) 1922 die flächendeckende Einführung von Jugendämtern geboten hatte, waren diese Ämter eine (milde) republikanische Innovation in der konservativ-feudalistischen Ämterstruktur des alten Reiches gewesen. Sie besaßen eben jene schon erwähnte doppelte Leitung aus Verwaltung und einem Laien-Gremium, das aus ‚in der Jugendwohlfahrt erfahrenen Männern und Frauen aller Bevölkerungskreise' bestehen sollte – insbesondere aus solchen, die ‚in freien Vereinigungen für Jugendwohlfahrt und Jugendbewegung' tätig waren. Auch war das alte Reichsjugendwohlfahrtsgesetz wenigstens ansatzweise ein Dienstleistungsgesetz: In dem berühmten § 4 wurde die ‚Wohlfahrt der im schulpflichtigen Alter stehenden und der schulentlassenen Jugend' als eine ‚jugendfördernde Aufgabe beschrieben', die zum ‚Recht jedes deutschen Kindes auf Erziehung zur leiblichen, seelischen und gesellschaftlichen Tüchtigkeit' gehöre. Organisationsform und Leistungscharakter waren für die damalige Zeit etwas wirklich Neues. Der vergleichsweise hohe Frauenanteil der ‚Sozialbeamten' in den Jugendämtern und ihre Herkunft aus den Kreisen sozialer Bewegungen wie Frauenbewegung, Jugendbewegung und Arbeiterbewegung unterstrichen den besonderen Charakter dieses ‚Amtes', das anders sein wollte als andere Ämter[23].

Nicht das Personal, aber die Organisationsform des Jugendamtes überstand die Jahre des Nationalsozialismus. Reformen wurden in den siebziger Jahren in Richtung Bürgernähe und stadtteilbezogene Zusammenarbeit mit anderen Ämtern diskutiert, aber nur in einigen Großstädten durchgesetzt. Unabhängig davon gab es gerade in Jugendämtern ein waches Verständnis für die Notwendigkeit, ‚bürgernah' zu arbeiten, die ‚Interessen von Kindern und Jugendlichen' zu beachten und in Notfällen ‚unbürokratisch zu handeln'. Aber die bundesrepublikanische Verwaltung blieb in ihrer Grundstruktur eine Eingriffs- und Ordnungs-Verwaltung, die ihre feudalistisch-autokratische Herkunft nicht verleugnen konnte. In ihr gelten immer noch Prinzipien (etwa des Haushalts- und Kassenwesens), die bei der Verteilung von Wohltaten aus der Schatztruhe eines mittelalterlichen Kleinfürsten ihre Funktion gehabt haben mochten, die aber bei der gesetzestreuen Verwaltung eines kommunalen Einhundert-Millionen-Etats eher obsolet und deshalb dysfunktional waren.

Verwaltungen haben ihre Eigendynamik und entwickeln pfiffige Widerstände gegen Veränderungen. Auch gegen notwendige und vernünftige Veränderungen. Man kann die dahinter stehenden Gesetzmäßigkeiten zu den satirischen Büchern nachlesen, die der englische Soziologe C. Northcote Parkinson in den sechziger Jahren geschrieben hat (Parkinsons Gesetz) und die der deutsche Wirtschaftsjournalist Rolf Breitenstein in den Siebzigerjahren bekräftigte[24]. Die auf die Vermehrung des Unnötigen gerichtete Eigendynamik großer Verwaltungen gilt übrigens nicht nur für den staatlichen Nonprofit-Sektor, sondern ebenso für die Konzernzentralen nationaler und internationaler Firmen. Man muss nur die Bestseller von Günter Ogger lesen, die seit Jahren auf den Hit-Listen von SPIEGEL und FOCUS stehen (‚Nieten in Nadelstreifen' und ‚König Kunde: Angeschmiert und abserviert'). Deshalb bedurfte es eines kräftigen Anstoßes, um den unsicheren Reformwillen von Ämtern Sozialer Arbeit, insbesondere von Jugendämtern, zu gesellschaftlicher Bedeutsamkeit aufzumuskeln. Dieser kräftigere Anstoß widerfuhr uns in Gestalt von DDR-Anschluss, Massenarbeitslosigkeit und Rückgang des Steuer*wachstums*, das unsere beamtlichen Steuergeldverwalter schon als Ausgaben eingeplant hatten, noch ehe es in den Staatskassen klingelte. Unser Sozialstaat, der seinen relativen Frieden aus einer Verteilung der Wachstumserträge sowohl auf Arbeitgeber wie auf Arbeitnehmer speiste, geriet aus dem Tritt. Sündenböcke mussten gefunden werden. Das Bild von der ‚sozialen Hängematte' wurde erfunden, in der sich faul die Trittbrettfahrer überzogener sozialer Wohltaten räkeln. Aber auch der Öffentliche Dienst musste herhalten. Staatliche Verwaltungen wurden mehr und mehr gezwungen, öffentlichkeitswirksam zu zeigen, dass sie selbstkritisch an der Verbesserung, ja an der Optimierung ihrer administrativen Wirksamkeit arbeiteten. Dies war die Hohe Zeit der Kommunalen Gemeinschaftsstelle für Verwaltungsvereinfachung, die bis dahin ein fleißiges, aber nicht sonderlich öffentlichkeitsrelevantes Dasein gefristet hatte. Nun schien es an der Zeit, die Diskussion über eine reformierte, demokratisierte, ‚schlanke' Verwaltung am Beispiel der Jugendämter wieder aufzunehmen und durch einen Paradigmenwechsel von der soziologischen, politologischen und pädagogischen zur betriebswirtschaftlichen Begrifflichkeit zuzuspitzen. Inzwischen hatten marktradikale Neo-Liberalisten die Lufthoheit über deutschen Polit-Stammtischen übernommen und die Schlüsselbegriffe, die Heiner Geißler in den frühen Achtzigerjahren für die CDU erfunden hatte[25], durch neue Schlüsselbegriffe ersetzt. Das ‚Gemeinwohl' verkam zum ‚shareholder value', die ‚menschliche Produktivkraft' wurde als ‚Kostenfaktor' heruntergestuft, humane und humanistische Werte wurden plötzlich als ‚Standortnachteile' entlarvt. Ich warte nur noch darauf, dass mir die WIRTSCHAFTSWOCHE erklärt: „Der Kölner Dom rechnet sich nicht."

Die neue Sichtweise auf Soziale Arbeit

Einen Tag nach dem ‚Tag der Arbeit', am 2. Mai 1994, legte die KGSt eine Empfehlung zur ‚Outputorientierten Steuerung der Jugendhilfe' vor (KGSt 9/1994). Sie sah zunächst und vor allem vor, die Jugendhilfe (als prototypisch angesehen für kommunales Verwaltungshandeln allgemein) ‚strikt an den beabsichtigten und tatsächlichen Ergebnissen zu orientieren' und dazu die unterschiedlichen Leistungen der Jugendhilfe konkret als Produkte zu beschreiben und mit der Produktbeschreibung gleichzeitig den Erbringungsaufwand und die erwartbare Standardqualität der Dienstleistungen festzulegen. Neben der Standardisierung der Arbeit der Jugendhilfe in Gestalt von ‚Produkten' legte die Kommunale Gemeinschaftsstelle andere ‚Steuerungsinstrumente' vor und bündelte sie zu einem ‚Neuen SteuerungsModell' (NSM), das unter anderen

- eine Dezentralisierung der Mittelverwaltung (DRV = Dezentrale Ressourcen Verwaltung)
- eine Budgetierung (statt der bisherigen Festlegung von kalenderjährlichen ‚Etatansätzen')
- eine Kosten- und Leistungs-Rechnung und ein System der laufenden Überprüfung von Ausgaben und Leistungen (‚controlling')
- ein Konzept für die Personalentwicklung und Fortbildung (wohl auch für die Umsetzung von Personal)
- EDV-gestützte Formen der Qualitätsbeschreibung und der Qualitätssicherung der geleisteten Arbeit

enthielt. Die KGSt, die sich inzwischen auch eine eigene Beratungsfirma (KGSt consult) zugelegt hat, visualisiert das Gesamtpaket ihres Steuerungsmodells durch ein Schaubild:

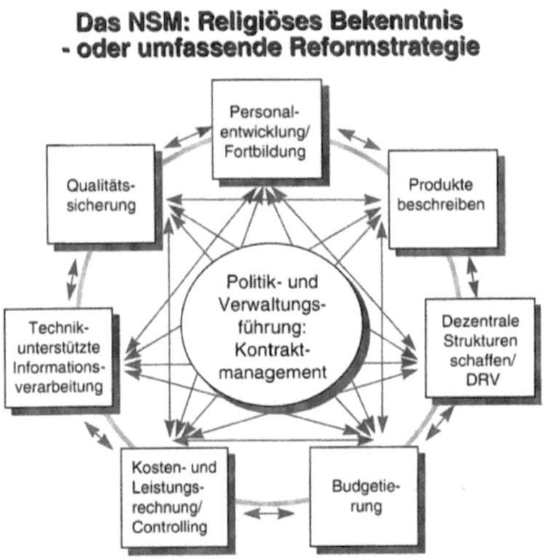

Das Neue Steuerungsmodell der KGSt enthält eine Reihe von richtigen und wichtigen (teilweise in der Sozialen Arbeit bekannten und praktizierten) Forderungen und in seiner Interpretation und Anwendung eine Reihe von ärgerlichen Fehlorientierungen und paradigmatischen Setzungen, die zu Missverständnissen und vor allem zu Miss-Interpretationen Anlass geben. Kai von Holleben (KGSt consult) zog deshalb 1997 die Notbremse und warnte davor, das neue Modell als ‚religiöses Bekenntnis' vor sich her zu tragen und messiasianisch zu verbreiten.

Ich will versuchen, den Doppelcharakter der Neuen Steuerung und der Strategien von Verwaltungsreform allgemein am Beispiel des Themas Qualität und Qualitätssicherung zu erörtern.

In der Sozialen Arbeit hat es in der Vergangenheit langanhaltende Diskussionen darüber gegeben, was Sozialpädagogen und Sozialarbeiter *wollen* und was sie *sollen*. Das ‚Wollen' wurde vor allem durch die christlichen, humanistischen und sozialistischen Rückbindungen der Sozialarbeiter an die sozialen Bewegungen definiert, denen sie sich verpflichtet sahen. Das ‚Sollen' war in Deutschland immer schon durch die Formulierungen jener Sozialgesetze vorgegeben, die unser Handeln legitimieren.

Neben dem *Wollen* und *Sollen* spielt die Realität dessen, was wir wirklich tun, eine strukturbestimmende Rolle. Unser *professionelles Tun* ist in den Verfahrens- und Handlungsweisen ‚methodischen Arbeitens' mit starkem Empfehlungscharakter vorgegeben. Deshalb ist ja methodisches Arbeiten ein haftender Anker für die Stabilisierung unserer Professionalität. Das, was wir tun, können wir im *Reflektorium* der ‚Supervision' überdenken und in der *Aktenführung* dokumentieren. Das sind zwei Arbeitsinstrumente, über die wir im Gegensatz zu vielen anderen Dienstleistungsberufen verfügen.

Wenn wir sorgfältig und nach den Regeln der Kunst arbeiten, dann können wir ziemlich genau sagen, was wir machen und was wir *gemacht haben* (‚output'), aber wir haben wenig zuverlässiges Wissen über das, was wir *bewirken* (‚outcome'). Das ist ein Strukturproblem von Dienstleistungen. Und es ist ein besonderes Problem von personenbezogenen Dienstleistungen in der Sozialen Arbeit. Darum haben wir unsere Schwierigkeiten mit dem *betriebswirtschaftlichen* Dienstleistungsbegriff. Er ist im wesentlichen an Dienstleistungen orientiert, die wie Waren behandelt, also gekauft und benutzt, also auch verschlissen werden. Nehmen wir den Kundendienst eines Markenkühlschrankes. Wenn das Ding kaputt ist, kann man den Kundendienst anrufen. Er schickt einen Techniker, der sieht und analysiert den Schaden, ersetzt das kaputte Teil, berechnet Material- und Lohnkosten (es sei denn, wir befinden uns noch in der Garantiephase) und hinterlässt uns erleichtert. Seine Dienstleistungen lassen sich unschwer und output-orientiert standardisieren.

Im Rahmen der Europäisierung von Dienstleistungen hat der Zwang zur Standardisierung einen neuen Dienstleistungssektor hervorgebracht, der seinerseits Dienstleistungen standardisierend beschreibt und ihre Erbringung zertifiziert. Das Deutsche Institut für Normung (DIN) hat im Sommer 1997 angefangen, Qualitätsmerkmale für Dienstleistungen im europäischen Tourismus festzulegen. „Unser Ziel ist ein Reisekatalog, der nur DIN-genormte Angebote enthält". sagte der Geschäftsführer des Normenausschusses. Dadurch werde auch die elektronische Buchung erleichtert. Die Normung reicht von der Definition und der Differenzierung von Doppelbetten über die Frage, ob ein Hotel ein eigenes Restaurant haben muss bis zur Normierung von Begriffen wie ‚Strandnähe', ‚Familienfreundlichkeit' und ‚ruhige Stadtrandlage'. Die DIN-Normen sollen das Angebot dieser Dienstleistungen der Tourismus-Branche soweit standardisieren, dass sich potentielle Kunden am heimischen Bildschirm online informieren und ihre Kaufentscheidung treffen können (Output-Orientierung). Ob sie sich dann an dem ausgewählten Mittelmeerstrand wirklich *erholen*, ist eine andere Frage

(Outcome-Orientierung). Sie ist nicht zu standardisieren, weil personenbezogene Dienstleistungen die Eigenart an sich haben, dass ihre Nutzer Mitproduzenten des Produktes ‚Erholung' sind. Wenn das Erholung suchende Paar sich im Urlaub heillos zerstreitet oder wenn die alleinerziehende Mutter im Club Med keinen Anschluss findet, obwohl das hervorragende Kinderprogramm des Clubs ihr die permanente Aufsicht über den Kleinen abgenommen hat, dann ist das ein Qualitätsmangel, der nicht dem Anbieter der Dienstleistung zur Last gelegt werden kann. Die meisten personenbezogenen Dienstleistungen der Sozialen Arbeit sind Leistungen, welche die ernsthafte und angestrengte Mitarbeit ihrer Nutzer erfordern. Überall dort, wo Soziale Arbeit sozialpädagogisch intendiert ist, d. h. Lehr-, Lern- und Aneignungsprozesse befördert, ist sie *keine* Dienstleistung mit Warencharakter, sondern das Ergebnis *gemeinsamer* Anstrengungen aller Beteiligten bei gleichzeitigem Arrangement von Umständen, welche den Erfolg der gemeinsamen Bemühungen wahrscheinlicher machen.

Um die zunehmende Kluft zwischen dem besonderen Charakter personenbezogener, sozialstaatlich garantierter Dienstleistungen und den Effizienz-Bestrebungen einer enggeführten Betriebswirtschaftslehre zunächst einmal verständlich zu machen (nicht aber, um die Sinnhaftigkeit betriebswirtschaftlichen Denkens zu verallgemeinern) muss ich daran erinnern, dass wir in den Neunzigerjahren des letzten Jahrhunderts in Europa eine Zeitenwende erlebten, weil verschiedene Staaten des Warschauer Paktes, im wirtschaftlichen Wettlauf der Systeme des realen Sozialismus und des realen Kapitalismus nicht mithalten konnten und weil insbesondere die Deutsche Demokratische Republik im kritischen Vergleich zur Lebensqualität und zum demokratischen Freiheitsspielraum in der Bundesrepublik Deutschland ihre Massenloyalität endgültig verlor und als reformresistentes Gerontokraten-System die weiße Fahne zeigen musste. In der Folge dieses osteuropäischen Paradigmenwechsels wurden auch jene mittleren Formen sozialstaatlicher Daseinsvorsorge und Daseinsfürsorge zur Disposition gestellt, die in der Auseinandersetzung zwischen aufgeklärten Kapitaleignern und kompromissbereiten Sozialdemokraten in Deutschland zum so genannten ‚Rheinischen Kapitalismus' geführt hatten.

War es im 20. Jahrhundert das Bestreben mittel- und nord-europäischer Staaten gewesen, Teile der *Reproduktionsrisiken* der werktätigen Bevölkerung zu vergesellschaften (gesetzliche Versicherungen als solidarische Pflicht) und andere Teile der *Sozialisationsleistungen* der gesamten Bevölkerung unter staatliche Gewährleistungspflicht zu stellen (den Kindergarten, die Schule, die Hochschulen, die außerschulische Sorge für die junge Generation), so wurde seit Mitte der Neunzigerjahre des letzten Jahrhunderts eine länderübergreifende Kampagne zur Reprivatisierung eben dieser Reproduktionsrisiken und Sozialisationsleistungen in Szene gesetzt. In Deutschland lief sie unter anderem unter der Spitzmarke ‚Neue Soziale Marktwirtschaft'.

Da aber Mehrheiten der Bevölkerung zu aufgeklärt waren, um sich widerstandslos dem Ansinnen nach ‚Reprivatisierung' zu fügen, mussten quasirationale Argumente gefunden und popularisiert werden, um die Privatisierungskampagne voran zu bringen. So entstand das Konstrukt von der ‚Unbezahlbarkeit der Wohltaten des Sozialstaates, die wir uns in Zeiten knapper Kassen einfach nicht mehr leisten können'. Ferner das Artefakt von dem ‚Wettbewerbsnachteilen Deutschlands angesichts globalisierter Arbeits- und Waren-Märkte' und schließlich die bürgerschreckliche Vorstellung von den Hartz IV-Beziehern, die sich in ihren Hängematten auf Mallorca ausruhen, während die Vorstandsglieder von Banken, Versicherungen und Konzernen im Schweiße ihres Angesichts schuften müssen. Unter anderen hat Albrecht Müller als langjähriger Kanzleramtsberater diese ‚*Reformlügen*' als ‚*40 Denkfehler, Mythen und Legenden, mit denen Politik und Wirtschaft Deutschland ruinieren*' (München: Knaur Taschenbuch 2005) gekennzeichnet und vor ihnen gewarnt.

Für das methodische Arbeiten in der Sozialen Arbeit hatte diese eher allgemeine Sichtweise auf den europäischen Paradigmen-Wechsel am Ende des letzten Jahrhunderts lediglich eine, allerdings folgenschwere Konsequenz. Hatte bis dahin der Schwerpunkt bei der Professionalisierung methodischen Arbeitens (vor allem in der Sozialarbeit im engen Sinne*) in der Arbeit mit Klienten und in ihrem Interesse* gestanden, so deutete sich nun eine Schwerpunktverlagerung an: jetzt ging es um die Frage von angemessenen (und effizienzsteigernden) Organisations-, Kooperations- und synergieproduzierenden Strukturen und um die Frage nach einem ‚effizienteren' Umgang mit der eigenen Arbeitskraft als ermittelnde, Entscheidungen vorbereitende und Lehr-Lern-Prozesse organisierende Sozialpädagogen und Sozialarbeiter. In diesem (in gewissem Umfang notwendigen) Lernprozess, den wir selber als Profession durchgemacht haben und wahrscheinlich auch durchmachen mussten, ging es zunächst darum, ‚Effektivität' von ‚Effizienz' zu unterscheiden. Effektiv waren wir, wenn wir überhaupt wahrnehmbare und als positiv einzuschätzende Wirkungen als direkte oder indirekte Ergebnisse unserer Berufstätigkeiten verbuchen konnten. Das konnten wir in den meisten Fällen. Aber dann kamen unsere Kritiker und sagten: ‚Auch wenn man mit Kanonen auf Spatzen schießt, hat man mitunter einen Effekt, dass der eine oder der andere Spatz getroffen wird. Aber gibt es nicht sinnvollere Vertilgungsmittel von Spatzen als Kanonen?' Als Antwort auf diese Frage kam dann der Begriff ‚effizient' ins Spiel. Während ‚effektiv' meinte, dass es überhaupt Effekte gegeben habe, signalisierte ‚effizient', dass die *gewünschten Effekte* in *einem sinnvollen Verhältnis* zur aufgewendeten Zeit und zum aufgewendeten Geld stehen würden.

Die gegenwärtige Diskussion über die Frage, wie viel Sozialstaat wir uns heute noch leisten können (und leisten wollen), haben sich inzwischen zwei Lager gebildet, die sich vergleichsweise unversöhnlich gegenüber stehen: Die einen sagen mit zusammengebissenen Zähnen: ‚Wir wollen ihn und wir wollen ihn uns auch etwas kosten lassen'. Und die anderen sagen mit augenscheinlich entspannter Miene: ‚Wir hätten ihn ja so gerne, aber wir können ihn uns angesichts unserer Standortnachteile auf den globalisierten Märkten einfach nicht mehr leisten'.

Wenn sich zwei Lager in einer so grundsätzlichen Frage als Gegner gegenüber stehen, sind alle ihre Argumente als ideologieverdächtig mit Vorsicht zu behandeln. Ideologieträchtige Argumente führen niemals weiter, sondern immer nur in einer spiralenförmigen Abwärtsbewegung zurück. Ich rate deshalb in einer solchen Lage, als *professioneller Dienstleister* auf den Versuch zur grundsatzorientierten Rechthaberei zu verzichten und uns auf die eher anwendungsorientierte Frage zu konzentrieren, ob wir denn unsere Arbeit, zu der wir durch Grundgesetz, Bundesgesetze und Länderrichtlinien verpflichtet sind, ‚nach den Regeln der Kunst' verrichten, dokumentieren und auf Befragen einschätzen können. Und das ist dann keine Frage des grundsätzlichen ‚Ob – oder Ob nicht' mehr, sondern eine Frage der handwerklichen- und der kunsthandwerklichen Qualität unserer Verrichtungen.

Und aus eben diesem Grund, rate ich zu einer Denk- und Argumentationsweise, die der von den ideologischen Grundsatzdiskussionen weg zu der Feststellung führt, dass unsere Verfassungsväter und Verfassungsmütter sich wohl etwas dabei gedacht haben, wenn sie unseren Staat als ‚einen demokratischen und sozialen Rechtsstaat' bezeichnen (Art. 20 Abs. 1 GG), der dem Prinzip der sozialen Gerechtigkeit verpflichtet ist. Und soziale Gerechtigkeit heißt nach der Auffassung des Bundesverfassungsgerichtes „annähernd gleichmäßige Förderung aller Bürger und annähernd gleichmäßige Verteilung der Lasten".

So gesehen halte ich für die Stabilisierung und die Weiterentwicklung von Berufen der Sozialen Arbeit die Frage nach der Qualität unserer Arbeit angesichts der entwickelten Regeln unserer Zunft für im Augenblick weiterführender als die Frage nach der Angemessenheit sozialstaatlicher Regulative. Deshalb bin ich sehr einverstanden mit gewissen Ausprägungen unserer zeitgenössischen Diskussionen über Qualität, Qualitätssicherung und Qualitätsmanagement.

Qualitätssicherung

Marianne Meinhold beginnt ihr lesenswertes Buch über „Qualitätssicherung und Qualitätsmanagement in der Sozialen Arbeit" (Lambertus: Freiburg 1996, S. 9) mit den Sätzen:

> „'Qualität' hat einen guten Klang. Jeder wünscht sich qualitätsvolle Dienstleistungen und Waren. Es wird kaum einen Hersteller von Produkten oder einen Anbieter von sozialen Diensten geben, der sich ‚schlechte Qualität' zum Produktionsziel setzt. Was aber ist ‚Qualität'? Für Qualität gibt es kein objektives Maß, was man leicht an den Irritationen ablesen

kann, die entstehen, wenn verschiedene Menschen ihre Vorstellungen von Qualität genauer erläutern sollen.“

An den Dienstleistungen in der Sozialen Arbeit sind in der Tat viele Menschen beteiligt. Steuerzahler geben das Geld, die Kommune verwaltet es treuhänderisch und überweist einen Teil davon an einen ‚freien Träger', der, sagen wir, einen Dienst im Rahmen ‚sozialpädagogischer Familienhilfe' eingerichtet hat. Das Jugendamt hat einer Familie eine sozialpädagogische Familienhelferin vorgeschlagen, um das Chaos in der Kindererziehung auf die Reihe zu bringen. Die Familie hat zugestimmt. Die Familienhilfe als Hilfe zur Erziehung läuft. Wer bestimmt deren Qualität? Nachbarn, die sich darüber ärgern, dass ‚diesen asozialen Leuten jetzt auch noch ein kostenloser Babysitter ins Haus geliefert wird'? Die Sozialarbeiterin im Jugendamt, die froh darüber ist, dass in der Problemfamilie vorerst offensichtlich Ruhe eingekehrt ist und dass sie in der Person der Familienhelferin jetzt eine sachkundige Ansprechpartnerin gefunden hat? Die Familie als Nutzer der Dienstleistung? Und wer in der Familie? Die Mutter, welche die den Kindern zugewandte Familienhelferin als Konkurrentin erlebt? Die Kids, die es ganz toll finden, dass da plötzlich eine junge Frau aufgetaucht ist, die mit ihnen ‚Sachen macht', die sie früher nie gemacht haben? Der Hausfreund, der der Helferin als einer ‚Tante vom Amt' misstraut, die nur aufpassen soll, wer das Bier aus dem Kühlschrank trinkt?

Es gibt einen überzeugenden Schiedsrichter, der die Qualität der Dienstleistung wirkungsorientiert feststellen – allerdings auch nicht kausal attribuieren – könnte: die Zeit. Nach zwanzig Jahren, wenn alles gelaufen ist, könnten die Kinder sagen: Es war eine tolle Sache. Die Mutter könnte sagen: Sie hat mir geholfen. Obwohl es manchmal weh tat. Die Sozialarbeiterin könnte sagen: Nach zwei Jahren war die Familie aus dem Gröbsten raus. Der Nachbar könnte sagen: Komisch. Die haben es ja doch noch auf die Reihe bekommen.

Diese Formen der Qualitätsbeschreibung nennt man Selbst- und Fremdevaluation. Maja Heiner und Hiltrud von Spiegel haben sich insbesondere mit dem qualitätssichernden Instrument der Selbstevaluation befasst und die Bedingungen genannt, unter denen wir vergleichsweise kompetente und zuverlässige Schiedsrichter über das sein können, was wir tun, was wir bewirken und was mit uns geschieht. Nur wenn wir unter Existenz- und Rechtfertigungsdruck stehen, geht uns diese Fähigkeit verloren. Sie wäre dann wohl auch dysfunktional[26].

Ein gravierendes Problem der Selbstevaluation und der Evaluation durch beteiligte Experten ist die Frage der Rollentrennung und die Frage der Zeit. Wir können nicht selber und noch dazu unter Druck handeln und uns gleichzeitig einschätzend beobachten. Das geht nur im zeitlichen Abstand. Und das gilt auch für die Nutzer unserer Dienstleistungen. Bittet man sie zu früh um ihr Urteil, so verpasst man möglicherweise die Wirkung, weil sie noch nicht bewusstseins-dominant geworden ist (‚sleeper effect'). Fragt man sie zu spät, so ist das Bewusstsein vom Nutzen der Dienstleistung vielleicht schon wieder verblasst (‚wash out effect'). Hinzu kommt, dass viele sozialpädagogische Interventionen, die mit Umlernen und Verhaltensänderungen verbunden sind, zunächst auf Klienten ausgesprochen kränkend und frustrierend wirken. Bei der Frage: Was hat Ihnen das gebracht? steht dann nicht die positive Wirkung im Vordergrund der Antwort, sondern die Erinnerung an Missbehagen, Ärger und Angst. Das ist eines der Probleme bei der Messung pädagogischer Effekte durch Befragungen der Nutzer. Die Messungen messen meistens Befindlichkeiten und Zustandsgefühle, selten hingegen den Zuwachs an kognitiven Leistungen und sozialen Kompetenzen.

Hier liegt ein gewisser Standortnachteil der Sozialen Arbeit etwa gegenüber der Schule und dem Gesundheitsdienst. Lehrer können die Leistungen ihrer Schüler in Zahlen ausdrücken und sich die guten Zahlen als Verdienst zurechnen. Was problematisch ist, weil Kinder und Jugendliche in der Schule vieles gegen die Schule lernen. Aber sie lernen es. Ärzte hingegen werden nicht an der Zahl ihrer Gesundschreibungen gemessen – oder an dem Prozentsatz derer, welche die Behandlung überlebten –, sondern an der Regelhaftigkeit des Verfahrens, das sie in der Behandlung ihrer Patienten praktiziert haben. Hier liegt für mich eine mögliche Analogie zur Qualitätssicherung in der Sozialen Arbeit. Es reicht in der Tat nicht aus, dass wir die gewünschte Wirkung unserer sozialpädagogischen und sozialarbeiterischen Interventionen lediglich *postulieren* und dabei auf unsere menschenfreundlichen *Absichten* pochen. Wir können aber auch in vielen Fällen keine Nachweise über die *kausale Wirkung* unserer Interventionen auf die von uns gewünschten sozialen Zustände und Handlungsweisen beibringen. Ich habe schon 1983 zeigen können, dass die massive nordamerikanische Evaluationsforschung der Siebziger- und Achtzigerjahre keine wirklich signifikanten Nachweise dafür hervorgebracht hat, dass soziale Programme auf eine statistisch befriedigende Weise das bewirken, was sie zu bewirken versprechen[27].

Das mag mit der Multidimensionalität sozialer Tatbestände zu tun haben und damit, dass im sozialen Leben ‚alles mit allem zusammenhängt' und dass deshalb die Zahl der Variablen, welche in der gängigen empirischen Sozialforschung zu kontrollieren wären, so groß und unübersichtlich (meist auch noch nicht einmal bündig erforscht) ist, dass wir uns also von kausalen ‚Wenn-Dann'-Zusammenhängen werden verabschieden müssen.

Was bleibt ist eine Qualitätsbeschreibung und Qualitätssicherung durch die *Dokumentation der verwendeten Verfahren.* Jede wissenschaftlich begründete, aber auf menschliche und soziale Vielartigkeit gerichtete Profession (etwa der Ärzte, der Richter und Anwälte, der Psychologen und Therapeuten, der Pädagogen und Sozialpädagogen) hat einen Standard von Verfahren entwickelt, mit denen vorgefundene Probleme bearbeitet werden sollen.

Diesen Standard beschreiben Methoden sozialen Arbeitens in ihren klassischen und aus der Klassik heraus weiter entwickelten Formen und Spielarten. Dieses schrittweise methodische Vorgehen zu praktizieren, zu dokumentieren und zu reflektieren ist Grundlage jeder Form von Qualitätssicherung. Gerade die sozialen Berufe sind durch Aktenführung[28] und Supervision darauf vorbereitet, sich (und anderen) ein Bild davon zu machen, was Qualität für unser berufliches Handeln bedeutet. Um aus der Qualitätsfeststellung jedoch einen Prozess der Qualitätssicherung zu machen – und unter Berücksichtigung der Rahmenbedingungen des Qualitätsmanagements – brauchen wir, sagt Marianne Meinhold (a. a. O., S. 10) – die Operationalisierung der leitenden Prinzipien methodischen Arbeitens in drei Schritten:

- Wir müssen die Gebote methodischen Arbeitens in einzelne beobachtbare und registrierbare Indikatoren zerlegen;
- wir müssen Instrumente entwickeln, um diese Indikatoren im Einzelfall ohne großen Arbeitsaufwand festhalten zu können;
- wir müssen dauerhaft versuchen, die Soll-Werte (Gebote) mit den Ist-Werten (Indikatoren für Handeln im Einzelfall) zu vergleichen und diese an jene anzunähern. Oder aber plausibel zu begründen, warum das im Einzelfall nicht möglich war.

Dieses Verfahren ähnelt dem Verfahren, das Kurt Lewin in den vierziger Jahren in den USA entwickelt hat und das die Grundlage für die zeitgenössischen Spielarten von Organisationsentwicklung geworden ist: Gruppendynamik und Forschungs-Feedback mit Instrumenten der Handlungsforschung Bei der Aktenführung muss man im Augenblick noch vorsichtig sein. Ich habe die Gründe dafür in Fußnote 28 genannt.

Ich bin mir bewusst, dass eine solche permanente Selbst-Evaluation der eigenen Arbeit eine zusätzliche Arbeitslast bedeutet, die allerdings durch Routinisierung minimiert werden kann. Ich selber lehre an einer Technischen Universität, in der wir Hochschullehrer jährlich aufgefordert werden, Daten unserer Lehr-, Forschungs- und Veröffentlichungs-Tätigkeit rückzumeiden. Der Präsident der Universität veröffentlicht alle diese Daten individuell aber anonymisiert für jede einzelne Hochschullehrerin und jeden einzelnen Hochschullehrer in seinem jährlichen Forschungsbericht. Es steht jedem von uns frei, diese Tabellen zur Kenntnis (und ernst) zu nehmen oder nicht. Sie haben keine individuellen Sanktionen zur Folge. Aber sie konstruieren eine informelle Rangreihe der Institute und Fachbereiche und werden künftig bei der Zuweisung zusätzlicher Mittel für Lehre und Forschung eine Rolle spielen.

Diese permanenten Prüfungen von Indikatoren der eigenen Tätigkeit und ihrer „Qualität“ zeigen langfristig Wirkungen, wenn sie als Instrumente der Selbstaufklärung angesehen und über einen längeren Zeitraum angewandt werden. Ich bin unsicher, ob sie sich auch als Medium der Fremdkontrolle gebrauchen lassen, ohne ihre Aussagekraft zu verlieren. Die Zeiten von Sparzwang und betriebsbedingten Kündigungen sind allerdings schlecht geeignet, solche Instrumente einzuführen. Sie können die *Rationalität* unseres beruflichen Handeins verbessern. Als Instrument der *Rationalisierung* könnten sie sich als wenig tauglich erweisen[29].

Neue gesellschaftliche Störungen

Es ist schon merkwürdig, dass die Nichtfinanzierbarkeit sozialstaatlicher Leistungen gerade in einer historischen Situation verkündet wird, in der alle jene Infrastrukturen weggespart werden oder ihre historische Prägekraft verloren haben, welche eben diesen Sozialstaat eigentlich überflüssig machen sollten (Familie als Überlebensgarantie, lebenslange Berufstätigkeit und Anspruch auf eine das Überleben garantierende Rente, unterstützungswillige Kinder am anderen Ende des Generationenvertrags).

Das kann bald wieder anders werden. Menschen lassen sich nicht dauerhaft und ohne Gewalt unter das Niveau ihrer selbst geschaffenen Lebensbedürfnisse drücken. Deshalb sollten wir davon ausgehen, dass Maßnahmen und Einrichtungen zur Sicherung der Reproduktion unseres individuellen und kollektiven Lebens weiterhin zunehmen und nicht als überflüssige Luxusinvestition dauerhaft abgebaut werden können.

Wir sollten davon ausgehen, dass wir im ersten Jahrzehnt des neuen Jahrtausends weniger erwachsene Paare haben werden, die Kinder machen, Kinder pflegen und Kinder großziehen. Damit werden junge Leute in der Tat wieder Mangelware werden. Nicht nur im Verhältnis zur Alterslast im Generationenvertrag, sondern auch im Verhältnis zu den steigenden Anforderungen expandierender und qualifizierter Arbeitsmärkte im gesamteuropäischen Maßstab. Wir werden uns dann wieder auf eine Politik der Bildungsoffensive, der Begabtenförderung und der Mobilisierung von Bildungsreserven besinnen müssen, die uns schon einmal geholfen hat, eine junge Generation auf neue Weise zu erziehen: liebes- und genussfähig, leistungsbereit, aber nicht leistungsfixiert, friedliebend bis zur Golfkriegs-Verweigerung und sozialverträglich. Auf der Liste von Eigenschaften, die dann wünschenswert wären, könnten Frauen als Trägerinnen dieser Eigenschaften ganz weit oben stehen. Weil sie Sensibilität mit Durchsetzungsvermögen verbinden. Weil sie aufgabenorientiert und kommunikationskompetent sind oder sein können.

Solche Mehrfachqualifikationen fallen niemandem in den Schoß. Sie sind meistens das Ergebnis bewusster, gesellschaftlicher Anstrengungen. Denn wenn es immer weniger junge Leute geben wird, dann wird es auch immer weniger gleichaltrige Spielkameraden für diese Kids geben. Immer weniger Kinder werden auf immer mehr Erwachsene zurückverwiesen. Eine schreckliche Vorstellung! Denn Kinder brauchen nicht nur Erwachsene.

Die brauchen sie auch. Aber sie brauchen auch andere Kinder, an denen sie sich messen, von denen sie lernen können. Ich halte es deshalb sozialisationspraktisch für ein gravierendes Missverständnis, die Funktionen von Krippen, Kindergärten und Kindertagesstätten auf das Stichwort „Kinderparkplätze für berufstätige Mütter“ zu reduzieren. Das wird weder den Interessen von Müttern gerecht, die nicht nur arbeiten, um „zuzuverdienen“, noch den Interessen von Kindern, deren Kindergärten keine Parkplätze sind, sondern Lebensräume mit eigenen Erfahrungen, Erlebnissen und Impulsen. So wie Friedrich Fröbel sie im Thüringischen Bad Blankenburg konzipiert hat.

Kinder brauchen nicht nur andere Kinder. Die brauchen sie auch. Sie brauchen auch Erwachsene. In den meisten Fällen wachsen sie in Familien oder familienähnlichen Konstellationen auf. Wir waren lange Jahre auf die wohltätigen Wirkungen der Ursprungsfamilie als wärmendes Nest mit vielfältigen taktilen Reizen und mit emotionaler Dichte fixiert. Erst die Frauenbewegung hat uns darauf aufmerksam gemacht, dass diese Familie nicht nur ein Ort der Bewahrung, sondern auch in unglaublich vielen Fällen ein Ort der Gefährdung ist. Ein Ort, an dem Kindern Leid geschieht. Große Teile der Sozialen Arbeit haben die unerhörte Provokation überhaupt noch nicht erkannt, die in dieser Feststellung liegt und die auf eine sozialpädagogische Antwort wartet. Wir müssen beispielsweise endlich zur Kenntnis nehmen, dass in der Bundesrepublik jede zweite Ehe während „ihrer Laufzeit“ geschieden wird. „Scheidungskinder“ sind kein Sonderfall, sondern eine Regel, auf die wir sozialpädagogische Antworten finden müssen. „Unsere Erziehung erzieht weder zur Partnerschaft, noch leistet sie einen Beitrag für die solidarische Trennung einer Beziehung“, schreibt der Hamburger Erziehungswissenschaftler Friedrich Koch 1992 an den SPIEGEL.

Kinder und Jugendliche brauchen Lebensräume und nicht nur Kinderzimmer. Und sie brauchen Erwachsene, von denen sie Sachen lernen können, die sinnvoll sind und deren Nachahmen sich lohnt. Immer weniger können wir uns darauf verlassen, dass die Erwachsenen solche Lektionen „naturwüchsig“ *lehren.* Immer weniger können wir uns darauf verlassen, dass Kinder und Jugendliche solche Lektionen „naturwüchsig“ *lernen.* Ich schreibe dies nicht in „kulturkritischer Absicht“. So, als ob früher alles besser war und heute alles schlechter wäre. Falsch: Die gesellschaftlichen Ansprüche an die sozialen, emotionalen und mentalen Fertigkeiten sind gestiegen, die heute jemand braucht, um als „erwachsen“ zu gelten.

Die dafür notwendigen Kompetenzen stellen sich nicht von alleine ein. Sie müssen gelehrt und müssen gelernt, sie müssen vermittelt und sie müssen angeeignet werden. Soziale Arbeit beginnt dort, wo die Generierung sozialer Kompetenzen nicht mehr selbstverständliches Nebenprodukt des allgemeinen Lebensprozesses ist. Aufgabe Sozialer Arbeit sei, so sagte vor siebzig Jahren die weise Alice Salomon, der wir die ersten Einführungen in die

Kunst methodischen Arbeitens verdanken, Aufgabe Sozialer Arbeit sei es, die Kunst des Lebens zu lehren. Aber dazu müssen wir diese Kunst selber lernen wollen und können. Erst dann werden unsere Methoden zu einem sinnvollen Werkzeug der Weitergabe an andere.

Anmerkungen

1 Die Entwicklung der Gesprächstherapie von Carl R. Rogers ist ohne die Erfindung und den Einsatz von Tonbandaufzeichnungen nicht vorstellbar. Carl R. Rogers: Die nicht-direktive Beratung. (engl. 1942) Frankfurt a. M.: Fischer Taschenbuch (1972), [6]1985. Carl R. Rogers: Die klientenzentrierte Gesprächspsychotherapie. Frankfurt am Main: Fischer Taschenbuch 1972, [8]1986.

2 Sabine Weinberger: Klientenzentrierte Gesprächsführung. Eine Lern- und Praxisanleitung für helfende Berufe. Weinheim: Juventa (1980) [11]2006.

3 Sabine Bachmair u. a.: Beraten will gelernt sein. Ein praktisches Lehrbuch für Anfänger und Fortgeschrittene. München: Psychologie Verlags Union (1983) [4]1989.

4 Christian-Rainer Weisbach: Training des Beraterverhaltens. Bad Heilbrunn: Klinkhardt 1988.

5 Paul Watzlawick/Janet H. Beavin/Don D. Jackson: Menschliche Formen, Störungen, Paradoxien. (engl. 1967) Bern: Huber (1969),[7]1985.

6 Deborah Tannen: Du kannst mich einfach nicht verstehen. Warum Männer und Frauen aneinander vorbeireden. (engl. 1990) Hamburg: Kabel 1991.

7 Sue Culley: Beratung als Prozess. Lehrbuch kommunikativer Fertigkeiten. Übersetzung, deutsche Bearbeitung und Vorwort von C. Wolfgang Müller. Weinheim: Beltz 1996. Siehe auch Gerard Egan: Helfen durch Gespräch. Ein Trainingsbuch für helfende Berufe. Übersetzt von Harry Friedl und Volker Krumm. Vorwort Volker Krumm. Weinheim: Beltz 1990.

8 Louis Lowy: Case Management in der Sozialarbeit. In: Claus Mühlfeld u. a. (Hrsg.): Soziale Einzelhilfe. Frankfurt am Main: Diesterweg 1988, S. 31–39; Wolf Rainer Wendt (Hrsg.): Unterstützung fallweise. Case Management in der Sozialarbeit. Freiburg: Lambertus 1991.

9 Paul Watzlawick (mit John H. Weakland und Richard Fisch): Lösungen. Bern: Huber 1974.

10 Bateson u.a.: Schizophrenie und Familie. Frankfurt am Main: Suhrkamp 1969. Gregory Bateson: Ökologie des Geistes. Frankfurt am Main: Suhrkamp 1981.

11 Horst Eberhard Richter: Patient Familie. Entstehung, Struktur und Therapie von Konflikten in Ehe und Familie. Reinbek: Rowohlt 1970.

12 Salvador Minuchin: Familie und Familientherapie. Theorie und Praxis struktureller Familientherapie. (engl. 1946) Freiburg: Lambertus (1977), [3]1979. Salvador Michuchin und H. Charles Fishman: Praxis der strukturellen Familientherapie. Strategien und Techniken (engl. 1981) Freiburg: Lambertus 1983.

13 Gunther Schmidt: Grundlagen systemischer Familientherapie und ihre Implikationen für die Entwicklung therapeutischer Strategien. In: Claus Mühlfeld u. a. (Hrsg.): Familientherapie. Frankfurt am Main: Diesterweg 1985, S. 28. Zur Mailänder Schule siehe Luigi Boscolo/Gianfranco Cecchin u. a.: Familientherapie – Systemtherapie. Das Mailänder Modell. Dortmund: modernes lernen 1988.

14 Helm Stierlin/Fritz Simon: Die Sprache der Familientherapie. Ein Vokabular. Stuttgart: Klett-Cotta 1984. Siehe auch: Wilhelm Körner: Zur Kritik Systemischer Therapien. In: Georg Hörmann u. a. (Hrsg.): Familie und Familientherapie. Probleme – Perspektiven – Alternativen. Opladen: Westdeutscher Verlag 1988, S. 153–184.

15 Ich folge dem traditionellen Sprachgebrauch. Er unterscheidet eine berufsqualifizierende Ausbildung„ eine Fortbildung, die Berufstätige lebenslang „auf dem Laufenden halten“ und ihre beruflichen Kompetenzen erhalten soll, und eine Weiterbildung, die auf dem Sockel von Aus- und Fortbildung zusätzliche weiter führende und zu höheren Ansprüchen berechtigende funktionale und extrafunktionale Kompetenzen vermittelt.

16 Die drei hochschul- und professions-didaktischen Haupttypen der Lehre und Aneignung, Vorlesung oder Instruktion, Seminar oder Diskurs und Training oder „Handeln unter kontrolliertem Druck“ erfordern in der Tat bei allen Beteiligten unterschiedliche Kommunikations- und Diskurs-Typen. Versuchen Sie bitte einmal als Lehrende oder Lernende die Meta-Sprache des Seminars in die Sprache einer Trainings-Situation zu überführen, indem Sie etwa ohne Vorankündigung in die direkte Rede des Rollenspiels übergehen. An den Irritationen der anderen (und Ihren eigenen) können Sie ablesen, dass es sich dabei nicht nur um einen Wechsel in der Sprechgebärde handelt.

17 Siegfried Müller/Hans-Uwe Otto (Hrsg.): Sozialarbeit als Sozialbürokratie? Zur Neuorganisation sozialer Dienste. Neue Praxis, Sonderheft 5, 1980. Neuwied: Luchterland 1980.

18 Albrecht Müller-Schöll/Manfred Priepke: Ziele, Inhalte und Methoden der Akademiekurse für Sozialmanagement in der Diakonischen Akademie. In: Diakonie 1976, 4, 217–223. Auch: Albrecht Müller-Schöll/Manfred Priepke: Sozialmanagement. Zur Förderung systemischen Entscheidens, Planens, Organisierens, Führens und Kontrollierens in Gruppen. Frankfurt am Main: Diesterweg [2]1989.

19 Stephan Burla: Rationales Management in Nonprofit-Organisationen. Bern: Haupt 1989.

20 Ich verwende hier den Begriff „Organisations-Entwicklung“ (OE) in seiner ursprünglichen Bedeutung. Sozial-Management bezeichnet das Insgesamt der Handhabung Sozialer Arbeit in und durch Institutionen. Organisations-Beratung meint die Unterstützung dieser Handhabung durch externen Sachverstand. Organisations-Entwicklung bedeutet die Befähigung aller (oder ausgewählter) Mitarbeiter Sozialer Einrichtungen zur Analyse problematischer Engpässe und Schwachstellen ihrer Arbeit, zur Entwicklung alternativer Verfahren, zur Implementierung dieser Verfahren und zur Einschätzung erwiesener Vorzüge und Nachteile.

21 Wendell L. French/Cecil H. Bell jr.: Organisationsentwicklung. Sozialwissenschaftliche Strategien zur Organisationsveränderung. (engl. 1973) Bern: Haupt [3]1990, S. 37–45.

22 Die Kommunale Gemeinschaftsstelle (KGSt) in Köln ist eine Service-Einrichtung der deutschen Gemeinden. Sie erarbeitet Gutachten und Empfehlungen zu Verwaltungsreformen. In unserem Zusammenhang sind die folgenden Berichte, die sie publiziert hat, von Bedeutung: 22/74: Organisation des Jugendamtes; 1975: Organisation des Jugendamtes (a) Allgemeiner Sozialer Dienst, (b) Erziehungsbeistandschaft; 9/76: Jugendgerichtshilfe; 17/78: Organisation der Sozialhilfe; 18/78: Ziele der Sozial- und Jugendhilfe; 9/94: Outputorientierte Steuerung der Jugendhilfe. Für die einzelnen Berichte stellt die Gemeinschaftsstelle Arbeitsgruppen zusammen, in denen kommunale Verwaltungsfachleute gewichtig mitarbeiten.

23 Siehe vor allem Ilse Reichel-Koß und Ursula Beul (Hrsg.): Ella Kay und das Jugendamt neuer Prägung. Ein Amt, wo Kinder Recht bekommen. Weinheim: Juventa 1991. Und C. Wolfgang Müller: Jugendamt. Geschichte und Aufgaben einer reformpädagogischen Einrichtung. Weinheim: Beltz 1994.

24 C. Northcote Parkinson: Parkinsons Gesetz und andere Untersuchungen über die Verwaltung. (Boston 1957 engl.); Düsseldorf: Econ 1958 ff. Rolf Breitenstein: Das Kartoffel-Theorem. Der wahre Zusammenhang von Produktion und Verbrauch in

unserer Wirtschaft. Oder: Was auf den Tisch kommt, wird auch gegessen. Düsseldorf: Econ 1974.

25 Vergleiche Hans Uske: Die Sprache der Wende. Berlin: Dietz 1986; Peter J. Grafe: Schwarze Visionen. Die Modernisierung der CDU. Reinbek: Rowohlt 1986. Und weiter zurück der verdienstvolle Versuch der Bundeszentrale für politische Bildung, die Auseinandersetzung der siebziger Jahre, um Wörter zu rekonstruieren: Martin Greiffenhaben (Hrsg.): Kampf um Wörter? Politische Begriffe im Meinungsstreit: Bonn: Bundeszentrale o.J.

26 Hiltrud von Spiegel: Aus Erfahrungen lernen. Münster: Votum 1993; Hiltrud von Spiegel: Selbstevaluation. In: Maja Heiner/Marianne Meinhold/Silvia Staub-Bernasconi (Hrsg.): Methodisches Handeln in der Sozialen Arbeit. Freiburg: Lambertus 1994; Maja Heiner (Hrsg.): Selbstevaluation in der sozialen Welt. Freiburg: 1988.

27 C. Wolfgang Müller: Zum gegenwärtigen Stand nordamerikanischer Evaluationsforschung. In: Institut für soziale Arbeit (Hrsg.): Sozialpädagogische Begleitforschung. Analysen und Berichte. Münster: ISA 1983. Siehe auch C. Wolfgang Müller (Hrsg.): Begleitforschung in der Sozialpädagogik. Analysen und Berichte zur Evaluationsforschung in der Bundesrepublik. Weinheim: Beltz 1978.

28 Bei der Aktenführung muss man im Augenblick noch vorsichtig sein. In Sozial- und Jugendämtern werden Akten vor allem geführt, um das eigene Beratungshandeln und eigene Ermittlungsergebnisse so zu dokumentieren, dass sie einer möglichen späteren gerichtlichen Überprüfung standhalten. Die Akten enthalten dadurch Elemente von Selbstschutz und Selbstrechtfertigung, die nicht in jedem Fall den Anforderungen distanzierter Selbsterkenntnis entsprechen.

29 Im Zusammenhang mit den Ambivalenzen in der Bewertung von Qualitätssicherung als Neues Steuerungsinstrument in der Sozialen Arbeit verweise ich auf das Heftthema 'Qualitätsmanagement' der Zeitschrift WIDERSPRÜCHE vom September 1996: „Abgeschaut und mitgebaut? Zum Einzug des Qualitätsmanagements in die Soziale Arbeit. Bielefeld: Kleine Verlag. Wichtig ist auch: Joachim Merchel/Christian Schrapper (Hrsg.): Neue Steuerung. Tendenzen der Organisationsentwicklung in der Sozialverwaltung. Münster: Votum 1996. Gaby Flösser/Hans-Uwe Otto (Hrsg.): Neue Steuerungsmodelle für die Jugendhilfe. Neuwied: Luchterhand 1996.